21世纪应用技能型精品规划教材 · 财经系列

财务会计基础

FUNDAMENTALS OF FINANCIAL ACCOUNTING

理论 · 实务 · 案例 · 实训

张红梅　王晓云　赵昂　张晓韫 / 主编

上海财经大学出版社

图书在版编目(CIP)数据

财务会计基础:理论·实务·案例·实训/张红梅等主编.—上海:上海财经大学出版社,2016.2

(21世纪应用技能型精品规划教材·财经系列)

ISBN 978-7-5642-2362-5/F·2362

Ⅰ.①财…　Ⅱ.①张…　Ⅲ.①财务会计-高等学校-教材　Ⅳ.①F234.4

中国版本图书馆CIP数据核字(2016)第018142号

□ 责任编辑　汝　涛
□ 书籍设计　杨雪婷

CAIWU KUAIJI JICHU

财务会计基础

——理论·实务·案例·实训

张红梅　王晓云　赵昂　张晓韫　主编

上海财经大学出版社出版发行
(上海市武东路321号乙　邮编200434)
网　址:http://www.sufep.com
电子邮箱:webmaster @ sufep.com
全国新华书店经销
江苏省句容市排印厂印刷装订
2016年2月第1版　2016年2月第1次印刷

787mm×1092mm　1/16　25.25印张　662千字
(习题解答与实训　7印张　197千字)
印数:0 001—4 000　定价:55.00元

前言

在教育部新一轮大改革的背景下，立足我国现实，展望会计发展未来，并兼顾国际会计最新发展动态，我们组织了“双师型”教师编写了本教材。本教材紧紧围绕应用技能型人才的培养目标，坚持创新、改革的精神，体现新的课程体系、新的教学内容和教学方法，以提高学生整体素质为基础，以能力培养为本位，兼顾知识教育、技能教育和能力教育。

《财务会计基础——理论·实务·案例·实训》是会计学专业、财务管理专业和审计专业的主干课程，也是衔接基础会计学与高级会计学的重要桥梁。本教材具有如下特点：

1. 内容全面。本教材对财务会计的基本内容如财务会计总论、货币资金、应收及应付款项、存货、金融资产、长期股权投资、固定资产、投资性房地产、无形资产及其他资产、非货币性资产交换、负债、所有者权益、收入、费用、利润、财务报告等进行了深入细致的讲解，对非货币性资产交换、长期股权投资、会计调整等进行了适当的阐述，对会计核算的方法做出了系统而全面的介绍，以便于学生进行比较、分析，增强其分析问题、解决问题的能力。

2.结构新颖。为方便学生学习，我们力求在结构上有所突破，激发学生的学习兴趣和学习热情，设计适合学生学习掌握的结构。每一项目的开篇有清晰的技能目标和知识目标，以呼应本教材实践性、应用性的特色；在每个项目中，尽量采用会计业务流程图展示；在每个项目后提供项目小结、关键术语、思考与讨论，与开篇的技能目标和知识目标首尾呼应。

3.与时俱进。本教材充分反映了最新准则和法规动态。本教材以最新修订的企业会计准则、公司法，以及与企业所得税、增值税、营业税等相关的法规、政策的最新变化融入所涉及的项目，充分反映了会计学最新发展的内容。

4.学练结合。鉴于财务会计实务性强的特点，为了便于及时复习所学的知识内容，提高学习效率，本教材配有教辅《财务会计基础——习题解答与实训》。此外，在教辅中提供了“综合案例”和“实训操作”，以便学生在学习中对本教材知识框架有全局性把握。

本教材适用于以下情况：(1)高等院校的会计学、财务管理、财政学、税收学、金融学等专业；(2)会计、审计、财务管理、证券监管、银行监管和税务稽查等相关方向的人员培训和自学参考；(3)专升本考试的教材。

本教材由张红梅、王晓云、赵昂、张晓韫主编，全书共计十七个项目，各项目编写人员及分工如下：张红梅编写项目一至项目四，王晓云编写项目五至项目八，赵昂编写项目九至项目十四，张晓韫编写项目十五至项目十七。以上教师在教材内容和习题解答与实训编写中做了大量的基础性工作。全书最后由赵昂总纂并定稿。

本教材在编写过程中，参阅了大量的教材、著作。由于编写时间仓促，加之编者水平有限，本教材难免存在一些不足之处，恳请专家、学者批评指正，以便改进与完善，同时感谢上海财经大学出版社的大力支持，谨此一并表示衷心的感谢！

编　者
2015年10月

目　录

项目一 财务会计总论

技能目标

1. 能够充分地理解和应用会计核算的基本假设。
2. 能够初步掌握会计核算基础与计量属性。

知识目标

1. 理解:财务会计的概念与目标、特征。
2. 熟知:会计要素。
3. 掌握:会计基本假设和会计信息质量要求、会计核算的基础与计量属性。

知识支撑

任务一 财务会计概述

一、财务会计的概念与目标

(一)财务会计的概念

财务会计是现代会计的一个重要分支,它通过会计核算的专门方法,对企业会计要素进行确认、计量,并将会计主体的财务状况、经营成果和现金流量及其变动情况等信息提供给信息使用者。其实质是一套信息系统,也是一种管理活动,信息为管理提供依据,管理是信息提供的目的。

(二)财务会计的目标

财务会计的目标是通过向企业外部的会计信息使用者提供有用的会计信息,帮助会计信息使用者作出相关决策。作为这一信息载体的是企业编制的财务报告,它是财务会计确认和计量的最终结果,是沟通企业管理层与外部信息使用者之间的桥梁和纽带。

财务报告的目标定位决定着财务报告应当向谁提供有用的会计信息,应当保护谁的经济利益,这是编制企业财务报告的出发点。财务报告的目标定位决定着财务报告所要求会计信息的质量特征,决定着会计要素的确认和计量原则,是财务会计系统的核心和灵魂。

财务报告目标选择有受托责任观和决策有用观两种。在受托责任观下,会计信息更多地强调可靠性,会计计量主要采用历史成本;在决策有用观下,会计信息更多地强调相关性,如果采用其他计量属性能够提供更多相关信息的,会较多地采用除历史成本之外的其他计量属性。

我国《企业会计准则——基本准则》第四条规定:"企业财务报告的目标是向财务报告使用者提供与企业财务状况、经营成果和现金流量等有关的会计信息,反映企业管理层受托责任履行情况，有助于财务报告使用者作出经济决策。”

二、财务会计的特征

财务会计是运用会计簿记系统的专门方法，以会计信息质量要求为指导，对企业的资金运动进行核算和监督，旨在为所有者、债权人提供会计信息的对外财务报告。财务会计与管理会计相配合并共同服务于现代企业。但财务会计作为传统会计的发展，与旨在向企业内部管理层提供经营决策所需信息的管理会计不同，财务会计旨在向企业外部的投资人、债权人和其他与企业有利害关系的外部集团，提供投资决策、信贷决策和其他类似决策所需的会计信息。这种会计信息最终表现为通用的会计报表和其他会计报告。财务会计的特征有：

（一）财务会计侧重对外提供信息

财务会计通过对企业发生的日常业务进行确认、计量、记录和报告，编制财务会计报告，向企业外部的利益相关者提供决策相关的会计信息。而企业对外提供的财务报表必须经过注册会计师审计，从而保障对外公布的报表能够可靠、完整地反映企业的财务状况和经营成果，不产生误导。外部信息使用者从这些报表中可以准确地了解企业经营状况，因此，财务会计侧重于向企业外部提供信息，因此，常把财务会计称为“对外会计”。

（二）财务会计以会计报告为工作核心

财务会计作为一个会计信息系统，是以会计报表作为最终成果的。会计信息最终是通过会计报表反映出来的。因此，财务报告是会计工作的核心。现代财务会计所编制的会计报表是以公认会计原则为指导编制的通用会计报表，并把会计报表的编制放在最突出的地位。而管理会计并不把编制会计报表当作其主要目标，只是为企业的经营决策提供有选择的或特定的管理信息，其业绩报告也不对外公开发布。

（三）财务会计以传统会计模式作为数据处理和信息加工的基本方法

为了提供通用的会计报表，财务会计还要运用较为成熟的传统会计模式作为处理和加工信息的方法。传统会计模式也即历史成本模式，其特点有：

（1）会计核算依据复式簿记系统。复式簿记系统以账户和复式记账为核心，以凭证和账簿组织为形式，包括序时记录、分类记录、试算平衡、调整分录和对账结账等一系列步骤。

（2）收入与费用的确认，以权责发生制为基础。财务会计对收入的确认采用实现原则，对于费用的确认也采用实现原则，而不是等到企业收入或付出现金时才确认和记录。

（3）会计计量遵循历史成本原则。历史成本原则的核心是资产、负债等要素应按交易或事项发生时所确认的交换价格为最初入账的计量标准。

（四）财务会计以会计原则和行业会计制度为指导

会计原则是指导财务会计工作的基本原理和准则，是组织会计活动、处理会计业务的规范。会计原则由基本会计准则和具体会计准则所组成。根据不同的行业特点，又制定了不同的行业会计制度。这些都是我国财务会计必须遵循的规范。

任务二　会计基本假设

会计基本假设，也称会计核算的基本前提，它是人们对某些未被确切认识的事物，根据客观的、正常的情况和趋势，所作的合乎情理的推论而形成的一系列不需要证明就可以接受的假定前提。它概括了现代会计的基本先决条件，是会计理论中最基础的组成部分，是会计核算工作赖以存在的前提条件。

一、会计主体

会计主体是指企业会计确认、计量和报告的空间范围。为了向财务报告使用者反映企业财务状况、经营成果和现金流量，以及提供对其决策有用的信息，会计核算和财务报告的编制应当反映特定对象的经济活动，这样才能实现财务报告的目标。

在会计主体假设下，企业应当对其本身发生的交易或者事项进行会计确认、计量和报告来反映企业本身所从事的各项生产经营活动。明确界定会计主体是开展会计确认、计量和报告工作的重要前提。

首先，明确会计主体才能划定会计所要处理的各项交易或事项的范围。在会计实务中，只有那些影响企业本身经济利益的各项交易或事项才能加以确认、计量和报告，那些不影响企业本身经济利益的各项交易或事项则不能加以确认、计量和报告。会计工作中通常所讲的资产和负债的确认、收入的实现、费用的发生等，都是针对特定会计主体而言的。

其次，明确会计主体才能将会计主体的交易或者事项与会计主体所有者的交易或者事项以及其他会计主体的交易或者事项区分开来。例如，企业所有者的经济交易或者事项是属于企业所有者主体所发生的，不应纳入企业会计核算的范围。但是，企业所有者投入到企业的资本或者企业向所有者分配的利润则属于企业主体所发生的交易或者事项，应当纳入企业会计核算的范围。

会计主体不同于法律主体。一般来说，法律主体必然是一个会计主体。例如，一个企业作为一个法律主体，应当建立财务会计系统，独立反映其财务状况、经营成果和现金流量。但是，会计主体不一定是法律主体。例如，企业集团中的母公司拥有若干子公司，母、子公司虽然是不同的法律主体，但是母公司对子公司拥有控制权，为了全面反映企业集团的财务状况、经营成果和现金流量，有必要将企业集团作为一个会计主体，编制合并财务报表，在这种情况下，尽管企业集团不属于法律主体，但它却是会计主体。再如，由企业管理的证券投资基金、企业年金基金等，尽管不属于法律主体，但属于会计主体，应当对每项基金进行会计确认、计量和报告。

二、持续经营

持续经营是指在可以预见的将来企业将会按当前的规模和状态继续经营下去，不会停业也不会大规模削减业务。在持续经营前提下，会计确认、计量和报告应当以企业持续、正常的生产经营活动为前提。

会计准则体系是以企业持续经营为前提加以制定和规范的，涵盖了从企业成立到清算（包括破产）的整个期间的交易或者事项的会计处理。一个企业在不能持续经营时就应当停止使用这个假设，否则如仍按持续经营基本假设选择会计确认、计量和报告原则与方法，就不能客观地反映企业的财务状况、经营成果和现金流量，会误导会计信息使用者的经济决策。持续经营对会计核算作出了时间上的规定。

三、会计分期

会计分期是指将企业持续不断的生产经营活动人为地分割成会计期间，分期结算账目和编制财务会计报告。

会计期间分为年度、半年度、季度和月度。在我国，年度、半年度、季度和月度均按公历起讫日期确定。我国《会计法》中规定，会计年度自公历 1 月 1 日起至 12 月 31 日止。也有的国家以营业年度作为会计年度。会计年度都必须是相等的。每一会计年度还具体划分为半年度、季度和月度。半年度、季度和月度均称为会计中期。

会计分期是持续经营前提的必要补充。当一个会计主体持续经营而无限期时，就需要为会计信息的提供规定期限。

四、货币计量

货币计量是指会计以货币为计量单位核算会计主体的经济活动，并假定在不同时期货币的币值是不变的。货币计量前提包含两层概念：一是一切会计事项均能用货币计量，即货币可作为计量的共同尺度；二是假定货币币值是稳定不变的。

记账本位币，就是在企业多种货币收支的情况下，企业所选定的一种基本的货币单位，在记账和编制报表时，以其他币种计量的经济业务都要折算为基本货币。我国规定，会计核算以人民币为记账本位币；业务收支以外币为主的企业，也可以选定某种外币作为记账本位币，但编制的会计报表应当折算为人民币反映。

任务三　会计信息质量要求

会计信息质量关系到投资者决策、完善资本市场以及市场经济秩序等重大问题，何谓高质量会计信息以及如何提高会计信息质量，会计准则进行了明确规定。会计信息质量要求是对企业财务报告中所提供的高质量会计信息的基本规范，是使财务报告中所提供会计信息对投资者等使用者决策有用应具备的基本特征。根据基本准则规定，它包括客观性、相关性、明晰性、可比性、实质重于形式、重要性、谨慎性和及时性等。

一、客观性原则

客观性原则又称真实性原则，是指企业应当以实际发生的经济业务及证明经济业务发生的合法凭证为依据，如实反映财务状况、经营成果，做到内容真实、数字准确、资料可靠。这一原则是对会计工作的基本要求。

这一原则包括两方面内容：一是会计必须根据审核无误的原始凭证，采用特定的专门方法进行记账、算账、报账，保证所提供的会计信息内容完整、真实可靠。如果会计核算不是以实际发生的交易或事项为依据，为使用者提供虚假的会计信息，会误导信息使用者，使之作出错误的决策。二是会计人员在进行会计处理时应保持客观，运用正确的会计原则和方法，得出具有可检验性的会计信息。如果会计人员进行会计处理时不客观，同样不能为会计信息使用者提供真实的会计信息，也会导致信息使用者作出错误决策。

二、相关性原则

这是指企业所提供的会计信息应与财务会计报告使用者的经济决策相关，有助于财务会计报告使用者对企业过去、现在或者未来的情况作出评价或预测。这里所说的相关，是指与决策相关，有助于决策。如果会计信息提供后，不能帮助会计信息使用者进行经济决策，就不具有相关性。

根据相关性原则，要求在收集、记录、处理和提供会计信息过程中能充分考虑各方面会计信息使用者决策的需要，满足各方面具有共性的信息需求。对于特定用途的信息，不一定都通过财务报告来提供，还可以采取其他形式加以提供。

三、明晰性原则

这是指企业提供的会计信息应当清晰明了，便于财务会计报告使用者理解和使用。明晰性原则要求会计信息简明、易懂，能够简单明了地反映企业的财务状况、经营成果和现金流量，从而有助于会计信息使用者正确理解、掌握企业的情况。

根据明晰性原则，会计记录应当准确、清晰，填制会计凭证、登记会计账簿必须做到依据合法、账户对应关系清楚、文字摘要完整；在编制会计报表时，项目勾稽关系清楚、项目完整、数字准确。

四、可比性原则

这是指企业提供的会计信息应当具有可比性。这包括两个方面的质量要求：

1. 同一企业不同时期可比

为了便于投资者等财务报告使用者了解企业财务状况、经营成果和现金流量的变化趋势，比较企业在不同时期的财务报告信息，全面、客观地评价过去、预测未来，从而作出决策，会计信息质量的可比性要求同一企业不同时期发生的相同或者相似的交易或者事项，应当采用一致的会计政策，不得随意变更。但是，满足会计信息可比性要求，并非表明企业不得变更会计政策，如果按照规定或者在会计政策变更后可以提供更可靠、更相关的会计信息的，可以变更会计政策。有关会计政策变更的情况，应当在附注中予以说明。

2. 不同企业相同会计期间可比

为了便于投资者等财务报告使用者评价不同企业的财务状况、经营成果和现金流量及其变动情况，会计信息质量的可比性要求不同企业同一会计期间发生的相同或者相似的交易或者事项，应当采用规定的会计政策，确保会计信息口径一致、相互可比，以使不同企业按照一致的确认、计量和报告要求提供有关会计信息。

五、实质重于形式原则

这是指企业应当按照以交易或事项的经济实质进行会计确认、计量和报告，而不应仅以交易或事项的法律形式作为依据。这里所讲的形式是指法律形式，实质是指经济实质。有时，经济业务的外在法律形式并不能真实反映其实质内容。为了真实反映企业的财务状况和经营成果，就不能仅仅根据经济业务的外在表现形式来进行核算，而要反映其经济实质。比如，法律可能写明商品的所有权已经转移给买方，但事实上卖方仍享有该资产的未来经济利益。如果不考虑经济实质，仅看其法律形式，就不能真实反映这笔业务对企业的影响。

六、重要性原则

这是指企业提供的会计信息应当反映与企业财务状况、经营成果和现金流量等有关的所有重要交易或事项。在此原则下，企业在选择会计方法和程序时，要考虑经济业务本身的性质和规模，根据特定的经济业务决策影响的大小来选择合适的会计方法和程序。如果一笔经济业务的性质比较特殊，不单独反映就有可能遗漏一个重要事实，不利于所有者以及其他方面全面掌握这个企业的情况，就应当严格核算，单独反映，提请注意；反之，如果一笔经济业务与通常发生的经济业务相比没有特殊之处，也不至于隐瞒什么事实，就不需要单独反映和提示。并且如果一笔经济业务的金额在收入、费用或资产总额中所占的比重很小，就可以采用较为简单的方法和程序进行核算，甚至不一定严格采用规定的会计方法和程序；反之，如果金额在收入、费用或资产总额中所占的比重较大，就应当严格按照规定的会计方法和程序进行。

重要性原则与会计信息成本效益直接相关。坚持重要性原则，能够使提供会计信息的收益大于成本。对于那些不重要的项目，如果也采用严格的会计程序，分别核算、分项反映，就会导致会计信息成本高于收益。

在评价某些项目重要性时，很大程度上取决于会计人员的职业判断。一般来说，应当从性质和数量两个方面来进行分析。从性质来说，当某一事项有可能对决策产生一定影响时，就属于重要项目；从数量方面来说，当某一项目的数量达到一定规模时，就可能对决策产生影响。

七、谨慎性原则

谨慎性原则又称稳健性原则，是指企业对交易或事项进行确认、计量和报告应当保持应有的谨慎，即在存在不确定因素的情况下作出判断时，不应高估资产或收益、低估负债或费用。对于可能发生的损失和费用，应当加以合理估计。企业经营存在风险，实施谨慎性原则，对存在的风险加以合理估计，就能在风险实际发生之前化解风险，并防范风险，有利于企业作出正确的经营决策，有利于保护所有者和债权人的利益，有利于提高企业在市场上的竞争力。比如，在存货、有价证券等资产的市价低于成本时，相应地减记资产的账面价值，并将减记金额计入当期损益，体现了谨慎性原则，也体现了谨慎性原则对历史成本原则的修正。当然，谨慎性原则并不意味着可以任意提取各种准备金，否则，就属于谨慎性原则的滥用。

八、及时性原则

这是指企业对于已经发生的交易或事项，应当及时进行会计确认、计量和报告，不得提前或延后。会计信息具有时效性，才能满足经济决策的需要，信息才有价值。所以，为了实现会计目标，就必须遵循会计信息时效性。

根据及时性原则，要求及时收集会计数据，在经济业务发生后，应及时取得有关凭证；对会计数据及时进行处理，及时编制财务报告；将会计信息及时传递，按规定的时限提供给有关方面。

综上所述，客观性、相关性、明晰性和可比性是会计信息的首要质量要求，是企业财务报告中所提供会计信息应具备的基本质量特征；实质重于形式、重要性、谨慎性和及时性是会计信息的次要质量要求，是对客观性、相关性、明晰性和可比性等首要质量要求的补充和完善，尤其是在对某些特殊交易或事项进行处理时，需要根据这些质量要求来把握其会计处理原则。另外，及时性还是会计信息相关性和客观性的制约因素，企业需要在相关性和可靠性之间寻求一种平衡，以确定信息及时披露的时间。

任务四　会计核算基础和计量属性

一、会计核算基础

（一）会计核算基础的概念

会计核算基础，也称会计确认基础，是指确定收入和费用归属期间的标准。收入和费用的收付期间与归属期间是否一致，可归纳为以下三种情况：

(1)收入和费用的收付期间与归属期间是一致的。也就是说，企业本期内收到的收入就是本期已获得的收入，本期已付出的费用就是本期应该负担的费用。

(2)本期收入和支付的款项不应归属于本期。也就是说，本期收到的收入并不是本期获得的收入，本期支付的费用并不应当由本期负担。

(3)应归属于本期的收入和费用尚未收款或付款。也就是说，本期应该获得的收入本期尚未收到，本期应该负担的费用本期尚未支付。

(二)会计确认基础

会计确认基础有两种：权责发生制和收付实现制。

1. 权责发生制

我国《企业会计准则——基本准则》第九条规定："企业应当以权责发生制为基础进行会计确认、计量和报告。"

权责发生制，又称应收应付制、应计制，是指对于收入和费用，不论是否已有货币资金的收付，按其是否体现各个会计期间的经营成果和受益情况，确定其归属期。也就是说，凡是本期已经实现的收入和已经发生的费用，不论款项是否实际已经收付，均作为本期的收入和费用入账；凡是不属于本期的收入和费用，即使款项已在本期收付，均不作为本期的收入和费用处理。

权责发生制主要从时间选择上确定会计确认的基础，其核心是根据权责关系的实际发生和影响期间来确认企业的收支。在权责发生制下，由于收入和费用的收付期间与归属期间可能不一致，所以在会计期末要确定本期的收入和费用，必须根据账簿记录按照归属期间对收入和费用进行账项调整。

优缺点：采用权责发生制作为核算基础，账务处理手续比较复杂，但它比较科学、合理，能够按照收入和费用的受益情况，正确地反映各个会计期间真实的财务状况和经营成果。因此，我国《企业会计准则》规定企业单位应当采用权责发生制。

2. 收付实现制

收付实现制，又称现金制，是指以款项的实际收付为标准来处理经济业务，确定本期收入和费用的一种核算基础。在收付实现制下，凡在本期收到或支付款项的收入和费用，不论是否在本期受益，均作为本期的收入和费用入账；凡在本期还未收到款项的收入和支付款项的费用，即使属于本期受益，也不作为本期的收入费用入账。

收付实现制在确认收入和费用时，按照款项支付期间确定其归属期间。在收付实现制下，由于将收入和费用的收付期间作为归属期间，所以在会计期末不需要进行账项调整。

优缺点：采用收付实现制作为记账基础，账务处理比较简单，易于掌握，并且突出了现金流入和现金流出，对于人们进行现金流量分析、判断企业的支付能力极为重要；但其会计处理不尽合理，不能准确计算和确定各个会计期间的损益，主要应用于行政事业单位。

【案例 1—1】 根据下述经济业务内容分别按权责发生制和收付实现制原则计算企业本月(七月份)的收入和费用(单位：元)，如表 1—1 所示。

(1)销售产品 40 000 元，货款存入银行。

(2)销售产品 100 000 元，贷款尚未收到。

(3)预付下半年的租金 6 000 元。

(4)本月应计提银行借款利息 1 000 元。

(5)收到上月份应收的销货款 4 000 元。

(6)收到购货单位预付货款8 000元,下月交货。

表1—1 权责发生制和收付实现制项下收入和费用的对照

业务号	权责发生制		收付实现制	
	收 入	费 用	收 入	费 用
(1)	40 000		40 000	
(2)	100 000		0	
(3)		0		6 000
(4)		1 000		0
(5)	0		4 000	
(6)	0		8 000	

二、会计计量属性

会计计量是为了将符合确认条件的会计要素登记入账并列报于财务报表而确定其金额的过程。企业应当按照规定的会计计量属性进行计量,确定相关金额。会计计量是反映会计要素金额的确定基础,主要包括历史成本、重置成本、可变现净值、现值和公允价值等。

(一)历史成本

历史成本又称实际成本,是指取得或制造某项财产物资时所实际支付的现金或者其他等价物。在历史成本计量下,资产按照其购置时支付的现金或者现金等价物的金额,或者按照购置资产时所付出的对价的公允价值计量。负债按照其因承担现时义务而实际收到的款项或者资产的金额,或者承担现时义务的合同金额,或者按照日常活动中为偿还负债预期需要支付的现金或者现金等价物的金额计量。

(二)重置成本

重置成本又称现行成本,是指按照当前市场条件,重新取得同样一项资产所需支付的现金或现金等价物金额。在重置成本下,资产按照现在购买相同或者相似资产所需支付的现金或现金等价物的金额计量,负债按照现在偿付该项债务所需支付的现金或者现金等价物的金额计量。

(三)可变现净值

可变现净值是指在生产经营过程中,以预计售价减去进一步加工成本和销售所必需的预计税金、费用后的净值。在可变现净值计量下,资产按照其正常对外销售所能收到现金或者现金等价物的金额扣减该资产至完工时估计将要发生的成本、估计的销售费用以及相关税金后的金额计量。

(四)现值

现值是指对未来现金流量以恰当的折现率进行折现后的价值,是考虑货币时间价值因素等的一种计量属性。在现值计量下,资产按照预计从其持续使用和最终处置中所产生的未来现金流入量的折现金额计量。负债按预计期限内需要偿还的未来现金流出量的折现金额计量。

(五)公允价值

公允价值是指在公平交易中,熟悉情况的交易双方自愿进行资产交换或者债务清偿的金额。在公允价值计量下，资产和负债按照在公平交易中，熟悉情况的交易双方自愿进行资产交换或者债务清偿的金额计量。公允价值是满足三个条件时的交易金额：一是公平交易；二是交易双方熟悉情况；三是自愿。但是，现实经济生活中完全公平、自愿的交易难以找到，且买卖双方掌握的信息不可能完全一致。因此，公允价值难以获得。

虽然企业会计准则提出了五种计量模式，但是历史成本仍作为主要的计量模式。《企业会计准则——基本准则》第 43 条规定："企业在对会计要素进行计量时，一般应当采用历史成本，采用重置成本、可变现净值、现值、公允价值计量的，应当保证所确定的会计要素金额能够取得并可靠计量。"

任务五　财务会计要素

财务会计要素是根据交易或者事项的经济特征所确定的财务会计对象和基本分类。会计要素按照其性质分为资产、负债、所有者权益、收入、费用和利润。其中，资产、负债和所有者权益要素侧重于反映企业的财务状况，收入、费用和利润要素侧重于反映企业的经营成果。

一、资产的概念及其确认条件

（一）资产的概念

资产是指企业过去的交易或者事项形成的、由企业拥有或者控制的、预期会给企业带来经济利益的资源。根据资产的概念，资产具有以下几个方面的特征：

1. 资产预期会给企业带来经济利益

资产预期会给企业带来经济利益，是指资产直接或者间接促使现金和现金等价物流入企业的潜力。这种潜力可以来自企业日常的生产经营活动，也可以是非日常活动；带来的经济利益可以是现金或者现金等价物，或者是可以转化为现金或者现金等价物的形式，或者是可以减少现金或者现金等价物流出的形式。

预期能为企业带来经济利益是资产的重要特征。例如，企业采购的原材料、购置的固定资产等可以用于生产经营过程制造商品或者提供劳务，对外出售后收回货款，货款即为企业所获得的经济利益。如果某一项目预期不能给企业带来经济利益，那么就不能将其确认为企业的资产。前期已经确认为资产的项目，如果不能再为企业带来经济利益的，也不能再确认为企业的资产。

2. 资产应为企业拥有或者控制的资源

资产作为一种资源，应当由企业拥有或者控制，具体是指企业享有某项资源的所有权，或者虽然不享有某项资源的所有权，但该资源能被企业所控制。

企业享有资产的所有权，通常表明企业能够排他性地从资产中获取经济利益。通常在判断资产是否存在时，所有权是考虑的首要因素。在有些情况下，资产虽然不为企业所拥有，即企业并不享有其所有权，但企业控制了这些资产，同样表明企业能够从资产中获取经济利益，符合会计上资产的概念。如果企业既不拥有也不控制资产所能带来的经济利益，就不能将其作为企业的资产予以确认。

3. 资产是由企业过去的交易或者事项形成的

资产应当由企业过去的交易或者事项所形成，过去的交易或者事项包括购买、生产、建造行为和其他交易或事项，只有过去的交易或者事项才能产生资产，企业预期在未来发生的交易或者事项不形成资产。例如，企业有购买某项存货的意愿或者计划，但是购买行为尚未发生，就不符合资产的概念，不能确认为存货资产。

（二）资产的确认条件

将一项资源确认为资产，需要符合资产的概念，还应同时满足以下两个条件：

1. 与该资源有关的经济利益很可能流入企业

从资产的概念可以看到，能带来经济利益是资产的一个本质特征，但在现实生活中，由于经济环境瞬息万变，与资源有关的经济利益能否流入企业或者能够流入多少实际上带有不确定性。因此，资产的确认还应与经济利益流入的不确定性程度的判断结合起来。如果根据编制财务报表时所取得的证据，判断与资源有关的经济利益很可能流入企业，那么就应当将其作为资产予以确认；反之，不能确认为资产。

2. 该资源的成本或者价值能够可靠地计量

可计量性是所有会计要素确认的重要前提，资产的确认也是如此。只有当有关资源的成本或者价值能够可靠地计量时，资产才能予以确认。在实务中，企业取得的许多资产需要付出成本。例如，企业购买或者生产的存货、企业购置的厂房或者设备等，对于这些资产，只有实际发生的成本或者生产成本能够可靠计量，才能视为符合资产确认的可计量条件。在某些情况下，企业取得的资产没有发生实际成本或者发生的实际成本很小，例如，企业持有的某些衍生金融工具形成的资产，对于这些资产，尽管它们没有实际成本或者发生的实际成本很小，但是如果其公允价值能够可靠计量的话，也被认为符合资产可计量性的确认条件。

二、负债的概念及其确认条件

（一）负债的概念

负债是指企业过去的交易或者事项形成的、预期会导致经济利益流出企业的现时义务。根据负债的概念，负债具有以下几个方面的特征：

1. 负债是企业承担的现时义务

负债必须是企业承担的现时义务，这里的现时义务是指企业在现行条件下已承担的义务。未来发生的交易或者事项形成的义务，不属于现时义务，不应当确认为负债。

这里所指的义务，可以是法定义务，也可以是推定义务。其中，法定义务是指具有约束力的合同或者法律、法规规定的义务，通常在法律意义上需要强制执行。例如，企业购买原材料形成应付账款、企业向银行贷入款项形成借款、企业按照税法规定应当缴纳的税款等，均属于企业承担的法定义务，需要依法予以偿还。推定义务是指根据企业多年来的习惯做法、公开的承诺或者公开宣布的经营政策而导致企业将承担的责任，这些责任也使有关各方形成了企业将履行义务承担责任的合理预期。例如，某企业多年来制定有一项销售政策，对于售出商品提供一定期限内的售后保修服务，预期将为售出商品提供的保修服务就属于推定义务，应当将其确认为一项负债。

2. 负债预期会导致经济利益流出企业

预期会导致经济利益流出企业也是负债的一个本质特征，只有在履行义务时会导致经济利益流出企业的，才符合负债的概念。在履行现时义务清偿负债时，导致经济利益流出企业的形式多种多样，例如，用现金偿还或以实物资产形式偿还；以提供劳务形式偿还；部分转移资产、部分提供劳务形式偿还；将负债转为资本等。

3. 负债是由企业过去的交易或者事项形成的

负债应当由企业过去的交易或者事项所形成。换句话说,只有过去的交易或者事项才形成负债,企业将在未来发生的承诺、签订的合同等交易或者事项,不形成负债。

(二)负债的确认条件

将一项现时义务确认为负债,需要符合负债的概念,还需要同时满足以下两个条件:

1. 与该义务有关的经济利益很可能流出企业

从负债的概念可以看到,预期会导致经济利益流出企业是负债的一个本质特征。在实务中,履行义务所需流出的经济利益带有不确定性,尤其是与法定义务相关的经济利益通常需要依赖于大量的估计。因此,负债的确认应当与经济利益流出的不确定性程度的判断结合起来,如果有确凿证据表明,与现时义务有关的经济利益很可能流出企业,就应当将其作为负债予以确认;反之,如果企业承担了现时义务,但是导致企业经济利益流出的可能性很小,就不符合负债的确认条件,不应将其作为负债予以确认。

2. 未来流出的经济利益的金额能够可靠地计量

负债的确认在考虑经济利益流出企业的同时,对于未来流出的经济利益的金额应当能够可靠计量。对于与法定义务有关的经济利益流出金额,通常可以根据合同或者法律规定的金额予以确定,考虑到经济利益流出的金额通常在未来期间,有时未来期间较长,有关金额的计量需要考虑货币时间价值等因素的影响。对于与法定义务有关的经济利益流出金额,企业应当根据履行相关义务所需支出的最佳估计数进行估计,并综合考虑有关货币时间价值、风险等因素的影响。

三、所有者权益的概念及其确认条件

(一)所有者权益的概念

所有者权益是指企业资产扣除负债后,由所有者享有的剩余权益。公司的所有者权益又称为股东权益。所有者权益是所有者对企业资产的剩余索取权,它是企业的资产扣除债权人权益后应由所有者享有的部分,既可反映所有者投入资本的保值增值情况,又体现了保护债权人权益的理念。

(二)所有者权益的确认条件

所有者权益体现的是所有者在企业中的剩余权益,因此,所有者权益的确认主要依赖于其他会计要素,尤其是资产和负债的确认;所有者权益金额的确定也主要取决于资产和负债的计量。例如,企业接受投资者投入的资产,在该资产符合资产确认条件时,就相应符合了所有者权益的确认条件;当该资产的价值能够可靠计量时,所有者权益的金额也就可以确定。

四、收入的概念及其确认条件

(一)收入的概念

收入是指企业在日常活动中形成的、会促使所有者权益增加的、与所有者投入资本无关的经济利益的总流入。根据收入的概念,收入具有以下几个方面的特征:

1. 收入是企业在日常活动中形成的

日常活动是指企业为完成其经营目标所从事的经常性活动以及与之相关的活动。例如,工业企业制造并销售产品即属于企业的日常活动。明确界定日常活动是为了将收入与利得相区分,因为企业非日常活动所形成的经济利益的流入不能确认为收入,而应当计入利得。

2. 收入是与所有者投入资本无关的经济利益的总流入

收入应当会带来经济利益的流入，从而引起资产的增加。例如，企业销售商品，应当收到现金或者有权在未来收到现金，才表明该交易符合收入的概念。但是在实务中，经济利益的流入有时是所有者投入资本的增加所带来的，所有者投入资本的增加不应当确认为收入，应当将其直接确认为所有者权益。

3. 收入会带来所有者权益的增加

与收入相关的经济利益的流入应当会带来所有者权益的增加，不会带来所有者权益增加的经济利益的流入不符合收入的概念，不应确认为收入。例如，企业向银行借入款项，尽管也带来了企业经济利益的流入，但该流入并不带来所有者权益的增加，反而使企业承担了一项现时义务。企业对于因借入款项所带来的经济利益的增加，不应将其确认为收入，应当确认为一项负债。

（二）收入的确认条件

企业收入的来源渠道多种多样，不同收入来源的特征有所不同，其收入确认条件也往往存在差别，如销售商品、提供劳务、让渡资产使用权等。一般而言，收入只有在经济利益很可能流入从而带来企业资产增加或者负债减少，且经济利益的流入额能够可靠计量时才能予以确认。收入的确认至少应当符合以下条件：一是与收入相关的经济利益应当很可能流入企业；二是经济利益流入企业的结果会带来资产的增加或者负债的减少；三是经济利益的流入额能够可靠计量。

五、费用的概念及其确认条件

（一）费用的概念

费用是指企业在日常活动中发生的、会导致所有者权益减少的、与向所有者分配利润无关的经济利益的总流出。根据费用的概念，费用具有以下几个方面的特征：

1. 费用是企业在日常活动中形成的

费用必须是企业在日常活动中所形成的，这些日常活动的界定与收入概念中涉及的日常活动的界定相一致。日常活动所产生的费用通常包括销售成本（营业成本）、职工薪酬、折旧费、无形资产摊销等。将费用界定为日常活动所形成的，目的是为了将其与损失相区分，企业非日常活动所形成的经济利益的流出不能确认为费用，而应当计入损失。

2. 费用是与向所有者分配利润无关的经济利益的总流出

费用的发生应当会导致经济利益的流出，从而导致资产的减少或者负债的增加，其表现形式包括现金或者现金等价物的流出，存货、固定资产和无形资产等的流出或者消耗等。企业向所有者分配利润也会导致经济利益的流出，而该经济利益的流出属于所有者权益的抵减项目，不应确认为费用，应当将其排除在费用的概念之外。

3. 费用会导致所有者权益的减少

与费用相关的经济利益的流出应当会导致所有者权益的减少，不会导致所有者权益减少的经济利益的流出不符合费用的概念，不应确认为费用。

（二）费用的确认条件

费用的确认除了应当符合概念外，还应当满足严格的条件，即费用只有在经济利益很可能流出从而导致企业资产减少或者负债增加，且经济利益的流出额能够可靠计量时才能予以确认。因此，费用的确认至少应当符合以下条件：一是与费用相关的经济利益很可能流出企业；二是经济利益流出企业的结果会导致资产的减少或者负债的增加；三是经济利益的流出额能够可靠计量。

六、利润的概念及其确认条件

(一)利润的概念

利润是指企业在一定会计期间的经营成果。通常情况下,如果企业实现了利润,表明企业的所有者权益将增加;反之,如果企业发生亏损(即利润为负数),表明企业的所有者权益将减少。因此,利润往往是评价企业管理层业绩的一项重要指标,也是投资者等财务报告使用者进行决策时的重要参考。

(二)利润的确认条件

利润反映的是收入减去费用、利得减去损失后的净额。因此,利润的确认主要依赖于收入和费用以及利得和损失的确认,其金额的确定也主要取决于收入、费用、利得和损失金额的计量。

★★★ 项目小结 ★★★

财务会计是现代企业会计的一个重要分支,主要是为投资者、债权人、国家宏观经济管理部门、企业经营管理者以及供应商、客户等其他相关者提供决策有用的会计信息。财务会计侧重于对外提供信息,侧重于反映过去和现在的信息,遵循统一的会计规范。会计处理遵循确定的程序,有专门的会计核算方法。

我国《企业会计准则——基本准则》规定:会计核算的前提条件有会计主体、持续经营、会计分期、货币计量;会计信息质量特征包括客观性、相关性、明晰性、可比性、实质重于形式、重要性、谨慎性和及时性等。企业应当以权责发生制为基础进行会计确认、计量和报告;会计计量属性主要包括历史成本、重置成本、可变现净值、现值和公允价值等。会计要素按照其性质分为资产、负债、所有者权益、收入、费用和利润。

★★★ 关键术语 ★★★

财务会计　财务会计目标　会计基本假设　会计主体　持续经营　会计分期　货币计量　会计核算基础　权责发生制　收付实现制　会计计量

★★★ 思考与讨论 ★★★

1. 简述财务会计的目标与特征。
2. 会计基本假设有哪些? 有何作用?
3. 会计信息质量要求有哪些?
4. 我国企业会计准则规定了哪些会计计量属性? 简要说明其优缺点。
5. 我国企业会计准则规定了哪些财务会计要素? 各会计要素应如何确认?

项目二　货币资金

技能目标

1. 能够对库存现金、银行存款和其他货币资金进行账务处理。
2. 能够对外汇的核算有清晰认识。

学习目标

1. 理解:库存现金的有关规定。
2. 熟知:开立和使用银行存款账户的规定。
3. 掌握:库存现金、银行存款和其他货币资金的核算内容,外汇的核算。

知识支撑

任务一　库存现金

货币资金的周转是企业资金循环的一个重要环节,必须拥有一定的数量的货币资金,以支付劳动对象、劳动手段和活劳动方面的费用,并且要通过生产经营活动,将产品销售出去,重新获得货币资金,从而达到使货币资金不断增值的目的。

货币资金是企业生产经营活动的起点和终点,是企业在生产经营过程中停留在货币资产形态上的那部分资产,包括库存现金、银行存款和其他货币资金。

会计上的库存现金有狭义和广义之分,狭义的库存现金仅指库存现金,即企业金库中存放的现金;广义的库存现金是指包括库存现金、银行存款以及可以接受的其他流通手段,如银行汇票、银行本票等。

一、库存现金的管理与控制

企业必须按照国务院发布的《现金管理暂行条例》及其实施细则的规定,收取和使用现金,并接受开户银行的检查和监督。

库存现金是指存放在企业会计部门、由出纳员保管、作为日常零星开支用的现款。库存现金具有货币性、通用性、流动性的特征。按照国务院颁布的《现金管理暂行条例》,库存现金的管理主要包括以下方面:

(一)库存现金的使用范围

库存现金的使用范围主要包括:①职工薪酬;②个人劳动报酬;③根据国家规定颁发给个人的科学技术、文化艺术、体育等各种奖金;④各种劳保、福利费用,以及国家规定的对个人的其他支出;⑤向个人收购的农副产品或其他物资支付的价款;⑥出差人员必须随身携带的差旅费；⑦结算起点（1 000 元）以下的零星开支；⑧中国人民银行确定需要支付现金的其他支出。

（二）库存现金的最高限额

库存现金的限额是由开户银行对企业核定的现金库存的最高限额。库存现金的限额原则上是可以满足企业 3～5 天日常零星开支的需要。边远地区和交通不便地区的企业库存现金可多于 5 天，但最多不能超过 15 天的日常零星开支。每日的现金结存数超过的部分应当及时送存银行，如需增加或减少库存限额的，应当向开户银行提出申请，由开户银行核定。

（三）库存现金的日常管理

企业现金收支应当依照《现金管理暂行条例》的规定办理：

（1）企业现金收入应当于当日送存开户银行。当日送存确有困难的，由开户银行确定送存时间。

（2）企业支付现金，可以从本单位库存现金限额中支付或者从开户银行提取，不得从本单位的现金收入中直接支付（即坐支）。因特殊情况需要坐支现金的，应当事先报经开户银行审查批准，由开户银行核定坐支范围和限额。坐支单位应当定期向开户银行报送坐支金额和使用情况。

（3）企业根据规定，从开户银行提取现金，应当写明用途，由本单位财会部门负责人签字盖章，经开户银行审核后，予以支付现金。

（4）因采购地点不固定、交通不便、生产或者市场急需、抢险救灾以及其他特殊情况必须使用现金的，开户单位应当向开户银行提出申请，由本单位财会部门负责人签字盖章，经开户银行审核后，予以支付现金。

（四）企业现金的内部控制制度

（1）企业库存现金的收支与保管应由出纳人员负责；公司的库存现金由出纳员保管，经管现金出纳人员不得兼管收入、费用、债权、债务等账簿的记账工作以及会计稽核和会计档案保管工作；填写银行结算凭证的有关印鉴，不得集中由出纳人员保管，应实行印鉴分管制度。

（2）建立收据和发票的领用制度；领用的收据和发票必须记数量与起始编号，由领用人员签字；收回收据和发票存根，应由保管人员办理签收手续；对空白的收据和发票应定期检查，以防短缺。

（3）对现金收付的交易，出纳人员必须根据原始凭证编制收付款凭证，并要在原始凭证与收付款凭证上加盖"现金收讫"与"现金付讫"印章。

（4）对企业的库存现金，出纳人员应做到日清月结，由财务管理人员进行抽查与稽核。发现的现金溢缺，必须认真查明原因，并按照规定进行处理。

（5）出纳人员应定期调换，不得一人长期从事出纳工作。杜绝"一支笔"审批，对重要资金，应当实行集体决策与审批制度。严禁未经授权的机构或人员直接接触货币资金。

二、库存现金的核算

库存现金的核算包括库存现金的序时核算和总分类核算。

（一）库存现金的序时核算

为了进行库存现金的序时核算，企业必须设置"库存现金日记账"。库存现金的序时核算是指根据库存现金的收支业务逐日逐笔地记录现金的增减及结存情况。

库存现金日记账一般采用收入、支出及结余三栏式格式。库存现金日记账的收入栏和付出栏，是根据审核签字后的现金收、付款凭证和从银行提取现金时填制的银行存款付款凭证，按照经济业务发生的时间顺序，由出纳人员逐日逐笔地进行登记的。为了简化现金日记账的登记手续，对于同一天发生的相同经济业务，也可以汇总一笔登记。每日终了时，出纳人员应做好以下各项工作：

(1)在库存现金日记账上结出“本日收入”合计和“本日付出”合计，然后计算出本日余额，记入“结余”栏。

(2)以库存现金日记账上的本日余额与库存现金的实有额相核对，二者应一致；若不一致，应及时查明原因，进行调整，做到账实相符。

(3)以现金日记账上的本日余额与库存现金的限额相比较，超过限额数，要及时送存银行；不足限额部分，应向银行提取，以保证日常开支的需要。在每月终了时，还应在现金日记账上结出月末余额，并与现金总账科目的月末余额核对相符。

现金日记账的格式也可以采用多栏式现金日记账。在此种格式下，每月月末，要结出与现金科目相对应各科目的发生额合计数，并据以登记有关各总账科目。由于采用多栏式现金日记账时所涉及的栏目很多，所以对现金的收入和支出一般分别设置日记账予以核算，即现金收入日记账和现金支出日记账。多栏式现金日记账能够如实反映收入现金的来源和支出现金的用途情况，简化凭证编制手续。现金收入日记账是按照现金收入对方科目设置专栏的。每日终了，为了计算库存现金的结存额，核对账款，需要把现金付出日记账中的本日贷方合计数，过入收入日记账。

备用金的明细分类核算，一般是按领取备用金的单位或个人设置三栏式明细账。有的企业为了简化核算手续，用借款单的第三联代替明细账，报销和交回现金时，予以注销。

(二)库存现金的总分类核算

为了核算和监督企业的库存现金收入、支出和结存情况，企业在总账中要设置“库存现金”账户。该账户属于资产类账户，借方登记库存现金的增加额，贷方登记库存现金的减少额，期末余额在借方，反映的是企业库存现金的结存金额。

借方	库存现金 贷方
期初余额 库存现金的增加额	 库存现金的减少额
期末余额： 库存现金的结存金额	

“库存现金”总账科目可以根据库存现金收付款凭证和银行存款付款凭证直接登记，如果企业的日常现金收付业务比较大，企业可以根据实际情况，采用汇总记账凭证、科目汇总表等核算形式，定期或者月份终了时根据汇总收付款凭证或科目汇总表等，登记“库存现金”总账科目。企业收到现金时，借记本科目，贷记相关科目；支出现金时，借记相关科目，贷记本科目。月份终了时，“库存现金日记账”的余额应与“库存现金”总账余额核对相等。

企业内部各车间、部门周转使用的备用金，在“其他应收款”科目核算，或者单独设置“备用金”科目核算，不在本科目进行核算。

1. 库存现金收入的核算

库存现金收入核算的原始凭证依据，包括发票、非经营性收据、内部收据等。

【案例2—1】 大连嘉宏股份有限公司从银行提取库存现金1 000元，会计分录如下：

借:库存现金　　1 000

　　贷:银行存款　　1 000

【案例 2—2】 大连嘉宏股份有限公司收回甲公司所欠零星货款 600 元,编制会计分录如下:

借:库存现金　　600

　　贷:应收账款　　600

2. 库存现金支出的核算

库存现金支出的核算以库存现金支出原始凭证为依据。常见的几种库存现金支出凭证有:借据、工资结算单、报销单(支出凭证)、差旅费报销单、领款收据

【案例 2—3】 大连嘉宏股份有限公司用库存现金 300 元购买办公用品一批,编制会计分录如下:

借:管理费用　　300

　　贷:库存现金　　300

【案例 2—4】 大连嘉宏股份有限公司以库存现金发放职工工资 35 000 元,编制会计分录如下:

借:应付职工薪酬　　35 000

　　贷:库存现金　　35 000

3. 其他应收款的核算

【案例 2—5】 办公室主任赵昂出差预借款项 1 500 元,凭有效的借款单支付现金。编制会计分录如下:

借:其他应收款——赵昂　　1 500

　　贷:库存现金　　1 500

【案例 2—6】 承接案例 2—5,办公室主任赵昂出差回来凭差旅费票据报销差旅费 1 346 元,退回余款。编制会计分录如下:

借:管理费用——差旅交通费　　1 346

　　库存现金　　154

　　贷:其他应收款——赵昂　　1 500

4. 备用金的核算

备用金是指企业预付给职工和内部有关单位用作差旅费、零星采购和零星开支,事后需要报销的款项。

备用金的总分类核算,应设置"其他应收款"科目,它是资产类科目,用来核算企业除应收票据、应收账款、预付账款以外的其他各种应收、暂付款项。在备用金数额较大或业务较多的企业中,可以单独设置"备用金"科目进行核算。备用金的管理方法如表 2—1 所示:

表 2—1　　备用金的管理方法

管理方法	预　借	报　销	注销备用金或其他应收款
随借随用 用后报销	借:备用金 (或其他应收款) 贷:库存现金	借:管理费用 库存现金 贷:备用金 (或贷库存现金)	报销时已注销

续表

管理方法	预　借	报　销	注销备用金或其他应收款
定额备用金	借:备用金 　贷:库存现金	借:管理费用 　贷:库存现金	取消定额备用金时注销 　借:管理费用 　　库存现金 　　贷:备用金

【案例2—7】 大连嘉宏股份有限公司行政管理部门职工张伟，2015年5月8日因公出差预借备用金350元，实际支出200元，经审核应予以报销，剩余现金150元交回财会部门。

(1)预借领取时，应根据审核的借款单填制现金付款凭证，编制会计分录如下：

借:其他应收款——备用金——张伟　　350

　贷:库存现金　　350

(2)部门报销时，应根据审核的报销单填制转账凭证，编制会计分录如下：

借:管理费用　　200

　贷:备用金——张伟　　200

(3)剩余现金交回财会部门，应填制现金的收款凭证，编制会计分录如下：

借:库存现金　　150

　贷:备用金——张伟　　150

(三)库存现金的清查

库存现金清查的基本方法是清点库存现金，并将库存现金实存数与库存现金日记账上的余额进行核对。每日终了应查对库存现金实存数与其账面余额是否相符。定期或不定期清查时，一般应组成清查小组并负责现金清查工作。清查人员应在出纳人员在场时清点库存现金，核对账实，并根据清查结果填制"现金盘点报告单"，注明实存数与账面余额。如发现现金账实不符或有其他问题，应查明原因，报告主管负责人或上级领导部门处理。

对于现金清查中发现的账实不符，即现金溢缺情况，通过"待处理财产损溢——待处理流动资产损溢"科目进行核算。

借方　　待处理的财产损溢　　贷方

发生额：	发生额：
(1)发生的待处理财产盘亏和毁损数	(1)发生的待处理的财产盘盈数
(2)结转已批准处理的财产盘盈数	(2)结转已批准待处理财产盘亏和毁损数

现金清查中发现盘亏的现金，应按盘亏的金额，借记"待处理财产损溢——待处理流动资产损溢"科目，贷记"库存现金"科目。查明原因后，属于应当由责任人或保险公司赔偿的部分，应记入"其他应收款"科目；属于无法查明原因的部分，报经批准后应当记入"管理费用"科目。

现金清查中发现盘盈的现金，应按盘盈的金额，借记"库存现金"科目，贷记"待处理财产损溢——待处理流动资产损溢"科目。查明原因后，属于应付未付给有关人员或单位的部分，应记入"其他应付款"科目；属于无法查明原因的部分，报经批准后应当记入"营业外收入"科目。如表2—2所示。

表2—2　　现金盘盈与盘亏的账务处理

盘盈(现金长款)	
当　时	处理时
借:库存现金 　贷:待处理财产损溢——待处理流动资产损溢	借:待处理财产损溢 　贷:其他应付款(有主款项) 　　营业外收入(无主款项)
盘亏(现金短款)	
当　时	处理时
借:待处理财产损溢 　贷:库存现金	借:管理费用(企业承担部分) 　其他应收款(责任赔款部分) 　贷:待处理财产损溢——待处理流动资产损溢

【案例2—8】 2015年5月10日,大连嘉宏股份有限公司在对现金进行清查时,发现短缺60元。编制会计分录如下:

借:待处理财产损溢——待处理流动资产损溢　　60

　贷:库存现金　　60

上述现金短缺,无法查明原因,转入管理费用。编制会计分录如下:

借:管理费用　　60

　贷:待处理财产损溢——待处理流动资产损溢　　60

【案例2—9】 2015年6月15日,大连嘉宏股份有限公司在对现金进行清查时,发现溢余80元。编制会计分录如下:

借:库存现金　　80

　贷:待处理财产损溢——待处理流动资产损溢　　80

现金溢余原因不明,经批准计入营业外收入。

借:待处理财产损溢——待处理流动资产损溢　　80

　贷:营业外收入——盘盈利得　　80

任务二　银行存款

一、开立和使用银行存款账户的规定

银行存款是指企业存放在本地银行的那部分货币资金。在我国,银行存款包括人民币存款和外币存款。企业收入的一切款项,除留存限额内的现金之外,都必须送存银行。企业的一切支出除规定可用现金支付之外,都必须遵守银行结算办法的有关规定,通过银行办理转账结算。

凡是在银行开立人民币存款账户的企业,必须遵守中国人民银行颁布的《银行账户管理办法》的各项规定,银行存款账户分为基本存款账户、一般存款账户、专用存款账户和临时存款账户。

(一)基本存款账户

性质:是企业办理日常转账结算和库存现金收付的账户,是企业的主办账户。

用途：办理企业日常经营活动的资金收付及工资、奖金和库存现金的支取。

开设规定：一个企业只能选择一家银行的一个营业机构开立一个基本存款账户，不得在多家银行机构开立基本存款账户。

企事业单位开立基本存款账户，实行开户许可证制度——凭中国人民银行当地分支机构合法的开户许可证办理。

（二）一般存款账户

性质：是企业因借款或其他结算需要，在基本存款账户开户银行以外的银行营业机构开立的。

用途：办理借款转存、借款归还和其他资金的收付。

使用规定：一般存款账户可以办理库存现金的缴存，但不得办理库存现金的支取。

（三）专用存款账户

性质：按照法律、行政法规和规章，对其特定用途资金进行专项管理和使用而开立的。

用途：办理各种专用资金的收付，如基本建设项目专用资金、农副产品资金等。

使用规定：单位银行卡账户的资金（备用金）必须由其基本存款账户转账存入，该账户不得办理现金收付业务；财政预算外资金、证券交易结算资金、期货交易保证金和信托基金专用存款账户不得支取现金；基本建设资金、更新改造资金、政策性房地产开发资金、金融机构存放同业资金账户需要支取现金的，应在开户时报中国人民银行当地分支行批准；粮、棉、油收购资金，社会保障基金，住房基金和党、团、工会经费等专用存款账户支取现金应按照国家现金管理的规定办理。收入汇缴账户除向其基本存款账户或预算外资金财政专用存款户划缴款项外，只收不付，不得支取现金；业务支出账户除从其基本存款账户拨入款项外，只付不收，其现金支取必须按照国家现金管理的规定办理。

（四）临时存款账户

性质：企业因临时需要在规定期限内使用而开立的。

用途：办理临时机构以及临时经营活动发生的资金收付，如企业产品异地展销、临时性采购等。

使用规定：临时存款账户可以办理转账结算，根据国家现金管理的规定办理库存现金收付。

二、银行存款的核算

银行存款的核算包括序时核算和总分类核算。

（一）银行存款的序时核算

银行存款的序时核算是指根据银行存款的收支业务逐日逐笔地记录银行存款的增减及结存情况。它的方法是设置与登记银行存款日记账。

由出纳员根据审核无误的“银行存款收款凭证”、“银行存款付款凭证”和“库存现金付款凭证”（将现金存入银行业务），逐日逐笔顺序登记，每日终了要计算出收入、支出发生额的合计数，并结计出当日结存余额，并定期与“银行对账单”核对。

（二）银行存款的总分类核算

银行存款的总分类核算，是由企业会计人员根据反映银行存款收付业务的记账凭证或根据其他会计核算形式所规定的登记总账的依据登记“银行存款”总账，以提供企业银行存款增减变动的总括性指标所进行的核算。

为了总括反映企业银行存款的收入、支出和结存情况，应该设置“银行存款”科目。该科目的借方登记存入的款项，贷方登记提取或支出的款项，余额在借方，表示实际存在银行或其他金融机构的款项。企业存入其他金融机构的存款，也在本科目核算。企业的外埠存款、银行本票存款、银行汇票存款等在“其他货币资金”科目核算，不在本科目核算。

借方 银行存款	贷方
期初余额 银行存款的收入	银行存款的支出
期末余额： 银行存款的结存金额	

【案例 2—10】 大连嘉宏股份有限公司对外销售商品一批，收到销货款 117 000 元（含增值税），编制会计分录如下：

借：银行存款　　117 000

　　贷：应交税费——应交增值税（销项增值税）　　17 000

　　　　主营业务收入　　100 000

【案例 2—11】 大连嘉宏股份有限公司采购原材料一批，以银行存款支付材料价款 40 000 元，进项增值税 6 800 元，材料已验收入库。编制会计分录如下：

借：原材料　　40 000

　　应交税费——应交增值税（进项增值税）　　6 800

　　贷：银行存款　　46 800

【案例 2—12】 大连嘉宏股份有限公司收到 A 公司前欠货款 58 500 元，已存入银行。编制会计分录如下：

借：银行存款　　58 500

　　贷：应收账款——A 公司　　58 500

三、银行存款的对账

企业的银行存款日记账的账面余额应定期与开户银行记录转来的“银行对账单”进行核对，每月至少要核对一次，如二者不符，应查明原因，予以调整。造成不符的原因有两个方面：一是企业和银行双方存在一方或双方同时记账错误；二是存在未达账项。未达账项是指由于企业间的交易采用的结算方式涉及的收付款结算凭证在企业和银行之间的传递上存在着时间的先后差别，造成一方已收到凭证并已入账，而另一方尚未接到凭证仍未入账的款项。未达账项一般有四种情况：

(1)企业已收款记账，而银行尚未收款记账；

(2)企业已付款记账，而银行尚未付款记账；

(3)银行已收款记账，而企业尚未收款记账；

(4)银行已付款记账，而企业尚未付款记账。

【案例 2—13】 大华公司 8 月 31 日银行存款日记账余额为 120 000 元，银行对账单余额为 124 000 元，经核对，发现存在以下未达账项：

(1)银行代企业支付水电费 3 000 元，未及时通知企业；

(2)企业开出转账支票 1 000 元，但尚未到银行办理转账手续；

(3)银行收到企业的委托收款 5 000 元，未通知企业；

(4)企业委托开户银行代收款3 000元,银行已收到入账,企业尚未入账;

(5)企业将销售收到的一张2 000元现金支票送存银行,银行未及时记账。

要求:请根据上述资料编制“银行存款余额调节表”(见表2—3)。

表2—3　　银行存款余额调节表

项　目	金　额	项　目	金　额
银行存款日记账余额	120 000	银行对账单余额	124 000
加:银行已收款,企业未收款项	8 000	加:企业已收款,银行未收款项	2 000
减:银行已付款,企业未付款项	3 000	减:企业已付款,银行未付款项	1 000
调整后余额	125 000	调整后余额	125 000

需要注意的是,通过编制“银行存款余额调节表”对未达账项进行调整,如果调整后双方余额相等,说明“银行存款日记账”的登记基本无错误。“银行存款余额调节表”中调整后的余额是本单位可以动用的银行存款实有数。但是,“银行存款余额调节表”不是记账凭证,不能据以调整账簿记录,对于银行已经入账,而公司尚未入账的未达账项,应在收到有关收付款原始凭证后,才能进行账务处理,不能直接以银行转来的对账单作为原始凭证记账。

任务三　其他货币资金

一、其他货币资金的性质与内容

其他货币资金是指企业除库存现金、银行存款以外的其他各种货币资金。其他货币资金不同于银行存款和库存现金之处在于:它们一般有专门的用途和特定的存放地点。其他货币资金的组成内容包括外埠存款、银行汇票存款、银行本票存款、信用卡存款、存出投资款等。有境外往来结算业务的企业,发生的国际信用证保证金存款,也属于其他货币资金的范围。

(1)外埠存款也称临时性采购专户存款,它是指企业到外地进行临时或零星采购时,汇往采购地银行开立采购专户的款项。

(2)银行汇票存款是指企业为了取得银行汇票,按规定存入银行的款项。

(3)银行本票存款是指企业为了取得银行本票,按规定存入银行的款项。

(4)信用卡存款是指企业为了取得信用卡而存入银行信用卡专户的款项。

(5)存出投资款是指企业已存入证券公司但尚未进行短期投资的现金。

(6)信用证保证金存款是指针对与境外供货单位采用国际信用证结算的交易,企业为了开具信用证而存入中国银行信用证保证金专户的款项。

与库存现金和银行存款一样,其他货币资金也必须按照国家的现金管理制度、银行结算办法及有关规定严格进行管理,同时,还要设置专门的账户单独进行核算。

二、其他货币资金业务的会计处理

为了单独反映其他货币资金的收入、付出和结存情况,应设置“其他货币资金”账户进行核算。该账户为资产类账户,借方登记其他货币资金的增加数;贷方登记其他货币资金的减少数;期末借方余额,反映其他货币资金的结存数。该账户应按其他货币资金的具体组成内容设置明细账，进行明细核算。

借方	其他货币资金　贷方
期初余额 增加数	 减少数
期末余额：	

其他货币资金的会计处理，大致可以分为办理（开立）、收到发票账单、收到多余退款三个阶段，如表 2—4 所示：

表 2—4　　其他货币资金的会计处理阶段

时　间	会计处理
1. 办理（开立）	借：其他货币资金——×× 　　贷：银行存款
2. 收到发票账单	借：在途物资、材料采购等 　　应交税费——应交增值税（进项税额） 　　贷：其他货币资金——××
3. 收到多余退款	借：银行存款 　　贷：其他货币资金——××

（一）外埠存款

企业将款项汇往采购地开立专户时，根据汇出款项的凭证，借记“其他货币资金——外埠存款”账户，贷记“银行存款”账户。采购人员报销用外埠存款支付的材料采购货款等款项时，根据报销凭证，借记“材料采购”、“应交税费——应交增值税（进项税额）”等账户，贷记“其他货币资金——外埠存款”账户。完成采购任务，将多余的外埠存款转回当地银行时，应根据银行的收款通知，编制收款凭证。

【案例 2—14】　A 公司到外地采购材料，开出汇款委托书，委托当地开户银行将采购款 60 000元汇往采购地银行开立采购专户。编制会计分录如下：

借：其他货币资金——外埠存款　　60 000

　　贷：银行存款　　60 000

【案例 2—15】　A 公司收到采购人员交来的报销单据，其中材料发票列明材料货款 50 000元，增值税款 8 500 元，车票、住宿费单据 900 元，材料尚未运达企业。编制会计分录如下：

借：材料采购　　50 000

　　应交税费——应交增值税（进项税额）　　8 500

　　管理费用　　900

　　贷：其他货币资金——外埠存款　　59 400

【案例 2—16】　大通公司接当地开户银行通知，汇出的采购专户存款余额 600 元已经汇回，存入公司的银行存款账户。编制会计分录如下：

借：银行存款　　600

　　贷：其他货币资金——外埠存款　　600

（二）银行汇票存款

企业从银行取得汇票后，借记“其他货币资金——银行汇票存款”账户，贷记“银行存款”账户。企业使用银行汇票支付款项后，借记“材料采购”、“应交税费——应交增值税(进项税额)”等账户，贷记“其他货币资金——银行汇票存款”等账户。银行汇票使用完毕，应转销“其他货币资金——银行汇票存款”账户。如实际采购支出小于银行汇票面额，多余部分应借记“银行存款”账户，贷记“其他货币资金——银行汇票存款”账户。汇票因超过付款期限或其他原因未曾使用而退还款项时，应借记“银行存款”账户，贷记“其他货币资金——银行汇票存款”账户。

【案例 2—17】 大连嘉宏股份有限公司向开户银行申请办理银行汇票，公司开出汇票委托书并将款项 9 500 元交存银行取得银行汇票。编制会计分录如下：

借：其他货币资金——银行汇票存款 9 500

贷：银行存款 9 500

【案例 2—18】 大连嘉宏股份有限公司用银行汇票办理采购货款的结算，其中货款 8 000 元，增值税 1 360 元，材料已验收入库。编制会计分录如下：

借：原材料 8 000

应交税费——应交增值税(进项税额) 1 360

贷：其他货币资金——银行汇票存款 9 360

【案例 2—19】 结算完毕，大连嘉宏股份有限公司收到开户银行的收账通知，汇票余款 140 元已经汇还入账。编制会计分录如下：

借：银行存款 140

贷：其他货币资金——银行汇票存款 140

【案例 2—20】 承接案例 2—17，若该汇票因超出付款期限未曾使用，向开户银行申请并退回款项。编制会计分录如下：

借：银行存款 9 500

贷：其他货币资金——银行汇票存款 9 500

【案例 2—21】 大连嘉宏股份有限公司销售产品收到银行汇票(含增值税 9 360 元)填写进账单交存银行后，凭进账单回执，编制会计分录如下：

借：银行存款 9 360

贷：主营业务收入 8 000

应交税费——应交增值税(销项税额) 1 360

(三)银行本票存款

企业取得银行本票时，借记“其他货币资金——银行本票存款”账户，贷记“银行存款”账户。用银行本票支付购货款等款项后，应根据发票账单等有关凭证，借记“材料采购”、“应交税费——应交增值税(进项税额)”等账户，贷记“其他货币资金——银行本票存款”账户。如企业因本票超过付款期等原因未曾使用而要求银行退款时，应填制进账单一式两联，连同本票一并交给银行，然后根据银行收回本票时盖章退回的一联进账单，借记“银行存款”账户，贷记“其他货币资金——银行本票存款”账户。

企业使用银行本票结算，也必须按规定先向银行提交本票申请书并将款项交存银行，方可取得银行本票。银行本票的账务处理与银行汇票基本一致，在此不另举例。

(四)信用卡存款

企业在申请使用信用卡时，应按规定填制申请表，并连同支票和有关资料一并送交发卡银行，根据银行盖章退回的进账单第一联，借记“其他货币资金”科目，贷记“银行存款”科目。企业用信用卡购物或支付有关费用，借记有关科目，如“管理费用”、“材料采购”等，贷记“其他货币资金——信用卡存款”科目。企业信用卡在使用过程中,需要向其账户续存资金的,借记“其他货币资金——信用卡存款”科目,贷记“银行存款”科目;如果办理销户手续,借记“银行存款”,贷记“其他货币资金——信用卡存款”。

【案例2—22】 大连嘉宏股份有限公司向银行申请领取信用卡,填写申请表并交存备用金20 000元,公司取得信用卡时,编制会计分录如下:

借:其他货币资金——信用卡存款 20 000

贷:银行存款 20 000

【案例2—23】 大连嘉宏股份有限公司收到银行转来信用卡存款凭证及所附发票账单,招待费680元。编制会计分录如下:

借:管理费用——业务招待费 680

贷:其他货币资金——信用卡存款 680

【案例2—24】 大连嘉宏股份有限公司不再使用信用卡结算,办理销户手续,信用卡存款余额5 600元转回基本存款账户。编制会计分录如下:

借:银行存款 5 600

贷:其他银行存款——信用卡存款 5 600

(五)信用证保证金存款

企业向外商开出信用证时,借记“其他货币资金——信用证保证金存款”账户,贷记“银行存款”账户;收到境外供应单位信用证结算凭证及所附发票账单,经核对无误后借记“材料采购”等账户,贷记“其他货币资金——信用证保证金存款”账户;接到银行收账通知,将未用完的信用证保证金存款余额转回开户银行时,借记“银行存款”账户,贷记“其他货币资金——信用证保证金存款”账户。

【案例2—25】 嘉宏股份有限公司要求银行对境外销售机构开出信用证60 000元,半月后收到境外销售机构信用证结算凭证及所附发票账单58 500元(其中货款50 000元,增值税8 500元)。编制会计分录如下:

(1)开出信用证时:

借:其他货币资金——信用证保证金存款 60 000

贷:银行存款 60 000

(2)根据发票账单报销时:

借:材料采购 50 000

应交税费——应交增值税(进项税额) 8 500

贷:其他货币资金——信用证保证金存款 58 500

(3)余额转回:

借:银行存款 1 500

贷:其他货币资金——信用证保证金存款 1 500

(六)存出投资款

存出投资款是指企业已存入证券公司但尚未进行短期投资的现金,企业向证券公司划出资金时,应按实际划出的金额,借记“其他货币资金——存出投资款”,贷记“银行存款”;购买股票、债券等有价证券时,按实际发生的金额,借记“交易性金融资产”,贷记“其他货币资金——存出投资款”。

【案例2—26】 大连嘉宏股份有限公司要委托某证券公司从深圳证券交易所购入A上市

公司股票，先在该公司以企业名义开立证券资金户头并存入资金800万。编制会计分录如下：

借：其他货币资金——存出投资款　　8 000 000

　　贷：银行存款　　8 000 000

该证券公司从深圳证券交易所购入A上市公司股票50万股（假设价值为600万元），并将其划分为交易性金融资产。编制会计分录如下：

借：交易性金融资产　　6 000 000

　　贷：其他货币资金——存出投资款　　6 000 000

甲企业将多余的资金转回原开户银行。编制会计分录如下：

借：银行存款　　2 000 000

　　贷：其他货币资金——存出投资款　　2 000 000

任务四　外　汇

一、外汇概述

（一）外汇管理

在一般情况下，各国都不允许外汇货币在本国流通。企业在从事国际贸易和投资活动时，必须用本币到外汇银行或政府指定的可以经营外汇的非银行金融机构兑换外汇。外汇管理是指政府制定的外汇管理法令、制度，对境内外汇买卖、国际结算和外汇汇率所实施的管理。

1. 外汇账户的开立

境内机构（境内的国家机关、企事业单位、社会团体、部队等，包括外商投资企业）可以向所在地的外汇管理局及其分支局申请开立经常项目外汇账户。申请账户开立条件为：经有关部门核准或者备案具有外贸经营权或经常项目外汇收入；具有捐赠、援助、国际邮政汇兑等特殊来源和指定用途的外汇收入。

2. 外汇账户所需的资料

（1）开立经常项目外汇账户申请书；

（2）营业执照或社团登记证等有效证件的正本和复印件；

（3）有关管理部门颁发的外贸业务经营许可证的正本及复印件，或《外商投资外汇登记证》；

（4）组织机构代码证的正本及复印件；

（5）外汇管理局要求的其他资料。

境内机构开立账户后，在办理账户收付时，必须向银行出具《外汇账户使用证》，按规定办理账户收付业务。其后续的外汇账户的开立、变更、关闭、撤销，都要遵守外汇管理局的相关规定。

（二）外币业务核算

1. 外币业务核算的程序

外币业务，又称外汇业务，是指外贸企业以记账本位币（人民币）以外的货币进行款项收付、往来结算的经济业务，包括企业购买和销售以外币计价的货物或劳务、借入或借出外币资金、承担或清偿以外汇计价的债务等。

外币业务会计核算的基本程序为：

（1）根据一定的折算汇率将外币金额折算为记账本位币金额，在按照折算后的记账本位币金额登记有关记账本位币账户的同时，按照外币金额登记相应的外币账户。将外币金额折算为记账本位币金额时，应采用外币业务发生时的汇率，也可以采用外币业务发生当期期初的汇率。

(2)各种外币账户的外币金额，期末时应当按照期末汇率折合为记账本位币。期末折合后的记账本位币金额与账面记账本位币金额之间的差额，作为汇兑损益处理。

企业为了进行外币业务的核算，应设置的相关外币账户："库存现金"核算外币现金的增减变动及结余情况；"银行存款"核算各种外币存款的增减变动及结余情况；"外币债权结算账户"如应收账款、应收票据、预付账款等，用来核算各种外币债权的增减变动及结余情况；"外币债务结算账户"如应付账款、应付票据、预收账款、短期借款等，用来核算各种外币债务的增减变动及结余情况。

2. 外币业务的记账方法

外币业务的记账方法有外币统账制和外币分账制。

(1)外币统账制是指企业在发生外币业务时，必须及时折算为记账本位币记账，并以此编制会计报表的制度。从我国目前的情况来看，除金融企业外，绝大多数企业采用外币统账制，所以外贸企业通常采用外币统账制。

(2)外币分账制是指企业对外币业务的日常核算时按照外币进行记账，分别不同的外币币种核算损益和编制会计报表。在资产负债表日，将不同币种的会计报表折算为记账本位币表示的会计报表，并与记账本位币业务编制的会计报表汇总，编制整个企业一定会计期间的会计报表的制度。我国金融企业因外币交易频繁，涉及外币币种较多，一般采用分账制记账方法进行日常核算。

(三)记账本位币的确定

记账本位币，是指企业经营所处的主要经济环境中的货币。企业通常应选择人民币作为记账本位币。业务收支以人民币以外的货币为主的企业，可以选定其中一种货币作为记账本位币，但是，编报的财务报表应当折算为人民币。

企业选定记账本位币，应当考虑下列因素：

(1)该货币主要影响商品和劳务的销售价格，通常以该货币进行商品和劳务的计价和结算；

(2)该货币主要影响商品和劳务所需人工、材料和其他费用等，以该货币进行上述费用的计价和结算；

(3)融资活动获得的货币以及保存从经营活动中收取款项所使用的货币。

(四)汇兑损益

汇兑损益是汇兑损失和收益的简称，是指进出口企业在进行外币业务核算时，一定数额的外币因汇率的变化，在不同的时点上对应的记账本位币数额的差额。

1. 汇兑损益的会计处理原则

(1)企业外币兑换、外币交易中发生的汇兑损益，应计入当期损益，在"财务费用"账户或单设"汇兑损益"账户列支。

(2)企业为购建固定资产等发生的汇兑损益，在资产达到预定可使用状态之前发生的，可按有关规定予以资本化计入相关固定资产的购建成本；在这之后发生的计入当期损益。

(3)企业为购建无形资产发生的汇兑损益，计入无形资产的价值。

(4)支付境外投资者股利或利润发生的汇兑损益，应归属于"汇兑损益"账户

借方	财务费用——汇兑损益	贷方
汇兑损失		汇兑收益

2. 汇兑损益的结转方法

在外贸企业的具体账务处理中，汇兑损益的结转方法有逐笔结转法和集中结转法两种。

(1)逐笔结转法是指企业对每一笔外币业务，均按业务发生日市场汇率或期初汇率入账，每结算一次或收付一次，依据账面汇率计算一次汇兑损益，期末再按市场汇率进行调整，调整后的期末人民币余额与原账面人民币余额的差额作为当期汇兑损益。在这种方法下，操作特点是：

第一，外币资产和负债的增加采用企业选用的市场汇率折算；

第二，外币资产和负债的减少选用账面汇率进行折算，其账面汇率的计算可以采用先进先出法和加权平均法等方法确定。

逐笔结转法需要随时查找或计算账面汇率，较为复杂，适用于外币业务不多的企业。

(2)集中结转法是指企业对外币账户平时一律按选用的市场汇率(业务发生日汇率或期初汇率)记账。平时不确认汇兑损益，期末将外币账户的余额按期末汇率调整，将调整后的期末人民币余额与原账面余额的差额集中计算一笔汇兑损益。

集中结转法平时不需计算汇兑损益，而是将汇兑损益的计算工作集中在期末，适用于外币业务较多的企业。这两种方法的计算结果是一致的。

3. 汇兑差额的处理

根据《企业会计准则》第 19 号第 11 条规定，在资产负债表日，企业应当分别对外币货币性项目和外币非货币性项目进行会计处理。

(1)外币货币性项目。货币性项目是指企业持有的货币资金和将以固定或可确定的金额收取的资产或者偿付的负债。货币性项目分为货币性资产和货币性负债。货币性资产包括库存现金、银行存款、应收账款、其他应收款、长期应收款等；货币性负债包括短期借款、应付账款、其他应付款、长期借款、应付债券、长期应付款等。

对于外币货币性项目，因结算或采用资产负债表日的即期汇率折算而产生的汇兑差额，计入当期损益，同时调增或调减外币货币性项目的记账本位币金额。

(2)外币非货币性项目。非货币性项目是指货币性项目以外的项目，包括存货、长期股权投资、固定资产、无形资产等。

第一，以历史成本计量的外币非货币性项目，由于已在交易发生日按当日即期汇率折算，资产负债表日不应改变其原记账本位币金额，不产生汇兑差额。

第二，以公允价值计量的外币非货币性项目，如交易性金融资产(股票、基金等)，采用公允价值确定日的即期汇率折算，折算后的记账本位币金额与原记账本位币金额的差额，作为公允价值变动(含汇率变动)处理，计入当期损益。

(3)外币投入资本。企业收到投资者以外币投入的资本，应当采用交易发生日即期汇率折算，不得采用合同约定汇率和即期汇率的近似汇率折算，外币投入资本与相应的货币性项目的记账本位币金额之间不产生外币资本折算差额。

(4)实质上构成对境外经营净投资的外币货币性项目。企业编制合并财务报表涉及境外经营的,如有实质上构成对境外经营净投资的外币货币性项目,因汇率变动而产生的汇兑差额,应列入所有者权益“外币报表折算差额”项目;处置境外经营时,计入处置当期损益。

(五)外汇业务会计核算实务

企业外贸会计的外汇核算内容,主要分为外币兑换(或汇兑)、外汇收入和外汇支出三种类型。

1. 外币兑换的核算

企业发生外币兑换业务或涉及外币兑换的交易事项,应当以交易实际采用的汇率,即银行买入价或卖出价核算,汇率变动产生的折算差额计入当期损益。

2. 外币收入的核算

经核准在银行开立外汇存款账户的大型企业和一般企业限额内不办理结汇的外汇收入,其会计处理比较简单:当收入外汇时,根据有关单证的外汇数额办理存款手续,取得回单后,借记“银行存款”账户,贷记有关收入账户。如果企业采用人民币(或其他币种)为记账本位币,则应通过汇率折算为人民币,其会计处理与办理结汇收入的会计处理相同。

企业收到投资者以外币投入的资本,无论是否有合同约定汇率,均不得采用合同预定汇率和即期汇率的近似汇率折算,而应采用交易日即期汇率折算,这样外币投入资本与相应的货币性项目的记账本位币金额相等,不产生外币资本折算差额。

3. 外汇支出的核算

根据外汇管理的有关规定,当前涉及企业的支出用汇有三个来源:一是企业自有限额内的外汇存款;二是凭有效单证向银行购付;三是经申请核准支付。前两者可统称为“凭有效单证外汇支出”,后者可称为“凭核准证明外汇支付”。

二、外币业务核算实例

【案例 2—27】 大连某外资进出口公司为一般纳税企业,以人民币为记账本位币,对外币交易采用交易日即期汇率折算,按月计算汇兑损益。该公司 2016 年 1 月 1 日有关外汇账户余额资料如表 2—5 所示:

表 2—5

银行存款——美元户	100 000(美元) 6.100 0 RMB 610 000(元)
应收账款——应收外汇账款——B 公司	29 000(美元) 6.100 0 RMB 176 900(元)
应付账款——应付外汇账款——Y 公司	2 3000 (美元) 6.100 0 RMB 140 300(元)

该公司 2016 年 1 月份发生有关业务如下:

(1)3 日,根据合同规定对国外 A 公司出口甲商品一批计 10 000 件,总成本计人民币 252 000元(不含增值税)。上列出口甲商品外销发票金额为每件外销价 CIF 5 美元,当日交单出口并结转了出口商品销售成本。上列业务当日即期汇率为 1 美元=6.110 0 元人民币。编制会计分录为:

借:应收账款——应收外汇账款——A 公司　　305 500(元人民币)

　　贷:主营业务收入——自营出口销售收入　　305 500(元人民币)

借:主营业务成本——自营出口销售成本　　252 000(元人民币)

　　贷:库存商品——出口商品——甲商品　　252 000(元人民币)

(2)12 日,从银行借入短期外币借款 8 万美元,当日即期汇率为 1 美元=6.110 0 元人民币。

借:银行存款——外汇银行存款　　　　488 800(元人民币)

　贷:短期借款　　　　48 8800(元人民币)

(3)20 日,从法国进口化工材料 10 吨。FOB 每吨巴黎 2 000 美元,国外运费 3 000 美元。付款方式 T/T in advanced,海运。上列款项以外汇银行存款支付,当日即期汇率为 1 美元=6.100 0 元人民币。

借:在途物资——进口库存商品——化工材料　　　　12 2000(元人民币)

　贷:银行存款　　　　12 2000(元人民币)

(4)21 日,今接银行通知,收到国外 B 公司归还货款 29 000 美元,当日即期汇率为 1 美元=6.1 050元人民币。

借:银行存款——外汇银行存款　　　　177 045(元人民币)

　贷:应收账款——应收外汇账款——B 公司　　　　177 045(元人民币)

(5)23 日,以外汇银行存款偿还前欠国外 Y 公司账款 23 000 美元,当日即期汇率为 1 美元=6.100 0 元人民币。

借:应付账款——应付外汇账款——Y 公司　　　　140 300(元人民币)

　贷:银行存款——外汇银行存款　　　　140 300(元人民币)

(6)27 日,收到对国外 A 公司出口甲商品货款,由银行划入待核查账户,当日即期汇率为 1 美元=6.099 0 元人民币。

借:银行存款——美元户　　　　304 950(元人民币)

　贷:应收账款——应收外汇账款——B 公司　　　　304 950(元人民币)

(7)1 月 31 日美元的市场即期汇率为 1 美元=6.090 0 元人民币。

银行存款=－3 285(元人民币,损失)

借:财务费用　　　　3 285(元人民币)

　贷:银行存款　　　　3 285(元人民币)

　　应收账款——B　　　　－405(元人民币,损失)

借:财务费用　　　　405(元人民币)

　贷:应收账款——B　　　　405(元人民币)

短期借款:－1 600(收益)

借:短期借款　　　　1 600

　贷:财务费用　　　　1 600

★★★ 项目小结 ★★★

货币资金既是资本运动的起点,又是资本运动的终点,在流转资金的循环周转中起着纽带的作用。货币资金是企业在生产经营资金在周转过程中处于货币形态的那部分资金,主要包括库存现金、银行存款和其他货币资金,由于其流动性较强,企业应严格遵守有关管理制度,加强管理和控制。同时,也应该对外汇核算有清晰的认识和掌握。

★★★ 关键术语 ★★★

货币资金　库存现金　银行存款　未达账项　其他货币资金　存出投资款　外汇管理

逐笔结转法　集中结转法　货币性项目　非货币性项目

★★★ 思考与讨论 ★★★

1. 简述库存现金的管理主要内容。
2. 简述开立和使用银行存款账户的规定。
3. 简述外币业务会计核算的基本程序。
4. 企业选定记账本位币,应当考虑哪些因素?
5. 简述汇兑损益的会计处理原则及结转方法。

项目三 应收及预付账款

技能目标

能够对应收及预付款项的账务处理进行账务核算。

学习目标

1. 理解：应收及预付款项的相关概念。
2. 熟知：应收与预付款项的账务处理程序及涉及的会计科目。
3. 掌握：各种应收与预付款项的会计核算业务处理、应收款项减值的核算与方法。

知识支撑

任务一 应收票据

一、应收票据的概念

应收票据是指企业因销售商品、提供劳务等而收到的商业汇票。商业汇票是一种由出票人签发的、委托付款人在指定日期无条件支付确定金额给收款人或者持票人的票据。

商业汇票的付款期限，最长不得超过六个月。定日付款的汇票付款期限自出票日起计算，并在汇票上记载具体到期日；出票后定期付款的汇票付款期限自出票日起按月计算，并在汇票上记载；见票后定期付款的汇票付款期限自承兑或拒绝承兑日起按月计算，并在汇票上记载。商业汇票的提示付款期限，自汇票到期日起 10 日。符合条件的商业汇票的持票人，可以持未到期的商业汇票连同贴现凭证向银行贴现。

商业汇票根据承兑人的不同，可分为商业承兑汇票和银行承兑汇票。商业承兑汇票是指由付款人签发并承兑，或由收款人签发交由付款人承兑的汇票。银行承兑汇票是指由在承兑银行开立存款账户的存款人（这里也是出票人）签发、由承兑银行承兑的票据。

商业汇票按是否计息可分为不带息商业汇票和带息商业汇票。

二、应收票据的计价

应收票据的计价，就是要确定应收票据的入账价值。按现行会计准则规定，企业收到承兑的汇票，无论是否带息，一律按其票面金额计价入账。即企业收到票据时，应按照票据的票面价值入账。但对于带息的票据，如果收款期是跨年度的，应于年末按应收票据的票面金额和约定的利率计算利息并增加应收利息。

会计实务上一般不对应收票据计提坏账准备。但是，在资产负债表日对应收票据的账面价值进行检查,企业持有的未到期应收票据,如有确凿证据证明不能收回或收回的可能性不大时,应确认其资产减值损失,计提坏账准备。

三、应收票据的核算

为了反映应收票据的取得、票款收回等经济业务,企业应当设置“应收票据”科目,借方登记取得的应收票据面值和票据利息,贷方登记到期收回票款或到期前向银行贴现的应收票据的票面余额,期末余额在借方,反映企业持有的商业汇票的面值和利息。本科目可按照开出、承兑商业汇票的单位设户进行明细核算,并设置“应收票据备查簿”,逐笔登记商业汇票的种类、号数,出票日期、票面金额、交易合同号,付款人、承兑人、背书人的姓名或单位名称,到期日、背书转让日、贴现日,贴现率、贴现净额,收款日、收回金额及退票情况等资料。商业汇票到期结清票款或退票后,在备查簿中应予注销。

应收票据账务核算处理如图 3—1 所示:

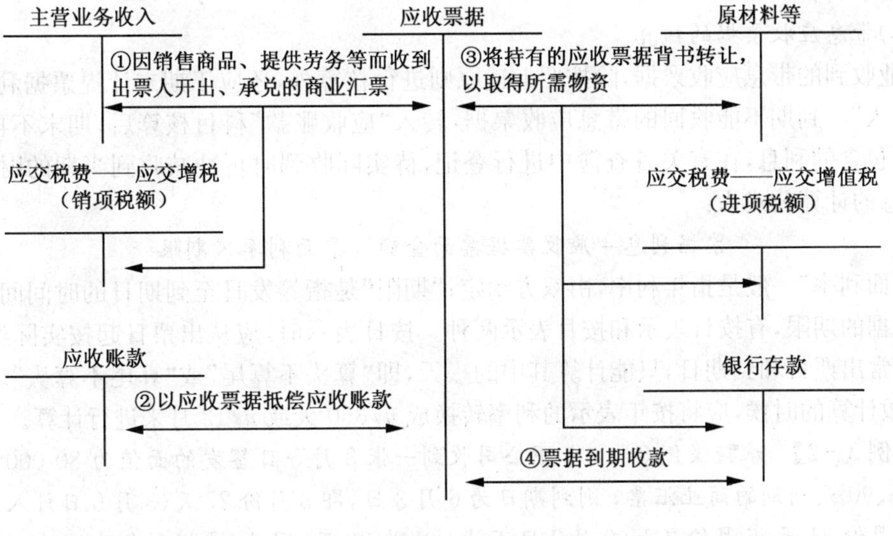

注:将持有的应收票据背书转让,以取得所需物资,银行存款的发生额也可能在贷方。

图 3—1 应收票据账务核算处理

(一)不带息应收票据的核算

应收票据取得的原因不同,其会计处理也有区别。因债务人抵偿前欠货款而取得的应收票据,借记“应收票据”科目,贷记“应收账款”科目;因企业销售商品、提供劳务等收到的商业汇票,借记“应收票据”科目,贷记“主营业务收入”、“应交税费——应交增值税(销项税额)”等科目。应收票据到期收回款项时,应按实际收到的金额,借记“银行存款”科目,贷记“应收票据”科目。商业承兑汇票到期,承兑人违约拒付或无力支付票款,企业收到银行退回的商业承兑汇票、委托收款凭证、未付票款通知书或拒绝付款证明等,借记“应收账款”科目,贷记“应收票据”科目。

【案例 3—1】 甲公司 2015 年 2 月 1 日向乙公司销售一批产品,货款为 100 000 元,增值税税率为 17%。合同约定 3 个月以后付款,乙公司交给甲公司一张不带息 3 个月到期的商业承兑汇票,面值为 117 000 元。2015 年 5 月 1 日,乙公司如期承兑汇票款。编制会计分录如下:

(1)2015 年 2 月 1 日,收到商业承兑汇票时:

借:应收票据——乙公司　　117 000

　　贷:主营业务收入　　100 000

　　　　应交税费——应交增值税(销项税额)　　17 000

(2)2015 年 5 月 1 日,收到汇票款时:

借:银行存款　　117 000

　　贷:应收票据——乙公司　　117 000

如果该票据到期,乙公司无力偿还票款,甲公司应将到期票据的票面金额转入"应收账款"科目。则会计分录为:

借:应收账款——乙公司　　117 000

　　贷:应收票据——乙公司　　117 000

如果企业收到的商业汇票是对方用来抵偿前欠货款的,则应借记"应收票据"科目,贷记"应收账款"科目。

(二)带息应收票据的核算

企业收到的带息应收票据,除按照上述原则进行核算外,还应于期末计提票据利息,增加"利息收入"。到期不能收回的带息应收票据,转入"应收账款"科目核算后,期末不再计提利息,其所包含的利息,在有关备查簿中进行登记,待实际收到时再冲减收到当期的财务费用。票据利息的计算公式为:

票据利息=应收票据票面金额×票面利率×期限

"票面利率"一般是指年利率,由双方约定;"期限"是指签发日至到期日的时间间隔(有效期)。票据的期限,有按日表示和按月表示两种。按日表示时,应从出票日起按实际经历天数计算,通常出票日和到期日,只能计算其中的一天,即"算头不算尾"或"算尾不算头"。在按天数或月数计算的时候,应将按年表示的利率转换成 $n/360$ 天或 $n/12$ 月来进行计算。

【案例 3—2】 承接案例 3—1,如甲公司收到一张 3 月 5 日签发的面值为 80 000 元、年利率为 8%、90 天到期的商业汇票,则到期日为 6 月 3 日,即 3 月份 27 天(3 月 5 日计入),4 月份 30 天,5 月份 31 天,6 月份 2 天(6 月 3 日不计入),共 90 天;因此,票据利息为:80 000×8%×90/360=1 600 元。

票据期限按月表示时,不论各月份实际日历天数为多少,均以到期月份中与出票日相同的那一天为到期日,如 4 月 30 日签发的、5 个月期限的商业汇票,到期日为 9 月 30 日。

带息应收票据到期收回款项时,应按收到的本息,借记"银行存款"科目,按账面余额,贷记"应收票据"科目,按其差额(未计提利息部分),贷记"财务费用"科目。

【案例 3—3】 甲公司 2014 年 10 月 1 日销售一批产品给丙公司,货已发出,增值税专用发票上注明的价款为 200 000 元,增值税额为 34 000 元。收到丙公司交来的商业承兑汇票一张,期限为 6 个月,票面利率为 6%。编制会计分录如下:

(1)2014 年 10 月 1 日,销售产品收到票据时:

借:应收票据——丙公司　　234 000

　　贷:主营业务收入　　200 000

　　　　应交税费——应交增值税(销项税额)　　34 000

(2)2014 年 12 月 31 日,计提票据利息时:

票据利息=234 000×6%×3/12=3 510 (元)

借:应收利息　　3 510

　　贷:利息收入　　3 510

(3)2015 年 4 月 1 日,票据到期收回款项时:

收款金额=234 000×(1+6%×6/12)=241 020(元)

2015 年未计提的票据利息=234 000×6%×3/12=3 510(元)

借:银行存款　　241 020

　　贷:应收票据——丙公司　　237 510

　　　　利息收入　　3 510

(三)应收票据的背书转让

企业可以将自己持有的商业汇票背书转让。背书是指在票据背面或粘贴单上记载有关事项并签章的票据行为。票据被拒绝承兑、拒绝付款或者超过付款提示期限的,不得背书转让。背书转让的,背书人应当承担票据责任。企业将持有的商业汇票背书转让于取得所需物资时,按应计入取得物资成本的金额,借记"材料采购"或"原材料"、"库存商品"等科目,按增值税专用发票上注明的可抵扣的增值税额,借记"应交税费——应交增值税(进项税额)"科目,按商业汇票的票面金额 ,贷记"应收票据"科目,如有差额,借记或贷记"银行存款"科目。

【案例 3—4】 承接案例 3—3 资料,假定甲公司于 10 月 20 日将上述应收票据背书转让,以取得生产经营所需的 B 材料,该材料的买价为 200 000 元,增值税额为 34 000 元。该材料已验收入库。编制会计分录如下:

借:原材料——B 材料　　200 000

　　应交税费——应交增值税(进项税额)　　34 000

　　贷:应收票据——丙公司　　234 000

(四)应收票据的贴现

企业收到商业汇票后,如果急需资金使用,可将未到期的票据背书后向银行申请贴现。应收票据的贴现通常是企业将未到期商业汇票经过背书后交给银行,银行同意后,从票据到期值中扣除按银行的贴现利率计算贴现息后,将余额付给贴现企业。在贴现中,企业付给银行的利息称为贴现利息,银行计算贴现利息的利率称为贴现利率,票据到期值与贴现息之差为贴现所得。

对于不带息应收票据,到期值就是面值;而对于带息应收票据,到期值应该包含到期应收的利息。其有关计算公式如下:

票据到期值=票面金额×(1+票面利率×期限)

贴现利息=票据到期值×贴现利率×贴现期

贴现所得=票据到期值-贴现利息

【案例 3—5】 甲公司因急需资金,于 6 月 7 日将一张 5 月 8 日签发、120 天期限、票面价值 100 000 元的不带息商业汇票向银行贴现,年贴现率为 10%。则:到期值 100 000 元;票据到期日为 9 月 5 日(5 月份 24 天,6 月份 30 天,7 月份 31 天,8 月份 31 天,9 月份 4 天);票据持有天数为 30 天(5 月份 24 天,6 月份 6 天);贴现期为 90 天(120-30);贴现利息 2 500 元(50 000×10%×90÷360);贴现所得 97 500 元(100 000-2 500)。有关账务处理如下:

借:银行存款　　97 500

　　财务费用　　2 500

　　贷:应收票据　　100 000

【案例 3—6】 甲因急需资金,于 4 月 15 日将一张 1 月 20 日签发、4 个月期限、票面价值

50 000 元、票面利率 6%的带息商业汇票向银行贴现，年贴现率为 7%。则：

票据到期日为 5 月 20 日

贴现期为 35 天(4 月份 16 天，5 月份 19 天)

到期值＝50 000×(1＋6%×4÷12)＝51 000(元)

贴现利息＝51 000 × 7%×35÷360＝347.08(元)

贴现所得＝51 000－347.08＝50 652.92(元)

有关账务处理如下：

借：银行存款	50 652.92	
贷：应收票据		50 000
财务费用		652.92

如果贴现的商业承兑汇票到期，承兑人的银行账户不足支付，银行即将已贴现的票据退回申请贴现的企业，同时从贴现企业的账户中将票据款划回。此时，贴现企业应按所付票据本息转作“应收账款”，借记“应收账款”科目，贷记“银行存款”科目。如果申请贴现企业的银行存款账户余额不足，银行将作为逾期贷款处理，贴现企业应借记“应收账款”科目，贷记“短期借款” 科目。

任务二 应收账款

一、应收账款的确认与计价

应收账款是指企业因销售商品、提供劳务等经营活动，应向购货单位或接受劳务单位收取的款项，主要包括应向有关债务人收取的货物价款及代购货单位垫付的运杂费、包装费等。

应收账款因企业赊销业务而产生，它的确认与收入的确认密切相关。由于是赊销，货币资金并未流向企业，因此，应在确认收入时，确认与此相关的应收账款。

应收账款是因企业销售或提供劳务等产生的债权，应当按照实际发生额记账。应收账款的入账价值包括：销售货物或提供劳务的价款、增值税，以及代购货方垫付的费用等。但在现实经济生活中，企业为了促销或尽快收回货款，往往会实行折扣的办法。因此，在确认应收账款的入账价值时，还要考虑折扣因素。折扣包括商业折扣和现金折扣。

(一)商业折扣

商业折扣是指企业为促进商品销售而在商品标价上给予的价格扣除。例如，企业为鼓励客户多买商品可能规定，购买 10 件以上商品给予客户 10%的折扣，或客户每买 10 件送 1 件等。此外，企业为了尽快出售一些残次、陈旧、冷门的商品，也可能降价(即打折)出售。商业折扣作为企业的一种促销手段，有利于扩大销路。

商业折扣在销售时即已发生，并不构成最终成交价格的一部分。因此，涉及商业折扣的，应当按照扣除商业折扣后的金额确定销售商品收入金额和应收账款金额。

(二)现金折扣

现金折扣是指债权人为鼓励债务人在规定的期限内付款而向债务人提供的债务折扣。现金折扣一般用符号“折扣率/付款期”表示，例如，“2/10，1/20，n/30”表示；销货方允许客户最长的付款期限为 30 天，如果客户在 10 天内付款，销货方可给予客户 2%的折扣；如果客户在 20 天内付款，销货方可给予客户 1%的折扣；如果客户在 21 天至 30 天内付款，将不能享受现金折扣。

现金折扣发生在企业销售商品之后，销售商品后现金折扣是否发生以及发生多少要视买方的付款情况而定，企业在确认销售商品收入时不能确定现金折扣金额。因此，企业销售商品涉及现金折扣的，应当按照未扣除现金折扣前的金额确定应收账款金额。现金折扣实际上是企业为了尽快回笼资金而发生的理财费用，应在实际发生时计入当期财务费用。

存在现金折扣的情况下，应收账款入账价值的确定有两种方法：一种是总价法，另一种是净价法。

总价法是将未减去现金折扣前的金额作为应收账款的入账价值。现金折扣只有客户在折扣期内支付货款时，才予以确认。在这种方法下，销售方把给予客户的现金折扣视为融资的理财费用，会计上作为财务费用处理。总价法可以较好地反映企业销售的总过程，但可能会因客户享受现金折扣而高估应收账款和销售收入。例如，期末结账时，有些应收账款还没有超过折扣期限，如果有一部分客户享受现金折扣，则销货企业的应收账款和销售收入就会因入账时按总价确认而虚增。

净价法是将扣减最大现金折扣后的金额作为应收账款的入账价值。这种方法是把客户取得折扣视为正常现象，认为客户一般会提前付款，而将由于客户超过折扣期限而多收入的金额，视为提供信贷获得的收入，于收到账款时入账，冲减财务费用。净价法可以避免总价法的不足，但在客户没有享受现金折扣而全额付款时，必须再查对原销售总额。期末结账时，对已超过期限尚未收到的应收账款，需按客户未享受的现金折扣进行调整，操作起来比较麻烦。

根据我国企业会计制度规定，企业应收账款的入账价值，应按总价法确定。

二、应收账款的核算

为了反映应收账款的增减变动及其结存情况，企业应设置"应收账款"科目。不单独设置"预收账款"科目的企业，预收的账款也在"应收账款"科目核算。"应收账款"科目的借方登记应收账款的增加，贷方登记应收账款的收回及确认的坏账损失，期末余额一般在借方，反映企业尚未收回的应收账款；如果期末余额在贷方，则反映企业预收的账款。该账户应按不同购货单位或接受劳务的单位设户进行明细核算，以便及时向债务人催收账款。

应收账款账务核算处理如图 3—2 所示：

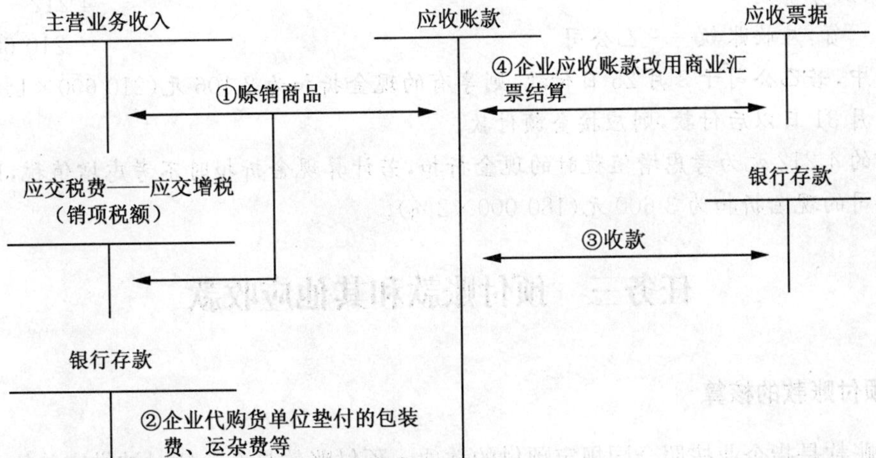

图 3—2　应收账款账务核算处理

【案例3—7】 甲公司采用托收承付结算方式向乙公司销售商品一批，货款200 000元，增值税额34 000元，以银行存款代垫运杂费5 000元，已办妥托收手续。编制会计分录如下：

(1)商品发出并办妥托收手续时：

借：应收账款——乙公司　　239 000

　贷：主营业务收入　　200 000

　　应交税费——应交增值税(销项税额)　　34 000

　　银行存款　　5 000

(2)实际收到货款时：

借：银行存款　　239 000

　贷：应收账款——乙公司　　239 000

【案例3—8】 甲公司2015年3月10日向乙公司销售商品一批，货款200 000元，增值税额34 000元，由于是成批销售，甲公司给予乙公司10%的商业折扣，并在销售合同中规定现金折扣条件为2/10，1/20，*n*/30；商品于3月10日发出，乙公司于3月18日付款。假设计算现金折扣时考虑增值税。

本例涉及商业折扣和现金折扣问题，首先需要计算确定销售商品收入的金额。根据销售商品收入金额确定的有关规定，销售商品收入的金额应是未扣除现金折扣但扣除商业折扣后的金额，现金折扣应在实际发生时计入当期财务费用。因此，甲公司应确认的销售收入为180 000元(200 000—200 000×10%)，增值税销项税额为30 600元(180 000×17%)。乙公司于销售实现后的10天内付款，享有的现金折扣为4 212元[(180 000＋30 600)×2%]。编制会计分录如下：

(1)3月10日，销售商品时：

借：应收账款——乙公司　　210 600

　贷：主营业务收入　　180 000

　　应交税费——应交增值税(销项税额)　　30 600

(2)3月18日，收到货款时：

借：银行存款　　206 388

　财务费用　　4 212

　贷：应收账款——乙公司　　210 600

本例中，若乙公司于3月25日付款，则享有的现金折扣为2 106元(210 600×1%)。若乙公司于3月31日以后付款，则应按全额付款。

以上的4 212元为考虑增值税时的现金折扣，若计算现金折扣时不考虑增值税，则甲公司给予乙公司的现金折扣为3 600元(180 000×2%)。

任务三　预付账款和其他应收款

一、预付账款的核算

预付账款是指企业按照合同规定预付的款项。预付账款是企业暂时被供应单位占有的资金。企业预付货款后有权要求供货方按照购货合同规定发货。预付账款必须以购销双方签订的购货合同为条件，按照规定的程序和方法进行核算。

企业为了反映和监督预付账款的增减变动及其结存情况，应设置“预付账款”科目，借方登记预付的款项和补付的款项，贷方登记收到所购物资时按发票账单金额冲销的预付账款数及退回的多付款项，期末余额一般在借方，反映企业实际预付的款项，若为贷方余额表示尚未补付的款项。在“预付账款”科目下，应按供货单位设置明细科目进行明细核算。

在实际工作中，预付款项情况不多的企业，可以不设置“预付账款”科目，而直接通过“应付账款”科目核算。但在编制资产负债表时，应当将“预付账款”和“应付账款”项目的金额分别反映。

预付账款的核算包括预付款项和收回货物两个方面。

（一）预付款项的会计处理

根据购货合同的规定向供应单位预付款项时，借记“预付账款”科目，贷记“银行存款”科目。

（二）收回货物的会计处理

企业收到所购货物时，按应计入购入物资成本的金额，借记“材料采购”或“原材料”、“应交税费——应交增值税（进项税额）”等科目，贷记“预付账款”科目；当预付货款小于采购货物所需支付的款项时，应将不足部分补付，借记“预付账款”科目，贷记“银行存款”科目；当预付货款大于采购货物所需支付的款项时，对收回的多余款项应借记“银行存款”科目，贷记“预付账款”科目。

预付账款账务核算处理如图 3－3 所示：

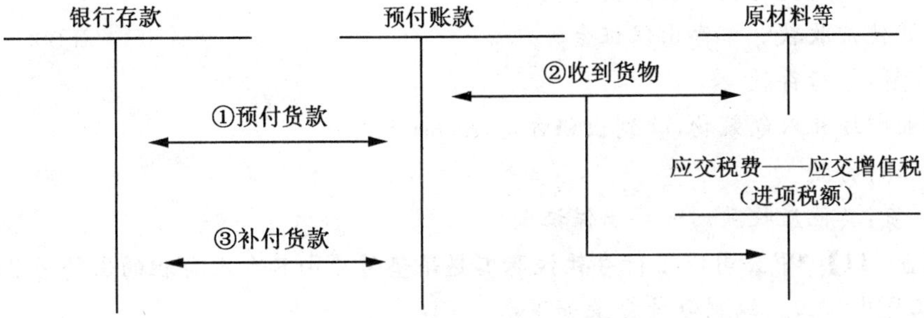

图 3－3　预付账款账务核算处理

【案例 3－9】　甲公司向乙公司采购材料 5 000 吨，单价 50 元，所需支付的款项总额 250 000元。按照合同规定向乙公司预付货款的 40%，验收货物后补付其余款项。编制会计分录如下：

（1）预付 40%的货款时：

借：预付账款——乙公司	100 000	
贷：银行存款		100 000

（2）收到乙公司发来的 5 000 吨材料，验收无误，增值税专用发票记载的货款为 250 000 元，增值税额为 42 500 元：

借：原材料	250 000	
应交税费——应交增值税（进项税额）	42 500	
贷：预付账款——乙公司		292 500

（3）以银行存款补付所欠款项 192 500 元时：

借：预付账款——乙公司	192 500	

贷:银行存款 192 500

预付账款属于企业的一项短期债权,如果有确凿证据表明企业的预付账款已不符合预付账款的性质,或者因供货单位破产、撤销等原因已无望再收到所购货物的,应按照规定确认其资产的减值损失,计提坏账准备。

二、其他应收款的核算

其他应收款是指除应收票据、应收账款、预付账款以外的其他各种应收及暂付款项。其主要内容包括:①应收的各种赔款、罚款,如企业财产等遭受意外损失而应向有关保险公司收取的赔款等;②应收的出租包装物租金;③应向职工收取的各种垫付款,如为职工垫付的水电费、应由职工负担的医药费和房租费等;④存出保证金,如租入包装物支付的押金;⑤其他各种应收、暂付款项。

为了反映其他应收款的增减变动及其结存情况,企业应设置"其他应收款"科目对其进行核算。"其他应收款"科目的借方登记其他应收款的增加,贷方登记其他应收款的收回,期末余额一般在借方,反映企业尚未收回的其他应收款项。在"其他应收款"科目下,应按不同债务人设置明细科目,进行明细核算。

【案例3—10】 甲公司租入包装物一批,以银行存款支付包装物押金3 000元。编制会计分录如下:

(1)租入包装物支付包装物押金时:

借:其他应收款——存出保证金 3 000

贷:银行存款 3 000

(2)企业归还租入包装物,收到出租方退还的押金时:

借:银行存款 3 000

贷:其他应收款——存出保证金 3 000

【案例3—11】 甲公司以银行存款代职工赵昂垫付应由其个人负担的医药费2 400元,拟从其下月工资中扣回。编制会计分录如下:

(1)垫付医药费时:

借:其他应收款——赵昂 2 400

贷:银行存款 2 400

(2)从下月工资中扣款时:

借:应付职工薪酬 2 400

贷:其他应收款——赵昂 2 400

【案例3—12】 甲公司职工赵昂出差借差旅费1 000元,以现金支付。赵昂出差归来,报销差旅费850元,余款交回。编制会计分录如下:

(1)预付差旅费时:

借:其他应收款——赵昂 1 000

贷:库存现金 1 000

(2)赵昂出差归来,报销差旅费850元,余款交回:

借:管理费用 850

库存现金 150

贷:其他应收款——赵昂 1 000

企业应定期或至少于年度终了时，对其他应收款进行检查，预计其可能发生的损失，并计提坏账准备。对于不能收回的其他应收款应查明原因，追究责任。对确实无法收回的，按照企业的管理权限，经股东大会或董事会，或经理(厂长)会议或类似机构批准作为坏账损失，冲减提取的坏账准备。期末，"其他应收款"项目应按减去已计提的坏账准备后的净额，在资产负债表上列示。

任务四　应收款项减值

一、应收款项减值概述

企业的各种应收款项，可能会因购货人拒付、破产、死亡等原因而无法收回。这类无法收回的应收款项就是坏账。因坏账而遭受的损失为坏账损失。企业应当在资产负债表日对应收款项的账面价值进行检查，有客观证据表明应收款项发生减值的，应当将该应收款项的账面价值减记至预计未来现金流量现值，减记的金额确认减值损失，计提坏账准备。

二、应收账款减值的确认

企业应当在资产负债表日对应收款项的账面价值进行检查，有客观证据表明该应收款项发生减值的，应当确认减值损失，计提坏账准备。现行会计准则规定，符合下列条件之一的应收款项，可确认为坏账：①债务人破产或死亡，以其破产财产或遗产进行清偿后确实无法收回的部分；②因债务单位撤销、资不抵债或现金流量严重不足，确实无法收回的部分；③因发生严重的自然灾害等导致债务单位停产而在短时间内无法偿付债务，确实无法收回的部分；④因债务人逾期未履行偿债义务超过3年，经核查确实无法收回的部分。

除符合以上条件的可以确认为坏账外，下列各种情况不能全额计提坏账准备：①当年发生的应收款项；②计划对应收款项进行重组；③与关联方发生的应收款项；④其他已逾期，但无确凿证据表明不能收回的应收款项。

企业采用先提供商品或服务、后收款的方式，发生坏账损失是难以避免的。对已确认为坏账的应收款项，并不意味着企业就放弃追索权，一旦收回，就应及时入账。坏账损失会减少企业利润和现金流量，企业应加强对应收款项的管理，尽可能地减少坏账损失。

三、坏账损失的计提和核算

确定应收款项减值有两种方法，即直接转销法和备抵法，我国企业会计准则规定采用备抵法确定应收款项的减值。

(一)直接转销法

采用直接转销法时，日常核算中应收款项可能发生的坏账损失不予考虑，只有在实际发生坏账时，才作为损失计入当期损益，同时冲销应收款项，即借记"资产减值损失"科目，贷记"应收账款"科目。

【案例3—13】 某企业2010年发生的一笔20 000元的应收账款，长期无法收回，于2014年末确认为坏账，2014年末企业编制如下会计分录：

借：资产减值损失——坏账损失	20 000	
贷：应收账款		20 000

（二）备抵法

备抵法是指按期估计坏账损失，形成坏账准备，当某一应收款项的全部或部分被确认为坏账时，应根据其金额冲减坏账准备，同时转销相应的应收款项金额的一种核算方法。采用备抵法，企业应当设置“坏账准备”科目，核算应收款项的坏账准备计提、转销等情况。企业当期计提的坏账准备应计入当期损益。“坏账准备”科目的贷方登记当期计提的坏账准备金额，借方登记实际发生的坏账损失金额和冲减的坏账准备金额，期末余额一般在贷方，反映企业已计提但尚未转销的坏账准备。计提坏账准备时借记“资产减值损失——计提的坏账准备”，贷记“坏账准备”；冲减坏账准备时作相反的分录；发生坏账损失用坏账准备弥补时借记“坏账准备”，贷记“应收账款”、“应收票据”、“预付账款”、“其他应收款”、“资产减值损失”等科目。

已确认并转销的应收款项以后又收回的，应按实际收回的金额，借记“应收票据”、“应收账款”、“预付账款”、“其他应收款”等科目，贷记“坏账准备”科目；同时，借记“银行存款”科目，贷记“应收票据”、“应收账款”、“预付账款”、“其他应收款”等科目；也可以直接按实际收回的金额，借记“银行存款”科目，贷记“坏账准备”科目。

计提坏账准备的方法有应收款项余额百分比法、账龄分析法、赊销百分比法等。

当期应计提的坏账准备可按以下公式计算：

当期应计提＝当期按应收款项计算应计提坏账准备金额－（或＋）
“坏账准备”科目的贷方（或借方）余额

按以上公式计算的结果如果是负值，则为应冲减的坏账准备。

应收款项减值账务核算处理如图3－4所示：

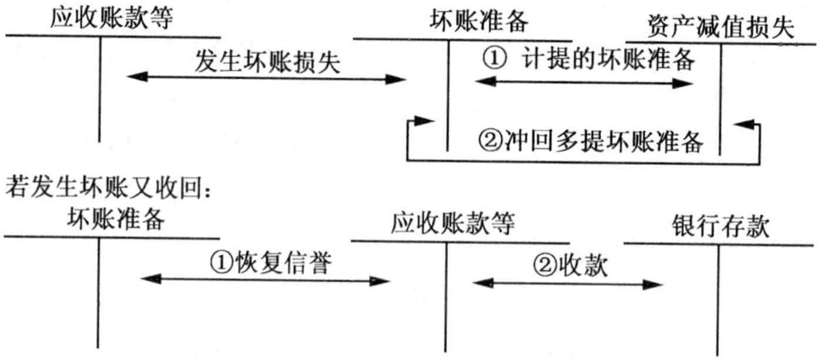

图3－4 应收款项减值账务核算处理

1. 应收款项余额百分比法

应收款项余额百分比法，是根据会计期末应收款项的余额和估计的坏账率，估计坏账损失，计提坏账准备的方法。

【案例3－14】 甲公司从2015年开始计提坏账准备。2015年末，甲公司应收账款余额为850 000元，企业提取坏账准备的比例为5%。则计算坏账准备并编制会计分录如下：

坏账准备提取额＝850 000×5%＝42 500（元）

借：资产减值损失——计提的坏账准备　　42 500

　　贷：坏账准备　　42 500

【案例3－15】 2015年5月，甲公司发现有乙公司所欠货款12 000元无法收回，按有关规定确认为坏账损失。编制会计分录如下：

借：坏账准备　　12 000

贷：应收账款——乙公司　　12 000

【案例3－16】 2015年12月31日，甲公司应收账款余额为1 500 000元。年末计提坏账准备前，“坏账准备”科目的贷方余额为30 500元(42 500－12 000)。则计算坏账准备并编制会计分录如下：

1 500 000×5%－30 500＝44 500(元)

借：资产减值损失——计提的坏账准备　　44 500

贷：坏账准备　　44 500

【案例3－17】 2015年9月5日，接银行通知，公司上年已核销的12 000元坏账又收回，款项已存入银行。编制会计分录如下：

借：应收账款　　12 000

贷：坏账准备　　12 000

同时：

借：银行存款　　12 000

贷：应收账款　　12 000

【案例3－18】 2015年12月31日，公司应收账款余额为1 600 000元。计提坏账准备前的“坏账准备”科目的贷方余额为87 000元(75 000＋12 000)。则计算坏账准备并编制会计分录如下：

1 600 000×5%－87 000＝－7 000(元)

借：坏账准备　　7 000

贷：资产减值损失——计提的坏账准备　　7 000

2. 账龄分析法

账龄分析法，是根据应收款项账龄的长短来估计坏账的方法。账龄指的是债务人所欠账款的时间。采用这种方法，企业利用账龄分析表所提供的信息，确定坏账准备金额。确定的方法按各类账龄分别估计其可能成为坏账的部分。

【案例3－19】 甲公司2015年12月31日“坏账准备”科目贷方余额16 000元，年末应收账款的账龄及估计坏账损失见表3－1。

表3－1　　**估计坏账损失(2015年12月31日)**　　单位：元

应收账款账龄	应收账款金额	估计坏账率	估计损失金额
未到期	300 000	1%	3 000
过期一年	120 000	5%	6 000
过期二年	80 000	30%	24 000
过期三年	10 000	80%	8 000
合　计	510 000		41 000

计算坏账准备并编制会计分录如下：

年末应提取的坏账准备额为：41 000－16 000＝25 000(元)

借：资产减值损失——计提的坏账准备　　25 000

贷：坏账准备　　25 000

3. 赊销百分比法

赊销百分比法，是根据赊销金额的一定百分比估计坏账损失的方法。企业可以根据以往的经验和有关资料，估计坏账损失与赊销金额之间的比率，也可用其他更合理的方法进行估计。

当期应计提的坏账准备＝本期赊销额×坏账准备率

【案例3—20】 甲公司2015年全年赊销金额为4 500 000元，根据以往经验和有关资料，估计坏账损失率为1.2%，本年度应估计坏账损失54 000元(4 500 000×1.2%)。编制会计分录如下：

借：资产减值损失——计提的坏账准备　　54 000

　贷：坏账准备　　54 000

任务五　应收股利和应收利息

一、应收股利

应收股利是指企业应收取的现金股利和应收取其他单位分配的利润。

为了核算应收股利的增减变动情况，企业应设置“应收股利”科目。该科目属于资产类科目，借方登记被投资单位宣告发放的现金股利或利润，贷方登记现金股利或利润的收回，余额在借方，反映企业尚未收回的现金股利或利润。本科目应当按照被投资单位进行明细核算。

【案例3—21】 甲企业持有上市公司A的股票50 000股(属交易性金融资产)，该上市公司于3月25日宣告分派现金股利，分配方案为每10股派5元，于4月10日支付。

(1)如果分派的股利是属于被投资单位在取得本企业投资后实现的净利润的分配额，应作会计分录如下：

借：应收股利——A公司　　25 000

　贷：交易性金融资产——A公司(公允价值变动)　　25 000

(2)如果分派的股利是属于被投资单位在取得本企业投资前实现的净利润的分配额，应作会计分录如下：

借：应收股利——A公司　　25 000

　贷：交易性金融资产——A公司(成本)　　25 000

(3)收到被投资单位实际支付的股利时，作会计分录如下：

借：银行存款　　25 000

(或借：其他货币资金——存出投资款25 000)

　贷：应收股利——A公司　　25 000

二、应收利息

应收利息是指企业发放贷款、持有至到期投资、可供出售金融资产、存放中央银行款项等应收取的利息。

为了核算应收利息的增减变动情况，企业应设置“应收利息”科目。该科目属于资产类科目，借方登记企业购入分期付息、到期还本的持有至到期投资等，已到付息期按合同约定的名义利率计算确定的应收未收的利息，贷方登记实际收到的利息，余额在借方，反映企业尚未收回的利息。本科目应按照借款人或被投资单位进行明细核算。另：企业购入到期一次还本付息的持有至到期投资持有期间确认的利息收入，在“持有至到期投资”科目核算，不在本科目核算。

【案例 3－22】 甲企业于 2015 年 1 月 1 日以面值购入同日发行的 B 公司的债券 100 000 元，该债券为 3 年期，每年付息一次，于下一年度的 1 月 10 日支付。债券票面利率为 10%。第一年结束，实际利率为 9%。应作会计分录如下：

借：应收利息——B 公司　　10 000

　　贷：投资收益　　9 000

　　　　持有至到期投资——溢折价　　1 000

1 月 10 日实际收到利息时，做会计分录如下：

借：银行存款　　10 000

　　贷：应收利息——B 公司　　10 000

★★★ 项目小结 ★★★

应收款项是企业在日常生产经营过程中发生的各种债权，主要包括应收票据、应收账款、预付账款、其他应收款等。应收票据是企业持有的、尚未到期兑现的商业汇票。一般按商业汇票的面值入账，可以背书转让和贴现。应收账款是指企业对象销售商品、提供劳务而向购货方或接受劳务方收取的款项。应收账款入账要注意商业折扣和现金折扣。在现金折扣情况下按总价法入账核算。预付账款是企业按照购货合同规定给供应单位的款项。其他应收款是指除应收票据、应收账款、预付账款等以外的其他各种应收、暂付款项。

企业发生坏账而产生的损失，称为坏账损失。坏账准备的主要计提方法有余额百分百比法、账龄分析法和赊销百分比法。

应收股利是指企业应收取的现金股利和应收取其他单位分配的利润。应收利息是指企业发放贷款、持有至到期投资、可供出售金融资产、存放中央银行款项等应收取的利息。

★★★ 关键术语 ★★★

应收票据　商业汇票　应收账款　商业折扣　现金折扣　总价法　净价法　预付账款　备抵法　应收股利　应收利息

★★★ 思考与讨论 ★★★

1. 应收票据是如何计价的？
2. 应收票据的核算如何进行账务处理？
3. 如何理解应收账款的确认与计价？
4. 现行会计准则规定，符合哪些条件的应收款项，可确认为坏账？
5. 如何理解坏账损失的计提和核算？

项目四　存　货

技能目标

能够充分理解存货取得的计量及核算、存货发出的计量及计价方法。

学习目标

1. 理解：存货的概念、特征及分类。
2. 熟知：原材料、周转材料、委托加工物资、存货清查的会计处理。
3. 掌握：存货可变现净值的确定及不同情况下存货可变现净值的确定。

知识支撑

任务一　存货概述

一、存货的概念及特征

（一）存货的概念

存货是指企业在日常活动中持有的以备出售的产成品或商品、处在生产过程中的在产品、在生产过程或提供劳务过程中耗用的材料和物料等。存货的概念指出了存货的范围：

在日常活动中储存以备出售的存货：企业在正常生产经营过程中处于待销状态的各种物品，如工业企业的库存产成品、商品流通企业的库存商品等。

为了最终出售仍然处于生产过程中的存货：为了最终出售但目前仍处于生产加工过程中的各种物品，如工业企业的在产品、自制半成品等。

为了生产供销售的产品或提供劳务以备消耗的存货：企业为产品生产和提供劳务服务过程中耗用而储存的各种物品，如工业企业为生产产品而储存的原材料、燃料、包装物、低值易耗品等。

（二）存货的特征

首先，存货不仅仅是具有实物形态的有形资产，还包括无形的劳务。存货包括原材料、在产品、产成品及商品、周转材料等各类具有物质实体的材料物资，因而有别于金融资产、无形资产等没有实物形态的资产。

其次，存货是企业的流动资产，它将在一年或者长于一年的一个营业周期内被出售或耗用，具有较大的流动性。因此，企业的存货经常处于不断销售（或者耗用）、重置之中，具有较快的变现能力。

再次，存货具有时效性和发生潜在损失的可能性。在正常生产情况下，存货被销售、生产或耗用而转换为现金和其他资产。但因各种原因长期不能销售、使用的商品和材料等，常常需要折价销售，或变成无用物资而给企业造成损失。

最后，企业持有存货的目的是为了出售，无论是直接出售，还是进一步加工后再出售，而不是为了自用或消耗。这是存货区别于其他资产的最基本特征。

二、存货的分类

存货分布于企业生产经营的各个环节，而且种类繁多、用途各异。为满足存货管理与核算的需要，应当对存货进行适当的分类。不同行业的企业，由于经济业务的具体内容各不相同，因而存货的构成也不尽相同。

(一)存货按经济用途分类

存货按经济用途，可以分为原材料、在产品、半成品、产成品、商品、周转材料。

1. 原材料

原材料是指在生产过程中经加工改变其形态或性质并构成产品实体的各种原料及主要材料、辅助材料、外购半成品(外购件)、修理用备件(备品备件)、包装材料、燃料等。

2. 在产品

在产品是指仍处于生产过程中、尚未完工入库的生产物，包括正处于各个生产工序尚未制造完成的在产品，以及虽已制造完成但尚未检验或虽已检验但尚未办理入库手续的产成品。

3. 半成品

半成品是指经过一定生产过程并经检验合格交付半成品仓库保管，但尚未最终制造完成、仍需进一步加工的中间产品。半成品不包括从一个生产车间转给另一个生产车间继续加工的自制半成品以及不能单独计算成本的自制半成品。

4. 产成品

产成品是指已经完成全部生产过程并验收入库，可以按照合同规定的条件送交订货单位，或者可以作为对外销售的产品。企业接受外来原材料加工制造的代制品和为外单位加工修理的代修品，制造和修理完成验收入库后，应视同企业的产成品。

5. 商品

商品是指可供销售的各种产品及商品。工业企业的商品包括用本企业自备原材料生产的产成品和对外销售的半成品等；商品流通企业的商品包括外购或委托加工完成验收入库用于销售的各种商品。

6. 周转材料

周转材料是指企业能够多次使用、之间转移其价值但仍保持原有形态、不能确认为固定资产的材料，如包装物和低值易耗品。其中，包装物是指为了包装本企业产品及商品而储备的各种包装容器，如桶、箱、瓶、坛、袋等。低值易耗品，是指单位价值相对较低、使用期限相对较短，或在使用过程中容易损坏，因而不能列入固定资产的各种用具物品，如工具、管理用具、玻璃器皿、劳动保护用品，以及在经营过程中周转使用的包装容器等。

(二)存货按存放地点的不同分类

存货按存放地点，可以分为在库存货、在途存货、在制存货和在售存货。

1. 在库存货

在库存货是指已经购进或生产完工并经验收入库的各种原材料、包装物、低值易耗品、半成品、产成品以及商品。

2. 在途存货

在途存货是指已经取得所有权但尚在运输途中或虽已运抵企业但尚未验收入库的各种材料物资及商品。

3. 在制存货

在制存货是指正处于本企业各生产工序加工制造过程中的在产品，以及委托外单位加工但尚未完成的材料物资。

4. 在售存货

在售存货是指已发运给购货方但货物所有权并未同时转移，因而仍应作为销货方存货的发出商品、分期收款发出商品、委托代销商品等。

(三)存货按取得来源的分类

存货按取得方式，可以分为外购存货、自制存货、委托加工存货、投资者投入的存货、接受捐赠取得的存货、接受抵债取得的存货、非货币性交易换入的存货、盘盈的存货等。在此，简单介绍前三种。

1. 外购存货

外购存货是指从企业外部购入的存货，如企业外购的商品、原材料、零部件等。

2. 自制存货

自制存货是指由企业自行制造的存货，如工业企业自制材料、在产品、产成品等。

3. 委托加工存货

委托加工存货是指企业外购或自制的某些存货通过支付加工费的方式委托外单位进行加工生产的存货，如工业企业的委托加工物资、商业企业的委托加工商品等。

三、存货的确认条件

我国会计准则规定，存货应当按照成本进行初始计量。所谓成本，是指使一项物品达到其目前场所和状态所直接或间接发生的费用与支出的金额。存货必须在符合定义的前提下，同时满足下列两个条件，才能加以确认：

(一)与该存货有关的经济利益很可能流入企业

企业在确认存货时，需要判断与该项存货相关的经济利益是否很可能流入企业。在实务中，主要通过判断与该项存货所有权相关的风险和报酬是否转移到了企业来确定。其中，与存货所有权相关的风险，是指由于经营情况发生变化造成的相关收益的变动，以及由于存货滞销、毁损等原因造成的损失；与存货所有权相关的报酬，是指在出售该项存货或其经过进一步加工取得的其他存货时获得的收入，以及处置该项存货实现的利润等。

通常情况下，取得存货的所有权是与存货相关的经济利益很可能流入本企业的一个重要标志。例如，委托代销商品，由于其所有权并未转移至受托方，因而委托代销的商品仍应当确认为委托企业存货的一部分。总之，企业在判断与存货相关的经济利益能否流入企业时，主要结合该项存货所有权的归属情况进行分析确定。

(二)该存货的成本能够可靠计量

作为企业资产的组成部分，要确认存货，企业必须能够对其成本进行可靠计量。存货的成本能够可靠计量必须以取得确凿、可靠的证据为依据，并且具有可验证性。如果存货成本不能可靠计量，则不能确认为一项存货。例如，企业承诺的订货合同，由于并未实际发生，不能可靠确定其成本，因此就不能确认为购买企业的存货。又如，企业预计发生的制造费用，由于并未实际发生，不能可靠地确定其成本，因此不能计入产品成本。

四、存货的初始计量

我国会计准则规定，存货应当按照成本进行初始计量。存货成本包括采购成本、加工成本和其他成本。

不同存货的成本，构成内容不同。原材料、商品、低值易耗品等通过购买而取得的存货的初始成本由采购成本构成；产成品、在产品、半成品、委托加工物资等通过进一步加工而取得的存货的初始成本由采购成本、加工成本以及使存货达到目前场所和状态所发生的其他成本构成。

存货成本的构成如图 4—1 所示：

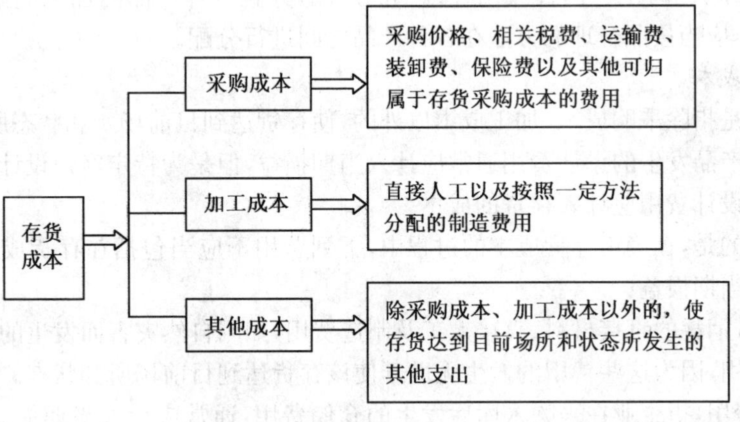

图 4—1 存货成本的构成

(一)采购成本

存货的采购成本一般包括采购价格、相关税费、运输费、装卸费、保险费以及其他可归属于存货采购成本的费用。这里仅介绍其中四种。

1. 采购价格

采购价格是指企业购入的材料或商品的发票账单上列明的价款，不包括按规定可以抵扣的增值税额。在发生购货折扣的情况下，购货价格是指已扣除商业折扣但包括现金折扣的金额。

2. 相关税费

相关税费是指企业购买、自制或委托加工存货发生的消费税、资源税和不能从销项税额中抵扣的增值税进项税额等。与存货相关的流转税金，其征收方法包括价内税和价外税两种：①价内税。包括消费税、资源税、城市维护建设税等，其税金已经包含在企业所购进存货的购货价格中，所以理应作为存货的成本。②价外税。目前我国只有增值税执行价外征收方法。

3. 运输费

运输费是指按现行税法规定，购进货物和销售货物所付运输费，允许按照运输费金额和7%的扣除率计算进项税额，单独核算并准予抵扣。在购进存货过程中所发生的运输费，其不能抵扣的部分作为存货的采购成本。

4. 其他可直接归属于存货采购的费用

其他可直接归属于存货采购的费用是指采购成本中除上述各项以外可直接归属于存货采

购的费用,如在存货采购过程中发生的仓储费、包装费、运输途中的合理损耗、入库前的挑选整理费用等。其中,入库前的挑选整理费用包括挑选整理人员的工资及有关费用支出,以及挑选整理过程中的在扣除残料价值后的合理损耗。上述这些费用能分清负担对象的,直接计入该存货的采购成本;不能分清负担对象的,应选择合理的分配方法,如按所购存货的重量比例或采购价格比例等,分配计入有关存货的采购成本。

(二)加工成本

存货的加工成本是指将原材料形式的存货转化为产成品形式的存货过程中所追加发生的费用,包括直接人工以及按照一定方法分配的制造费用两部分。直接人工,是指企业在产品生产过程中,直接从事产品生产的工人的薪酬费用。制造费用,是指企业为生产产品和提供劳务而发生的各项间接费用。企业应当根据制造费用的性质,合理地选择制造费用分配方法。在同一生产过程中,同时生产两种或两种以上的产品,并且每种产品的加工成本不能直接区分的,其加工成本应当按照合理的方法在各种产品之间进行分配。

(三)其他成本

其他成本是指除采购成本、加工成本以外的,使存货达到目前场所和状态所发生的其他支出。企业设计产品发生的设计费用通常应计入当期损益,但是为特定客户设计产品所发生的、可直接确定的设计费用应计入存货的成本。

需要注意的是,在确定存货成本的过程中,下列费用不应当包括在存货成本中,而应当在发生时确认为当期损益:

(1)非正常消耗的直接材料、直接人工及制造费用,如因自然灾害而发生的直接材料、直接人工及制造费用,因为这些费用的发生无助于使该存货达到目前场所和状态。

(2)仓储费用,指企业在采购入库后发生的仓储费用,通常应计入当期损益。但在生产过程中为达到下一个生产阶段所必需的仓储费用则应计入存货成本。

(3)不能归属于使存货达到目前场所和状态的其他支出。

在会计实务中,以各种方式取得存货的初始成本按以下方法确定:

(1)企业购入的存货,按其采购成本确定。

(2)企业自制的存货,按制造过程中的各项实际支出作为实际成本。

(3)委托外单位加工完成的存货,其入账价值包括加工中所耗用的原材料或半成品的实际成本、往返运杂费、加工费、装卸费和保险费等费用,以及应由委托单位负担的按规定应计入成本的税金。

(4)投资者投入的存货,应当按照投资合同或协议约定的价值确定,但合同或协议约定价值不公允的除外。

(5)企业提供劳务的,所发生的劳务提供人员的直接人工和其他直接费用以及可归属的间接费用,计入存货成本。

企业存货的日常核算既可按实际成本计价,也可按计划成本计价。按计划成本核算存货的企业,对存货实际成本与计划成本之间的差异,应予以单独核算,并在存货售出或耗用时,将其计划成本调整为实际成本,以便正确计算制造成本、营业成本和其他业务支出。

任务二　存货的初始计量

存货的初始计价,是指企业在取得存货时,对存货入账价值的确定。存货的入账价值应以取得存货的实际成本为基础，实际成本包括采购成本、加工成本和其他成本。由于存货的取得方式是多种多样的，而在不同的取得方式下，存货成本的具体构成内容并不完全相同。因此，企业应结合存货的不同取得方式，分别确定存货的实际成本。

一、外购存货

外购存货的成本是指采购成本，一般包括采购价格、进口关税和其他税金、运输费、装卸费、保险费、运输途中的合理损耗、入库前的挑选整理费以及其他可直接归属于存货采购的费用。需要说明的是，商品流通企业存货的采购成本只包括采购价格、进口关税和其他税金等，采购过程中发生的运输费、装卸费、保险费、包装费、仓储费等费用，应直接计入支付当期营业费用，不包括在存货成本之中。

企业外购的存货，由于距离采购地点远近不同、货款结算方式不同等原因，可能会导致存货的入库和货款的支付不在同一时间完成，此外，还存在预付款购货、附有现金折扣条件的购货等情况。这就需要根据具体情况，分别进行会计处理。

1. 存货验收入库和支付货款同时完成

企业应于支付货款或开出、承兑商业汇票，并且存货验收入库后，按发票账单等结算凭证确定的存货成本，借记“原材料”、“包装物”、“低值易耗品”、“库存商品”等存货科目，按增值税专用发票上注明的增值税额，借记“应交税费——应交增值税(进项税额)”科目，按实际支付的款项或应付票据面值，贷记“银行存款”或“应付票据”等科目。

【案例 4—1】 大连嘉宏股份有限公司购入一批原材料，增值税专用发票上注明的原材料价款为 50 000 元，增值税额为 8 500 元。货款已通过银行转账支付，材料也已验收入库。

借：原材料	50 000	
应交税费——应交增值税(进项税额)	8 500	
贷：银行存款		58 500

2. 已经支付货款或开出、承兑商业汇票，但存货尚未运达或尚未验收入库

企业应于支付货款或开出、承兑商业汇票时，按发票账单等结算凭证确定的存货成本，借记“在途物资”科目，按增值税专用发票上注明的增值税额，借记“应交税费——应交增值税(进项税额)”科目，按实际支付的款项或应付票据面值，贷记“银行存款”或“应付票据”等科目；待存货运达企业并验收入库后，再根据有关验货凭证，借记“原材料”、“包装物”、“低值易耗品”、“库存商品”等存货科目，贷记“在途物资”科目。

【案例 4—2】 大连嘉宏股份有限公司购入一批原材料，增值税专用发票上注明的材料价款为 20 000 元，增值税额为 3 400 元。货款已通过银行转账支付，材料尚在运输途中。

(1)支付货款

借：在途物资	20 000	
应交税费——应交增值税(进项税额)	3 400	
贷：银行存款		23 400

(2)原材料运达企业并验收入库

借：原材料	20 000	
贷：在途物资		20 000

3. 存货已运达企业并验收入库，但发票账单等结算凭证尚未到达，货款尚未支付

企业在收到存货时可先不作会计处理。如果在本月内结算凭证能够到达企业，则应在支

付货款或开出、承兑商业汇票后，按存货验收入库和支付货款同时完成的情况进行会计处理。如果月末时结算凭证仍未到达，为全面反映资产及负债情况，应对收到的存货暂估价值入账，借记“原材料”、“包装物”、“低值易耗品”、“库存商品”等存货科目，贷记“应付账款——暂估应付账款”科目，下月初，再编制相同的红字记账凭证予以冲回；待结算凭证到达，企业付款或开出、承兑商业汇票后，再按存货验收入库和支付货款同时完成的情况进行会计处理。

【案例4—3】 大连嘉宏股份有限公司购入一批原材料，材料已运达企业并已验收入库，但发票账单等结算凭证月末时仍未到达，该公司对该批材料估价35 000元入账。下月，发票账单等结算凭证到达企业，增值税专用发票上注明的原材料价款为36 000元，增值税额为6 120元，货款已通过银行转账支付。

(1)月末，对原材料暂估价值入账。

借：原材料　　35 000

　　贷：应付账款——暂估应付账款　　35 000

(2)下月初，编制红字记账凭证冲回。

借：原材料　　[35 000]

　　贷：应付账款——暂估应付账款　　[35 000]

(3)下月，收到结算凭证并支付货款。

借：原材料　　36 000

　　应交税费——应交增值税(进项税额)　　6 120

　　贷：银行存款　　42 120

4. 采用预付货款方式购入存货

企业应在预付存货的价款时，按照实际预付金额，借记“预付账款”科目，贷记“银行存款”科目；预付货款购入的存货验收入库时，按照发票账单上注明的存货价款、增值税额等，借记“原材料”、“包装物”、“低值易耗品”、“库存商品”等存货科目和“应交税费——应交增值税(进项税额)”科目，贷记“预付账款”科目；预付的货款不足，需补付货款时，按照补付的金额，借记“预付账款”科目，贷记“银行存款”科目；供货方退回多付的货款时，借记“银行存款”科目，贷记“预付账款”科目。

【案例4—4】 大连嘉宏股份有限公司向乙公司预付货款70 000元，采购一批原材料。乙公司交付所购材料，增值税专用发票上注明的材料价款为62 000元，增值税额为10 540元，应补付的货款通过银行转账支付。

(1)预付货款

借：预付账款——乙公司　　70 000

　　贷：银行存款　　70 000

(2)材料验收入库

借：原材料　　62 000

　　应交税费——应交增值税(进项税额)　　10 540

　　贷：预付账款——乙公司　　72 540

(3)补付货款

借：预付账款——乙公司　　2 540

　　贷：银行存款　　2 540

5. 外购存货附有现金折扣条件

会计上有总价法和净价法两种处理方法。总价法是指存货和应付账款均按实际交易金额计价入账，如果购货方在现金折扣期限内付款，取得的现金折扣作为一项理财收入，冲减当期财务费用的一种会计处理方法。净价法是指存货和应付账款均按实际交易金额扣除现金折扣后的净额计价入账，如果购货方超过现金折扣期限付款，则丧失的现金折扣视为超期付款支付的利息，计入当期财务费用的一种会计处理方法。在我国的会计实务中，由于现金折扣的使用并不普遍，因此，企业会计制度要求采用总价法进行会计处理。

【案例4—5】 大连嘉宏股份有限公司从乙公司赊购一批原材料，增值税专用发票上注明的原材料价款为80 000元，增值税额为13 600元。根据购货合同约定，该项赊购的付款期限为30天，但如果嘉宏公司能在10天内付款，可按原材料价款的2%享受现金折扣，如果超过10天付款，则须按交易金额全付。

1. 嘉宏公司采用总价法的会计处理

(1)购进原材料

借：原材料　　80 000

　　应交税费——应交增值税(进项税额)　　13 600

　　贷：应付账款——乙公司　　93 600

(2)支付货款

①假定10天内支付货款

现金折扣=80 000×2%=1 600(元)

实际付款金额=93 600−1 600=92 000(元)

借：应付账款——乙公司　　93 600

　　贷：银行存款　　92 000

　　　　财务费用　　1 600

②假定超过10天支付货款

借：应付账款——乙公司　　93 600

　　贷：银行存款　　93 600

2. 嘉宏公司采用净价法的会计处理

(1)购进原材料

现金折扣=80 000×2%=1 600(元)

原材料入账净额=80 000−1 600=78 400(元)

应付账款入账净额=93 600−1 600=92 000(元)

借：原材料　　78 400

　　应交税费——应交增值税(进项税额)　　13 600

　　贷：应付账款——乙公司　　92 000

(2)支付货款

①假定10天内支付货款

借：应付账款——乙公司　　92 000

　　贷：银行存款　　92 000

②假定超过10天支付货款

借：应付账款——乙公司　　92 000

财务费用　　1 600
　　贷：银行存款　　93 600

二、自制存货

企业自制存货的成本由材料采购成本、加工成本和其他成本构成。其中，加工成本是指存货制造过程中发生的直接人工以及按照一定方法分配的制造费用；其他成本是指除采购成本、加工成本以外，为使存货达到目前场所和状态所发生的其他支出，如为特定客户设计产品所发生的设计费用等。存货制造过程中非正常消耗的直接材料、直接人工和制造费用，不包括在存货成本之中，应于发生时直接计入当期损益。

企业自制并已验收入库的存货，按确定的实际成本，借记"原材料"、"包装物"、"低值易耗品"、"库存商品"等存货科目，贷记"生产成本"科目。

【案例 4—6】 大连嘉宏股份有限公司的基本生产车间制造完成一批产成品，实际生产成本为 60 000 元。

借：库存商品　　60 000
　　贷：生产成本　　60 000

三、委托加工存货

委托加工存货的成本，一般包括加工过程中实际耗用的原材料或半成品成本、加工费、往返运杂费以及按规定应计入成本的税金等。

企业发出材料物资，委托外单位加工存货，按发出材料物资的实际成本，借记"委托加工物资"科目，贷记"原材料"、"库存商品"等科目；支付的加工费、运杂费等，计入委托加工存货成本，借记"委托加工物资"科目，贷记"银行存款"科目；支付的应由受托加工方代收代交的增值税，借记"应交税费——应交增值税（进项税额）"科目，贷记"银行存款"科目；需要缴纳消费税的委托加工存货，由受托加工方代收代交的消费税，应分别以下情况处理：

（1）委托加工存货收回后直接用于销售，由受托加工方代收代交的消费税计入委托加工存货成本，借记"委托加工物资"科目，贷记"银行存款"等科目。

（2）委托加工存货收回后用于连续生产应税消费品，由受托加工方代收代交的消费税按规定准予抵扣的，借记"应交税费——应交消费税"科目，贷记"银行存款"等科目。

委托加工存货加工完成并已验收入库，按"委托加工物资"科目计算的实际成本，借记"原材料"、"包装物"、"低值易耗品"、"库存商品"等科目，贷记"委托加工物资"科目。

【案例 4—7】 大连嘉宏股份有限公司委托乙公司加工一批 B 材料（属于应税消费品），发出 A 材料实际成本为 25 000 元，支付加工费 11 000 元，支付增值税 1 870 元，支付消费税 4 000元，加工的 B 材料收回后用于连续生产。

（1）发出 A 材料，委托乙公司加工 B 材料

借：委托加工物资　　25 000
　　贷：原材料——A 材料　　25 000

（2）支付加工费和税金

借：委托加工物资　　11 000
　　贷：银行存款　　11 000

借：应交税费——应交增值税（进项税额）　　1 870

贷:银行存款 1 870

借:应交税费——应交消费税 4 000

贷:银行存款 4 000

(3)B材料加工完成,收回后验收入库

B材料实际成本=25 000+11 000=36 000(元)

借:原材料——B材料 36 000

贷:委托加工物资 36 000

四、投资者投入的存货

投资者投入的存货,按照投资各方确认的价值作为确定实际成本的基础。企业收到投资者投入的存货,按确定的存货实际成本,借记"原材料"、"包装物"、"低值易耗品"、"库存商品"等科目,按专用发票上注明的增值税额,借记"应交税费——应交增值税(进项税额)"科目,按投资各方确认的价值,贷记"实收资本"或"股本"、"资本公积"科目。

【案例4-8】 大连嘉宏股份有限公司的甲股东以一批原材料作为投入资本。原材料计税价格650 000元,增值税专用发票上注明的税额为110 500元,投资各方确认按该金额作为甲股东的投入资本,折换嘉宏公司每股面值1元的股票500 000股。

借:原材料 650 000

应交税费——应交增值税(进项税额) 110 500

贷:股本——甲股东 500 000

资本公积——股本溢价 260 500

五、接受捐赠取得的存货

接受捐赠取得的存货,应当分别以下情况确定实际成本:

一是捐赠方提供了有关凭据(如发票、报关单、有关协议)的,按凭据上标明的金额加上应支付的相关税费作为实际成本。

二是捐赠方没有提供有关凭据的,按如下顺序确定实际成本:

(1)同类或类似存货存在活跃市场的,按同类或类似存货的市场价格估计的金额,加上应支付的相关税费,作为实际成本;

(2)同类或类似存货不存在活跃市场的,按该接受捐赠存货预计未来现金流量的现值,作为实际成本。

企业收到捐赠的存货时,按照确定的实际成本,借记"原材料"、"包装物"、"低值易耗品"、"库存商品"等科目,按照接受捐赠的金额与现行税率计算的未来应交所得税,贷记"递延税款"科目,按照接受捐赠的金额减去未来应交所得税后的净额,贷记"资本公积"科目,按照实际支付的相关税费,贷记"银行存款"等科目。

【案例4-9】 大连嘉宏股份有限公司接受捐赠一批商品,捐赠方提供的发票上标明的价值为250 000元,嘉宏公司支付运杂费1 000元,所得税率为25%。

商品实际成本=250 000+1 000=251 000(元)

递延税款金额=250 000×25%=82 500(元)

资本公积金额=250 000-82 500=167 500(元)

借:库存商品 251 000

贷：递延税款	82 500
资本公积	167 500
银行存款	1 000

任务三　存货的发出

一、存货数量的盘存方法

存货的数量需要通过盘存来确定。常用的存货数量盘存方法有两种：永续盘存制和定期盘存制。

（一）永续盘存制

永续盘存制，又称账面盘存制，是指对存货设置明细账，逐日逐笔登记其收入数、发出数，并随时记列其结存数的一种存货盘存方法。这种方法要求存货明细账按每一品种规格设置，以保持对各项存货的记录。在明细账中，要随时登记收入、发出、结存数量与金额。存货购进增加时，随时借记各有关存货账户；存货销售或耗用减少时，也随时贷记各有关存货账户。这样，通过存货账簿资料，可以完整地、系统地反映存货的收入、发出和结存情况。有了存货明细账，一方面可据此与存货总分类账相互核对，即账账核对，以保证它们之间在数量上和金额上的勾稽关系，增强存货核算的正确性；另一方面也便于存货计划的管理与控制。正常情况下，存货账户的贷方发生额合计数便是本期存货的销货成本或耗用成本，而借方余额则是期末库存存货的实际成本。

永续盘存制的最大优点是有利于加强对存货的管理。由于设置存货明细账，能随时反映出各个品种规格存货的收入、发出和结存情况，因而可同时在数量与成本两个方面进行监督与控制，具有内在的检查作用。在永续盘存制下，为验证存货明细账记录的正确性，仍需对存货定期或不定期地进行实地盘点，核对账面数和实有数是否相符。当发生库存溢余或短缺时便于查明原因，及时处理。另外，存货的账面结存数可以随时与预定的最高和最低库存限额数进行比较，以反映存货是否过多或不足，便于及时组织存货的增购或泄减，加速资金周转。该方法的最大缺点是存货日常核对工作量大，尤其是存货品种规格繁多的企业，需要花费很多的人力和费用。

（二）定期盘存制

定期盘存制，又称实地盘存制，是指期末通过现场实物的盘点来确定存货的数量，并据以计算出期末存货成本和销货（耗用）成本的一种存货盘存方法。在实际工作中，这种方法用于工业企业，称之为“以存计耗”；用于商品流通企业，称之为“以存计销”。

采用实地盘存制方法，平时对存货只记购入或收进，不记发出，期末通过实地盘点确定存货数量，据以计算出期末存货成本和当期销货或耗用成本。其计算公式如下：

期末存货成本＝库存数量×进货单价

本期销货成本＝期初存货成本＋本期购货成本－期末存货成本

定期盘存制的最大优点是简化了日常对存货的核算工作，平时对销货（耗用）成本或结存数量不作明细记录。因此，有关存货账户可按大类或全部库存品设置，不设具体明细品种账户，每一明细品种的单价可直接根据进货凭证获得。这种方法的主要缺点是不能正确地反映存货销货（耗用）成本。由于平时对发出存货不作记录，无法随时反映存货的收入、发出和结存动态，存货的账面(期初、期末)数只是定期实物盘点的结果，缺乏存货管理所得的信息，因而容易放松对存货的控制和监督，对存货品种繁多、数量巨大的企业尤其如此。按照定期盘存制，期末存货成本是经过实物盘点计算而得出的，通过上述公式以存计销(耗)，倒算出销货成本或耗用成本，这样，凡未计入期末结存的部分都视为已售出或耗用，甚至包括无论何种原因造成的非销售非耗用的库存品损耗，如被盗、责任损失、自然损耗等，全部计入销货成本或耗用成本，不仅人为地掩盖了存货管理中出现的自然和人为损耗因素，而且更重要的是造成存货成本的不真实，不能准确地反映当期的生产经营状况。由于定期盘存制存在上述缺点，一般只适用于一些价值低、品种杂、交易频繁的存货和一些损耗大、数量不稳的鲜活商品。

二、存货发出计价方法

发出存货价值的确定正确与否，不仅直接影响到当期销货成本，进而影响当期损益和有关税金的计算，而且影响到各期期末存货价值的确定，从而影响资产负债表中存货项目的表达。日常工作中，企业发出的存货，可以按实际成本核算，也可以按计划成本核算。发出存货按计划成本核算的计价方法通常包括：个别计价法、加权平均法、移动加权平均法和先进先出法等。商品流通企业发出商品还可以采用毛利率法和售价金额核算法等方法进行核算。

(一)个别计价法

个别计价法，又称个别认定法、具体辨认法、分批计价法，是以某种存货或某批存货收入时的实际成本作为该种存货或该批存货发出时的实际成本的一种方法。这种方法的存货流转与实物流转完全一致，即按每一种或每一批存货的原始实际成本直接作为计算发出存货成本和期末存货成本的基础。

采用个别计价法必须具备两个条件：一是库存和发出存货所依据的收货单据或批别，必须是可以具体辨别认定的；二是必须为每一存货设置详细的记录，以反映每一个别或每一批别存货的具体情况。这种方法看似理想，计算结果也精确，无论在实地盘存制还是在永续盘存制下均可适用，且计算结果相同，但实际操作复杂，困难较大。

个别计价法的特点是成本流转与实物流转完全一致，因而能准确地反映本期发出存货和期末结存存货的成本。但采用该方法必须具备详细的存货收、发、存记录，日常核算非常烦琐，存货实物流转的操作程序也相当复杂。

个别计价法适用于不能替代使用的存货或为特定项目专门购入或制造的存货的计价，以及品种数量不多、单位价值较高或体积较大、容易辨认的存货的计价，如房产、船舶、飞机、重型设备以及珠宝、名画等贵重物品。通常采用个别计价法确定发出存货的成本。

【案例 4—10】 大连嘉宏股份有限公司的 A 商品本月购进、发出和结存资料如表 4—1 所示。

表 4—1 存货明细账

存货类别： 计量单位：件

存货编号： 最高存量：

存货名称及规格：A 商品 最低存量：

2015 年		凭证编号	摘 要	收 入			发 出			结 存		
月	日			数量	单价	金额	数量	单价	金额	数量	单价	金额
3	1		期初结存							200	60	12 000
	5		购进	500	66	33 000				700		

续表

2015年		凭证编号	摘 要	收 入			发 出			结 存		
月	日			数量	单价	金额	数量	单价	金额	数量	单价	金额
	7		发出				400			300		
	16		购进	600	70	42 000				900		
	18		发出				800			100		
	27		购进	500	68	34 000				600		
	29		发出				300			300		
3	30		期末结存	1 600		109 000	1 500			300		

经具体辨认,3月7日发出的400件A商品中,有100件属于期初结存的商品,有300件属于3月5日第一批购进的商品;3月18日发出的800件A商品中,有100件属于期初结存的商品,有100件属于3月5日第一批购进的商品,其余600件属于3月16日第二批购进的商品;3月29日发出的300件A商品均属于3月27日第三批购进的商品。嘉宏公司采用个别计价法计算的A商品本月发出和期末结存成本如下:

3月7日发出A商品成本=100×60+300×66=25 800(元)

3月18日发出A商品成本=100×60+100×66+600×70=54 600(元)

3月29日发出A商品成本=300×68=20 400(元)

期末结存A商品成本=100×66+200×68=20 200(元)

根据上述计算,本月A商品的收、发、存情况如表4—2所示。

表4—2 **存货明细账(个别计价法)**

存货类别: 计量单位:件

存货编号: 最高存量:

存货名称及规格:A商品 最低存量:

2015年		凭证编号	摘 要	收 入			发 出			结 存		
月	日			数量	单价	金额	数量	单价	金额	数量	单价	金额
3	1		期初结存							200	60	12 000
	5		购进	500	66	33 000				700		45 000
	7		发出				400		25 800	300		19 200
	16		购进	600	70	42 000				900		61 200
	18		发出				800		54 600	100		6 600
	27		购进	500	68	34 000				600		40 600
	29		发出				300		20 400	300		20 200
3	30		期末结存	1 600		109 000	1 500		100 800	300	67.33	20 200

(二)加权平均法

加权平均法又称全月一次加权平均法,是指在各期期末以期初存货数量和本期进货数量作权数,去除期初存货成本和本期全部进货成本,以平均计算单位存货成本的一种方法。加权平均单位成本的计算公式如下：

$$加权平均单位成本=\frac{月初结存存货成本+本月购进存货成本}{月初结存存货数量+本月购进存货数量}$$

【案例 4—11】 某企业 A 存货 8 月份收发存资料如表 4—3 所示。

表 4—3　　A 存货收发存业务记录(加权平均法)

2015 年		收　入			发　出			结　存		
月	日	数量（千克）	单价（元/千克）	金额（元）	数量（千克）	单价（元/千克）	金额（元）	数量（千克）	单价（元/千克）	金额（元）
8	1							10	200	2 000
	5	40	210	8 400						
	8				30					
	16	30	220	6 600						
	24				40					
	31	20	230	4 600						

根据上述资料，采用全月一次加权平均法确定该项存货的加权平均单价为：

$$加权平均单价=\frac{2\ 000+8\ 400+6\ 600+4\ 600}{10+40+30+20}=216(元/千克)$$

本月发出存货成本=216×70=15 120(元)

由于加权平均单位成本往往不能除尽，为了保证期末结存商品的数量、单位成本与总成本的一致性，应先按加权平均单位成本计算期末结存商品成本，然后倒减出本月发出商品成本，将计算尾差计入发出商品成本。

采用全月一次加权平均法，期内发出的存货平时只登记数量不登记金额，待期末计算出加权平均单价后再填列发出存货的金额合计数。这种方法计算简单、应用方便，但日常不能提供发出和结存存货的单价及金额，不利于加强对存货的管理，适用于实地盘存制。

(三)移动加权平均法

移动加权平均法是在每收入一次存货后，就根据库存存货数量和总成本计算出新的平均单位成本的一种方法。其计算公式如下：

$$移动加权平均单位成本=\frac{原有存货成本+本批入库存货成本}{原有存货数量+本批入库存货数量}$$

本次发出存货实际成本=本次发出存货数量×存货移动加权平均单价

前例按移动加权平均法计算的结果如表 4—4 所示。

表 4—4　　A 存货明细账(移动加权平均法)

2015 年		收　入			发　出			结　存		
月	日	数量（千克）	单价（元/千克）	金额（元）	数量（千克）	单价（元/千克）	金额（元）	数量（千克）	单价（元/千克）	金额（元）
8	1							10	200	2 000
	5	40	210	8 400				50	208	10 400

续表

2015年		收入			发出			结存		
月	日	数量（千克）	单价（元/千克）	金额（元）	数量（千克）	单价（元/千克）	金额（元）	数量（千克）	单价（元/千克）	金额（元）
	8				30	208	6 240	20	208	4 160
	16	30	220	6 600				50	215.20	10 760
	24				40	2 15.2	8 608	10	215.20	2 150
	31	20	230	4 600				30	225.07	6 752

使用移动加权平均法时，每次进货后都要计算一次平均单价，虽然工作量加大，但能及时从账面上反映出存货最新的平均单位成本。该方法一般适用于永续盘存制。

移动加权平均法的特点是将存货的计价和明细账的登记分散在平时进行，从而可以随时掌握发出存货的成本和结存存货的成本，为存货管理及时提供所需信息。但采用这种方法，每次收货都要计算一次平均单位成本，计算工作量较大，不适合收发货比较频繁的企业使用。

（四）先进先出法

先进先出法是依据先收到的存货先发出（销售或耗用）这种假定的存货实物流转顺序对发出存货成本和结存存货成本计价的一种方法，即先收到的存货的成本，在后收到的存货的成本之前转出，并据以计算发出存货成本和结存存货成本。

采用先进先出法，在收到存货时，应逐笔登记每批存货的数量、单价和金额；在发出存货时，按照先进先出的原则计价，并逐笔登记发出存货的数量、单价和金额，以及结存存货的数量、单价和金额。依前例如表4—5所示。

表4—5　　A存货明细账（先进先出法）

2015年		收入			发出			结存		
月	日	数量（千克）	单价（元/千克）	金额（元）	数量（千克）	单价（元/千克）	金额（元）	数量（千克）	单价（元/千克）	金额（元）
8	1							10	200	2 000
	5	40	210	8 400				10	200	2 000
								40	210	8 400
	8				10	200	2 000	20	210	4 200
					20	210	4 200			
	16	30	220	6 600				20	210	4 200
								30	220	6 600
	24				20	210	4 200	10	220	2 200
					20	220	4 400			
	31	20	230	4 600				10	220	2 200
								20	230	4 600

在先进先出法下，存货成本流转较为接近存货的实物流转。这种计价方法的特点是使企

业无法任意挑选存货单价来操纵当期利润。从资产计价角度来看，由于期末库存存货按后期进货单价计价，其实际成本与该种存货的现行成本较为接近，因而资产负债表中的存货成本能较好地反映存货的实际价值。但从利润确定角度来看，由于反映在损益表上的毛利是以较早的存货成本与当前营业收入相配比，不能正确反映当期利润。在物价持续上涨情况下，因期末库存存货按后期进货单价计算，而本期发出存货按早期进货单价计算，必然会压低发出存货成本，高估库存存货价值，虚增当期利润，不利于资本的保全。

（五）毛利率法

毛利率法是指运用以前年度或估计的毛利率估计本期销售成本和期末存货的一种存货估计方法。采用毛利率法估算存货成本的基本程序如下：

首先，确定前期实际（或本期计划、本期估计）毛利率，作为估价的依据。

$$毛利率=\frac{销售毛利}{销售净额}\times 100\%$$

其次，从本期销售净额中减除估计销售毛利，估算本期销售成本。

销售净额＝销售收入－销售退回与折让

估计销售毛利＝销售净额×毛利率

本期销售成本＝本期销售净额－销售毛利＝本期销售净额×（1－毛利率）

最后，从本期可供销售商品成本总额中减除本期估计销售成本，估算期末结存存货成本。

期末结存存货成本＝（期初存货成本＋本期购货成本）－ 本期销售成本

【案例4－11】 星海批发商场2015年一季度A类商品的销售毛利率为25%，假定该商场4月初A类商品结存成本为21 000元，本月购进A类商品成本为40 000元，销售收入净额为75 000元。

本期已销A类商品成本为：

销售成本＝75 000×（1－25%）＝ 56 250（元）

期末结存A类商品成本为：

期末存货成本＝21 000＋40 000－56 250＝4 750（元）

运用毛利率法估计本期销售成本和期末存货成本，关键在于正确估计毛利率。通常情况下可采用上一期的实际毛利率作为估算的基础。如果以前各期的毛利率波动较大，也可采用平均毛利率估算。同时，应考虑本期影响毛利率变动的因素作适当的调整。

毛利率法主要适用于那些无法及时计算出实际成本资料，而又需要对存货情况作出恰当估计的企业。

（六）零售价法

零售价法是指利用存货的零售价格与进销差价之间的比率推算出本期销售成本和期末存货成本的一种存货估计方法。

具体操作步骤如下：

（1）期初存货和本期购货同时按进销差价和零售价记录，以便计算可供销售存货的进销差价和售价总额。

（2）本期销货只按售价记录，从本期可供销售的存货售价总额中减去本期销售的售价总额，计算出期末存货的售价总额。

（3）计算本期可供销售存货的进销差价和售价总额的百分比，即进销差价率。

$$进销差价率=\frac{(期初存货售价总额-期初存货成本)+(本期售价总额-本期购货成本)}{期初存货售价总额+本期售价总额}\times 100\%$$

(4)计算期末存货成本和本期存货销售成本。

本期销售存货的进销差价＝本期销售存货的售价×进销差价率

本期销售成本＝本期销售存货的售价－本期销售存货的进销差价

期末存货成本＝期初存货成本＋本期购货成本－本期销售成本

【案例 4－12】 群光广场甲商品2006年10月份的期初存货成本为100 000元，售价总额为125 000元；本月份购货成本为450 000元，售价总额为675 000元；本期销售收入为640 000元。

$$进销差价率=\frac{(125\ 000-100\ 000)+(675\ 000-450\ 000)}{125\ 000+675\ 000}\times 100\%=31.25\%$$

本期销售商品的差价＝640 000×31.25％＝200 000(元)

本期销售商品成本＝640 000－200 000＝440 000(元)

零售价法适用于商品品种多、规格复杂、进销十分频繁的大型零售商店和超级市场。由于企业为便于顾客选购，各种商品均标有零售价格，因而可以先计算出按零售价表示的期初存货价值，然后根据进销差价率估算期末存货成本。

任务四　原材料

原材料是企业生产和经营的物质资料，是生产过程中的劳动对象。原材料在生产过程中经过加工，改变其实物形态，成为新的产品，或者为劳动工具所消耗以保证生产的顺利进行。原材料经过一个生产周期就被消耗掉，并且随着原材料的消耗，其价值也一次性地全部转移到新产品价值中去，成为产品成本的主要组成部分。在会计实务中，原材料的日常核算有两种方法：按实际成本计价核算和按计划成本计价核算。

一、原材料按实际成本计价核算

原材料按实际成本计价核算，是指从原材料的收发凭证到总分类账、明细分类账全部按实际成本计价。

(一)账户设置

原材料按实际成本计价核算，要求在原材料日常核算中，其收发凭证按实际成本填列，原材料总账和明细分类账按实际成本登记。原材料收入的实际成本，应根据外购、自制等不同来源原材料的实际成本构成计算确定，并填列在有关原材料收入凭证中，据以进行账务处理。对原材料发出实际成本的计算，由于其来源不同和进货时间、批次不同，其实际成本也不尽相同，因而应采用合适的方法计算确定。企业可根据其存货管理的特点和具体要求选用相应的计价方法。常用的计价方法有个别计价法、加权平均法、移动加权平均法、先进先出法等，如本项目任务三所述。

企业采用实际成本计价方法进行原材料采购和收发核算，应设置“在途物资”和“原材料”账户。

1.“在途物资”账户

“在途物资”账户用来核算结算凭证已到，价款、运杂费已付，但物资尚未运到或物资已运到、但尚未验收入库的采购业务。借方登记已付款但尚未验收入库物资的实际成本，贷方登记已验收入库的各种物资实际成本，期末借方余额表示各种在途物资的实际成本。

2."原材料"账户

"原材料"账户用以核算企业各种原材料的增、减变动及结存情况，借方登记已验收入库各种原材料的实际成本，贷方登记生产、非生产领用和外销原材料等发出原材料的实际成本，期末借方余额反映库存原材料的实际成本。在该账户下，应按原材料的保管地点以及原材料的类别、品种和规格设置明细账进行明细分类核算。

(二)原材料采购和收入的账务处理

企业外购原材料时，由于结算方式和采购地点的不同，货款的支付与原材料入库的时间不一定能完全同步，其账务处理也会有所不同。

1. 发票账单与材料同时到达

凡是银行结算凭证和原材料同时到达企业的原材料采购业务，应根据银行结算凭证和供应单位开来的发票账单按原材料实际成本填制收料凭证，将原材料验收入库。根据付款凭证和收料凭证，按原材料实际采购成本借记"原材料"账户，按取得的增值税专用发票上注明的增值税额借记"应交税费——应交增值税(进项税额)"账户，贷记"银行存款"等账户。如图 4－2 所示。

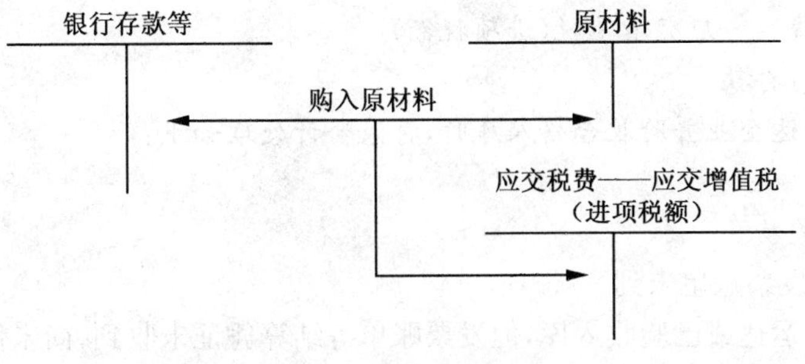

图 4－2 发票账单与材料同时到达

【案例 4－13】 大连嘉宏股份有限公司为增值税一般纳税人，2015 年 5 月 10 日购入原材料一批，取得的增值税专用发票上注明原材料价款 200 000 元，增值税税额 34 000 元，另付运杂费 5 000 元，全部款项已开出并承兑商业承兑汇票结算，材料已验收入库。根据上述资料，应作会计处理如下：

借:原材料　　205 000

　应交税费——应交增值税(进项税额)　　34 000

　贷:应付票据　　239 000

2. 发票账单已到、材料未到

由于原材料在途运输的时间和银行结算凭证传递、承付的时间不相一致，有时会发生结算凭证已到，货款已支付，但原材料尚在途中的情况，称为在途物资。企业购进原材料，在结算凭证已到，而原材料尚在途中时，应先办理货款结算手续，按发票账单所列货款和运杂费承付或支付货款，借记"在途物资"、"应交税费——应交增值税(进项税额)"账户，贷记"库存现金"、"银行存款"、"应付票据"、"应付账款"等账户。待原材料运达并验收入库后，再根据收料凭证按原材料实际成本借记"原材料"账户，贷记"在途物资"账户。如图 4－3 所示。

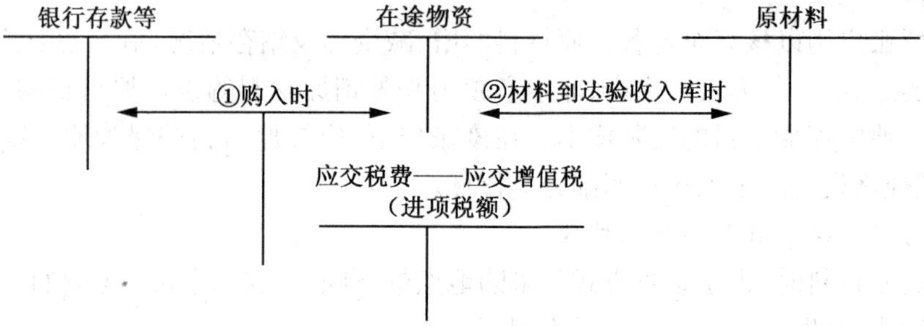

图 4—3 发票账单已到、材料未到

【案例 4—14】 大连嘉宏股份有限公司为增值税一般纳税人，2015 年 5 月 5 日，按合同规定向大化机械厂购入原材料一批，发票等结算凭证已到，取得的增值税专用发票上注明原材料价款 300 000 元，增值税税额 51 000 元，款项已通过银行存款付讫，原材料尚未到达。根据上述资料，应作会计处理如下：

借：在途物资	300 000	
应交税费——应交增值税（进项税额）	51 000	
贷：银行存款		351 000

当这批材料运达企业并验收合格入库时，再做会计处理如下：

借：原材料	351 000	
贷：在途物资		351 000

3. 材料已到、发票账单未到

对于原材料已运达或已验收入库，但发票账单等结算凭证未收到，尚未付款的原材料采购业务，由于一般结算凭证在原材料到达以后几天内即可收到，为简化核算手续，可先暂不进行总分类核算，只将收到的原材料登记明细分类账，待收到发票账单办理结算手续后，再按实际价款登记总账，进行总分类核算，借记“原材料”、“应交税费——应交增值税（进项税额）”账户，贷记“银行存款”、“现金”等账户。对于月末尚未收到结算凭证，未办理付款手续的原材料，应按原材料合同价格或计划价格暂估入账，借记“原材料”账户，贷记“应付账款——暂估应付账款”账户，下月初用红字作相同会计分录予以冲销。如图 4—4 所示。

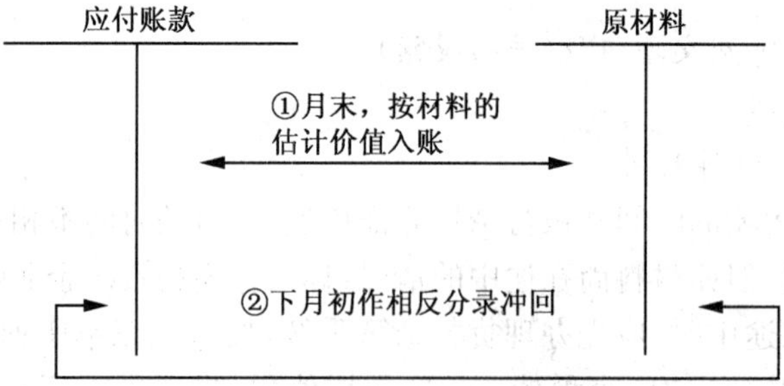

图 4—4 材料已到、发票账单未到

【案例 4—15】 大连嘉宏股份有限公司为增值税一般纳税人，2015 年 11 月 29 日购入燃料一批，已验收入库，但月末发票账单等结算凭证未到，货款尚未支付。该批燃料合同价格为

60 000 元。2015 年 12 月 5 日收到发票账单，并于当日以银行存款支付，实际支付燃料价款 60 000元，增值税税额 10 200 元。根据上述资料，应作会计处理如下：

(1)2015 年 11 月 29 日收到燃料时不作会计处理

(2)2015 年 11 月末按合同价格暂估入账时

借：原材料　　60 000

　　贷：应付账款——暂估应付账款　　60 000

(3)2015 年 12 月初用红字作相同会计分录予以冲销

借：原材料　　[60 000]

　　贷：应付账款——暂估应付账款　　[60 000]

(4)2015 年 12 月 5 日支付燃料价款时

借：原材料　　60 000

　　应交税费——应交增值税(进项税额)　　10 200

　　贷：银行存款　　70 200

原材料在验收入库时如果发现短缺或毁损，应视不同情况区别处理。属于运输途中的合理损耗，计入原材料采购成本；属于供应单位的责任，若货款尚未承付或支付，应填写“拒付理由书”予以部分拒付，只按已承付部分货款借记“原材料”账户，贷记“银行存款”等账户；若货款已经承付，应填写“赔偿损失请求单”，要求索赔，并据以借记“其他应收款”或“应付账款”账户，贷记“在途物资”账户；属于运输部门的责任，同供应单位类似处理；属于自然灾害造成的非常损失，应将扣除残料收入和保险公司赔偿后的净损失借记“营业外支出”账户，贷记“在途物资”账户；属于尚待查明原因或需要经过批准后才能转销的损失，应先借记“待处理财产损溢——待处理流动资产损溢”账户，贷记“在途物资”账户，待查明原因并经批准后再作处理。

4. 采用预付货款的方式采购材料

在采用预付货款方式购入原材料的情况下，企业在预付货款时，应按照实际预付的金额确认预付账款；待所购原材料验收入库时，再按发票账单等结算凭证确定的存货成本确认存货，同时转销预付账款。

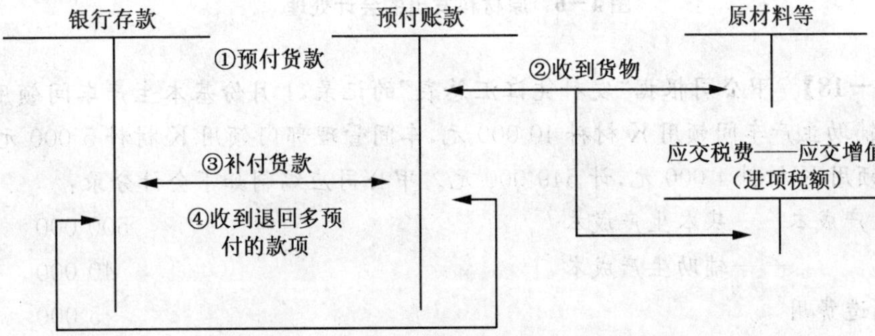

图 4—5　采用预付货款的方式采购原材料

【案例 4—16】　根据与某钢厂的购销合同规定，甲公司购买 J 材料，已验收入库，向该钢厂预付 100 000 元货款的 80%，计 80 000 元。已通过汇兑方式汇出。甲公司应编制如下会计分录：

借：预付账款　　80 000

贷:银行存款　　80 000

【案例 4—17】 承接案例 4—16,甲公司收到该钢厂发运来的 J 材料,已验收入库。有关发票账单记载,该批货物的货款 100 000 元,增值税税额 17 000 元,对方代垫包装费 3 000 元,所欠款项以银行存款付讫。甲公司应编制如下会计分录:

①材料入库时

借:原材料——J 材料　　103 000

　应交税费——应交增值税(进项税额)　　17 000

　贷:预付账款　　120 000

②补付货款时

借:预付账款　　40 000

　贷:银行存款　　40 000

(三)原材料发出的会计处理

发出原材料应分别不同的使用部门和用途核算。生产用原材料通过"生产成本"、"制造费用"等账户核算;非生产用原材料通过"管理费用"、"销售费用"等账户核算。会计实务中,企业由于发料频繁,发料凭证数量多,为简化核算手续,一般不直接根据发料凭证编制记账凭证和登记总分类账,而是对已签收和标价的发料凭证按各类原材料的不同用途,陆续进行分类整理,月末再根据已分类汇总的发料凭证编制"发料凭证汇总表",据以进行原材料发出的总分类核算。如图 4—6 所示。

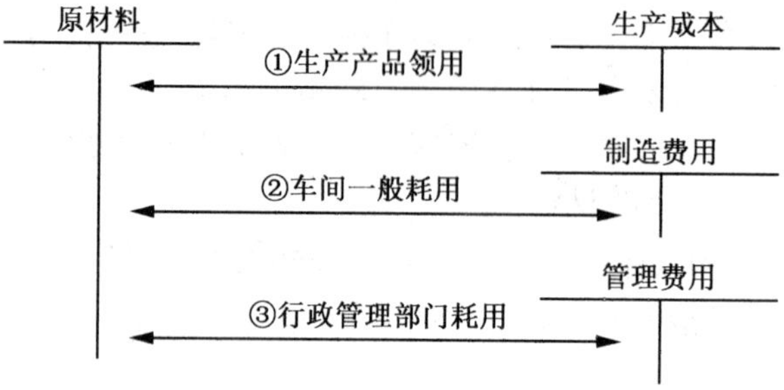

图 4—6　原材料发出的会计处理

【案例 4—18】 甲公司根据"发料凭证汇总表"的记录,1 月份基本生产车间领用 K 材料 500 000 元,辅助生产车间领用 K 材料 40 000 元,车间管理部门领用 K 材料 5 000 元,企业行政管理部门领用 K 材料 4 000 元,计 549 000 元。甲公司应编制如下会计分录:

借:生产成本——基本生产成本　　500 000

　　　　　——辅助生产成本　　40 000

　制造费用　　5 000

　管理费用　　4 000

　贷:原材料——K 材料　　49 000

二、原材料按计划成本计价核算

原材料按计划成本计价核算,是指原材料的总分类核算和明细分类核算均按计划成本计价。原材料按计划成本计价核算,要求在原材料日常核算中,原材料收发凭证按计划成本填列，原材料总分类账和明细分类账按计划成本登记，在月末计算出本月材料成本差异率后，再将原材料的计划成本调整为实际成本。

（一）账户设置

1．“材料采购”账户

“材料采购”账户用来核算原材料采购资金的使用情况，计算企业外购原材料的实际采购成本及考核原材料采购业务的成果。借方登记已付款原材料的实际采购成本和原材料实际采购成本小于计划成本的差异；贷方登记已验收入库原材料的计划成本和原材料实际采购成本大于计划成本的差异。期末借方余额反映已收到发票账单并付款，但原材料尚未到达或尚未验收入库的在途物资的实际成本。在该账户下，一般按物资的类别设置“材料采购明细账”进行明细分类核算。“材料采购明细账”采用横线登记法登记，即同一笔采购业务的付款、收料与成本差异，都登记在同一条横线上。月末，在同一横线上只有借方记录而无贷方记录的，则为在途物资。

2．“材料成本差异”账户

“材料成本差异”账户用来核算企业外购材料、自制材料等的实际成本与计划成本之间的差异。借方登记自“材料采购”和“委托加工物资”两个账户转入的实际成本大于计划成本的超支数；贷方登记上述两个账户转入的实际成本小于计划成本的节约数和发出材料应负担的成本差异调整数。发出材料应负担的实际成本大于计划成本的超支数用蓝笔登记，实际成本小于计划成本的节约数用红笔登记。若为借方余额，则反映其实际成本大于计划成本的差异；若为贷方余额，则反映其实际成本小于计划成本的差异。在该账户下，应分别按物资的类别或品种进行明细分类核算。

3．“原材料”账户

“原材料”账户用来反映和监督原料及主要材料、燃料、辅助材料、包装材料、外购半成品、修理用备件等各类原材料资金的增减动态和占用情况。在采用按计划成本计价进行原材料收发核算时，借方登记已验收入库外购材料、自制材料、废料交库等原材料的计划成本，贷方登记生产、非生产领用和外销材料等发出原材料的计划成本，期末借方余额反映库存原材料的计划成本。在该账户下，应按原材料的保管地点，原材料的类别、品种和规格设置“原材料明细账”进行明细分类核算。该计划成本经材料成本差异数调整后，才真正反映各类原材料期末实际占用的资金额。

（二）原材料采购和收入的账务处理

在原材料采购过程中，与原材料按实际成本核算一样，原材料采购核算时应注意区分不同情况。如图 4—7 所示。

1．发票账单与材料同时到达

发票账单与原材料同时到达企业的采购业务，其会计处理方法如下：

付款时，根据银行结算凭证和供应单位开来的发票账单等确定的原材料采购成本借记“材料采购”账户，按增值税专用发票上注明的增值税税额借记“应交税费——应交增值税（进项税额）”账户，贷记“银行存款”、“库存现金”和“其他货币资金”等账户。采用商业汇票结算方式购入物资的，在开出、承兑汇票时贷记“应付票据”账户；通过商业信用赊购原材料的，则贷记“应付账款”账户；若企业根据合同规定已预付材料款的，则贷记“预付账款”账户。

企业收到原材料且验收入库时，应根据收料凭证按其计划成本，即实际入库数量与计划单价的乘积借记“原材料”账户，贷记“材料采购”账户。

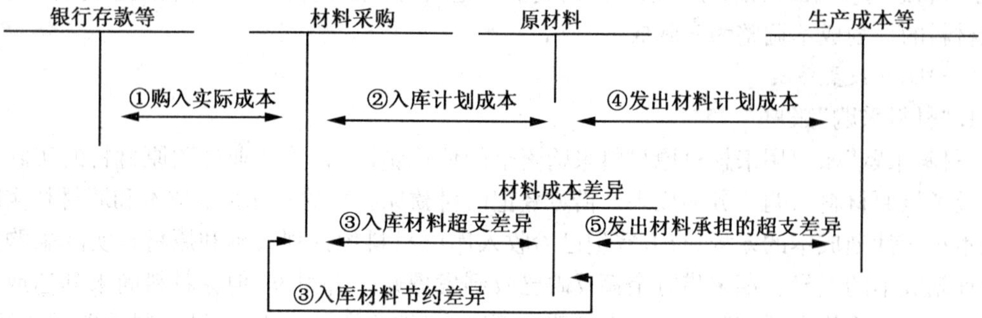

图 4—7　原材料计划成本核算

结转成本差异时，应将原材料实际采购成本与计划成本之间的差异额结转至“材料成本差异”账户，原材料实际成本大于计划成本的超支数应借记“材料成本差异”账户，贷记“材料采购”账户；原材料实际成本小于计划成本的节约数应借记“材料采购”账户，贷记“材料成本差异”账户。

【案例 4—19】 大连嘉宏股份有限公司为增值税一般纳税人，2015 年 5 月 18 日外购生产用原材料一批，取得的增值税专用发票上注明原材料价款 15 000 元，增值税税额 2 550 元，全部款项已通过银行转账付讫。该批原材料已验收入库，计划成本为 16 000 元。

(1)支付原材料货款时

借：材料采购　　15 000

　　应交税费——应交增值税(进项税额)　　2 550

　　贷：银行存款　　17 550

(2)原材料验收入库时

借：原材料　　16 000

　　贷：材料采购　　16 000

(3)结转材料成本差异时

借：材料采购　　1 000

　　贷：材料成本差异　　1 000

2. 发票账单已到、材料未到

对于已经付款或已开出商业汇票，但原材料尚未到达或尚未验收入库采购业务的会计处理同“款付料已到”采购业务基本相同。只是在做账的时间上稍有延迟，即必须等到原材料到达且验收入库后才能作相关会计分录。

【案例 4—20】 大连嘉宏股份有限公司为增值税一般纳税人，2015 年 1 月 12 日购入原材料一批，取得的增值税专用发票上注明原材料价款 24 000 元，增值税税额 4 080 元，企业当即开出并承兑商业承兑汇票结算。原材料尚未到达。

借：材料采购　　24 000

　　应交税费——应交增值税(进项税额)　　4 080

　　贷：应付票据　　28 080

以后待原材料运回并验收入库后，再按其计划成本记入“原材料”账户，同时结转相应的材料成本差异。当发票账单到达企业而原材料月底仍未到达企业时，财务部门只能根据发票账单确定这部分材料的实际成本，但不能作材料入库和确定入库材料成本差异的会计分录。因此，在这种情况下，月底计算成本差异率时，公式中的分子和分母均不会涉及这部分原材料。

3. 材料已到、发票账单未到

在原材料采购业务中，由于货款结算和原材料到达的时间不一致，可能会发生原材料已验收入库，但企业尚未付款的情况。正常情况下，一般发票账单等结算凭证在原材料到达后几天内即可收到。因此，为简化核算手续，对此类原材料已收到而货款尚未支付的情况，可暂不处理，待收到结算凭证支付货款时，再按"款付料已到"采购业务作付款、收料和结转差异的会计分录。若月末仍未收到结算凭证，为如实反映资金的动态情况，则可按原材料的计划成本暂估入账，借记"原材料"账户，贷记"应付账款——暂估应付账款"账户，并于下月初用红字冲销；下月付款时，再按"款付料已到"采购业务进行账务处理。

【案例4—21】 大连嘉宏股份有限公司为增值税一般纳税人，2014年12月25日收到上海钢厂发来的钢材10吨，并已验收入库，但月底仍未收到结算凭证。该种钢材的计划单位成本为25 000元。2015年初收到结算凭证，并于2015年1月6日以银行存款支付，实际支付原材料价款245 000元，增值税税额41 650元。

(1)收到钢材时不作会计处理

(2)2014年12月末按该种钢材计划成本暂估入账时

借：原材料　　250 000

　贷：应付账款——暂估应付账款　　250 000

(3)2015年1月初用红字作相同会计分录予以冲回

借：原材料　　[250 000]

　贷：应付账款——暂估应付账款　　[250 000]

(4)2015年1月6日收到结算凭证时

借：材料采购　　245 000

　应交税费——应交增值税(进项税额)　　41 650

　贷：银行存款　　286 650

(5)结转计划成本

借：原材料　　250 000

　贷：材料采购　　250 000

(6)结转材料成本差异

借：材料采购　　5 000

　贷：材料成本差异　　5 000

企业自制或委托外单位加工的原材料验收入库时，应按原材料计划成本借记"原材料"账户，按实际成本贷记"生产成本"或"委托加工物资"账户，并按原材料实际成本与计划成本之差，借记或贷记"材料成本差异"账户。

以上原材料验收入库和结转成本差异的会计分录是逐笔编制的，为了简化核算工作，一般可按旬或按月汇总编制。

(三)原材料发出的会计处理

企业发出原材料按其用途不同分为生产领用和非生产领用。生产领用是指生产车间为进行产品生产或经营管理而领用的原材料，应通过"生产成本"、"制造费用"等账户进行核算；非生产领用是指因固定资产新建、改建、扩建和大修理所领用的原材料，委托外单位加工发出的原材料，企业专设销售机构所领用的原材料，企业管理部门用于经营管理领用的原材料以及对外销售所发出的原材料等，应通过“管理费用”、“销售费用”、“其他业务支出”等账户进行核算。由于原材料发出业务比较频繁，为简化核算手续，一般应根据原材料发料凭证，按原材料的领用部门和用途，定期或月末归类汇总，编制发料凭证汇总表。由于发出原材料按计划成本计价，表中除填列发出原材料的计划成本外，还应根据当月或上月的材料成本差异率计算并填列发出原材料的计划成本应负担的成本差异额，将发出原材料的计划成本调整为实际成本。

结转发出原材料应负担的成本差异时，应借记“生产成本”、“制造费用”、“管理费用”等账户，贷记“材料成本差异”账户。实际成本大于计划成本的超支数，用蓝字登记；实际成本小于计划成本的节约数，用红字登记。这样，可以直接冲减生产或非生产领用原材料计划成本，反映出实际消耗数额。

【案例4—22】 F公司2015年11月发出材料一批，根据发料凭证汇总：基本生产车间生产产品领用240 000元；辅助生产车间生产产品领用110 000元；各车间一般消耗35 000元；企业管理部门领用48 000元；对外销售67 000元。企业月初“原材料”账户余额为150 000元，当月收入原材料计划成本为450 000元。月初“材料成本差异”账户贷方余额为3 800元，本月收入材料成本差异为800元。

(1)分配发出原材料计划成本

借：生产成本——基本生产成本	240 000	
——辅助生产成本	110 000	
制造费用	35 000	
管理费用	48 000	
其他业务支出	67 000	
贷：原材料		500 000

(2)计算并结转发出原材料计划成本应负担的成本差异

$$本月材料成本差异分配率=\frac{-3\ 800+800}{150\ 000+450\ 00}\times 100\%=-0.5\%$$

借：生产成本——基本生产成本	1 200	
——辅助生产成本	550	
制造费用	175	
管理费用	240	
其他业务支出	335	
贷：材料成本差异		2 500

任务五　周转材料

一、周转材料的概念及种类

周转材料是指企业能够多次使用、逐渐转移其价值但仍保持原有形态不确认为固定资产的材料，如低值易耗品和包装物。

(一)低值易耗品

低值易耗品是指单位价值低于固定资产的最低限额，或者使用期限在一年以内，不能列作固定资产的各种物品。企业低值易耗品一般可划分为以下六大类。

1. 一般工具

一般工具是指生产各种不同产品时能共同使用的工具，如刀具、量具、夹具、模具等。

2. 专用工具

专用工具是指专用于制造某种产品，或在某一工序上使用的工具，如专用模具等。

3. 替换设备

替换设备是指容易磨损或为制造不同产品需要替换使用的机器装备和零件，如浇注钢锭用的钢锭模等。

4. 管理用具

管理用具是指用于管理工作的家具和办公用品，如桌、椅、柜、仪器等。

5. 劳动保护用品

劳动保护用品是指用于保障职工安全生产的各种用品，如工作服、工作鞋等。

6. 其他

其他是指不属于上述各类的低值易耗品。

(二)包装物

包装物是指在生产流通过程中，为包装本企业的产品或商品并随同一起出售，或者出租、出借给购货单位的各种包装容器，如桶、箱、罐、瓶、坛、袋等。包装物按其具体用途可以分为：①生产流通过程中用于包装产品或商品并作为其组成部分的包装物，如酒瓶、油桶等；②随同产品出售而不单独计价的包装物；③随同产品出售而单独计价的包装物；④出租或出借给购买单位使用的包装物。

作为会计上单列的包装物存货，有其自身的特点。企业各种一次性使用的包装材料，如纸、绳、铁皮、铁丝等不属于包装物之列，应在“原材料”账户核算；企业用于储存、保管产品或商品等存货而不对外销售、出租或出借的包装物，应按其价值大小和使用期限，或在“固定资产”账户核算，或在“周转材料——低值易耗品”账户核算；单独列为企业产品或商品存货的自制包装物应在“库存商品”账户核算。

二、周转材料会计处理的特点

周转材料按其在生产经营过程中的作用来看，由于它可多次参与生产经营活动而不改变原有实物形态，其价值随着磨损程度逐渐地转移到企业成本费用之中，因而与固定资产相似，显然属于劳动资料。但由于周转材料又存在价值低、易损耗、品种多、数量大、进出频繁、在使用中经常需要更换和补充的特点，为方便起见，其价值通常短期内予以补偿，并用流动资金添置与储备，这些又与材料相同。因此，由于周转材料的上述特点，决定其会计处理既有别于原材料核算，又与固定资产核算不尽相同。

根据周转材料的实际特点，将其分在库与在用两阶段进行账务处理。在库周转材料的核算是指周转材料的采购、入库、发出和结存的核算，与前述原材料的核算基本相同。而在用周转材料的核算，包括周转材料自仓库发给使用部门开始直至报废退出使用为止整个使用过程的核算。即要对周转材料从仓库发给使用部门，到报废退出使用整个过程进行反映与监督，并对这一过程中周转材料所损耗的价值，采用较为简便的摊销方法，合理计入企业成本费用中去，以便从产品利润中得到补偿，实现资金的周转。

三、周转材料的核算

（一）账户设置

为了核算各种周转材料的实际成本或计划成本，企业应设置"周转材料"账户。该账户借方登记已验收入库周转材料的实际成本或计划成本，贷方登记领用周转材料的实际成本或计划成本，期末借方余额反映所有在库周转材料的实际成本或计划成本。企业也可以单独设置"低值易耗品"和"包装物"账户来分别进行核算。

（二）周转材料会计处理

1. 周转材料收入的会计处理

周转材料采购入库、自制入库和委托外部加工完成验收入库等增加的核算，其核算内容、程序与材料收入核算相同，既可按计划成本计价核算，也可按实际成本计价核算。

2. 低值易耗品领用、摊销和报废的会计处理

低值易耗品被领用后即进入生产或销售过程，低值易耗品的价值须以摊销方式计入相关成本费用。低值易耗品摊销可选用的方法有一次摊销法、五五摊销法和分次摊销法等。

（1）一次摊销法是指在领用低值易耗品时，就将其全部账面价值一次计入有关成本费用的方法，即一经领用，其价值便从账面上消失。这种方法适用于单位价值很小或易于损坏的管理用具和小型工具、卡具以及在单件小批量生产方式下为制造某批订货所用的专用工具。在一次摊销法下，"周转材料"账户按种类设明细账核算。领用时，借记"制造费用"、"管理费用"等账户，贷记"周转材料"账户。低值易耗品报废时回收的残料，应作为当期周转材料摊销额的减少，直接冲减相关成本费用，即借记"原材料"、"银行存款"等账户，贷记"制造费用"、"管理费用"等账户。

【案例4－23】 大连嘉宏股份有限公司购置计算器20台，每台150元，以转账支票支付，现已办好入库手续。

借：周转材料——低值易耗品	3 000	
贷：银行存款		3 000

【案例4－24】 大连嘉宏股份有限公司第一生产车间领用低值易耗品50件，单位计划成本为400元。预计使用期限为8个月，使用期满时，40件仍可使用，10件报废，每件残值6元。该低值易耗品的成本差异率为1%。该低值易耗品采用一次摊销法。

（1）领用低值易耗品时

借：制造费用	20 000	
贷：周转材料——低值易耗品		20 000

（2）分摊成本差异时

借：制造费用	200	
贷：材料成本差异		200

（3）10件报废低值易耗品的残值冲减当期成本费用时

借：原材料	60	
贷：制造费用		60

（2）五五摊销法是指在领用低值易耗品时，先摊销其账面价值的一半，报废时再摊销其账面价值另一半的方法，即低值易耗品分两次各按50%进行摊销。这种方法既适用于价值较低、使用期限较短的低值易耗品，也适用于每期领用数量和报废数量大致相同的物品。采用五

五摊销法时,“周转材料”账户下应设置“在库”、“在用”、“摊销”三个明细账户。如图 4—8 所示。

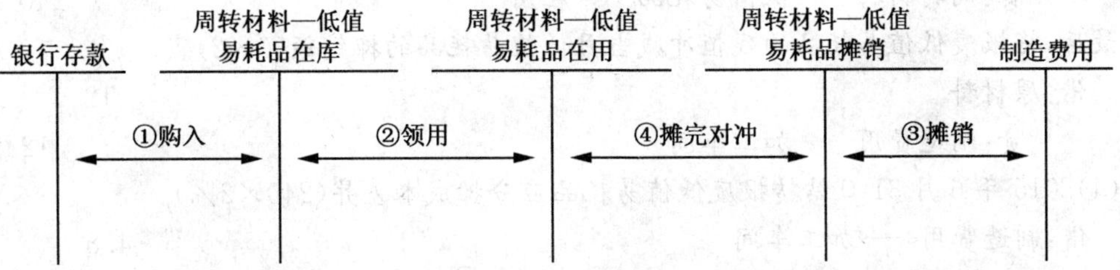

图 4—8 五五摊销法

【案例 4—25】 大连嘉宏股份有限公司的生产车间领用专用工具一批,实际成本为 100 000元,不符合固定资产定义,采用分次摊销法进行摊销。该专用工具的估计使用次数为 2 次。甲公司应编制如下会计分录:

(1)领用专用工具

借:周转材料——低值易耗品——在用 100 000

　　贷:周转材料——低值易耗品——在库 100 000

(2)第一次领用时摊销其价值的一半

借:制造费用 50 000

　　贷:周转材料——低值易耗品——摊销 50 000

(3)第二次领用摊销其价值的一半

借:制造费用 50 000

　　贷:周转材料——低值易耗品——摊销 50 000

同时:

借:周转材料——低值易耗品——摊销 100 000

　　贷:周转材料——低值易耗品——在用 100 000

【案例 4—26】 大连嘉宏股份有限公司加工车间于 2015 年 5 月 3 日领用 A 种专用工具 8 件,每件计划成本 120 元。该公司对低值易耗品的价值采用“五五摊销法”。6 月 31 日,该公司加工车间 A 种专用工具报废 2 件,每件残值 6 元,已送交原材料库。该公司 7 月份低值易耗品的材料成本差异率为 2%。

(1)2015 年 5 月 3 日领用低值易耗品时(120×8)

借:周转材料——低值易耗品——在用 960

　　贷:周转材料——低值易耗品——在库 960

(2)2015 年 5 月末摊销低值易耗品的价值时(960×50%)

借:制造费用——加工车间 480

　　贷:周转材料——低值易耗品——摊销 480

(3)2015 年 6 月 31 日低值易耗品报废时

首先,摊销低值易耗品账面价值的另一半(120×2×50%)。

借:制造费用——加工车间 120

　　贷:周转材料——低值易耗品——摊销 120

其次，冲减在用低值易耗品和已提摊销额(120×2)。

借：周转材料——低值易耗品——摊销　　240

　　贷：周转材料——低值易耗品——在用　　240

最后，将报废低值易耗品的残值冲减当月低值易耗品的摊销额(6×2)。

借：原材料　　12

　　贷：制造费用——加工车间　　12

(4)2015 年 6 月 31 日结转报废低值易耗品应分摊成本差异(240×2%)

借：制造费用——加工车间　　4.8

　　贷：材料成本差异——周转材料　　4.8

(3)分次摊销法是指根据低值易耗品可供使用的估计次数，将其价值按比例地分摊计入有关成本费用的方法。某次摊销额可用下列公式计算：

$$某次应摊销额=\frac{低值易耗品的账面价值}{预计使用次数}\times 该期实际使用次数$$

【案例 4—27】 大连嘉宏股份有限公司领用了 20 个包装桶，出租给客户使用，共收取押金 6 200 元，租金于客户退还包装桶时一次计算收取。包装桶单位成本 300 元，分 4 个月计入其他业务支出。

(1)领用包装物

借：待摊费用　　6 000

　　贷：包装物　　6 000

(2)收取包装物押金

借：银行存款　　6 200

　　贷：其他应付款　　6 200

(3)某月摊销包装物成本

借：其他业务支出　　1 500

　　贷：待摊费用　　1 500

(4)假定客户如期退还包装物，计算收取租金 2 500 元，退还其押金。

借：其他应付款　　6 200

　　贷：其他业务收入　　2 500

　　　　银行存款　　3 700

(5)假定客户逾期未退还包装物，没收包装物押金，增值税销项税额 900 元。

借：其他应付款　　6 200

　　贷：其他业务收入　　5 300

　　　　应交税费——应交增值税(销项税额)　　900

3. 包装物出售、出租、出借和生产领用的会计处理

(1)随同产品或商品一同出售但不单独计价的包装物。企业未用包装物极少单独出售，一般随同产品一起出售。对在销售过程中领用并随同产品一起出售，但不单独计价的包装物，因无独立的收入可与包装物存货成本相配比，一般将其视为销售过程中耗用的原材料处理，在其发出时，将其实际成本作为产品销售费用，借记“销售费用”账户，贷记“周转材料”账户。

(2)随同产品或商品一同出售但单独计价的包装物。对在销售过程中领用并随同产品一同出售，但单独计价的包装物，应视为企业其他业务，按原材料销售处理。销售时所获得的收

入作为其他业务收入，相应地其成本也作为其他业务成本，以与其收入相配比。

(3)出租包装物。出租包装物是企业的一项非生产性经营业务，是指企业因销售产品或商品而将包装物以出租的形式借给购货单位暂时使用，应按其他业务处理。企业出租和出借的包装物在周转使用过程中其实物形态保持不变，因此，其价值也应按损耗程度，逐渐地转到有关的成本费用中去。由于周转使用包装物的性质与低值易耗品类似，故低值易耗品的摊销方法也同样适用于包装物。具体核算方法如下：①企业第一次领用新包装物向购货单位出租时，按包装物摊销金额借记“其他业务成本”账户，贷记“周转材料”账户。②收取租金时，借记“库存现金”或“银行存款”账户，贷记“其他业务收入”账户。③收取押金时，借记“库存现金”或“银行存款”账户，贷记“其他应付款——存入保证金”账户；退回押金时作相反会计分录。对于逾期未退包装物没收的押金，转作其他业务收入。④出租包装物报废时，其残料价值冲减其他业务成本，借记“原材料”账户，贷记“其他业务成本”账户。

(4)出借包装物。出借包装物严格来讲不属于企业的经营业务，而只是一种促销手段，是指企业的产品或商品在销售时将包装物无偿提供给购货单位临时使用。包装物在出借期间，其价值损耗和其他有关支出，都是为推销产品而发生的，因此，应作为销售费用处理。具体核算方法如下：①企业第一次领用新包装物出借给购货单位时，按包装物摊销金额借记“销售费用”账户，贷记“包装物”账户。②收取押金时，借记“库存现金”或“银行存款”账户，贷记“其他应付款——存入保证金”账户；退回押金时作相反的会计分录。对于逾期未退包装物没收的押金，冲减销售费用。③出借包装物报废时其残料价值应冲减销售费用，借记“原材料”账户，贷记“销售费用”账户。

(5)生产领用包装物。对于生产领用包装物，应根据领用包装物的实际成本或计划成本，借记“生产成本”科目，贷记“周转材料——包装物”、“材料成本差异”等科目。如图4-9所示。

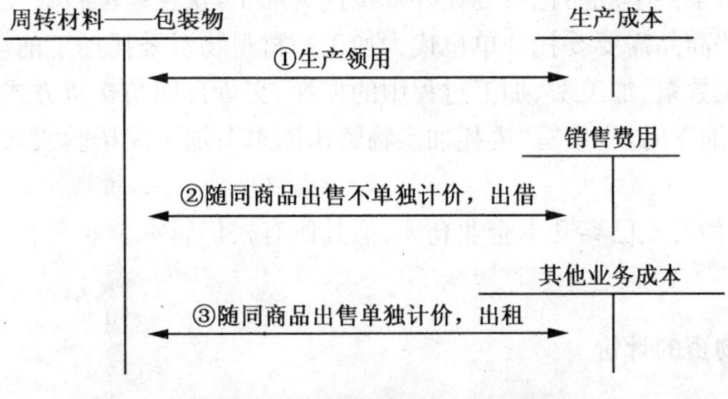

图4-9　包装物的会计账务处理

【案例4-28】　大连嘉宏股份有限公司对包装物采用计划成本核算，某月生产产品领用包装物的计划成本为100 000元，材料成本差异率为-3%。甲公司应编制如下会计分录：

借：生产成本	97 000	
材料成本差异	3 000	
贷：周转材料——包装物		100 000

【案例4-29】　大连嘉宏股份有限公司2015年5月销售商品领用不单独计价包装物的计划成本为50 000元，材料成本差异率为-3%。甲公司应编制如下会计分录：

借：销售费用	48 500	

材料成本差异　　1 500

贷:周转材料——包装物　　50 000

【案例 4—30】 大连嘉宏股份有限公司某月销售商品领用单独计价包装物的计划成本为 80 000 元,销售收入为 100 000 元,增值税额为 17 000 元,款项已存入银行。该包装物的材料成本差异率为 3%。甲公司应编制如下会计分录:

(1)出售单独计价包装物

借:银行存款　　117 000

贷:其他业务收入　　100 000

应交税费——应交增值税　　17 000

(2)结转所售单独计价包装物的成本

借:其他业务成本　　82 400

贷:周转材料——包装物　　80 000

材料成本差异　　2 400

任务六　委托加工物资

一、委托加工物资会计处理的内容

委托加工物资是指企业由于一部分材料物资在规格、质量上不符合生产设计的特定要求,或者对库存材料缺乏特殊加工处理的工艺设备条件,或者由于生产业务量大而企业生产能力有限,需要将一部分材料物资委托外单位加工,以满足企业生产需要。

除原材料以外,某些半成品也可委托外单位代为加工,这在装配行业尤为普遍。即使商品流通企业,也有某些商品需要委托外单位代为加工。材料物资委托加工前,企业一般应与受托方就加工要求、加工数量、加工费、加工过程中的损耗、交货日期与交货方式等项目签订加工合同。材料物资发外加工时,应填写"委托加工物资出库单";加工完毕验收入库时,应填写"委托加工物资入库单"。

发外加工材料物资虽已离开本企业仓库,但其所有权仍属本企业所有,只是暂时由受托单位负责保管。

二、委托加工物资的计价

委托加工物资在加工过程中,其实物形态发生了改变,成为一种新的物资,但收回后仍是企业的存货。物资委托外单位加工与其用于生产或对外销售不同,必须单独组织核算,以加强对委托加工物资的管理。

委托加工物资计价内容如下:①实际发出加工材料物资的实际成本;②支付的加工费及往返运杂费等;③支付的有关税金(包括应由委托加工物资负担的增值税和消费税)。

三、委托加工物资的会计处理

为了总括地反映和监督委托加工物资的发出、收回和结存情况,企业应设置"委托加工物资"账户,以核算企业各种委托外单位加工物资的实际成本。该账户借方登记发出材料物资的实际成本和材料物资的加工费、运杂费、税金等;贷方登记已加工完毕并已验收入库委托加工物资的全部成本，期末借方余额反映尚未加工完毕委托加工物资的实际成本和发出材料物资的运杂费等。

委托加工物资可按实际成本计价核算，也可按计划成本计价核算。委托加工业务在会计处理上主要包括发出委托加工物资，支付加工费、往返运杂费、增值税等，消费税金的处理，加工完成并收回加工物资等环节。

委托加工物资核算，如图 4－10 所示。

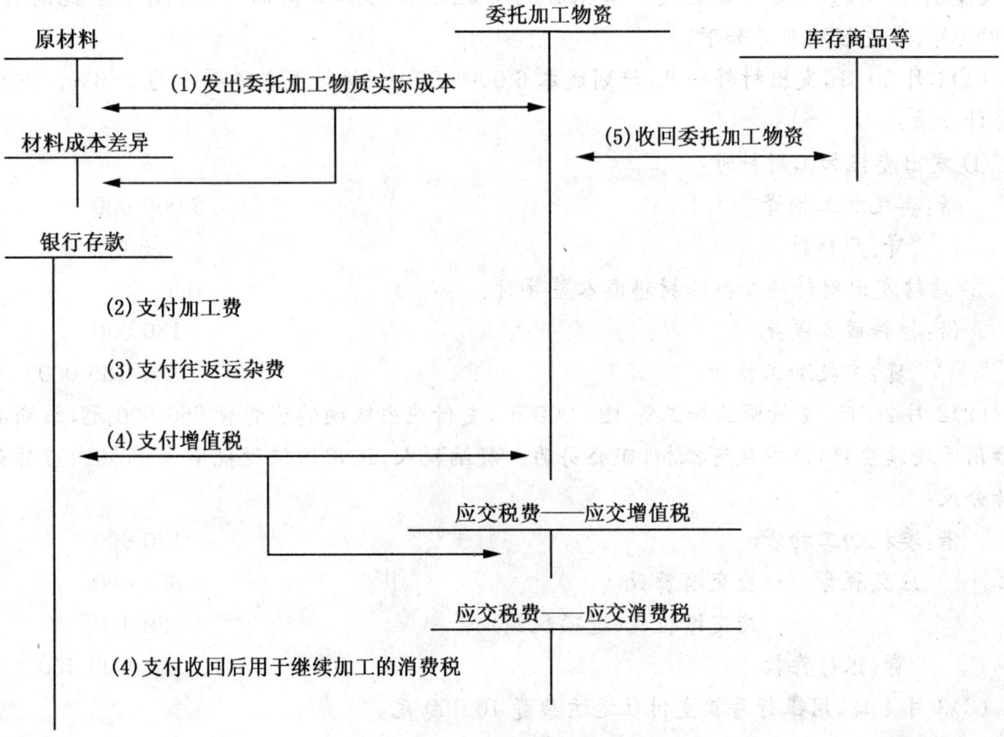

图 4－10 委托加工物资核算

1. 发出委托加工物资

企业委托加工材料物资发出时，应按发出物资的实际成本借记“委托加工物资”账户，贷记“原材料”、“库存商品”等账户；如果发出物资按计划成本法核算，则发出材料物资所应负担的材料成本差异，借记或贷记“材料成本差异”账户。

需要说明的是，企业发出外单位加工物资时，如果采用计划成本或售价核算的，还应同时结转材料成本差异或商品进销差价，贷记“材料成本差异”科目，或借记“商品进销差价”科目。

2. 支付加工费、往返运杂费、增值税等

材料物资加工过程中的加工费、发出和收回加工材料物资的外地运杂费，应作为委托加工物资的成本，借记“委托加工物资”账户；支付的增值税，借记“应交税费——应交增值税(进项税额)”账户，贷记“银行存款”、“现金”、“应付账款”等账户。

3. 消费税金的处理

如果委托加工物资属于应纳消费税的应税消费品，应由受托方在向委托方交货时代收代交消费税款。对受托方，如果委托加工物资收回后直接用于销售的，应将所缴纳的消费税计入委托加工物资的成本，借记“委托加工物资”账户，贷记“银行存款”、“应付账款”等账户；如果委托加工物资收回后用于连续生产应税消费品的，应将所缴纳消费税借记“应交税费——应交消费税”账户，贷记“银行存款”、“应付账款”等账户。

4. 加工完成并收回加工物资

加工完毕验收入库的委托加工物资和剩余物资，应分别按其实际成本借记“原材料”、“周转材料”、“库存商品”等账户，贷记“委托加工物资”账户；采用计划成本法核算的，还应按其实际成本与计划成本的差异，借记或贷记“材料成本差异”账户。

【案例4－31】 大连嘉宏股份有限公司委托丁公司加工商品一批（属于应税消费品）100 000件，有关经济业务如下：

（1）1月20日，发出材料一批，计划成本6 000 000元，材料成本差异率为－3%。应作如下会计分录：

① 发出委托加工材料时：

借：委托加工物资　　6 000 000

　　贷：原材料　　6 000 000

② 结转发出材料应分摊的材料成本差异时：

借：材料成本差异　　180 000

　　贷：委托加工物资　　180 000

（2）2月20日，支付商品加工费120 000元，支付应当缴纳的消费税660 000元，该商品收回后用于连续生产，消费税可抵扣，丁公司为一般纳税人，适用增值税税率为17%。应作如下会计分录：

借：委托加工物资　　120 000

　　应交税费——应交消费税　　660 000

　　　　——应交增值税（进项税额）　　20 400

　　贷：银行存款　　800 400

（3）3月4日，用银行存款支付往返运杂费10 000元。

借：委托加工物资　　10 000

　　贷：银行存款　　10 000

（4）3月5日，上述商品100 000件（每件计划成本为65元）加工完毕，公司已办理验收入库手续。

借：库存商品　　6 500 000

　　贷：委托加工物资　　5 950 000

　　　　材料成本差异　　550 000

任务七　存货清查

企业在进行存货的日常收发及保管过程中，因种种原因可能造成存货实际结存数量与账面结存数量不符，有时会因非常事项而造成存货毁损。为了确保账实相符，企业应定期或不定期进行存货盘点。发生存货盘盈、盘亏及毁损时，应及时查明原因，并进行账务处理，以保证账实相符。

一、存货清查方法

存货清查是企业财产清查的一项重要内容。企业或因管理不善，或因收发计量差错，或因记录登记错误等原因，往往出现账面记录和实物结存不一致的情况。因此，对于各种存货需要经常进行清查，确定存货数量，查明发生账物不符的原因，明确经济责任，以便作出适当的处理，改进管理，保证存货的安全和完整。存货应当定期盘点，每年至少盘点一次。

存货清查工作涉及面广、工作量大，应有领导、有组织地进行。盘点前，应将各项存货收发业务全部登记入账并结出余额，使账账相符。清查时，对库存存货一般采用定期盘存法，对于大堆、廉价和笨重的存货，也可采用技术测量方法，逐一清点各项存货的实有数量。盘点后，将实际盘存数与账面记录进行核对。发现实有数与账存数不符时，要确定盘盈或盘亏数额，在期末前查明原因，分清责任，并编制"存货盘点盈亏报告表"，全面反映存货盘盈、盘亏和毁损的数量与金额，按规定程序，报送股东大会或董事会、经理(厂长)会议或类似机构审批。

二、存货清查结果的处理步骤

存货清查结果的会计处理分为两个步骤：

第一步，在报经有关部门批准前，根据"存货盘点盈亏报告表"，按盘盈或盘亏、毁损存货的实际成本调整存货的账面价值，使存货账实相符，不处理盈亏资金。同时，将其记入"待处理财产损溢——待处理流动资产损溢"账户，报送有关部门批示。

第二步，经有关部门批示后，根据存货盘盈或盘亏、毁损的不同原因及处理结果，将待处理财产损溢分别结转到不同账户，以落实经济责任。

三、存货清查结果的会计处理

为了核算存货清查过程中查明的各项存货盘盈或盘亏、毁损等情况，企业应设置"待处理财产损溢"总账账户及"待处理流动资产损溢"明细账户。该账户具有双重性质。借方登记发生的各种财产物资的盘亏金额和批准转销的盘盈金额，贷方登记发生的各种财产物资的盘盈金额和批准转销的盘亏金额。该账户处理前的借方余额反映企业尚未处理的各种财产净损失；处理前的贷方余额反映企业尚未处理的各种财产的净溢余。期末，该账户处理后没有余额。存货的盘盈或盘亏、毁损，应区分不同情况进行账务处理。

(一)存货盘盈的核算

企业盘盈的存货，多因企业日常收发计量或计算差错而引起，应及时办理存货入库手续，调整增加存货的实存数。同时，按同类或类似存货的市场价格作为实际成本记入"待处理财产损溢——待处理流动资产损溢"账户。在报经批准后转销待处理财产盘盈，冲减管理费用。如图4—11所示。

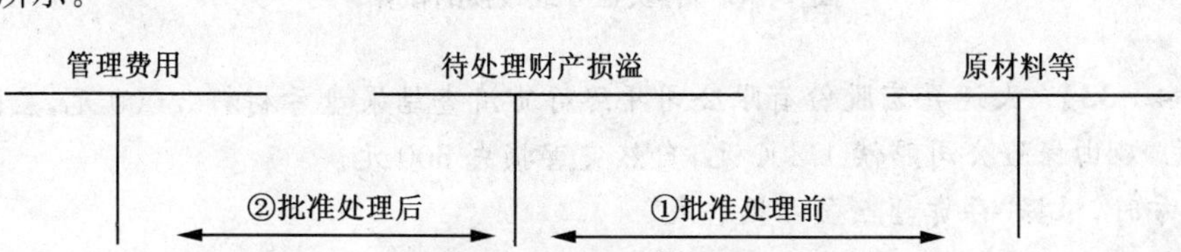

图4—11　存货盘盈的核算

【案例 4—32】 大连嘉宏股份有限公司年终进行全面存货清查，盘盈材料 1 800 元。

(1)盘盈时，根据“存货盘点盈亏报告表”

借：原材料　　1 800

　　贷：待处理财产损溢——待处理流动资产损溢　　1 800

(2)报经上级批准后，冲减当期管理费用

借：待处理财产损溢——待处理流动资产损溢　　1 800

　　贷：管理费用　　1 800

(二)存货盘亏或毁损的核算

企业盘亏的存货，应根据“存货盘点盈亏报告表”及时办理存货销账手续，调整减少存货的实存数。同时，按盘亏或毁损存货的实际成本记入“待处理财产损溢——待处理流动资产损溢”账户。

对于购进的货物、在产品、产成品发生非正常损失引起盘亏存货应负担的增值税，也应一并转入“待处理财产损溢——待处理流动资产损溢”账户。另外，若存货按计划成本法核算，还须计算其成本差异，使待处理财产损溢账户反映其实际损溢。

在报经批准后，对不同原因造成存货的盘亏，作不同的会计处理。如图 4—12 所示。

(1)属于自然损耗的定额内短缺及日常收发计量、计算差错，经批准后转作管理费用。

(2)属管理不善造成的，若能确定过失人或应由保险公司赔偿的，应将赔偿额记入“其他应收款”；若不能确定过失人的，经批准后转作管理费用。

(3)属于自然灾害或意外事故造成的非常损失，在扣除过失人或保险公司赔款及残值后的净损失经批准后转作营业外支出处理。

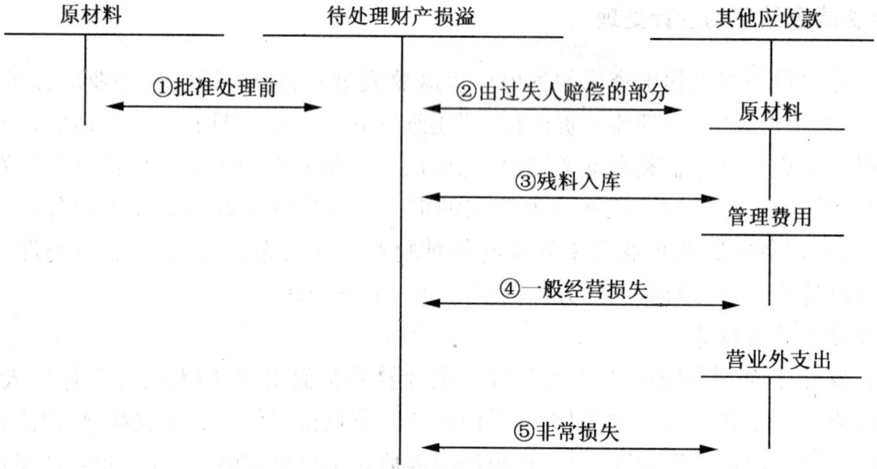

图 4—12　存货盘亏或毁损的核算

【案例 4—33】 大连嘉宏股份有限公司年终存货清查结果盘亏材料 3 000 元，应向责任人索赔 400 元，应由保险公司赔偿 1 200 元，自然灾害损失 600 元。

(1)盘亏时，根据“存货盘点盈亏报告表”

借：待处理财产损溢——待处理流动资产损溢　　3 000

　　贷：原材料　　3 000

(2)报经上级批准后

借：其他应收款　　1 600
　营业外支出　　600
　管理费用　　800
　贷：待处理财产损溢——待处理流动资产损溢　　3 000

四、存货信息的披露

为了真实、完整地反映存货对企业财务状况、经营成果的影响，企业应对与存货有关的信息予以披露。具体披露内容如下：①各类存货的期初和期末账面价值；②确定存货成本所采用的方法；③存货可变现净值的确定依据，存货跌价准备的计提方法，当期计提的存货跌价准备的金额，当期转回的存货跌价准备的金额，以及计提和转回的有关情况；④用于担保的存货账面价值。

任务八　存货的期末计量

会计期末，为了客观、真实、准确地反映企业期末存货的实际价值，在编制资产负债表时，要确定"存货"项目的金额，即要确定期末存货的价值。会计准则规定：存货在期末应当按照成本与可变现净值孰低计量。

一、成本与可变现净值孰低的概念

成本与可变现净值孰低，是指对期末存货按成本与可变现净值两者之中较低者计价的方法。采用这种方法，当期末存货的成本低于可变现净值时，企业不确认增值收益，存货的价值仍按原有成本反映；反之，当期末存货的成本高于可变现净值时，期末存货发生贬值，则应确认存货跌价损失，在资产负债表上按可变现净值反映。比较成本与可变现净值的目的在于真实反映企业存货的价值。

成本与可变现净值孰低法中的"成本"，是指存货的历史成本，具体指的是以实际成本为基础的存货计价方法所计算的期末存货账面价值。如果企业日常核算中采用的是计划成本法，则成本应该为调整后的实际成本。

成本与可变现净值孰低法中的可变现净值，是指在日常活动中，以存货的估计售价减去至完工时将要发生的成本、销售费用以及相关税费后的金额。

采用成本与可变现净值孰低法需要解决以下三个主要问题：①如何确定可变现净值；②如何进行成本与可变现净值的比较；③可变现净值低于成本时的跌价损失如何处理。

二、可变现净值的确定

(一)确定可变现净值应考虑的主要因素

企业在确定存货的可变现净值时，应当以取得的可靠证据为基础，并且考虑持有存货的目的、资产负债表日后事项的影响等因素。

1. 可靠证据

这是指对确定存货的可变现净值有直接影响的确凿证明，如产品的市场销售价格、与企业产品相同或类似商品的市场销售价格、供货方提供的有关资料、销售方提供的有关资料、生产成本资料等。

2. 持有存货的目的

由于企业持有存货的目的不同，确定存货可变现净值的计算方法也不相同，如用于出售的存货和用于继续加工的存货，可变现净值的计算就不一样。①对持有以备出售的存货，如产成品、商品或可直接用于出售的材料，其可变现净值是指在正常生产经营过程中，以存货的估计售价减去估计的销售费用和相关税金后的金额。对有合同约定的存货，其估计售价按合同价格确定；对没有合同约定的存货，其估计售价按一般市场销售价确定。②对在生产过程或提供劳务过程中耗用的存货，如材料、在产品和自制半成品，其可变现净值是指在正常的生产经营过程中，以存货的估计售价减去至完工估计将要发生的成本、估计的销售费用以及相关税金后的金额。对有合同约定的存货，其估计售价按完工产品合同价格确定；对没有合同约定的存货，其估计售价按完工产品一般市场销售价确定。

3. 资产负债表日后事项的影响

这些事项应能够确定资产负债表日存货的存在状况，即在确定资产负债表日存货的可变现净值时，不仅限于财务会计报告批准报出日之前发生的相关价格与成本波动，还应考虑以后期间发生的相关事项。

（二）可变现净值中估计售价的确定

企业在确定存货的估计售价时，应以资产负债表日为基准。但如果当月存货价格变动较大时，则应以当月该存货平均销售价格或资产负债表日最近几次销售价格的平均数，作为其估计售价的基础。此外，还应区分下述情况确定其估计售价：①为执行销售合同或者劳务合同而持有的存货，通常应当以产成品或商品的合同价格作为其可变现净值的计量基础。②如果企业持有存货的数量多于销售合同订购的数量，超出部分存货的可变现净值应当以产成品或商品的一般销售价格作为计量基础。③没有销售合同约定的存货，但不包括用于出售的材料，其可变现净值应当以产成品或商品一般销售价格（即市场销售价格）作为计量基础。④用于出售的材料等，应当以市场价格作为其可变现净值的计量基础。这里的市场价格是指材料等的市场销售价格。

（三）材料存货的期末计量

对用于生产而持有的原材料、在产品、委托加工材料等，如果用其生产的产成品的可变现净值高于产成品的生产成本，则该材料仍然按成本计量；如果材料价格的下跌表明产成品的可变现净值低于成本，则该材料应当按可变现净值计量。

（四）成本与可变现净值的比较方法

企业按成本与可变现净值孰低法计价时，可分别采用单项比较法、分类比较法和总额比较法三种不同的方法。单项比较法是指将每个存货项目的成本与其可变现净值逐一比较，取其低者确定该项存货的价值；分类比较法是指将存货按相同性质分类，按各类存货的成本总额与其可变现净值总额进行比较，取其低者确定该类存货的价值；总额比较法是指将全部存货的总成本与其总可变现净值相比较，取其低者作为存货计价的基础。单项比较法最符合谨慎性原则，但工作量最大；总额比较法最简便易行，但结果过于粗糙；分类比较法介于二者之间。

（五）成本与可变现净值孰低法的会计处理

1. 存货跌价准备的提取方法

资产负债表日、存货应当按照成本与可变现净值孰低计量。存货成本高于其可变现净值的，应当计提存货跌价准备，计入当期损益。对出现下列情形之一的，应考虑计提存货跌价准备：

(1)市价持续下跌，并且在可预见的未来无回升的希望；

(2)企业使用该项原材料所生产的产品的成本大于产品的销售价格；

(3)企业因产品更新换代，原有库存材料已不适应新产品的需要，而该原材料市场价格又低于其账面成本；

(4)因企业所提供的商品或劳务过时或消费者爱好改变而使市场的需求发生变化，导致市场价格逐渐下跌；

(5)其他足以证明该项存货实质上已经发生减值的情形。

我国会计准则规定企业应当按照单个存货项目计提存货跌价准备。对于数量繁多、单价较低的存货，可以按照存货类别计提存货跌价准备。与具有类似目的或最终用途并在同一地区生产和销售的产品系列相关，且难以与其他项目分开计量的存货，可以合并计提存货跌价准备。

【案例 4—34】 甲公司按照单项存货计提存货跌价准备。2014 年 12 月 31 日，A、B 两项存货的成本分别为 300 000 元、210 000 元，可变现净值分别为 280 000 元、250 000 元，假设“存货跌价准备”科目余额为 0。

本例中，对于 A 存货，其成本 300 000 元高于其可变现净值 280 000 元，应计提存货跌价准备 20 000 元(300 000－280 000)。对于 B 存货，其成本 210 000 元低于其可变现净值 250 000元，不需计提存货跌价准备。因此，甲公司对 A、B 两项存货计提的存货跌价准备共计为 20 000 元，在当日资产负债表中列示的存货金额为 490 000 元(280 000＋210 000)。

【案例 4—35】 乙公司按单项存货计提存货跌价准备。2014 年 12 月 31 日，乙公司库存自制半成品成本为 350 000 元，预计加工完成该产品尚需发生加工费用 110 000 元，预计产成品的销售价格(不含增值税)为 500 000 元，销售费用为 60 000 元。假定该库存自制半成品未计提存货跌价准备，且不考虑其他因素的影响。

本例中，2014 年年末，乙公司该库存自制半成品可变现净值＝预计产成品的销售价格－预计销售费用－预计加工完成尚需发生费用＝500 000－60 000－110 000＝330 000 元。所以，该自制半成品应计提存货跌价准备＝自制半成品成本－自制半成品可变现净值＝350 000－330 000＝20 000 元。

【案例 4—36】 丙公司 2014 年年末，A 存货的账面成本为 100 000 元，由于本年以来 A 存货的市场价格持续下跌，根据资产负债表日状况确定的 A 存货的可变现净值为 95 000 元，“存货跌价准备”期初余额为零，应计提的存货跌价准备为 5 000 元(100 000－95 000)。相关账务处理如下：

借：资产减值损失——A 存货　　5 000

　　贷：存货跌价准备——A 存货　　5 000

2. 存货跌价准备的账务处理

采用成本与可变现净值孰低法时，如果期末存货成本低于其可变现净值，账上无须作任何调整，资产负债表中存货仍按期末账面价值反映。如果可变现净值低于成本，则需作相应的会计处理：一方面在资产负债表上将存货价值减至可变现净值；另一方面在损益表上确认存货跌价损失。会计实务中，对于期末存货可变现净值低于成本而形成的存货跌价损失采用备抵法处理。

备抵法是指将存货跌价损失不直接冲销存货相关账户账面余额，而另设“存货跌价准备”账户，以抵减存货价值，即在资产负债表中列为存货项目的减项予以反映的方法。当企业期末存货发生跌价损失时,应借记"资产减值损失"账户,贷记"存货跌价准备"账户。这种方法的优点:一是不改变存货明细账记录,工作量小;二是资产负债表上可以揭示存货的成本和可变现净值两方面信息。

采用备抵法时,每一资产负债表日都应比较期末存货的成本与可变现净值,求出应计提的备抵数,然后与"存货跌价准备"账户余额进行比较。若应提数大于已提数,应予以补提;反之,则冲销部分已提数。提取和补提跌价准备时,借记"资产减值损失"账户,贷记"存货跌价准备"账户;冲回或转销跌价损失时,作相反的会计分录。当已计提跌价准备的存货的价值以后又得以恢复时,其冲减的跌价准备金额,应以"存货跌价准备"账户的余额冲减至零为限。如图4—13所示。

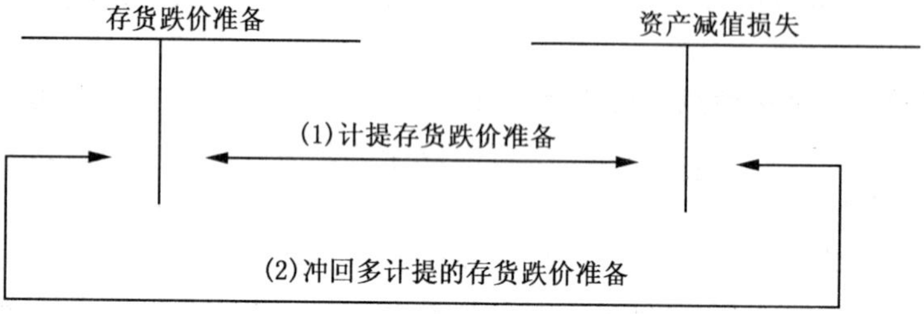

图4—13 存货跌价准备的账务处理

【案例4—37】 大连嘉宏股份有限公司按照成本与可变现净值孰低法对每季度末存货计价。假设2014年12月31日甲材料的账面成本为200 000元,由于市场价格下跌,预计可变现净值为180 000元。

借:资产减值损失　　20 000

　　贷:存货跌价准备　　20 000

2015年4月31日,由于市场价格回升,使得该材料的预计可变现净值升为192 000元,即可变现净值恢复了12 000元,则应转回存货跌价准备12 000元,即:

借:存货跌价准备　　12 000

　　贷:资产减值损失　　12 000

【案例4—38】 承接案例4—37,2015年6月30日,由于市场价格进一步回升,使得该材料的预计可变现净值升为215 000元,即可变现净值高于成本15 000元,则应冲减存货跌价准备15 000元,但该材料已提的存货跌价准备为8 000元,所以只能冲减8 000元,使其余额为零。

借:存货跌价准备　　8 000

　　贷:资产减值损失　　8 000

3. 存货跌价准备的结转

企业计提了存货跌价准备,如果其中有部分存货已经销售,则企业在结转销售成本时,应同时结转对其已计提的存货跌价准备。对于因债务重组、非货币性资产交换转出的存货,也应同时结转已计提的存货跌价准备。如果按存货类别计提存货跌价准备的,应当按照发生销售、债务重组、非货币性资产交换等而转出存货的成本占该存货未转出前该类别存货成本的比例结转相应的存货跌价准备。

【案例4—39】 2014年,甲公司库存A机器5台,每台成本为5 000元,已经计提的存货跌价准备合计为6 000元。2015年,甲公司将库存的5台机器全部以每台6 000元的价格售出,适用的增值税税率为17%,货款未收到。

甲公司的相关账务处理如下:

借:应收账款	35 100	
贷:主营业务收入——A机器		30 000
应交税费——应交增值税(销项税额)		5 100
借:主营业务成本——A机器	19 000	
存货跌价准备——A机器	6 000	
贷:库存商品——A机器		25 000

三、不同情况下存货可变现净值的确定

(一)产成品、商品等直接用于出售的商品存货

对于此类商品存货,没有销售合同约定的,其可变现净值应当为在正常生产经营过程中,产成品或商品的一般销售价格(即市场销售价格)减去估计的销售费用和相关税费等后的金额。

【案例4-40】 2014年12月31日,甲公司生产的A型机器的账面价值(成本)为2 160 000元,数量为12台,单位成本为180 000元/台。2014年12月31日,A型机器的市场销售价格(不含增值税)为200 000元/台。甲公司没有签订有关A型机器的销售合同。

本例中,由于甲公司没有就A型机器签订销售合同,因此,在这种情况下,计算确定A型机器的可变现净值应以其一般销售价格总额2 400 000元(200 000×12)作为计量基础。

(二)用于出售的材料

对于此类材料,应当以市场价格减去估计的销售费用和相关税费等后的金额作为其可变现净值。这里的市场价格是指此类材料的市场销售价格。

【案例4-41】 2014年,由于产品更新换代,甲公司决定停止生产B型机器。为减少不必要的损失,甲公司决定将原材料中专门用于生产B型机器的外购原材料——钢材全部出售,2014年12月31日其账面价值(成本)为900 000元,数量为10吨。根据市场调查,此种钢材的市场销售价格(不含增值税)为60 000元/吨,同时销售这10吨钢材可能发生销售费用及税金50 000元。

本例中,由于企业已决定不再生产B型机器,因此,该批钢材的可变现净值不能再以B型机器的销售价格作为其计量基础,而应按钢材本身的市场销售价格作为计量基础。因此,该批钢材的可变现净值应为550 000元(60 000×10-50 000)。

(三)需要经过加工的材料存货

对于此类材料存货,如原材料、在产品、委托加工材料等,由于持有该材料的目的是用于生产产成品,而不是出售,该材料存货的价值将体现在用其生产的产成品上。因此,在确定需要经过加工的材料存货的可变现净值时,需要以其生产的产成品的可变现净值与该产成品的成本进行比较,如果该产成品的可变现净值高于其成本,则该材料应当按照其成本计量。

【案例4-42】 2014年12月31日,甲公司库存原材料——A材料的账面价值(成本)为1 500 000元,市场销售价格总额(不含增值税)为1 400 000元,假设不发生其他购买费用;用A材料生产的产成品——B型机器的可变现净值高于成本。

本例中,虽然A材料在2014年12月31日的账面价值(成本)高于其市场价格。但是由

于用其生产的产成品——B型机器的可变现净值高于其成本,即用该原材料生产的最终产品此时并没有发生价值减损。因而,在这种情况下,A材料即使其账面价值(成本)已高于市场价格,也不应计提存货跌价准备,仍应按其原账面价值(成本)1 500 000元列示在甲公司2014年12月31日资产负债表的存货项目之中。

如果材料价格的下降表明以其生产的产成品的可变现净值低于成本,则该材料应当按可变现净值计量。其可变现净值为在正常生产经营过程中,以该材料所生产的产成品的估计售价减去至完工时估计将要发生的成本、估计的销售费用以及相关税费后的金额确定。

【案例4－43】 2014年12月31日,甲公司库存原材料——钢材的账面价值为600 000元,可用于生产1台C型机器,相对应的市场销售价格为550 000元,假设不发生其他购买费用。由于钢材的市场销售价格下降,用钢材作为原材料生产的C型机器的市场销售价格由1 500 000元下降为1 350 000元,但其生产成本仍为1 400 000元,即将该批钢材加工成C型机器尚需投入800 000元,估计销售费用及税金为50 000元。

根据上述资料,可按以下步骤确定该批钢材的账面价值:

第一步:计算用该原材料所生产的产成品的可变现净值。

C型机器的可变现净值＝C型机器估计售价－估计销售费用及税金

＝1 350 000－50 000＝1 300 000(元)

第二步:将用该原材料所生产的产成品的可变现净值与其成本进行比较。

C型机器的可变现净值1 300 000元小于其成本1 400 000元,即钢材价格的下降和C型机器销售价格的下降表明C型机器的可变现净值低于其成本,因此该批钢材应当按可变现净值计量。

第三步:计算该批钢材的可变现净值,并确定其期末价值。

该批钢材的可变现净值＝C型机器的估计售价－将该批钢材加工成C型机器尚需投入的成本－估计销售费用及税金＝1 350 000－800 000－50 000＝500 000(元)

该批钢材的可变现净值500 000元小于其成本600 000元,因此该批钢材的期末价值应为其可变现净值500 000元,即该批钢材应按500 000元列示在2014年12月31日资产负债表的存货项目之中。

(四)为执行销售合同或者劳务合同而持有的存货

对于此类存货,其可变现净值应当以合同价格而不是估计售价,减去估计的销售费用和相关税费等后的金额确定。

企业与购买方签订了销售合同(或劳务合同,下同),并且销售合同订购的数量大于或等于企业持有的存货数量,在这种情况下,与该项销售合同直接相关的存货的可变现净值,应当以合同价格为计量基础。即如果企业就其产成品或商品签订了销售合同,则该批产成品或商品的可变现净值应当以合同价格作为计量基础;如果企业销售合同所规定的标的物尚未生产出来,但持有专门用于该标的物生产的材料,其可变现净值也应当以合同价格作为计量基础。

【案例4－44】 2014年8月10日,甲公司与乙公司签订了一份不可撤销的销售合同,双方约定,2015年2月15日,甲公司应按200 000元/台的价格向乙公司提供A型机器10台。2014年12月31日,甲公司A型机器的账面价值(成本)为1 360 000元,数量为8台,单位成本为170 000元。2014年12月31日,A型机器的市场销售价格为190 000元/台。

本例中,根据甲公司与乙公司签订的销售合同,甲公司该批A型机器的销售价格已由销售合同约定,并且其库存数量小于销售合同订购的数量。在这种情况下,计算库存A型机器的可变现净值时，应以销售合同约定的价格 1 600 000 元(200 000×8)作为计量基础，即估计售价为 1 600 000 元。

【案例 4－45】 2014 年 12 月 20 日，甲公司与丙公司签订了一份不可撤销的销售合同，双方约定，2015 年 3 月 15 日，甲公司应按 200 000 元/台的价格向丙公司提供 10 台 B 型机器。至 2014 年 12 月 31 日，甲公司尚未生产该批 B 型机器，但持有专门用于生产该批 10 台 B 型机器的库存原材料——钢材，其账面价值为 900 000 元，市场销售价格总额为 700 000 元。

本例中，根据甲公司与丙公司签订的销售合同，甲公司该批 B 型机器的销售价格已由销售合同规定，虽然甲公司还未生产，但持有专门用于生产该批 B 型机器的库存钢材，且可生产的 B 型机器的数量不大于销售合同订购的数量。在这种情况下，计算该批钢材的可变现净值时，应以销售合同的 B 型机器的销售价格总额 2 000 000 元(200 000×10)作为计量基础。

如果企业持有的同一项存货数量多于销售合同或劳务合同订购的数量，应分别确定其可变现净值，并与其相对应的成本进行比较，分别确定存货跌价准备的计提或转回金额。超出合同部分的存货的可变现净值，应当以一般销售价格为基础计算。

【案例 4－46】 2014 年 9 月 10 日，甲公司与丁公司签订了一份不可撤销的销售合同，双方约定，2015 年 2 月 15 日，甲公司应按 180 000 元/台的价格向丁公司提供 C 型机器 10 台。2014 年 12 月 31 日，甲公司 C 型机器的账面价值为 1 920 000 元，数量为 12 台，单位成本为 160 000 元/台。2014 年 12 月 31 日，C 型机器的市场销售价格为 200 000 元/台。

本例中，甲公司该批 C 型机器的销售价格已在双方签订的销售合同中约定，但是其库存数量大于销售合同约定的数量。这种情况下，对于销售合同约定数量内(10 台)的 C 型机器的可变现净值应以销售合同约定的价格总额 1 800 000 元(180 000×10)作为计量基础；而对于超出部分(2 台)的 C 型机器的可变现净值应以一般销售价格总额 400 000 元(200 000×2)作为计量基础。

★★★ 项目小结 ★★★

存货是指企业在日常活动中持有以备出售的产成品或商品、处在生产过程中的在产品、在生产过程或提供劳务过程中耗用的材料和物资等。企业对原材料的收发和结存，可以采用实际成本法和计划成本法。企业按实际成本法对原材料进行计量，发出材料的成本可以按个别计价法、加权平均法、移动加权平均法、先进先出法进行计量。

周转材料是指企业周转使用的低值易耗品、包装物等。企业应当定期或不定期对存货进行清查，确保账实相符。存货的期末计价是指会计期末对存货价值的重新计量。根据我国企业会计准则的有关规定，资产负债表日，企业应当按照成本与可变现净值孰低法对存货进行计量。如果可变现净值低于成本，就应当为存货计提跌价准备。

★★★ 关键术语 ★★★

存货　加权平均法　移动加权平均法　先进先出法　可变现净值　存货跌价准备

★★★ 思考与讨论 ★★★

1. 存货的概念和特点是什么?
2. 不同来源取得的存货,其成本如何确定?
3. 原材料按照实际成本和计划成本核算有什么区别?
4. 确定可变现净值应考虑的主要因素是什么?
5. 存货的可变现净值如何确定?

项目五 金融资产

技能目标

能够对交易性金融资产、持有至到期投资、可供出售金融资产、贷款和应收款项等账务进行会计处理。

学习目标

1. 理解:金融资产的初始计量、公允价值的确定、金融资产的后续计量。
2. 熟知:金融资产减值的判断和计提减值准备。
3. 掌握:各项金融资产的账务处理。

知识支撑

任务一 金融资产的计量

一、金融资产的初始计量

企业初始确认金融资产时,应当按照公允价值计量。对于以公允价值计量且其变动计入当期损益的金融资产或金融负债,相关交易费用应当直接计入当期损益;对于其他类别的金融资产,相关交易费用应当计入初始确认金额。其中,金融资产的公允价值,应当以市场交易价格为基础确定。

交易费用是指可直接归属于购买、发行或处置金融工具新增的外部费用。新增的外部费用是指企业不购买、发行或处置金融工具就不会发生的费用,包括支付给代理机构、咨询公司、券商等的手续费和佣金及其他必要支出,不包括债券溢价、折价、融资费用、内部管理成本及其他不直接相关的费用。交易费用构成实际利率的组成部分。

企业取得金融资产所支付的价款中包含的已宣告但尚未发放的债券利息或现金股利,应当单独确认为应收项目进行处理。

二、公允价值的确定

公允价值是指在公平交易中,熟悉情况的交易双方自愿进行资产交换或者债务清偿的金额。在公平交易中,交易双方应当是持续经营企业,不打算或不需要进行清算、重大缩减经营规模,或在不利条件下仍进行交易。

(一)存在活跃市场的金融资产公允价值的确定

存在活跃市场的金融资产,活跃市场中的报价应当用于确定其公允价值。活跃市场中的报价是指易于定期从交易所、经纪商、行业协会、定价服务机构等获得的价格，且代表了在公平交易中实际发生的市场交易的价格。具体来说，包括以下方面：

(1)在活跃市场上，企业已持有的金融资产的报价，应当是现行出价；企业拟购入的金融资产的报价，应当是现行要价。

(2)企业持有可抵消市场风险的资产时，可采用市场中间价确定可抵消市场风险头寸的公允价值；同时，用出价或要价作为确定净敞口的公允价值。

(3)金融资产没有现行出价或要价，但最近交易日后经济环境没有发生重大变化的，企业应当采用最近交易的市场报价确定该金融资产的公允价值。最近交易日后经济环境发生了重大变化时，企业应当参考类似金融资产的现行价格或利率，调整最近交易的市场报价，以确定该金融资产的公允价值。

企业有足够的证据表明最近交易的市场报价不是公允价值，应当对最近交易的市场报价作出适当调整，以确定该金融资产的公允价值。

(4)金融资产组合的公允价值，应当根据该组合内单项金融资产的数量与单位市场报价共同确定。

(二)不存在活跃市场的金融资产公允价值的确定

金融资产不存在活跃市场的，企业应当采用估值技术确定其公允价值。采用估值技术得出的结果，应当反映估值日在公平交易中可能采用的交易价格。估值技术包括参考熟悉情况并自愿交易的各方最近进行的市场交易中可能使用的价格、参照实质上相同的其他金融资产的当前公允价值、现金流量折现法和期权定价模型等。

企业应当选择市场参与者普遍认可，且被以往市场实际交易价格验证具有可靠性的估值技术确定金融工具的公允价值。具体来说，包括以下方面：

(1)采用估值技术确定金融资产的公允价值时，应当尽可能使用市场参与者在金融资产定价时考虑的所有市场参数，包括无风险利率、信用风险、外汇汇率、商品价格、股价或股价指数、金融工具价格未来波动率、提前偿还风险、金融资产或金融负债的服务成本等，尽可能不使用与企业特定相关的参数。

(2)企业应当定期使用没有经过修正或重新组合的金融资产公开交易价格校正所采用的估值技术，并测试该估值技术的有效性。

(3)金融资产的交易价格应当作为其初始确认时的公允价值的最好证据，但有客观证据表明相同金融资产公开交易价格更公允，或采用仅考虑公开市场参数的估值技术确定的结果更公允的，不应当采用交易价格作为初始确认时的公允价值，而应当采用更公允的交易价格或估值结果确定公允价值。

(4)初始取得或源生的金融资产应当以市场交易价格作为确定其公允价值的基础。

(5)估值技术中折现率应当区别以下情况确定：

①债务工具的公允价值，应当根据取得日或发行日的市场情况和当前市场情况，或其他类似债务工具(即有类似的剩余期限、现金流量模式、标价币种、信用风险、担保和利率基础等)的当前市场利率确定。

②债务人的信用风险和适用的信用风险贴水在债务工具发行后没有改变的，可使用基准利率估计当前市场利率确定债务工具的公允价值。债务人的信用风险和相应的信用风险贴水在债务工具发行后发生改变的，应当参考类似债务工具的当前价格或利率，并考虑金融工具之间的差异调整，确定债务工具的公允价值。

③企业采用未来现金流量折现法确定金融资产公允价值的,应当使用合同条款和特征在实质上相同的其他金融资产的市场收益率作为折现率。金融资产的条款和特征,包括金融资产本身的信用质量、合同规定采用固定利率计息的剩余期间、支付本金的剩余期间以及支付时采用的货币等。

(6)没有标明利率的短期应收款项的现值与实际交易价格相差很小的,可以按照实际交易价格计量。

(7)在活跃市场中没有报价的权益工具投资,以及与该权益工具挂钩并需通过交付该权益工具结算的衍生工具,满足下列条件之一的,表明其公允价值能够可靠计量:

①该金融工具公允价值合理估计数的变动区间很小。

②该金融工具公允价值变动区间内,各种用于确定公允价值估计数的概率能够合理地确定。

三、金融资产的后续计量

(一)金融资产后续计量的原则

金融资产的后续计量与金融资产的分类密切相关。企业应当按照以下原则对金融资产进行后续计量:

(1)以公允价值计量且其变动计入当期损益的金融资产,应当按照公允价值计量,且不扣除将来处置该金融资产时可能发生的交易费用。

(2)持有至到期投资,应当采用实际利率法,按摊余成本计量。

(3)贷款和应收款项,应当采用实际利率法,按摊余成本计量。

(4)可供出售金融资产,应当按照公允价值计量,且不扣除将来处置该金融资产时可能发生的交易费用。

(二)实际利率法及摊余成本

1. 实际利率法

实际利率法是指按照金融资产或金融负债(含一组金融资产或金融负债)的实际利率计算其摊余成本及各期利息收入或利息费用的方法。

2. 摊余成本

金融资产或金融负债的摊余成本,是指该金融资产或金融负债的初始确认金额经下列调整后的结果:①扣除已偿还的本金;②加上或减去采用实际利率法将该初始确认金额与到期日金额之间的差额进行摊销形成的累计摊销额;③扣除已发生的减值损失(仅适用于金融资产)。

对于要求采用实际利率法摊余成本进行后续计量的金融资产或金融负债,如果有客观证据表明该金融资产或金融负债按实际利率计算的各期利息收入或利息费用与名义利率计算的相差很小,也可以采用名义利率摊余成本进行后续计量。

(三)金融资产相关利得或损失的处理

1. 按照公允价值进行后续计量的金融资产

对于此类金融资产,其公允价值变动形成利得或损失,除与套期保值有关外,应当按照下列规定处理:

(1)以公允价值计量且其变动计入当期损益的金融资产公允价值变动形成的利得或损失,应当计入当期损益。

(2)可供出售金融资产公允价值变动形成的利得或损失,除减值损失和外币货币性金融资产形成的汇兑差额外，应当直接计入所有者权益，在该金融资产终止确认时转出，计入当期损益。

可供出售外币货币性金融资产形成的汇兑差额，应当计入当期损益。采用实际利率法计算的可供出售金融资产的利息收入，应计入当期损益；可供出售权益工具投资的现金股利，应当在被投资单位宣告发放股利时计入当期损益。

2. 以摊余成本计量的金融资产

对于此类金融资产，在发生减值、摊销或终止确认时产生的利得或损失，应当计入当期损益。但是，该金融资产被指定为被套期项目的，相关的利得或损失的处理，适用《企业会计准第24号——套期保值》。

任务二　交易性金融资产

一、交易性金融资产的概念

交易性金融资产主要是指企业为了近期内出售而持有的金融资产，如企业以赚取差价为目的从二级市场购入的股票、债券、基金等。

二、以公允价值计量且其变动计入当期损益的金融资产

以公允价值计量且其变动计入当期损益的金融资产，可以进一步分为交易性金融资产和直接指定为以公允价值计量且其变动计入当期损益的金融资产。

(一)交易性金融资产

满足以下条件之一的金融资产，应当划分为交易性金融资产：

(1)取得该金融资产的目的，主要是为了近期内出售。

(2)属于进行集中管理的可辨认金融工具组合的一部分，且有客观证据表明企业近期采用短期获利方式对该组合进行管理。在这种情况下，即使组合中有某个组成项目持有的期限稍长也不受影响。

(3)属于衍生工具。但是，被指定为有效套期工具的衍生工具、属于财务担保合同的衍生工具、在活跃市场中没有报价且其公允价值不能可靠计量的权益工具投资挂钩并须通过交付该权益工具结算的衍生工具除外。其中，财务担保合同是指保证人和债权人约定，当债务人不履行债务时，保证人按照约定履行债务或承担责任的合同。

(二)直接指定为以公允价值计量且其变动计入当期损益的金融资产

企业不能随意将某项金融资产直接指定为以公允价值计量且其变动计入当期损益的金融资产。只有在满足以下条件之一时，企业才能将某项金融资产直接指定为以公允价值计量且其变动计入当期损益的金融资产：

(1)该指定可以消除或明显减少由于该金融资产的计量基础不同所导致的相关利得或损失在确认或计量方面不一致的情况。

(2)企业风险管理或投资策略的正式书面文件已载明，该金融资产组合，以公允价值为基础进行管理、评价并向关键管理人员报告。

在活跃市场中没有报价、公允价值不能可靠计量的权益工具投资，不得指定为以公允价值计量且其变动计入当期损益的金融资产。

以上所指活跃市场，是指同时具有下列特征的市场：①市场内交易的对象具有同质性；②可随时找到自愿交易的买方和卖方；③市场价格信息是公开的。

三、交易性金融资产账户的设置

为了核算交易性金融资产的取得、收取现金股利或利息、处置等业务，企业应当设置“交易性金融资产”、“公允价值变动损益”、“投资收益”等科目。

（一）“交易性金融资产”科目

“交易性金融资产”科目核算企业为交易目的所持有的债券投资、股票投资、基金投资等交易性金融资产的公允价值。企业持有的直接指定为以公允价值计量且变动计入当期损益的金融资产也在“交易性金融资产”科目核算。“交易性金融资产”科目的借方登记交易性金融资产的取得成本、资产负债表日其公允价值高于账面余额的差额等；贷方登记资产负债表日其公允价值低于账面余额的差额，以及企业出售交易性金融资产时结转的成本和公允价值变动损益。企业应当按照交易性金融资产的类别和品种，分别设置“成本”、“公允价值变动”等明细科目进行核算。

（二）“公允价值变动损益”科目

“公允价值变动损益”科目核算企业交易性金融资产等公允价值变动而形成的应计入当期损益的利得或损失，贷方登记资产负债表日企业持有的交易性金融资产等的公允价值高于账面余额的差额，借方登记资产负债表日企业持有的交易性金融资产等的公允价值低于账面余额的差额。

（三）“投资收益”科目

“投资收益”科目核算企业持有交易性金融资产期间取得的投资收益以及处置交易性金融资产等实现的投资收益或投资损失，贷方登记企业出售交易性金融资产等实现的投资收益，借方登记企业出售交易性金融资产等发生的投资损失。

四、交易性金融资产的取得

企业取得交易性金融资产时，应当按照该金融资产取得时的公允价值作为其初始确认金额，记入“交易性金融资产——成本”科目。取得交易性金融资产所支付价款中包含了已宣告但尚未发放的现金股利或已到付息期但尚未领取的债券利息的，应当单独确认为应收项目，记入“应收股利”或“应收利息”科目。

取得交易性金融资产所发生的相关交易费用应当在发生时计入投资收益。交易费用是指可直接归属于购买、发行或处置金融工具新增外部费用，包括支付给代理机构、咨询公司、券商的手续费和佣金及其他必要支出。

借：交易性金融资产——成本（公允价值）

　　投资收益（发生的交易费用）

　　应收股利（已宣告但尚未发放的现金股利）

　　应收利息（实际支付的款项中含有的利息）

　贷：银行存款等

【案例5—1】 2015年1月20日，甲公司委托某证券公司从上海证券交易所购入A上市公司股票100万股，并将其划分为交易性金融资产。该笔股票投资在购买日的公允价值为1 000万元。另支付相关交易费用金额为2.5万元。

甲公司应编制如下会计分录：

(1)2015年1月20日，购买A上市公司股票时：

借：交易性金融资产——成本　　10 000 000

　贷：其他货币资金——存出投资款　　10 000 000

(2)支付相关交易费用时：

借：投资收益　　25 000

　贷：其他货币资金——存出投资款　　25 000

五、交易性金融资产的现金股利和利息

企业持有交易性金融资产期间对于被投资单位宣告发放的现金股利或企业在资产负债表日按分期付息、一次还本债券投资的票面利率计算的利息收入，应确认为应收项目，记入“应收股利”或“应收利息”科目，并计入投资收益。

借：应收股利(被投资单位宣告发放的现金股利×投资持股比例)

　应收利息(资产负债表日计算的应收利息)

　贷：投资收益

【案例5—2】 2014年1月8日，甲公司购入丙公司发行的公司债券，该笔债券于2013年7月1日发行，面值为2 500万元，票面利率为4%。上年债券利息于下年初支付。甲公司将其划分为交易性金融资产，支付价款为2 600万元(其中包含已宣告发放的债券利息50万元)，另支付交易费用30万元。2014年2月5日，甲公司收到该笔债券利息50万元；2015年初，甲公司收到债券利息100万元。甲公司应编制如下会计分录：

(1)2014年1月8日，购入丙公司的公司债券时：

借：交易性金融资产——成本　　25 500 000

　应收利息　　500 000

　投资收益　　300 000

　贷：银行存款　　26 300 000

(2)2014年2月5日，收到购买价款中包含的已宣告发放的债券利息时：

借：银行存款　　500 000

　贷：应收利息　　500 000

(3)2014年12月31日，确认丙公司的公司债券利息收入时：

借：应收利息　　1 000 000

　贷：投资收益　　1 000 000

(4)2015年初，收到持有丙公司的公司债券利息时：

借：银行存款　　1 000 000

　贷：应收利息　　1 000 000

六、交易性金融资产的期末计量

资产负债表日，交易性金融资产应当按照公允价值计量，公允价值与账面余额之间的差额计入当期损益。企业应当在资产负债表日按照交易性金融资产公允价值与其账面余额的差额，借记或贷记“交易性金融资产——公允价值变动”科目，贷记或借记“公允价值变动损益”科目。

1. 公允价值上升

借:交易性金融资产——公允价值变动

　　贷:公允价值变动损益

2. 公允价值下降

借:公允价值变动损益

　　贷:交易性金融资产——公允价值变动

【案例5－3】 承案例5－2,假定2014年6月30日,甲公司购买的该笔债券的市价为2 580万元;2014年12月31日,甲公司购买的该笔债券的市价为2 560万元。

甲公司应编制如下会计分录:

(1)2014年6月30日,确认该笔债券的公允价值变动损益时:

借:交易性金融资产——公允价值变动　　300 000

　　贷:公允价值变动损益　　300 000

(2)2014年12月31日,确认该笔债券的公允价值变动损益时:

借:公允价值变动损益　　200 000

　　贷:交易性金融资产——公允价值变动　　200 000

七、交易性金融资产的处置

出售交易性金融资产时,应当将该金融资产出售时的公允价值与其初始入账金额之间的差额确认为投资收益,同时调整公允价值变动损益。“公允价值变动损益”是损益类科目,期末结转本年利润,处置时持有收益转化为转让收益。

企业应按实际收到的金额,借记“银行存款”等科目,按该交易性金融资产的账面余额,贷记“交易性金融资产”科目,按其差额,贷记或借记“投资收益”科目。同时,将原计入该交易性金融资产的公允价值变动转出,借记或贷记“公允价值变动损益”科目,贷记或借记“投资收益”科目。

借:银行存款(价款扣除手续费)

　　贷:交易性金融资产

投资收益(差额,也可能在借方)

同时:

借:公允价值变动损益(原计入该金融资产的公允价值变动)

　　贷:投资收益

或:

借:投资收益

　　贷:公允价值变动损益

为了保证“投资收益”的数字正确,出售交易性金融资产时,要将交易性金融资产持有期间形成的“公允价值变动损益”转入“投资收益”。

【案例5－4】 2015年1月20日,甲公司委托某证券公司从上海证券交易所购入A上市公司股票100万股,并将其划分为交易性金融资产。该笔股票投资在购买日的公允价值为1 000万元。另支付相关交易费用金额3万元。

甲公司应作如下会计处理:

(1)2015年1月20日,购买A上市公司股票时:

借:交易性金融资产——成本　　10 000 000

　贷:其他货币资金——存出投资款(银行存款)　　10 000 000

(2)支付相关交易费用时:

借:投资收益　　30 000

　贷:其他货币资金——存出投资款(银行存款)　　30 000

【案例5—5】 2015年2月1日甲公司购入乙公司股票1万股,每股买价6元(含0.1元现金股利),相关税费3 000元,并将其划分为交易性金融资产,4月1日收到现金股利,6月30日每股公允价值5元,8月20日出售,收到8万元存入银行,编制有关会计分录。

(1)借:交易性金融资产——成本　　59 000

　　应收股利　　1 000

　　投资收益　　3 000

　　贷:银行存款　　63 000

(2)借:银行存款　　1 000

　　贷:应收股利　　1 000

(3)借:公允价值变动损益　　9 000

　　贷:交易性金融资产——公允价值变动　　9 000

(4)借:银行存款　　80 000

　　交易性金融资产——公允价值变动　　9 000

　　贷:交易性金融资产——成本　　59 000

　　　投资收益　　30 000

(5)借:投资收益　　9 000

　　贷:公允价值变动损益　　9 000

【案例5—6】 2014年1月8日,甲公司购入丙公司发行的公司债券,该笔债券于2013年1月2日发行,面值为2 500万元,票面利率为4%,债券利息按年支付。甲公司将其划分为交易性金融资产,支付价款为2 650万元(其中包含已宣告放的债券利息100万元),另支付交易费用30万元。2014年2月5日,甲公司收到该笔债券利息100万元。2015年2月10日,甲公司收到债券利息100万元。假定2014年6月30日,甲公司购买的该笔债券的市价为2 580万元;2014年12月31日,甲公司购买的该笔债券的市价为2 560万元。假定2015年1月15日,甲公司出售了所持有的丙公司债券,售价为2 565万元,甲公司应作如下会计处理:

(1)2014年1月8日,购入丙公司的公司债券时:

借:交易性金融资产——成本　　25 500 000

　应收利息　　1 000 000

　投资收益　　300 000

　贷:银行存款　　26 800 000

(2)2014年2月5日,收到购买价款中包含的已宣告发放的债券利息时:

借:银行存款　　1 000 000

　贷:应收利息　　1 000 000

(3)2014年12月31日,确认丙公司的公司债券利息收入时:

借:应收利息　　1 000 000

　贷:投资收益　　1 000 000

(4)2015 年 2 月 10 日，收到持有丙公司的公司债券利息时：

借：银行存款 1 000 000

　　贷：应收利息 1 000 000

(5)2014 年 6 月 30 日，确认公允价值变动损益时：

借：交易性金融资产——公允价值变动 300 000

　　贷：公允价值变动损益 300 000

(6)2014 年 12 月 31 日，确认公允价值变动损益时：

借：公允价值变动损益 200 000

　　贷：交易性金融资产——公允价值变动 200 000

(7)2015 年 1 月 15 日，出售所持有的丙公司债券时：

借：银行存款 25 650 000

　　贷：交易性金融资产——成本 25 500 000

　　　　　　　　　　——公允价值变动 100 000

　　　　投资收益 50 000

(8)同时，

借：公允价值变动损益 100 000

　　贷：投资收益 100 000

企业出售交易性金融资产时，应将原计入该金融资产的公允价值变动转出，即出售交易性金融资产时，应按"公允价值变动"明细科目的贷方余额 100 000 元，借记"公允价值变动损益"科目，贷记"投资收益"科目。

任务三　持有至到期投资

一、持有至到期投资概述

持有至到期投资，是指到期日固定、回收金额固定或可确定，且企业有明确意图和能力持有至到期的非衍生金融资产。

企业不能将下列非衍生金融资产划分为持有至到期投资：①初始确认时即被指定为以公允价值计量且其变动计入当期损益的非衍生金融资产；②初始确认时被指定为可供出售的非衍生金融资产；③符合贷款和应收款项定义的非衍生金融资产。

如果企业管理层决定将某项金融资产持有至到期，则在该金融资产未到期前，不能随意地改变其"最初意图"。也就是说，投资者在取得投资时意图就应当是明确的，除非遇到一些企业所不能控制、预期不会重复发生且难以合理预计的独立事件，否则将持有至到期。

二、持有至到期投资的会计处理

持有至到期投资的会计处理，着重于该金融资产的持有者打算"持有至到期"，未到期前通常不会出售或重分类。因此，持有至到期投资的会计处理主要应解决该金融资产实际利率的计算、摊余成本的确定、持有期间的收益确认及将其处置时损益的处理。相关的账务处理如下：

(1)企业取得的持有至到期投资应当按取得时的公允价值与相关税费之和作为初始确认

金额。支付的价款中包含的已到付息期但尚未领取的利息，应单独确认为应收项目，持有至到期投资在持有期间应当按照摊余成本和实际利率计算确认利息收入，计入投资收益。实际利率应当在取得持有至到期投资时确定，在该持有至到期投资预计存续期间或适用的更短期间内保持不变。实际利率与票面利率差别较小的，也可按票面利率计算利息收入，计入投资收益。取得时应按该投资的面值，借记“持有至到期投资——成本”科目，按支付的价款中包含的已到付息期但尚未领取的利息，借记“应收利息”科目，按实际支付的金额，贷记“银行存款”等科目，按其差额，借记或贷记“持有至到期投资——利息调整”科目。

(2)资产负债表日，持有至到期投资为分期付息、一次还本债券投资的，应按票面利率计算确定的应收未收利息，借记“应收利息”科目，按持有至到期投资摊余成本和实际利率计算确定的利息收入，贷记“投资收益”科目，按其差额，借记或贷记“持有至到期投资——利息调整”科目。

持有至到期投资为一次还本付息债券投资的，应于资产负债表日按票面利率计算确定的应收未收利息，借记“持有至到期投资——应计利息”科目，按持有至到期投资摊余成本和实际利率计算确定的利息收入，贷记“投资收益”科目，按其差额，借记或贷记“持有至到期投资——利息调整”科目。

(3)将持有至到期投资重分类为可供出售金融资产的，应在重分类日按其公允价值，借记“可供出售金融资产”科目，按其账面余额，贷记“持有至到期投资——成本、利息调整、应计利息”科目，按其差额，贷记或借记“资本公积——其他资本公积”科目。已计提减值准备的，还应同时结转减值准备。

(4)出售持有至到期投资，应按实际收到的金额，借记“银行存款”等科目，按其账面余额，贷记“持有至到期投资——成本、利息调整、应计利息”科目，按其差额，贷记或借记“投资收益”科目。已计提减值准备的，还应同时结转减值准备。

【案例5—7】 2010年1月1日，甲公司支付价款1 000元(含交易费用)从活跃市场上购入某公司5年期债券，面值1 250元，票面利率4.72%，按年支付利息(即每年59元)，本金最后一次支付。不考虑所得税、减值损失等因素。具体如表5—1所示。

计算实际利率r：$59\times(1+r)-1+59\times(1+r)-2+59\times(1+r)-3+59\times(1+r)-4+(59+1\ 250)\times(1+r)-5=1\ 000$元，由此得出：$r=10\%$。

表5—1 单位：元

年份	期初摊余成本(a)	实际利息(b)(按10%计算)	现金流入(c)	期末摊余成本($d=a+b-c$)
2010	1 000	100	59	1 041
2011	1 041	104	59	1 086
2012	1 086	109	59	1 136
2013	1 136	113	59	1 190
2014	1 190	119	1 250+59	0

根据上述数据，甲公司的有关账务处理如下：

(1)2010年1月1日，购入债券

借：持有至到期投资——成本 1 250

贷:银行存款　　1 000

　　持有至到期投资——利息调整　　250

(2)2010 年 12 月 31 日,确认实际利息收入、收到票面利息等

借:应收利息　　59

　　持有至到期投资——利息调整　　41

　　贷:投资收益　　100

借:银行存款　　59

　　贷:应收利息　　59

(3)2011 年 12 月 31 日,确认实际利息收入、收到票面利息等

借:应收利息　　59

　　持有至到期投资——利息调整　　45

　　贷:投资收益　　104

借:银行存款　　59

　　贷:应收利息　　59

(4)2012 年 12 月 31 日,确认实际利息收入、收到票面利息等

借:应收利息　　59

　　持有至到期投资——利息调整　　50

　　贷:投资收益　　109

借:银行存款　　59

　　贷:应收利息　　59

(5)2013 年 12 月 31 日,确认实际利息收入、收到票面利息等

借:应收利息　　59

　　持有至到期投资——利息调整　　54

　　贷:投资收益　　113

借:银行存款　　59

　　贷:应收利息　　59

(6)2014 年 12 月 31 日,确认实际利息收入、收到票面利息和本金等

借:应收利息　　59

　　持有至到期投资——利息调整　　60

　　贷:投资收益　　119

借:银行存款　　59

　　贷:应收利息　　59

借:银行存款　　1 250

　　贷:持有至到期投资——成本　　1 250

三、持有至到期投资减值损失的确认与计量

企业应当在资产负债表日对以公允价值计量且其变动计入当期损益的金融资产以外的金融资产(含单项金融资产或一组金融资产,下同)的账面价值进行检查,有客观证据表明该金融资产发生减值的,应当确认减值损失,计提减值准备。表明金融资产发生减值的客观证据,是指金融资产初始确认后实际发生的、对该金融资产的预计未来现金流量有影响,且企业能够对

该影响进行可靠计量的事项。金融资产发生减值应有客观证据。

首先,持有至到期投资以摊余成本后续计量,其发生减值时,应当将该金融资产的账面价值减记至预计未来现金流量现值(不包括尚未发生的未来信用损失),减记的金额确认为资产减值损失,计入当期损益。以摊余成本计量的金额资产的预计未来现金流量现值,应当按照该金融资产的原实际利率折现确定,并考虑相关担保物的价值(取得和出售该担保物发生的费用应当予以扣除)。原实际利率是初始确认该金融资产时计算确定的实际利率。在计算未来现金流量现值时可采用合同规定的现行实际利率作为折现率。即使合同条款因债务方或金融资产发行方发生财务困难而重新商定或修改,在确认减值损失时,仍用条款修改前所确定的该金融资产的原实际利率计算。

其次,对以摊余成本计量的持有至到期投资确认减值损失后,如有客观证据表明该金融资产价值已恢复,且客观上与确认该损失后发生的事项有关(如债务人的信用评级已提高等),原确认的减值损失应当予以转回,计入当期损益。但是,该转回后的账面价值不应当超过假定不计提减值准备情况下该金融资产在转回日的摊余成本。

最后,持有至到期投资确认减值损失后,利息收入应当按照确定减值损失时对未来现金流量进行折现采用的折现率作为利率计算确认。

任务四　可供出售金融资产

一、可供出售金融资产概述

可供出售金融资产,是指初始确认时即被指定为可供出售的非衍生金融资产,以及除下列各类资产以外的金融资产:①贷款和应收款项;②持有至到期投资;③以公允价值计量且其变动计入当期损益的金融资产。例如,企业购入的在活跃市场上有报价的股票、债券和基金等,没有划分为以公允价值计量且其变动计入当期损益的金融资产或持有至到期投资等金融资产的,可归为此类。

二、可供出售金融资产的会计处理

(1)企业取得可供出售的金融资产,应按其公允价值与交易费用之和,借记"可供出售金融资产——成本"科目,按支付的价款中包含的已宣告但尚未发放的现金股利,借记"应收股利"科目,按实际支付的金额,贷记"银行存款"等科目。

企业取得的可供出售金融资产为债券投资的,应按债券的面值,借记"可供出售金融资产——成本"科目,按支付的价款中包含的已到付息期但尚未领取的利息,借记"应收利息"科目,按实际支付的金额,贷记"银行存款"等科目,按差额,借记或贷记"可供出售金融资产——利息调整"科目。

(2)资产负债表日,可供出售债券为分期付息、一次还本债券投资的,应按票面利率计算确定的应收未收利息,借记"应收利息"科目,按可供出售债券的摊余成本和实际利率计算确定的利息收入,贷记"投资收益"科目,按其差额,借记或贷记"可供出售金融资产——利息调整"科目。

可供出售债券为一次还本付息债券投资的,应于资产负债表日按票面利率计算确定的应收未收利息,借记"可供出售金融资产——应计利息"科目,按可供出售债券的摊余成本和实际利率计算确定的利息收入，贷记“投资收益”科目，按其差额，借记或贷记“可供出售金融资产——利息调整”科目。

（3）资产负债表日，可供出售金融资产的公允价值高于其账面余额的差额，借记“可供出售金融资产——公允价值变动”科目，贷记“资本公积——其他资本公积”科目；公允价值低于其账面余额的差额做相反的会计分录。

（4）将持有至到期投资重分类为可供出售金融资产的，应在重分类日按其公允价值，借记“可供出售金融资产”科目，按其账面余额，贷记“持有至到期投资”科目，按其差额，贷记或借记“资本公积——其他资本公积”科目。

（5）出售可供出售的金融资产，应按实际收到的金额，借记“银行存款”、“存放中央银行款项”等科目，按其账面余额，贷记“可供出售金融资产——成本、公允价值变动、利息调整、应计利息”科目，按应从所有者权益中转出的公允价值累计变动额，借记或贷记“资本公积——其他资本公积”科目，按其差额，贷记或借记“投资收益”科目。

（6）可供出售金融资产发生减值时，即使该金融资产没有终止确认，原直接计入所有者权益中的因公允价值下降形成的累计损失，应当予以转出，计入当期损益。在活跃市场中没有报价且其公允价值不能可靠计量的权益工具投资，发生减值时，应当将该权益工具投资或衍生金融资产的账面价值，与按照类似金融资产当时的市场收益率对未来现金流量折现确定的现值之间的差额，确认为减值损失，计入当期损益。与该权益工具挂钩并须通过交付该权益工具结算的衍生金融资产发生减值的，也应当采用类似的方法确认减值损失。

【案例5—8】　乙公司于2014年7月4日从二级市场购入股票1 000 000股，每股市价15元，手续费30 000元；初始确认时，该股票划分为可供出售金融资产。乙公司至2014年12月31日仍持有该股票，该股票当时的市价为16元。2015年2月1日，乙公司将该股票售出，售价为每股13元，另支付交易费用13 000元。假定不考虑其他因素，乙公司的账务处理如下：

（1）2014年7月4日，购入股票

借：可供出售金融资产——成本	15 030 000	
贷：银行存款		15 030 000

（2）2014年12月31日，确认股票价格变动

借：可供出售金融资产——公允价值变动	970 000	
贷：资本公积——其他资本公积		970 000

（3）2015年2月1日，出售股票

借：银行存款	12 987 000	
资本公积——其他资本公积	970 000	
投资收益	2 043 000	
贷：可供出售金融资产——成本		15 030 000
——公允价值变动		970 000

【案例5—9】　2014年1月10日，甲保险公司支付价款1 028.24元购入某公司发行的3年期公司债券，该公司债券的票面总金额为1 000元，票面年利率为4%，实际利率为3%，利息每年末支付，本金到期支付。甲保险公司将该公司债券划分为可供出售金融资产。2014年12月31日，该债券的市场价格为1 000.09元。假定不考虑交易费用和其他因素的影响，甲保险公司的账务处理如下：

（1）2014年1月10日，购入债券

借:可供出售金融资产——成本　　1 000
　　　　　　　　——利息调整　　28.24
　贷:银行存款　　1 028.24

(2)2014 年 12 月 31 日,收到债券利息、确认公允价值变动

实际利息=1 028.24×3%=30.847 2≈30.85(元)

应收利息=1 000×4%=40(元)

年末摊余成本=1 028.24+30.85−40=1 019.09(元)

借:应收利息　　40
　贷:投资收益　　30.85
　　可供出售金融资产——利息调整　　9.15
借:银行存款　　40
　贷:应收利息　　40
借:资本公积——其他资本公积　　19
　贷:可供出售金融资产——公允价值变动　　19

【案例 5—10】 2014 年 5 月 8 日,甲公司支付价款 10 160 000 元(含交易费用 10 000 元和已宣告发放现金股利 150 000 元),购入乙公司发行的股票 2 000 000 股,占乙公司有表决权股份的 0.5%。甲公司将其划分为可供出售金融资产。

(1)2014 年 5 月 10 日,甲公司收到乙公司发放的现金股利 150 000 元。

(2)2014 年 6 月 30 日,该股票市价为每股 5.2 元。

(3)2014 年 12 月 31 日,甲公司仍持有该股票;当日,该股票市价为每股 5 元。

(4)2015 年 5 月 9 日,乙公司宣告发放股利 40 000 000 元。

(5)2015 年 5 月 13 日,甲公司收到乙公司发放的现金股利。

(6)2015 年 5 月 20 日,甲公司以每股 4.9 元的价格将股票全部转让。

假定不考虑其他因素,甲公司的账务处理如下:

(1)2014 年 5 月 8 日,购入股票

借:应收股利　　150 000
　可供出售金融资产——成本　　10 010 000
　贷:银行存款　　10 160 000

(2)2014 年 5 月 10 日,收到现金股利

借:银行存款　　150 000
　贷:应收股利　　150 000

(3)2014 年 6 月 30 日,确认股票的价格变动

借:可供出售金融资产——公允价值变动　　390 000
　贷:资本公积——其他资本公积　　390 000

(4)2014 年 12 月 31 日,确认股票价格变动

借:资本公积——其他资本公积　　400 000
　贷:可供出售金融资产——公允价值变动　　400 000

(5)2015 年 5 月 9 日,确认应收现金股利

借:应收股利　　200 000
　贷:投资收益　　200 000

(6)2015 年 5 月 13 日,收到现金股利

借:银行存款　200 000

　贷:应收股利　200 000

(7)2015 年 5 月 20 日,出售股票

借:银行存款　9 800 000

　投资收益　210 000

　可供出售金融资产——公允价值变动　10 000

　贷:可供出售金融资产——成本　10 010 000

　　资本公积——其他资本公积　10 000

【案例 5-11】 2012 年 1 月 2 日,ABC 公司按面值从债券二级市场购入 XYZ 公司公开发行的债券 10 000 张,每张面值 100 元,票面利率 3%,划分为可供出售金融资产。

(1)2012 年 12 月 31 日,该债券的市场价格为每张 100 元。

(2)2013 年,XYZ 公司因投资决策失误,发生严重财务困难,但仍可支付该债券当年的票面利息。2013 年 12 月 31 日,该债券的公允价值下降为每张 80 元。ABC 公司预计,如 XYZ 公司不采取措施,该债券的公允价值预计会持续下跌。

(3)2014 年,XYZ 公司调整产品结构并整合其他资源,致使上年发生的财务困难大为好转。2014 年 12 月 31 日,该债券(即 XYZ 公司发行的上述债券)的公允价值已上升至每张 95 元。

假定 ABC 公司初始确认该债券时计算确定的债券实际利率为 3%,且不考虑其他因素,则 ABC 公司有关的账务处理如下:

(1)2012 年 1 月 2 日,购入债券

借:可供出售金融资产——成本　1 000 000

　贷:银行存款　1 000 000

(2)2012 年 12 月 31 日,确认利息、公允价值变动

借:应收利息　30 000

　贷:投资收益　30 000

借:银行存款　30 000

　贷:应收利息　30 000

(3)2013 年 12 月 31 日,确认利息收入及减值损失

借:应收利息　30 000

　贷:投资收益　30 000

借:银行存款　30 000

　贷:应收利息　30 000

借:资产减值损失　200 000

　贷:可供出售金融资产——公允价值变动　200 000

由于该债券的公允价值预计会持续下跌,ABC 公司应确认减值损失。

(4)2014 年 12 月 31 日,确认利息收入及减值损失回转

应确认的利息收入=(期初摊余成本 1 000 000-发生的减值损失 200 000)×3%=24 000(元)

借:应收利息　30 000

贷:投资收益 24 000

可供出售金融资产——利息调整 6 000

借:银行存款 30 000

贷:应收利息 30 000

减值损失回转前,该债券的摊余成本=1 000 000−200 000−6 000 =794 000(元)

2014 年 12 月 31 日,该债券的公允价值=950 000(元)

应回转的金额=950 000−794 000=156 000(元)

借:可供出售金融资产——公允价值变动 156 000

贷:资产减值损失 156 000

【案例 5−12】 2012 年 1 月 2 日,DEF 公司从股票二级市场以每股 15 元的价格购入 XYZ 公司发行的股票 2 000 000 股,占 XYZ 公司有表决权股份的 5%,对 XYZ 公司无重大影响,划分为可供出售金融资产。

(1)2012 年 5 月 10 日,DEF 公司收到 XYZ 公司发放的上年现金股利 400 000 元。

(2)2012 年 12 月 31 日,该股票的市场价格为每股 13 元。DEF 公司预计该股票的价格下跌是暂时的。

(3)2013 年,XYZ 公司因违犯相关证券法规,受到证券监管部门查处。受此影响,XYZ 公司股票的价格发生下跌。至 2013 年 12 月 31 日,该股票的市场价格下跌到每股 6 元。

(4)2014 年,XYZ 公司整改完成,加之市场宏观面好转,股票价格有所回升,至 12 月 31 日,该股票的市场价格上升到每股 10 元。

假定 2013 年和 2014 年均未分派现金股利,不考虑其他因素,则 DEF 公司有关的账务处理如下:

(1)2012 年 1 月 1 日,购入股票

借:可供出售金融资产——成本 30 000 000

贷:银行存款 30 000 000

(2)2012 年 5 月,确认现金股利

借:应收股利 400 000

贷:可供出售金融资产——成本 400 000

借:银行存款 400 000

贷:应收股利 400 000

(3)2012 年 12 月 31 日,确认股票公允价值变动

借:资本公积——其他资本公积 3 600 000

贷:可供出售金融资产——公允价值变动 3 600 000

(4)2013 年 12 月 31 日,确认股票投资的减值损失

借:资本减值损失 17 600 000

贷:资本公积——其他资本公积 3 600 000

可供出售金融资产——公允价值变动 14 000 000

(5)2014 年 12 月 31 日,确认股票价格上涨

借:可供出售金融资产——公允价值变动 8 000 000

贷:资本公积——其他资本公积 8 000 000

三、金融资产之间重分类的处理

一方面，企业因持有意图或能力发生改变，使某项投资不再适合划分为持有至到期投资的，应当将其重分类为可供出售金融资产，并以公允价值进行后续计量。重分类日，该投资的账面价值与其公允价值之间的差额计入所有者权益，在该可供出售金融资产发生减值或终止确认时转出，计入当期损益。

另一方面，持有至到期投资部分出售或重分类的金额较大，且不属于例外情况，使该投资的剩余部分不再适合划分为持有至到期投资的，企业应当将该投资的剩余部分重分类为可供出售金融资产，并以公允价值进行后续计量。重分类日，该投资剩余部分的账面价值与其公允价值之间的差额计入所有者权益，在该可供出售金融资产发生减值或终止确认时转出，计入当期损益。

以上两种情形下的账务处理为：应在重分类日，按持有至到期投资的公允价值，借记"可供出售金融资产——成本"科目，按其账面余额，贷记"持有至到期投资——成本、利息调整、应计利息"科目，按其差额，贷记或借记"资本公积——其他资本公积"科目。已计提减值准备的，还应同时结转减值准备，借记"资产减值准备——持有至到期投资"科目，贷记"资本公积——其他资本公积"科目。

【案例 5—13】 2015 年 1 月 1 日，甲公司从深圳证券交易所购入 B 公司债券 100 000 份，支付价款 11 000 000 元，债券票面价值总额为 10 000 000 元，剩余期限为 5 年，票面年利率为 8%，于年末支付本年度债券利息；甲公司将持有 B 公司债券划分为持有至到期投资。

2015 年 7 月 1 日，甲公司为解决资金紧张问题，通过深圳证券交易所按每张债券 101 元出售 B 公司债券 20 000 份。当日，每份 B 公司债券的公允价值为 101 元、摊余成本为 100 元。

假定出售债券时不考虑交易费用及其他相关因素。

甲公司出售 B 公司债券 20 000 份的相关账务处理如下：

(1)2015 年 7 月 1 日，出售 B 公司债券 20 000 份

借：银行存款　　2 020 000

　贷：持有至到期投资——B 公司债券——成本、利息调整　　2 000 000

　　　投资收益——B 公司债券　　20 000

(2)2015 年 7 月 1 日，将剩余的 80 000 份 B 公司债券重分类为可供出售金融资产

借：可供出售金融资产——B 公司债券——成本　　8 080 000

　贷：持有至到期投资——B 公司债券——成本、利息调整　　8 000 000

　　　资本公积——其他资本公积——公允价值变动——B 公司债券　80 000

任务五　贷款和应收款项

一、贷款和应收款项的会计处理原则

贷款和应收款项的会计处理原则，与持有至到期投资大致相同，具体包括以下方面：

首先，金融企业按当前市场条件发放的贷款，应按发放贷款的本金和相关交易费用之和作为初始确认金额。一般企业对外销售商品或提供劳务形成的应收债权，通常应将从购货方应收的合同或协议价款作为初始确认金额。

其次，贷款持有期间所确认的利息收入，应根据实际利率计算。实际利率应在取得贷款时确定，在该贷款预期存续期间或适用的更短期间内保持不变。实际利率与合同利率差别较小的，也可按合同利率计算利息收入。

最后，企业收回或处置贷款和应收款项时，应将取得的价款与该贷款和应收款项账面价值之间的差额计入当期损益。

二、贷款和应收款项的主要账务处理

贷款是商业银行的一项主要业务，应设置“贷款”科目对按规定发放的各种贷款(如质押贷款、抵押贷款、保证贷款、信用贷款，以及具有贷款性质的银团贷款、贸易贷款、协议透支、信用卡透支、转贷款)进行核算。一般企业的应收款项，通常设置“应收账款”、“应收票据”、“长期应收款”、“其他应收款”等科目核算。与应收账款和应收票据有关的主要账务处理如下：

1. 应收账款的账务处理

(1)企业因销售商品、提供劳务等经营活动发生的应收账款，按应收金额，借记“应收账款”科目，按确认的营业收入，贷记“主营业务收入”等科目，涉及增值税销项税额的，还应按销项税额，贷记“应交税费——应交增值税(销项税额)”科目。收回应收账款时，借记“银行存款”等科目，贷记“应收账款”科目。

(2)企业与债务人进行债务重组，应当分别债务重组的不同方式对重组债权进行处理。具体参见本书项目十一任务十一的相关内容。

2. 应收票据的账务处理

(1)企业因销售商品、提供劳务等而收到开出、承兑的商业汇票，按商业汇票的票面金额，借记“应收票据”科目，按确认的营业收入，贷记“主营业务收入”等科目，涉及增值税销项税额的，还应按销项税额，贷记“应交税费——应交增值税(销项税额)”科目。

(2)持未到期的商业汇票向银行贴现，符合金融工具确认和计量准则有关金融资产终止确认条件的，应按实际收到的金额(即减去贴现息后的净额)，借记“银行存款”等科目，按贴现息部分，借记“财务费用”等科目，按商业汇票的票面金额，贷记“应收票据”科目；不符合金融工具确认和计量准则有关金融资产终止确认条件的，不应结转应收票据，应按实际收到的金额(即减去贴现息后的净额)，借记“银行存款”等科目，按贴现息部分，借记“财务费用”等科目，按其差额，贷记“短期借款”等科目。

(3)将持有的商业汇票背书转让以取得所需物资，按应计入取得物资成本的金额，借记“材料采购”或“原材料”、“库存商品”等科目，按商业汇票的票面金额，贷记“应收票据”科目，如有差额，借记或贷记“银行存款”等科目，涉及增值税进项税额的，还应按进项税额，借记“应交税费——应交增值税(进项税额)”等科目。

(4)商业汇票到期，应按实际收到的金额，借记“银行存款”科目，按商业汇票的票面金额，贷记“应收票据”科目。

【案例5—14】 甲公司2015年1月份销售A商品给乙企业，货已发出，甲公司开具的增值税专用发票上注明的商品价款为100 000元，增值税销项税额为17 000元。当日收到乙企业签发的不带息商业承兑汇票一张，该票据的期限为3个月。A商品销售符合会计准则规定的收入确认条件。

甲公司的相关账务处理如下：

(1)A商品销售实现时

借：应收票据——乙企业　　117 000

　　贷：主营业务收入——A 商品　　100 000

　　　　应交税费——应交增值税(销项税额)　　17 000

(2)3 个月后，应收票据到期，甲公司收回款项 117 000 元，存入银行

借：银行存款　　117 000

　　贷：应收票据——乙企业　　117 000

(3)如果甲公司在该票据到期前向银行贴现，且银行拥有追索权，则甲公司应按票据面值确认短期借款，按实际收到的金额(即减去贴现息后的净额)与票据面值之间的差额确认为财务费用。假定甲公司该票据贴现获得现金净额 115 830 元，则相关账务处理如下：

借：银行存款　　115 830

　　财务费用——票据贴现　　1 170

　　贷：短期借款——××银行　　117 000

企业应当设置"应收票据备查簿"，逐笔登记商业汇票的种类、号数和出票日、票面金额、交易合同号和付款人、承兑人、背书人的姓名或单位名称、到期日、背书转让日、贴现日、贴现率和贴现净额以及收款日和收回金额、退票情况等资料。商业汇票到期结清票款或退票后，在备查簿中应予注销。

任务六　金融资产的减值

一、金融资产减值损失的确认

企业应当在资产负债表日对以公允价值计量且其变动计入当期损益的金融资产以外的金融资产(含单项金融资产或一组金融资产，下同)的账面价值进行检查，有客观证据表明该金融资产发生减值的，应当确认减值损失，计提减值准备。

表明金融资产发生减值的客观证据，是指金融资产初始确认后实际发生的、对该金融资产的预计未来现金流量有影响，且企业能够对该影响进行可靠计量的事项。金融资产发生减值的客观证据，包括下列各项：

(1)发行方或债务人发生严重财务困难。

(2)债务人违反了合同条款，如偿付利息或本金发生违约或逾期等。

(3)债权人出于经济或法律等方面因素的考虑，对发生财务困难的债务人作出让步。

(4)债务人很可能倒闭或进行其他财务重组。

(5)因发行方发生重大财务困难，该金融资产无法在活跃市场继续交易。

(6)无法辨认一组金融资产中的某项资产的现金流量是否已经减少，但根据公开的数据对其进行总体评价后发现，该组金融资产自初始确认以来的预计未来现金流量确已减少且可计量，如该组金融资产的债务人支付能力逐步恶化，或债务人所在国家或地区失业率提高、担保物在其所在地区的价格明显下降、所处行业不景气等。

(7)发行方经营所处的技术、市场、经济或法律环境等发生重大不利变化，使权益工具投资人可能无法收回投资成本。

(8)权益工具投资的公允价值发生严重或非暂时性下跌。

(9)其他表明金融资产发生减值的客观证据。

二、金融资产减值损失的计量

(一)持有至到期投资、贷款和应收款项减值损失的计量

(1)持有至到期投资、贷款和应收款项以摊余成本进行后续计量,其发生减值时,应当将该金融资产的账面价值与预计未来现金流量现值之间的差额,确认为减值损失,计入当期损益。

以摊余成本计量的金融资产的预计未来现金流量现值,应当按照该金融资产的原实际利率折现确定,并考虑相关担保物的价值(取得和出售该担保物发生的费用应当予以扣除)。原实际利率是初始确认该金融资产时计算确定的实际利率。对于浮动利率贷款、应收款项或持有至到期投资,在计算未来现金流量现值时可采用合同规定的现行实际利率作为折现率。即使合同条款因债务人或金融资产发行方发生财务困难而重新商定或修改,在确认减值损失时,仍用条款修改前所计算的该金融资产的原实际利率计算。

短期应收款项的预计未来现金流量与其现值相差很小的,在确定相关减值损失时,可不对其预计未来现金流量进行折现。

(2)对于存在大量性质类似且以摊余成本后续计量金融资产的企业,在考虑金融资产减值测试时,应当先将单项金额重大的金融资产区分开来,单独进行减值测试。如有客观证据表明其已发生减值,应当确认减值损失,计入当期损益。对单项金额不重大的金融资产,可以单独进行减值测试,或包括在具有类似信用风险特征的金融资产组合中进行减值测试。实务中,企业可以根据具体情况确定单项金额重大的标准。该项标准一经确定,应当一直运用,不得随意变更。

单独测试未发现减值的金融资产(包括单项金额重大和不重大的金融资产),应当包括在具有类似信用风险特征的金融资产组合中再进行减值测试。已单项确认减值损失的金融资产,不要包括在具有类似信用风险特征的金融资产组合中进行减值测试。

(3)对持有至到期投资、贷款和应收款项等以摊余成本计量的金融资产确认减值损失后,如有客观证据表明该金融资产价值已恢复,且客观上与确认该损失后发生的事项有关(如债务人的信用评级已提高等),应在原确认的减值损失范围内按已恢复的金额予以转回,计入当期损益。但是,该转回后的账面价值不应当超过假定不计提减值准备情况下该金融资产在转回日的摊余成本。

(4)外币金融资产发生减值的,预计未来现金流量现值应先按外币确定,在计量减值时再按资产负债表日即期汇率折算为以记账本位币反映的金额。该项金额小于相关外币金融资产以记账本位币反映的账面价值的部分,确认为减值损失,计入当期损益。

(5)持有至到期投资、贷款和应收款项等金融资产确认减值损失后,利息收入应当按照减值损失时对未来现金流量进行折现采用的折现率作为利率计算确认。

(6)确定持有至到期投资、贷款和应收款项发生减值的,按应减记的金额,借记"资产减值损失"科目,贷记"持有至到期投资减值准备"、"贷款减值准备"或"坏账准备"科目。

对于已确认减值损失的持有至到期投资或贷款和应收款项,如有客观证据表明该金融资产价值已恢复,且客观上与确认该损失后发生的事项有关的,应在原确认的减值损失范围内按已恢复的金额,借记"持有至到期投资减值准备"等科目,贷记"资产减值损失"等科目。

【案例5-15】 2009年1月1日,甲公司支付价款1 000 000元(含交易费用)从上海证券交易所购入A公司同日发行的5年期公司债券12 500份,债券票面价值总额为1 250 000元,票面年利率为4.72%,于年末支付本年度债券利息(即每年利息为59 000元),本金在债券到

期时一次性偿还。合同约定:A 公司在遇到特定情况时可以将债券赎回,且不需要为提前赎回支付额外款项。甲公司在购买该债券时,预计 A 公司不会提前赎回。甲公司有意图也有能力将该债券持有至到期,划分为持有至到期投资。有关资料如下:

(1)2010 年 12 月 31 日,有客观证据表明 A 公司发生了严重财务困难,甲公司据此认定对 A 公司的债券投资发生了减值,并预期 2011 年 12 月 31 日将收到利息 59 000 元,2012 年 12 月 31 日将收到利息 59 000 元,但 2013 年 12 月 31 日将仅收到本金 800 000 元。

(2)2011 年 12 月 31 日,收到 A 公司支付的债券利息 59 000 元。

(3)2012 年 12 月 31 日,收到 A 公司支付的债券利息 59 000 元,并且有客观证据表明 A 公司财务状况显著改善,A 公司的偿债能力有所恢复,估计 2013 年 12 月 31 日将收到利息 59 000元,本金 1 000 000 元。

(4)2013 年 12 月 31 日,收到 A 公司支付的债券利息 59 000 元和偿还的本金 1 000 000 元。

具体如表 5—2 所示。假定不考虑所得税因素,计算该债券的实际利率 r:

$$5\,900\times(1+r)^{-1}+5\,900\times(1+r)^{-2}+5\,900\times(1+r)^{-3}+5\,900\times(1+r)^{-4}+(5\,900+1\,250\,000)\times(1+r)^{-5}=1\,000\,000$$

采用插值法,计算得出 $r=10\%$。

表 5—2　　单位:元

日　期	现金流入 (a)	实际利息收入 (b)=期初(d)×10%	已收回的本金 (c)=(a)−(b)	摊余成本余额 (d)=期初(d)−(c)
2009 年 1 月 1 日				1 000 000
2009 年 12 月 31 日	59 000	100 000	−41 000	1 041 000
2010 年 12 月 31 日	59 000	104 100	−45 100	1 086 100
减值损失			*382 651.47*	*703 448.53*
2011 年 12 月 31 日	59 000	108 610 *70 344.85*	−49 610 *−11 344.85*	1 135 710 *714 793.38*
2012 年 12 月 31 日	59 000	113 571 *71 479.34*	−54 571 *−12 479.34*	1 190 281 *727 272.72*
减值恢复			−235 454.55	962 727.27
2013 年 12 月 31 日	59 000	118 719* 96 272.73**	−59 719 −37 272.73	1 250 000 *1 000 000*
小　计	442 196.92 442 196.92	545 000 442 196.92	−250 000 *0*	1 250 000 *1 000 000*
2013 年 12 月 31 日	1 250 000 *1 000 000*	—— —	1 250 000 1 000 000	0 *0*
合　计	1 545 000 *1 295 000*	545 000 442196.92	1 000 000 *1 000 000*	— —

* 尾数调整:1 250 000+59 000−1 190 281=118 719(元)

** 尾数调整:1 000 000+59 000−962 727.27=96272.73 (元)

注:表中斜体数据表示计提减值准备后及恢复减值后应存在的数字。

根据表 5—2 中的数据,甲公司有关账务处理如下:

(1)2009 年 1 月 1 日,购入 A 公司债券

借:持有至到期投资——A公司债券——成本　　1 250 000

　　贷:银行存款　　1 000 000

　　　　持有至到期投资——A公司债券——利息调整　　250 000

(2)2009年12月31日,确认A公司债券实际利息收入、收到债券利息

借:应收利息——A公司　　59 000

　　持有至到期投资——A公司债券——利息调整　　41 000

　　贷:投资收益——A公司债券　　100 000

借:银行存款　　59 000

　　贷:应收利息——A公司　　59 000

持有至到期投资

(1)1 250 000	(1)250 000
1 000 000	
(2)41 000	
1 041 000	

持有至到期投资——减值准备

(3)2010年12月31日,确认A公司债券实际利息收入、收到债券利息

借:应收利息——A公司　　59 000

　　持有至到期投资——A公司债券——利息调整　　45 100

　　贷:投资收益——A公司债券　　104 100

借:银行存款　　59 000

　　贷:应收利息——A公司　　59 000

根据金融工具确认和计量准则规定,2010年12月31日甲公司对A公司债券应确认的减值损失按该日确认减值损失前的摊余成本与未来现金流量现值之间的差额确定。

根据表5-2可知:

①2010年12月31日未确认减值损失前,甲公司对A公司债券投资的摊余成本为1 086 100元。

②2010年12月31日,甲公司预计从对A公司债券投资将收到现金流量的现值计算如下:

$5\ 900\times(1+10\%)^{-1}+5\ 900\times(1+10\%)^{-2}+8\ 000\times(1+10\%)^{-3}=53\ 636.36+48\ 760.33+601\ 051.84=703\ 448.53$(元)

③2010年12月31日,甲公司应对A公司债券投资确认的减值损失=1 086 100-703 448.53 =382 651.47(元)

④2010年12月31日,确认A公司债券投资的减值损失

借:资产减值损失——持有至到期投资——A公司债券　　382 651.47

　　贷:持有至到期投资减值准备——A公司债券　　382 651.47

持有至到期投资

(1)1 250 000	(1)250 000
1 000 000	
(2)41 000	
1 041 000	

持有至到期投资——减值准备

	(3)382 651.47

(3)45 100	
1 086 100	(3)382 651.47
703 448.53	

持有至到期投资

(1)1 250 000	(1)250 000
1 000 000	
(2)41 000	
1 041 000	
(3)45 100	
1 086 100	(3)382 651.47
703 448.53	
(4)11 344.85	
714 793.38	

持有至到期投资——减值准备

	(3)382 651.47

(4)2011 年 12 月 31 日,确认 A 公司债券实际利息收入、收到债券利息

借:应收利息——A 公司　　59 000

　持有至到期投资——A 公司债券——利息调整　　11 344.85

　　贷:投资收益——A 公司债券　　70 344.85

2011 年 12 月 31 日,应确认 A 公司债券实际利息收入＝703 448.53×10％＝70 344.85(元)

借:银行存款　　59 000

　　贷:应收利息——A 公司　　59 000

持有至到期投资

(1)1 250 000	(1)250 000
1 000 000	
(2)41 000	
1 041 000	
(3)45 100	
1 086 100	(3)382 651.47
703 448.53	
(4)11 344.85	
714 793.38	

持有至到期投资——减值准备

	(3)382 651.47

(5)2012 年 12 月 31 日,确认 A 公司债券实际利息收入、收到债券利息

借:应收利息——A 公司　　59 000

　持有至到期投资——A 公司债券——利息调整　　12 479.34

　　贷:投资收益——A 公司债券　　71 479.34

借:银行存款　　59 000

贷:应收利息——A公司　　　　59 000

“2012年12月31日,甲公司预计从A公司债券投资将收到的现金流量的现值计算如下:

$(59\ 000+1\ 000\ 000)\times(1+10\%)^{-1}=962\ 727.73$(元)

根据金融工具确认和计量准则规定,2012年12月31日甲公司对A公司债券转回减值损失后的账面价值不应当超过假定不计提减值准备情况下该金融资产在转回日的摊余成本。

根据表5—2可知:

①2012年12月31日假定不计提减值准备情况下A公司债券投资的摊余成本为1 190 281元。

②2012年12月31日,甲公司可对A公司债券投资转回的减值准备金额

962 727.27—727 272.72=235 454.55(元)＜1 190 281—727 272.72—463 008.28(元)

③2012年12月31日,确认A公司债券投资减值损失的转回

借:持有至到期投资减值准备——A公司债券　　　　235 454.55

　贷:资产减值损失——持有至到期投资——A公司债券　　　　235 454.55

持有至到期投资

(1)1 250 000	(1)250 000
1 000 000 (2)41 000	
1 041 000 (3)45 100	
1 086 100	(3)382 651.47
703 448.53	
(4)113 44.85	
714 793.38	
(5)12 479.34	
727 272.72	
(5)235 454.55	
962 727.27	

持有至到期投资——减值准备

(5)235 454.55	(3)382 651.47

(6)2013年12月31日,确认A公司债券实际利息收入、收到债券利息和本金

借:应收利息——A公司　　　　59 000

　投资收益——A公司债券　　　　37 272.73

　贷:持有至到期投资——A公司债券——利息调整　　　　96 272.73

借:银行存款　　　　59 000

　贷:应收利息——A公司　　　　59 000

借:银行存款　　　　1 000 000

　投资收益——A公司债券　　　　147 196.92

　持有至到期投资——A公司债券——利息调整　　　　102 803.08

　贷:持有至到期投资——A公司债券——成本　　　　1 250 000

持有至到期投资　　　　持有至到期投资——减值准备

(1)1 250 000	(1)250 000
1 000 000	
(2)41 000	
1 041 000	
(3)45 100	
1 086 100	(3)382 651.47
703 448.53	
(4)113 44.85	
714 793.38	
(5)12 479.34	
727 272.72	
(5)235 454.55	
962 727.27	
(6)37 272.73	1 250 000
(6)147 196.92	
(6)102 803.08	

	(3)382 651.47
(5)235 454.55	
(6)147 196.92	147 196.92

注：利息调整＝－250 000＋41 000＋45 100＋11 344.85＋12 479.34＋37 272.73＝102 803.08

（二）可供出售金融资产减值损失的计量

（1）可供出售金融资产发生减值时，即使该金融资产没有终止确认，原直接计入所有者权益中的因公允价值下降形成的累计损失，应当予以转出，计入当期损益。该转出的累计损失，等于可供出售金融资产的初始取得成本扣除已收回本金和已摊余金额、当前公允价值和原已计入损益的减值损失后的余额。

（2）对于已确认减值损失的可供出售债务工具，在随后的会计期间公允价值已上升且客观上与确认原减值损失后发生的事项有关的，应在原确认的减值损失范围内按已恢复的金额予以转回，计入当期损益。

（3）可供出售权益工具投资发生的减值损失，不得通过损益转回（即通过资本公积转回）。

（4）确定可供出售金融资产发生减值的，按应减记的金额，借记“资产减值损失”科目，按应从所有者权益中转出原计入资本公积的累计损失金额，贷记“资本公积——其他资本公积”科目，按其差额，贷记“可供出售金融资产——减值准备”科目。

对于已确认减值损失的可供出售金融资产，在随后会计期间内公允价值已上升且客观上与确认原减值损失后事项有关的，应在原确认的减值损失范围内按已恢复的金额，借记“可供出售金融资产——减值准备”等科目，贷记“资产减值损失”科目；但可供出售金融资产为股票等权益工具投资（不含在活跃市场中没有报价且其公允价值不能可靠计量的权益工具投资）的，借记“可供出售金融资产——减值准备”等科目，贷记“资本公积——其他资本公积”科目。

【案例5－16】 2009年1月1日，甲公司支付价款1 000 000元（含交易费用）从上海证券交易所购入A公司同日发行的5年期公司债券12 500份，债券票面价值总额为1 250 000元。票面年利率为4.72%，于年末支付本年度债券利息（即每年利息为59 000元），本金在债券到期时一次性偿还。甲公司没有意图将该债券持有至到期，划分为可供出售金融资产。

其他资料如下：

(1)2009 年 12 月 31 日，A 公司债券的公允价值为 900 000 元(不含利息)，A 公司仍可支付债券当年的利息。

(2)2010 年，由于产品缺乏竞争力、内部管理松懈，A 公司财务状况恶化，但仍可支付债券当年的利息；2010 年 12 月 31 日，A 公司债券的公允价值为 750 000 元(不含利息)。甲公司预计如果 A 公司不采取有效措施，该债券的公允价值会持续下跌。

(3)2011 年 12 月 31 日，A 公司债券的公允价值下跌为 700 000 元(不含利息)，A 公司仍可支付债券当年的利息。

(4)2012 年，A 公司通过加强管理、技术创新和产品结构调整，财务状况有了显著改善，2012 年 12 月 31 日，A 公司债券的公允价值上升为 1 200 000 元(不含利息)，A 公司仍可支付债券当年的利息。

(5)2013 年 1 月 20 日，通过上海证券交易所出售了 A 公司债券 12 500 份，取得价款 1 260 000元。

具体如表 5—3 所示。假定不考虑所得税等因素。

计算该债券的实际利率 r：$5\ 900\times(1+r)^{-1}+5\ 900\times(1+r)^{-2}+5\ 900\times(1+r)^{-3}+5\ 900\times(1+r)^{-4}+(5\ 900+1\ 250\ 000)\times(1+r)^{-5}=1\ 000\ 000$

采用插值法，计算得出 $r=10\%$。

表 5—3

单位：元

日期	现金流入 (a)	实际利息收入 (b)＝(d)×10%	已收回的本金 (c)＝(a)－(b)	摊余成本余额 (d)＝期初(d)－(c)	公允价值变动额(e)＝期末(g)－期末(d)－期初(f)	公允价值变动累计金额(f)＝期初(f)＋本期(e)	公允价值 (g)
2009 年 1 月 1 日				1 000 000	0	0	1 000 000
2009 年 12 月 31 日	59 000	100 000	－41 000	1 041 000	－141 000	－141 000	900 000
2010 年 12 月 31 日	59 000	104 100	－45 100	1 086 100	－195 100	－336 100	750 000
减值损失					*336 100*	*336 100*	*750 000*
2011 年 12 月 31 日	59 000	108 610	－49 610	1 135 710	－99 610	－435 710	700 000
减值损失					99 610	435 710	*700 000*
2012 年 12 月 31 日	59 000	113 571	－54 571	1 190 281	445 429	9 719	1 200 000
减值损失转回					*－435 710*	0	
2013 年 1 月 20 日	0	69 719*	－69 719	1 260 000	*－9 719****	0	*1 260 000*
	236 000	496 000	－260 000	1 260 000	0		—
2013 年 1 月 20 日	1 260 000	—	1 260 000	0			
合计	1 496 000	496 000	1 000 000	0			
2013 年 12 月 31 日	59 000	118 719**	－59 719	1 250 000			
小计	295 000	545 000	－250 000	1 250 000			
2013 年 12 月 31 日	1 250 000	—	1 250 000	0			
合计	1 545 000	545 000	1 000 000	—			

* 尾数调整 1 260 000+0−1 190 281=69 719

** 尾数调整 1 250 000+59 000−1 190 281=118 719

*** 尾数调整 1 260 000−1 260 000−9 719=−9 719

注:表中斜体数据表示计提减值准备后及恢复减值后应存在的数字。

根据表5—3中的数据,甲公司的有关账务处理如下:

(1)2009年1月1日,购入A公司债券

借:可供出售金融资产——A公司债券——成本 1 250 000
　贷:银行存款 1 000 000
　　可供出售金融资产——A公司债券——利息调整 250 000

(2)2009年12月31日,确认A公司债券实际利息收入、公允价值变动,收到债券利息

借:应收利息——A公司 59 000
　可供出售金融资产——A公司债券——利息调整 41 000
　贷:投资收益——A公司债券 100 000
借:银行存款 59 000
　贷:应收利息——A公司 59 000
借:资本公积——其他资本公积——公允价值变动——A公司债券 141 000
　贷:可供出售金融资产——A公司债券——公允价值变动 141 000

(3)2010年12月31日,确认A公司债券实际利息收入、资产减值损失,收到债券利息

借:应收利息——A公司 59 000
　可供出售金融资产——A公司债券——利息调整 45 100
　贷:投资收益——A公司债券 104 100
借:银行存款 59 000
　贷:应收利息——A公司 59 000
借:资产减值损失——可供出售金融资产——A公司债券 336 100
　贷:可供出售金融资产——A公司债券——减值准备 195 100
　　资本公积——其他资本公积——公允价值变动——A公司债券 141 000

由于A公司债券的公允价值预计会持续下跌,甲公司应对其确认减值损失=1 086 100−750 000=336 100(元)

(4)2011年12月31日,确认A公司债券实际利息收入、资产减值损失,收到债券利息

借:应收利息——A公司 59 000
　可供出售金融资产——A公司债券——利息调整 49 610
　贷:投资收益——A公司债券 108 610
借:银行存款 59 000
　贷:应收利息——A公司 59 000
借:资产减值损失——可供出售金融资产——A公司债券 99 610
　贷:可供出售金融资产——A公司债券——减值准备 99 610

(5)2012年12月31日,确认A公司债券实际利息收入、减值损失转回、公允价值变动,收到债券利息

借:应收利息——A公司 59 000
　可供出售金融资产——A公司债券——利息调整 54 571

贷:投资收益——A公司债券 113 571

借:银行存款 59 000

贷:应收利息——A公司 59 000

借:可供出售金融资产——A公司债券——减值准备 294 710

——公允价值变动 141 000

贷:资产减值损失——可供出售金融资产——A公司债券 435 710

确认原减值损失的转回 =336 100+99 610=435 710(元)

借:可供出售金融资产——A公司债券——公允价值变动 445 429

贷:资本公积——其他资本公积——公允价值变动——A公司债券 445 429

公允价值变动 =1 200 000−1 190 281−(−435 710)=445 429(元)

(6)2013年1月20日,确认出售A公司债券实现的损益

借:可供出售金融资产——A公司债券——利息调整 69 719

贷:投资收益——A公司债券 69 719

借:银行存款 1 260 000

投资收益——A公司债券 445 429

贷:可供出售金融资产——A公司债券——成本 1 250 000

——利息调整 10 000

——公允价值变动 445 429

A公司债券的成本=1 250 000(元)

A公司债券的利息调整余额=−250 000+41 000+45 100+49 610+54 571+69 719=10 000(元)

A公司债券公允价值变动余额=−141 000+141 000+445 429=445 429(元)

A公司债券减值准备余额=−336 100−99 610+435 710=0(元)

同时,借:资本公积——其他资本公积——公允价值变动——A公司债券 445 429

贷:投资收益——A公司债券 445 429

应从所有者权益中转出的公允价值累计变动额=−141 000+141 000+445 429=445 429(元)

【案例5—17】 2009年5月20日,甲公司从深圳证券交易所购入乙公司股票1 000 000股,占乙公司有表决权股份的5%,支付价款合计5 080 000元。其中,证券交易税等交易费用8 000元,已宣告发放现金股利72 000元。甲公司没有在乙公司董事会中派出代表,甲公司将其划分为可供出售金融资产。

2009年6月20日,甲公司收到乙公司发放的2008年现金股利72 000元。

2009年6月30日,乙公司的股票收盘价跌为每股4.20元,甲公司预计乙公司股票价格下跌是暂时的。

2009年12月31日,乙公司股票收盘价继续下跌为每股3.90元。

2010年4月20日,乙公司宣告发放2009年现金股利2 000 000元。

2010年5月10日,甲公司收到乙公司发放的2009年现金股利。

2010年6月30日,乙公司财务状况好转,业绩较上年有较大提升,乙公司股票收盘价上涨为每股4.50元。

2010年12月31日,乙公司股票收盘价继续上涨为每股5.50元。

2011 年 1 月 10 日，甲公司以每股 6.50 元的价格将股票全部转让。

假定不考虑其他因素。

甲公司的账务处理如下：

(1)2009 年 5 月 20 日，购入乙公司股票 1 000 000 股

借：可供出售金融资产——乙公司股票——成本　5 008 000

　　应收股利——乙公司　72 000

　　贷：银行存款　5 080 000

乙公司股票的单位成本＝(5 080 000－72 000)÷1 000 000＝5.008(元/股)

(2)2009 年 6 月 20 日，收到乙公司发放的 2008 年现金股利 72 000 元

借：银行存款　72 000

　　贷：应收股利——乙公司　72 000

(3)2009 年 6 月 30 日，确认乙公司股票公允价值变动

借：资本公积——其他资本公积——公允价值变动——乙公司股票 808 000

　　贷：可供出售金融资产——乙公司股票——公允价值变动　808 000

公允价值变动＝(4.20－5.008)×1 000 000＝－808 000(元)

(4)2009 年 12 月 31 日，确认乙公司股票减值损失

借：资产减值损失——可供出售金融资产——乙公司股票　1 108 000

　　贷：资本公积——其他资本公积——公允价值变动——乙公司股票 808 000

　　　　可供出售金融资产——乙公司股票——减值准备　300 000

减值准备＝(3.90－4.20)×1 000 000＝－300 000(元)

乙公司股票减值损失＝300 000＋808 000＝1 108 000(元)

(5)2010 年 4 月 20 日，确认乙公司发放的 2009 年现金股利中应享有的份额

借：应收股利——乙公司　100 000

　　贷：投资收益——乙公司股票　100 000

应享有乙公司发放的 2009 年现金股利的份额＝2 000 000×5%＝100 000(元)

(6)2010 年 5 月 10 日，收到乙公司发放的 2009 年现金股利

借：银行存款　100 000

　　贷：应收股利——乙公司　100 000

(7)2010 年 6 月 30 日，乙公司财务状况好转，确认乙公司股票公允价值变动

借：可供出售金融资产——乙公司股票——公允价值变动　300 000

　　　　　　　　　　　　　　　　　——减值准备　300 000

　　贷：资本公积——其他资本公积——公允价值变动——乙公司股票 600 000

公允价值变动＝(4.50－3.90)×1 000 000－300 000＝300 000 (元)

(8)2010 年 12 月 31 日，确认乙公司股票公允价值变动

借：可供出售金融资产——乙公司股票——公允价值变动　1 000 000

　　贷：资本公积——其他资本公积——公允价值变动——乙公司股票

　　　　1 000 000

公允价值变动＝(5.50－4.50)×1 000 000＝1 000 000(元)

(9)2011 年 1 月 10 日，出售乙公司股票 1 000 000 股

借：银行存款　6 500 000

贷:可供出售金融资产——乙公司股票——成本　　5 008 000

——公允价值变动　　492 000

投资收益——乙公司股票　　1 000 000

乙公司股票出售价格=6.50×1 000 000=6 500 000(元)

乙公司股票成本=5 008 000(元)

乙公司股票公允价值变动=−808 000+300 000+1 000 000=492 000(元)

出售乙公司股票时的账面余额=5 008 000+492 000=5 500 000(元)

同时,借:资本公积——其他资本公积——公允价值变动——乙公司股票

1 600 000

贷:投资收益——乙公司股票　　1 600 000

应从所有者权益中转出的公允价值累计变动额=−808 000+808 000+600 000+1 000 000=1 600 000(元)

★★★ 项目小结 ★★★

企业初始确认金融资产时,应当按照公允价值计量。对于以公允价值计量且变动计入当期损益的金融资产,相关交易费用应当直接计入当期损益;其他类别的金融资产,相关交易费用计入初始确认金额。

金融资产的后续计量与金融资产的分类密切相关。以公允价值计量且其变动计入当期损益的金额资产应当按公允价值计量,且不扣除将来处置该金融资产时可能发生的交易费用;持有至到期投资采用实际利率法按摊余成本计量;可供出售金融资产应当按照公允价值计量,且不扣除将来处置该金融资产时可能发生的交易费用。

★★★ 关键术语 ★★★

交易费用　公允价值　交易性金融资产　持有至到期投资　可供出售金融资产　摊余成本

★★★ 思考与讨论 ★★★

1. 持有至到期投资在持有期间的收益如何确定?
2. 金融资产后续计量的原则是什么?
3. 交易性金融资产的条件是什么?
4. 贷款和应收款项的会计处理原则是什么?
5. 金融资产减值损失的确认证据是什么?

项目六　长期股权投资

技能目标

能够利用成本法和权益法核算长期股权投资的会计处理。

学习目标

1. 理解:长期股权投资的范围、核算方法和初始计量。
2. 熟知:长期股权投资的后续计量。
3. 掌握:成本法和权益法核算长期股权投资的会计处理、长期股权投资核算方法的转换及期末计价和处理。

知识支撑

任务一　长期股权投资概述

一、长期股权投资的范围与核算方法

(一)长期股权投资的范围

长期股权投资是指投资企业通过取得被投资单位的股权,从而成为被投资单位的股东,按所持股份的比例享有权利并承担责任的一种投资。

长期股权投资包括企业持有的对其子公司、合营企业及联营企业的权益性投资以及企业持有的对被投资单位不具有控制、共同控制或重大影响,且在活跃市场中没有报价、公允价值不能可靠计量的权益性投资。所谓控制,是指有权决定一个企业的财务和经营政策,并能据以从该企业的经济活动中获取利益。所谓共同控制,是指按照合同约定对某项经济活动所共有的控制,仅在与该项经济活动相关的重要财务和经营决策需要分享控制权的投资方一致同意时存在。所谓重大影响,是指对一个企业的财务和经营政策有参与决策的权力,但并不能够控制或与其他方一起共同控制这些政策的制定。

(二)长期股权投资的核算方法

长期股权投资的核算方法有两种:一是成本法;二是权益法。

1. 成本法核算的长期股权投资的范围

(1)企业能够对被投资单位实施控制的长期股权投资,即企业对子公司的长期股权投资。企业对子公司的长期股权投资应采用成本法核算,编制合并财务报表时按照权益法进行调整。

(2)企业对被投资单位不具有控制、共同控制或重大影响,且在活跃市场中没有报价、公允价值不能可靠计量的长期股权投资。

2. 权益法核算的长期股权投资的范围

(1)企业对被投资单位具有共同控制的长期股权投资,即企业对其合营企业的长期股权投资。

(2)企业对被投资单位具有重要影响的长期股权投资,即企业对其联营企业的长期股权投资。

为了核算企业的长期股权投资,企业应当设置"长期股权投资"、"投资收益"等科目。"长期股权投资"科目核算企业持有的采用成本法和权益法核算的长期股权投资,借方登记长期股权投资取得时的成本以及采用权益法核算时按被投资企业实现的净利润计算的应分享的份额,贷方登记收回长期股权投资的价值或采用权益法核算时被投资单位发生的净亏损计算的应分担的份额,期末借方余额,反映企业持有的长期股权投资的价值。

二、长期股权投资的初始计量

企业合并形成的长期股权投资,其初始投资成本应当遵循《企业会计准则第 20 号——企业合并》的相关规定,同一控制下的企业合并与非同一控制下的企业合并情形分别确定。无论是同一控制下的企业合并还是非同一控制下的企业合并形成的长期股权投资,其实际支付的价款或对价中包含的已宣告但尚未发放的现金股利或利润,应作为应收项目处理。

(一)同一控制下的企业合并形成的长期股权投资

对于同一控制下的企业合并,从能够对参与合并各方在合并前及合并后均实施最终控制的一方来看,最终控制方在企业合并前及合并后能够控制的资产并没有发生变化。因此,在同一控制下的企业合并,合并方在企业合并中取得的资产和负债,应当按照合并日其在被合并方的账面价值计量。合并方取得的净资产账面价值与支付的合并对价的账面价值(或发行股份面值总额)的差额,应当调整资本公积(仅指资本溢价或股本溢价);资本公积不足冲减的,调整留存收益。合并方为进行企业合并所发生的各项直接相关费用,应当计入当期损益。

基于上述原则,合并方以支付现金、转让非现金资产或承担债务方式作为合并对价的,应当在合并日按照取得被合并方所有者权益账面价值的份额作为长期股权投资的初始投资成本。长期股权投资的初始投资成本与支付的现金、转让的非现金资产及所承担债务账面价值之间的差额,应当调整资本公积;资本公积不足冲减的,调整留存收益。会计处理如下:

(1)贷方差额

借:长期股权投资

　　应收股利

　　贷:有关资产负债科目

　　　　资本公积——资本溢价或股本溢价(也可能在借方)

(2)借方差额

借:长期股权投资

　　应收股利

　　资本公积——资本溢价或股本溢价(也可能在贷方)

　　盈余公积

　　利润分配——未分配利润

　　贷:有关资产负债科目

合并方以发行权益性证券作为合并对价的,应当在合并日按照取得被合并方所有者权益账面价值的份额作为长期股权投资的初始投资成本。按照发行股份的面值总额作为股本，长期股权投资初始投资成本与所发行股份面值总额之间的差额，应当调整资本公积（资本溢价或股本溢价）；资本公积不足冲减的，调整留存收益。会计处理如下：

（1）贷方差额

借：长期股权投资

应收股利

贷：股本

资本公积——资本溢价或股本溢价（也可能在借方）

（2）借方差额

借：长期股权投资

应收股利

资本公积——资本溢价或股本溢价（也可能在贷方）

盈余公积

利润分配——未分配利润

贷：股本

【案例6—1】 2015年6月30日，A公司向其母公司P发行1 000万股普通股（每股面值为1元，市价为4.34元），取得母公司P拥有对S公司100%的股权，并于当日起能够对S公司实施控制。合并后S公司仍维持其独立法人地位继续经营。2015年6月30日S公司净资产的账面价值为40 020 000元。假定A公司和S公司在企业合并前采用的会计政策相同。合并日，A公司与S公司所有者权益的构成如表6—1所示。

表6—1　　A公司和S公司所有者权益的构成（2015年6月30日）　　单位：元

	A公司	S公司
实收资本	30 000 000	10 000 000
资本公积	20 000 000	6 000 000
盈余公积	20 000 000	20 000 000
未分配利润	23 550 000	4 020 000
合　计	93 550 000	40 020 000

S公司在合并后维持其法人资格继续经营，合并日A公司在其账簿及个别财务报表中应确认对S公司的长期股权投资，其成本为合并日享有S公司账面所有者权益的份额，账务处理为：

借：长期股权投资——S公司　　40 020 000

贷：股本　　10 000 000

资本公积——股本溢价　　30 020 000

（二）非同一控制下的企业合并形成的长期股权投资

非同一控制下的企业合并是指参与合并的各方在合并前后不受同一方或相同的多方最终控制的企业合并。非同一控制下的企业合并，在购买日取得对其他参与合并企业控制权的一方为购买方，参与合并的其他企业为被购买方。购买日，是指购买方实际取得对被购买方控制权的日期。

非同一控制下的企业合并中，购买方为了取得对方被购买方的控制权而放弃的资产、发生或承担的负债、发生的权益性证券等均应按其在购买日的公允值计量。

基于上述原则，购买方应当按照确定的企业合并成本作为长期投资的初始投资成本。企业合并成本包括购买方付出的资产、发生或承担的负债、发行的权益性证券的公允价值以及为进行企业合并发生的各项直接相关费用。其中，支付非货币性资产为对价的，所支付的非货币性资产在购买日的公允价值与其账面价值的差额应作为资产处置损益，计入企业合并当期的利润表。

主要账务处理如下：非同一控制下企业合并形成的长期股权投资，应在购买日按企业合并成本(不含被投资单位收取的现金股利或利润)，借记本科目，按享有被投资单位已宣告尚未发放的现金股利或利润，借记"应收股利"科目，按支付合并对价的账面价值，贷记有关资产或借记有关的负债科目，按发生的直接相关费用，贷记"银行存款"等科目，按其差额，贷记"营业外收入"或借记"营业外支出"等科目。

【案例6—2】 A公司于2015年3月31日取得了B公司70%的股权。合并中，A公司支付的相关资产，在购买日的账面价值与公允价值如表6—2所示。合并中，A公司为核实B公司资产价值，聘请有关机构对该项合并进行咨询，支付咨询费用100万元。本例中假定合并前A公司与B公司不存在任何关联方关系。

表6—2 **2015年3月31日** 单位：元

项　目	账面价值	公允价值
土地使用权	20 000 000	32 000 000
专利技术	8 000 000	10 000 000
银行存款	8 000 000	8 000 000
合计	36 000 000	50 000 000

本例中因A公司与B公司在合并前不存在任何关联方关系，应作为非同一控制下的企业合并处理。

A公司对于合并形成的对B公司长期投资，应按支付对价的公允价值确定其初始投资成本。A公司应进行的账务处理为：

借：长期股权投资　　51 000 000
　　贷：无形资产　　28 000 000
　　　　银行存款　　9 000 000
　　　　营业外收入　　14 000 000

三、除企业合并外其他以方式取得的长期股权投资

1. 以支付现金取得的长期股权投资

对于此类投资，应当按照实际支付的购买价款作为长期股权投资的初始投资成本，包括购买过程中支付的手续费等必要支出，但不包括被投资单位已宣告发放的现金股利或利润。

【案例6—3】 甲公司于2015年2月10日，自公开市场中买入乙公司20%的股份，实际支付价款80 000 000元。在购买过程中支付手续费等相关费用1 000 000元。取得该股份后，甲公司能够对乙公司施加重大影响。

甲公司应当按照实际支付的购买价款作为取得长期股权投资的成本，其账务处理为：

借：长期股权投资——乙公司——成本　　81 000 000

　　贷：银行存款　　81 000 000

2. 以发行权益性证券方式取得的长期股权投资

对于此类投资，其成本为所发行权益性证券的公允价值。为发行权益性证券支付的手续费、佣金等应自权益性证券的溢价发行收入中扣除，溢价收入不足的，应冲减盈余公积和未分配利润。

【案例6—4】 2015年3月，A公司通过增发30 000 000股（每股面值1元）本企业普通股为对价取得B公司20%的股权。按照增发前一定时期的平均股价计算，该30 000 000股普通股的公允价值为52 000 000元。为增发该部分普通股，A公司支付了2 000 000元的佣金和手续费。取得B公司该部分股权后，A公司能够对B公司施加重大影响。

本例中A公司应当以所发行股份的公允价值作为取得长期股权投资的成本。

借：长期股权投资——B公司——成本　　52 000 000

　　贷：股本　　30 000 000

　　　　资本公积——股本溢价　　22 000 000

借：资本公积——股本溢价　　2 000 000

　　贷：银行存款　　2 000 000

3. 投资者投入的长期股权投资

对于此类投资，应当按照投资合同或协议约定的价值作为初始投资成本，但合同或协议约定价值不公允的除外。

【案例6—5】 A公司以其持有的对B公司的长期股权投资作为出资，在C股份公司增资扩股的过程中投入C公司，取得C公司10 000 000股普通股（每股面值为1元）。该项对B公司的投资本身不存在活跃的市场，无法取得其公允价值信息，但根据C公司股票在增资扩股后的价格判断，该项作为出资的长期股权投资的公允价值约为40 000 000元。C公司取得B公司股权后，无法对B公司实施控制、共同控制或是施加重大影响，也无法通过合理的方式确定其公允价值。

C公司应进行的账务处理为：

借：长期股权投资——B公司　　40 000 000

　　贷：股本　　10 000 000

　　　　资本公积——股本溢价　　30 000 000

4. 通过非货币性资产交换取得的长期股权投资

对于此类投资，其初始投资成本应当参照“项目十：非货币性资产交换”的有关要求确定。

5. 通过债务重组取得的长期股权投资

对于此类投资，其初始投资成本应当参照“债务重组”有关要求确定。

四、投资成本中包含的已宣告但尚未发放现金股利或利润的处理

企业无论是以何种方式取得长期股权投资，取得投资时，对于被投资单位已经宣告发放的现金股利或利润应作为应收项目单独核算，不构成长期股权投资成本。

【案例6—6】 承案例6—3中有关资料，假定在甲公司取得该项投资时，乙公司已经宣告发放现金股利或利润，甲公司按其持股比例计算确定可分得300 000元。则甲公司在确定该

长期股权投资成本时，不应包括被投资单位已经宣告发放的现金股利：

借：长期股权投资——乙公司——成本　　80 700 000

　应收股利　　300 000

　贷：银行存款　　81 000 000

任务二　长期股权投资的后续计量

企业取得的长期股权投资，在确定其初始投资成本后，持续持有期间，视对被投资单位的影响程度等情况的不同，应分别采用成本法及权益法进行核算。

一、长期股权投资的成本法

成本法，是指长期股权投资的价值通常按初始投资成本计量，除追加或收回投资外，一般不对长期股权投资的账面价值进行调整的一种会计处理方法。

（一）取得长期股权投资

在成本法下，长期股权投资应当按照初始投资成本计价。追加或收回投资应当调整长期股权投资的初始投资成本。同一控制下的企业合并形成的长期股权投资初始投资成本为取得被合并方账面所有者权益的份额，非同一控制下的企业合并形成的长期股权投资初始投资成本为公允价值以及为进行企业合并发生的各项直接相关费用。除企业合并形成的长期股权投资以外，以支付现金取得的长期股权投资，应当按照实际支付的购买价款作为初始投资成本。企业所发生的取得长期股权投资直接相关的费用、税金及其他必要支出应计入长期股权投资的初始投资成本。此外，企业取得长期股权投资，实际支付的价款或对价中包含的已宣告但尚未发放的现金股利或利润，作为应收项目处理，不构成长期股权投资的成本。

应按照上述规定确定的长期股权投资初始投资成本，借记"长期股权投资"科目，贷记"银行存款"等科目。如果实际支付的价款中包含有已宣告但尚未发放的现金股利或利润，借记"应收股利"科目，贷记"长期股权投资"科目。

【案例6—7】 甲公司2015年1月10日购买长信股份有限公司发行的股票50 000股准备长期持有，从而拥有长信股份有限公司5%的股份，每股买入价为6元，另外购买该股票时发生有关税费5 000元，款项已由银行存款支付。甲公司应编制如下会计分录：

计算初始投资成本：

股票成交金额（50 000×6）　　300 000

加：相关税费　　5 000

　　305 000

编制购入股票的会计分录：

借：长期股权投资　　305 000

　贷：银行存款　　305 000

（二）长期股权投资持有期间被投资单位宣告发放现金股利或利润

被投资单位宣告分派的现金股利或利润，确认为当期投资收益。投资企业确认投资收益，仅限于被投资单位接受投资后产生的累计净利润的分配额，所获得的利润或现金股利超过上述数额的部分作为初始投资成本的收回。长期股权投资持有期间被投资单位宣告发放现金股利或利润时，企业按应享有的部分确认为投资收益，借记"应收股利"科目，贷记"投资收益"科目。属于被投资单位在取得本企业投资前实现净利润的分配额，应作为投资成本的收回，借记“应收股利”科目，贷记“长期股权投资”科目。

通常情况下，投资企业在取得投资当年自被投资单位分得的现金股利或利润应作为投资成本的收回；以后年度，被投资单位累计分派的现金股利或利润超过投资以后至上年末止被投资单位累计实现净利润的，投资企业按照持股比例计算应享有的部分应作为投资成本的收回，冲减投资的账面价值。

1. 投资年度的利润或现金股利的处理

在我国，当年实现的盈余一般于下年度发放利润或现金股利。因此，通常情况下，投资企业投资当年分得的利润或现金股利，是由投资前被投资单位实现的利润分配得来的，故一般不作为当期投资收益，而作为初始投资成本的收回。如果投资企业投资当年分得的利润或现金股利，有部分是来自投资后被投资单位的盈余分配，则应作为投资企业投资年度的投资收益。

2. 投资年度以后的利润或现金股利的处理

投资年度以后的利润或现金股利，确认投资收益或冲减初始投资成本的金额，可按以下公式计算：

$$应冲减初始投资成本=\left[\begin{matrix}投资后累计获得的\\现金股利或利润\end{matrix}-\begin{matrix}投资后累计享\\有的收益份额\end{matrix}\right]-\begin{matrix}投资后累计已冲\\减初始投资成本\end{matrix}$$

$$或\quad=\left[\begin{matrix}投资后被投资企业累计\\分派的现金股利或利润\end{matrix}-\begin{matrix}投资后被投资企业\\累计实现的净利润\end{matrix}\right]\times\begin{matrix}投资企业\\持股比例\end{matrix}-\begin{matrix}投资后累计已冲\\减初始投资成本\end{matrix}$$

确认的投资收益＝投资企业当年获得的利润或现金股利－应冲减初始投资成本的金额

【案例6－8】 甲公司2015年5月15日以银行存款购买诚远股份有限公司的股票100 000股作为长期投资，每股买入价为10元，每股价格中包含有0.2元的已宣告分派的现金股利，另支付相关税费7 000元。甲公司2015年6月20日收到诚远股份有限公司已宣告分派的股利20 000元。该企业应作如下会计处理：

编制购入股票的会计分录：

借：长期股权投资	987 000	
应收股利	20 000	
贷：银行存款		1 007 000
借：银行存款	20 000	
贷：应收股利		20 000

在这种情况下，取得长期股权投资时，如果实际支付的价款中包含有已宣告但尚未发放的现金股利或利润，应借记“应收股利”科目，不记入“长期股权投资”科目。

【案例6－9】 承案例6－7，如果甲公司于2015年6月20日收到长信有限股份公司宣告发放2014年度现金股利的通知，应分得现金股利5000元。甲公司应作如下会计处理：

编制购入股票的会计分录：

借：长期股权投资	305 000	
贷：银行存款		305 000
借：应收股利	5 000	
贷：长期股权投资		5 000

【案例 6—10】 A 企业 2014 年 1 月 2 日以银行存款购入 C 公司 10%的股份，并准备长期持有。实际投资成本为 110 000 元。C 公司于 2014 年 5 月 2 日宣告分派 2013 年度的现金股利 100 000 元。假设 C 公司 2014 年 1 月 1 日股东权益合计为 1 200 000 元，其中股本为 1 000 000元，未分配利润为 200 000 元，其股权不存在明确的市场价格。2014 年实现净利润 400 000 元；2015 年 5 月 1 日宣告分派现金股利 200 000 元。A 企业的会计处理如下：

(1)2014 年 1 月 2 日投资时：

借：长期股权投资——C 公司　　110 000

　　贷：银行存款　　110 000

(2)2014 年 5 月 2 日宣告发放现金股利时：

借：应收股利　　10 000

　　贷：长期股权投资——C 公司　　10 000

(3)2015 年 5 月 1 日宣告发放现金股利时：

应冲减初始投资成本的金额＝(投资后至本年末止被投资单位累计分派的利润或现金股利 300 000 －投资后至上年末止被投资单位累计实现的净损益 400 000)×投资企业的持股比例 10% －投资企业已冲减的初始投资成本 10 000＝－ 20 000(元)。但恢复增加数不能大于原冲减数。

应确认的投资收益＝投资企业当年获得的利润或现金股利(200 000×10%)

　　　　－应冲减初始投资成本的金额(－10 000)＝30 000(元)

借：应收股利　　20 000

　　长期股权投资——C 公司　　10 000

　　贷：投资收益——股利收入　　30 000

假设上述 C 公司于 2015 年 5 月 1 日分派现金股利 450 000 元，按上述公司计算应确认投资收益或冲减初始投资成本的金额如下：

应冲减初始投资成本的金额＝[(100 000＋450 000)－400 000]×10%－10 000＝5 000(元)

应确认的投资收益＝(450 000×10%)－5 000＝40 000(元)

会计分录为：

借：应收股利　　45 000

　　贷：投资收益——股利收入　　40 000

　　　　长期股权投资——C 公司　　5 000

【案例 6—11】 甲公司 2013 年 1 月 1 日以 8 000 000 元的价格购入乙公司 3%的股份，购买过程中另支付相关税费 30 000 元。乙公司为一家未上市的民营企业，其股权不存在明确的市场价格。甲公司在取得该部分投资后，未以任何方式参与被投资单位的生产经营决策。甲公司在取得投资以后，被投资单位实现的净利润与利润分派情况如表 6—3 所示。

表 6—3　净利润与分派利润　　单位：元

年度	被投资单位实现净利润	当年度分派利润
2013	10 000 000	9 000 000
2014	20 000 000	16 000 000

注：乙公司 2013 年度分派的利润属于对其 2012 年及以前实现净利润。

甲公司每年应确认投资收益及冲减投资成本的情况如下：

(1)2013 年取得投资时

借:长期股权投资	8 030 000	
贷:银行存款		8 030 000

(2)2013 年从乙公司取得利润

当年度被投资单位分派的 9 000 000 元利润属于对其在 2012 年已实现利润的分配,甲公司按持股比例取得 270 000 元,该部分金额已包含在其投资成本中,应冲减投资成本。

借:银行存款	270 000	
贷:长期股权投资		270 000

(3)2014 年从乙公司取得利润

应冲减投资成本金额=(9 000 000+16 000 000−10 000 000)×3%−270 000=180 000(元)

当年度实际分得现金股利=16 000 000×3%=480 000(元)

应确认投资收益=480 000−180 000=300 000(元)

借:银行存款	480 000	
贷:长期股权投资		180 000
投资收益		300 000

(三)长期股权投资的会计处理

处置长期股权投资时,按实际取得的价款与长期股权投资账面价值的差额确认为投资损益,并应同时结转已计提的长期股权投资减值准备。其会计处理是:企业处置长期股权投资时,应按实际收到的金额,借记"银行存款"等科目,按原已计提的减值准备,借记"长期股权投资减值准备"科目,按该项长期股权投资的账面余额,贷记"长期股权投资"科目,按尚未领取的现金股利或利润,贷记"应收股利"科目,按其差额,贷记或借记"投资收益"科目。

【案例 6−12】 甲公司将其作为长期投资持有的远海股份有限公司 15 000 股股票,以每股 10 元的价格卖出,支付相关税费 1 000 元,取得价款 149 000 元,款项已由银行收妥。该长期股权投资账面价值为 140 000 元,假定没有计提减值准备。甲公司应编制如下会计分录:

(1)计算投资收益:

股票转让取得价款	149 000
减:投资账面余额	(140 000)
	9 000

(2)编制出售股票时的会计分录:

借:银行存款	149 000	
贷:长期股权投资		140 000
投资收益		9 000

二、长期股权投资的权益法

权益法,是指投资以初始投资成本计量后,在投资持有期间根据投资企业享有被投资单位所有者权益份额的变动对投资的账面价值进行调整的方法。

(一)取得长期股权投资

取得长期股权投资时,长期股权投资的初始资成本大于投资时应享有被投资单位可辨认净资产公允价值份额的,不调整已确认的初始投资成本,借记"长期股权投资——成本"科目,贷记"银行存款"等科目。长期股权投资的初始投资成本小于投资时应享有被投资单位可辨认净资产公允价值份额的，借记“长期股权投资——成本”科目，贷记“银行存款”等科目，按其差额，贷记“营业外收入”科目。

（二）持有长期股权投资期间被投资单位实现净利润或发生净亏损

1. 投资企业确认被投资单位发生的净亏损时

此时，应当以长期股权投资的账面价值以及其他实质上构成对被投资单位净投资的长期权益减记至零为限，投资企业负有承担额外损失义务的除外。其他实质上构成对被投资单位净投资的长期权益，通常是指长期性的应收项目，如企业对被投资单位的长期债权，该债权没有明确的清收计划且在可预见的未来期间不准备收回的，实质上构成对被投资单位的净投资。企业存在其他实质上构成对被投资单位净投资的长期权益项目以及负有承担额外损失义务的情况下，在确认应分担被投资单位发生的亏损时，应当按照以下顺序进行处理：

（1）冲减长期股权投资的账面价值。

（2）如果长期股权投资的账面价值不足以冲减的，应当以其他实质上构成对被投资单位净投资的长期权益账面价值为限继续确认投资损失，冲减长期权益的账面价值。

（3）在进行上述处理后，按照投资合同或协议约定企业仍承担额外义务的，应按预计承担的义务确认预计负责，计入当期投资损失。

被投资单位以后期间实现盈利的，扣除未确认的亏损分担额后，应按与上述顺序相反的顺序处理，减计已确认预计负债的账面余额、恢复长期股权投资的账面价值，同时确认投资收益。

2. 投资企业在确认应享有被投资单位净损益的份额时

此时，应当以取得投资时被投资单位各项可辨认资产等的公允价值为基础，对被投资单位的净利润进行调整后确认。被投资单位采用会计政策及会计期间与投资企业不一致的，则应按照投资企业的会计政策及会计期间对被投资单位的财务报表进行调整，并据以确认投资损益。投资企业的投资收益，应当以取得投资时被投资单位各项可辨认资产等的公允价值为基础，对被投资单位净损益进行调整后加以确定。比如，以取得投资时被投资单位固定资产、无形资产的公允价值为基础计提的折旧额或摊销额，相对于被投资单位已计提的折旧额、摊销额之间存在差额的，应按其差额对被投资单位净损益进行调整，并按调整后的净损益和持股比例计算确认投资损益。在进行有关调整时，应当考虑重要性项目。如果无法可靠确定投资时被投资单位各项可辨认资产等的公允价值，或者投资时被投资单位可辨认资产等的公允价值与其账面价值之间的差额较小，以及其他原因导致无法对被投资单位净损益进行调整，可以按照被投资单位的账面净损益与持股比例计算确认投资收益，但应在附注中说明这一事实及其原因。

3. 根据被投资单位实现的净利润计算应享有的份额时

此时，借记“长期股权投资——损益调整”科目，贷记“投资收益”科目。被投资单位发生净亏损作相反的会计分录，但以本科目的账面价值减记至零为限，借记“投资收益”科目，贷记“长期股权投资——损益调整”科目。被投资单位以后宣告发放现金股利或利润时，企业计算应分得的部分，借记“应收股利”科目，贷记“长期股权投资——损益调整”科目。收到被投资单位宣告发放股票股利，不进行账务处理，但应在备查簿中登记。如图6－1所示。

（三）持有长期股权投资期间被投资单位所有者权益的其他变动

在持股比例不变的情况下，被投资单位除净损益以外所有者权益的其他变动，企业按持股比例计算应享有份额，借记或贷记“长期股权投资——其他权益变动”科目，贷记或借记“资本公积——其他资本公积”科目。

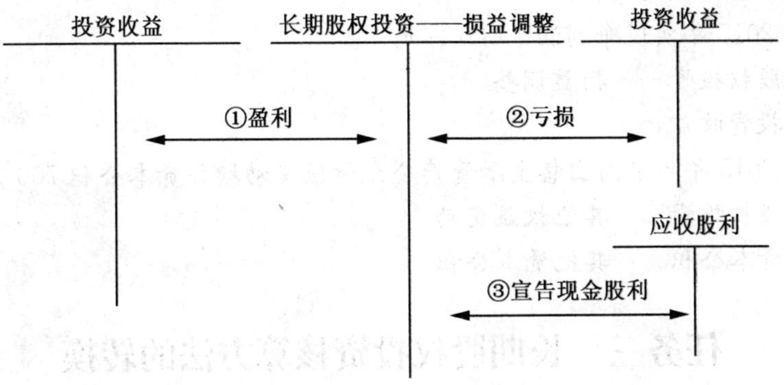

图6－1　持有长期股权投资期间被投资单位实现净利润或发生净亏损的核算

【案例6－13】　甲公司为一家上市公司，2015年对外投资有关资料如下：

(1)1月20日，甲公司以银行存款购买A公司发行的股票200万股准备长期持有，实际支付价款10 000万元，另支付相关税费120万元，占A公司有表决权股份的40%，能够对A公司施加重大影响，投资时A公司可辨认净资产公允价值为30 000万元(各项可辨认资产、负债的公允价值与账面价值相同)。

借：长期股权投资——成本	12 000	
贷：银行存款		10 120
营业外收入		1 880

(2)4月17日，甲公司委托证券公司从二级市场购入B公司股票，并将其划分为交易性金融资产。支付价款1 600万元(其中包含宣告但尚未发放的现金股利40万元)，另支付相关交易费用4万元。

借：交易性金额资产——成本	1 560	
应收股利	40	
投资收益	4	
贷：其他货币资金(或银行存款)		1 604

(3)5月5日，甲公司收到B公司发放的现金股利40万元并存入银行

借：银行存款	40	
贷：应收股利		40

(4)6月30日，甲公司持有B公司股票的公允价值下跌为1 480万元

借：公允价值变动损益	80	
贷：交易性金融资产——公允价值变动		80

(5)7月15日，甲公司持有的B公司股票全部出售，售价为1 640万元，款项存入银行，不考虑相关税费。

借：银行存款	1 640	
交易性金融资产——公允价值变动	80	
贷：交易性金融资产——成本		1 560
投资收益		160
借：投资收益	80	

贷:公允价值变动损益 80

(6)A公司2015年实现净利润5 000万元

借:长期股权投资——损益调整 2 000

贷:投资收益 2 000

(7)A公司2015年年末因出售金融资产公允价值变动增加资本公积700万元。

借:长期股权投资——其他权益变动 280

贷:资本公积——其他资本公积 280

任务三 长期股权投资核算方法的转换

长期股权投资在持有期间,当发生追加投资或减少投资等情况时,投资企业对被投资单位的影响程度可能会发生变化,这就导致其核算需要由一种方法转换为另外的方法。

一、成本法转换为权益法

长期股权投资的核算由成本法转为权益法时,应区别形成该转换的不同情况进行处理。

第一,原持有的对被投资单位不具有控制、共同控制或重大影响,在活跃市场中没有报价,公允价值不能可靠计量的长期股权投资,因追加投资导致持股比例上升,能够对被投资单位施加重大影响或实施共同控制的,在自成本法转为权益法时,应区分原持有的长期股权投资以及追加长期股权投资两部分分别处理:一方面,原持有长期股权投资的账面余额与按照原持股比例计算确定应享有原取得投资时被投资单位可辨认净资产公允价值之间的差额,前者大于后者的,不调整长期股权投资的账面价值;前者小于后者的,根据其差额分别调整长期股权投资的账面价值和留存收益。另一方面,对于新取得的股权部分,应比较追加投资的成本与取得该部分投资时应享有被投资单位可辨认净资产公允价值的份额,前者大于后者的,不调整长期股权投资的成本;前者小于后者的,根据其差额分别调整长期股权投资成本和当期的营业外收入。进行上述调整时,应当综合考虑与原持有投资和追加投资相关的商誉或计入损益的金额。

对于原取得投资后至追加投资的交易日之间被投资单位可辨认净资产公允价值的变动相对于原持股比例的部分,属于在此期间被投资单位实现的净损益中应享有份额的,应调整长期股权投资的账面价值,同时对于原取得投资时至追加投资当期期初按照原持股比例计算应享有被投资单位实现的净损益,应调整留存收益。对于追加投资当期期初至追加投资交易日之间享有被投资单位的净损益,应计入当期损益;属于其他原因导致的被投资单位可辨认净资产公允价值变动中应享有的份额,在调整长期股权投资账面价值的同时,应当记入"资本公积——其他资本公积"科目。

【案例6—14】 A公司于2014年1月2日取得B公司10%的股权,成本为3 000 000元,取得投资时B公司可辨认净资产公允价值总额为28 000 000元(假定公允价值与账面价值相同),因对被投资单位不具有重大影响且无法可靠确定该项投资的公允价值,A公司对其采用成本法核算。A公司按照净利润的10%提取盈余公积。

2015年1月2日,A公司又以6 000 000元取得B公司12%的股权,当日B公司可辨认净资产公允价值总额为40 000 000元。取得该部分股权后,按照B公司章程规定,A公司能够派人参与B公司的生产经营决策,对该项长期股权投资转为采用权益法核算。假定A公司在取得对B公司10%股权后至新增投资日,双方未发生任何内部交易,B公司通过生产经营活动实现的净利润为 3 000 000 元，未派发现金股利或利润。除所实现净利润外，未发生其他计入资本公积的交易或事项。

(1)2009 年 1 月 2 日，A 公司应确认对 B 公司的长期股权投资

借：长期股权投资——B 公司——成本　　6 000 000

　　贷：银行存款　　6 000 000

对于新取得的股权，其成本为 6 000 000 元，与取得该投资时按照持股比例计算确定应享有被投资单位可辨认净资产公允价值的份额 4 800 000 元(40 000 000×12%)之间的差额为投资作价中体现出的商誉，该部分商誉不要求调整长期股权投资的成本。

(2)对原持有 10%长期股权投资账面价值的调整

确认该部分长期股权投资后，A 公司对 B 公司投资的账面价值为 9 000 000 元。

对于原 10%股权的成本 3 000 000 元与原投资时应享有被投资单位可辨认净资产公允价值份额 2 800 000 元之间的差额 200 000 元，属于原投资时体现的商誉，该部分差额不调整长期股权投资的账面价值。

对于被投资单位可辨认净资产在原投资时至新增投资交易日之间公允价值的变动(40 000 000－28 000 000)相对于原持股比例的部分 1 200 000 元，其中属于投资后被投资单位实现净利润部分的 300 000 元(3 000 000×10%)，应调整增加长期股权投资的账面余额，同时调整留存收益；除实现净损益外其他原因导致的被投资单位可辨认净资产公允价值的变动 900 000 元，应当调整增加长期股权投资的账面余额，同时计入资本公积(其他资本公积)。针对该部分投资的账务处理为：

借：长期股权投资——B 公司——损益调整　　300 000

　　　　　　　　　　　——其他权益变动　　900 000

　　贷：盈余公积　　30 000

　　　　利润分配——未分配利润　　270 000

　　　　资本公积——其他资本公积——B 公司　　900 000

第二，因处置投资导致对被投资单位的影响能力由控制转为具有重大影响或者与其他投资方一起实施共同控制的情况下，首先应按处置或收回投资的比例结转应终止确认的长期股权投资成本。在此基础上，应当比较剩余的长期股权投资成本与按照剩余持股比例计算原投资时应享有被投资单位可辨认净资产公允价值的份额，属于投资作价中体现的商誉部分不调整长期股权投资的账面价值；属于投资成本小于原投资时应享有被投资单位可辨认净资产公允价值份额的，在调整长期股权投资成本的同时，应调整留存收益。对于原取得投资后至处置投资导致转变为权益法核算之间被投资单位实现的净损益中应享有的份额，一方面应调整长期股权投资的账面价值，另一方面对于原取得投资时至处置投资当期期初被投资单位实现的净损益(扣除已发放及已宣告发放的现金股利及利润)中应享有的份额，调整留存收益。对于处置投资当期期初至处置投资之日被投资单位实现的净损益中享有的份额，调整当期损益；其他原因导致被投资单位所有者权益变动中应享有的份额，在调整长期股权投资账面价值的同时，应当记入“资本公积——其他资本公积”科目。

长期股权投资自成本法转为权益法后，未来期间应当按照《企业会计准则第 2 号——长期股权投资》规定计算确认应享有被投资单位实现的净损益及所有者权益其他变动的份额。

【案例 6－15】 2010 年 1 月 5 日，华联实业股份有限公司购入乙公司股票 300 万股作为长期投资，支付价款 460 万元，另支付交易税费 3.5 万元。该股份占乙公司有表决权股份的

10%，华联公司采用成本法核算。2010 年 3 月 15 日，乙公司宣告 2009 年度利润分配方案，每股分派现金股利 0.20 元，共计分派现金股利 600 万元。2011 年 1 月 10 日，华联公司再次购入乙公司股票 450 万股，支付价款 680 万元，另支付交易税费 5 万元，该股份占乙公司有表决权股份的 15%。至此，华联公司已累计持有乙公司 25%的股份，对乙公司的股权投资改按权益法核算，股权投资差额按 10 年摊销。乙公司 2000 年 1 月 1 日的股东权益总额为 4 200 万元，2000 年度实现净利润 750 万元，2001 年度实现净利润 800 万元。

(1)2010 年 1 月 5 日，购入乙公司股票。

初始投资成本＝460＋3.5＝463.5(万元)

借：长期股权投资——股票投资　　4 635 000

　　贷：银行存款　　4 635 000

(2)2010 年 3 月 15 日，乙公司宣告分派 2009 年度现金股利。

现金股利＝300×0.20＝60(万元)

借：应收股利　　600 000

　　贷：长期股权投资——股票投资　　600 000

(3)2011 年 1 月 10 日，华联公司追加投资并改按权益法核算。

①采用追溯调整法，对原按成本法核算的股权投资按权益法进行追溯调整。

初始投资产生的股权投资差额＝463.5－4 200×10%＝43.5(万元)

2010 年应摊销的股权投资差额＝$\frac{43.5}{10}$＝4.35(万元)

2010 年度应确认的投资收益＝750×10%＝75(万元)

成本法改为权益法的累计影响＝75－4.35＝70.65(万元)

借：长期股权投资——股票投资(投资成本)　　3 600 000

　　　　　　　　——股票投资(股权投资差额)　　39 1500

　　　　　　　　——股票投资(损益调整)　　750 000

　　贷：长期股权投资——股票投资　　4 035 000

　　　　利润分配——未分配利润　　706 500

其中：投资成本＝463.5－43.5－60＝360(万元)

股权投资差额＝43.5－4.35＝39.15(万元)

原股权投资账面价值＝463.5－60＝403.5(万元)

②追加投资

追加投资成本＝680＋5＝685(万元)

借：长期股权投资——股票投资(投资成本)　　6 850 000

　　贷：银行存款　　6 850 000

③计算追加投资的股权投资差额

追加投资的股权投资差额＝685－(4 200－600＋750)×15% ＝32.5(万元)

借：长期股权投资——股票投资(股权投资差额)　　325 000

　　贷：长期股权投资——股票投资(投资成本)　　325 000

成本法改为权益法时的初始投资成本＝360＋75＋685＝1 120(万元)

成本法改为权益法时新的投资成本＝1 120－32.5＝10 87.5(万元)

应享有被投资企业所有者权益份额＝(4 200－600＋750)×25%＝10 87.5(万元)

(4)2001 年 12 月 31 日，摊销股权投资差额。

本例中，股权投资差额按 10 年摊销。由于 2000 年已经摊销了 1 年，因此，经追溯调整确定的股权投资差额的余额，加上追加投资新形成的股权投资差额，按剩余摊销年限 9 年一并摊销。

应摊销股权投资差额$=\frac{39.15+32.5}{9}=7.96$(万元)

借：投资收益	79 600	
贷：长期股权投资——股票投资(股权投资差额)		79 600

(5)确认在乙公司 2001 年度实现的净利润中应享有的份额。

应享有的收益份额$=800\times25\%=200$(万元)

借：长期股权投资——股票投资(损益调整)	2 000 000	
贷：投资收益		2 000 000

二、权益法转换为成本法

因追加投资原因导致原持有的对联营企业或合营企业的投资转变为对子公司投资的，长期股权投资账面价值的调整应当按照分步实现企业合并的原则处理。除此之外，因减少投资导致长期股权投资的核算由权益法转换为成本法(投资企业对被投资单位不具有控制、共同控制或重大影响的，并且在活跃市场中没有报价，公允价值不能可靠计量的长期股权投资)的，应以转换时长期股权投资的账面价值作为按照成本法核算的基础。

【案例 6－16】 华联实业股份有限公司持有 C 公司股份 2 000 万股，占 C 公司有表决权股份的 40%，采用权益法核算。截至 2011 年 12 月 31 日，该项股权投资的账面价值为 3 600 万元，其中，投资成本 2 400 万元，损益调整 1 200 万元(应享有 C 公司 2011 年度的收益份额已确认入账)。2012 年 1 月 15 日，华联公司将 1 500 万股 C 公司股份转让给其他企业，收到转让价款 3 000 万元。至此，华联公司对 C 公司的持股比例已降为 10%，不再具有重大影响，因此，改按成本法核算。2012 年 3 月 20 日，C 公司宣告 2011 年度利润分配方案，每股分派现金股利 0.10 元，并于 4 月 25 日发放。华联公司转让股权和转换核算方法的有关会计处理如下：

(1)2012 年 1 月 15 日，转让 C 公司股份。

转让股份的账面价值$=3\ 600\times\frac{1\ 500}{2\ 000}=2\ 700$(万元)

其中：投资成本$=2\ 400\times\frac{1\ 500}{2\ 000}=1\ 800$(万元)

损益调整$=1\ 200\times\frac{1\ 500}{2\ 000}=900$(万元)

借：银行存款	30 000 000	
贷：长期股权投资——股票投资(投资成本)		18 000 000
——股票投资(损益调整)		9 000 000
投资收益		3 000 000

(2)转换核算方法。

转让部分股份后剩余投资的账面价值$=3\ 600-2\ 700=900$(万元)

其中：投资成本$=2\ 400-1\ 800=600$(万元)

损益调整$=1\ 200-900=300$(万元)

借:长期股权投资——股票投资　　9 000 000

　　贷:长期股权投资——股票投资(投资成本)　　6 000 000

　　　　——股票投资(损益调整)　　3 000 000

(3)2012 年 3 月 20 日,C 公司宣告分派现金股利。

华联公司剩余股份应分得的现金股利 50 万元,属于采用成本法前 C 公司实现净利润的分配额,而该部分利润分配额已按权益法的核算要求,确认了投资收益,并调增了股权投资的账面价值。因此,在华联公司改按成本法核算后,应作为冲减投资成本处理。

借:应收股利　　500 000

　　贷:长期股权投资——股票投资　　500 000

(4)2012 年 4 月 25 日,收到派发的现金股利。

借:银行存款　　500 000

　　贷:应收股利　　500 000

任务四　长期股权投资的处置和减值处理

一、长期股权投资的处置

处置长期股权投资时,按实际取得的价款与长期股权投资账面价值的差额确认为投资损益,并应同时结转已计提的长期股权投资减值准备。其会计处理是:企业处置长期股权投资时,应按实际收到的金额,借记"银行存款"等科目,按原已计提的减值准备,借记"长期股权投资减值准备"科目,按该长期股权投资的账面余额,贷记"长期股权投资"科目,按尚未领取的现金股利或利润,贷记"应收股利"科目,按其差额,贷记或借记"投资收益"科目。同时,还应结转原记入资本公积的相关金额,借记或贷记"资本公积——其他资本公"科目,贷记或借记"投资收益"科目。部分处置某项长期股权投资时,应按该项投资的总平均成本确定其处置部分的成本,并按相应比例结转已计提的减值准备和资本公积项目。

【案例 6—17】 甲公司 2007 年 1 月 20 日购买东方股票 5 000 000 股准备长期持有,占东方股份有限公司股份的 30%。每股买入价为 6 元,另外,购买该股票时发生有关税费 500 000 元,款项已由银行存款支付。2006 年 12 月 31 日,东方股份有限公司的所有者权益的账面价值(与其公允价值不存在差异)为 100 000 000 元。2007 年东方股份有限公司实现净利润 10 000 000元。甲公司按照持股比例确认投资收益 3 000 000 元。2008 年 5 月 15 日,东方股份有限公司已宣告发放现金股利,每 10 股派发 3 元,甲公司可分派到 1 500 000 元。2008 年 6 月 15 日,甲公司收到东方股份有限公司分派的现金股利。2007 年东方股份有限公司可供出售金融资产的公允价值增加了 4 000 000 元。甲公司按照持股比例确认相应的资本公积 1 200 000元。2009 年 1 月 20 日,甲公司出售所持东方股份有限公司的股票 5 000 000 股,每股出售价为 10 元,款项已收回。甲公司应作如下会计处理:

计算初始投资成本:30 500 000

(1)编制购入股票的会计分录:

借:长期股权投资——成本　　30 500 000

　　贷:银行存款　　30 500 000

(2)确认东方股份有限公司实现的投资收益时:

借：长期股权投资——损益调整　　3 000 000
　　贷：投资收益　　3 000 000

(3)东方股份有限公司宣告发放现金股利时：

借：应收股利　　1 500 000
　　贷：长期股权投资——损益调整　　1 500 000

(4)收到东方股份有限公司宣告发放的现金股利时：

借：银行存款　　1 500 000
　　贷：应收股利　　1 500 000

(6)资本公积增加：

借：长期股权投资——其他权益变动　　1 200 000
　　贷：资本公积——其他资本公积　　1 200 000

(7)出售时：

借：银行存款　　50 000 000
　　贷：长期股权投资——成本　　30 500 000
　　　　　　　　　——损益调整　　1 500 000
　　　　投资收益　　18 000 000

(8)同时：

借：资本公积——其他资本公积　　1 200 000
　　贷：投资收益　　1 200 000

二、长期股权投资的减值处理

(一)长期股权投资减值金额的确定

(1)企业对子公司、合营企业及联营企业的长期股权投在资产负债表日存在可能发生减值的迹象时，其可收回金额低于账面价值的，应当将该长期股权投资的账面价值减记至可收回金额，减记的金额确认为减值损失，计入当期损益，同时计提相应的资产减值准备。

(2)企业对投资单位不具有控制、共同控制或重大影响，且在活跃市场中没有报价，公允价值不能可靠计量的长期股权投资，应当将该长期股权投资在资产负债表日的账面价值，与按照类似金融资产当时市场收益率对未来现金流量折现确定的现值之间的差额，确认为减值损失，计入当期损益。

(二)长期股权投资减值的会计处理

企业计提长期股权投资减值准备，应当设置“长期股权投资减值准备”科目核算。企业按应减记的金额，借记“资产减值损失——计提的长期股权投资减值准备”科目，贷记“长期股权投资减值准备”科目。

长期股权投资减值损失一经确认，在以后会计期间不得转回。

★★★ 项目小结 ★★★

长期股权投资是指企业为了获取被投资单位的股权准备长期持有的权益性投资。企业持有的其他权益性投资，应当按照金融工具确认和计量准则的规定，在初始确认时就划分以公允价值计量且变动计入当期损益的金融资产或可供出售金融资产。

企业在持有长期股权投资期间，应根据不同的情况分别采用成本法及权益法进行核算。在资产负债表日，如何对于长期股权投资存在减值迹象，应按照相关规定计提减值准备。处置长期股权投资，处置所得价款和处置长期股权投资的账面价值之间的差额，确认为处置当期损益。对于已计提减值准备的长期股权投资，处置时还应将与处置长期股权投资相对应的减值准备转出。

★★★ 关键术语 ★★★

长期股权投资　成本法　权益法

★★★ 思考与讨论 ★★★

1. 成本法核算的长期股权投资的范围包括哪些？
2. 权益法核算的长期股权投资的范围包括哪些？
3. 怎样进行长期股权投资的初始计量？
4. 怎样进行长期股权投资的后续计量？
5. 怎样进行长期股权投资核算方法的转换？

项目七　固定资产

技能目标

能够对固定资产的取得、折旧、后续支出、期末计量和处置、减值等进行账务处理。

知识目标

1. 理解：固定资产的概念和特征、确认条件及具体运用、计价及计价标准。
2. 熟知：固定资产的折旧方法、固定资产减值的认定。
3. 掌握：固定资产的外购、自行建造、折旧、后续支出、处置等内容的账务处理。

知识支撑

任务一　固定资产概述

一、固定资产的概念与特征

(一)固定资产的概念

我国《企业会计准则第 4 号——固定资产》规定："固定资产应是具有以下特征的有形资产：①为生产商品、提供劳务、出租或经营管理而持有；②使用年限超过一年；③单位价值较高。"这一定义对国际会计准则关于固定资产的使用寿命作了明确的规定，同时还强调固定资产的单位价值必须是较高的。

我国会计制度对固定资产的定义为：企业使用期限超过一年的房屋、建筑物、机器、机械、运输工具以及其他与生产、经营有关的设备、器具、工具等。不属于生产经营主要设备的物品，单位价值在 2 000 元以上，并且使用年限超过两年的，也应当作为固定资产。这一定义不仅对固定资产包括的内容、使用寿命的最低年限作了详尽的规范和量化，而且对企业的一些特殊物品是否应作为固定资产都作了明确的限定，可操作性强。

(二)固定资产的特征

固定资产的特征包括以下方面：

(1)固定资产是有形资产。固定资产有一个实体存在，这与企业的无形资产不同。

(2)使用寿命超过一个会计年度。固定资产属于长期耐用资产，使用期限至少超过 1 年，其实物形态不会因为使用而发生变化或显著损耗。这也有别于存货。

(3)为了生产商品、提供劳务、出租或经营管理而持有。企业取得各种固定资产的目的是为了服务于企业自身的生产经营活动，而不是为了出售，或将其对企业外部进行投资。

(4)具有可衡量的未来经济利益。企业取得固定资产的目的是为了获得未来的经济利益，虽然这种经济利益是来自对固定资产服务潜能的利用，而不是来自可直接转换为多少数量的货币。但它必须能在未来为企业带来可以用货币加以合理计量的经济利益。没有此特点的则不能列为固定资产。

二、固定资产的确认条件

一项资产如果要作为固定资产加以确认，需要符合固定资产的定义，还要符合固定资产的确认条件，即与该固定资产有关的经济利益很可能流入企业，同时，该固定资产的成本能够可靠地计量。

（一）与该固定资产有关的经济利益很可能流入企业

企业在确认固定资产时，需要判断与该项固定资产有关的经济利益是否很可能流入企业。实务中，主要通过判断与该固定资产所有权相关的风险和报酬是否转移到了企业来确定。

通常情况下，取得固定资产所有权是判断与固定资产所有权有关的风险和报酬是否转移到企业的一个重要标志。凡是所有权已属于企业，无论企业是否收到或拥有该固定资产，均可作为企业的固定资产；反之，如果没有取得所有权，即使存放在企业，也不能作为企业的固定资产。但是，所有权是否转移不是判断的唯一标准。在有些情况下，某项固定资产的所有权虽然不属于企业，但是，企业能够控制与该项固定资产有关的经济利益流入企业，在这种情况下，企业应将该固定资产予以确认。例如，融资租赁方式下租入的固定资产，企业（承租人）虽然不拥有该项固定资产的所有权，但企业能够控制与该固定资产有关的经济利益流入企业，与该固定资产所有权相关的风险和报酬实质上已转移到了企业，因此，符合固定资产确认的第一个条件。

（二）该固定资产的成本能够可靠地计量

成本能够可靠地计量是资产确认的一项基本条件。要确认固定资产，企业取得该固定资产所发生的支出必须能够可靠地计量。企业在确定固定资产成本时，有时需要根据所获得的最新资料，对固定资产的成本进行合理的估计。如果企业能够合理地估计出固定资产的成本，则视同固定资产的成本能够可靠地计量。

三、固定资产确认条件的具体运用

企业由于安全或环保的要求购入设备等，虽然不能直接给企业带来经济利益，但有助于企业从其他相关资产的使用获得未来经济利益或者获得更多的未来经济利益，也应确认为固定资产。例如，为净化环境或者满足国家有关排污标准的需要购置的环保设备，这些设备的使用虽然不会为企业带来直接的经济利益，但却有助于企业提高对废水、废气、废渣的处理能力，有利于净化环境，企业为此将减少未来由于污染环境而需支付的环境治理费或者罚款，因此，企业应将这些设备确认为固定资产。

固定资产的各组成部分，如果具有不同使用寿命或者以不同方式为企业提供经济利益，由此适用不同折旧率或折旧方法的，表明这些组成部分实际上是以独立的方式为企业提供经济利益，因此，企业应当将各组成部分确认为单项固定资产。例如，飞机的引擎，如果其与飞机机身具有不同的使用寿命，适用不同折旧率和折旧方法，则企业应当将其单独确认为一项固定资产。

四、固定资产的分类

企业的固定资产种类繁多，用途各异，为加强管理和核算，必须对固定资产进行科学合理的分类。根据不同的需要，可以按下列不同标准进行分类：

（一）按固定资产的经济用途分类

按固定资产的经济用途分类，可以分为生产经营用固定资产和非生产经营用固定资产。

（1）生产经营用固定资产，是指直接服务于企业生产经营活动的各种固定资产，如生产经营用的房屋、建筑物、机器、设备、工具器具等。

（2）非生产经营用固定资产，是不直接服务于生产经营活动但又必不可少的各种固定资产，如职工宿舍、食堂、浴室等房屋、建筑物、设施、设备等。

按固定资产的经济用途分类，可以分别反映生产性和非生产性固定资产的数量规模，借以确定固定资产的有效利用情况，促进固定资产的合理配置。

（二）按固定资产的使用情况分类

按固定资产的使用情况分类，可以分为使用中的固定资产、未使用的固定资产和不需用的固定资产。

（1）使用中的固定资产，是指正在使用中的生产经营性和非生产经营性固定资产。季节性停用、大修理停用以及经营租出的固定资产也属于使用中的固定资产。

（2）未使用的固定资产，是指尚未交付使用的新增固定资产以及因更新改造而暂停使用的固定资产。

（3）不需用的固定资产，是指企业多余或不适用而准备调配处理的固定资产。

按固定资产的使用情况分类，可以清楚地反映企业固定资产的使用、闲置及待处理的现状，有利于企业采取调剂措施，有效地使用、调配和处置各种固定资产。

（三）其他分类

（1）土地，指过去已经估价单独入账的土地。因征地而支付的补偿费，应计入与土地有关的房屋、建筑物的价值内，不单独作为土地价值入账。企业取得的土地使用权不能作为固定资产，应作为无形资产管理。

（2）融资租入的固定资产，是指以融资租赁方式租入的固定资产，在租赁期间，应视同自有固定资产管理。

这种分类能综合反映固定资产的用途结构及使用情况，有利于固定资产的核算与管理。在实务中，大多按此分类方法进行分类。

此外，固定资产还可按其他标准进行分类：如按固定资产的所有权分类，可分为自有固定资产和租入固定资产；按固定资产的性能分类，可分为建筑物、动力设备、传导设备、工作机器及设备、工具、仪器及生产经营用具、运输设备、管理用具等；按固定资产的来源渠道分类，可分为外购的固定资产、自行建造的固定资产、投资者投入的固定资产、融资租入的固定资产、改建扩建新增的固定资产、接受抵债取得的固定资产、非货币性交易换入的固定资产、接受捐赠的固定资产、盘盈的固定资产等。

五、固定资产的计价标准

固定资产的计价是指以货币为计量单位计算固定资产的价值额。这是进行固定资产价值核算的重要内容。一般而言，固定资产存在三种计价标准，即原始价值、重置完全价值和净值。

（一）原始价值

固定资产的计价一般应以原始价值为标准。原始价值简称原价或原值，也称实际成本、历史成本，是指取得某项固定资产时和直至使该项固定资产达到预定可使用状态前所实际支付的各项必要的、合理的支出，一般包括买价、进口关税、运输费、保险费、包装费、安装成本和税金等。

固定资产的来源渠道不同，原始价值的具体内容就会有所不同。在确定固定资产的原始价值时，企业为购建固定资产而借入款项所发生的借款费用是否资本化的会计处理问题，国际上通行的做法是，只有固定资产建造期间实际发生的利息成本才能予以资本化。我国基本上采用了国际惯例的做法。我国会计制度规定，在固定资产达到预定可使用状态之前发生的借款费用，按规定计算应予资本化的金额，计入购建资产的价值，不能资本化的部分，计入当期费用；在固定资产达到预定可使用状态之后发生的，计入当期费用，不能资本化。

固定资产的原始价值由于具有客观性和可验证性的特点，因而它是固定资产的基本计价标准，但是，采用原始价值计价也有明显的局限性，当社会经济环境和物价水平发生变化时，由于原始价值不能反映固定资产的现时价值，也就不能真实地揭示企业当前的生产经营规模和盈利水平，以此为依据编制的会计报表的真实性和相关性必然会受到影响。此外，由于固定资产的取得渠道是多种多样的，在有些情况下企业可能根本无法取得原始价值资料。因此，除了采用原始价值对固定资产进行计价外，会计上还有必要采用其他计价标准，如重置完全价值。

（二）重置完全价值

重置完全价值，也称现时重置成本，是指在现时的生产技术和市场条件下，重新购置同样的固定资产所需支付的全部代价。重置完全价值所反映的是固定资产的现时价值，从理论上讲，比采用原始价值计价更为合理。但由于重置完全价值本身是经常变化的，如果将其作为基本计价标准，势必会引起一系列复杂的会计问题，在会计实务中也不具备可操作性。因此，重置完全价值只能作为固定资产的一个辅助计价标准来使用。通常用于对会计报表进行必要的补充、附注说明，以弥补原始价值计价的不足。此外，在取得无法确定原始价值的固定资产时，如盘盈固定资产、接受捐赠固定资产等，应以重置完全价值为计价标准，对固定资产进行计价。

（三）净值

固定资产净值是指固定资产原始价值减去折旧后的余额，也称折余价值。它是计算固定资产盘盈、盘亏、出售、报废、毁损等溢余或损失的依据，将其与原始价值或重置完全价值相比较，反映固定资产的新旧程度。企业根据这个计价标准可以合理制定固定资产的更新计划，适时进行固定资产的更新等。

六、固定资产的计价

固定资产计价，是指企业以货币量度对固定资产的初始价值进行计量，作为固定资产的入账价值。固定资产应按其取得时的成本计价入账。由于固定资产取得的渠道不同，取得时的成本构成也各不相同：

(1)购置不需要经过建造过程即可使用的固定资产，按实际支付的买价，以及使固定资产达到预定可使用状态前所发生的应归属于固定资产的运输费、装卸费、安装费、税金和专业人员服务费等，作为固定资产的成本计价入账。

(2)自行建造的固定资产，按建造该项固定资产达到预定可使用状态前所发生的全部支出，作为成本计价入账。

(3)投资者投入的固定资产，按投资合同或协议约定的价值，作为入账价值。但合同或协议约定价值不公允的除外。

(4)融资租入的固定资产，按租赁开始日租赁资产的公允价值与最低租赁付款额现值两者中较低者，以及在租赁谈判和签订租赁合同过程中发生的、可直接归属于租赁项目的手续费、律师费、差旅费、印花税等初始直接费用，作为租入固定资产的入账价值。

(5)接受捐赠的固定资产，如果捐赠方提供了有关凭据，按凭据上的金额加上有关税费作为入账价值。如果捐赠方没有提供有关凭据，可按下列顺序确定入账价值：①同类或类似固定资产存在活跃市场的，按同类或类似固定资产的市场价格估计的金额，作为入账价值；②同类或类似固定资产不存在活跃市场的，按该受赠固定资产的预计未来现金流量现值，作为入账价值；③如果受赠的是旧固定资产，按照上述方法确定价值后再减去按该项资产新旧程度估计的价值损耗后的金额，作为入账价值。接受捐赠发生的相关税费，也应作为固定资产价值入账。

(6)盘盈的固定资产，如果同类或类似固定资产存在活跃市场的，按同类或类似固定资产的市场价格减去按该项资产新旧程度估计的价值损耗后的金额，作为入账价值；如果同类或类似固定资产不存在活跃市场的，按该项资产预计未来现金流量的现值，作为入账价值。

(7)以非货币性资产交换、债务重组等方式取得的固定资产，应分别按照"非货币性资产交换"和"债务重组"准则中的有关规定确定其入账价值。固定资产入账价值中还应包括购建的固定资产在达到预定可使用状态前发生的专门借款费用(购建发生非正常中断并且中断时间连续超过3个月的专门借款费用除外)。

企业按照上述方法确定固定资产入账价值并且入账以后，一般不得调整账面价值。但在国家规定对固定资产重新估价、企业改良设备装置、将资产部分拆除、调整暂估价值以及原入账价值有错误等特殊情况下，可以对已入账的价值进行调整。

任务二　固定资产的初始计量

企业取得固定资产的方式一般包括外购、自营建造、出包建造、接受投资、接受捐赠、融资租入和存在弃置费用等，取得方式不同，初始计量的方法也各不相同。

一、外购的固定资产

企业外购的固定资产，应按实际支付的购买价款、相关税费、使固定资产达到预定可使用状态前所发生的可归属于该项资产的运输费、装卸费、安装费和专业人员服务费等，作为固定资产的取得成本。一般纳税企业购入机器设备等固定资产的增值税应作为进项税额抵扣，不计入固定资产成本。具体账务处理如下：

购入需要安装的固定资产，先通过"在建工程"科目核算，待安装完毕达到预定可使用状态时，再由"在建工程"科目转入"固定资产"科目。

企业购入固定资产时，按实际支付的购买价款、运输费、装卸费和其他相关税费等，借记"在建工程"科目、"应交税费——应交增值税(进项税额)"，贷记"银行存款"等科目；支付安装费用等时，借记"在建工程"科目，贷记"银行存款"等科目；安装完毕达到预定可使用状态时，按其实际成本，借记"固定资产"科目，贷记"在建工程"科目。

企业购入固定资产时支付的增值税是否作为进项税额抵扣应遵从税法相关规定。

企业基于产品价格等因素的考虑，可能以一笔款项购入多项没有单独标价的固定资产。如果这些资产均符合固定资产的定义，并满足固定资产的确认条件，则应将各项资产单独确认为固定资产，并按各项固定资产公允价值的比例对总成本进行分配，分别确定各项固定资产的成本。

外购固定资产账务核算处理如图 7—1 所示。

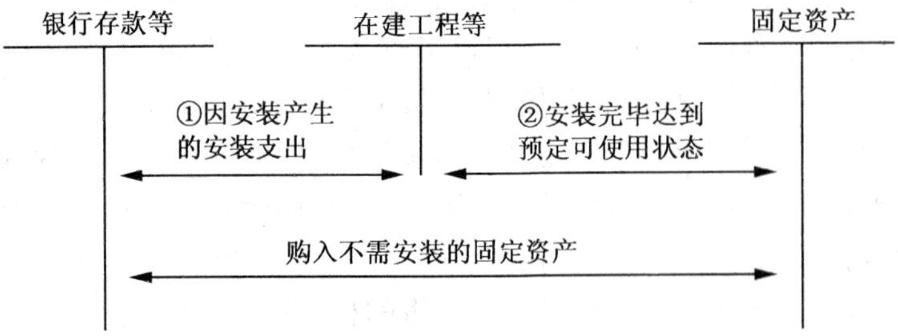

图 7—1 固定资产账务核算处理

(一)购置不需要安装的固定资产

企业购入不需要安装的固定资产,应按实际支付的买价、增值税、运输费、包装费等相关税费入账。

【案例 7—1】 大连嘉宏股份有限公司购入一台不需要安装即可投入使用的设备,增值税专用发票上注明的设备价款为 30 000 元,增值税额为 5100 元,另支付运输费 300 元、包装费 400 元,款项以银行存款支付。假设甲公司属于增值税一般纳税人,增值税进项税额不纳入固定资产成本核算。

(1)计算固定资产成本

固定资产买价	30 000
加:运输费	300
包装费	400
	30 700

(2)编制购入固定资产的会计分录:

借:固定资产	30 700	
应交税费——应交增值税(进项税额)	5 100	
贷:银行存款		35 800

(二)购置需要安装的固定资产

企业购入需要安装的固定资产,应在固定资产投入安装时,先将购置成本及安装成本记入“在建工程”科目,待该资产达到预定可使用状态时,将其成本从“在建工程”科目转入“固定资产”科目。

“在建工程”科目,用于核算企业基建、安装、更新改造等工程项目发生的支出。借方登记工程发生的实际支出;贷方登记完工工程的实际成本;期末余额在借方,反映企业尚未完工的工程成本。该科目可按工程项目设户进行明细核算。

【案例 7—2】 大连嘉宏股份有限公司购入一台需要安装的 A 设备,增值税专用发票上注明的买价为 150 000 元,增值税额为 25 500 元,运输费 1 000 元,包装费 500 元,安装中发生安装费 3 000 元,以上款项均用银行存款支付。设备已达到预定可使用状态并交付使用。编制会计分录如下:

(1)购入设备并投入安装时:

借:在建工程——A 设备安装工程	177 000	
贷:银行存款		177 000

(2)安装中支付安装费用时:

借:在建工程——A设备安装工程　　3 000

　贷:银行存款　　3 000

(3)设备安装达到预定可使用状态并交付使用时:

借:固定资产　　180 000

　贷:在建工程——A设备安装工程　　180 000

【案例7—3】 大连嘉宏股份有限公司向大连日丰股份有限公司一次购进了三台不同型号且具有不同生产能力的设备A、B、C,共支付款项100 000 000元,增值税额17 000 000元,包装费750 000元,全部以银行存款转账支付。假定设备A、B、C均满足固定资产的定义及确认条件,公允价值分别为45 000 000元、38 500 000元、16 500 000元。不考虑其他相关税费,甲公司为增值税一般纳税人。甲公司应编制如下会计分录:

(1)确定应计入固定资产成本的金额,包括购买价款、包装费,即:

100 000 000+750 000=100 750 000(元)

(2)确定设备A、B、C的价值比例:

A设备应分配的固定资产价值比例为:

$$\frac{45\ 000\ 000}{45\ 000\ 000+38\ 500\ 000+16\ 500\ 000}\times 100\%=45\%$$

B设备应分配的固定资产价值比例为:

$$\frac{38\ 500\ 000}{45\ 000\ 000+38\ 500\ 000+16\ 500\ 000}\times 100\%=38.5\%$$

C设备应分配的固定资产价值比例为:

$$\frac{16\ 500\ 000}{45\ 000\ 000+38\ 500\ 000+16\ 500\ 000}\times 100\%=16.5\%$$

(3)确定A、B、C设备各自的成本:

A设备的成本为:100 750 000×45%=45 337 500(元)

B设备的成本为:100 750 000×38.5%=38 788 750(元)

C设备的成本为:100 750 000×16.5%=16 623 750(元)

(4)甲公司应作如下会计处理:

借:固定资产——A设备　　45 337 500

　　　　　——B设备　　38 788 750

　　　　　——C设备　　16 623 750

　应交税费——应交增值税(进项税额)　　100 750 000

　贷:银行存款　　117 750 000

二、自营建造的固定资产

自营是指企业自行组织工程材料采购、自行组织施工人员施工的建筑工程和安装工程。购入工程物资时,借记"工程物资"科目,贷记"银行存款"等科目。领用工程物资时,借记"在建工程"科目,贷记"工程物资"科目。在建工程领用本企业原材料时,借记"在建工程"科目,贷记"原材料"等科目。在建工程领用本企业生产的商品时,借记"在建工程"科目,贷记"库存商品"等科目。自营工程发生的其他费用(如分配工程人员工资等),借记"在建工程"科目,贷记"银行存款"、"应付职工薪酬"等科目。自营工程达到预定可使用状态时,按其成本,借记"固定资产"科目,贷记"在建工程"科目。

自营固定资产账务核算处理如图7—2所示。

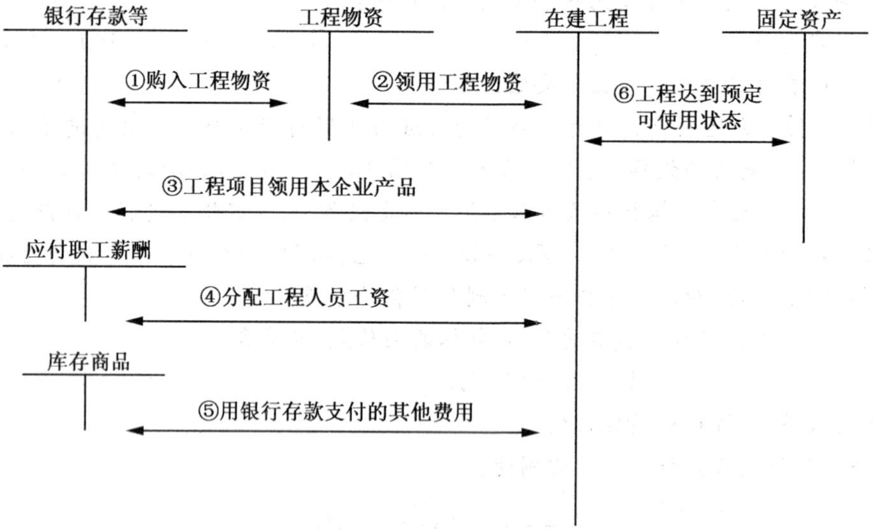

图7—2 自营固定资产账务核算处理

【案例7—4】 某企业自建厂房一幢,购入为工程准备的各种物资500 000元,支付的增值税额为85 000元,全部用于工程建设,领用本企业生产的水泥一批,实际成本为80 000元,税务部门确定的计税价格为100 000元,增值税税率17%;工程人员应计工资100 000元,支付其他费用30 000元。工程完工并达到预定可使用状态,该企业应编制如下会计分录:

(1)购入工程物资时:

借:工程物资	585 000	
贷:银行存款		585 000

(2)领用工程物资时:

借:在建工程	585 000	
贷:工程物资		585 000

(3)工程项目领用本企业产品时:

工程领用本企业生产的水泥,确定应计入在建工程成本的金额为:800 00+100 000×17%=97 000(元)

借:在建工程	97 000	
贷:库存商品		80 000
应交税费——应交增值税(销项税额)		17 000

(4)分配工程人员工资时:

借:在建工程	100 000	
贷:应付职工薪酬		100 000

(5)用银行存款支付其他费用时:

借:在建工程	3 000	

贷:银行存款　　　　30 000

(6)工程达到了预定可使用状态

工程转入固定资产＝585 000＋97 000＋100 000＋30 000＝812 000(元)

借:固定资产　　　　812 000

贷:在建工程　　　　812 000

当固定资产达到预定可使用状态时,如果尚未办理竣工决算的,应先按暂估价入账,同时停止借款费用的资本化并开始计提折旧,待办理竣工决算手续后,再按实际成本调整账面暂估成本。

三、出包建造的固定资产

出包是指企业通过招标等方式将工程项目发包给建造承包商,由建造承包商组织施工的建筑工程和安装工程。企业采用出包方式进行的固定资产工程,其工程的具体支出主要由建造承包商核算。在这种方式下,"在建工程"科目主要是企业与建造承包商办理工程价款的结算科目,企业支付给建造承包商的工程价款作为工程成本,通过"在建工程"科目核算。企业按合理估计的发包工程进度和合同规定向建造承包商结算的进度款,借记"在建工程"科目,贷记"银行存款"等科目;工程完成时按合同规定补付的工程款,借记"在建工程"科目,贷记"银行存款"等科目;工程达到预定可使用状态时,按其成本,借记"固定资产"科目,贷记"在建工程"科目。

出包固定资产账务核算处理如图 7－3 所示。

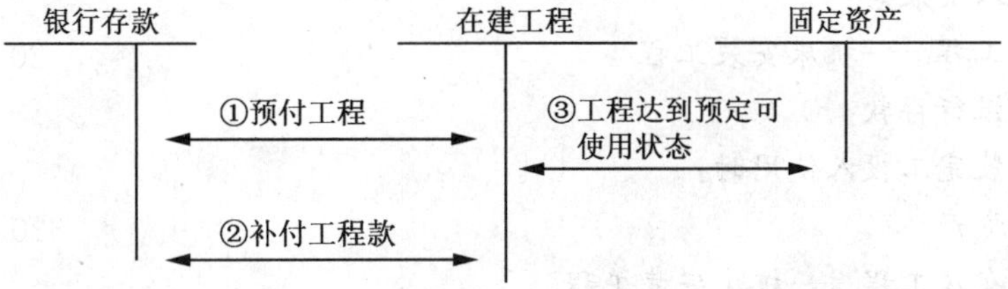

图 7－3　出包固定资产账务核算处理

【案例 7－5】　大连嘉宏股份有限公司将一幢厂房的建造工程出包由丙公司承建,按合理估计的发包工程进度和合同规定向丙公司结算进度款 600 000 元。工程完工后,收到丙公司有关工程结算单据,补付工程款 400 000 元,工程完工并达到预定可使用状态。甲公司编制如下会计分录:

(1)按合理估计的发包工程进度和合同规定向丙公司结算进度款时:

借:在建工程　　　　600 000

贷:银行存款　　　　600 000

(2)补付工程款时:

借:在建工程　　　　400 000

贷:银行存款　　　　400 000

(3)工程完工并达到预定可使用状态时:

借:固定资产　　　　1 000 000

贷:在建工程　　　　1 000 000

四、接受投资的固定资产

企业接受投资者投入的固定资产，应当按照投资合同或协议中约定的公允价值作为入账价值。接受投资的固定资产，应借记“固定资产”科目，贷记“实收资本”科目。

【案例7—6】 大连嘉宏股份有限公司接受某投资者投入的机器一台，投资协议中约定该机器的公允价值为150 000元。编制会计分录如下：

借：固定资产　　150 000

　贷：实收资本　　150 000

五、接受捐赠的固定资产

企业接受捐赠的固定资产，应当根据捐赠者提供的有关凭据金额，或按同类或类似资产的市场价格，或该资产预计未来现金流量现值作为入账价值。接受捐赠时发生的相关税费，也应计入固定资产价值。

企业接受捐赠的固定资产属于利得，按现行会计准则规定，捐赠利得应作为营业外收入处理。因此，企业受赠时，直接按资产的入账价值借记“固定资产”科目，按其受赠价值贷记“营业外收入”科目。

【案例7—7】 大连嘉宏股份有限公司接受某公司捐赠的一台新机床，该公司提供的发票上注明的机床价税款为300 000元，公司将机床投入安装，用银行存款支付安装费20 000元。编制会计分录如下：

(1)机床投入安装时：

借：在建工程——机床安装工程　　20 000

　贷：银行存款　　20 000

(2)机床安装完工投入使用时：

借：固定资产　　320 000

　贷：在建工程——机床安装工程　　20 000

　　营业外收入　　300 000

六、融资租入的固定资产

企业融资租入的固定资产，应按租赁开始日租赁资产的公允价值与最低租赁付款额现值两者中较低者加上与租赁相关的初始直接费用作为入账价值。

企业租入资产时，按其入账价值借记“固定资产——融资租入固定资产”科目；按最低租赁付款额贷记“长期应付款”科目；按发生的初始直接费用贷记“银行存款”等科目；按其差额借记“未确认融资费用”科目。每期支付租金费用时，借记“长期应付款”科目，贷记“银行存款”科目；未确认融资费用采用实际利率法分摊，按当期应分摊的未确认融资费用金额，借记“财务费用”科目，贷记“未确认融资费用”科目；融资租入固定资产应计提折旧，借记“制造费用”科目，贷记“累计折旧”科目；租赁期届满，如果合同规定租赁资产所有权转归承租企业的，应将固定资产从“融资租入固定资产”明细科目转入有关明细科目。如果合同规定租赁资产归还给租赁企业的，应转销与该资产相关的账面记录。

采用实际利率法分摊未确认融资费用时，如果企业采用的是出租人租赁内含利率（或者合同规定利率、银行同期贷款利率）作为折现率将最低租赁付款额折现，并且以该现值作为租赁资产入账价值的，应将租赁内含利率（或者合同规定利率、银行同期贷款利率）作为未确认融资费用的分摊率；如果企业采用的是以租赁资产公允价值作为入账价值的，应另行计算分摊率来分摊未确认融资费用。而该分摊率应该是使最低租赁付款额现值与租赁资产公允价值相等的折现率（或称内含报酬率）。

【案例7—8】 2013年1月1日，甲公司与某租赁公司签订了一套起吊设备租赁合同，该设备的公允价值为1 000 000元。合同规定，该设备租赁期为两年；从即日算起，每年租金500 000元，年末支付；两年期满后，该设备估计残值为250 000元，其中已由本公司担保的余值为200 000元。起吊设备已于当日投入使用；采用年限平均法计提折旧；每年末分摊一次未确认融资费用；合同规定利率为5%。2014年12月31日甲公司将该设备归还给该租赁公司。经评估，归还时设备的残余价值仍超过甲公司担保余值。编制会计分录如下：

(1)2013年1月1日租入设备：

首先，计算最低租赁付款额现值为：500 000×1.859+200 000×0.907=1 110 900(元)*；其次，确认资产入账价值，因该设备的公允价值较最低租赁付款额现值要低，故应该以该设备的公允价值1 000 000元作为入账价值；最后，确定未确认融资费用为：(1 000 000+200 000)−1 000 000=200 000(元)。

借：固定资产——融资租入固定资产　　1 000 000
　　未确认融资费用　　200 000
　　贷：长期应付款——某租赁公司　　1 200 000

(2)2013年12月31日支付租金：

借：长期应付款——某租赁公司　　500 000
　　贷：银行存款　　500 000

(3)2013年12月31日分摊未确认融资费用：

该设备是以公允价值作为入账价值的，因此，应另行计算分摊率来分摊未确认融资费用。经计算，使该设备的公允价值与最低租赁付款额现值相等的内含报酬率约为12.4%，据此计算分摊融资费用如表7—1所示：

表7—1　　**未确认融资费用分摊表**

日　期	应付租金	确认的融资费用	本金减少额	本金余额
	(1)	(2)=期初(4)×12.4%	(3)=(1)−(2)	(4)=期初(4)−(3)
2013/1/1				1 000 000
2013/12/31	500 000	124 000	376 000	624 000
2014/12/31	500 000	76 000*	424 000	200 000
合　计	1 000 000	200 000	800 000	

注：*号表示尾差调整，最后的本金余额200 000元为公司担保余值。

借：财务费用　　124 000
　　贷：未确认融资费用　　124 000

(4)2014年12月31日计提折旧：

* 注：当利率为5%，期数为2时，1元年金的现值为1.859，1元复利的现值为0.907。

应计折旧为:(1 000 000－200 000)÷2＝400 000(元)

借:制造费用　　400 000

　　贷:累计折旧　　400 000

2014 年 12 月 31 日再按上述办法支付租金 500 000 元,分摊融资费用 76 000 元,计提折旧 400 000 元,并作出同样的账务处理。到归还租赁设备时,“固定资产——融资租入固定资产”科目记录未变,余额为 1 000 000 元,“长期应付款”科目尚有余额 200 000 元,未确认融资费用已摊完,“未确认融资费用”科目已无余额,而“累计折旧”科目余额则为 800 000 元。归还设备后,应将上述账面余额全部转销。

(5)2014 年 12 月 31 日归还租赁设备时:

借:长期应付款——某租赁公司　　200 000

　　累计折旧　　800 000

　　贷:固定资产——融资租入固定资产　　1 000 000

长期应付款账户余额 200 000 元为公司担保的设备余值,因归还该设备时评估的价值仍高于担保的余值,所以这笔款项公司无需再付。

七、存在弃置费用的固定资产

特殊行业的特定固定资产,对其进行初始计量时,还应当考虑弃置费用。弃置费用通常是指根据国家法律和行政法规、国际公约等规定,企业承担的环境保护和生态恢复等义务所确定的支出,如油气资产、核电站核设施等的弃置和恢复环境义务。对此,企业应当将弃置费用的现值计入相关固定资产的成本,同时确认相应的预计负债。在固定资产的使用寿命期内,按照预计负债的摊余成本和实际利率计算确定的利息费用,应当在发生时计入财务费用。一般工商企业的固定资产发生的报废清理费用不属于弃置费用,应当在发生时作为固定资产处置费用处理。

任务三　固定资产折旧

一、固定资产折旧的性质及影响因素

(一)固定资产折旧的性质

固定资产折旧是指在固定资产的使用寿命期内,按一定方法将其损耗价值逐渐转移到成本费用中所进行的系统分摊。固定资产能够长期服务于企业的生产经营过程而保持原有的实物形态,但随着固定资产的使用,其实物在逐渐磨损,价值在不断减少,固定资产折旧就是把逐渐损耗而消失的那部分价值转移到成本费用中的价值分摊过程。

固定资产损耗分为有形损耗和无形损耗两种。有形损耗是固定资产由于使用和自然力作用而造成的使用价值及价值的损失,如机器发生磨损、房屋建筑物受到自然侵蚀等;无形损耗是由于科学技术的进步和劳动生产率的提高而引起的固定资产价值损失,如因新技术的出现而导致使用中的固定资产技术水平相对陈旧等。在计提固定资产折旧时,应充分考虑这两种损耗的影响,选择合理的折旧方法,确保固定资产折旧科学合理。

(二)影响固定资产折旧的因素

影响固定资产折旧的因素主要有以下几个方面:

(1)固定资产原价。固定资产原价是固定资产折旧的基数,它与折旧额成正比。

(2)预计净残值。固定资产的预计净残值是指预计在固定资产使用寿命期满时,企业从该项资产的处置收益中扣除预计处置费用后的金额。因为这部分残值是预计可以收回的价值,所以应该从固定资产原价中扣除后再计算折旧额。它与折旧额成反比。预计净残值应合理确定,一经确定不得随意变更。

(3)固定资产减值准备。按现行会计准则规定,当企业有迹象表明固定资产的预计可收回金额低于账面价值的,可预先计提减值准备。这部分准备金可以弥补固定资产的价值损失,应从应计折旧额中扣除。它与折旧额成反比。

(4)固定资产的使用寿命。固定资产使用寿命的长短直接影响各期应提取的折旧额,它与每期计提的折旧额成反比。在确定使用寿命时,除应充分考虑该项资产的有形损耗和无形损耗外,还应考虑该项资产的预计生产能力以及法律对该项资产的使用限制。同样,使用寿命确定后不得随意变更。

二、固定资产折旧的范围

按现行会计准则规定,除下列情况外,企业应对所有固定资产计提折旧:已提足折旧仍继续使用的固定资产、按规定单独估价作为固定资产入账的土地。

在确定固定资产折旧范围时,还应注意以下几点:

(1)固定资产应当按月计提折旧,当月增加的固定资产,当月不计提折旧,从下月起计提折旧;当月减少的固定资产,当月仍计提折旧,从下月起停止计提折旧。

(2)固定资产提足折旧后,不论能否继续使用,均不再计提折旧;提前报废的固定资产,也不再补提折旧。

(3)已达到预定可使用状态但尚未办理竣工决算手续的固定资产,应当按照估计价值确定其成本入账,并计提折旧,待办理竣工决算手续后,再按实际成本调整原暂估成本,但不需要调整原已计提的折旧额。

(4)融资租入的固定资产,能确定租赁期届满时将会取得资产所有权的,应当在租赁资产尚可使用年限内计提折旧;不能确定租赁期届满时能否取得资产所有权的,应当在租赁期与租赁资产尚可使用年限两者中较短的期间内计提折旧。

(5)因更新改造而停止使用的固定资产,应将其账面价值转入在建工程,不再计提折旧,待改造达到预定可使用状态转为固定资产后,再按重新确定的使用寿命和折旧方法计提折旧。

(6)因进行大修理而停用的固定资产,应当照提折旧,计提的折旧计入相关资产成本或当期损益。

三、固定资产折旧的方法

固定资产折旧的方法有年限平均法、工作量法、双倍余额递减法与年数总和法等。企业可以根据固定资产价值损耗的特性确定合理的折旧方法。折旧方法一经确定,不得随意变更。

(一)年限平均法

年限平均法是按固定资产使用年限平均计算折旧额的一种方法。由于采用这种方法计提的折旧额在各个会计期都是相等的,折旧累计金额呈一直线上升趋势,故又称直线法。

计算公式如下:

$$年折旧额=\frac{原始价值-预计净残值}{预计使用年限}$$

月折旧额=年折旧额÷12

为了简便计算，可以合理确定预计净残值率，再计算年折旧率和月折旧率，每月用固定资产原价乘以月折旧率即可求得月折旧额。预计净残值率，是指预计净残值占固定资产原价的比率。

$$年折旧率=\frac{年折旧额}{原始价值}\times100\%$$

$$=\frac{1-预计净残值率}{预计使用年限}\times100\%$$

月折旧率=年折旧率/12

$$其中，预计净残值率=\frac{预计净残值}{原始价值}\times100\%$$

年折旧额=原始价值×年折旧率

月折旧额=年折旧额/12

在实务中，企业可以根据固定资产的规模数量和核算管理的需要，分别采用个别折旧率、分类折旧率和综合折旧率来计提折旧。

(1)个别折旧率，是指按单项固定资产计算的折旧率。计算公式如下：

$$某项固定资产年折旧率=\frac{1-预计净残值率}{该项固定资产预计使用寿命(年)}\times100\%$$

某项固定资产月折旧率=该项固定资产年折旧率÷12

某项固定资产月折旧额=该项固定资产原价×月折旧率

【案例 7－9】 甲公司一台大型设备原价 1 000 000 元，预计使用 8 年，预计净残值率为 4%，则：

$$年折旧率=\frac{1-4\%}{8}\times100\%=12\%$$

月折旧率=12%÷12=1%

月折旧额=1 000 000×1%=10 000(元)

(2)分类折旧率，是指按照固定资产的类别分类计算的折旧率，如机器设备类、运输工具类、房屋建筑类等。计算公式如下：

$$某类固定资产年折旧率=\frac{该类固定资产年折旧额之和}{该类固定资产原价之和}\times100\%$$

某类固定资产月折旧率=该类固定资产年折旧率÷12

某类固定资产月折旧额=该类固定×该类固定资产月折旧率

(3)综合折旧率，是指按企业全部固定资产计算的折旧率。计算公式如下：

$$年综合折旧率=\frac{全部固定资产年折旧额之和}{全部固定资产原价之和}\times100\%$$

月综合折旧率=年综合折旧率÷12

月折旧额=全部固定资产原价之和×月综合折旧率

由于采用年限平均法计算各期的折旧额是相等的，因此，它能将固定资产的应计折旧额均衡地分摊到固定资产的预计使用寿命期内，有利于折旧费用的均衡负担。

（二）工作量法

工作量法是按照固定资产所能完成的工作总量计算每个工作量折旧额，然后按每期实际完成的工作量计提折旧的一种方法。计算公式如下：

$$单位工作量折旧额=\frac{原始价值\times(1-预计净残值率)}{预计工作量总额}$$

某项固定资产月折旧额＝该项固定资产当月实际工作量×单位工作量折旧额

【案例 7－10】 大连嘉宏股份有限公司一辆载重汽车原价为 400 000 元，预计净残值率为 4%，预计总行驶里程为 600 000 公里，本月实际行驶 8 000 公里。

$$每公里折旧额=\frac{400\ 000\times(1-4\%)}{600\ 000}=0.64(元)$$

本月折旧额＝8 000×0.64＝5 120（元）

采用工作量法计算折旧能较准确地反映固定资产的使用状况和实物磨损程度。

（三）双倍余额递减法

双倍余额递减法是以固定资产的年初账面余额为折旧基数，以双倍的直线法折旧率（不考虑净残值）来计算各期折旧额的一种方法。

由于双倍余额递减法计算折旧率时，并不考虑固定资产的预计净残值，这样会导致使用寿命结束时已折旧总额不等于应计折旧总额。为解决这一问题，采用本方法计提折旧时，应当在固定资产使用到期的前两年内，将固定资产账面净值减去预计净残值后的金额平均摊销。计算公式如下：

$$年折旧率=\frac{2}{预计使用寿命(年)}\times100\%$$

月折旧率＝年折旧率÷12

月折旧额＝固定资产年初账面净额×月折旧率

或者在计算出年折旧率之后，先计算年折旧额，然后再计算月折旧额，则有：

某年折旧额＝该年年初账面净值×年折旧率

月折旧额＝年折旧额÷12

【案例 7－11】 大连嘉宏股份有限公司一台机器原价为 100 000 元，预计使用寿命为 5 年，预计净残值为 4 000 元，则各年折旧额为：

年折旧率＝2/5×100%＝40%

第一年的年折旧额＝100 000×40%＝40 000（元）

第二年的年折旧额＝60 000×40%＝24 000（元）

第三年的年折旧额＝36 000×40%＝14 400（元）

从第四年起改为年限平均法计提折旧；

$$第四、五年的年折旧额=\frac{21\ 600-4\ 000}{2}=8\ 800(元)$$

各年内的月折旧额用各年的年折旧额除以 12 即可求得。

（四）年数总和法

年数总和法是以固定资产的应计折旧总额（固定资产原价减去预计净残值）作为折旧基数，各年分别以一个逐年递减的分数作为折旧率来计提各期折旧额的一种方法。其中，逐年递减的分数中分母是使用寿命的逐年数字的总和，如使用寿命为 4 年，则分母的年数总和为 1＋2＋3＋4＝10；分子则为固定资产尚可使用的年数。计算公式如下：

$$年折旧率=\frac{预计使用寿命-已使用年数}{预计使用寿命\times(预计使用寿命+1)\div 2}\times 100\%$$

$$=\frac{尚可使用的年限}{预计使用寿命的年数总和}\times 100\%$$

年折旧额=(固定资产原价-预计净残值)×年折旧率

月折旧额=年折旧额÷12

【案例7—12】 仍以案例7—11的资料为例,采用年数总和法计算年折旧额如表7—2所示。

表7—2 固定资产折旧计算

年份	固定资产原价-预计净残值	年折旧率	年折旧额	资产折余价值
1	96 000	5/15	32 000	68 000
2	96 000	4/15	25 600	42 400
3	96 000	3/15	19 200	23 200
4	96 000	2/15	12 800	10 400
5	96 000	1/15	6 400	4 000

表中最后4 000元的资产折余价值为预计净残值,可通过资产的报废处置而收回。

双倍余额递减法和年数总和法属于加速折旧法。很明显,采用这两种方法计提折旧,在固定资产使用前期能创造较高经济效益的情况下,计提的折旧额大,转移的折旧费用多;而在固定资产使用后期经济效益可能会逐渐降低的情况下,计提的折旧额小,转移的折旧费用少。这既能反映收支配比要求,体现会计核算的谨慎性原则,又能尽快收回投资,实现固定资产快速更新。

四、固定资产折旧的核算

企业按月计提的折旧,应当通过"累计折旧"科目核算,该科目核算企业固定资产的累计折旧额,计提的折旧额记入贷方,因固定资产减少而应转销的折旧额记入借方,期末余额在贷方,反映企业实有固定资产的累计折旧额。同时,计提的折旧还应根据用途计入相关资产的成本或当期损益。企业自营建造固定资产过程使用的固定资产,其折旧记入"在建工程"科目;基本生产车间使用的固定资产,其折旧记入"制造费用"科目;行政管理部门使用的固定资产,其折旧记入"管理费用"科目;销售部门使用的固定资产,其折旧记入"销售费用"科目;经营租出的固定资产,其折旧记入"其他业务成本"科目。

【案例7—13】 甲公司编制"固定资产折旧计算表",计算出各部门所使用的固定资产折旧额如下:基本生产车间用固定资产折旧50 000元,行政管理部门用固定资产折旧30 000元,销售部门用固定资产折旧10 000元,经营租出固定资产折旧10 000元。编制会计分录如下:

借:制造费用　　50 000
　　管理费用　　30 000
　　销售费用　　10 000
　　其他业务成本　　10 000
　　贷:累计折旧　　100 000

任务四 固定资产的后续支出

一、固定资产的后续支出概述

固定资产的后续支出是指固定资产使用过程中发生的更新改造支出、修理费用等。企业的固定资产在投入使用后,为了适应新技术发展的需要,或者为维护或提高固定资产的使用效能,往往需要对现有固定资产进行维护、改建、扩建或者改良。

后续支出的处理原则为:符合固定资产确认条件的,应当计入固定资产成本,同时将被替换部分的账面价值扣除;不符合固定资产确认条件的,应当计入当期损益。

固定资产后续支出分类表,如表 7—3 所示。

表 7—3　　固定资产后续支出分类

支出的目的			支出的性质	资本性支出	收益性支出
质量方面的支出	改进现有质量	改良	支出金额较大,固定资产质量有显著提高	√	
		改善	支出金额不大,固定资产质量没有明显提高		√
	恢复原有质量	换新	整个资产单元换新	√	
			部分换新		√
		修理	恢复已损坏部分的性能,常伴随部分换新		√
	发挥资产潜力	重新安装	对设备重新布局,以提高工作效率	√	
数量方面的支出	增置	新增	添置全新的固定资产项目	√	
		扩建	对原有固定资产项目进行扩建、添加装置、补充设备等	√	

二、资本化的后续支出

固定资产发生可资本化的后续支出时,企业一般应将该固定资产的原价、已计提的累计折旧和减值准备转销,将其账面价值转入在建工程,并停止计提折旧。发生的可资本化的后续支出,通过"在建工程"科目核算。在固定资产发生的后续支出完工并达到预定可使用状态时,再从在建工程转为固定资产,并按重新确定的使用寿命、预计净残值和折旧方法计提折旧。

【案例 7—14】 大连某甲公司是一家饮料生产企业,有关业务资料如下:

(1)2009 年 12 月,该公司自行建成了一条饮料生产线并投入使用,建造成本为 600 000 元;采用年限平均法计提折旧;预计净残值率为固定资产原价的 3%,预计使用年限为 6 年。

(2)2011 年 12 月 31 日,由于生产的产品适销对路,现有这条饮料生产线的生产能力已难以满足公司生产发展的需要。若新建生产线会成本过高,周期过长,于是公司决定对现有生产线进行改扩建,以提高其生产能力。假定该生产线未发生过减值。

(3)至 2012 年 4 月 30 日,完成了对这条生产线的改扩建工程,达到预定可使用状态。改扩建过程中发生以下支出:用银行存款购买工程物资一批,增值税专用发票上注明的价款为 210 000 元,增值税税额为 35 700 元,已全部用于改扩建工程;发生有关人员薪酬 84 000 元。

(4)该生产线改扩建工程达到预定可使用状态后，大大提高了生产能力，预计尚可使用年限为7年。假定改扩建后的生产线的预计净残值率为改扩建后其账面价值的4%；折旧方法仍为年限平均法。

假定甲公司按年度计提固定资产折旧，为简化计算过程，整个过程不考虑其他相关税费，甲公司的账务处理如下：

(1)本例中，饮料生产线改扩建后生产能力大大提高，能够为企业带来更多的经济利益，改扩建的支出金额也能可靠计量，因此该后续支出符合固定资产的确认条件，应计入固定资产的成本。

固定资产后续支出发生前，该条饮料生产线的应计折旧额＝600 000×(1－3%)＝582 000(元)

年折旧额＝582 000÷6＝97 000(元)

2010年1月1日至2011月12月31日两年间，各年计提固定资产折旧：

借：制造费用	97 000	
贷：累计折旧		97 000

(2)2011年12月31日，将该生产线的账面价值406 000元(600 000－97 000×2)转入在建工程

借：在建工程——饮料生产线	406 000	
累计折旧	194 000	
贷：固定资产——饮料生产线		600 000

(3)发生改扩建工程支出

借：工程物资	210 000	
应交税费——应交增值税(进项税额)	35 700	
贷：银行存款		245 700
借：在建工程——饮料生产线	294 000	
贷：工程物资		210 000
应付职工薪酬		84 000

(4)2012年4月30日，生产线改扩建工程达到预定可使用状态，转为固定资产

借：固定资产——饮料生产线	700 000	
贷：在建工程——饮料生产线		700 000

(5)2012年4月30日，转为固定资产后，按重新确定的使用寿命、预计净残值和折旧方法计提折旧

应计折旧额＝700 000×(1－4%)＝ 672 000(元)

月折旧额＝672 000÷(7×12)＝ 8 000(元)

2012年应计提的折旧额为64 000元(8 000×8)，会计分录为：

借：制造费用	64 000	
贷：累计折旧		64 000

2013年至2018年每年应计提的折旧额为96 000元(8 000×12)，会计分录为：

借：制造费用	96 000	
贷：累计折旧		96 000

2019年应计提的折旧额为32 000元(8 000×4)，会计分录为：

借：制造费用　　　　32 000

　贷：累计折旧　　　　32 000

企业发生的一些固定资产后续支出可能涉及替换原固定资产的某组成部分。如对某项机器设备进行检测时，发现其中的电机（未单独确认为一项固定资产）出现难以修复的故障，将其拆除，重新安装了一个新电机。在这种情况下，当发生的后续支出符合固定资产确认条件时，应将其计入固定资产成本，同时将被替换部分的账面价值扣除，以避免将替换部分的成本和被替换部分的成本同时计入固定资产成本，导致固定资产成本重复计算。

【案例7－15】 2015年6月30日，甲公司一台生产用升降机机械出现故障，经检修发现其中的电动机磨损严重，需要更换。该升降机购买于2011年6月30日，甲公司已将其整体作为一项固定资产进行了确认，原价400 000元（其中的电动机在2011年6月30日的市场价格为85 000元），预计净残值为0，预计使用年限为10年，采用年限平均法计提折旧。为继续使用该升降机械并提高工作效率，甲公司决定对其进行改造，为此购买了一台更大功率的电动机代替原电动机。新购置电动机的价款为82 000元，增值税税额为13 940元，款项已通过银行转账支付；改造过程中，辅助生产车间提供了劳务支出15 000元。

假定原电动机磨损严重，没有任何价值。不考虑其他相关税费，甲公司的账务处理为：

(1)固定资产转入在建工程

本例中的更新改造支出符合固定资产的确认条件，应予资本化；同时应终止确认原电动机价值。2015年6月30日，原电动机的价值为：85 000－(85 000÷10)×4＝51 000(元)

借：营业外支出——处置非流动资产损失　　51 000

　　在建工程——升降机械　　189 000

　　累计折旧——升降机械(400 000÷10×4)　　160 000

　贷：固定资产——升降机械　　　　400 000

(2)更新改造支出

借：工程物资——新电动机　　82 000

　　应交税费——应交增值税(进项税额)　　13 940

　贷：银行存款　　　　95 940

借：在建工程——升降机械　　95 940

　贷：工程物资——新电动机　　80 940

　　　生产成本——辅助生产成本　　15 000

(3)在建工程转回固定资产

借：固定资产——升降机械　　286 000

　贷：在建工程——升降机械　　　　286 000

企业对固定资产进行定期检查发生的大修理费用，符合资本化条件的，可以计入固定资产成本；不符合资本化条件的，计入当期损益。

三、费用化的后续支出

一般情况下，固定资产投入使用之后，由于固定资产磨损、各组成部分耐用程度不同，可能导致固定资产的局部损坏，为了维护固定资产的正常运转和使用，充分发挥其使用效能，企业会对固定资产进行必要的维护。

固定资产的日常维护支出通常不满足固定资产的确认条件，应在发生时直接计入当期损益。企业生产车间和行政管理部门等发生的固定资产修理费用等后续支出计入管理费用;企业专设销售机构的,其发生的与专设销售机构相关的固定资产修理费用等后续支出,计入销售费用。固定资产更新改造支出不满足固定资产确认条件的,也应在发生时直接计入当期损益。

融资租入固定资产发生的固定资产后续支出,比照上述原则处理。经营租入固定资产发生的改良支出,应通过"长期待摊费用"科目核算,并在剩余租赁期与租赁资产尚可使用年限两者中较短的期间内,采用合理的方法进行摊销。

任务五　固定资产减值的认定

一、固定资产减值概述

固定资产减值是指固定资产的可收回金额低于其账面价值。这里的可收回金额是指资产的销售净价与预期从该资产的持续使用和使用年限结束时的处置中形成的现金流量的现值两者之中的较高者。其中,销售净价是指资产的销售价格减去处置资产所发生的相关税费后的余额。我国企业会计准则规定,企业应当在期末或者至少在每年年度终了,对固定资产逐项进行检查,以判定固定资产是否发生减值。

企业在期末对固定资产进行检查时,如发现下列情况,则应当计算固定资产的可收回金额,以确定资产是否已经发生减值:

(1)固定资产市价大幅度下跌,其跌幅大大高于因时间推移或正常使用而预计的下跌,并且预计在近期内不可能恢复;

(2)企业所处经营环境,如技术、市场、经济或法律环境,或者产品营销市场在当期发生或在近期发生重大变化,并对企业产生负面影响;

(3)同期市场利率等大幅度提高,进而很可能影响企业计算固定资产可收回金额的折现率,并导致固定资产可收回金额大幅度降低;

(4)固定资产陈旧过时或发生实体损坏等;

(5)固定资产预计使用方式发生重大不利变化,如企业计划终止或重组该资产所属的经营业务、提前处置资产等情形,从而对企业产生负面影响;

(6)其他有可能表明资产已发生减值的情况。

在上面的情形出现后,经过计算的固定资产的可收回金额如果低于其账面价值,企业则应当按可收回金额低于账面价值的差额计提固定资产减值准备,并计入当期损益。如果有迹象表明以前期间据以计提固定资产减值的各种因素发生变化,使得固定资产的可收回金额大于其账面价值,则以前期间已计提的减值损失应当转回,但转回的金额不应超过原已计提的固定资产减值准备。

对已计提减值准备的固定资产,应当按照该固定资产的账面价值以及尚可使用寿命重新计算确定折旧率和折旧额;如果已计提减值准备的固定资产价值又得以恢复,应当按照固定资产价值恢复后的账面价值,以及尚可使用寿命重新计算确定折旧率和折旧额。因固定资产减值准备而调整固定资产折旧额时,对此前已计提的累计折旧不作调整。

二、固定资产减值的核算

企业固定资产发生减值时,应该计提固定资产减值准备,并通过"固定资产减值准备"科目进行核算。同时，由于固定资产的减值给企业造成的损失，应作为企业的当期损益，记入“营业外支出”科目。企业计提固定资产减值准备时，借记“营业外支出”科目，贷记“固定资产减值准备”科目；已经计提减值准备的固定资产，如果其价值以后又得以恢复，应恢复固定资产的账面价值，但应在已计提的减值准备范围内转回，借记“固定资产减值准备”科目，贷记“营业外支出”科目。处置固定资产时，应当同时结转已计提的固定资产减值准备。

【案例7－16】 大连嘉宏股份有限公司有一台设备，由于陈旧过时，预计可能会发生减值。2013年末，账面价值580 000元，经专业评估师的评估，该项固定资产预计会收回金额530 000元。由于该项固定资产预计可收回金额低于其账面价值，因此该项固定资产实际上发生了减值，应该计提减值准备。账务处理方法是：

借：营业外支出　　50 000

　贷：固定资产减值准备　　50 000

【案例7－17】 承接7－16假定2014年末该设备价值得以回升，年末时经专业评估师的评估，可收回金额只比当年的该固定资产的账面价值低43 000元，则2001年计提的减值准备50 000元就应冲回7 000元。账务处理方法是：

借：固定资产减值准备　　7 000

　贷：营业外支出　　7 000

任务六　固定资产处置

一、固定资产处置的概念及业务内容

固定资产处置是指由于各种原因使企业固定资产需退出生产经营过程所做的处理活动。在企业固定资产的使用过程中，有时会出现固定资产退出正常工作状态的情况，如固定资产的出售、报废、毁损等。这些业务的产生往往是各种不同的原因所造成的。出售的固定资产多数情况下，是企业多余闲置的固定资产，或者是不适合企业产品生产需要的固定资产，如果不出售的话，会造成企业资源的浪费，增加额外的管理成本。

固定资产在处置过程中会发生收益或损失，称为处置损益。它以处置固定资产所取得的各项收入与固定资产账面净值、发生的清理费用以及应缴纳的营业税之间的差额来确定。其中，处置固定资产的收入包括出售价款、残料变价收入、保险及过失人赔款等项收入；清理费用包括处置固定资产时发生的拆卸、搬运、整理等项费用；营业税是指出售不动产而按出售收入的5%计算缴纳的营业税。

二、固定资产处置的核算

企业应设置“固定资产清理”科目核算固定资产的处置损益。需要处置的固定资产账面净值、发生的清理费用及应交的营业税等，记入该科目借方；取得的固定资产出售价款、残料变价收入、保险及过失人赔款等项收入，记入该科目的贷方；借方与贷方的差额即为固定资产处置净损益，转入营业外收入或营业外支出。

固定资产处置账务核算处理如图7－4所示。

(一)固定资产出售

企业对多余闲置或不再需用的固定资产，可出售给其他需要该项固定资产的企业，以收回

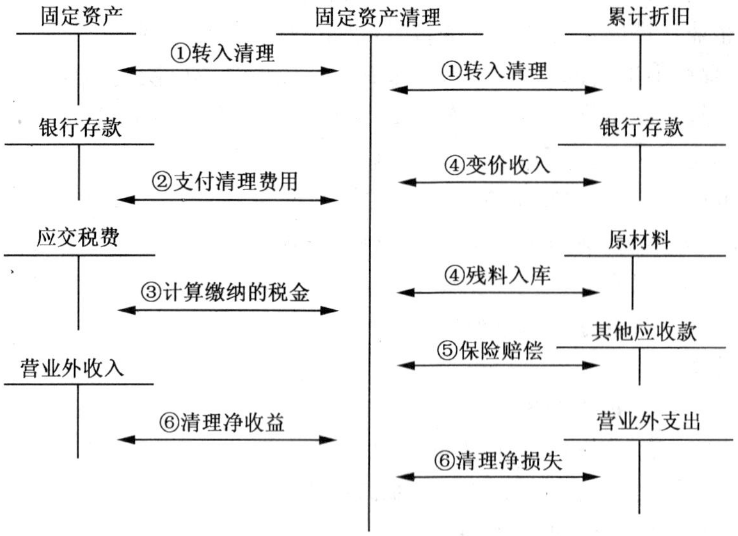

图 7—4 固定资产处置账务核算处理

资金，避免资源的浪费。出售固定资产的损益是指出售固定资产取得的价款与固定资产账面净值、发生的清理费用以及出售不动产缴纳的营业税之间的差额。

【案例 7—18】 大连嘉宏股份有限公司因经营管理的需要，将一栋办公楼出售，出售的价款为 500 000 元。办公楼的原始价值 720 000 元，累计折旧 310 000 元。出售前公司对房屋进行了适当整修，并支付整修费用 1 200 元。

(1)注销固定资产原价及累计折旧

借：固定资产清理 410 000

　累计折旧 310 000

　　贷：固定资产 720 000

(2)支付整修费用 1200 元

借：固定资产清理 200

　　贷：银行存款 1 200

(3)计算应缴纳的营业税

应交营业税＝500 000×5%＝25 000(元)

借：固定资产清理 25 000

　　贷：应交税费——应交营业税 25 000

(4)收到出售价款

借：银行存款 500 000

　　贷：固定资产清理 500 000

(5)结转净收益

净收益＝500 000－410 000－1 200－25 000＝63 800(元)

借：固定资产清理 63 800

　　贷：营业外收入 63 800

(二)固定资产报废

固定资产报废有到期正常报废、提前报废和超龄使用后报废三种情况。无论是何种情况的报废,其损益的计算方法是一样的,都是指报废时固定资产的残料变价收入与固定资产账面净值、发生的清理费用之间的差额。

【案例 7－19】 大连嘉宏股份有限公司一台设备进入报废程序。设备原价 120 000 元,累计折旧 117 000 元。报废时支付清理费用 360 元,残料作价 1 600 元,可验收入库作为材料使用。

(1)设备报废,注销原价及累计折旧

借:固定资产清理	3 000	
累计折旧	117 000	
贷:固定资产		120 000

(2)支付报废设备清理费用 360 元

借:固定资产清理	360	
贷:银行存款		360

(3)残料入库

借:原材料	1 600	
贷:固定资产清理		1 600

(4)结转报废净损失

报废净损失＝3 000－360＋1 600＝4 240(元)

借:营业外支出	4 240	
贷:固定资产清理		4 240

(三)固定资产毁损

固定资产毁损有的是由于自然灾害等不可抗力因素造成的,也有的是由于责任事故等人为因素造成的。不论什么原因,固定资产发生毁损对企业的影响都是负面的。因此,企业应加强对固定资产的管理,防止此类事情的发生,减少企业的意外损失。固定资产毁损的净损失是指毁损固定资产的账面净值,加上发生的清理费用,扣除残料变价收入以及保险赔款、责任人赔款后的净额。

【案例 7－20】 大连嘉宏股份有限公司一座仓库因火灾烧毁。仓库原价 300 000 元,累积折旧 120 000 元。大火扑灭后对现场进行了清理,发生清理费用 21 000 元,收到保险公司赔款 100 000 元,残料变卖收入 19 000 元。

(1)注销烧毁库房原价及累计折旧

借:固定资产清理	180 000	
累计折旧	120 000	
贷:固定资产		300 000

(2)支付现场清理费用

借:固定资产清理	21 000	
贷:银行存款		21 000

(3)残料变卖收入存入银行 19 000 元

借:银行存款	19 000	
贷:固定资产清理		19 000

(4)收到保险公司赔款 100 000 元

借:银行存款　　100 000

　　贷:固定资产清理　　100 000

(5)计算并结转毁损净损失

毁损净损失=180 000+21 000−19 000−100 000=82 000(元)

借:营业外支出　　82 000

　　贷:固定资产清理　　82 000

(四)固定资产盘盈

按照现行会计准则规定,企业在清查中盘盈的固定资产,应作前期差错处理。在按管理权限和程序报批前先通过"以前年度损益调整"科目核算,同时,按同类或类似固定资产的市场价格减去估计损耗价后的余额作为入账价值,或者按该项固定资产预计未来现金流量的现值作为入账价值。待批准后,按规定计算应交所得税、计提盈余公积,余下部分作为未分配利润转入以后年度分配。

【案例 7—21】 甲公司年末在固定资产清查中,发现一台账外设备,该类设备尚存在活跃市场,按类似设备的市场价格减去按新旧程度估计的价值损耗后的余额为 40 000 元,当即填写了"固定资产盘点盈亏报告表",并上报有关机构审批。查所得税率为 25%,法定盈余公积提取比例为 10%。公司管理机构批复按会计准则的有关规定处理。编制会计分录如下:

(1)报批前将盘盈固定资产登记入账:

借:固定资产　　40 000

　　贷:以前年度损益调整　　40 000

(2)批准后计算应交所得税:

应交所得税=40 000×25%=10 000(元)

借:以前年度损益调整　　10 000

　　贷:应交税费——应交所得税　　10 000

(3)结转留存收益:

借:以前年度损益调整　　30 000

　　贷:盈余公积——法定盈余公积　　3 000

　　　　利润分配——未分配利润　　27 000

(五)固定资产盘亏

企业在固定资产清查中盘亏的固定资产,应在报批前按账面净值借记"待处理财产损溢"科目,按已提折旧额借记"累计折旧"科目,如该项固定资产已计提减值准备,还要借记"固定资产减值准备"科目,同时按账面原价贷记"固定资产"科目;待按管理权限和程序报经批准后,应由责任人赔偿的部分借记"其他应收款"科目,其余部分借记"营业外支出"科目,同时,贷记"待处理财产损溢"科目。

【案例 7—22】 甲公司在年末对固定资产的清查中,发现短缺一台小型仓库运输设备,该设备账面原价为 7 000 元,已计提折旧 3 000 元,当即填写了"固定资产盘点盈亏报告表",并上报有关机构审批。经查明,该设备的丢失,仓库管理员李斌负有责任。公司管理机构批复由仓库管理员赔偿损失价值的 10%,其余部分作营业外支出处理。编制会计分录如下:

(1)报批前转销盘亏固定资产账面价值:

借:待处理财产损溢　　4 000

累计折旧　　3 000

贷:固定资产 7 000

(2)按批复转销时:

借:其他应收款——李斌　　400

营业外支出　　3 600

贷:待处理财产损溢　　4 000

★★★ 项目小结 ★★★

固定资产是指同时满足两个有形资产的特征:①为生产商品、提供劳务、出租或经营管理而持有;②使用寿命超过一个会计年度。

企业购入的固定资产,其成本包括购买价格、相关税费(不含增值税)以及使固定资产达到预定使用状态前所发生的可归属于该项资产的费用。

固定资产折旧的方法有年限平均法、工作量法、双倍余额递减法、年数总和法。固定资产的折旧方法一经选定不得随意变更。固定资产的维修支出应当费用化,固定资产的改良、改扩建的支出应当资本化。

固定资产的减值准备一经计提以后会计期间不得转回。固定资产的出售、报废,应通过"固定资产清理"科目核算。

★★★ 关键术语 ★★★

固定资产 固定资产减值准备 固定资产清理 固定资产折旧 年限平均法 工作量法 双倍余额递减法 年数总和法 固定资产的后续支出

★★★ 思考与讨论 ★★★

1. 固定资产的概念与特征是什么?
2. 外购固定资产的成本如何确定?
3. 自行建造固定资产的成本如何确定?
4. 固定资产折旧的方法有哪些? 分别如何计算?
5. 如何判定固定资产是否发生了减值? 固定资产减值应如何进行会计处理?

项目八　投资性房地产

技能目标

1. 能够运用投资性房地产准则，明确投资性房地产的范围。
2. 能够正确运用投资性房地产准则进行会计处理，提供相关信息。
3. 能够运用成本模式、公允价值模式计量投资性房地产。

知识目标

1. 理解：投资性房地产的概念、特征、范围。
2. 熟知：投资性房地产的确认和初始计量、后续计量。
3. 掌握：投资性房地产的转换和处置的核算。

知识支撑

任务一　投资性房地产概述

一、投资性房地产的概念与特征

(一)投资性房地产的概念

房地产是土地和房屋及其权属的总称。在我国，土地归国家或集体所有，企业只能取得土地使用权。因此，房地产中的土地是指土地使用权。房屋是指土地上的房屋等建筑物及构筑物。随着我国社会主义市场经济的发展和完善，房地产市场日益活跃，企业持有的房地产除了用作自身管理、生产经营活动场所和对外销售外，出现了将房地产用于赚取租金或增值收益的活动，甚至作为个别企业的主营业务而存在，这就形成了投资性房地产。投资性房地产是指为赚取租金或资本增值，或者两者兼有而持有的房地产。

就某些企业而言，投资性房地产属于日常经营性活动，形成的租金收入或转让增值收益确认为企业的主营业务收入；对于大部分企业而言，与经营性活动相关的其他经营活动形成的租金收入或转让增值收益构成了企业的其他业务收入。投资性房地产的确认、计量和披露适用《企业会计准则第 3 号——投资性房地产》(以下简称“投资性房地产准则”)的规定，房地产租金收入的确认、计量和披露适用《企业会计准则第 21 号——租赁》的规定。

(二)投资性房地产的特征

1. 投资性房地产是一种经营活动

投资性房地产的主要形式是出租建筑物、出租土地使用权，这实质上属于一种让渡资产使用权行为。房地产租金就是让渡资产使用权取得的使用费收入，是企业为完成其经营目标所从事的经营性活动以及与之相关的其他活动形成的经济利益总流入。投资性房地产的另一种形式是持有并准备增值后转让的土地使用权，尽管其增值收益通常与市场供求、经济发展等因素相关，但目的是为了增值后转让以赚取增值收益，也是企业为完成其经营目标所从事的经营性活动以及与之相关的其他活动形成的经济利益总流入。

2. 投资性房地产在用途、状态、目的等方面区别于作为生产经营场所的房地产和用于销售的房地产

企业持有的房地产除了用作自身管理、生产经营活动场所和对外销售外，出现了将房地产用于赚取租金或增值收益的活动，甚至成为个别企业的主营业务。这就需要将投资性房地产单独作为一项资产核算和反映，与自用的厂房、办公楼等房地产和作为存货（已建完工商品房）的房地产加以区别，从而更加清晰地反映企业所持有房地产的构成情况和赢利能力。

3. 投资性房地产有两种后续计量模式

企业通常应当采用成本模式对投资性房地产进行后续计量，只有在满足特定条件的情况下，即有确凿证据表明其所有投资性房地产的公允价值能够持续可靠取得的，也可以采用公允价值模式进行后续计量。也就是说，投资性房地产准则适当引入公允价值模式，在满足特定条件的情况下，可以对投资性房地产采用公允价值模式进行后续计量，但是，同一企业只能采用一种模式对所有投资性房地产进行后续计量，不得同时采用两种计量模式进行后续计量。

二、投资性房地产的范围

投资性房地产主要包括已出租的土地使用权、持有并准备增值后转让的土地使用权和已出租的建筑物。

（一）属于投资性房地产的项目

1. 已出租的土地使用权

已出租的土地使用权是指企业通过出让或转让方式取得并以经营租赁方式出租的土地使用权。企业计划用于出租但尚未出租的土地使用权，不属于此类。对于以经营租赁方式租入土地使用权再转租给其他单位的，不能确认为投资性房地产。

2. 持有并准备增值后转让的土地使用权

持有并准备增值后转让的土地使用权是指企业通过出让或转让方式取得并准备增值后转让的土地使用权。但是，按照国家有关规定认定的闲置土地，不属于持有并准备增值的土地使用权。

3. 已出租的建筑物

已出租的建筑物是指企业拥有产权并以经营租赁方式出租的房屋等建筑物，包括自行建造或开发活动完成后用于出租的建筑物。

（二）不属于投资性房地产的项目

下列房地产不属于投资性房地产：

1. 自用房地产

即为生产商品、提供劳务或者经营管理而持有的房地产，包括自用建筑物（固定资产）和自用土地使用权（无形资产）。

2. 作为存货的房地产

通常指房地产开发企业在正常经营过程中销售的或为销售而正在开发的商品房和土地。

如果某项房地产部分用于赚取租金或资本增值、部分自用（即用于生产商品、提供劳务或

经营管理），能够单独计量和出售的、用于赚取租金或资本增值的部分，应当确认为投资性房地产；不能够单独计量和出售的、用于赚取租金或资本增值的部分，不确认为投资性房地产。该项房地产自用的部分，以及不能够单独计量和出售的、用于赚取租金或资本增值的部分，应当确认为固定资产或无形资产。

任务二　投资性房地产的确认和初始计量

一、投资性房地产的确认和初始计量

（一）外购投资性房地产的确认和初始计量

企业外购的房地产，只有在购入的同时开始对外出租或用于资本增值，才能作为投资性房地产加以确认。

企业购入房地产，自用一段时间之后再改为出租或用于资本增值的，应当先将外购的房地产确认为固定资产或无形资产，自租赁期开始日或用于资本增值之日起，才能从固定资产或无形资产转换为投资性房地产。

企业外购投资性房地产时，应当按照取得时的实际成本进行初始计量。取得时的实际成本，包括购买价款、相关税费和可直接归属于该资产的其他支出。采用成本模式进行后续计量的，在购入投资性房地产时，借记“投资性房地产”科目，贷记“银行存款”等科目；采用公允价值模式进行后续计量的，企业应当在购入投资性房地产时，在“投资性房地产”科目下设置“成本”和“公允价值变动”两个明细科目，借记“投资性房地产——成本”科目，贷记“银行存款”等科目。按照外购的土地使用权和建筑物发生的实际成本，记入“投资性房地产——成本”科目。

【案例9—1】 2015年3月，甲企业计划购入一栋写字楼用于对外出租。3月15日，甲企业与乙企业签订了经营租赁合同，约定自写字楼购买日起将这栋写字楼出租给乙企业，为期5年。4月5日，甲企业实际购入写字楼，支付价款共计1 200万元。假设不考虑其他因素，甲企业采用成本模式进行后续计量。

甲企业的账务处理如下：

借：投资性房地产——写字楼	12 000 000	
贷：银行存款		12 000 000

【案例9—2】 承接案例9—1，假设甲企业拥有的投资性房地产符合采用公允价值计量模式的条件，采用公允价值模式进行后续计量。

甲企业的账务处理如下：

借：投资性房地产——成本（写字楼）	12 000 000	
贷：银行存款		12 000 000

（二）自行建造投资性房地产的确认和初始计量

企业自行建造的房地产，只有在自行建造活动完成（即达到预定可使用状态）的同时开始对外出租或用于资本增值，才能将自行建造的房地产确认为投资性房地产。自行建造投资性房地产的成本，由建造该项房地产达到预定可使用状态前发生的必要支出构成。

企业自行建造房地产达到预定可使用状态后一段时间才对外出租或用于资本增值的，应当先将自行建造的房地产确认为固定资产、无形资产或存货，自租赁期开始日或用于资本增值之日开始，从固定资产、无形资产或存货转换为投资性房地产。

自行建造投资性房地产，其成本由建造该项资产达到预定可使用状态前发生的必要支出构成，包括土地开发费、建筑成本、安装成本、应予资本化的借款费用、支付的其他费用和分摊的间接费用等。采用成本模式进行后续计量的，应按照确定的自行建造投资性房地产成本，借记"投资性房地产"科目，贷记"在建工程"或"开发产品"科目。采用公允价值模式进行后续计量的，应按照确定的自行建造投资性房地产成本，借记"投资性房地产——成本"科目，贷记"在建工程"或"开发产品"科目。

【案例 9－3】 2015 年 2 月，甲公司从其他单位购入一块土地，并在这块土地上开始自行建造两栋厂房。2015 年 11 月，甲公司预计厂房即将完工，与乙公司签订了经营租赁合同，将其中的一栋厂房租赁给乙公司使用。租赁合同约定，该厂房于完工时开始起租。2015 年 12 月 5 日，两栋厂房同时完工。该块土地使用权的成本为 9 000 000 元；两栋厂房的实际造价均为 12 000 000 元，能够单独出售。假设甲公司采用成本模式进行后续计量。

甲公司的账务处理如下：

土地使用权中的对应部分同时转换为投资性房地产＝9 000 000×(12 000 000÷24 000 000)＝4 500 000(元)

借：固定资产——厂房	12 000 000	
投资性房地产——厂房	12 000 000	
贷：在建工程——厂房		24 000 000
借：投资性房地产——已出租土地使用权	4 500 000	
贷：无形资产——土地使用权(9 000 000÷2)		4 500 000

二、与投资性房地产有关的后续计量

(一)资本化的后续支出

与投资性房地产有关的后续支出，满足投资性房地产确认条件的，应当计入投资性房地产成本。例如，企业为了提高投资性房地产的使用效能，往往需要对投资性房地产进行改建、扩建而使其更加坚固耐用，或者通过装修而改善其室内装潢，改扩建或装修支出满足确认条件的，应当将其资本化。

采用成本模式计量的，投资性房地产进入改扩建或装修阶段后，应当将其账面价值转入改扩建工程，借记"投资性房地产——在建"、"投资性房地产累计折旧"等科目，贷记"投资性房地产"科目。发生资本化的改良或装修支出，通过"投资性房地产——在建"科目归集，借记"投资性房地产——在建"科目，贷记"银行存款"、"应付账款"等科目。改扩建或装修完成后，借记"投资性房地产"科目，贷记"投资性房地产——在建"科目。

采用公允价值模式计量的，投资性房地产进入改扩建或装修阶段，借记"投资性房地产——在建"科目，贷记"投资性房地产——成本"、"投资性房地产——公允价值变动"等科目；在改扩建或装修完成后，借记"投资性房地产——成本"科目，贷记"投资性房地产——在建"科目。

企业对某项投资性房地产进行改扩建等再开发且将来仍作为投资性房地产的，再开发期间应继续将其作为投资性房地产，再开发期间不计提折旧或摊销。

【案例 9－4】 2015 年 5 月，甲公司与乙公司的一项厂房经营租赁合同即将到期。该厂房原价为 50 000 000 元，已计提折旧 10 000 000 元。为了提高厂房的租金收入，甲公司决定在租赁期满后对该厂房进行改扩建，并与丙公司签订了经营租赁合同，约定自改扩建完工时将该厂房出租给丙公司。2015 年 5 月 31 日，与乙公司的租赁合同到期，该厂房随即进入改扩建工程。2015 年 12 月 31 日，该厂房改扩建工程完工，共发生支出 5 000 000 元，均已支付，即日按照租赁合同出租给丙公司。假定甲公司采用成本计量模式。

本例中，改扩建支出属于后续支出，假定符合《企业会计准则第 3 号——投资性房地产》第六条的规定，应当计入投资性房地产的成本。

甲公司的账务处理如下：

(1)2015 年 5 月 31 日，投资性房地产转入改扩建工程

借：投资性房地产——厂房——在建　　40 000 000
　　投资性房地产累计折旧　　10 000 000
　　贷：投资性房地产——厂房　　50 000 000

(2)2015 年 5 月 31 日至 2015 年 12 月 31 日，发生改扩建支出

借：投资性房地产——厂房——在建　　5 000 000
　　贷：银行存款　　5 000 000

(3)2015 年 12 月 31 日，改扩建工程完工

借：投资性房地产——厂房　　45 000 000
　　贷：投资性房地产——厂房——在建　　45 000 000

【案例 9—5】 2015 年 5 月，甲公司与乙公司的一项厂房经营租赁合同即将到期。为了提高厂房的租金收入，甲公司决定在租赁期满后对该厂房进行改扩建，并与丙公司签订了经营租赁合同，约定自改扩建完工时将该厂房出租给丙公司。2015 年 5 月 31 日，与乙公司的租赁合同到期，该厂房随即进入改扩建工程。2015 年 5 月 31 日，该厂房账面余额为 20 000 000 元，其中成本 16 000 000 元，累计公允价值变动 4 000 000 元。2015 年 11 月 30 日该厂房改扩建工程完工，共发生支出 3 000 000 元，均已支付，即日按照租赁合同出租给丙公司。假定甲公司采用公允价值计量模式。

甲公司的账务处理如下：

(1)2015 年 5 月 31 日，投资性房地产转入改扩建工程

借：投资性房地产——厂房——在建　　20 000 000
　　贷：投资性房地产——厂房——成本　　16 000 000
　　　　　　　　　　——公允价值变动　　4 000 000

(2)2015 年 5 月 31 日至 2015 年 11 月 30 日，发生改扩建支出

借：投资性房地产——厂房——在建　　3 000 000
　　贷：银行存款　　3 000 000

(3)2015 年 11 月 30 日，改扩建工程完工

借：投资性房地产——厂房——成本　　23 000 000
　　贷：投资性房地产——厂房——在建　　23 000 000

(二)费用化的后续支出

与投资性房地产有关的后续支出，不满足投资性房地产确认条件的，如企业对投资性房地产进行日常维护所发生的支出，应当在发生时计入当期损益，借记“其他业务成本”等科目，贷记“银行存款”等科目。

任务三　投资性房地产的后续计量

投资性房地产的后续计量有成本和公允价值两种模式，通常应当采用成本模式计量，满足特定条件时也可以采用公允价值模式计量。但是，同一企业只能采用一种模式对所有投资性房地产进行后续计量，不得同时采用两种计量模式。

一、采用成本模式计量的投资性房地产

企业通常应当采用成本模式对投资性房地产进行后续计量。采用成本模式进行后续计量的投资性房地产，应当遵循以下会计处理规定：

(1)按照固定资产或无形资产的有关规定，按期(月)计提折旧或摊销，借记“其他业务成本”等科目，贷记“投资性房地产累计折旧(摊销)”科目。

(2)取得的租金收入，借记“银行存款”等科目，贷记“其他业务收入”等科目。

(3)投资性房地产存在减值迹象的，适用资产减值的有关规定。经减值测试后确定发生减值的，应当计提减值准备，借记“资产减值损失”科目，贷记“投资性房地产减值准备”科目。已经计提减值准备的投资性房地产，其减值损失在以后的会计期间不得转回。

【案例 9—6】 甲公司将一栋写字楼出租给乙公司使用，确认为投资性房地产，采用成本模式进行后续计量，假设这栋办公楼的成本为 72 000 000 元，按照年限平均法计提折旧，使用寿命为 20 年，预计净残值为零。经营租赁合同约定，乙公司每月等额支付甲公司租金400 000 元。

甲公司的账务处理如下：

(1)每月计提折旧

每月计提的折旧＝(72 000 000÷20)÷12＝300 000(元)

借：其他业务成本——出租写字楼折旧	300 000	
贷：投资性房地产累计折旧		300 000

(2)每月确认租金收入

借：银行存款(或其他应收款)	400 000	
贷：其他业务收入——出租写字楼租金收入		400 000

二、采用公允价值模式计量的投资性房地产

只有存在确凿证据表明投资性房地产的公允价值能够持续可靠取得的情况下，企业才可以采用公允价值模式对投资性房地产进行后续计量。企业一旦选择采用公允价值计量模式，就应当对其所有投资性房地产均采用公允价值模式进行后续计量。

1. 应当同时满足的条件

采用公允价值模式进行后续计量的投资性房地产，应当同时满足以下两个条件：

(1)投资性房地产所在地有活跃的房地产交易市场。所在地通常指投资性房地产所在的城市。对于大中型城市，应当为投资性房地产所在的城区。

(2)企业能够从活跃的房地产交易市场上取得同类或类似的房地产的市场价格及其他相关信息，从而对投资性房地产的公允价值作出合理的估计。

同类或类似的房地产，对于建筑物而言，是指所处地理位置和地理环境相同、性质相同、结

构类型相同或相近、新旧程度相同或相近、可使用状况相同或相近的建筑物；对土地使用权而言，是指同一位置区域、所处地理环境相同或相近、可使用状况相同或相近的土地。

2. 应当遵循的会计规定

采用公允价值模式进行后续计量的投资性房地产，应当遵循以下会计处理规定：

（1）不对投资性房地产计提折旧或摊销。企业应当以资产负债表日投资性房地产的公允价值为基础调整其账面价值，公允价值与原账面价值之间的差额计入当期损益。

在资产负债表日，投资性房地产的公允价值高于原账面价值的差额，借记“投资性房地产——公允价值变动”科目，贷记“公允价值变动损益”科目；公允价值低于原账面价值的差额，作相反的账务处理。

（2）取得的租金收入，借记“银行存款”等科目，贷记“其他业务收入”等科目。

【案例9—7】 2015年9月，甲公司与乙公司签订租赁协议，约定将甲公司新建造的一栋写字楼租赁给乙公司使用，租赁期为10年。

2015年12月1日，该写字楼开始起租，写字楼的工程造价为80 000 000元，公允价值也为相同金额。该写字楼所在区域有活跃的房地产交易市场，而且能够从房地产交易市场上取得同类房地产的市场报价，甲公司决定采用公允价值模式对该项出租的房地产进行后续计量。

在确定该投资性房地产的公允价值时，甲公司选取了与该处房产所处地区相近、结构及用途相同的房地产，参照公司所在地房地产交易市场上平均销售价格，结合周边市场信息和自有房产的特点。2015年12月31日，该写字楼的公允价值为84 000 000元。

甲公司的账务处理如下：

（1）2015年12月1日，甲公司出租写字楼

借：投资性房地产——写字楼——成本	80 000 000	
贷：固定资产——写字楼		80 000 000

（2）2015年12月31日，按照公允价值调整期账面价值，公允价值与原账面价值之间的差额计入当期损益

借：投资性房地产——写字楼——公允价值变动	4 000 000	
贷：公允价值变动损益——投资性房地产		4 000 000

三、投资性房地产后续计量模式的变更

为保证会计信息的可比性，企业对投资性房地产的计量模式一经确定，不得随意变更。只有在房地产市场比较成熟、能够满足采用公允价值模式条件的情况下，才允许企业对投资性房地产从成本模式计量变更为公允价值模式计量。成本模式转为公允价值模式的，应当作为会计政策变更处理，将计量模式变更时公允价值与账面价值的差额，调整期初留存收益。企业变更投资性房地产计量模式，符合《企业会计准则第3号——投资性房地产》规定的，应当按照计量模式变更日投资性房地产的公允价值，借记“投资性房地产——成本”科目，按照已计提的折旧或摊销，借记“投资性房地产累计折旧（摊销）”科目，原已计提减值准备的，借记“投资性房地产减值准备”科目，按照原账面余额，贷记“投资性房地产”科目，按照公允价值与其账面价值之间的差额，贷记或借记“利润分配——未分配利润”、“盈余公积”等科目。

已采用公允价值模式计量的投资性房地产，不得从公允价值模式转为成本模式。

在极少数情况下，采用公允价值对投资性房地产进行后续计量的企业，有证据表明，当企业首次取得某项投资性房地产（或某项现有房地产在完成建造或开发活动或改变用途后首次

成为投资性房地产)时,该投资性房地产的公允价值不能持续可靠取得的,应当对该投资性房地产采用成本模式计量直至处置,并且假设无残值。但是,采用成本模式对投资性房地产进行后续计量的企业,即使有证据表明,企业首次取得某项投资性房地产时,该投资性房地产的公允价值能够持续可靠取得的,该企业仍应对该投资性房地产采用成本模式进行后续计量。

任务四　投资性房地产的转换和处置

一、投资性房地产的转换及转换日

投资性房地产的转换是指投资性房地产用途的变更。企业有确凿证据表明投资性房地产用途发生改变,满足下列条件之一的,应当将投资性房地产转换为其他资产或者将其他资产转换为投资性房地产:

(1)投资性房地产开始自用,即将投资性房地产转为自用房地产。在此种情况下,转换日为房地产达到自用状态,企业开始将其用于生产商品、提供劳务或者经营管理的日期。

(2)作为存货的房地产,改为出租,通常是指房地产开发企业将其持有的开发产品以经营租赁的方式出租,存货相应地转换为投资性房地产。在此种情况下,转换日为房地产的租赁期开始日。租赁期开始日是指承租人有权行使其使用租赁资产权利的日期。

(3)自用建筑物停止自用,改为出租,即企业将原本用于生产商品、提供劳务或者经营管理的房地产改用于出租,固定资产相应地转换为投资性房地产。在此种情况下,转换日为租赁期开始日。

(4)自用土地使用权停止自用,改用于赚取租金或资本增值,即企业将原本用于生产商品、提供劳务或者经营管理的土地使用权改用于赚取租金或资本增值,该土地使用权相应地转换为投资性房地产。在此种情况下,转换日为自用土地使用权停止自用后,确定用于赚取租金或资本增值的日期。

(5)房地产企业将用于经营出租的房地产重新开发用于对外销售,从投资性房地产转为存货。在这种情况下,转换日为租赁期满,企业董事会或类似机构作出书面决议明确表明将其重新开发用于对外销售的日期。

二、房地产转换的会计处理

(一)成本模式下的转换

1. 投资性房地产转换为自用房地产

企业将采用成本模式计量的投资性房地产转换为自用房地产时,应当按该项投资性房地产在转换日的账面余额、累计折旧、减值准备等,分别转入"固定资产"、"累计折旧"、"固定资产减值准备"等科目,按其账面余额,借记"固定资产"或"无形资产"科目,贷记"投资性房地产"科目,按已计提的折旧或摊销,借记"投资性房地产累计折旧(摊销)"科目,贷记"累计折旧"或"累计摊销"科目,原已计提减值准备的,借记"投资性房地产减值准备"科目,贷记"固定资产减值准备"或"无形资产减值准备"科目。

2. 投资性房地产转换为存货

企业将采用成本模式计量的投资性房地产转换为存货时,应当按照该项房地产在转换日的账面价值,借记"开发产品"科目,按照已计提的折旧或摊销,借记"投资性房地产累计折旧

(摊销)”科目,原已计提减值准备的,借记“投资性房地产减值准备”科目,按其账面余额,贷记“投资性房地产”科目。

3. 自用房地产转换为投资性房地产

企业将自用土地使用权或建筑物转换为采用成本模式计量的投资性房地产时,应当按该项建筑物或土地使用权在转换日的原价、累计折旧、减值准备等,分别转入“投资性房地产”、“投资性房地产累计折旧(摊销)”、“投资性房地产减值准备”科目,按其账面余额,借记“投资性房地产”科目,贷记“固定资产”或“无形资产”科目,按已计提的折旧或摊销,借记“累计折旧”或“累计摊销”科目,贷记“投资性房地产累计折旧(摊销)”科目,原已计提减值准备的,借记“固定资产减值准备”或“无形资产减值准备”科目,贷记“投资性房地产减值准备”科目。

【案例9—8】 甲公司拥有一栋本公司总部办公使用的办公楼,公司董事会就将该栋办公楼用于出租形成了书面决议。2015年4月10日,甲公司与乙公司签订了经营租赁协议,将这栋办公楼整体出租给乙公司使用,租赁期开始日为2015年5月1日,租期为5年。2015年5月1日,这栋办公楼的账面余额为500 000 000元,已计提折旧5 000 000元。假设甲公司所在城市不存在活跃的房地产交易市场。

甲公司的账务处理如下:

2015年5月1日

借:投资性房地产——办公楼	500 000 000	
累计折旧	5 000 000	
贷:固定资产——办公楼		500 000 000
投资性房地产累计折旧		5 000 000

4. 作为存货的房地产转换为投资性房地产

企业将作为存货的房地产转换为采用成本模式计量的投资性房地产时,应当按该项存货在转换日的账面价值,借记“投资性房地产”科目,原已计提跌价准备的,借记“存货跌价准备”,按其账面余额,贷记“开发产品”等科目。

【案例9—9】 甲公司是从事房地产开发的企业,2015年4月10日,甲公司董事会就将其开发的一栋写字楼不再出售改用作出租形成了书面决议。甲公司遂与乙公司签订了租赁协议,将此写字楼整体出租给乙公司使用,租赁期开始日为2015年5月1日,租赁期为5年。2015年5月1日,该写字楼的账面余额为500 000 000元,未计提存货跌价准备,转换后采用成本模式进行后续计量。

甲公司的账务处理如下:

2015年5月1日

借:投资性房地产——写字楼	500 000 000	
贷:开发产品		500 000 000

(二)公允价值模式下的转换

1. 投资性房地产转换为自用房地产

企业将采用公允价值模式计量的投资性房地产转换为自用房地产时,应当以其转换当日的公允价值作为自用房地产的账面价值,公允价值与原账面价值的差额计入当期损益。转换日,按该项投资性房地产的公允价值,借记“固定资产”或“无形资产”科目,按该项投资性房地产的成本,贷记“投资性房地产——成本”科目,按该项投资性房地产的累计公允价值变动,贷记或借记“投资性房地产——公允价值变动”科目,按其差额,贷记或借记“公允价值变动损益”科目。

【案例9—10】 2015年11月1日，租赁期满，甲公司将出租的写字楼收回，公司董事会就该写字楼作为办公楼用于本公司的行政管理形成了书面决议。2015年11月1日，该写字楼正式开始自用，相应由投资性房地产转换为自用房地产，当日的公允价值为72 000 000元。该项房地产在转换前采用公允价值模式计量，原账面价值为70 000 000元，其中，成本为67 000 000元，公允价值变动为增值3 000 000元。

甲公司的账务处理如下：

借：固定资产——写字楼	72 000 000	
贷：投资性房地产——写字楼——成本		67 000 000
——公允价值变动		3 000 000
公允价值变动损益——投资性房地产		2 000 000

2. 投资性房地产转换为存货

企业将采用公允价值模式计量的投资性房地产转换为存货时，应当以其转换当日的公允价值作为存货的账面价值，公允价值与原账面价值的差额计入当期损益。

转换日，按该项投资性房地产的公允价值，借记“开发产品”等科目，按该项投资性房地产的成本，贷记“投资性房地产——成本”科目；按该项投资性房地产的累计公允价值变动，贷记或借记“投资性房地产——公允价值变动”科目；按其差额，贷记或借记“公允价值变动损益”科目。

3. 自用房地产转换为投资性房地产

企业将自用土地使用权或建筑物转换为采用公允价值模式计量的投资性房地产时，应当按该项土地使用权或建筑物在转换日的公允价值，借记“投资性房地产——成本”科目，按已计提的累计摊销或累计折旧，借记“累计摊销”或“累计折旧”科目，原已计提减值准备的，借记“无形资产减值准备”、“固定资产减值准备”科目，按其账面余额，贷记“无形资产”或“固定资产”科目；同时，转换日的公允价值小于账面价值的，按其差额，借记“公允价值变动损益”科目，转换日的公允价值大于账面价值的，按其差额，贷记“资本公积——其他资本公积”科目。待该项投资性房地产处置时，因转换计入资本公积的部分应转入当期损益。

【案例9—11】 2014年8月，甲公司打算搬迁至新建办公楼，由于原办公楼处于商业繁华地段，甲公司准备将其出租，以赚取租金收入，已经公司董事会批准并形成书面决议。2014年12月底，甲公司完成了搬迁工作，原办公楼停止自用。2015年1月1日，甲公司与乙公司签订了租赁协议，租赁期为3年。

在该例中，甲公司应当于租赁期开始日(2015年1月1日)，将自用房地产转换为投资性房地产。该办公楼所在地房地产交易活跃，公司能够从市场上取得同类或类似房地产的市场价格及其他相关信息，假设甲公司对出租的该办公楼采用公允价值模式计量。假设2015年1月1日，该办公楼的公允价值为380 000 000元，其原价为550 000 000元，已提折旧150 000 000元。

甲公司的账务处理如下：

2015年1月1日

借：投资性房地产——办公楼——成本	380 000 000	
公允价值变动损益——投资性房地产	20 000 000	
累计折旧	150 000 000	
贷：固定资产		550 000 000

4. 作为存货的房地产转换为投资性房地产

企业将作为存货的房地产转换为采用公允价值模式计量的投资性房地产时，应当按该项房地产在转换日的公允价值，借记"投资性房地产——成本"科目，原已计提跌价准备的，借记"存货跌价准备"科目，按其账面余额，贷记"开发产品"等科目；同时，转换日的公允价值小于账面价值的，按其差额，借记"公允价值变动损益"科目，转换日的公允价值大于账面价值的，按其差额，贷记"资本公积——其他资本公积"科目。待该项投资性房地产处置时，因转换计入资本公积的部分应转入当期损益。

【案例9—12】 2015年4月15日，甲房地产开发公司董事会形成书面决议，将其开发的一栋写字楼用于出租。甲公司遂与乙公司签订了租赁协议，租赁期开始日为2015年5月1日，租赁期为5年。2015年5月1日，该写字楼的账面余额为400 000 000元，公允价值为430 000 000元。

甲公司的账务处理如下：

2015年5月1日

借：投资性房地产——写字楼——成本　　430 000 000

　贷：开发产品　　400 000 000

　　资本公积——其他资本公积——公允价值变动——投资性房地产　　30 000 000

三、投资性房地产的处置

当投资性房地产被处置，或者永久退出使用且预计不能从其处置中取得经济利益时，应当终止确认该项投资性房地产。企业出售、转让、报废投资性房地产或者发生投资性房地产毁损，应当将处置收入扣除其账面价值和相关税费后的金额计入当期损益。此外，企业因其他原因，如非货币性资产交换等而减少投资性房地产，也属于投资性房地产的处置。

(一)成本模式计量的投资性房地产的处置

处置采用成本模式计量的投资性房地产时，应当按实际收到的金额，借记"银行存款"等科目，贷记"其他业务收入"科目；按该项投资性房地产的账面价值，借记"其他业务成本"科目，按其账面余额，贷记"投资性房地产"科目，按照已计提的折旧或摊销，借记"投资性房地产累计折旧(摊销)"科目，原已计提减值准备的，借记"投资性房地产减值准备"科目。

【案例9—13】 甲公司将其出租的一栋写字楼确认为投资性房地产。租赁期届满后，甲公司将该栋写字楼出售给乙公司，合同价款为200 000 000元，乙公司已用银行存款付清。假设这栋写字楼原采用成本模式计量。出售时，该栋写字楼的成本为180 000 000元，已计提折旧20 000 000元，不考虑相关税费。

甲公司的账务处理如下：

借：银行存款　　200 000 000

　贷：其他业务收入　　200 000 000

借：其他业务成本　　160 000 000

　投资性房地产累计折旧　　20 000 000

　贷：投资性房地产——写字楼　　180 000 000

(二)公允价值模式计量的投资性房地产的处置

处置采用公允价值模式计量的投资性房地产时，应当按实际收到的金额，借记"银行存款"

等科目，贷记"其他业务收入"科目；按该项投资性房地产的账面余额，借记"其他业务成本"科目，按其成本，贷记"投资性房地产——成本"科目，按其累计公允价值变动，贷记或借记"投资性房地产——公允价值变动"科目。同时，结转投资性房地产累计公允价值变动。若存在原转换日计入资本公积的金额，也一并结转。

【案例 9—14】 甲为一家房地产开发企业，2014 年 3 月 10 日，甲企业与乙企业签订了租赁协议，将其开发的一栋写字楼出租给乙企业使用，租赁期开始日为 2014 年 4 月 15 日。2014 年 4 月 15 日，该写字楼的账面余额 45 000 万元，公允价值为 47 000 万元。2014 年 12 月 31 日，该项投资性房地产的公允价值为 48 000 万元。2015 年 6 月租赁期届满，企业收回该项投资性房地产，并以 55 000 万元出售，出售款项已收讫。甲企业采用公允价值模式计量。

甲企业的账务处理如下：

(1)2014 年 4 月 15 日，存货转换为投资性房地产：

借：投资性房地产——成本	470 000 000	
贷：开发产品		450 000 000
资本公积——其他资本公积		20 000 000

(2)2014 年 12 月 31 日，公允价值变动：

借：投资性房地产——公允价值变动	10 000 000	
贷：公允价值变动损益		10 000 000

(3)2015 年 6 月，出售投资性房地产：

借：银行存款	550 000 000	
公允价值变动损益	10 000 000	
资本公积——其他资本公积	20 000 000	
其他业务成本	450 000 000	
贷：投资性房地产——成本		470 000 000
——公允价值变动		10 000 000
其他业务收入		550 000 000

★★★ 项目小结 ★★★

投资性房地产是指为赚取租金或资本增值，或者两者兼有而持有的房地产。投资性房地产应当能够单独计量和出售。

与投资性房地产有关的后续支出，满足投资性房地产确认条件的，应当计入投资性房地产成本。

投资性房地产的后续计量有成本和公允价值两种模式，通常应当采用成本模式计量，满足特定条件时也可以采用公允价值模式计量。但是，同一企业只能采用一种模式对所有投资性房地产进行后续计量，不得同时采用两种计量模式。

房地产的转换是指房地产用途的变更。

当投资性房地产被处置，或者永久退出使用且预计不能从其处置中取得经济利益时，应当终止确认该项投资性房地产。企业出售、转让、报废投资性房地产或者发生投资性房地产毁损，应当将处置收入扣除其账面价值和相关税费后的金额计入当期损益。

★★★ 关键术语 ★★★

投资性房地产　投资性房地产的转换

★★★ 思考与讨论 ★★★

1. 投资性房地产的概念与特征是什么?
2. 投资性房地产的范围是什么?
3. 投资性房地产的确认条件是什么?
4. 成本模式计量的投资性房地产、公允价值模式计量的投资性房地产的会计处理是怎样的?
5. 房地产的转换形式及转换日怎样确定?

项目九　无形资产及其他资产

技能目标

能够对无形资产的取得、摊销、转让和减值的账务进行处理。

知识目标

1. 理解：无形资产的概念、特征与分类。
2. 熟知：长期待摊费用的内容及其核算。
3. 掌握：无形资产的确认、计量、摊销；无形资产的核算。

知识支撑

任务一　无形资产概述

一、无形资产的概念、特征与分类

（一）无形资产的概念

无形资产是指企业拥有或者控制的没有实物形态的可辨认非货币性资产。无形资产通常代表企业拥有的一些法定权利，企业可以凭借这些权利获得更多的经济利益。

（二）无形资产的特征

与其他资产相比，无形资产具有如下显著特征：

1. 无形资产不具有实物形态

不具有实物形态是无形资产区别于固定资产和其他有形资产的主要标志。它们通常表现为某种权利、技术或获取超额利润的综合能力，如专利权、土地使用权、非专利技术等。无形资产以非实物形态存在，为企业创造经济利益，或使企业获得超额收益。不过，无形资产的存在并产生效益必须依赖于实物载体，如企业的专利权只有借助于劳动资料和劳动对象等实物资产才能为企业带来经济效益。但这并不改变无形资产本身不具有实物形态的特征。

2. 无形资产具有可辨认性

无形资产能够从企业中分离出来，单独或者与资产、负债和相关合同一起用于出售、租赁或交换；同时，无形资产所表现的权利源自合同或法定权利，都是可辨认的。

3. 无形资产属于非货币性长期资产

属于非货币性资产且是非流动资产，是无形资产的又一特征。货币性资产，如应收款项、银行存款等也没有实物形态，因此仅以有无实物形态与其他资产加以区分是不够的。无形资产属于长期资产，主要是因为它们能在超过一个营业周期的长时间内为企业创造经济利益。

4. 无形资产是为企业使用而非出售的资产

企业持有无形资产的目的不是为了出售而是为了生产经营，即利用无形资产来生产商品、提供劳务、出租给他人或为企业经营管理服务。

5. 无形资产在创造经济利益方面存在较大的不确定性

作为资产必须能给企业带来经济利益，无形资产也不例外。但在某种程度上，无形资产创造的经济利益具有不确定性，因为它必须与其他资产结合，而且其成果还要接受市场的考验，如企业利用某种专利权生产的产品市场接受程度高，企业利益就大，反之就小。无形资产的这一特征，要求企业对无形资产的取得和管理持更为谨慎的态度。

（三）无形资产的分类

无形资产包括专利权、非专利技术、商标权、著作权、土地使用权、特许权等。

1. 专利权

专利权是指国家专利主管机关依法授予发明创造专利申请人，对其发明创造在法定期限所享有的特有权利，包括发明专利权、实用新型专利权和外观设计专利权。

2. 非专利技术

非专利技术也称专有技术，是指不为外人所知、在生产经营活动中已采用了的、不享有法律保护的各种技术和经验。非专利技术一般包括工业专有技术、商业贸易专有技术、管理专有技术等。非专有技术可以用蓝图、配方、技术记录、操作方法的说明等具体资料表现出来，也可以通过向买方派出技术人员进行指导，或接受买方人员进行技术实习等手段来实现。非专有技术具有经济性、机密性和动态性的特点。

3. 商标权

商标是用来辨认特定商品和劳务的标记。商标权是专门在某类指定的商品或产品上使用特定名称或图案的权利。商标权包括独占使用权和禁止权两个方面。

4. 著作权

著作权又称版权，是作者对其创作的文学、科学和艺术作品依法享有的某些特殊权利。著作权包括两方面的权利，即精神权利（人身权利）和经济权利（财产权利）。前者是指作品署名、发表作品、确认作者身份、保护作品完整性、修改已经发表的作品等权利，包括发表权、署名权、修改权和保护作品完整权；后者是指以出版、表演、展览、录制唱片、拍摄影片等方式使用作品及因授权他人使用作品而获得经济利益的权利。

5. 土地使用权

土地使用权是指国家准许某企业在一定期间内对国有土地享有开发、利用、经营的权利。我国企业取得土地使用权的方式大致有以下几种，即行政划拨取得、外购取得、投资者投入取得等。

6. 特许权

特许权，又称经营特许权、专营权，是指企业在某一地区经营或销售某种特定商品的权利或是一家企业接受另一家企业使用其商标、商号、技术机密等的权利。

二、无形资产的确认、计量、摊销

（一）无形资产的确认

无形资产在符合其定义的基础上，还必须同时满足以下两个条件时才能予以确认：

1. 与该无形资产有关的经济利益很可能流入企业

作为企业无形资产予以确认的项目，必须具备产生的经济利益很可能流入企业这项基本条件。实务中，要确定无形资产创造的经济利益是否很可能流入企业，需要进行职业判断。在进行这种判断时，应当对无形资产在预计使用寿命内可能存在的各种经济因素作出合理估计，并且应当有明确证据支持。如果有证据表明某一无形资产产生的经济利益很可能流入企业，就应将其确认为无形资产；反之，就不能确认为无形资产。

2. 该无形资产的成本能够可靠地计量

成本能够可靠地计量是资产确认的一项基本条件。对于无形资产来说，这个条件显得十分重要。比如，一些高新科技企业的科技人才，假定其与企业签订了服务合同，且合同规定其在一定期限内不能为其他企业提供服务。在这种情况下，虽然这些科技人才的知识在规定的期限内预期能够为企业创造经济利益，但由于这些技术人才的知识难以辨认，加之为形成这些知识所发生的支出难以计量，从而不能作为企业的无形资产加以计量。

（二）无形资产的计量

根据无形资产取得方式的不同，有不同的计量方法：

1. 外购的无形资产

企业外购的无形资产应当按成本进行初始计量。外购无形资产的成本包括购买价款、相关税费以及直接归属于该项资产达到预定用途所发生的其他支出。

购买无形资产的价款超过正常信用条件延期支付，实质上具有融资性质的，无形资产的初始成本以购买价款的现值为基础确定。实际支付的价款与购买价款的现值之间的差额，除按照“借款费用”的有关规定应予以资本化的以外，应当在信用期间内采用实际利率法进行摊销，计入当期损益。

2. 投资者投入的无形资产

投资者投入的无形资产，应以投资各方确认的价值作为入账价值。但合同或协议约定价值不公允的除外。

3. 自行开发的无形资产

企业会计准则将内部研究开发分为研究阶段和开发阶段。所谓研究阶段，是指为获取新的技术和知识等进行的有计划的调查，其特点在于研究阶段是探索性的，为进一步的开发活动进行资料及相关方面的准备。从已经进行的研究活动看，将来是否会转入开发、开发后是否会形成无形资产等具有较大的不确定性。开发阶段相对研究阶段而言，应当是完成了研究阶段的工作，在很大程度上形成一项新产品或新技术的基本条件已经具备。根据准则的规定，企业研究阶段的支出全部费用化，计入当期损益。开发阶段的支出符合资本化条件的，才能确认为无形资产；不符合资本化条件的，计入当期损益。无法区分研究阶段支出和开发阶段支出的，应当将其所发生的研发支出全部费用化，计入当期损益。

企业内部发生的开发阶段支出，应同时满足下列条件，才能予以资本化，确认为无形资产：①完成该项无形资产以使其能够使用或出售在技术上具有可能性。判断无形资产的开发在技术上是否具有可行性，应当以目前阶段的成果为基础，并提供相关证据和材料，证明企业进行开发所需的技术条件等已经具备，不存在技术上的障碍或其他不确定性。②具有完成该无形资产并使用或出售的意图。企业能够说明其开发无形资产的目的。③无形资产能够为企业带来未来经济利益。④有足够的技术、财务资源和其他资源支持，以完成该无形资产的开发，并有能力使用或出售该无形资产。⑤归属于该无形资产开发阶段的支出能够可靠地计量。企业对于研究开发的支出应当能够单独核算。

（三）无形资产的摊销

无形资产属于企业的长期资产，能在较长的时间内给企业带来经济效益。但无形资产也有一定的有效期限，其价值将随着时间的推移而消失。因此，无形资产的成本应在其有效的经济寿命内加以摊销。

会计准则对使用寿命有限的无形资产和使用寿命不确定的无形资产的摊销规定了不同的方法：①对于使用寿命有限的无形资产，其应摊销金额应当在使用寿命内系统合理摊销；使用寿命不确定的无形资产不应摊销。在估计无形资产使用寿命时应当注意到：企业持有的无形资产，通常来源于合同性权利或是其他法定权利，而且合同规定或法律规定有明确的使用年限。来源于合同性权利和其他法定权利的无形资产，其使用寿命不应超过合同性权利或其他法定权利的期限；如果合同性权利或其他法定权利能够在到期时因续约等延续，且有证据表明企业续约不需要付出大额成本，续约期应当计入使用寿命。合同或法律没有规定使用寿命的，企业应综合各方面情况，聘请相关专家进行论证，或与同行业的情况进行比较，以及参考历史经验等，确定无形资产为企业带来未来经济效益的期限。②经过上述努力仍然无法合理确定无形资产为企业带来经济利益期限的，才能将其作为使用寿命不确定的无形资产。

会计准则规定，企业摊销无形资产，应当自无形资产可供使用时起，至不再作为无形资产确认时止。在确定摊销期限后还应选择合理的摊销方法，企业选择的方法应当反映与该项无形资产有关的经济利益的预期实现方式。无法可靠确定预期实现方式的，应当采用直线法摊销。

无形资产的摊销金额一般应计入当期损益。但如果某项无形资产包含的经济利益是通过所生产的产品或其他资产实现的，其摊销金额应当计入相关资产的成本。

三、无形资产的核算

为了核算无形资产的取得、摊销和转让，应设置“无形资产”科目，该科目借方登记企业购入或自行创造并按法律程序申请取得的以及投资者投入的各种无形资产的价值，贷方登记企业向外单位投资转出、转让出售的无形资产价值及分期摊销的无形资产的价值，期末借方余额反映企业已入账尚未摊销的无形资产价值。“无形资产”科目应按其类别设置明细分类账。

（一）无形资产取得的核算

无形资产取得的方式主要有企业购入、企业自创、投资者投入等方式。由于取得的方式不同，会计处理方式也不同。

1. 企业购入的无形资产

企业购入的无形资产按实际支付的价款借记“无形资产”科目，贷记“银行存款”等科目。若企业购入专利权、商标权等无形资产，购进的不是所有权而是使用权时，也应把使用权作为无形资产入账。

【案例8—1】 甲公司购入一项非专利技术，一次性支付价款50 000元，支付咨询费、手续费等1 500元，以上款项均以银行存款支付。编制会计分录如下：

借：无形资产——非专利技术	51 500	
贷：银行存款		51 500

2. 企业自创的无形资产

企业自行开发无形资产，应设置“研发支出”科目核算研究开发过程中的相关支出。该科目应当按照研究开发项目，分别设置“费用化支出”与“资本化支出”进行明细核算。其研发支出，不满足资本化条件的，借记“研发支出——费用化支出”科目；满足资本化条件的，借记“研发支出——资本化支出”科目，贷记“原材料”、“银行存款”、“应付职工薪酬”等科目。企业以其他方式取得的正在进行中的研究开发项目，应按确定的金额，借记“研发支出——资本化支出”科目，贷记“银行存款”等科目。研究开发项目达到预定用途形成无形资产的，应按研发支出——资本化支出的余额，借记“无形资产”科目，贷记“研发支出——资本化支出”科目。期末，企业应将研发支出——费用化支出金额转入“管理费用”科目，借记“管理费用”科目，贷记“研发支出——费用化支出”科目。本科目期末借方余额，反映企业正在进行中的研究开发项目中满足资本化条件的支出。

【案例8－2】 2015年1月甲公司董事会批准自行研发某项新型技术，在开发过程中发生材料费用700 000元，人工费用300 000元，以及其他费用100 000元，总计1 100 000元。其中，符合资本化条件的支出为800 000元。2015年7月，该项新型技术已达到预定用途。编制会计分录如下：

(1)2015年1月开发投入时：

借：研发支出——费用化支出	300 000	
——资本化支出	800 000	
贷：原材料		700 000
应付职工薪酬		300 000
银行存款		100 000

(2)2015年7月开发项目达到预定用途时：

借：管理费用	300 000	
无形资产	800 000	
贷：研发支出——费用化支出		300 000
——资本化支出		800 000

3. 投资者投入的无形资产

投资者投入的无形资产，应以投资各方确认的公允价值作为入账价值，借记“无形资产”科目，贷记“实收资本”科目。

【案例8－3】 甲公司接受一研究所投资的一项生产新型产品的专利权，双方确认的价值为180 000元。编制会计分录如下：

借：无形资产——专利权	180 000	
贷：实收资本		180 000

(二)无形资产摊销的核算

无形资产的价值应自受益之日起，在有效期内按月平均摊入期间费用。摊销时，并不直接冲减无形资产，而是在增加期间费用的同时增加累计摊销，即借记“管理费用”科目，贷记“累计摊销”科目。

【案例8－4】 甲公司于2014年12月购得一项专利权，该专利权的成本为90 000元，有效期为3年，本月应该摊销无形资产2 500元(90 000÷3÷12)。编制会计分录如下：

借：管理费用——无形资产摊销	2 500	
贷：累计摊销		2 500

(三)无形资产转让的核算

无形资产转让的方式有两种：一种是转让所有权，另一种是转让使用权。

1. 转让无形资产所有权

无形资产所有权转让即为出售无形资产，企业应按实际取得的转让收入借记“银行存款”等科目，按该资产已计摊销额借记“累计摊销”科目，按无形资产的账面价值贷记“无形资产”科目，按支付相关税费，贷记“银行存款”、“应交税费”等科目；按其差额，贷记“营业外收入——出售无形资产收益”科目或借记“营业外支出——出售无形资产损失”科目。

【案例8-5】 甲公司于2014年12月20日将拥有的一项专利权出售，价款为200 000元，款项存入银行。该专利权原价250 000元，累计摊销100 000元，按营业税法应缴纳5%的营业税。编制会计分录如下：

借：银行存款	200 000	
累计摊销	100 000	
贷：无形资产		250 000
应交税费——应交营业税		10 000
营业外收入——处置非流动资产利得		40 000

2. 转让无形资产使用权

企业转让无形资产使用权就是将无形资产出租，将使用权让渡给他人并收取租金，属于企业让渡资产的使用权。转让取得的收入计入其他业务收入，摊销无形资产成本并发生与转让有关的各种费用支出，计入其他业务成本。

企业出租无形资产所得的租金收入，借记“银行存款”等科目，贷记“其他业务收入”科目；摊销无形资产成本并发生与转让有关的各种费用支出，借记“其他业务成本”科目，贷记“累计摊销”、“银行存款”等科目。

【案例8-6】 甲公司2014年12月10日将一项非专利技术使用权出租给B企业，租期一年，估计该非专利技术受益年限为5年，租金12 000元已经存入银行。该非专利技术的成本为30 000元，在转让过程中发生服务费3 000元，以银行存款支付。不考虑其他相关税费。编制会计分录如下：

(1)确认转让收入时：

借：银行存款	12 000	
贷：其他业务收入		12 000

(2)支付转让费用时：

借：其他业务支出	3 000	
贷：银行存款		3 000

(3)摊销无形资产价值时：

本月摊销额＝30 000÷(12×5)＝500(元)

借：其他业务支出	500	
贷：累计摊销		500

(四)无形资产转销

如果无形资产预期不能为企业带来经济利益，从而不再符合无形资产的定义，则应将其转销。企业在判断无形资产是否预期不能为企业带来经济利益时，应根据以下迹象加以判断：①该无形资产是否已被其他新技术替代，且已不能为企业带来经济利益。②该无形资产是否不再受法律保护，且不能给企业带来经济利益。比如，某企业的一项无形资产的法定有效年限已过，且借以生产的产品没有市场，出现这种情况时，企业应转销这项无形资产。

转销时，应按已计提的累计摊销，借记“累计摊销”科目；按其账面余额，贷记“无形资产”科目；按其差额，借记“营业外支出”科目。已计提减值准备的，还应同时结转减值准备。

【案例 8－7】 甲公司拥有的某项专利权已被其他新技术替代，预期不能为企业带来经济效益，决定予以转销。该专利权的账面余额为 600 000 元，摊销期限为 5 年。采用直线法进行摊销，已摊销 3 年。已计提减值准备 160 000 元。编制会计分录如下：

借：累计摊销　　360 000
　　无形资产减值准备　　160 000
　　营业外支出——处置非流动资产损失　　80 000
　贷：无形资产——专利权　　600 000

（五）无形资产减值

资产减值，是指资产的可回收金额低于其账面价值。如果无形资产经过减值测试发生减值，则需要计提相应的减值准备。其相关账务处理为：借记“资产减值损失”科目，贷记“无形资产减值准备”科目。

【案例 8－8】 甲公司经过测试某项无形资产可回收金额为 200 000 元，账面金额为 260 000元，发生减值 60 000 元。编制会计分录如下：

借：资产减值损失　　60 000
　贷：无形资产减值损失　　60 000

（六）无形资产出租

企业让渡无形资产使用权并收取租金，在满足收入确认条件的情况下，应确认相关的收入和费用。

出租无形资产取得租金收入时，借记“银行存款”等科目，贷记“其他业务收入”等科目；摊销出租无形资产的成本和发生与转让有关的各种费用支出时，借记“其他业务成本”、“营业税金及附加”等科目，贷记“累计摊销”、“应交税费”等科目。

【案例 8－9】 2015 年 1 月 1 日，甲公司将某商标权出租给乙公司使用，租期为 4 年，每年收取租金 150 000 元。租金收入适用的营业税税率为 5%，甲公司在出租期间内不再使用该商标权。该商标权是甲公司 2015 年 1 月 1 日购入的，初始入账价值为 1 800 000 元，预计使用年限为 15 年，采用直线法摊销。假定不考虑营业税以外的其他税费并按年摊销。

甲公司的账务处理为：

(1)每年取得租金

借：银行存款　　150 000
　贷：其他业务收入——出租商标权　　150 000

(2)按年对该商标权进行摊销并计算应交的营业税

借：其他业务成本——商标权摊销　　120 000
　　营业税金及附加(150 000×5%)　　7 500
　贷：累计摊销　　120 000
　　　应交税费——应交营业税　　7 500

（七）无形资产出售

企业出售无形资产，表明企业放弃该无形资产的所有权，应将所取得的价款与该无形资产账面价值的差额作为资产处置利得或损失，计入当期损益。值得注意的是，企业出售无形资产确认其利得的时点，应按照收入确认中的相关原则进行确定。

出售无形资产时，应按实际收到的金额，借记“银行存款”等科目；按已计提的累计摊销额，借记“累计摊销”科目；原已减值减值准备的，借记“无形资产减值准备”科目；按应支付的相关税费及其他费用，贷记“应交税费”、“银行存款”等科目；按其账面余额，贷记“无形资产”科目；按其差额，贷记“营业外收入——处置非流动资产利得”科目或借记“营业外支出——处置非流动资产损失”科目。

【案例8—10】 甲企业出售一项商标权，所得价款为1 200 000元，应交营业税为60 000元(不考虑其他税费)。该商标权成本为3 000 000元，出售时已摊销金额为1 800 000元，已计提的减值准备为300 000元。

甲企业的账务处理为：

借：银行存款	1 200 000	
累计摊销	1 800 000	
无形资产减值准备——商标权	300 000	
贷：无形资产——商标权		3 000 000
应交税费——应交营业税		60 000
营业外收入——处置非流动资产利得		240 000

(八)无形资产报废

如果无形资产预期不能为企业带来未来经济利益，例如，某无形资产已被其他新技术所替代或超过法律保护期，不能再为企业带来经济利益的，则不再符合无形资产的定义，应将其报废并予以转销，其账面价值转作当期损益。

转销时，应按已计提的累计摊销额，借记“累计摊销”科目，按已计提的减值准备，借记“无形资产减值准备”科目，按无形资产账面余额，贷记“无形资产”科目，按其差额，借记“营业外支出”科目。

【案例8—11】 甲企业原拥有一项非专利技术，采用直线法进行摊销，预计使用期限为10年。现该项非专利技术已被内部研发成功的新技术所替代，并且根据市场调查，用该非专利技术生产的产品已没有市场，预期不能再为企业带来任何经济利益，故应当予以转销。转销时，该项非专利技术的成本为9 000 000元，已摊销6年，累计计提减值准备2 400 000元，该项非专利技术的残值为0。假定不考虑其他相关因素。

甲企业的账务处理为：

借：累计摊销	5 400 000	
无形资产减值准备——专利权	2 400 000	
营业外支出——处置非流动资产损失	1 200 000	
贷：无形资产——专利权		9 000 000

任务二　长期待摊费用及其他资产

一、长期待摊费用

(一)长期待摊费用的内容

长期待摊费用，是指企业已经支出但摊销期限在1年以上(不含1年)的各项费用，包括固定资产的大修理支出、租入固定资产改良支出、开办费等。

（二）长期待摊费用的核算

为了核算和监督长期待摊费用的发生、摊销、结存情况，企业应该设置"长期待摊费用"科目，借方登记发生的各种长期待摊费用，贷方登记长期待摊费用的摊销数，期末借方余额反映尚未摊销的长期待摊费用。

【案例 8－12】 甲公司筹建期间，用现金支付差旅费、办公费共计 8 000 元，用银行存款支付的工人培训费 10 000 元。编制会计分录如下：

借：长期待摊费用——开办费　　18 000
　贷：库存现金　　8 000
　　银行存款　　10 000

【案例 8－13】 承案例 8－12，甲公司已经正式投产。将开办费一次性计入本期损益。编制会计分录如下：

借：管理费用　　18 000
　贷：长期待摊费用——开办费　　18 000

【案例 8－14】 甲公司采用经营租赁方式临时租入一栋办公用房，预计可使用 5 年，租期暂定为 4 年，租入后对房屋进行了局部改造，发生改良支出 120 000 元，以银行存款支付，改良工程完工投入使用。编制会计分录如下：

借：长期待摊费用——租入固定资产改良支出　　120 000
　贷：银行存款　　120 000

租入固定资产的改良支出要在使用寿命和租期两者中选择较短的期限摊销，摊销时，借记"制造费用"、"管理费用"等科目，贷记"长期待摊费用——租入固定资产改良支出"科目。

【案例 8－15】 承接案例 8－14，租入固定资产改良支出应按 4 年的期限摊销，则每月摊销 2 500 元（120 000÷4÷12）。编制会计分录如下：

借：管理费用　　2 500
　贷：长期待摊费用——租入固定资产改良支出　　2 500

二、其他长期资产

除了长期待摊费用以外，企业还拥有一些特殊资产，如国家特种储备物资、银行冻结存款及临时设施和诉讼中的财产。这些资产一般不参加企业正常的生产经营活动，其价值也不需要摊销，且并非所有的企业都拥有这样的资产，在生产经营中处于次要地位，所以都统称为其他长期资产。企业可根据资产的性质及特点单独设置相关会计科目核算。

★★★ 项目小结 ★★★

无形资产是指企业拥有或者控制的没有实物形态的可辨认非货币性资产。

会计准则规定，企业摊销无形资产，应当自无形资产可供使用时起，至不再作为无形资产确认时止。

无形资产的摊销金额一般应计入当期损益。但如果某项无形资产包含的经济利益是通过所生产的产品或其他资产实现的，其摊销金额应当计入相关资产的成本。

长期待摊费用，是指企业已经支出但摊销期限在 1 年以上（不含 1 年）的各项费用。包括固定资产的大修理支出、租入固定资产改良支出、开办费等。

★★★ 关键术语 ★★★

无形资产　长期待摊费用　研究阶段

★★★ 思考与讨论 ★★★

1. 无形资产的概念与特征是什么?
2. 无形资产的确认条件是什么?
3. 怎样进行无形资产的计量?
4. 怎样进行无形资产的摊销?
5. 长期待摊费用的内容是什么?

项目十　非货币性资产交换

技能目标

能够对非货币性资产交换的账务进行处理。

知识目标

1. 理解：非货币性资产交换的认定。
2. 熟知：非货币性资产交换的确认和计量。
3. 掌握：非货币性资产交换的会计处理。

知识支撑

任务一　非货币性资产交换的认定

一、非货币性资产交换的认定概述

非货币性资产交换是相对于货币性资产而言的。货币性资产是指企业持有的货币资金和将以固定或可确定的金额收取的资产，包括现金、银行存款、应收账款和应收票据以及准备持有至到期的债券投资等。非货币性资产是指货币性资产以外的资产，包括存货、固定资产、无形资产、长期股权投资、不准备持有至到期的债券投资等。非货币性资产有别于货币性资产的最基本特征是其在将来为企业带来的经济利益，即货币金额是不固定的或不可确定的。例如，企业持有固定资产的主要目的是运用于生产经营，通过折旧方式将其磨损价值转移到产品成本中去，然后通过产品销售获利，固定资产在将来为企业带来的经济利益，即货币金额是不固定的或不可确定的，因此固定资产属于非货币性资产。资产负债表列示的项目中属于非货币性资产的项目，通常包括存货（原材料、包装物、低值易耗品、库存商品、委托加工物资、委托代销商品等）、长期股权投资、投资性房地产、固定资产、在建工程、工程物资、无形资产等。

非货币性资产交换一般不涉及货币性资产，或只涉及少量的货币性资产即补价。非货币性资产交换准则规定，认定涉及少量货币性资产的交换为非货币性资产交换，通常以补价占整个资产交换金额的比例低于25%作为参考比例，也就是说，支付的货币性资产占换入资产公允价值（或占换出资产公允价值与支付的货币性资产之和）的比例，或者收到的货币性资产占换出资产公允价值（或占换入资产公允价值和收到的货币性资产之和）的比例低于25%的，视为非货币性资产交换；高于25%（含25%）的，视为货币性资产交换，适用《企业会计准则第14号——收入》等相关准则的规定。

非货币性资产交换是一种非经常性的特殊交易行为，是交易双方主要以存货、固定资产、无形资产和长期股权投资等非货币性资产进行的交换。实务工作中，交易双方通过非货币性资产交换一方面可以满足各自生产经营的需要，同时可在一定程度上减少货币性资产的流出。如某企业需要一项另一个企业拥有的设备，另一个企业需要上述企业生产的产品作为原材料，双方就可能会出现非货币性资产交换的交易行为，同时也在一定程度上减少货币性资产的流出。非货币性资产交换因不涉及或只涉及少量的货币性资产，因此，换入资产成本的计量基础以及对换出资产损益的确定与以货币性资产取得非货币性资产不同，需要运用不同的计量基础和判断标准。

二、非货币性资产交换不涉及的交易和事项

（一）与所有者或所有者以外方面的非货币性资产非互惠转让

所谓非互惠自转让，是指企业将其拥有的非货币性资产无代价地转让给其所有者或其他企业，或由其所有者或其他企业将非货币性资产无代价地转让给企业。本项目所述的非货币性资产交换是企业之间主要以非货币性资产形式的互惠转让，即企业取得一项非货币性资产，必须以付出自己拥有的非货币性资产作为代价，而不是单方向的非互惠转让。实务中，与所有者的非互惠转让如以非货币性资产作为股利发放给股东等，属于资本性交易，适用《企业会计准则第 37 号——金融工具列报》。企业与所有者以外方面发生的非互惠转让，如政府无偿提供非货币性资产给企业建造固定资产，属于政府以非互惠方式提供非货币性资产，适用《企业会计准则第 16 号——政府补助》。

（二）在企业合并、债务重组中和发行股票取得的非货币性资产

在企业合并、债务重组中取得的非货币性资产，其成本确定分别适用《企业会计准则第 20 号——企业合并》和《企业会计准则第 12 号——债务重组》；企业以发行股票形式取得的非货币性资产，相当于以权益工具换入非货币性资产，其成本确定适用《企业会计准则第 37 号——金融工具列报》。

任务二　非货币性资产交换的确认和计量

一、确认和计量的原则

在非货币性资产交换的情况下，不论是一项资产换入一项资产、一项资产换入多项资产、多项资产换入一项资产，还是多项资产换入多项资产，换入资产的成本都有以下两种计量基础：

（一）公允价值

非货币性资产交换同时满足下列两个条件的，应当以公允价值和应支付的相关税费作为换入资产的成本，公允价值与换出资产账面价值的差额计入当期损益：

1. 该项交换具有商业实质

非货币性资产交换具有商业实质是其重要的基础条件之一。

2. 换入资产或换出资产的公允价值能够可靠地计量

资产存在活跃市场，是资产公允价值能够可靠计量的明显证据，但不是唯一要求。属于以下三种情形之一的，公允价值视为能够可靠计量：

(1)换入资产或换出资产存在活跃市场。

(2)换入资产或换出资产不存在活跃市场,但同类或类似资产存在活跃市场。

(3)换入资产或换出资产不存在同类或类似资产的可比市场交易、采用估值技术确定的公允价值满足一定的条件。采用估值技术确定的公允价值必须符合以下条件之一,视为能够可靠计量:①采用估值技术确定的公允价值估计数的变动区间很小。②在公允价值估计数变动区间内,各种用于确定公允价值估计数的概率能够合理确定。

换入资产和换出资产公允价值均能够可靠计量的,应当以换出资产公允价值作为确定换入资产成本的基础。一般来说,取得资产的成本应当按照所放弃资产的对价来确定,在非货币性资产交换中,换出资产就是放弃的对价。如果其公允价值能够可靠确定,应当优先考虑按照换出资产的公允价值作为确定换入资产成本的基础;如果有确凿证据表明换入资产的公允价值更加可靠的,应当以换入资产公允价值为基础确定换入资产的成本。这种情况多发生在非货币性资产交换存在补价的情况,因为存在补价表明换入资产和换出资产公允价值不相等,一般不能直接以换出资产的公允价值作为换入资产的成本。

(二)账面价值

不具有商业实质或交换涉及资产的公允价值均不能可靠计量的非货币性资产交换,应当按照换出资产的账面价值和应支付的相关税费,作为换入资产的成本,无论是否支付补价,均不确认损益;收到货支付的补价作为确定换入资产成本的调整因素,其中,收到补价方应当以换出资产的账面价值减去补价作为换入资产的成本;支付补价方应当以换出资产的账面价值加上补价作为换入资产的成本。

二、商业实质的判断

非货币性资产交换具有商业实质,是换入资产能够采用公允价值计量的重要条件之一。在确定资产交换是否具有商业实质时,企业应当重点考虑由于发生了该项资产交换预期使企业未来现金流量发生变动的程度,通过比较换出资产和换入资产预计产生的未来现金流量或其现值,确定非货币性资产交换是否具有商业实质。只有当换出资产和换入资产预计未来现金流量或其现值两者之间的差额较大时,才能表明交易的发生使企业经济状况发生了明显改变,非货币性资产交换因而具有商业实质。

(一)判定条件

企业发生的非货币性资产交换,符合下列条件之一的,视为具有商业实质:

1. 换入资产的未来现金流量在风险、时间和金额方面与换出资产显著不同

换入资产的未来现金流量在风险、时间和金额方面与换出资产显著不同,通常包括但不仅限于以下几种情况:

(1)未来现金流量的风险、金额相同,时间不同。此种情形是指换入资产和换出资产产生的未来现金流量总额相同,获得这些现金流量的风险相同,但现金流量流入企业的时间明显不同。

比如,某企业以一批存货换入一项设备,因存货流动性强,能够在较短时间内产生现金流量,设备作为固定资产在较长的时间内为企业带来现金流量,两者产生现金流量的时间相差较大,则可以判断上述存货与固定资产的未来现金流量显著不同,因而该两项资产的交换具有商业实质。

(2)未来现金流量的时间、金额相同,风险不同。此种情形是指换入资产和换出资产产生的未来现金流量时间和金额相同,但企业获得现金流量的不确定性程度存在明显差异。

比如，A 企业以其用于经营出租的一幢公寓楼，与 B 企业同样用于经营出租的一幢公寓楼进行交换，两幢公寓楼的租期、每期租金总额均相同，但 A 企业是租给一家财务及信用状况良好的企业（该企业租用该公寓是给其单身职工居住），B 企业的客户则都是单个租户。相比较而言，A 企业取得租金的风险较小，B 企业由于租给散户，租金的取得依赖于各单个租户的财务和信用状况。因此，两者现金流量流入的风险或不确定性程度存在明显差异，则两幢公寓楼的未来现金流量显著不同，进而可判断该两项资产的交换具有商业实质。

（3）未来现金流量的风险、时间相同，金额不同。此种情形是指换入资产和换出资产产生的未来现金流量总额相同，预计为企业带来现金流量的时间跨度相同，风险也相同，但各年产生的现金流量金额存在明显差异。

比如，某企业以一项商标权换入另一企业的一项专利技术，预计两项无形资产的使用寿命相同，在使用寿命内预计为企业带来的现金流量总额相同，但是换入的专利技术是新开发的，预计开始阶段产生的未来现金流量明显少于后期，而该企业拥有的商标每年产生的现金流量比较均衡，两者产生的现金流量金额差异明显，则上述商标权与专利技术的未来现金流量显著不同，因而该两项资产的交换具有商业实质。

2. 换入资产与换出资产的预计未来现金流量现值不同，且其差额与换入资产和换出资产的公允价值相比是重大的

企业如按照上述第一个条件难以判断某项非货币性资产交换是否具有商业实质，即可根据第二个条件，通过计算换入资产和换出资产的预计未来现金流量现值进行比较后判断。资产预计未来现金流量现值，应当按照资产在持续使用过程和最终处置时预计产生的税后未来现金流量现值，选择恰当的折现率对预计未来现金流量折现后的金额加以确定，及国际财务报告准则所称的“主题特定价值”。

从市场参与者的角度分析，换入资产和换出资产预计未来现金流量在风险、时间和金额方面可能相同或相似。但是，鉴于换入资产的性质和换入企业经营活动的特征等因素，换入资产与换入企业其他现有资产相结合，能够比换出资产产生更大的作用，使换入企业受该换入资产影响的经营活动部分产生的现金流量与换出资产明显不同，即换入资产对换入企业的使用价值与换出资产对该企业的使用价值明显不同，使换入资产预计未来现金流量现值与换出资产发生明显差异，因而表明该两项资产的交换具有商业实质。

某企业以一项专利权换入另一企业拥有的长期股权投资，假定从市场参与者来看，该项专利权与该项长期股权投资的公允价值相同，两项资产未来现金流量的风险、时间和金额也相同。但是，对换入企业来讲，换入该项长期股权投资使该企业对被投资方由重大影响变为控制关系，从而对换入企业产生的预计未来现金流量现值与换出的专利权有较大差异；另一企业换入的专利权能够解决生产中的技术难题，从而对换入企业产生的预计未来现金流量现值与换出的长期股权投资有明显差异，因而该两项资产的交换具有商业实质。

（二）关联方之间交换资产与商业实质的关系

在确定非货币性资产交换是否具有商业实质时，企业应当关注交易各方之间是否存在关联方关系。关联方关系的存在可能导致发生的非货币性资产交换不具有商业实质。

任务三　非货币性资产交换的会计处理

一、以公允价值计量的会计处理

(一)不涉及补价的情况

【案例10－1】 2015年9月,A公司以生产经营过程中使用的一台设备交换B打印机公司生产的一批打印机,换入的打印机作为固定资产管理。A、B公司均为增值税一般纳税人,适用的增值税税率为17%。设备的账面原价为150万元,在交换日的累计折旧为45万元,公允价值为105.3万元。打印机的账面价值为110万元,在交换日不含增值税的市场价格为90万元,计税价格等于市场价格。B公司换入A公司的设备是生产打印机过程中需要使用的设备。

假设A公司此前没有为该项设备计提资产减值准备,整个交易过程中,除支付运杂费15 000元外,没有发生其他相关税费。假设B公司此前也没有为库存打印机计提存货跌价准备,其在整个交易过程中没有发生除增值税以外的其他税费。根据税法规定,A公司换入固定资产支付的增值税不能抵扣。

整个资产交换过程没有涉及收付货币性资产,因此,该项交换属于非货币性资产交换。本例是以存货换入固定资产,对A公司来讲,换入的打印机是经营过程中必需的资产,对B公司来讲,换入的设备是生产打印机过程中必需使用的机器,两项资产交换后对换入企业的特定价值显著不同,两项资产的交换具有商业实质;同时,两项资产的公允价值都能够可靠地计量,符合以公允价值计量的两个条件,因此,A公司和B公司均应当以换出资产的公允价值为基础,确定换入资产的成本,并确认产生的损益。

A公司的账务处理如下:

借:固定资产清理	1 050 000	
累计折旧	450 000	
贷:固定资产		1 500 000
借:固定资产清理	15 000	
贷:银行存款		15 000
借:固定资产	1 053 000	
营业外支出	12 000	
贷:固定资产清理		1 065 000

B公司的账务处理如下:

根据增值税的有关规定,企业以库存商品换入其他资产,视同销售行为发生,应计算增值税销项税额,缴纳增值税。

换出打印机的增值税销项税额为900 000×17%=153 000(元)

借:固定资产	1 053 000	
贷:主营业务收入		900 000
应交税费——应交增值税(销项税额)		153 000
借:主营业务成本	1 100 000	
贷:库存商品		1 100 000

【案例 10—2】 2015 年 10 月，为了提高产品质量，甲电视机公司以其持有的对乙公司的长期股权投资交换丙电视机公司拥有的一项液晶电视屏专利技术。在交换日，甲公司持有的长期股权投资账面余额为 800 万元，已计提长期股权投资减值准备余额为 60 万元，在交换日的公允价值为 600 万元；丙公司专利技术的账面原价为 800 万元，累计已摊销金额为 160 万元，已计提减值准备为 30 万元，在交换日的公允价值为 600 万元。丙公司原已持有对乙公司的长期股权投资，从甲公司换入对乙公司的长期股权投资后，使乙公司成为丙公司的联营企业。假设整个交易过程中没有发生其他相关税费。

该项资产交换没有涉及收付货币性资产，因此属于非货币性资产交换。本例属于以长期股权投资换入无形资产。对甲公司来讲，换入液晶电视屏专利技术能够大幅度改善产品质量，相对于对乙公司的长期股权投资来讲，预计未来现金流量的时间、金额和风险均不相同；对丙公司来讲，换入对乙公司的长期股权投资，使其对乙公司的关系由既无控制、共同控制或重大影响，改变为具有重大影响，因而可通过参与乙公司的财务和经营政策等方式对其施加重大影响，增加了从乙公司经营活动中获取经济利益的权利，与专利技术预计产生的未来现金流量在时间、风险和金额方面都有所不同。因此，该两项资产的交换具有商业实质；同时，两项资产的公允价值都能够可靠地计量，符合以公允价值计量的条件。甲公司和丙公司均应当以公允价值为基础确定换入资产的成本，并确认产生的损益。

甲公司的账务处理如下：

借：无形资产——专利权	6 000 000	
长期股权投资减值准备	600 000	
投资收益	1 400 000	
贷：长期股权投资		8 000 000

丙公司的账务处理如下：

借：长期股权投资	6 000 000	
累计摊销	1 600 000	
无形资产减值准备	300 000	
营业外支出	100 000	
贷：无形资产——专利权		8 000 000

（二）涉及补价的情况

在以公允价值确定换入资产成本的情况下发生补价的，支付补价方和收到补价方应当分别情况处理：

（1）支付补价方。应当以换出资产的公允价值加上支付的补价（即换入资产的公允价值）和应支付的相关税费，作为换入资产的成本；换入资产成本与换出资产账面价值加支付的补价、应支付的相关税费之和的差额，应当计入当期损益。

（2）收到补价方。应当以换入资产的公允价值（或换出资产的公允价值减去补价）和应支付的相关税费，作为换入资产的成本；换入资产成本加上收到的补价之和与换出资产账面价值加上应支付的相关税费之和的差额，应当计入当期损益。

在涉及补价的情况下，对于支付补价方而言，作为补价的货币性资产构成换入资产所放弃对价的一部分；对于收到补价方而言，作为补价的货币性资产构成换入资产的一部分。

【案例 10—3】 甲公司与乙公司经协商，甲公司以其拥有的用于经营出租目的的一幢公寓楼与乙公司持有的交易目的的股票投资交换。甲公司的公寓楼符合投资性房地产定义，但公司未采用公允价值模式计量。在交换日，该幢公寓楼的账面价值为9 000万元，已提折旧1 500万元，未计提减值准备，在交换日的公允价值和计税价格均为8 000万元，营业税税率为5%；乙公司持有的交易目的的股票投资账面价值为6 000万元，乙公司对该股票投资采用公允价值模式计量，在交换日的公允价值为7 500万元，由于甲公司急于处理该幢公寓楼，乙公司仅支付了450万元给甲公司。乙公司换入公寓楼后仍然继续用于经营出租目的，并拟采用公允价值计量模式，甲公司换入股票投资后也仍然用于交易目的。转让公寓楼的营业税尚未支付，假定除营业税外，该项交易过程中不涉及其他相关税费。

该项资产交换涉及收付货币性资产，即补价450万元。

对甲公司而言，收到的补价450万元÷换入资产的公允价值7 950万元(换入股票投资公允价值7 500万元＋收到的补价450万元)＝5.7%，5.7%＜25%，属于非货币性资产交换。

对乙公司而言，支付的补价450万元÷换入资产的公允价值8 000万元＝5.6%，5.6%＜25%，属于非货币性资产交换。

本例属于以投资性房地产换入以公允价值计量且其变动计入当期损益的金融资产。对甲公司而言，换入交易目的的股票投资使得企业可以在希望变现时取得现金流量，但风险程度要比租金稍大，用于经营出租目的的公寓楼，可以获得稳定均衡的租金流，但是不能满足企业急需大量现金的需要，因此，交易性股票投资带来的未来现金流量在时间、风险方面与用于出租的公寓楼带来的租金流有显著区别，因而可判断两项资产的交换具有商业实质。同时，股票投资和公寓楼的公允价值均能够可靠地计量，因此，甲、乙公司均应当以公允价值为基础确定换入资产的成本，并确定产生的损益。

甲公司的账务处理如下：

借：其他业务成本	75 000 000	
投资性房地产累计折旧	15 000 000	
贷：投资性房地产		90 000 000
借：营业税金及附加(80 000 000×5%)	4 000 000	
贷：应交税费应交营业税		4 000 000
借：交易性金融资产	75 000 000	
银行存款	4 500 000	
贷：其他业务收入		79 500 000

乙公司的账务处理如下：

借：投资性房地产	80 000 000	
贷：交易性金融资产		60 000 000
银行存款		4 500 000
投资收益		15 500 000

二、以换出资产账面价值计量的会计处理

非货币性资产交换不具有商业实质，或者虽然具有商业实质但换入资产和换出资产的公允价值均不能可靠计量的，应当以换出资产账面价值为基础确定换入资产成本，无论是否支付补价，均不确认损益。

一般来讲，如果换入资产和换出资产的公允价值都不能可靠计量时，该项非货币性资产交换通常不具有商业实质。因为在这种情况下，很难比较两项资产产生的未来现金流量在时间、

风险和金额方面的差异，很难判断两项资产交换后对企业经济状况改变所起的不同效用，所以此类资产交换通常不具有商业实质。

【案例 10—4】 丙公司拥有一台专有设备，该设备账面原价 450 万元，已计提折旧 330 万元；丁公司拥有一项长期股权投资，账面价值 90 万元，两项资产均未计提减值准备。丙公司决定以其专有设备交换丁公司的长期股权投资，该专有设备是生产某种产品必需的设备。由于专有设备是当时专门制造的、性质特殊，其公允价值不能可靠计量；丁公司拥有的长期股权投资在活跃市场中没有报价，其公允价值也不能可靠计量。经双方商定，丁支付了 20 万元补价。假定交易中没有涉及相关税费。

该项资产交换涉及收付货币性资产，即补价 20 万元。对丙公司而言，收到的补价 20 万元÷换出资产账面价值 120 万元＝16.7%，16.7%＜25%，因此，该项交换属于非货币性资产交换，丁公司的情况也类似。由于两项资产的公允价值都不能可靠计量，所以对于该项资产交换，换入资产的成本应当按照换出资产的账面价值确定。

丙公司的账务处理如下：

借：固定资产清理	1 200 000	
累计折旧	3 300 000	
贷：固定资产——专有设备		4 500 000
借：长期股权投资	1 000 000	
银行存款	200 000	
贷：固定资产清理		1 200 000

丁公司的账务处理如下：

借：固定资产专有设备	1 100 000	
贷：长期股权投资		900 000
银行存款		200 000

从上例可以看出，尽管丁公司支付了 20 万元补价，但由于整个非货币性资产交换是以账面价值为基础计量的，支付补价方和收到补价方均不确认损益。对丙公司而言，换入资产是长期股权投资和银行存款 20 万元，换出资产专有设备的账面价值为 120 万元(450—330)，因此，长期股权投资的成本就是换出设备的账面价值减去货币性补价的差额，即 100 万元(120—20)；对丁公司而言，换出资产是长期股权投资和银行存款 20 万元，换入资产专有设备的成本等于换出资产的账面价值，即 110 万元(90＋20)。由此可见，在以账面价值计量的情况下，发生的补价是用来调整换入资产的成本，不涉及确认损益问题。

三、涉及多项非货币性资产交换的会计处理

与单项非货币性资产之间的交换一样，涉及多项资产的非货币性资产交换的计量，企业也应当首先判断是否符合以公允价值计量的两个条件，再区分情况确定各项换入资产的成本。

(一)不同情况下的涉及多项非货币性资产交换及相应处理

涉及多项资产的非货币性资产交换一般可以分为以下几种情况：

1. 资产交换具有商业实质且各项换出资产和各项换入资产的公允价值均能够可靠计量

在这种情况下，换入资产的总成本应当按照换出资产的公允价值总额为基础确定，除非有确凿证据证明换入资产的公允价值总额更可靠。各项换入资产的成本，应当按照各项换入资产的公允价值占换入资产公允价值总额的比例，对换入资产总成本进行分配，确定各项换入资

产的成本。

2. 资产交换具有商业实质且换入资产的公允价值能够可靠计量、换出资产的公允价值不能够可靠计量

在这种情况下，换入资产的总成本应当按照换入资产的公允价值总额为基础确定，各项换入资产的成本，应当按照各项换入资产的公允价值占换入资产公允价值总额的比例，对换入资产总成本进行分配，确定各项换入资产的成本。

3. 资产交换具有商业实质、换出资产的公允价值能够可靠计量、但换入资产的公允价值不能可靠计量

在这种情况下，换入资产的总成本应当按照换出资产的公允价值总额为基础确定，各项换入资产的成本，应当按照各项换入资产的原账面价值占换入资产原账面价值总额的比例，对按照换出资产公允价值总额确定的换入资产总成本进行分配，确定各项换入资产的成本。

4. 资产交换不具有商业实质或换入资产和换出资产的公允价值均不能可靠计量

在这种情况下，换入资产的总成本应当按照换出资产的账面价值总额为基础确定，各项换入资产的成本，应当按照各项换入资产的原账面价值占换入资产的账面价值总额的比例，对按照换出资产账面价值总额为基础确定的换入资产总成本进行分配，确定各项换入资产的成本。

实际上，上述第1、2、3种情况，换入资产总成本都是按照公允价值计量的，但各单项换入资产成本的确定，视各单项换入资产的公允价值能否可靠计量而分别情况处理；第4种情况属于不符合公允价值计量的情况，换入资产总成本按照换出资产账面价值总额确定，各单项换入资产成本的确定，按照各单项换入资产的原账面价值占换入资产账面价值总额的比例确定。

（二）以公允价值计量的情况

【案例10－5】 甲公司和乙公司均为增值税一般纳税人，适用的增值税税率均为17%。2015年8月，为适应业务发展的需要，经协商，甲公司决定以生产经营过程中使用的厂房、设备以及库存商品换入乙公司生产经营过程中使用的办公楼、小汽车、客运汽车。甲公司厂房的账面原价为1 500万元，在交换日的累计折旧为300万元，公允价值为1 000万元；设备的账面原价为600万元，在交换日的累计折旧为480万元，公允价值为100万元；库存商品的账面余额为300万元，交易日的市场价格为350万元，市场价格等于计税价格。乙公司办公楼的账面原价为2 000万元，在交换日的累计折旧为1 000万元，公允价值为1 100万元；小汽车的账面原价为300万元，在交换日的累计折旧为190万元，公允价值为159.5万元；客运汽车的账面原价为300万元，在交换日的累计折旧为180万元，公允价值为150万元。乙公司另外向甲公司支付银行存款100万元。

假定甲公司和乙公司都没有为换出资产计提减值准备；整个交易过程中没有发生出增值税以外的其他相关税费；甲公司换入乙公司的办公楼、小汽车、客运汽车均作为固定资产使用和管理；乙公司换入甲公司的厂房、设备作为固定资产使用和管理，换入的库存商品作为原材料使用和管理。甲公司开具了增值税专用发票。

本例涉及收付货币性资产，应当计算甲公司收到的货币性资产占甲公司换出资产公允价值总额的比例（等于乙公司支付的货币性资产占乙公司换出资产公允价值与支付的补价之和的比例），即：

100万元÷（1 000＋100＋350）万元＝6.90%，6.90%＜25%

可以认定这一涉及多项资产交换的交换行为属于非货币性资产交换。对于甲公司而言，为了拓展运输业务，需要小汽车、客运汽车等；对于乙公司而言，为了扩大产品生产，需要厂房、

设备和原材料。换入资产对换入企业双方均能发挥更大的作用，该项涉及多项资产的非货币性资产交换具有商业实质；同时，各项换入资产和换出资产的公允价值均能可靠计量，因此，甲、乙公司均应当以公允价值为基础确定换入资产的总成本，确认产生的相关损益。同时，按照各单项换入资产的公允价值占换入资产公允价值总额的比例，确定各单项换入资产的成本。

甲公司的账务处理如下：

(1)根据增值税的有关规定，企业以库存商品换入其他资产，视同销售行为发生，应计算增值税销项税额，缴纳增值税。

换出库存商品的增值税销项税额：350×17%=59.5(万元)

(2)计算换入资产、换出资产公允价值总额。

换出资产公允价值总额=1 000+100+350=1 450(万元)

换入资产公允价值总额=1 100+159.5+150=1 409.5(万元)

(3)计算换入资产总成本。

换入资产总成本=换出资产公允价值－补价+应支付的相关税费

=1 450－100+59.5=1 409.5(万元)

(4)计算确定换入各项资产的公允价值占换入资产公允价值总额的比例。

办公楼公允价值占换入资产公允价值总额的比例=1 100÷1 409.5=78%

小汽车公允价值占换入资产公允价值总额的比例=159.5÷1 409.5=11.4%

客运汽车公允价值占换入资产公允价值总额的比例=150÷1 409.5=10.6%

(5)计算确定换入各项资产的成本。

办公楼的成本：1 409.5×78%=1 099.41(万元)

小汽车的成本：1 409.5×11.4%=160.68(万元)

客运汽车的成本：1 409.5×10.6%=149.41(万元)

(6)会计分录。

借：固定资产清理	13 200 000	
累计折旧	7 800 000	
贷：固定资产——厂房		15 000 000
——设备		6 000 000
借：固定资产——办公楼	10 994 100	
——小汽车	1 606 800	
——客运汽车	1 494 100	
银行存款	1 000 000	
营业外支出	2 200 000	
贷：固定资产清理		13 200 000
主营业务收入		3 500 000
应交税费——应交增值税(销项税额)		595 000
借：主营业务成本	3 000 000	
贷：库存商品		3 000 000

乙公司的账务处理如下：

(1)根据增值税的有关规定，企业以其他资产换入原材料，视同购买行为发生，应计算增值税进项税额，抵扣增值税。

换入资产原材料的增值税进项税额：350×17%＝59.5(万元)

(2)计算换入资产、换出资产公允价值总额。

换入资产公允价值总额＝1 000＋100＋350＝1 450(万元)

换出资产公允价值总额＝1 100＋159.5＋150＝1 409.5(万元)

(3)确定换入资产总成本。

换入资产总成本＝换出资产公允价值＋支付的补价－可抵扣的增值税进项税额

＝1 409.5＋100－59.5＝1 450(万元)

(4)计算确定换入各项资产的公允价值占换入资产公允价值总额的比例。

厂房公允价值占换入资产公允价值总额的比例＝1 000÷1 450＝69%

设备公允价值占换入资产公允价值总额的比例＝100÷1450＝6.9%

原材料公允价值占换入资产公允价值总额的比例＝350÷1 450＝24.1%

(5)计算确定换入各项资产的成本。

厂房的成本：1450×69%＝1 000.5(万元)

设备的成本：1450×6.9%＝100.05(万元)

原材料的成本：1450×24.1%＝349.45(万元)

(6)会计分录。

借：固定资产清理	12 300 000	
累计折旧	13 700 000	
贷：固定资产——办公楼		20 000 000
——小汽车		3 000 000
——客运汽车		3 000 000
借：固定资产——厂房	10 005 000	
——设备	1 000 500	
原材料	3 494 500	
应交税费——应交增值税(进项税额)	595 000	
贷：固定资产清理	12 300 000	
银行存款	1 000 000	
营业外收入	1 795 000	

(三)以账面价值计量的情况

【案例10－6】 2015年5月，甲公司因经营战略发生较大转变，产品结构发生较大调整，原生产其产品的专有设备、生产该产品的专利技术等已不符合生产新产品的需要，经与乙公司协商，将其专用设备连同专利技术与乙公司正在建造过程中的一幢建筑物、对丙公司的长期股权投资进行交换。甲公司换出专有设备的账面原价为1 200万元，已提折旧750万元；专利技术账面原价为450万元，已摊销金额为270万元。乙公司在建工程截止到交换日的成本为525万元，对丙公司的长期股权投资账面余额为150万元。由于甲公司持有的专有设备和专利技术市场上已不多见，因此，公允价值不能可靠计量。乙公司的在建工程因完工程度难以合理确定，其公允价值不能可靠计量，由于丙公司不是上市公司，乙公司对丙公司长期股权投资的公允价值也不能可靠计量。假定甲、乙公司均未对上述资产计提减值准备。

分析：本例不涉及收付货币性资产，属于非货币性资产交换。由于换入资产、换出资产的公允价值均不能可靠计量，甲、乙公司均应当以换出资产账面价值总额作为换入资产的成本，各项换入资产的成本，应当按各项换入资产的账面价值占换入资产账面价值总额的比例分配后确定。

甲公司的账务处理如下：

(1)计算换入资产、换出资产账面价值总额：

换入资产账面价值总额＝525＋150＝675(万元)

换出资产账面价值总额＝(1 200－750)＋(450－270)＝630(万元)

(2)确定换入资产总成本：

换入资产总成本＝换出资产账面价值总额＝630(万元)

(3)计算各项换入资产账面价值占换入资产账面价值总额的比例：

在建工程占换入资产账面价值总额的比例＝525÷675＝77.8%

长期股权投资占换入资产账面价值总额的比例＝150÷675＝22.2%

(4)确定各项换入资产成本：

在建工程成本＝630×77.8%＝490.14(万元)

长期股权投资成本＝630×22.2%＝139.86(万元)

(5)会计分录：

借：固定资产清理	4 500 000	
累计折旧	7 500 000	
贷：固定资产——专有设备		12 000 000
借：在建工程	4 901 400	
长期股权投资	1 398 600	
累计摊销	2 700 000	
贷：固定资产清理		4 500 000
无形资产——专利技术		4 500 000

乙公司的账务处理如下：

(1)计算换入资产、换出资产账面价值总额：

换入资产账面价值总额＝(1 200－750)＋(450－270)＝630(万元)

换出资产账面价值总额＝525＋150＝675(万元)

(2)确定换入资产总成本：

换入资产总成本＝换出资产账面价值总额＝675(万元)

(3)计算各项换入资产账面价值占换入资产账面价值总额的比例：

专有设备占换入资产账面价值总额的比例＝450÷630＝71.4%

专利技术占换入资产账面价值总额的比例＝180÷630＝28.6%

(4)确定各项换入资产成本：

专有设备成本＝675×71.4%＝481.95(万元)

专利技术成本＝675×28.6%＝193.05(万元)

(5)会计分录：

借：固定资产——专有设备	4 819 500	
无形资产——专利技术	1 930 500	
贷：在建工程		5 250 000
长期股权投资		1 500 000

★★★ 项目小结 ★★★

非货币性资产是指货币性资产以外的资产，包括存货、固定资产、无形资产、长期股权投资、不准备持有至到期的债券投资等。

在非货币性资产交换的情况下，不论是一项资产换入一项资产、一项资产换入多项资产、多项资产换入一项资产，还是多项资产换入多项资产，换入资产的成本都有两种计量基础——公允价值和账面价值。

★★★ 关键术语 ★★★

货币性资产　非货币性资产　关联交易

★★★ 思考与讨论 ★★★

1. 怎样进行非货币性资产交换的认定?
2. 怎样进行非货币性资产交换的确认和计量?
3. 非货币性资产确认和计量的原则是什么?
4. 企业发生的非货币性资产交换，符合哪些条件，视为具有商业实质?
5. 关联方之间交换资产与商业实质的关系是怎样的?

项目十一　负　债

技能目标

能够对应付账款、应付职工薪酬、应交税费、长期借款、应付债券、长期应付款进行账务处理。

学习目标

1. 理解：负债的概念和特征、负债的分类。
2. 熟知：流动负债和非流动负债的核算内容。
3. 掌握：负债的具体业务核算。

知识支撑

任务一　负债概述

一、负债的概念和特征

（一）负债的概念

根据《企业会计准则——基本准则》，负债可以表述为：负债是指企业过去的交易或事项形成的、预期会导致经济利益流出企业的现时义务。它包括三层概念：第一，负债产生的原因：过去的交易、事项。第二，负债的表现形式：现时应承担的义务。第三，负债解除的结果：未来的经济利益流出企业。

（二）负债的特征

从上面的定义中可以看出，负债具有以下特征：

1. 负债是过去的交易或事项产生的

过去的交易或事项是指已经完成的经济业务，例如，企业已经购进材料但是尚未付款，在这种情况下，企业就有偿付货款的义务。过去的交易或事项可能产生的负债有：企业采购材料后的尚未付款、企业销售商品后的应交而未交税金、期末权责发生制下对费用调整后的预提费用、利润分配过程结束的未付利润等。也就是说，负债只与已经发生的交易或事项相关，而与尚未发生的交易或事项无关。例如，企业已经制订近期材料采购计划，而且不能立刻付款，在交易或事项尚未发生前，这种预期可能产生的负债不能成立。

2. 负债是企业承担的现时义务

它意味着负债是企业必须履行的经济责任，因为过去的交易或事项一般是以合同、协议或有关的法律法规作为约束条件，一旦形成负债的交易或事项已经发生，企业就不得不承担由此而带来的经济责任，即负债已成为了事实，并且它将伴随企业直到履行该项经济责任为止。

3. 负债的清偿会导致企业未来经济利益的流出

负债的清偿就是企业履行其经济责任，一般是以向债权人支付资产或提供劳务方式，解除企业对债权人的经济责任。因为这种经济责任的存在有一定的期限，所以在企业不能以支付资产或提供劳务方式解除时，可通过举借新债偿还旧债或者将负债转化为所有者权益等方式处理。举借新债偿还旧债只是债务的延期，将来仍需用支付资产或提供劳务来清偿；而负债转化为所有者权益意味着企业增加所有者权益的同时增加资产，再以新增资产偿还负债。不论是哪种方式都表明负债的偿还是以牺牲企业的经济利益为代价的。

二、负债的分类

（一）按偿还期的长短划分

负债按偿还期的长短不同可分为流动负债和长期负债

流动负债是指将在一年或者超过一年的一个营业周期内偿还的债务，包括短期借款、应付票据、应付账款、预收货款、应付工资、应交税费、应付利润、其他应付款、预提费用等；长期负债是指偿还期在一年或者超过一年的一个营业周期以上的债务，包括长期借款、应付债券、长期应付款项等。

这种分类的一个作用是使企业能够分清两种负债形成的不同原因及所起到的不同作用，例如，流动负债是在企业经营活动过程中发生的，是不可避免的，而长期负债是企业经营决策的结果，企业是否负债经营以及负债应占有多少比例完全取决于企业管理层的决策。这种分类的另一个作用是便于企业在不影响正常经营活动的前提下，合理安排偿债资金，按时偿还负债。

（二）按偿还方式的不同划分

负债按偿还方式的不同可分为货币性负债和非货币性负债

货币性负债是指企业以货币偿还的债务，如应交税费；非货币性负债是指企业以实物资产或提供劳务偿还的债务，如预收货款。这种分类的作用便于企业对现金流量的安排。

任务二 流动负债

一、流动负债的概念

流动负债是指企业在一年或超过一年的一个营业周期内，需要以流动资产或增加其他负债来抵偿的债务，主要包括短期借款、应付票据、应付账款、预收账款、应付职工薪酬、应付股利、应交税费、其他应付款等。

二、流动负债的分类

流动负债按照不同的标准分为不同的类别，以满足不同的需要。

（一）按照偿付手段分类

流动负债按照偿付手段分类，可以分为货币性流动负债和非货币性流动负债。

1. 货币性流动负债

货币性流动负债是指需要以货币资金来偿还的流动负债，主要包括短期借款、应付票据、应付账款、应付职工薪酬、应付股利、应交税费和其他应付款。

2. 非货币性流动负债

非货币性流动负债是指不需要用货币资金来偿还的流动负债，主要包括预收账款以及其他应付款。预收账款一般需要以商品或劳务来偿还。

（二）按照偿付金额是否确定分类

流动负债按照偿付金额是否确定分类，可以分为金额可以确定的流动负债和金额需要估计的流动负债。

1. 金额可以确定的流动负债

金额可以确定的流动负债是指有确切的债权人和偿付日期并有确切的偿付金额的流动负债，主要包括短期借款、应付票据、已经取得结算凭证的应付账款、预收账款、应付职工薪酬、应付股利、应交税费和其他应付款等。

2. 金额需要估计的流动负债

金额需要估计的流动负债是指没有确切的债权人和偿付日期，或虽有确切的债权人和偿付日期但其偿付金额需要估计的流动负债，主要包括没有取得结算凭证的应付账款、预提费用和预计负债等。

结算凭证尚未到达但已经入库的存货，应付账款应于月末估计确定；预提费用是应由当月成本或费用负担但当月尚未支付的债务，金额应予估计确定；预计负债是企业在与或有事项相关的义务符合一定条件的情况下估计确认的负债。

（三）按照形成方式分类

流动负债按照形成方式分类，可以分为融资活动形成的流动负债和营业活动形成的流动负债。

1. 融资活动形成的流动负债

融资活动形成的流动负债是指企业从银行和其他金融机构筹集资金形成的流动负债，主要包括短期借款和预提的借款利息。

2. 营业活动形成的流动负债

营业活动形成的流动负债是指企业在正常的生产经营活动中形成的流动负债，可以分为外部业务结算形成的流动负债和内部往来形成的流动负债。

外部业务结算形成的流动负债主要包括应付票据、应付账款、预收账款、应交税费、其他应交款、其他应付款中应付外单位的款项和预提费用等；内部往来形成的流动负债主要包括应付职工薪酬和其他应付款中应付企业内部单位或职工的款项。

三、流动负债的计价

负债是企业应在未来偿付的债务，从理论上讲，应按未来应付金额的现值计价。流动负债也是负债，从理论上讲也不应例外。但是，流动负债的偿付时间一般不超过一年，未来应付的金额与贴现值相差不多，按照重要性原则，其差额往往忽略不计，因而，流动负债一般按照业务发生时的金额计价。

不同业务形成的流动负债，发生时的金额既可能是未来应付的金额，也可能是未来应付金额的现值。如果形成流动负债的业务发生时，双方协定不计算利息，则发生时的金额即为未来应付的金额。

四、短期借款的概念

短期借款是指企业从银行或其他金融机构借入的偿还期在一年以内(特殊情况下在超过一年的一个营业周期以内)的款项。

短期借款账务核算程序如图11－1所示：

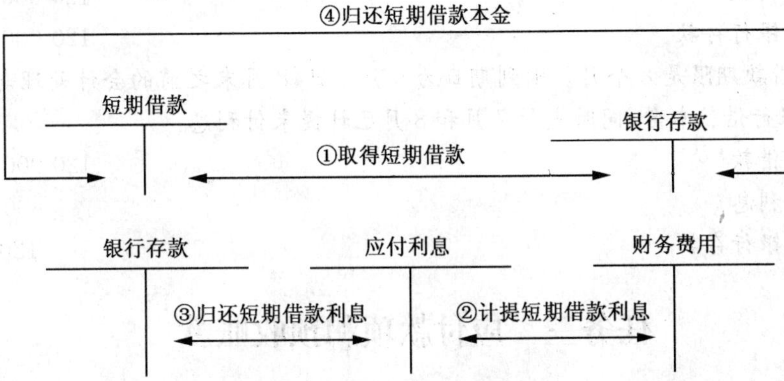

图11－1 短期借款账务核算程序

(一)取得短期借款

企业从银行或其他金融机构借入款项时，应签订借款合同，注明借款金额、借款利率和还款时间等。取得短期借款时，应借记“银行存款”科目，贷记“短期借款”科目。“短期借款”科目应按债权人以及借款种类、还款时间设置明细账。

(二)计提短期借款的利息

企业对于取得短期借款的利息，通常应当按照合同规定于每个季度末根据借款本金和合同利率确定的金额支付。根据权责发生制的要求，企业还应当在每个月末计提借款利息，将当期应付未付的利息确定为一项流动负债，计入应付利息，同时将利息确认为当期损益。

(三)归还短期借款的本金和利息

企业在短期借款到期归还借款本和利息时，应借记“短期借款”、“应付利息”、“财务费用”等科目，贷记“银行存款”科目。

【案例11－1】 A股份有限公司于2015年1月1日向银行借入一笔生产经营用短期借款，共计120 000元，期限为9个月，年利率为4%。根据与银行签署的借款协议，该项借款的本金到期后一次归还；利息分月预提，按季支付。A股份有限公司的有关会计分录如下：

(1)1月1日借入短期借款：

借：银行存款	120 000	
贷：短期借款		120 000

(2)1月末，计提1月份应计利息：

借：财务费用	400	
贷：应付利息		400

本月应计提的利息＝120 000×4%÷12＝400(元)

2月末计提2月份利息费用的处理与1月份相同。

(3)3月末，支付第一季度银行借款利息：

借:财务费用　　400
　应付利息　　800
　　贷:银行存款　　1 200

第二、三季度的会计处理同上。

(4)10 月 1 日偿还银行借款本金:

借:短期借款　　120 000
　　贷:银行存款　　120 000

假设上述借款期限是 8 个月。则到期日为 9 月 1 日,8 月末之前的会计处理与上述相同。9 月 1 日偿还银行借款本金,同时支付 7 月和 8 月已计提未付利息:

借:短期借款　　120 000
　应付利息　　800
　　贷:银行存款　　120 800

任务三　应付款项和预收账款

一、应付款项

(一)应付票据

应付票据是指企业采用商业汇票结算方式延期付款购入货物应付的票据款。在我国,商业汇票的付款期限最长为 6 个月,因而应付票据即短期应付票据。应付票据账务核算程序如图 11—2 所示:

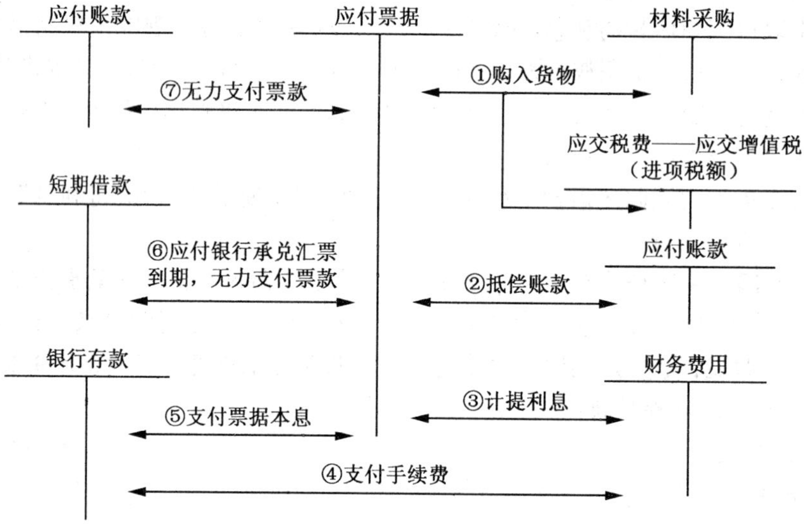

图 11—2　应付票据账务核算程序

1. 商业汇票的签付

商业汇票结算方式是一种延期付款的结算方式。企业采用商业汇票结算方式购入货物,应向供货单位签付已承兑的商业汇票。企业也可以签付商业汇票,用以抵偿应付账款。

商业汇票按承兑人分类，可以分为商业承兑汇票和银行承兑汇票两种；按是否带息分类，可以分为不带息商业汇票和带息商业汇票两种。

（1）不带息商业汇票。企业签付不带息的商业汇票，不论是商业承兑汇票还是银行承兑汇票，其到期价值即为票面价值。按照重要性原则，应付票据应按业务发生时的金额即票面价值（亦即到期价值）入账。企业取得结算凭证并签付商业汇票后，应按票面价值借记“原材料”、“应交税费”等科目，贷记“应付票据”科目。企业向银行申请承兑支付的手续费，应计入财务费用。

（2）带息商业汇票。企业签付带息的商业汇票，不论是商业承兑汇票还是银行承兑汇票，其到期价值为票面价值与应计利息之和。在这种情况下，其票面价值为应付票据的现值，应付票据仍应按业务发生时的金额即票面价值（亦即现值）入账。企业取得结算凭证并签付商业汇票后，应按结算凭证上注明的价款借记“原材料”、“应交税费”等科目，按商业汇票的票面价值贷记“应付票据”科目。企业向银行申请承兑支付的手续费，应计入财务费用。

2. 带息商业汇票的利息费用

带息商业汇票利息费用的核算，一般有以下几种方法：

（1）按月计提。这种方法适用于票面价值较大、利息费用较多的商业汇票利息费用的核算。采用这种方法，应于每月月末计算当月应付的商业汇票利息费用，计入财务费用，借记“财务费用”科目，贷记“应付利息”科目。

（2）到期计提。这种方法适用于票面价值较小、利息费用较少且签发日与到期日在同一个会计年度的商业汇票利息费用的核算。采用这种方法，每月月末不需要计提利息费用，而是在到期日一次计算确认全部利息费用，计入财务费用。到期确认利息费用时，可以单独进行账务处理，也可以与付款等一并进行账务处理。到期单独确认利息费用，应借记“财务费用”科目，贷记“应付利息”科目；付款时，应借记“应付票据”、“应付利息”科目，贷记“银行存款”科目。到期与付款等一并进行账务处理，应按商业汇票的票面价值，借记“应付票据”科目，按全部应计利息，借记“财务费用”科目，按商业汇票的票面价值与应计利息之和，贷记“银行存款”或“应付账款”科目。

（3）年末及到期计提。这种方法适用于票面价值较小、利息费用较少但签发日与到期日不在同一个会计年度的商业汇票利息费用的核算。采用这种方法，每月月末不需要计提利息费用，但由于签发日与到期日不在同一个会计年度，按照权责发生制原则应在年末计提当年的利息费用，在到期日再计算确认其余利息费用。年末计提利息费用的核算方法，与按月计提利息费用的核算方法相同；到期日确认其余利息费用的核算方法，与到期确认利息费用的核算方法相同。企业如果在6月30日需要提供对外会计报告，则利息费用在6月30日的核算方法与年末相同。

3. 商业汇票的到期

企业签付的商业汇票到期时，应无条件支付票据款。由于企业筹集付款资金的方法和能力有所不同，到期时可能会出现有能力支付票据款和无力支付票据款两种情况。

（1）有能力支付票据款。在商业汇票到期时，如果企业有能力支付票据款，则企业的开户银行在收到商业汇票付款通知时，无条件支付票据款。企业在收到开户银行的付款通知时，核销应付票据。

支付不带息的票据款时，应借记“应付票据”科目，贷记“银行存款”科目。

支付带息的票据款时，应按商业汇票账面价值，借记“应付票据”科目；按已计提的利息，借记“应付利息”科目；按尚未计提的应计利息，借记“财务费用”科目；按实际支付的票据款，贷记“银行存款”科目。

(2)无力支付票据款。在商业汇票到期时，如果企业无力支付票据款，则应根据不同承兑人承兑的商业汇票作不同的处理。

采用商业承兑汇票进行结算，承兑人即为付款人。如果付款人无力支付票据款，银行将把商业承兑汇票退还给收款人，由收付款双方协商解决。由于商业汇票已经失效，付款人应将应付票据款转为应付账款，应付的利息也应计入应付账款。如果是不带息的商业汇票，企业应按票面价值借记“应付票据”科目，贷记“应付账款”科目。如果是带息的商业汇票，企业应借记“应付票据”、“应付利息”、“财务费用”科目，贷记“应付账款”科目。

采用银行承兑汇票进行结算，承兑人为承兑银行。如果付款人无力支付票据款，承兑银行将代为支付票据款，并将其转为对付款人的逾期贷款。由于商业汇票已经失效，付款人应将应付票据款转为短期借款，应付的利息也应计入短期借款。如果是不带息的商业汇票，企业应按票面价值借记“应付票据”科目，贷记“短期借款”科目；如果是带息的商业汇票，企业应借记“应付票据”、“应付利息”、“财务费用”科目，贷记“短期借款”科目。企业支付的罚息，应计入财务费用。

【案例 11—2】 甲企业为增值税一般纳税人。该企业 2015 年 2 月 6 日，开出并承兑一张面值为 58 500 元、期限为 5 个月的不带息商业承兑汇票，用以采购一批材料，材料已收到，按计划成本核算。增值税专用发票上注明的材料价款为 50 000 元，增值税税额为 8 500 元。该企业的有关会计分录如下：

借：材料采购	50 000	
应交税费——应交增值税(进项税额)	8 500	
贷：应付票据		58 500

【案例 11—3】 承接案例 11—2，假设上例中的商业汇票为银行承兑汇票，甲企业已经缴纳承兑手续费 29.25 元。该企业的有关会计分录如下：

借：财务费用	29.25	
贷：银行存款		29.25

【案例 11—4】 承接案例 11—3，2015 年 7 月 6 日，甲企业于 2 月 6 日开出的商业承兑汇票到期。甲企业通知其开户银行以银行存款支付票款。该企业的有关会计分录如下：

借：应付票据	58 500	
贷：银行存款		58 500

【案例 11—5】 承接案例 11—4，假设上述商业汇票为银行承兑汇票，该汇票到期时甲企业无力支付票款。该企业的有关会计分录如下：

借：应付票据	58 500	
贷：短期借款		58 500

【案例 11—6】 2015 年 3 月 1 日，乙企业开出带息商业汇票一张，面值 320 000 元，用于抵付其前欠 H 公司的货款。该票据票面利率为 6%，期限为 3 个月。该企业的有关会计分录如下：

借：应付账款——H 公司	320 000	
贷：应付票据		320 000

【案例 11—7】 承接案例 11—6，3 月 31 日，乙企业计算开出的带息应付票据应计利息。

该企业的有关会计分录如下：

借：财务费用　　1 600

　　贷：应付票据　　1 600

3 月份应计提的应付票据利息＝320 000×6%÷12＝1 600(元)

乙企业 4 月末和 5 月末的会计处理同上。

【案例 11－8】 承接案例 11－7,6 月 1 日，乙企业开出的带息商业承兑汇票到期，企业以银行存款全额支付到期票款和 3 个月的票据利息。该企业的有关会计分录如下：

借：应付票据　　324 800

　　贷：银行存款　　324 800

该商业承兑汇票到期应偿还的金额＝本金＋利息＝320 000＋320 000×6%÷12×3＝324 800(元)

【案例 11－9】 承接案例 11－8,6 月 1 日，带息商业承兑汇票到期，乙企业无力支付票款，应将应付票据的账面余额转入“应付账款”科目。该企业的会计分录如下：

借：应付票据　　324 800

　　贷：应付账款　　324 800

(二)应付账款

应付账款是指企业在正常的生产经营过程中因购进货物或接受劳务应在一年以内偿付的债务，属于流动负债。

应付账款账务核算程序如图 11－3 所示：

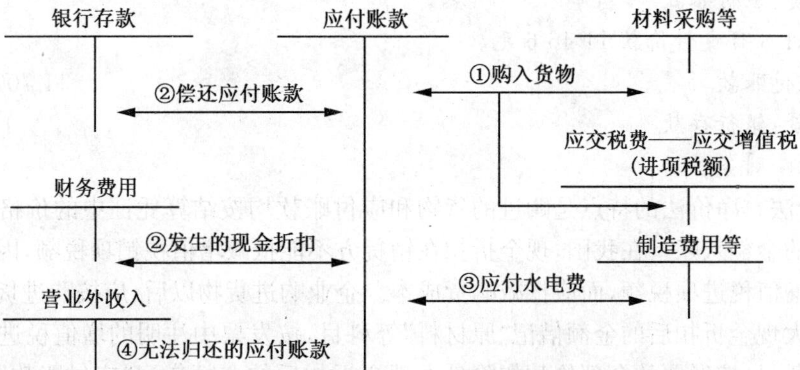

图 11－3　应付账款账务核算程序

1. 应付账款的入账时间

从理论上讲，应付账款的入账时间应为结算凭证取得的时间。在赊购情况下，企业取得结算凭证的同时可以取得货物，也意味着取得了该项货物的产权，应在确认资产的同时确认负债。在实际工作中，由于应付账款的偿付期限较短，往往在月内能够付款，为了简化核算工作，一般在取得结算凭证时不作账务处理，而在实际支付货款时作为资产入账。但是，结算凭证已到而月末仍未支付货款，则应确认资产和负债。

如果购进的货物已验收入库，而结算凭证在月末仍未到达，企业应对其进行估价，同时确认资产和负债。但为了规范实际支付货款时的核算方法，应在下月 1 日编制红字会计凭证予以冲销。

2. 应付账款的入账价格

一般来说，应付账款不再单独计算利息，业务发生时的金额即为未来应付的金额，延期付款期间的利息已经隐含在业务发生时的金额之内，按照重要性原则，应付账款一般按照业务发生时的金额即未来应付的金额入账。企业确认应付账款时，应借记有关科目，贷记"应付账款"科目；偿付应付账款时，应借记"应付账款"科目，贷记"银行存款"等科目。

如果应付账款中含有现金折扣，其入账价格的确定方法有总价法和净价法两种。

(1)总价法。总价法的特点是购进的货物和应付账款均按结算凭证中的价格入账，借记"原材料"、"应交税费"等科目，贷记"应付账款"科目。企业在折扣期内支付了货款，取得了现金折扣，则将其视为提前付款取得的利息收入，冲减财务费用，按应付账款的总价借记"应付账款"科目，按实际支付的价款贷记"银行存款"科目，按取得的现金折扣贷记"财务费用"科目；如果未取得现金折扣，按总价支付货款时，应借记"应付账款"科目，贷记"银行存款"科目。

【案例 11－10】 某企业 5 月 3 日赊购原材料一批，发票中注明的买价为 10 000 元，增值税为 1 700 元，共计 11 700 元，原材料已经入库。付款条件为 2/10，1/20，n/30。该企业采用总价法进行核算。5 月 13 日实际支付价款 11 466 元[11 700 ×(1－2%)]，取得现金折扣 234 元。

(1)5 月 3 日购入原材料，按总价入账。

借：原材料	10 000	
应交税费——应交增值税	1 700	
贷：应付账款		11 700

(2)5 月 1 3 日支付价款 11 46 6 元。

借：应付账款	11 700	
贷：银行存款		11 466
财务费用		234

(2)净价法。净价法的特点是购进的货物和应付账款均按结算凭证中的价格扣除了最大现金折扣后的金额入账。在我国，现金折扣在销货方不能抵减增值税销项税额，因而在购货方也不应抵减增值税进项税额，而应抵减购货成本。企业购进货物以后，应按购进货物发票上的买价扣除最大现金折扣后的金额借记"原材料"等科目，按发票中注明的增值税进项税额借记"应交税费"科目，按发票的全部价款扣除最大现金折扣后的金额贷记"应付账款"科目。企业支付货款时，如果取得了最大的现金折扣，应按实际支付的价款借记"应付账款"科目，贷记"银行存款"科目；如果未能取得最大的现金折扣，比应付账款账面价值多付的金额，一般视为迟付货款多付的利息，计入财务费用，应按应付账款账面价值借记"应付账款"科目，按多付的价款借记"财务费用"科目，按实际支付的价款贷记"银行存款"科目。

需要指出的是，采用净价法时，为了正确反映应付账款的数额，对于期末已经丧失的现金折扣应予以调整，丧失的现金折扣一般也视为迟付货款多付的利息，计入财务费用。调整丧失的现金折扣时，应借记"财务费用"科目，贷记"应付账款"科目。

【案例 11－11】 承接案例 11－10，该企业采用净价法进行核算，编制会计分录如下：

(1)5 月 3 日购入原材料，按净价入账。

最大现金折扣＝11 700×2%＝234(元)

应付账款净价＝11 700－234＝11 466(元)

原材料入账价值＝10 000－234＝9 766(元)

借:原材料 9 766

应交税费——应交增值税 1 700

贷:应付账款 11 466

(2)5 月 1 3 日支付价款 11 466 元。

借:应付账款 11 466

贷:银行存款 11 466

如果该企业 5 月 13 日未支付货款,而在 5 月 23 日支付货款,则只能取得 1%的现金折扣 117 元,实际支付价款 11 583 元(11 700－117)。

借:应付账款 11 466

财务费用 117

贷:银行存款 11 583

如果该企业 5 月 30 日仍未支付货款,则现金折扣 234 元全部丧失,应予以调整。

借:财务费用 234

贷:应付账款 234

上述总价法和净价法都是应付账款核算较为常用的方法,它们各有长短之处。

3. 其他应付款

其他应付款是指除了短期借款、应付票据、应付账款、应付职工薪酬、应交税费、应付利润以及预提费用以外的各种偿付期在 1 年以内的款项,如出租、出借包装物收取的押金等。

其他应付款的数额一般能够直接确定。发生其他应付款时,借记有关科目,贷记“其他应付款”科目;偿付其他应付款时,借记“其他应付款”科目,贷记“银行存款”等科目。

二、预收账款

预收账款是指企业在销货之前预先向购买方收取的款项,应在 1 年以内用产品或劳务来偿付。与应付账款不同,预收账款所形成的负债不是以货币偿付,而是以货物偿付的。

企业发生的预收账款业务,一般可以通过“预收账款”科目核算。收到预收账款时,应借记“银行存款”科目,贷记“预收账款”科目;销售货物或提供劳务时,应借记“预收账款”科目,贷记“主营业务收入”、“应交税费——应交增值税”等科目;退还多收的货款时,应借记“预收账款”科目,贷记“银行存款”科目;收到购买方补付的货款时,应借记“银行存款”科目,贷记“预收账款”科目。采用这种方式,在销货的全部价款大于预收账款而尚未收到购买方补付的账款时,“预收账款”科目所属的明细科目会有借方余额。月末,“预收账款”所属明细科目的借方余额,在资产负债表上,应列入“应收账款”项目。

在企业预收账款业务不多的情况下,为了简化核算工作,也可以不设“预收账款”科目,预收的账款记入“应收账款”科目的贷方。采用这种方式,“应收账款”科目所属的明细科目可能会有贷方余额。月末,“应收账款”科目所属明细科目的贷方余额,在资产负债表上,应列入“预收账款”项目。

预收账款账务核算程序如图 11－4 所示。

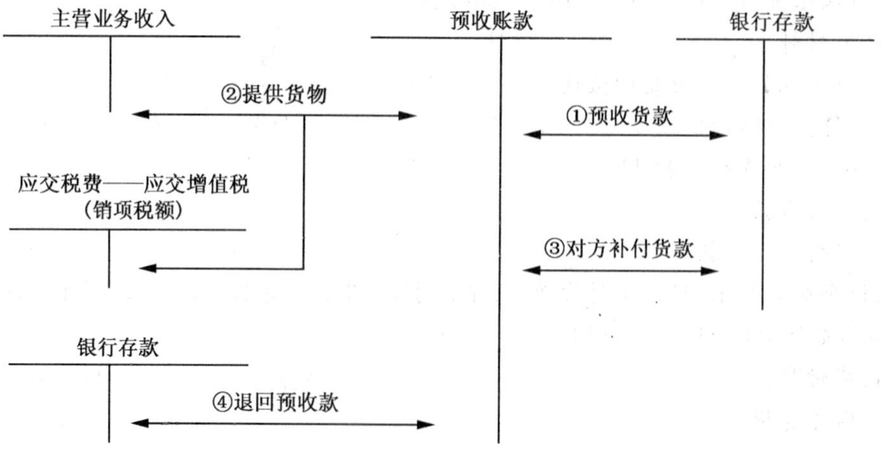

图 11—4　预收账款账务核算程序

【案例 11—12】 甲公司为增值税一般纳税人。2015 年 6 月 3 日，甲公司与乙公司签订供货合同，向其出售一批产品，货款金额共计 100 000 元，应交增值税 17 000 元。根据购货合同的规定，乙公司在购货合同签订后一周内，应当向甲公司预付货款 60 000 元，剩余货款在交货后付清。2015 年 6 月 9 日，甲公司收到乙公司交来的预付货款 60 000 元并存入银行，6 月 19 日甲公司将货物发到乙公司并开出增值税专用发票，乙公司验收后付清了剩余货款。甲公司有关的会计分录如下：

(1)6 月 9 日收到乙公司交来的预付货款 60 000 元：

借：银行存款	60 000	
贷：预收账款——乙公司		60 000

(2)6 月 19 日按合同规定，向乙公司发出货物：

借：预收账款——乙公司	117 000	
贷：主营业务收入		100 000
应交税费——应交增值税（销项税额）		17 000

(3)收到乙公司补付的货款：

借：银行存款	57 000	
贷：预收账款		57 000

【案例 11—13】 承接案例 11—12，假设甲公司不设置“预收账款”科目，通过“应收账款”科目核算有关业务。甲公司的有关会计分录如下：

(1)6 月 9 日收到乙公司交来的预付货款 60 000 元：

借：银行存款	60 000	
贷：应收账款——乙公司		60 000

(2)6 月 19 日按合同规定，向乙公司发出货物：

借：应收账款——乙公司	117 000	
贷：主营业务收入		100 000
应交税费——应交增值税（销项税额）		17 000

(3)收到乙公司补付的货款：

借:银行存款　　57 000

　　贷:应收账款——乙公司　　57 000

任务四　应交税费

一、应交税费的核算内容

应交税费是指企业在生产经营过程中产生的应向国家缴纳的各种税费,主要包括增值税、消费税、营业税、城市维护建设税、教育费附加和所得税、土地增值税、房产税、车船税、土地使用税、矿产资源补偿费等。

在实务中,企业代扣代缴的税和个人所得税,也通过应交税费核算,上述应交的各项税费根据税法等相关规定一般应当定期缴纳,因而在尚未缴纳之前形成企业的一项现时义务,应当确认为一项流动负债。其中,增值税、消费税和营业税是企业缴纳的三个主要税种。

企业应通过"应交税费"科目,总括反映各种税费的缴纳情况,并按照应交税费的种类进行明细核算。该科目贷方登记应缴纳的各种税费等,借方登记实际缴纳的税费;期末余额一般在贷方,反映企业尚未缴纳的税费,期末余额如在借方,反映企业多交或尚未抵扣的税费。

二、应交增值税

增值税是对在我国境内销售货物或者提供加工、修理修配业务,以及进口货物的单位和个人的增值额征收的一种税。增值税是目前我国第一大税种,增值税的纳税人按其经营规模及会计核算是否健全划分为一般纳税人和小规模纳税人。

(一)一般纳税人应交增值税的核算

1. 一般纳税人

一般纳税人是指年应征增值税销售额超过《增值税暂行条例实施细则》规定的小规模纳税人标准的企业和企业单位。一般纳税人的特点是增值税进项税额可以抵扣销项税额,可以开立增值税专用发票。

下列纳税人不属于一般纳税人:

(1)年应税销售额未超过小规模纳税人标准的企业;

(2)个人(除个体经营者以外的其他个人);

(3)非企业性单位;

(4)不经常发生增值税应税行为的企业。

增值税实行比例税率。一般纳税人增值税的税率分为三档:基本税率、低税率和零税率。基本税率为17%、低税率为13%、零税率为0%。2011年,经国务院批准,财政部、国家税务总局联合下发营业税改增值税试点方案。从2012年1月1日起,上海交通运输业和部分现代服务业开展营业税改征增值税试点。2014年营改增后的增值税税率如表11－1所示。

表 11—1　　　　营改增后的增值税税目税率表(2014)

<table>
<tr><td>小规模纳税人</td><td colspan="2">包括原增值税纳税人和营改增纳税人从事货物销售，
提供增值税加工、修理修配劳务，以及营改增各项应税服务</td><td>征收率 3%</td></tr>
<tr><td rowspan="19">一般纳税人</td><td colspan="2">原增值税纳税人</td><td>税率</td></tr>
<tr><td colspan="2">销售或者进口货物(另有列举的货物除外)；提供加工、修理修配劳务</td><td>17%</td></tr>
<tr><td colspan="2">粮食、食用植物油、鲜奶</td><td rowspan="5">13%</td></tr>
<tr><td colspan="2">自来水、暖气、冷气、热气、煤气、石油液化气、天然气、沼气，居民用煤炭制品</td></tr>
<tr><td colspan="2">图书、报纸、杂志</td></tr>
<tr><td colspan="2">饲料、化肥、农药、农机(整机)、农膜</td></tr>
<tr><td colspan="2">国务院规定的其他货物：农产品(指各种动、植物初级产品)；音像制品；电子出版物；二甲醚</td></tr>
<tr><td colspan="2">出口货物</td><td>0%</td></tr>
<tr><td colspan="2">营改增试点增值税纳税人</td><td>税率</td></tr>
<tr><td>交通运输业</td><td>陆路(含铁路)运输、水路运输、航空运输和管道运输服务</td><td>11%</td></tr>
<tr><td>邮政业</td><td>邮政普遍服务、邮政特殊服务、其他邮政服务</td><td>11%</td></tr>
<tr><td rowspan="8">现代服务业</td><td>研发和技术服务</td><td rowspan="6">6%</td></tr>
<tr><td>信息技术服务</td></tr>
<tr><td>文化创意服务</td></tr>
<tr><td>物流辅助服务</td></tr>
<tr><td>鉴证咨询服务</td></tr>
<tr><td>广播影视服务</td></tr>
<tr><td>有形动产租赁服务</td><td>17%</td></tr>
<tr><td>财政部和国家税务总局规定的应税服务</td><td>0%</td></tr>
<tr><td rowspan="3">纳税人</td><td colspan="2">境内单位和个人提供的往返香港、澳门、台湾地区的交通运输服务
境内单位和个人在香港、澳门、台湾地区提供的交通运输服务</td><td>0%</td></tr>
<tr><td colspan="2">境内单位和个人提供的国际运输服务、向境外单位提供的研发服务和设计服务</td><td>0%</td></tr>
<tr><td colspan="2">境内单位和个人提供的规定的涉外应税服务</td><td>免税</td></tr>
</table>

一般纳税人销售货物或提供应税劳务，其应纳税额采用扣税法计算，计算公式为：

应纳增值税＝本期销项税额－本期进项税额

其中　　本期销项税额＝本期销售额×增值税税率

本期销售额为不含增值税的销售额，在增值税发票上销售额和增值税以价和税分别反映。如果销售额为含税销售额，在计算本期销项税额时，必须将含税销售额换算成不含税销售额。

不含税销售额＝含税销售额÷(1＋增值税税率)

2.“应交税费”科目的设置

(1)“应交税费——应交增值税”科目。应交增值税对于一般纳税人来说，在一般情况下属于一种价外税，即销售货物和提供应税劳务收取的增值税不计入销售收入，购进货物和接受应税劳务支付的增值税一般也不计入货物和劳务的成本，在价外单独核算。为此，应在“应交税费”科目下设置“应交增值税”二级科目进行核算。“应交增值税”二级科目还应按照应交增值税的构成内容设置专栏，进行明细核算。

“应交增值税”二级科目的借方一般设置进项税额、已交税费、出口抵减内销产品应纳税额和转出未交增值税四栏；贷方一般设置销项税额、进项税额转出、出口退税和转出多交增值税四栏。贷方专栏中进项税额转出和出口退税两项为借方专栏中进项税额的抵减项目。本期销项税额大于抵减后的进项税额与出口抵减内销产品应纳税额之和的，其差额为本期应交增值税额。本期应交增值税额大于借方专栏"已交税费"的差额，为本期未交增值税，应从"应交增值税"二级科目借方("转出未交增值税"专栏)转出，转入"未交增值税"二级科目贷方；本期应交增值税额小于借方专栏"已交税费"的差额，为本期多交增值税，应从"应交增值税"二级科目贷方("转出多交增值税"专栏)转出，转入"未交增值税"二级科目借方。经过上述结转后，"应交增值税"二级科目应无余额。

如果本期销项税额小于抵减后的进项税额与出口抵减内销产品应纳税额之和，其差额为尚未抵扣的进项税额，保留在"应交增值税"二级科目内，可以在以后期间继续抵扣。"应交增值税"二级科目月末如有余额，应为借方余额，即尚未抵扣的进项税额。

(2)"应交税费——未交增值税"科目"应交税费——未交增值税"科目反映企业月末累计未交增值税或多交增值税。该科目借方登记转入的当期应交未交增值税和实际缴纳的增值税，贷方登记转入的当期多交增值税。该科目借方余额为累计多交增值税，贷方余额为累计未交增值税。

值得注意的是，企业在缴纳增值税时，应将补交的以前月份未交增值税记入"应交税费——未交增值税"科目借方，将缴纳的当月增值税记入"应交税费——应交增值税(已交税费)"科目借方。

3. 增值税销项税额

增值税销项税额是指一般纳税人销售货物或提供应税劳务收取价款中所含的增值税额。

(1)计征增值税的销售额。计征增值税的销售额是指企业销售货物或提供应税劳务向购买方收取的除销项税额、代扣代缴的消费税以及代垫运杂费以外的全部价款和价外费用。价外费用主要包括手续费、包装费、违约金(延期付款利息)以及自营运杂费等。

(2)销项税额的计算。企业如果采用不含税定价的方法，销项税额可以直接根据不含税的销售额乘以增值税率计算；企业销售货物或提供应税劳务以后，应根据全部价款，借记"银行存款"等科目；根据销项税额，贷记"应交税费——应交增值税(销项税额)"科目；根据其他价款和价外费用，贷记"主营业务收入"等科目。

(3)视同销售行为。视同销售行为是指企业在会计核算中未作销售处理而税法中要求按照销售行为缴纳增值税的行为。主要包括：将自产或委托加工的货物用于非应税项目；将自产、委托加工或购买的货物用于投资、提供给其他单位或个体经营者；将自产、委托加工或购买的货物分配给股东或投资者；将自产或委托加工的货物用于集体福利或个人消费；将自产、委托加工或购买的货物无偿赠送他人。

在会计实务核算中，上述视同销售行为的货物一般按成本转账，不计入销售收入，会计账面中不反映销售额。在计算缴纳增值税时，销售额应按下列顺序确定：按当月同类货物的平均销售价格确定；按最近时期同类货物的平均销售价格确定；按组成计税价格确定。组成计税价格的计算公式为：

$$\text{组成计税价格}=\text{成本}\times(1+\text{成本利润率})$$

其中，属于应征消费税的货物，其组成计税价格中应加计消费税额。

(4)混合销售行为。混合销售行为是指在一项销售业务中即涉及货物又涉及非应税劳务的行为。对于从事货物生产、批发或零售的企业，混合销售行为视同销售货物，收取的非应税劳务价款，也应一并计征增值税。如前所述，计征增值税销售额中的价外费用大部分属于营业税项目，但由于与销售货物一并进行，属于混合销售行为，应计征增值税。混合销售行为中的非应税项目计征增值税后，不再计征其他税金。

(5)兼营销售行为。兼营销售行为是指在不同的销售业务中分别涉及货物或非应税劳务的行为。企业兼营非应税劳务,如果能够单独进行准确核算,可以按非应税劳务的性质计征营业税,不计征增值税;如果不分别核算或者不能准确核算,则应与销售货物或提供应税劳务一并计征增值税。

【案例11－14】 嘉鸿股份有限公司10月份发生如下销项税额业务,编制会计分录如下:

(1)销售甲产品100件,不含税的价款为200 000元,增值税率17%,增值税销项税额34 000元,共计234 000元,款项收到,存入银行。

借:银行存款	234 000	
贷:主营业务收入		200 000
应交税费——应交增值税(销项税额)		34 000

(2)甲产品10件用于在建工程,成本总计35 000元,增值税按当月甲产品的销售额50 000元和增值税率17%计算。

借:在建工程	435 00	
贷:库存商品		35 000
应交税费——应交增值税(销项税额)		8 500

(3)用原材料一批对外投资。原材料的账面价值为500 000元,投资双方的不含税协商价值为500 000元,增值税按协商价值的17%计算。

借:长期股权投资	585 000	
贷:原材料		500 000
应交税费——应交增值税(销项税额)		85 000

(4)销售乙产品20件,不含税的价款为10 000元,另收取了自营运输费200元,由于该项业务属于混合销售行为,自营运输费应一并缴纳增值税,增值税销项税额为1 734元,共计11 934元,款项收到,存入银行。

借:银行存款	11 934	
贷:主营业务收入		10 000
其他业务收入		200
应交税费——应交增值税(销项税额)		1 734

4. 增值税进项税额

增值税进项税额是指一般纳税人购进货物或接受应税劳务支付价款中所含的增值税额。企业支付的增值税进项税额能否在销项税额中抵扣,应视具体情况而定。

(1)不得抵扣的进项税额。按我国税法规定,下列项目的进项税额不得从销项税额中抵扣:购进固定资产;用于非应税项目的购进货物或应税劳务;用于免税项目的购进货物或应税劳务;用于集体福利或个人消费的购进货物或应税劳务;非正常损失的购进货物;非正常损失的在产品、产成品所耗用的购进货物或应税劳务。

(2)可以抵扣的进项税额。一般来说,凡是未明确不得抵扣的进项税额,都可以抵扣可以抵扣的进项税额。这又分为两种情况:取得增值税扣税凭证和未取得增值税扣税凭证。

①取得增值税扣税凭证。企业购进的一般货物及接受的应税劳务,必须取得增值税扣税凭证,才能从销项税额中抵扣,这部分进项税额不计入购进货物或应税劳务的成本。企业购进货物或接受应税劳务时,应根据增值税专用发票中货物或应税劳务的价款,借记"原材料"等科目;根据增值税专用发票中的进项税额,借记"应交税费——应交增值税(进项税额)"科目;根

据全部价款，贷记“银行存款”等科目。

②未取得增值税扣税凭证。企业购进的货物如为免税的农产品或废旧物资，由于销售方不收增值税，因而企业无法取得增值税专用发票。但是按照税法规定，企业购进农产品，除取得增值税专用发票或者海关进口增值税专用缴款书外，按照农产品收购发票或者销售发票上注明的农产品买价和13%的扣除率来计算进项税额。

计算公式为：进项税额＝买价×扣除率

其中，买价包括纳税人购进农产品在农产品收购发票或者销售发票上注明的价款和按规定缴纳的烟叶税。

企业购进农产品时，应按买价的87%借记“原材料”等科目，按买价的13%借记“应交税费——应交增值税(进项税额)”科目，按买价贷记“银行存款”等科目。企业收购废旧物资时，应按收购价的90%借记“原材料”科目，按收购价的10%借记“应交税费——应交增值税(进项税额)”科目，按收购价贷记“银行存款”等科目。

企业购进货物时，支付的价款中如果含有销货单位代垫的运费(即运输部门开具的运费发票)，则由于运费属于非增值税项目，运输部门不能开具增值税专用发票。但是按照现行制度规定，也可以按照这部分运费的7%作为进项税额抵扣。

【案例11－15】 嘉鸿股份有限公司为增值税一般纳税人，10月份根据发生的有关增值税进项税额的业务编制会计分录如下：

(1)购入全新的不需安装的机器设备一台，买价200 000元，增值税34 000元，运杂费500元，共计234 500元，用银行存款支付。

借：固定资产　　234 500

　贷：银行存款　　234 500

(2)购入原材料一批，买价100 000元，增值税17 000元，运费1 000元，共计118 000元，结算凭证已到，原材料入库，货款用银行存款支付。

原材料成本＝100 000＋1 000×93%＝100 930(元)

进项税额＝17 000＋1 000×7%＝17 070(元)

借：原材料　　100 930

　应交税费——应交增值税(进项税额)　　17 070

　贷：银行存款　　118 000

(3)收购废旧物资一批，作为原材料入库，收购价50 000元，用银行存款支付。

借：原材料　　45 000

　应交税费——应交增值税(进项税额)　　5 000

　贷：银行存款　　50 000

5. 增值税进项税额转出

一般纳税人在购进货物时如果不能直接认定其进项税额能否抵扣，支付的进项税额可以先予以抵扣，待以后用于不得抵扣进项税额的项目时，再将其进项税额转出，抵减当期进项税额。进项税额转出时，应借记有关科目，贷记“应交税费——应交增值税(进项税额转出)”科目。

【案例11－16】 嘉鸿股份有限公司10月份发生的有关进项税额转出业务，编制会计分录如下：

(1)自建固定资产领用原材料一批，实际成本50 000元，购进该批原材料时支付的进项税额8 500元已经抵扣。

借:在建工程　　58 500

　　贷:原材料　　50 000

　　　　应交税费——应交增值税(进项税额转出)　　8 500

(2)由于自然灾害,毁损产成品一批,实际成本 40 000 元,所耗购进货物的进项税额为 3 400元。

借:待处理财产损溢——待处理流动资产损益　　43 400

　　贷:库存商品　　40 000

　　　　应交税费——应交增值税(进项税额转出)　　3 400

6. 增值税出口退税及出口抵减内销产品应纳税额

按照税法规定,出口货物的增值税率为零,即出口货物在出口环节不征收增值税,但企业在购进出口货物或购进出口货物所耗原材料时还要照章支付增值税进项税额。企业支付的进项税额,按规定可以先计入增值税进项税额,在货物出口以后,再根据出口报关单等有关凭证,向税务部门申报办理该项出口货物的退税。

按照现行制度规定,企业购进出口货物支付的进项税额,不全额退还。企业收到退还的进项税额时,应借记"银行存款"等科目,贷记"应交税费——应交增值税(出口退税)"科目;未退还的部分,也不能从内销产品的销项税额中抵扣,应将其从进项税额中转出,计入销售成本,借记"主营业务成本"科目,贷记"应交税费——应交增值税(进项税额转出)"科目。

如果企业有内销产品,国家对应退的出口退税款不再直接退还,而是允许企业将这部分出口退税款抵减内销产品的销项税额,借记"应交税费——应交增值税(出口抵减内销产品应纳税额)"科目,贷记"应交税费——应交增值税(出口退税)"科目。

【案例 11－17】 嘉鸿股份有限公司 10 月份根据发生的有关出口退税业务,编制会计分录如下:

(1)出口丙产品 2 件,价款折合人民币 40 000 元,尚未收到。

借:应收账款　　40 000

　　贷:主营业务收入　　40 000

(2)出口丙产品 2 件所耗原材料为 10 000 元,进项税额为 1 700 元,申报退税后,应退回税款 900 元,允许企业抵减内销产品销项税额。

借:应交税费——应交增值税(出口抵减内销产品应纳税额)　　900

　　贷:应交税费——应交增值税(出口退税)　　900

(3)出口丙产品所耗原材料未退回的进项税额 800 元(1 700－900),计入销售成本。

借:主营业务成本　　800

　　贷:应交税费——应交增值税(进项税额转出)　　800

7. 当月应交增值税与实交增值税

企业根据当月"应交税费——应交增值税"科目的借、贷方发生额,可以计算出当月应交增值税额,其计算公式为:

应交增值税＝销项税额－(进项税额－进项税额转出－出口退税)

　　　　　　－出口抵减内销产品应纳税额

企业应交的增值税额,应根据具体情况按日缴纳或按月预缴。预缴当月增值税时,应借记"应交税费——应交增值税(已交税费)"科目,贷记"银行存款"等科目。

【案例 11－18】 嘉鸿公司按照规定可以按月缴纳增值税。根据前述有关资料,编制会计分录如下：

(1)10 月份应交增值税计算如下：

进项税额=17 070+5 000=22 070(元)

进项税额转出=8 500+3 400+800=12 700(元)

出口退税=900(元)

出口抵减内销产品应纳税额=900(元)

销项税额=34 000+8 500+85 000+1 734=129 234(元)

应交增值税=129 234-(22 070-12 700-900)-900

　　　　　=129 234-8 470-900=119 864(元)

(2)9 月份补交 8 月末未交增值税 2 000 元，并预交 10 月份增值税 80 000 元，合计 82 000 元。

借：应交税费——未交增值税	2 000	
——应交增值税(已交税费)	80 000	
贷：银行存款		82 000

8. 转出未交增值税与多交增值税

月末，企业应将当月未交增值税或多交增值税从“应交税费——应交增值税”科目转出，转入“应交税费——未交增值税”科目。转出未交增值税时，应借记“应交税费——应交增值税(转出未交增值税)”科目，贷记“应交税费——未交增值税”科目；转出多交增值税时，应借记“应交税费——未交增值税”科目，贷记“应交税费——应交增值税(转出多交增值税)”科目。

【案例 10-19】 承接案例 11-18 的计算结果，转出未交增值税。

转出未交增值税=119 864-80 000=39 864(元)

借：应交税费——应交增值税(转出未交增值税)	39 864	
贷：应交税费——未交增值税		39 864

月末未交增值税为：

月初未交增值税 2 000-当月补交增值税 2 000+当月未交增值税 5 864=月末未交增值税 5 864(元)

(二)小规模纳税人应交增值税的核算

小规模纳税人是指年销售额在规定的标准以下，而且会计核算不健全，不能按规定报送有关税务资料的增值税纳税人。

小规模纳税企业应当按照不含税销售额和规定的增值税征收率计算缴纳增值税，销售货物或提供应税劳务时只能提供增值税普通发票，小规模纳税企业不享有进项税额的抵扣权，其购进货物或接受应税劳务支付的增值税直接计入有关货物或劳务的成本。销售货物或提供应税劳务时，按应征增值税销售额的 3%计算，但不得开具增值税专用发票。

《税法》中也规定，如果小规模纳税人的会计核算健全，能按会计制度和税务部门的要求准确核算进项税额、销项税额和应纳税额，可以认定为一般纳税人。

小规模纳税人的应征增值税销售额计算方法与一般纳税人相同。一般来说，小规模纳税人采用销售额和应纳税额合并定价的方法，销售货物或提供应税劳务后，应进行价税分离，其计算公式为：

$$\text{不含税销售额}=\frac{\text{含税销售额}}{1+\text{征收率}}$$

应纳税额=不含税销售额×征收率

小规模纳税人的应征税额也不计入销售收入。在销售货物或提供应税劳务时,应按全部价款借记"银行存款"等科目,按不含税的销售额贷记"主营业务收入"等科目,按应征税额贷记"应交税费——应交增值税"科目,不需要在"应交增值税"明细科目中设置专栏,"应交税费——应交增值税"科目贷方登记应缴纳的增值税,借方登记已缴纳的增值税;期末贷方余额表示企业尚未缴纳的增值税,借方余额为多缴纳的增值税。

【案例11-20】 某企业为小规模纳税人,10月发生的购销业务如下,编制会计分录:

(1)购进原材料一批,取得的专用发票中注明货款50 000元,增值税8 500元,共计58 500元,款项用银行存款支付。材料已经验收入库。

借:原材料	58 500	
贷:银行存款		58 500

(2)销售产品一批,所开出的普通发票中注明货款(含税)20 600元,款项收到,存入银行。

$$不含税销售额=\frac{20\ 600}{1+3\%}=20\ 000(元)$$

应征增值税= 20 000 ×3%=600 (元)

借:银行存款	20 600	
贷:主营业务收入		20 000
应交税费——应交增值税		600

二、应交消费税

(一)消费税的概念和范围

消费税是对在我国境内生产、委托加工和进口应税消费品的单位与个人征收的一种流转税。征收消费税的消费品包括:烟、酒及酒精、化妆品、护发护肤品、贵重首饰及珠宝玉石、鞭炮和烟火、汽油、柴油、汽车轮胎、摩托车、小汽车等。

(二)销售产品应交消费税

消费税与增值税不同,一般来说,属于价内税,即产品销售收入中包含消费税,也就是说,消费税应由产品销售收入来补偿。消费税的计算采取从价定率和从量定额两种方法。

(1)实行从价定率征收的应税消费品

应纳税额=销售额×适用税率

其中,销售额为不含增值税的销售额。

含增值税的销售额应换算为不含增值税的销售额,其计算公式为:

含增值税的销售额=含增值税的销售额÷(1+增值税率或征收率)

关于销售额的确定,对外销售的应税消费品,其销售额为不含增值税的销售额;自产自用的应税消费品,以纳税人生产的同类消费品的销售价格作为销售额;委托加工的应税消费品,以受托方的同类消费品的销售价格作为销售额,没有同类消费品销售价格的,以组成计税价格作为销售额。

$$组成计税价格=\frac{材料成本+加工费}{1-消费税税率}$$

进口的应税消费品,以组成计税价格作为销售额。

$$组成计税价格=\frac{关税完税价格+关税}{1-消费税税率}$$

不同的应税消费品适用不同的税率，如表 11－2 所示。

表 11－2 **消费税税目税率表**

税 目	税 率
一、烟	
1. 卷烟	
(1)甲类卷烟①	56%加 0.003 元/支(生产环节)
(2)乙类卷烟②	36%加 0.003 元/支(生产环节)
(3)批发环节	5%
2. 雪茄烟	36%
3. 烟丝	30%
二、酒及酒精	
1. 白酒	20%加 0.5 元/500 克(或 500 毫升)
2. 黄酒	240 元/吨
3. 啤酒	250 元/吨
(1)甲类啤酒③	
(2)乙类啤酒④	220 元/吨
4. 其他酒	10%
三、化妆品	30%
四、贵重首饰及珠宝玉石	
1. 金银首饰、铂金首饰和钻石及钻石饰品	5%
2. 其他贵重首饰和珠宝玉石	10%
五、鞭炮、焰火	15%
六、成品油	
1. 汽油	1.52 元/升
2. 柴油	1.2 元/升
3. 航空煤油(暂缓征收)	1.2 元/升
4. 石脑油	1.52 元/升
5. 溶剂油	1.52 元/升
6. 润滑油	1.52 元/升
7. 燃料油	1.2 元/升
七、摩托车	
1. 气缸容量 250 毫升(不含)以下的小排量摩托车	免税
2. 气缸容量在 250 毫升(含 250 毫升)	3%
3. 气缸容量在 250 毫升以上的	10%
八、小汽车	
1. 乘用车	
(1)气缸容量(排气量，下同)在 1.0 升(含 1.0 升)以下的	1%
(2)气缸容量在 1.0 升以上至 1.5 升(含 1.5 升)的	3%
(3)气缸容量在 1.5 升以上至 2.0 升(含 2.0 升)的	5%
(4)气缸容量在 2.0 升以上至 2.5 升(含 2.5 升)的	9%
(5)气缸容量在 2.5 升以上至 3.0 升(含 3.0 升)的	12%
(6)气缸容量在 3.0 升以上至 4.0 升(含 4.0 升)的	25%
(7)气缸容量在 4.0 升以上的	40%
2. 中轻型商用客车	5%
九、高尔夫球及球具	10%

续表

税　目	税　率
十、高档手表	20%
十一、游艇	10%
十二、木制一次性筷子	5%
十三、实木地板	5%

注:①甲类卷烟,即每标准条(200 支)调拨价格在 70 元(不含增值税)以上(含 70 元)的卷烟,生产环节(含进口)的税率为 56%。

②乙类卷烟,即每标准条调拨价格在 70 元(不含增值税)以下的卷烟,生产环节(含进口)的税率为 36%。

③甲类啤酒,每吨出厂价(含包装物及包装物押金)在 3 000 元(含 3 000 元,不含增值税)以上的啤酒 。

④乙类啤酒,每吨出厂价(含包装物及包装物押金)在 3 000 元(不含增值税)以下的啤酒。

(2)实行从价定率征收的应税消费品

应纳税额=单位税额×销售量

关于应税消费品销售量的确定,对外销售的应税消费品为销售的数量;自产自用的应税消费品为移送使用数量;委托加工的应税消费品为纳税人收回的应税消费品数量;进口的应税消费品为海关核定的应税消费品进口征税数量。

不同的应税消费品其税法规定的单位税额也不同。

实行从价定率方法计算的应纳税额=销售额×税率

实行从量定额方法计算的应纳税额=销售量×单位税额

上列公式中的销售额,与计征增值税的销售额口径相同,是指销售应税消费品向购买方收取的不含增值税的全部价款和价外费用。

由于企业销售应税消费品的销售收入中含有应交消费税,在核算消费税时,应设置“营业税金及附加——消费税”科目。该科目属于费用类科目。企业结转应交消费税时,应根据应纳税额借记“营业税金及附加——消费税”科目,贷记“应交税费——应交消费税”科目;实际缴纳消费税时,应借记“应交税费——应交消费税”科目,贷记“银行存款”科目。

【案例 11—21】 甲企业某月根据发生的有关消费税业务,编制会计分录如下:

(1)销售应税消费品一批,不含增值税的价款为 50 000 元,增值税销项税额为 8 500 元,共计 58 500 元,款项收到,存入银行。

借:银行存款　　58 500

　　贷:主营业务收入　　50 000

　　　　应交税费——应交增值税　　8 500

(2)销售该产品的消费税率为 10%,结转应交消费税 5 000 元。

借:营业税金及附加　　5 000

　　贷:应交税费——应交消费税　　5 000

(三)视同销售应交消费税

企业将自产的应税消费品用于本企业的生产经营、在建工程、集体福利、个人消费,或用于对外投资、分配给股东或投资者或无偿捐赠给他人,均应视同销售,计算缴纳消费税,其销售额应按生产同类消费品的销售价格计算;没有同类消费品销售价格的,应按照组成计税价格计算,其计算公式为:

$$组成计税价格=\frac{成本+利润}{1-消费税税率}$$

【案例 11－22】 乙企业某月根据发生的有关视同销售业务，编制会计分录如下：

(1)管理部门领用自产的应税消费品甲产品 1 件，实际成本为 5 000 元，同类产品的销售价格为 10 000 元，消费税税率为 20%。

应交消费税＝10 000×20%－2 000(元)

借：管理费用	7 000	
贷：库存商品		5 000
应交税费——应交消费税		2 000

(2)将自产的应税消费品乙产品一批对外捐赠，实际成本为 200 000 元，没有同类产品的销售价格，正常的成本利润率为 60%，增值税税率为 1 7%，消费税税率为 20%。

$$组成计税价格=\frac{200\ 000+200\ 000\times 60\%}{1-20\%}=40\ 000(元)$$

增值税销项税额＝400 000×17%＝68 000(元)

消费税额＝400 000×20%＝80 000(元)

借：营业外支出	348 000	
贷：库存商品		200 000
应交税费——应交增值税(销项税额)		68 000
——应交消费税		80 000

(四)委托加工应交消费税

企业委托外单位加工应税消费品，按税法规定，应由受托方在向委托方交货时代扣代缴消费税，其销售额应按受托方同类消费品的销售价格计算；没有同类消费品销售价格的，应按组成计税价格计算，其计算公式为：

$$组成计税价格=\frac{材料成本+加工费}{1-消费税税率}$$

企业收回委托加工的应税消费品，如果用于连续生产应税消费品，按税法规定，缴纳的消费税可以抵扣，应借记“应交税费——应交消费税”科目，贷记“银行存款”等科目；在企业最终销售应税消费品时，再根据其销售额计算应交的全部消费税，借记“主营业务税金及附加”科目，贷记“应交税费——应交消费税”科目；应交的全部消费税扣除收回委托加工应税消费品时缴纳的消费税，为应补交的消费税，缴纳消费税时，借记“应交税费——应交消费税”科目，贷记“银行存款”科目。

企业收回委托加工的应税消费品，如果不再加工，而是直接出售，则缴纳的消费税应计入收回的应税消费品的成本，借记“委托加工材料”等科目，贷记“银行存款”等科目；

在应税消费品出售时，不必再计算缴纳消费税。

【案例 11－23】 某企业根据发生的有关委托加工应税消费品业务，编制会计分录如下：

(1)发出原材料一批，实际成本 100 000 元，加工应税消费品。

借：委托加工材料	100 000	
贷：原材料		100 000

(2)收回加工完成的应税消费品，作为原材料入库，用银行存款实际支付不含税的加工费 20 000 元，增值税 3 400 元，消费税税率 20%，支付消费税 30 000 元[(100 000＋20 000)/(1－20%)×20%]，共计 53 400 元。

如果收回的应税消费品继续加工：

借:委托加工材料　　20 000
　　应交税费——应交增值税(进项税额)　　3 400
　　　　——应交消费税　　30 000
　贷:银行存款　　53 400
借:原材料　　120 000
　贷:委托加工材料　　120 000

如果收回的应税消费品直接出售:

借:委托加工材料　　50 000
　　应交税费——应交增值税(进项税额)　　3 400
　贷:银行存款　　53 400
借:原材料　　150 000
　贷:委托加工材料　　150 000

(五)缴纳消费税会计处理

企业实际缴纳消费税时,应借记"应交税费——应交消费税"科目,贷记"银行存款"科目。

三、应交营业税

(一)纳税义务人

在我国境内提供交通运输、建筑、金融保险、邮电通信、文化体育、娱乐、服务等劳务以及出租、出售无形资产或销售不动产的单位和个人为营业税的纳税义务人。

(二)提供劳务和出租、出售无形资产应交营业税

营业税也是一种价内税,其应纳税额的计算公式为:

应纳税额=营业额×税率

营业额是指企业提供劳务和出租、出售无形资产等向对方收取的全部价款和价外费用。一般来说,工商企业提供的劳务和出租无形资产不属于其主要经营业务,取得收入时,应通过"其他业务收入"科目进行核算,借记"银行存款"等科目,贷记"其他业务收入"科目;应交的营业税应由其他业务收入来补偿,结转应交营业税时,应借记"营业税金及附加"科目,贷记"应交税费——应交营业税"科目;为提供劳务和出租无形资产而发生的各项成本,也应由其他业务收入来补偿,按照配比原则,应借记"其他业务成本"科目,贷记有关科目。企业出售无形资产取得的价款不属于营业收入,出售无形资产应缴纳的营业税,不通过"营业税金及附加"科目核算,应直接计入应交税费。

【案例11—24】 某企业对外提供运输劳务,取得运输收入60 000元,存入银行;营业税率3%。根据以上资料,编制会计分录如下:

(1)取得运输收入。

借:银行存款　　60 000
　贷:其他业务收入　　60 000

(2)结转应交营业税。

借:营业税金及附加　　1 800
　贷:应交税费——应交营业税　　1 800

(三)销售不动产应交营业税

企业销售不动产取得的收入,也应按规定缴纳营业税。由于不动产属于固定资产,销售不

动产的核算，应通过“固定资产清理”科目进行。

【案例 11—25】　某企业根据发生的有关销售不动产业务，编制会计分录如下：

(1)出售房屋一套，实际收取价款 100 000 元，存入银行。

借：银行存款　　100 000

　　贷：固定资产清理　　100 000

(2)结转应交营业税，税率为 5%。

借：固定资产清理　　5 000

　　贷：应交税费——应交营业税　　5 000

(四)缴纳营业税会计处理

企业实际缴纳营业税时，应借记“应交税费——应交营业税”科目，贷记“银行存款”科目。

四、应交城市维护建设税

城市维护建设税是一种附加税。按照现行税法规定，城市维护建设税应根据应交增值税、消费税和营业税之和的一定比例计算缴纳。城市维护建设税也是一种价内税，应由形成应交税费的各种收入来补偿。结转应交城市维护建设税时，应借记“营业税金及附加”、“固定资产清理”等科目，贷记“应交税费——应交城市维护建设税”科目；实际缴纳城市维护建设税时，应借记“应交税费——应交城市维护建设税”科目，贷记“银行存款”科目。

【案例 11—26】　某企业根据取得的各项收入形成的应交增值税、消费税和营业税及城市维护建设税税率(7%)计算并结转应交城市维护建设税，如表 11—3 所示：

表 11—3　结转应交城市维护建设税

税　种	金　额	附加税种	金　额
销售产品应交增值税	100 000 元	应交城市维护建设税	7 000 元
销售产品应交消费税	50 000 元	应交城市维护建设税	3 500 元
运输收入应交营业税	20 000 元	应交城市维护建设税	1 400 元
销售不动产应交营业税	10 000 元	应交城市维护建设税	700 元
合　计	180 000 元	合　计	12 600 元

编制会计分录如下：

借：营业税金及附加　　11 900

　　固定资产清理　　700

　　贷：应交税费——应交城市维护建设税　　12 600

五、应交教育费附加

教育费附加是一种附加费。应交教育费附加的计算方法与应交城市维护建设税的计算方法相同。结转应交教育费附加时，应借记“营业税金及附加”、“固定资产清理”等科目，贷记“应交税费——应交教育费附加”科目；实际缴纳教育费附加时，应借记“应交税费——应交教育费附加”科目，贷记“银行存款”科目。

【案例 11—27】　承接案例 11—26 资料为例，计算并结转应交教育费附加(费率 3%)，如表 11—4 所示：

表 11—4　　结转应交城市维护建设税

税　种	金　额	附加税种	金　额
销售产品应交增值税	100 000 元	应交城市维护建设税	3 000 元
销售产品应交消费税	50 000 元	应交城市维护建设税	1 500 元
运输收入应交营业税	20 000 元	应交城市维护建设税	600 元
销售不动产应交营业税	10 000 元	应交城市维护建设税	300 元
合　计	180 000 元	合　计	5 400 元

编制会计分录如下：

借：营业税金及附加　　5 100

　　固定资产清理　　300

　　贷：应交税费——应交教育费附加　　5 400

六、应交房产税、土地使用税、车船税和矿产资源补偿费

企业应交的房产税、土地使用税、车船税和矿产资源补偿费，借记“管理费用”科目，贷记“应交税费——应交房产税（或应交土地使用税、应交车船税、应交矿产资源补偿费）”科目。

七、应交所得税

（一）所得税及其种类

所得税是对我国境内的企业和经营单位的生产经营所得和其他所得征收的税金，是以纳税人的所得额为课税对象的税收。所得额是指纳税人在一定期间内由于生产、经营等取得的可用货币计量的收入，扣除为取得这些收入所需各种耗费后的净额。我国所得税主要包括企业所得税和个人所得税。企业所得税是指国家对企业生产经营所得和其他所得依法征收的一种税金。

（二）所得税应纳税额的计算

企业应交所得税的计算依据是应纳税的所得额。应纳税所得额是指纳税人每一纳税年度的收入总额减除不征税收入、免税收入、各项扣除以及允许弥补的以前年度亏损后的余额。

应纳税额＝应纳税的所得额×适用税率－减免税额－抵免税额

公式中的减免税额和抵免税额，是指按照《企业所得税法》和国务院的税收优惠规定减征、免征和抵免的应纳税额。

《企业所得税法》规定的企业所得税基本税率为 25%；符合条件的小型微利企业，减按 20%的税率征收所得税；国家需要重点扶持的高新技术企业，减按 15%的税率征收所得税。

小型微利企业，是指符合下列条件的企业：①工业企业，年度应纳税所得额不超过 30 万元，从业人数不超过 100 人，资产总额不超过 3 000 万元。②其他企业，年度应纳税所得额不超过 30 万元，从业人数不超过 80 人，资产总额不超过 1 000 万元。自 2015 年 1 月 1 日至 2017 年 12 月 31 日，对年应纳税所得额低于 20 万元（含 20 万元）的小型微利企业，其所得按 50%计入应纳税所得额，按 20%的税率缴纳企业所得税。

（三）应交所得税的会计处理

对企业经营所得和其他所得，按照所得税相关法律的规定，要向国家缴纳所得税。计算出

应交所得税时，借记“所得税费用——应交所得税”科目；如果存在差异，借记“递延所得税资产”或贷记“递延所得税负债”科目；实际缴纳时，借记“应交税费——应交所得税”科目，贷记“银行存款”科目。

(四)应交个人所得税的会计处理

企业按规定计算的代收代交的职工个人所得税，借记“应付职工薪酬”科目，贷记“应交税费——应交个人所得税”科目。实际缴纳时，借记“应交税费——应交个人所得税”科目，贷记“银行存款”科目。

【案例 11－28】 某企业结算本月应付职工工资总额 200 000 元，代扣职工个人所得税共计 2 000 元，实发工资 198 000 元。

该企业与应交个人所得税有关的会计分录如下：

借：应付职工薪酬——工资　　2 000

　　贷：应交税费——应交个人所得税　　2 000

任务五　应付职工薪酬

一、职工薪酬的内容

职工薪酬，是指企业在职工在职期间和离职后提供给职工的全部货币性薪酬和非货币性薪酬，既包括提供给职工本人的薪酬，也包括提供给职工配偶、子女或其他被赡养人的福利等。具体来说，职工薪酬包括：①职工工资、奖金、津贴和补贴；②职工福利费；③医疗保险费、养老保险费、失业保险费、工伤保险费和生育保险费等社会保险费；④住房公积金；⑤工会经费和职工教育经费；⑥非货币性福利；⑦因解除与职工的劳动关系给予的补偿；⑧其他与获得职工提供的服务相关的支出。

为了反映职工薪酬的发放和提取情况，应设置“应付职工薪酬”科目进行核算，该科目应按照职工薪酬的类别设置明细科目。应付职工薪酬账务核算程序如图 11－5 所示。

二、应付职工薪酬——工资

(一)工资总额

工资总额是指企业在一定时期内实际支付给职工的劳动报酬总数。企业的工资总额一般由计时工资、计件工资、奖金、津贴和补贴、加班加点工资和特殊情况下支付的工资六个部分组成。

1. 计时工资

计时工资是按照职工的计时工资标准和工作时间支付给职工的劳动报酬。实行结构工资制企业的计时工资包括基础工作和职务(或岗位)工资。

2. 计件工资

计件工资是按照计件工资标准和职工完成工作的数量支付给职工的劳动报酬。计件工资分为个人计件工资和集体计件工资。

3. 奖金

奖金是按照职工的超额劳动工作量和增收节支业绩支付给职工的劳动报酬，如综合奖、节约奖等。

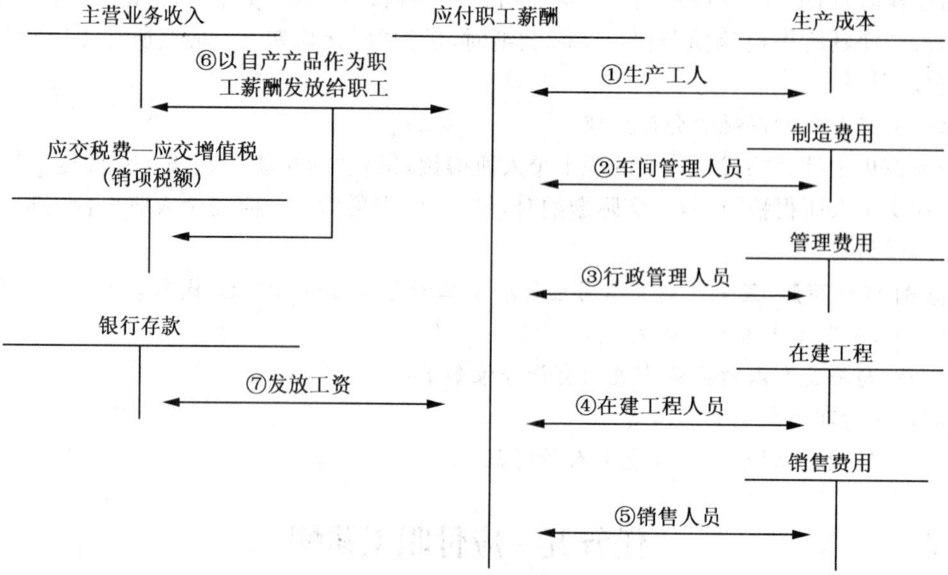

图 11—5　应付职工薪酬账务核算程序

4. 津贴和补贴

津贴是为了补偿职工特殊或额外的劳动消耗和其他特殊原因支付给职工的劳动报酬，如保健津贴等；补贴是为了保证职工的工资水平不受物价变动的影响支付给职工的劳动报酬，如物价补贴等。

5. 加班加点工资

加班加点工资是按照规定的标准和职工加班加点的时间支付给职工的劳动报酬，如节假日加班工资等。

6. 特殊情况下支付的工资

特殊情况下支付的工资是按照国家法律、法规和政策规定支付给职工的非工作时间的劳动报酬，如病假、产假、探亲假工资。

（二）工资结算

工资结算包括工资的计算和工资发放。一般来说，企业发放工资的时间在月度的上、中旬，如果无法统计职工当月的出勤时间或产量，往往按照上月的出勤和产量记录计算发放当月的工资。企业有时还为某些部门代扣一些款项，如代扣社会保险费等，应付职工的工资总额减去代扣款，即为应付给职工的现金。为了反映企业工资总额的构成，便于进行工资结算的核算，企业应编制工资结算汇总表。工资结算汇总表应按照职工类别和工资总额构成项目分别反映。

【案例 11—29】 南华公司 11 月份的工资结算汇总如表 10—5 所示。

表 11—5　　工资结算汇总表　　单位：元

项　目	应付工资							代扣款项	代扣个人所得税	应发现金
	计时工资	计件工资	奖金	津贴和补贴	加班加点工资	其他工资	合计			
生产工人	50 000	10 000	8 000	4 000	6 000	2 000	80 000	5 000	3 000	72 000

续表

项 目	应付工资							代扣款项	代扣个人所得税	应发现金
	计时工资	计件工资	奖金	津贴和补贴	加班加点工资	其他工资	合计			
车间管理人员	3 000		1 000	500			4 500	500	100	3 900
企业管理人员	11 000		2 500	1 200			14 700	1 600	530	12 570
销售人员	2 000		1 000	300			3 300	200	70	3 030
在建工程人员	4 000		1 500	1 000			6 500	200	5 200	6 100
合 计	70 000	10 000	14 000	7 000	6 000	2 000	109 000	7 500	3 900	97 600

为了反映企业与职工的工资结算情况，应在"应付职工薪酬"科目下设置"工资"明细科目。

企业在发放工资之前，应按照应发现金合计数提取现金，借记"库存现金"科目，贷记"银行存款"科目；实际发放工资时，按照实发工资数额，借记"应付职工薪酬——工资"科目，贷记"库存现金"科目；如果企业将应发给职工的工资通过银行转账方式直接转入职工的银行存款账户，则不必提取现金，应按照实发工资数额，借记"应付职工薪酬——工资"科目，贷记"银行存款"科目；结转代扣款时，借记"应付职工薪酬——工资"科目，贷记"其他应付款"等科目；结转代扣个人所得税时，借记"应付职工薪酬——工资"科目，贷记"应交税费"科目。

【案例 11－30】 承接案例 11－29，南华公司 11 月份根据有关的工资结算业务，编制会计分录如下：

(1)通过银行转账方式，实际发放工资 97 600 元。

借：应付职工薪酬——工资 97 600

贷：银行存款 97 600

(2) 结转代扣款 7 500 元。

借：应付职工薪酬——工资 7 500

贷：其他应付款 7 500

(3)结转代扣个人所得税 3 900 元。

借：应付职工薪酬——工资 3 900

贷：应交税费 3 900

(三)工资分配

工资分配是指将企业发放的工资，于月末按照用途进行分配。按照权责发生制原则，企业当月分配的工资额，应为按照职工当月的出勤或产量记录计算的工资额，但是采用这种方法，月末计算职工工资的工作量很大，影响财务报表的及时报送。在企业各月工资总额相差不多的情况下，为了简化核算工作，也可以按照当月实际支付的工资额进行分配。也就是说，当月分配的工资额，为按照职工上月出勤或产量记录计算的工资额，采用这种方法，"应付职工薪酬——工资"科目月末没有余额。

企业进行工资分配时，应按照工资的用途分别记入有关科目。一般来说，应根据生产车间职工工资计入产品成本，其中生产工人的工资借记"生产成本"科目，车间管理人员的工资借记"制造费用"科目；应根据销售人员的工资借记"销售费用"科目；应根据在建工程人员工资借记"在建工程"科目；应根据自行开发无形资产人员工资借记"研发支出"科目；应根据其他人员的工资借记"管理费用"科目；应根据职工工资额贷记"应付职工薪酬——工资"科目。

为了便于进行工资分配的核算，企业应编制工资分配汇总表。

【案例 11—31】 南华公司 11 月份的工资分配汇总如表 11—6 所示(工资额按上月出勤和产量记录计算)。

表 11—6 工资分配汇总表 单位:元

应借科目	生产工人	车间管理人员	企业管理人员	销售人员	在建工程人员	合 计
生产成本	80 000					80 000
制造费用		4 500				4 500
管理费用			14 700			14 700
销售费用				3 300		3 300
在建工程					6 500	6 500
合 计	80 000	4 500	14 700	3 300	6 500	109 000

根据工资分配汇总表,编制会计分录如下:

借:生产成本 80 000
　　制造费用 4 500
　　管理费用 14 700
　　销售费用 3 300
　　在建工程 6 500
　贷:应付职工薪酬——工资 109 000

三、应付职工薪酬的账务处理

(一)确认应付职工薪酬

1. 货币性职工薪酬

企业应当在职工为其提供服务的会计期间,根据职工提供服务的受益对象,将应确认的职工薪酬(包括货币性薪酬和非货币性福利)计入相关资产成本或当期损益,同时确认为应付职工薪酬。具体分别以下情况处理:生产部门人员的职工薪酬,借记"生产成本"、"制造费用"、"劳务成本"等科目,贷记"应付职工薪酬"科目;管理部门人员的职工薪酬,借记"管理费用"科目,贷记"应付职工薪酬"科目;销售人员的职工薪酬,借记"销售费用"科目,贷记"应付职工薪酬"科目;应由在建工程、研发支出负担的职工薪酬,借记"在建工程"、"研发支出"科目,贷记"应付职工薪酬"科目。

【案例 11—32】 乙企业本月应付工资总额 462 000 元,工资费用分配汇总表中列示的产品生产人员工资为 320 000 元,车间管理人员工资为 70 000 元,企业行政管理人员工资为 60 400元,销售人员工资为 11 600 元。该企业有关会计分录如下:

借:生产成本——基本生产成本 320 000
　　制造费用 70 000
　　管理费用 60 400
　　销售费用 11 600
　贷:应付职工薪酬——工资 462 000

计量应付职工薪酬时,国家规定了计提基础和计提比例的,应按照国家规定的标准计提。国家没有规定计提基础和计提比例的,企业应当根据历史经验数据和实际情况,合理预计当期应付职工薪酬。当期实际发生金额大于预计金额的，应当补提应付职工薪酬；当期实际发生金额小于预计金额的，应当冲回多提的应付职工薪酬。

【案例 11－33】 丙企业下设一所职工食堂，每月根据在岗职工数量及岗位分布情况、相关历史经验数据等计算需要补贴食堂的金额，从而确定企业每期因职工食堂需要承担的福利费金额。2015 年 11 月，企业在岗职工共计 100 人，其中管理部门 20 人，生产车间 80 人，企业的历史经验数据表明，每个职工每月需补贴食堂 120 元。该企业的有关会计分录如下：

借：生产成本	9 600	
管理费用	2 400	
贷：应付职工薪酬——职工福利		12 000

丙企业应当提取的职工福利＝120×100＝12 000(元)

【案例 11－34】 根据国家固定的计提标准计算，甲企业本月应向社会保险经办机构缴纳职工基本养老保险费共计 64 680 元，其中，应计入基本生产车间生产成本的金额为 44 800 元，应计入制造费用的金额为 9 800 元，应计入管理费用的金额为 10 080 元。该企业的有关会计分录如下：

借：生产成本——基本生产成本	44 800	
制造费用	9 800	
管理费用	10 080	
贷：应付职工薪酬——社会保险费		64 680

2. 非货币性职工薪酬

企业以其自产产品作为非货币性福利发放给职工的，应当根据受益对象，按照该产品的公允价值，计入相关资产成本或当期损益，同时确认应付职工薪酬，借记“管理费用”、“生产成本”、“制造费用”等科目，贷记“应付职工薪酬——非货币性福利”科目。

将企业拥有的房屋等资产无偿提供给职工使用的，应当根据受益对象，将该住房每期应计提的折旧计入相关资产成本或当期损益，同时确认应付职工薪酬，借记“管理费用”、“生产成本”、“制造费用”等科目，贷记“应付职工薪酬——非货币性福利”科目，并且同时借记“应付职工薪酬——非货币性福利”科目，贷记“累计折旧”科目。租赁住房等资产供职工无偿使用的，应当根据受益对象，将每期应付的租金计入相关资产成本或当期损益，并确认应付职工薪酬，借记“管理费用”、“生产成本”、“制造费用”等科目，贷记“应付职工薪酬——非货币性福利”科目。难以认定受益对象的非货币性福利，直接计入当期损益和应付职工薪酬。

【案例 11－35】 B 公司为小家电生产企业，共有职工 200 名，其中 170 名为直接参加生产的职工，30 名为管理人员。2015 年 2 月，B 公司以其生产的每台成本为 900 元的电暖器作为春节福利发放给公司每名职工。该型号的电暖器市场售价为每台 1 000 元，B 公司适用的增值税税率为 17%。B 公司的有关会计处理如下：

借：生产成本	198 900	
管理费用	35 100	
贷：应付职工薪酬——非货币性福利		234 000

本例中，应确认的应付职工薪酬＝200×1 000×17%＋200×1 000＝234 000(元)

其中，应记入“生产成本”科目的金额＝170×1 000×17%＋170×1 000＝198 900(元)

应记入“管理费用”科目的金额＝30×1 000×17%＋30×1 000＝35 100(元)

【案例 11－36】 C 公司为部门经理级别以上管理人员提供汽车免费使用，同时为副总裁以上高级管理人员每人租赁一套住房。C公司共有部门经理以上职工20名，每人提供一辆帕萨特汽车免费使用，假定每辆帕萨特汽车每月计提折旧1 000元；该公司共有副总裁以上高级管理人员5名，公司为其每人租赁一套面积为200平方米带有家具和电器的公寓，月租金为每套8 000元。C公司的有关会计处理如下：

借：管理费用　　60 000
　　贷：应付职工薪酬——非货币性福利　　60 000
借：应付职工薪酬——非货币性福利　　20 000
　　贷：累计折旧　　20 000

应确认的应付职工薪酬＝20×1 000＋5×8 000＝60 000(元)

其中，提供企业拥有的汽车供管理人员使用的非货币性福利＝20×1 000＝20 000(元)

租赁住房供高级管理人员使用的非货币性福利＝5×8 000＝40 000(元)

(二)发放职工薪酬

企业按照有关规定向职工支付工资、奖金、津贴等，借记“应付职工薪酬——工资”科目，贷记“银行存款”、“库存现金”等科目；企业从应付职工薪酬中扣还的各种款项(代垫的家属药费、个人所得税等)，借记“应付职工薪酬”科目，贷记“银行存款”、“库存现金”、“其他应收款”、“应交税费——应交个人所得税”等科目。

企业以自产产品作为职工薪酬发放给职工时，应确认主营业务收入，借记“应付职工薪酬——非货币性福利”科目，贷记“主营业务收入”科目，同时结转相关成本，涉及增值税销项税额的，还应进行相应的处理。企业支付租赁住房等资产供职工无偿使用所发生的租金，借记“应付职工薪酬——非货币性福利”科目，贷记“银行存款”等科目。

【案例11－37】 A企业根据“工资结算汇总表”结算本月应付职工工资总额462 000元，代扣职工房租40 000元，企业代垫职工家属医药费2 000元，实发工资420 000元。该企业的有关会计处理如下：

(1)向银行提取现金：

借：库存现金　　420 000
　　贷：银行存款　　420 000

(2)发放工资，支付现金：

借：应付职工薪酬——工资　　420 000
　　贷：库存现金　　420 000

(3)代扣款项：

借：应付职工薪酬——工资　　42 000
　　贷：其他应收款——职工房租　　40 000
　　　　　　　　——代垫医药费　　2 000

本例中，企业从应付职工薪酬中代扣职工房租40 000元、代垫职工家属医药费2 000元，应当借记“应付职工薪酬”科目，贷记“其他应收款”科目。

【案例10－38】 2015年9月，甲企业以现金支付张某生活困难补助800元。甲企业的有关会计分录如下：

借：应付职工薪酬——职工福利　　800
　　贷：库存现金　　800

【案例11－39】 承接案例11－33，2015年11月，丙企业支付12 000元补贴给食堂。丙企业的有关会计分录如下：

借：应付职工薪酬——职工福利　　12 000

　　贷：库存现金　　12 000

【案例 11－40】 B 企业以银行存款缴纳参加职工医疗保险的医疗保险费 40 000 元，B 企业的有关会计分录如下：

借：应付职工薪酬——社会保险费　　40 000

　　贷：银行存款　　40 000

【案例 11－41】 承接案例 11－35，B 公司向职工发放电暖器作为福利，应确认主营业务收入，同时要根据相关税收规定，计算增值税销项税额。B 公司的有关会计处理如下：

借：应付职工薪酬——非货币性福利　　234 000

　　贷：主营业务收入　　200 000

　　　　应交税费——应交增值税（销项税额）　　34 000

借：主营业务成本　　180 000

　　贷：库存商品——电暖器　　180 000

B 公司应确认的主营业务收入＝200×1 000＝200 000（元）

B 公司应确认的增值税销项税额＝200×1 000×17%＝34 000（元）

B 公司应结转的销售成本＝200×900＝180 000（元）

【案例 11－42】 承接案例 11－36，C 公司每月支付副总裁以上高级管理人员住房租金时，应编制如下会计处理：

借：应付职工薪酬——非货币性福利　　40 000

　　贷：银行存款　　40 000

四、应付福利费

在我国，企业职工从事生产经营活动除了领取劳动报酬以外，还享受一定的福利补助，如医疗费、独生子女保健费等。为了反映职工福利的支付与分配情况，应在“应付职工薪酬”科目下设置“职工福利”明细科目。

（一）应付福利费的支出

企业发生福利费支出时，应借记“应付职工薪酬——职工福利”科目，贷记相关科目。

【案例 11－43】 南华公司 11 月份用现金支付职工洗理费 600 元，编制会计分录如下：

借：应付职工薪酬——职工福利　　600

　　贷：库存现金　　600

（二）应付福利费的分配

月末，企业应按照用途对发生的职工福利费进行分配。在各月实际发生的职工福利费相差不多的情况下，可以根据实际发生的金额进行分配；如果各月发生的职工福利费相差较大，则应根据估计的金额进行分配。

企业分配职工福利费时，应借记“生产成本”、“制造费用”、“管理费用”、“销售费用”、“在建工程”和“研发支出”等科目，贷记“应付职工薪酬——职工福利”科目。

任务六　应付股利、应付利息及其他应付款

一、应付股利

应付股利是指企业根据股东大会或类似机构审议批准的利润分配方案确定分配给投资者的现金股利或利润。

企业根据股东大会或类似机构审议批准的利润分配方案，确认应付给投资者的现金股利或利润时，借记“利润分配——应付股利”科目，贷记“应付股利”科目；向投资者实际支付股利或利润时，借记“应付股利”科目，贷记“银行存款”等科目。

企业董事会或类似机构通过的利润分配方案中拟分配的现金股利或利润，不做账务处理。

【案例 11－44】 A 有限责任公司有甲、乙两个股东，分别占注册资本的 40%和 60%。2014 年度该公司实现净利润 8 000 000 元，经过股东会批准，决定 2015 年分配股利 5 000 000 元。股利已经用银行存款支付。A 有限责任公司的有关会计分录如下：

借：利润分配——应付股利	5 000 000	
贷：应付股利——甲股东		2 000 000
——乙股东		3 000 000
借：应付股利——甲股东	2 000 000	
——乙股东	3 000 000	
贷：银行存款		5 000 000

甲股东应分配的股利＝5 000 000×40%＝2 000 000(元)

乙股东应分配的股利＝5 000 000×60%＝3 000 000(元)

二、应付利息

应付利息是指企业按照合同规定支付的利息，包括分期付息到期还本的长期借款、企业债券等应支付的利息。企业应当设置“应付利息”科目，按照债权人设置明细科目进行明细核算，该科目期末余额为企业按照合同规定应支付的利息。

企业采用合同约定的名义利率计算确定利息费用时，应按合同约定名义利率计算确定的应付利息的金额，记入“应付利息”科目；实际支付利息时，借记“应付利息”科目，贷记“银行存款”等科目。

【案例 11－45】 大连嘉宏股份有限公司 2014 年 12 月借入三年期到期还本每年付息的长期借款 1 000 000 元，合同约定年利率为 7.5%，假定该利息不符合资本化条件。该企业的有关会计分录如下：

(1)每年计算确定利息费用时：

借：财务费用	75 000	
贷：应付利息		75 000

(2)每年实际支付利息时：

借：应付利息	75 000	
贷：银行存款		75 000

三、其他应付款

其他应付款是指企业除应付票据、应付账款、预收账款、应付职工薪酬、应交税费、应付股利等经营活动以外的其他各项应付、暂收的款项，如应付租入包装物租金、存入保证金等。

企业发生其他各种应付、暂收款项时，借记“管理费用”等科目，贷记“其他应付款”科目；支付或退回其他各种应付、暂收款项时，借记“其他应付款”科目，贷记“银行存款”等科目。

【案例 11－46】 甲公司从 2015 年 1 月 1 日起，以经营租赁方式租入管理用办公设备一批，每月租金 5 000 元，按季支付。3 月 31 日，甲公司以银行存款支付应付租金。

甲公司的有关会计分录如下：

(1)1 月 31 日计提应付经营租入固定资产租金：

借：管理费用	5 000	
贷：其他应付款		5 000

2 月底计提应付经营租入固定资产租金的会计处理同上。

(2)3 月 31 日支付租金：

借：其他应付款	10 000	
管理费用	5 000	
贷：银行存款		15 000

任务七　长期负债

一、长期负债的概念与分类

(一)长期负债的概念

长期负债是指偿还期在 1 年或超过 1 年的一个营业周期以上的债务。长期负债的形成是企业筹资决策的结果。企业为了扩大经营规模，调整产品结构，总是需要筹集大量资金，其资金来源有两个渠道：一是增发股票；二是举借长期债务。

(二)长期负债的分类

1. 按筹措的方式不同划分

长期负债按筹措的方式不同，可分为长期借款、应付债券和长期应付款。长期借款是指企业向银行或其他金融机构借入的偿还期在 1 年以上的各种借款。应付债券是指企业为筹措长期资金而发行的 1 年期以上的债券。长期应付款是企业除长期借款和应付债券以外的长期应付款项，主要包括应付补偿贸易引进设备款和应付融资租入固定资产的租赁费。

2. 按偿还的方式不同划分

长期负债按偿还的方式不同，可分为定期偿还长期负债和分期偿还长期负债。定期偿还长期负债是指长期负债到期一次还本付息。分期偿还长期负债是指长期负债在偿还期内分次偿还。

通过上面的介绍可知，长期借款是长期负债的重要形式之一，下面以长期借款为主题展开介绍。

二、长期借款的核算

长期借款的取得与偿还需设置“长期借款”账户进行核算。具体的账务处理如下：

(1)借款发生时：

借：银行存款

贷：长期借款

(2)一次还本付息计算利息时：

借：财务费用(或在建工程)

贷：长期借款

(3)一次还本分次付息时：

借：财务费用(或在建工程)

贷：银行存款

(4)偿还借款时：一次还本付息

借：长期借款(包括本金和利息)

贷：银行存款

一次还本分次付息

借：长期借款(只包括本金)

贷：银行存款

【案例 11—47】 甲企业从银行取得长期借款 300 000 元，用于企业的经营周转，期限为 3 年，年利率为 10%，按复利计息，每年计息一次，到期一次归还本息。借入款项已存入开户银行。

由于该项长期借款用于企业的经营周转，因而按期确认的长期借款利息应当费用化，计入财务费用。

(1)取得长期借款时：

借：银行存款　　300 000

贷：长期借款　　300 000

(2)第一年末计息时：

第一年的利息＝300 000×10%＝30 000(元)

借：财务费用　　30 000

贷：长期借款　　30 000

(3)第二年末计息时：

第二年的利息＝(300 000＋30 000)×10%＝33 000(元)

借：财务费用　　33 000

贷：长期借款　　33 000

(4)第三年末计息时：

第三年的利息＝(330 000＋33 000)×10%＝36 300(元)

借：财务费用　　36 300

贷：长期长期借款　　36 300

(5)到期偿还本息时：

3 年累计利息＝30 000＋3 000＋36 300＝99 300(元)

应归还本利和＝300 000＋99 300＝399 300(元)

借：长期借款　　399 300

贷：银行存款　　399 300

三、长期借款费用资本化

(一)长期借款费用的内容

长期借款费用是指企业因长期借款而发生的利息及其他相关成本。长期借款费用本质上是企业因借入资金所付出的代价,因此利息和作为利息费用调整金额的长期借款折价或溢价的摊销等应是长期借款费用的主要组成部分。为安排长期借款所发生的辅助费用和外币长期借款汇兑差额,也是长期借款的代价,应包括在长期借款费用中。

(二)长期借款费用的处理方法和资本化的资产内容及范围

长期借款费用的处理方法有两种:费用化和资本化。前者是将长期借款费用作为流量处理,于发生的当期确认为费用,计入当期损益,纳入当年的利润表;后者是将长期借款费用作为存量处理,将其金额计入相关资产成本,纳入当年的资产负债表,并随该资产的价值流转而流转。

企业发生的长期借款费用,可直接归属于符合资本化条件的资产的购建或者生产的,应当予以资本化,计入相关资产成本;其他长期借款费用,应当在发生时根据其发生额确认为费用,计入当期损益。符合资本化条件的资产,是指需要经过相当长时间(指为资产的购建或生产所必需的时间,通常为1年以上)的购建或者生产活动才能达到预定可使用或者可销售状态的固定资产、投资性房地产、存货等资产,如船舶、大型成套设备。

(三)可予资本化的长期借款内容及范围

所谓可予资本化的长期借款,就是指能够将其所产生的利息费用及其他相关成本纳入某项资产成本的长期借款。可予资本化的长期借款既包括专门长期借款,也包括一般长期借款。

(四)长期借款费用开始资本化的时间

长期借款费用同时满足下列条件的,才能开始资本化:

(1)资产支出已经发生。资产支出包括为购建或者生产符合资本化条件的资产而以支付现金、转移非现金资产或者承担带息债务形式发生的支出。

(2)长期借款费用已经发生。

(3)为使资产达到预定可使用或者可销售状态所必要的购建或者生产活动已经开始。

上述条件中所说的"资产支出",是指为购建固定资产或生产需要相当长时间才能达到预定可使用或者可销售状态的存货以及投资性房地产时,以支付现金、转移非现金资产或者承担带息债务形式发生的支出,它们都会导致公司资源的流出(占用了长期借款资金),因此,它们就应承担相应的长期借款费用。

"为使资产达到预定可使用或者可销售状态所必要的购建或者生产活动"主要是指固定资产的实体建造活动或存货的生产活动。这些活动是使这些资产达到预定可使用状态所必需的。

(五)长期借款费用资本化金额的计算

我国会计准则区分了专门长期借款和一般长期借款两种情况,不同情况下的资本化金额的计算办法不同。

1. 为购建或者生产符合资本化条件的资产而借入的专门长期借款

为购建或者生产符合资本化条件的资产而借入专门长期借款的,应当以专门长期借款当期实际发生的利息费用(包括折价或溢价的摊销),减去将尚未动用的长期借款资金存入银行取得的利息收入或进行暂时性投资取得的投资收益后的金额确定。即:

$$\text{每一会计期间专门长期借款利息的资本化金额}=\text{专门长期借款当期实际发生的利息费用}-\text{尚未动用的长期借款资金的利息收入}-\text{尚未动用的长期借款资金暂时性投资取得的投资收益}$$

会计准则的规定就是将专门长期借款当期实际发生的净利息费用全部进行资本化处理。在资本化期间内，全部计入符合资本化条件的资产成本，不计算长期借款资本化率。

2. 为购建或者生产符合资本化条件的资产而占用的一般长期借款

为购建或者生产符合资本化条件的资产而占用了一般长期借款的，企业应当根据累计资产支出超过专门长期借款部分的资产支出加权平均数乘以所占用一般长期借款的资本化率，计算确定一般长期借款利息的资本化金额。

资本化率按下列原则确定：

$$\text{每一会计期间一般长期借款利息的资本化金额}=\text{至到期末止购建或者生产符合资本化条件的资产累计支出}-\text{专门长期借款累计金额}\times\text{一般长期借款的资本化率}\times\text{资产累计支出超出专门长期借款部分实际占用的天数}/\text{会计期间涵盖的天数}$$

(1)如果为购建或者生产符合资本化条件的资产只占用一笔一般长期借款，则资本化率为该项长期借款的利率。

(2)如果为购建或者生产符合资本化条件的资产占用一笔以上一般长期借款，则资本化率为这些长期借款的加权平均利率。其中，加权平均利率按如下公式计算：

$$\text{加权平均利率}=\frac{\text{所占用一般长期借款当期实际发生的利息之和}}{\text{所占用一般长期借款本金加权平均数}}\times 100\%$$

式中，

$$\text{一般长期借款本金加权平均数}=\sum\text{每笔一般长期借款本金}\times\frac{\text{每笔一般长期借款在当期所占用的天数}}{\text{会计期间涵盖的天数}}$$

(六)折价和溢价的摊销方法

我国会计准则规定，长期借款存在折价或溢价的，应当按照实际利率法确定每一会计期间应摊销的折价或溢价金额，调整每期利息。

(七)长期借款发生的辅助费用的处理

因长期借款而发生的辅助费用，是指企业在长期借款过程中发生的诸如手续费、佣金、印刷费、承诺费等费用。这些费用是因安排长期借款而发生的，也是借入资金的一部分代价，因而这些费用也构成了长期借款费用的组成部分。

会计准则区分了发生辅助费用的来源是专门长期借款还是一般长期借款两种情况：

(1)专门长期借款发生的辅助费用，在所购建或者生产的符合资本化条件的资产达到预定可使用或者可销售状态之前发生的，应当在发生时根据其发生额予以资本化，计入符合资本化条件资产的成本；在所购建或者生产的符合资本化条件的资产达到预定可使用或者可销售状态之后发生的，应当在发生时根据其发生额确认为费用，计入当期损益。

(2)一般长期借款发生的辅助费用，应当在发生时根据其发生额确认为费用，计入当期损益。

(八)暂停资本化

符合资本化条件的资产在购建或者生产过程中发生非正常中断，且中断时间连续超过 3 个月的，应当暂停长期借款费用的资本化。在中断期间发生的长期借款费用应当确认为费用，计入当期损益，直至资产的购建或者生产活动重新开始。如果中断是所购建或者生产的符合资本化条件的资产达到预定可使用或者可销售状态必要的程序，长期借款费用的资本化应当继续进行。

非正常中断通常是由于企业管理决策上的原因，或者其他不可预见的原因等所导致的中断，包括由于劳动纠纷、发生安全事故、改变设计图纸、资金周转困难等原因而导致的工程中断，不包括为使所购置或建造的固定资产达到预定可使用状态所必要的程序而发生的中断，或由于可预见的不可抗力因素导致的中断，后两类中断属于正常中断。例如，某企业在建造厂房期间，逢连绵雨季，妨碍了工程的进行，工程施工不得不中断，待雨季过后再继续施工。由于该地区该季节出现连绵雨季是正常情况，因此在这种由于雨季而耽搁施工的持续期间内，长期借款费用资本化应继续进行。

（九）停止资本化的一般情况

购建或者生产符合资本化条件的资产达到预定可使用或者可销售状态时，长期借款费用应当停止资本化。确定停止资本化的时点非常重要，因为在符合资本化条件的资产达到预定可使用或者可销售状态之后所发生的长期借款费用，应当在发生时根据其发生额确认为费用，计入当期损益。时点的偏移将直接影响到长期借款费用资本化或费用化的金额。

购建或者生产符合资本化条件的资产达到预定可使用或者可销售状态，可从下列几个方面进行判断：①符合资本化条件的资产的实体建造（包括安装）或者生产工作已经全部完成或者实质上已经完成。②所购建或者生产的符合资本化条件的资产与设计要求、合同规定或者生产要求相符或者基本相符，即使有极个别与设计、合同或者生产要求不相符的地方，也不影响其正常使用或者销售。③继续发生在所购建或者生产的符合资本化条件的资产上的支出金额很少或者几乎不再发生。符合上述几个条件之一，即应认为购建或者生产符合资本化条件的资产达到了预定可使用或者可销售状态。

购建或者生产符合资本化条件的资产需要试生产或者试运行的，在试生产结果表明资产能够正常生产出合格产品，或者试运行结果表明资产能够正常运转或者营业时，应当认为该资产已经达到预定可使用或者可销售状态，并应停止长期借款费用的资本化。

（十）资产分别购建或者生产、分别完工情况下的停止资本化问题

日常生活中，资产分别购建或者生产、分别完工的情况十分普遍。企业应区别不同情况来界定长期借款费用应停止资本化的时点。

(1)购建或者生产的符合资本化条件的资产的各部分分别完工，每部分在其他部分继续建造过程中可供使用或者可对外销售，且为使该部分资产达到预定可使用或者销售状态所必要的购建或者生产活动实质上已经完成的，应当停止与该部分资产相关的长期借款费用的资本化。例如，由若干幢建筑物构成的工厂厂房，每幢厂房在其他厂房继续建造期间均可单独使用，那么，当其中的一幢厂房完工并达到预定可使用状态时，应停止该厂房长期借款费用的资本化。

(2)购建或者生产的资产的各部分分别完工，但必须等到整体完工后才可使用或者可对外销售的，应当在该资产整体完工时停止长期借款费用的资本化。也就是说，即使资产的各部分分别完工，也应在该资产整体完工时才停止长期借款费用的资本化。已经完工部分的长期借款费用仍应继续资本化。例如，涉及几项工程的钢铁厂，只有每项工程都建造完成后，整个钢铁厂才能正常运转，因而每一个单项工程完工后不停止资本化，需等到整个钢铁厂完工，达到预定可使用状态时才停止资本化。

【案例 11—48】 中部公司委托华田公司于2014年6月1日开始建造一座厂房，每月1日向施工方华田公司支付进度款。2015年该厂房支出数的年初余额及上半年各月发生额如表11—7所示。

表 11—7 单位：万元

资产支出时间	资产支出金额	累计资产支出金额
2015年年初余额	848	848
2015年1月1日	300	1 148
2015年2月1日	300	1 448
2015年3月1日	600	2 048
2015年4月1日	200	2 248
2015年5月1日	120	2 368
2015年6月1日	300	2 668

中部公司为建造该厂房专门借入了两笔长期借款：

(1)2014年4月10日与银行签订贷款协议，借入一笔3年期长期借款2 200万元，年利率6%，贷款已经到账。

因资金周转问题，在资金不足时，工程使用了一般长期借款，一般长期借款年利率为3%。

厂房的实体建造于2015年6月30日完成并投入使用。公司当期没有其他处于购建过程中的固定资产。公司按季计算应予资本化的长期借款费用金额，并对外提供半年报。每月按30天计。该公司将暂时未动用的专门长期借款全部进行暂时性投资。假设公司的专门长期借款进行暂时性投资的月均收益率为6‰。

分析：我国会计准则规定，长期借款费用开始资本化必须同时满足下列条件：资产支出已经发生；长期借款费用已经发生；必要的购建或者生产活动已经开始。根据这一规定，2014年4月10日至12月31日期间的长期借款利息因为不满足资本化的条件，所以不能资本化处理，只能计入当期损益。另外，2014年7月1日至12月31日的处理此处忽略。重点分析2015年的情况。

2015年第一季度应予资本化的长期借款费用计算及其账务处理。

(1)第一季度专门长期借款的利息费用=2 200×6%×3/12=33(万元)

(2)第一季度专门长期借款暂时性投资收益为：

(2 200—848—300)×6‰+(2 200—848—300—300)×6‰+(2 200—848—300—300—600)×6‰

=(1 052+752+152) ×6‰

=11.7(万元)

(3)第一季度的实际利息费用=33(万元)

当期符合资本化条件的长期借款利息=33—11.7=21.3 (万元)

(4)第一季度末财务处理。第一季度末，公司应作如下财务处理：

借：在建工程——长期借款费用 213 000

　　投资收益 117 000

　　贷：长期长期借款——利息 330 000

2015年第二季度应予以资本化的长期借款费用的主算及其账务处理同第一季度。

预提费用　　22 500

厂房在6月30日完成了实体建造工作，达到了预定可使用状态，应停止长期借款费用的资本化。

任务八　应付债券

一、债券的计价

债券的发行，首先涉及发行价格与市场利率、实际利率的关系问题。就债券发行企业而言，债券的发行价格与市场利率、实际利率是影响会计处理的重要因素。

(一)发行价格

债券的发行价格，是债券发行企业在发行债券时，向债券投资者收取的全部现金或现金等价物。债券的发行价格受很多因素的影响。就公司内部而言，除了债券的面值、期限、票面利率、利息支付方式之外，发行企业自身的信用状况、资本结构等也会影响债券的发行价格。就企业外部来说，资本市场上的利率水平、供求关系等，也是影响债券发行价格的重要因素。

(二)市场利率

市场利率是指债券发行时发行企业与债券投资者双方均能接受的利率。它与债券的发行价格是紧密相连的。如果债券发行时的市场利率已知，则该种债券的发行价格，等于到期偿还的债券面值按债券发行时的市场利率计算的现值加上债券票面利息按债券发行时的市场利率折算的现值之和。反过来，如果债券的发行价格已定，则该债券的市场利率是使发行企业的未来应偿付金额(面值与票面利息)的现值之和等于债券发行价格的折现率。

债券发行价格与市场利率的关系可表示如下：

$$\frac{\text{债券的}}{\text{发行价格}} = \frac{\text{到期偿还面值按}}{\text{市场利率折算的现值}} + \frac{\text{票面利息按市场}}{\text{利率折算的现值}}$$

(三)实际利率

实际利率是指将债券在预期存续期间内的未来现金流量折算为该债券当前账面价值所使用的利率(折现率)。债券发行时的实际利率与市场利率之间的关系取决于与债券发行直接相关的交易费用的会计处理方法。

交易费用的会计处理方法有两种：第一种方法是交易费用计入债券的初始确认金额，也就是减少债券的入账金额(账面价值)。在这种情况下，债券发行时的实际利率不等于市场利率，确切来说，债券的实际利率大于市场利率。债券的入账金额、发行价格与实际利率之间的关系可表示如下：

债券的入账金额＝债券的发行价格－交易费用

＝到期偿还面值实际利率折算的现值＋票面利息按实际利率折算的现值

我国现行会计准则要求对应付债券(不属于以公允价值计量且公允价值变动损益计入当期损益的债券)的交易费用采用这种会计处理方法。

第二种方法是交易费用不计入债券的初始确认金额，而是一次性全部计入当期损益或相关资产的构建成本。在这种情况下，债券发行时的实际利率等于市场利率。

本项目的举例都假定没有发生交易费用，因而债券发行时的实际利率等于市场利率。债券的发行方式有三种，即面值发行、折价发行、溢价发行。本项目就这三种发行方式介绍应付债券的核算方法。

二、应付债券的核算

(一)分期付息债券

1. 分期付息债券按面值发行

对于分期付息债券来说，如果债券的票面利率正好等于其市场利率，则该种债券必然按面值发行。反过来说，如果债券按面值发行，则该种债券的市场利率必然等于其票面利率。

【案例 11－49】 中部公司于 2015 年 1 月 1 日按面值发行总面值为 100 000 元、票面利率为 10％、5 年期的债券，用于公司的经营周转。债券利息在每年 6 月 30 日与 12 月 31 日支付。可以验证，该债券发行时的市场利率等于票面利率 10％。

本例中，由于利息是每半年支付一次，因而计算现值应以半年为复利期，年利率也相应换算为半年利率。验证如下：

(1)到期偿还面值的现值＝100 000×DF0.05,10
＝100 000×0.613 91
≈61 391(元)

(2)各期利息(年金)的现值＝100 000×5％×ADF0.05,10
＝5 000×7.721 73
≈38 609(元)

(3)债券的现值(发行价格)＝61 391＋38 609＝100 000(元)

该债券按面值发行时应编制分录如下：

借：银行存款　　100 000
　　贷：应付债券——面值　　100 000

2. 分期付息债券折价发行

一般来说，企业在确定其债券的票面利率时，会尽可能使其与市场利率相一致。但债券从印制到发行要经历一段时间，而市场利率经常变动。因而，债券发行时的市场利率常常高于或低于债券的票面利率。债券的发行价格就会相应低于或高于债券的面值。债券按低于面值的价格发行，称为折价发行；按高于面值的价格发行，称为溢价发行。

【案例 11－50】 承接案例 11－49，债券的市场利率为 12％，其他条件不变。则债券的发行价格计算如下：

(1)到期偿还面值的现值＝100 000×DF0.06,10
＝100 000 ×0.558 39
＝55 839(元)

(2)各期利息(年金)的现值＝5 000×ADF0.06,10
＝5 000×7.360 09
＝36 800(元)

(3)债券的发行价格＝55 839＋36 800＝92 639(元)

可见，对于分期付息债券而言，当债券的市场利率高于票面利率时，债券的发行价格一定小于债券的面值，两者之差为债券折价。

本例债券折价为 7 361 元(100 000－92 639)。

进行账务处理时，应将债券的面值与债券折价或溢价在不同的总账或明细账中反映，采用在“应付债券”科目下设置“面值”、“折价”与“溢价”等明细科目的方法。

本例债券折价发行时，应编制分录如下：

借：银行存款　　92 639

　应付债券——折价　　7 361

　贷：应付债券——面值　　100 000

3. 分期付息债券溢价发行

【案例 11－51】　承接案例 11－49，债券的市场利率为 8%，其他条件不变。则债券的发行价格可计算如下：

(1)到期偿还面值的现值＝100 000×DF0.04,10

＝100 000×0.675 56

＝67 556(元)

(2)各期利息(年金)的现值＝5 000×ADF0.04,10

＝5 000×8.110 90

＝40 554(元)

(3)债券的发行价格＝67 556＋40 554＝108 110(元)

可见，对于分期付息债券而言，当债券的市场利率低于票面利率时，债券的发行价格一定大于债券的面值，两者之差为债券溢价。本例债券溢价为 8 110 元(108 110－100 000)。

本例债券溢价发行时，应编制分录如下：

借：银行存款　　108 110

　贷：应付债券——面值　　100 000

　　　　　　——溢价　　8 110

4. 分期付息债券的利息

企业债券发行之后，应按期确认债券利息。分期付息债券在按面值发行的情况下，各期应确认的利息，等于债券的票面利息。

【案例 11－52】　承接案例 11－49，中部公司按面值发行债券后，由于所得资金用于经营周转，债券利息应计入财务费用。有关利息的分录如下：

(1)2015 年 6 月 30 日支付利息时：

借：财务费用　　5 000

　贷：银行存款　　5 000

(2)2015 年 12 月 31 日支付利息时：

借：财务费用　　5 000

　贷：银行存款　　5 000

以后各年的账务处理相同。

5. 分期付息债券折价与溢价的摊销

(1)如果企业债券按折价或溢价发行，则不能简单地按各期票面利息来确认利息费用，而必须将应付债券折价或溢价在各期摊销，以调整各期应确认的利息费用。

在债券按折价发行的情况下，应付债券折价在本质上是长期借款成本的一部分。因为企业发行债券时所得现金低于债券的面值，而债券到期时必须按面值偿还。因此，债券的利息总额实际上由两部分构成：一是债券按票面利率计算的利息；二是债券的折价。债券折价所代表的利息虽然在债券到期时才付给债券持有者，但它是与债券的全部存续期间相联系的，因而应将其在债券的存续期间内分摊，转为各期的利息费用。

(2)如果债券按溢价发行，则意味着债券发行企业在发行债券时所得款项高于债券的面值，而在债券到期时只需按面值偿还本金(此外，要分期或到期一次支付债券的票面利息)。因此，企业实际支付的票面利息，并不都是发行债券的长期借款成本。企业溢价发行债券的实际长期借款成本应为支付的票面利息减去溢价。为了合理确定各期的利息费用，需要将债券溢价在债券的存续期间内分摊。溢价摊销实际上是调整减少各期的利息费用。

(3)摊销方法有直线法与实际利率法两种。我国现行会计准则要求采用实际利率法。

①直线法。首先按直线法摊销债券折价。采用直线法摊销债券折价，就是将债券折价总额平均摊入各期转为利息费用。

【案例 11－53】 承接案例 11－49，中部公司折价发行债券后，采用直线法摊销债券折价。由于该债券需每半年支付一次利息，因而可以半年摊销一次债券折价。

每半年折价摊销额＝7 361/10＝736(元)

每次支付利息时，应编制分录如下：

(1)借：财务费用	5 000	
贷：银行存款		5 000
(2)借：财务费用	736	
贷：应付债券——折价		736

以上两笔分录可合并为一笔：

借：财务费用	5 736	
贷：银行存款		5 000
应付债券——折价		736

其次，按直线法摊销债券溢价。采用直线法摊销债券溢价，就是将债券溢价总额平均摊入各期，以冲减各期的利息费用。

【案例 11－54】 承接案例 11－50 资料为例，中部公司溢价发行债券后，采用直线法摊销债券溢价。

每半年溢价摊销额＝8 110/10＝811(元)

每次支付利息时，应编制分录如下：

(1)借：财务费用	5 000	
贷：银行存款		5 000
(2)借：应付债券——溢价	811	
贷：财务费用		811

以上两笔分录可合并为一笔：

借：财务费用	4 189	
应付债券——溢价	811	
贷：银行存款		5 000

随着债券折价、溢价的逐期摊销，全部折价、溢价将于第 5 年末摊销完毕，债券到期时，应付债券的账面价值应等于债券的面值。

②实际利率法。以期初债券的账面价值乘以债券发行时的实际利率，据以确定当期应确认的利息费用，再将其与当期的票面利息相比较，以两者的差额作为该期应摊销的债券折价或

溢价。按这种方法摊销债券折价或溢价，会使各期的利息费用随着债券账面价值的变动而变动。

首先，按实际利率法摊销债券折价

【案例 11－55】 承接案例 11－53 的资料，中部公司折价发行债券后，采用实际利率法摊销债券折价。

根据有关资料，可编制债券折价摊销表，如表 11－8 所示：

表 11－8　　债券折价摊销表(实际利率法)　　单位：元

期次(半年)	实付利息 (1)＝面值×5%	利息费用 (2)＝期初(5)×6%	折价摊销 (3)＝(2)－(1)	未摊销折价 (4)＝期初(4)－(3)	账面价值 (5)＝面值－(4)
发行时				7 361	92 639
1	5 000	5 558	558	6 803	93 197
2	5 000	5 592	592	6 211	93 789
3	5 000	5 627	627	5 584	94 416
4	5 000	5 665	665	4 919	95 081
5	5 000	5 705	705	4 214	95 786
6	5 000	5 747	747	3 467	96 533
7	5 000	5 792	792	2 675	97 325
8	5 000	5 840	840	1 835	98 165
9	5 000	5 890	890	945	99 055
10	5 000	5 945	945*	0	100 000

注：* 含尾差调整。

表 11－8 中的“期次”，是半年期(6 个月)的付息期，因而第(1)栏的实付利息、第(2)栏的利息费用及第(3)栏的折价摊销都是 6 个月期间的资料。第(4)栏的未摊销折价与第(5)栏的账面价值则是每半年期的期末余额。

第 1 期利息费用＝92 639×6%＝5 558(元)

第 1 期折价摊销＝5 558－ 5 000＝558(元)

第 1 期记录债券利息费用，应编制分录如下：

借：财务费用　　5 558

　　贷：银行存款　　5 000

　　　　应付债券——折价　　558

同理，第 10 期记录利息费用，应编制分录如下：

借：财务费用　　5 945

　　贷：银行存款　　5 000

　　　　应付债券——折价　　945

表 11－8 显示，债券账面价值随着折价的摊销而逐期递增，在最后一期折价摊销之后等于债券面值。同时，各期确认的利息费用也逐渐增加。

其次，按实际利率法摊销债券溢价。按实际利率法摊销债券溢价，与摊销债券折价基本相同。所不同的是，各期溢价摊销额等于实付利息减去利息费用，而各期折价摊销额等于利息费用减去实付利息。

【案例 11—56】 承接案例 10—54 的资料，中部公司溢价发行债券之后，采用实际利率法摊销债券溢价。

根据有关资料，可编制债券溢价摊销表，见表 11—9。

根据溢价摊销表，第 1 期记录利息费用，应编制会计分录如下：

借：财务费用 4 324

　应付债券——溢价 676

　贷：银行存款 5 000

以后各期的分录只是金额有所不同。

表 11—9 显示随着溢价的摊销，债券账面价值逐期减少，在最后一期溢价摊销之后等于债券面值。同时，各期确认的利息费用也逐渐减少。

表 11—9 **债券溢价摊销表(实际利率法)** 单位：元

期次(半年)	实付利息	利息费用	折价摊销	未摊销折价	账面价值
	(1)＝面值×5%	(2)＝期初(5)×4%	(3)＝(2)－(1)	(4)＝期初(4)－(3)	(5)＝面值＋(4)
发行时				8110	108 110
1	5 000	4 324	676	7 434	107 434
2	5 000	4 297	703	6 731	106 731
3	5 000	4 269	731	6 000	106 000
4	5 000	4 240	760	5 240	105 240
5	5 000	4 210	790	4 450	104 450
6	5 000	4 178	822	3 568	103 568
7	5 000	4 143	857	2 711	102 711
8	5 000	4 108	892	1 819	101 819
9	5 000	4 073	927	892	100 892
10	5 000	4 108*	892*	0	100 000

注：* 含尾差调整。

按实际利率法摊销债券折价和溢价，意味着期末应付债券是按照未来现金流量的现值计价的。

6. 分期付息债券的偿还

企业发行的一次还本、分期付息债券到期时，其折价或溢价已摊销完毕。在支付了最后一期的利息之后，企业偿还债券的数额就是到期债券的面值总额。

【案例 10—57】 中部公司发行的总面值为 100 000 元的债券，于到期时用银行存款一次还本。偿还债券本金时，应编制的会计分录如下：

借：应付债券——面值 100 000

　贷：银行存款 100 000

(二)到期一次付息债券

如果规定到期一次付息债券的利息按复利计算，则与分期付息债券一样，在票面利率等于市场利率时，债券按面值发行；票面利率小于市场利率时，债券折价发行；票面利率大于市场利率时，债券溢价发行。折价与溢价的摊销也基本相同。所不同的是，债券的应计利息需要作为一项长期负债，在“应付债券”科目下设置“应计利息”明细科目进行核算。

【案例 11－58】 中部公司于 2011 年 1 月 1 日发行总面值为 100 000 元、票面利率为 10%、5 年期的债券，用于经营周转。债券每年计息一次，按复利计算，利息到期一次支付。债券的市场利率为 9%。该企业按直线法摊销债券折、溢价。

$$债券的现值(发行价格)=100\,000\times\frac{(1+10\%)^5}{(1+9\%)^5}$$

$$=100\,000\times CF0.10,5\times DF0.09,5$$

$$=100\,000\times 1.610\,51\times 0.649\,93$$

$$=104\,672(元)$$

对于该债券，中部公司应编制的会计分录如下：

(1)2011 年 1 月 1 日发行债券时：

借：银行存款　104 672

　贷：应付债券——面值　100 000

　　　　　　——溢价　4 672

(2)2011 年 12 月 31 日确认债券利息、摊销债券溢价(采用直线法)时：

应计利息＝100 000×10%＝10 000(元)

$$溢价摊销=\frac{4\,672}{5}=934(元)$$

借：财务费用　9 066

　应付债券——溢价　934

　贷：应付债券——应计利息　10 000

(3)2011 年末确认利息及摊销溢价时：

应计利息＝(100 000＋10 000)×10%＝11 000(元)

借：财务费用　10 066

　应付债券——溢价　934

　贷：应付债券——应计利息　11 000

(4)2012 年末确认利息及摊销溢价时：

应计利息＝(110 000＋11 000)×10%＝12 100(元)

借：财务费用　11 166

　应付债券——溢价　934

　贷：应付债券——应计利息　12 100

(5)2013 年末确认利息及摊销溢价时：

应计利息＝(121 000＋12 100)×10%＝13 310(元)

借：财务费用　12 376

　应付债券——溢价　934

　贷：应付债券——应计利息　13 310

(6)2014 年末确认利息及摊销溢价时。

应计利息＝(133 100＋13 310)×10%＝14 641(元)

溢价摊销 5 607 元是倒推求得的，包括前 4 年的尾数调整。

借：财务费用　13 706

　应付债券——溢价　935

贷:应付债券——应计利息　　14 641

(7)2015 年 1 月 1 日偿还债券时:

借:应付债券——面值　　100 000

——应计利息　　51 051

贷:银行存款　　151 051

(三)分期还本债券

企业也可以发行分期还本债券,也就是本金分若干次偿还的债券。分期还本债券可按债券发行时规定的办法偿还,如抽签确定各次偿还债券的号码,或按债券号码的顺序还本。相对于到期一次还本债券而言,在会计处理上分期还本债券的特点体现在以下三个方面:债券发行价格的确定、债券溢价与折价的摊销、债券的提前偿还。

1. 分期还本债券发行价格的确定

与到期一次还本债券一样,分期还本债券的发行价格是债券的本金与票面利息按发行时的市场利率折算的现值。所不同的是,分期还本债券的本金要按不同的到期日分别计算现值;在分期支付利息的情况下,各期支付的利息金额不同,因而也需要分别计算现值。

【案例 11-59】 中部公司于 2015 年 1 月 1 日发行面值 100 000 元、5 年期、年利率 10% 的债券用于公司经营周转。合同规定每年年末支付利息,从第四年起每年年末平均偿还本金 50 000 元。债券发行时的市场利率为 9%。

各年年末需支付的利息分别为:

第一年:100 000×10%=10 000(元)

第二年:100 000×10%=10 000(元)

第三年:100 000×10%=10 000(元)

第四年:100 000×10%=10 000(元)

第五年:50 000×10%=5 000(元)

各年支付利息与偿还本金的现值可计算如下:

第一年支付利息的现值:10 000×DF0.09,1=10 000×0.917 43=9 174(元)

第二年支付利息的现值:10 000×DF0.09,2=10 000×0 .841 68=8 417(元)

第三年支付利息的现值:10 000×DF0.09,3=10 000×0.772 18=7 722(元)

第四年偿还本金与支付利息的现值:(50 000+10 000)×DF0.09,4=60 000×0.708 43=42 506(元)

第五年偿还本金与支付利息的现值:(50 000+5 000)×DF0.09,5=55 000×0.649 93=35 746(元)

债券的售价=9 174+8 417+7 722+42 506+35 746=104 105(元)

该批债券发行时,应编制会计分录如下:

借:银行存款　　104 105

贷:应付债券——面值　　100 000

——溢价　　4 105

2. 分期还本债券溢价与折价的摊销

分期还本债券溢价与折价的摊销,也有直线法与实际利率法两种办法。

对于到期一次还本债券而言,按直线法摊销是将债券的溢价与折价在债券存续期间平均分摊。而对于分期还本债券来说,由于各期应付债券的面值余额不同,因而不能简单地将溢价或折价总额在各期平均分摊。在这种情况下采用直线法摊销时，应当考虑各期债券应付债券面值余额的大小。因而，用于摊销分期还本债券溢价或折价的直线法，又可称为“债券流通法”或“金额期间法”。

3. 分期还本债券的提前偿付

分期还本债券也可以提前偿付。企业提前偿付分期还本债券之后，应注销债券的账面价值，即冲销债券的面值与未摊销的溢价或折价，并确认提前偿付债券的损益。其会计处理的关键在于确定未摊销的溢价或折价。未摊销溢价或折价金额的确定与企业采用的摊销方法有关。在直线法下，债券溢价或折价是按各期流通在外债券的面值余额比例摊销的，因而提前偿付债券应分摊的未摊销溢价或折价，也应按相同的方法确定。

任务九　长期应付款

一、长期应付款概述

长期应付款是指企业除长期借款和应付债券以外的各种长期应付款项，包括采用补偿贸易方式下应付补偿贸易引进设备款、应付融资租赁款等。为了核算各种长期应付款，企业可以设置“长期应付款”科目，并按长期应付款的种类设置明细科目。

（一）应付补偿贸易引进设备款

应付补偿贸易引进设备款是企业依据与外商签订的补偿贸易合同而引进国外设备所发生的长期应付款项。它包括从国外引进的设备、随同设备一起进口的工具和零配件等的价款以及国外的运杂费等外币金额按规定折合率折合为人民币的金额，以及相应的利息支出和外币折算差额。企业在引进的设备安装完成投产后，按合同规定的还款方式，用出口产品所得收入归还。

（二）应付融资租赁款

应付融资租赁款是指企业采用融资租赁方式租入固定资产而形成的长期负债。

企业融资租入的固定资产，在租赁期间没有所有权，但由于其风险和报酬已经实质转移，企业具有实质的控制权，因而视同自有的固定资产进行核算。在租赁期内，企业一般分期等额支付租金，全部租金一般应能补偿出租方垫付的资本并使其获得相应的报酬。

按我国《企业会计准则第 21 号——租赁》的规定，融资租入的固定资产，按租赁开始日租赁资产的公允价值与最低租赁付款额的现值两者中较低者作为入账价值，按最低租赁付款额确认长期应付款，并将两者的差额作为未确认融资费用。在租赁谈判和签订租赁合同过程中承租人发生的可直接归属于租赁项目的初始直接费用，如印花税、佣金、律师费、差旅费等，应当计入租入资产价值。

从理论上讲，应付融资租赁款作为长期负债，应按现值入账。在实务中，按照我国现行准则的规定，所设置的“未确认融资费用”科目实质上是“长期应付款一应付融资租赁款”科目的备抵科目。因此，从整体上讲，负债的入账价值与融资租入固定资产的入账价值是一致的。

二、长期应付款的核算

下面举例说明应付补偿贸易引进设备款和应付融资租赁款的核算。

【案例 11－60】　某企业根据以补偿贸易方式从国外引进设备、专用工具及零配件的有关

业务,编制会计分录如下:

(1)设备价款折合人民币100 000元.工具价款折合人民币60 000元,零配件价款折合人民币40 000元。设备已交付安装,工具及零配件已验收入库。

借:在建工程　　100 000
　　低值易耗品　　60 000
　　原材料　　40 000
　贷:长期应付款——应付补偿贸易引进设备款　　200 000

(2)用银行存款支付进口关税60 000元,设备安装费20 000元。关税应由设备负担40 000元,工具负担10 000元,零配件负担10 000元。

借:在建工程　　60 000
　　低值易耗品　　10 000
　　原材料　　10 000
　贷:银行存款　　80 000

(3)引进设备安装完毕交付使用,成本为160 000元(100 000+60 000)。

借:固定资产　　160 000
　贷:在建工程　　160 000

(4)应付补偿贸易引进设备款的应计利息为50 000元。

借:财务费用　　50 000
　贷:长期应付款——应付补偿贸易引进设备款　　50 000

(5)按补偿贸易合同规定,企业出口一批产品,价款100 000元。

借:应收账款　　100 000
　贷:主营业务收入　　100 000

(6)按合同规定,第一批出口产品的价款全部用于还款。

借:长期应付款——应付补偿贸易引进设备款　　100 000
　贷:应收账款　　100 000

【案例11-61】 某企业以融资租赁方式租入一台设备,租赁开始日出租方设备的公允价值为102 000元,租赁合同规定的利率为10%,分5年付款,每年末支付26 380元,该设备不需要安装。租赁期满后,该设备的所有权转归承租方。根据以上资料,编制会计分录如下:

(1)租入设备。

设备的公允价值=102 000(元)

最低租赁付款额=26 380× 5=131 900(元)

最低租赁付款额的现值=26 380×ADF0.5,5=26 380×3.790 79≈100 000(元)

由于租赁开始日,最低租赁付款额的现值低于设备的公允价值,故应以最低租赁付款额的现值作为租入设备的入账价值。

借:固定资产——融资租入固定资产　　100 000
　　未确认融资费用　　31 900
　贷:长期应付款——应付融资租赁款　　131 900

(2)每年末支付租金26 380元。本例采用实际利率法分摊未确认的融资费用,且以租赁合同规定的利率作为分摊率,详见表11-10。

表 11—10　　**未确认融资费用分摊表(实际利率法)**　　单位:元

期次	租金 (1)	确认的融资费用(2) ＝期初(4)×10%	应付本金减少额(3) ＝(1)－(2)	应付本金期末余额(4) ＝期初(4)－(3)
0				100 000
1	26 380	10 000	16 380	83 620
2	26 380	8 362	18 018	65 602
3	26 380	6 560	19 820	45 782
4	26 380	4 578	21 802	23 980
5	26 380	2 400	23 980	0

注:含尾差调整。

第一年:

借:长期应付款——应付融资租赁款　　26 380

　　贷:银行存款　　26 380

借:财务费用　　10 000

　　贷:未确认融资费用　　10 000

第二年:

借:长期应付款——应付融资租赁款　　26 380

　　贷:银行存款　　26 380

借:财务费用　　8 362

　　贷:未确认融资费用　　8 362

第三年:

借:长期应付款应付融资租赁款　　26 380

　　贷:银行存款　　26 380

借:财务费用　　6 560

　　贷:未确认融资费用　　6 560

第四年:

借:长期应付款——应付融资租赁款　　26 380

　　贷:银行存款　　26 380

借:财务费用　　4 578

　　贷:未确认融资费用　　4 578

第五年

借:长期应付款——应付融资租赁款　　26 380

　　贷:银行存款　　26 380

借:财务费用　　2 400

　　贷:未确认融资费用　　2 400

如果未确认的融资费用采用直线法分摊,

$$各年确认的融资费用=\frac{131\ 900-100\ 000}{5}=6\ 380(元)$$

各年编制会计分录如下:

借:长期应付款 —— 应付融资租赁款　　26 380

贷:银行存款　　26 380

借:财务费用　　6 380

贷:未确认融资费用　　6 380

(3)租赁期满,将设备转为自有资产。

借:固定资产——机器设备　　100 000

贷:固定资产——融资租入固定资产　　100 000

编制资产负债表时,"长期应付款"项目应根据"长期应付款"科目的期末余额,减去"未确认融资费用"科目期末余额后的金额填列。

任务十　借款费用

一、借款费用的概念、确认的基本原则和应予资本化的资产的范围

(一)借款费用的概念

借款费用是指企业因借入资金而发生的利息和其他费用。具体包括:企业因借款而发生的利息、折价或溢价的摊销和辅助费用,以及因外币借款而发生的汇兑差额。

我国《企业会计准则——借款费用》把借款分为两部分:专门借款和其他借款。

专门借款是指为购建固定资产而专门借入的款项;其他借款是指除专门借款外的其他借款。

借款分类的目的是确定借款费用资本化的借款范围,即只有专用借款的借款费用才可以考虑资本化,其他借款费用不允许资本化。借款费用资本化的目的是正确确定固定资产的原始价值、合理计算借款费用发生各期的损益。

(二)借款费用确认的基本原则

我国与国际会计准则在借款费用确认的基本原则上有差异。

《国际会计准则23——借款费用》对借款费用的处理,提供了两种方法:借款费用的基准处理方法和允许选用的处理方法。在基准处理方法下,不管借款如何使用,借款费用均应于发生的当期确认为费用,即借款费用全部费用化。在允许选用的处理方法下,对于可直接归属于符合资本化条件的资产的购置、建造或生产的借款费用,应当予以资本化,计入该项资产的成本,其他借款费用则应在发生的当期确认为费用,即符合条件的,可将借款费用资本化。

我国《企业会计准则——借款费用》规定:"因专门借款而发生的利息、折价或溢价的摊销和汇兑差额,在符合本准则规定的资本化条件的情况下,应当予以资本化,计入该项资产的成本;其他的借款利息、折价或溢价的摊销和汇兑差额,应当予发生当期确认为费用。因安排专门借款而发生的辅助费用,属于在所购建固定资产达到预定可使用状态之前发生的,应当在发生时予以资本化;以后发生的辅助费用应当于发生当期确认为费用。如果辅助费用的金额较小,也可以于发生当期确认为费用。"由此可见,我国对借款费用的处理,只对符合条件的专门借款所产生的借款费用予以资本化,计入固定资产的成本,其他借款费用则应在发生的当期确认为费用。

(三)借款费用应予资本化的资产的范围

我国与国际会计准则在借款费用应予资本化的资产的范围上也有差异。

《国际会计准则23——借款费用》规定,适于资本化的资产是指需要经过相当长时间才能

达到预定可使用或可销售状态的资产，包括：需要相当长时间才能够达到可使用状态的制造厂、发电设备以及投资性房地产等以及需要相当长时间才能达到可销售状态的存货。由此可以看出，国际会计准则规定的适于资本化的资产可以是固定资产，也可以是存货。

我国《企业会计准则——借款费用》规定，借款费用应予资本化的资产只限定为固定资产。

二、借款费用资本化的期间及资本化金额的确定

(一)借款费用资本化的期间

借款费用资本化的期间是指借款费用从开始资本化到停止资本化的这一段期间。

借款费用资本化的条件：我国《企业会计准则——借款费用》规定：以下三个条件同时具备时，因专门借款而发生的利息、折价或溢价的摊销和汇兑差额应当开始资本化：①资产支出已经发生；②借款费用已经发生；③为使资产达到预定可使用状态所必要的购建活动已经开始。

以上三个条件缺一不可，也就是说，三个条件必须同时满足，借款费用才允许开始资本化。实际上，三个条件同时满足时应予资本化的借款费用，也就是在固定资产购建期间，为支付该资产支出所必须承担的借款费用。例如，企业需要购入需安装的设备，假设设备已用专门借款购入，因为借款已使用，借款费用已经发生，但是设备还没有开始安装，这时，只满足了①和②两个条件，而③条件仍未满足，所发生的借款费用就不能资本化。再例如，企业赊购(所形成的负债为不带息债务)设备，即借款资金还没有使用，但是借款费用已经发生，设备开始安装，这时，只满足了②和③两个条件，而①条件仍未满足，所发生的借款费用也不能资本化。再例如，企业设备用自有资金已经购入，但是借款资金还没到位，并且设备已经开始安装，这时，只满足了①和③两个条件，而②条件仍未满足，所发生的借款费用也不能资本化。

当所购建的固定资产达到预定可使用状态时，应当停止其借款费用的资本化；以后发生的借款费用应当于发生当期确认为费用。

在借款费用资本化期间，如果固定资产的购建活动发生非正常中断，并且中断时间连续超过3个月，应当暂停借款费用的资本化，将其确认为当期费用，直至资产的购建活动重新开始。但如果中断是使购建的固定资产达到预定可使用状态所必要的程序，则借款费用的资本化应当继续进行。

(二)借款费用资本化金额的确定

借款费用资本化金额是指专门借款发生的借款费用，包括每期因专门借款而发生的借款利息、辅助费用和外币专门借款汇兑差额。

1. 借款利息资本化金额的确定

每期利息资本化金额应为与资产支出相挂钩的那部分专门借款的利息费用。

每一会计期间利息的资本化金额＝至当期末止购建固定资产累计支出加权平均数×资本化率

(1)累计支出加权平均数的确定。

累计支出加权平均数＝∑(每笔资产支出金额×每笔资产支出实际占用的天数/会计期间涵盖的天数)

“每笔资产支出金额”是指为购建固定资产而以支付现金、转移非现金资产或者承担带息债务形式发生的支出。“每笔资产支出实际占用的天数”是指发生在固定资产上的支出所应承担借款费用的时间长度。“会计期间涵盖的天数”是指计算应予资本化的借款费用金额的会计期间的长度。这两个长度通常按天数计算，也可以按月份数计算。

(2)资本化率的确定。

①为购建固定资产只借入一笔专门借款,资本化率为该项借款的利率;

②为购建固定资产借入一笔以上的专门借款,资本化率为这些借款的加权平均利率。

加权平均利率=专门借款当期实际发生的利息之和/专门借款本金加权平均数×100%

"专门借款当期实际发生的利息之和"是指企业当期应负担的专门借款利息,它应根据当期各专门借款本金、借款名义利率和借款占用时间计算确定。"专门借款本金加权平均数"的公式为:

专门借款本金加权平均数=∑(每笔专门借款本金×每笔借款实际占用的天数/会计期间涵盖的天数)

如果专门借款存在折价和溢价,还应当将每期应摊销的折价或溢价金额作为利息的调整额,对资本化率作相应调整。折价或溢价的摊销,可以采用实际利率法,也可以采用直线法。

加权平均利率=(专门借款当期实际发生的利息之和±当期应摊销的折价或溢价)/专门借款本金加权平均数×100%

2. 辅助费用资本化金额的确定

专门借款发生的辅助费用,如果金额不大,在发生时可直接计入当期财务费用,不予资本化;如果金额较大,以辅助费用的实际发生额作为资本化金额。

3. 外币专门借款汇兑差额资本化金额的确定

如果专门借款为外币借款,则在应予资本化的每一会计期间,汇兑差额的资本化金额为当期外币专门借款本金及利息所发生的汇兑差额。

任务十一　债务重组

一、债务重组的概念

债务重组,是指债权人按照其与债务人达成的协议或法院的裁决同意债务人修改债务条件的事项。

在激烈的市场竞争中,债务人由于经营不善等原因,使其陷于财务困境,以致到期不能清偿债务,由此债权人与债务人常常产生纠纷。解决债务纠纷通常有两种途径:一种是迫使债务人破产。债权人依据法律,有权向法院申请债务人破产,从其清算的财产中得到债务的清偿;另一种是债务重组,即双方经过协商,修改债务条件,使双方的纠纷得到和解。债务重组与前一种比较起来,更具有现实意义:①对债务人来说,通过债务重组可以暂时缓解债务压力,促使其努力改善财务状况,避免进入破产程序。②对债权人来说,通过债务重组可以使债权人的债务得到最大限度的清偿。因为即使债务人进入破产程序,由于相关的时间持续较长,债权人也不可能即刻收回债权,即使能够收回债权,也不一定能够如数收回。

二、债务重组的方式和债务人的账务处理

债务重组方式包括:以低于债务账面价值的现金清偿债务、以非现金资产清偿债务、债务转为资本清偿债务、修改其他债务条件、混合重组方式。

(一)以低于债务账面价值的现金清偿债务

以低于债务账面价值的现金清偿债务时,债务人应将重组债务的账面价值与支付的现金

之间的差额，确认为资本公积。

【案例 11－62】 嘉宏股份有限公司 5 月 20 日从红光公司购入材料，价税合计为 351 000 元。由于无力偿还该款项，经双方协商，红光公司同意嘉宏股份有限公司以现金 300 000 元偿还该款项。

借：应付账款——红光公司	351 000	
贷：现金		300 000
资本公积		51 000

(二)以非现金资产清偿债务

以非现金资产清偿债务时，债务人应将重组债务的账面价值与转让的非现金资产账面价值和相关税费之和的差额，确认为资本公积或当期损失。非现金资产包括：存货、固定资产、无形资产和投资等。

1. 债务人以存货清偿债务

以存货清偿债务，债务人应将重组债务的账面价值扣除存货账面价值和增值税销项税额之和的差额，确认为资本公积或当期损失(如果用于清偿债务的存货计提了存货跌价准备，必须与存货同时结转)。

【案例 11－63】 嘉宏股份有限公司 5 月 20 日从红光公司购入材料，价税合计为 351 000 元。由于无力偿还该款项，经双方协商，红光公司以产品抵偿该款项，产品售价为 300 000 元，增值税率为 17%，产品成本为 270 000 元。假设产成品未计提存货跌价准备。

借：应付账款——红光公司	351 000	
贷：库存商品		270 000
应交税费——应交增值税(销项税额)		51 000
资本公积		30 000

2. 债务人以固定资产清偿债务

以固定资产清偿债务，债务人应将重组债务的账面价值扣除固定资产净值和清理费用(扣除残值收入)等之后的余额确认为资本公积或当期损失。如果用于清偿债务的固定资产计提了固定资产减值准备也应同时结转。

【案例 11－63】 嘉宏股份有限公司 3 月 1 日向红光公司购入材料，价税合计为 234 000 元，当日签发给红光公司一张面值为 234 000 元、期限为 3 个月的不带息票据。由于嘉宏股份有限公司发生财务困难，票据到期不能兑现。双方经过协商，红光公司同意嘉宏股份有限公司用一台设备偿还债务。该设备原值为 500 000 元，已提折旧为 300 000 元，清理费用为 2 000 元，已提减值准备为 5 000 元。

(1)固定资产进行清理

借：固定资产清理	195 000	
累计折旧	300 000	
固定资产减值准备	5 000	
贷：固定资产		500 000
借：固定资产清理	2 000	
贷：银行存款		2 000

(2)债务重组

借：应付票据	234 000	

贷:固定资产清理　　197 000

　资本公积　　47 000

3. 债务人以无形资产清偿债务

以无形资产清偿债务,债务人将重组债务的账面价值扣除无形资产账面价值和相关费用等之后的余额确认为资本公积或当期损失。

【案例 11－65】 嘉宏股份有限公司 3 月 1 日向红光公司购入材料,价税合计为 234 000 元,当日签发给红光公司一张面值为 234 000 元、期限为 3 个月的不带息票据。由于嘉宏股份有限公司发生财务困难,票据到期不能兑现。双方经过协商,红光公司同意嘉宏股份有限公司用一项专利权偿还债务。该项专利权账面价值为 230 000 元,营业税率为 5%,假设无形资产未计提减值准备。

借:应付票据　　234 000

　营业外支出——债务重组损失　　7 500

　贷:无形资产　　230 000

　　应交税费　　11 500

4. 债务人以投资清偿债务

以投资清偿债务,债务人应将债券的账面价值扣除投资账面价值和相关费用等之后的余额确认为资本公积或当期损失。

【案例 11－66】 甲有限公司 3 月 1 日向红光公司购入材料,价税合计为 234 000 元,当日签发给红光公司一张面值为 234 000 元、期限为 3 个月的不带息票据。由于甲有限公司发生财务困难,票据到期不能兑现。双方经过协商,红光公司同意甲有限公司用其拥有的长期股权投资偿还债务。该项长期股权投资的账面价值为 250 000 元,已计提减值准备为 10 000 元,转让该项长期股权投资的相关费用为 1 000 元。

借:应付票据　　234 000

　长期投资减值准备　　10 000

　营业外支出——债务重组损失　　7 000

　贷:长期股权投资　　250 000

　　银行存款　　1 000

(三)以债务转为资本清偿债务

以债务转为资本清偿债务时,债务人应将重组债务的账面价值与债权人因放弃债权而享有股权的份额之间的差额,确认为资本公积。

【案例 11－67】 乙有限公司 3 月 1 日向红光公司购入材料,价税合计为 234 000 元,当日签发给红光公司一张面值为 234 000 元、期限为 3 个月的不带息票据。由于乙有限公司发生财务困难,票据到期不能兑现。双方经过协商,红光公司同意乙有限公司用普通股 20 000 股(每股面值为 10 元)偿还债务。股票市价为 12 元。

借:应付票据　　234 000

　贷:股本　　200 000

　　资本公积——股本溢价　　34 000

(四)修改其他债务条件

修改其他债务条件,是指延长债务偿还期限、延长债务偿还期限并加收利息、延长债务偿还期限并减少债务本金或债务利息等。

以修改其他债务条件进行债务重组的，如果重组债务的账面价值大于将来应付金额，债务人应将重组债务的账面价值减计至将来应付金额，减计的金额确认为资本公积；如果重组债务的账面价值等于或小于将来应付金额，债务人不作账务处理。

【案例 11－68】 丙有限公司 3 月 1 日向红光公司购入材料，价税合计为 234 000 元，当日签发给红光公司一张面值为 234 000 元、期限为 3 个月的不带息票据。由于丙有限公司发生财务困难，票据到期不能兑现。双方经过协商，红光公司同意丙有限公司将还款期限延长 3 个月，本金减少 4 000 元。

借：应付票据	234 000	
贷：应付账款		230 000
资本公积		4 000

（五）混合重组方式

混合重组方式包括：以现金、非现金资产方式的组合；以现金、非现金资产、债务转为资本方式的组合；以现金、非现金资产、债务转为资本方式的组合清偿某项债务的一部分，并对该债务的另一部分以修改其他债务条件进行债务重组的组合。

(1)以现金、非现金资产方式的组合清偿某项债务的，债务人应先以支付的现金冲减重组债务的账面价值，再按以非现金资产方式清偿债务进行会计处理。

(2)以现金、非现金资产、债务转为资本方式的组合清偿某项债务的，债务人应先以到付的现金、非现金资产的账面价值冲减重组债务的账面价值，再按以债务转为资本清偿债务进行会计处理。

(3)以现金、非现金资产、债务转为资本方式的组合清偿某项债务的一部分，并对该债务的另一部分以修改其他债务条件进行债务重组的组合清偿某项债务的，债务人应先以支付的现金、非现金资产的账面价值，债权人享有的股权份额冲减重组债务的账面价值，再按以修改其他债务条件进行债务重组进行会计处理。

★★★ 项目小结 ★★★

负债是指企业过去的交易或事项形成的、预期会导致经济利益流出企业的现时义务。它包括三层概念：第一，负债产生的原因：过去的交易、事项。第二，负债的表现形式：现时应承担的义务。第三，负债解除的结果：未来的经济利益流出企业。

货币性流动负债是指需要以货币资金来偿还的流动负债，主要包括短期借款、应付票据、应付账款、应付职工薪酬、应付股利、应交税费和其他应付款。

非货币性流动负债是指不需要用货币资金来偿还的流动负债，主要包括预收账款以及其他应付款。预收账款一般需要以商品或劳务来偿还。

★★★ 关键术语 ★★★

负债　流动负债　短期借款　应付票据　应付账款　应交税费　应付职工薪酬　非流动资产　长期借款　应付债券　可转换公司债券　长期应付款　债务重组

★★★ 思考与讨论 ★★★

1. 负债的概念及其特征是什么?
2. 应付和预收款项的账务如何处理?
3. 应付股利及其他应付款的账务如何处理?
4. 长期负债的概念和特点是什么?
5. 如何理解长期借款费用的资本化?

项目十二　所有者权益

技能目标

能够对实收资本、资本公积、留存收益的账务进行会计处理。

学习目标

1.理解:所有者权益的概念、种类。

2.熟知:实收资本、资本公积、留存收益的内容。

3.掌握:独资有限公司股本的会计处理;投资者投入和债务与资本转换过程溢价的会计处理;盈余公积和未分配利润、弥补亏损的会计处理;股利的种类及其会计处理。

知识支撑

任务一　所有者权益概述

一、企业组织形式

所有者权益会计旨在处理不同企业的所有者对企业应承担的风险及其享有的利益。国际通行的做法是按企业资产经营的法律责任,把企业划分为非公司制企业组织形式和公司制企业组织形式。

(一)非公司制企业组织形式

1. 独资企业

由单个出资者设立的企业称为独资企业。在独资企业,所有者权益属于业主一人所独有。出资者对企业债务承担无限清偿责任,所以,通常称为"业主权益"。虽在法律意义上,独资企业拥有的财产和对外所负的债务,与业主个人另外所有的财产和所负的债务无甚区别,但在会计上仍把独资企业视为一个独立会计个体,单独予以处理。业主对企业所欠债务必须承担无限连带责任。

2. 合伙企业

合伙企业是由两人或两人以上订立合伙协议、共同出资经营、共负盈亏的企业。所有者权益属合伙人所共有,合伙人的出资额可以大小不等,利润按出资多少或协议规定分配。与独资企业一样,合伙人对企业所欠债务必须承担无限连带责任。

(二)公司制企业组织形式

我国《公司法》规定:"公司是指依照本法在中国境内设立的有限责任公司和股份有限公司。" 可见,公司是以责任形式设立的,而不是以所有制或以行政隶属关系来建立的;公司包含多种经济成分，容纳多种来源的投资，不同的所有者都可以采用公司形式。我国《公司法》规定，公司的设立必须由两个以上的投资人组成，有限责任公司为2人以上50人以下，股份有限公司为5人以上。但针对我国存在大量全民所有制企业的现状，我国《公司法》中又规定了凡国家授权投资的机构或者国家授权的部门可以单独投资设立国有独资的有限责任公司，这从法律上肯定了单一投资者公司的存在。

1. 有限责任公司

有限责任公司是指股东以其出资额为限对公司承担责任，公司以其全部资产对公司债务承担责任的企业法人。其特征表现在：公司股东以其出资比例享受权利、承担义务；公司向股东签发出资证明，(不发行股票)出资证明是公司股份的表现形式；公司股份转让有着严格限制；公司股东可以作为雇员参与公司经营管理；公司账目可以不对外公开，尤其是公司的资产负债表一般不公开；股东人数较少，且不能超过一定限额，即2人以上50人以下。

2. 股份有限公司

股份有限公司是指公司将全部资本分为等额股份，股东以其所持股份对公司承担有限责任，公司以其全部资产对公司债务承担责任的企业法人。其特征表现在：公司资本由等额股份组成，股份采取股票的形式，股票是公司签发的证明股东所持股份的凭证；公司股东必须达到法定人数，但没有上限，即5人以上；公司账目必须公开，便于股东全面掌握公司情况；公司股东仅负有限责任；即每个股东对公司所负债务的责任，只限于其对该公司的投资额，但公司须以全部的公司财产为限负债务清偿的有限责任；公司财产所有权和经营权相分离。

3. 国有独资公司

国有独资公司是指国家授权投资的机构或者国家授权的部门单独投资设立的有限责任公司。它是有限责任公司的一种特殊形式，即股东只有国家一方。国有独资公司不设股东会，由国家授权投资的机构或部门授权董事会行使股东会的部分职权，决定公司的重大事项。但公司的合并、分立、解散、增减资本和发行公司债券，必须由国家授权的机构或部门批准。

不同的企业组织形式，对资产和负债的会计处理并无重大影响，但涉及所有者权益方面的会计处理却不大一样。公司组织，尤其是股份有限公司，已是当今世界上最广泛采用的企业组织形式。它具有独资企业和合伙企业所不具备的生命力和优越性，在资本结构和筹资方式上更具灵活性。因此，我们选择股份有限公司的股东权益作为重点论述，其他稍加提及。

二、所有者权益的概念和种类

(一)所有者权益的概念

我国在《企业会计准则》和《企业财务报告条例》中对所有者权益给予了较完整的定义："所有者权益是指所有者在企业资产中享有的经济利益，其金额为资产减去负债后的余额。在资产负债表上，所有者权益应当按照实收资本(或股本)、资本公积、盈余公积和未分配利润等项目分别列示。"它不仅说明了企业投资者对企业净资产的要求权这一所有者权益的经济性质，也说明了所有者权益的构成内容，同时也指出了所有者权益的数量和金额。

(二)所有者权益的种类

所有者权益可按不同的标志对加以分类。在公司组织中，结合我国的实际，主要可按所有者权益的形成来源和投资主体分类。

1. 按形成来源分类

所有者权益按形成来源分类，可分为投入资本和留存收益。投入资产是所有者初始和追加投入的资本。留存收益是企业从经营活动所得税后利润的留存部分。从会计上说，这种分类的目的之一是让股东和债权人知道，公司付给股东的款项是利润的分配还是投入资本的返还。有关法规规定，只有当期税后利润和前期的未分配利润才可用于股利分派。这种分类的另一个目的在于让股东用累计利润来判断管理人员的称职程度。许多股东一般不直接参与公司经营管理，他们将公司管理人员视为投入资本的经管责任者，将累计利润与投入资本相比较即可评价其经营管理的成绩。

2. 按投资主体分类

所有者权益按投资主体分类，可分为国家股、法人股、个人股和外资股四种。国家股为有权代表国家投资的政府部门或机构，以国有资产投入公司所形成的股份。法人股为企业法人以其依法可支配的资产投入公司形成的股份；或具有法人资格的事业单位和社会团体，以国家允许用于经营的资产，以向公司投资形式形成的股份。个人股为社会个人或本公司内部职工，以个人合法财产投入公司形成的股份。上述三种股份都为国内投资主体所拥有，简称A股。外资股为外国和我国香港、澳门、台湾地区投资者，以购买人民币特种股票形式，向公司投资形成的股份，也称B股。我国有些公司的股份在香港等境外地区或国家证券交易所公开上市流通，称为H股。这种分类的主要目的在于反映在企业里不同性质的股份所占比重，便于国家进行宏观调控。

上述各种性质的股份持有者，对企业所有者权益享有同等的权利，即按持有的股份数比例分享所有者权益，包括投入资本和留存收益。

任务二　实收资本

企业收到投资者的投资，有货币资金、实物资产和无形资产等。对于不同的企业，实收资本的会计处理有所区别。

一、一般企业实收资本的会计处理

一般企业实收资本的会计核算，应通过设置“实收资本”账户进行，按照投资者设置明细账，分别反映各投资者投入资本的情况。在企业新设时，投资者按照有关合同、章程投入公司的资本，应全部记入“实收资本”账户，实收资本应等于公司的注册资本；在增资扩股时，如有新投资者加入，新投资者缴纳的出资额大于其按照约定比例计算的在企业注册资本中所占的份额部分，应作为资本溢价，记入“资本公积”账户。

（一）接受货币资金投资

当收到投资者以货币资金出资时，应借记“银行存款”、“库存现金”账户，贷记“实收资本——×投资者”账户；若投资金额超过其所占投资比例的数额，其超额部分属于资本溢价，应贷记“资本公积——资本溢价”账户。

【案例12－1】 鼎立企业以银行存款300万元对兴业有限责任公司出资，占其20％的份额，兴业公司的注册资本为1 500万元，兴业公司收到鼎立企业投资的会计分录如下：

借：银行存款　　3 000 000

　贷：实收资本——鼎立企业　　3 000 000

【案例12－2】 甲、乙、丙三人共同出资设立万发有限责任公司，其注册资本为180万元，所占份额比例分别为50％、30％、20％。三人以银行存款实际出资，分别为：甲90万元、乙54

万元、丙36万元。

表12－1　　　　投入资本明细表　　　　单位：万元

投资者	投资比例	投资额（实收资本）
甲	50%	90
乙	30%	54
丙	20%	36
合　计	100%	180

其中：实收资本＝注册资本×投资者所占比例

公司收到甲、乙、丙三人投资的会计分录为：

借：银行存款　　1 800 000

　贷：实收资本——甲　　900 000

　　　　　　　——乙　　540 000

　　　　　　　——丙　　360 000

（二）接受实物资产投资

企业接受以原材料、固定资产等实物资产进行的投资时，应该对接受的实物进行评估，以双方确认价作为实收资本入账金额。

1. 接受的原材料投资

企业接受的原材料投资，其投资额包括不含税的双方确认的原材料价值（如发生运杂费应计入原材料价值，但不计入投资额）和增值税两部分。企业根据不含税双方确认的原材料价值，借记"原材料"等账户；根据增值税税额，借记"应交税费——应交增值税（进项税额）"账户；根据不含税的双方确认的原材料价值与增值税之和，贷记"实收资本"账户。

【案例12－3】 兴业公司收到投资者投入的原材料一批，双方确认的不含税的原材料的价值为100万元，增值税为17万元。根据以上资料编制如下会计分录：

借：原材料　　1 000 000

　应交税费——应交增值税（进项税额）　　170 000

　贷：实收资本　　1 170 000

2. 接受的固定资产投资

有限责任公司接受的固定资产投资，其投资额为双方确认的固定资产的价值（如发生运杂费应计入固定资产价值，但不计入投资额），按双方确认的价值借记"固定资产"账户；贷记"实收资本"账户。如果为需要安装的固定资产则先通过"在建工程"账户核算，安装完毕交付使用时再转入"固定资产"账户。

【案例12－4】 兴业公司收到旧的需要安装的机器设备一台，双方确认的价值为800 000元，企业用银行存款实际支付运杂费2 000元。该企业收到机器设备后出包安装，用银行存款支付安装费8 000元。根据以上资料编制会计分录如下：

（1）收到机器设备

借：在建工程　　802 000

　贷：实收资本　　800 000

　　　银行存款　　2 000

（2）支付安装费

借：在建工程　　8 000

　　贷：银行存款　　8 000

(3)安装工程完工

借：固定资产　　810 000

　　贷：在建工程　　810 000

(三)接受的无形资产投资

当企业收到投资者以无形资产进行投资时，应按投资各方确认的价值，借记“无形资产”账户，贷记“实收资本”账户。根据我国《公司法》规定，以工业产权、非专利技术作价出资的金额不得超过有限责任公司注册资本的20%，但国家对采用高新技术成果有特别规定的除外。

二、国有独资公司实收资本的会计处理

在会计处理上，把国有独资公司作为一种类型，是因为这类企业组建时，所有者投入的资本全部作为实收资本入账，而其他类型的企业，所有者投入的资本不一定全部作为实收资本。国有独资公司不发行股票，不会产生股票溢价发行收入，也不会在追加投资时，为维持一定的投资比例而产生资本公积的资本溢价。

为了总括反映国家授权的机构或部门单位向国有独资公司投入资本的增减情况，应设置“实收资本”总账账户，该账户的贷方反映公司实际收到国家有关机构或部门单位投入公司各种资产的价值；借方反映按照法定程序减少注册资金的数额，余额在贷方，反映企业实际收到代表国家投资的机构或部门单位的资金。

【案例12—5】 由国家授权投资的机构独家出资组建一国有独资公司，该公司的注册资金为1 500万元，该公司设立时实际收到投资机构转入的固定资产价值800万元，土地使用权价值300万元，另有400万元现金也转入新组建公司的银行账户。该新组公司在收到上述投资时，应当做如下分录：

借：固定资产　　8 000 000

　　无形资产　　3 000 000

　　银行存款　　4 000 000

　　贷：实收资本　　15 000 000

三、股份有限公司股本的会计处理

股份有限公司发行股票，不论是普通股还是优先股，均应设置“股本”账户进行核算。“股本”账户核算股东投入企业的股本，企业应将核定的股本总额、股份总数、每股面值，在股本账户中作备查记录。为提供企业股份构成情况，企业应在“股本”账户下，按普通股和优先股及股东单位和姓名设置明细账。企业的股本应该等于在核定的股本总额范围内发行股票的面值。

企业发行股票取得的收入与股本总额往往不一致，公司发行股票取得的收入大于股本总额的，称为溢价发行；小于股本总额的，称为折价发行；等于股本总额的，称为面值发行。我国不允许企业折价发行股票。在采用溢价发行股票的情况下，企业应将相当于股票面值的部分记入“股本”账户，其余部分在扣除发行手续费、佣金等发行费用后记入“资本公积——股本溢价”账户。

公司在股票发行过程中，如按面值发行，发生的各项费用支出减去发行股票冻结期间产生的利息收入后应计入当期损益，作为“财务费用”核算。公司发起人认购股票，出资方式可以是

货币资金，也可以是实物或无形资产；社会公众认购股票，出资方式一般为货币资金。公司发行股票收到股东的出资时，应借记“银行存款”等账户，贷记“股本”、“资本公积”等账户；发生的各项发行费用支出，应借记“财务费用”账户，贷记“银行存款”账户。

【案例12—6】 某股份有限公司委托证券公司代理发行普通股股票1 000万股，每股面值1元，按面值发行。证券公司按发行收入的1%收取手续费，从发行收入中扣除。根据以上资料，编制会计分录如下：

借：银行存款　　9 900 000
　财务费用　　100 000
　贷：股本——普通股股本　　10 000 000

公司在股票发行过程中，发生的各项费用支出减去发行股票冻结期间产生的利息收入后，如公司溢价发行股票，应先抵减溢价收入。溢价发行收入扣除发行费后，如果还有余额，应将超面值缴入股款记入“资本公积”账户；如果溢价收入不足以弥补发行费支出，则发行费支出大于溢价收入的差额，记入“财务费用”账户。

【案例12—7】 A股份有限公司委托B证券公司代理发行普通股股票1 000万股，每股面值1元，按每股价格1.5元溢价发行。证券公司按发行收入的1%收取手续费，从溢价收入中扣除。根据以上资料，编制如下会计分录：

公司实收价款＝1.5×10 000 000×(1－1%)＝14 850 000(元)

普通股股本＝ 1× 10 000 000＝ 10 000 000(元)

超面值缴入股款＝14 850 000－10 000 000＝4 850 000(元)

借：银行存款　　14 850 000
　贷：股本——普通股股本　　10 000 000
　　资本公积——股本溢价　　4 850 000

四、企业资本或股本变动的会计处理

《企业法人登记管理条例》中规定，除国家另有规定外，企业的注册资本与实收资本相一致。该条例还规定，企业法人实收资本比原注册资本数额增加或减少超过20%时，应持资金证明或验资证明，向原登记机关申请变更登记。这表明企业的实收资本或股本一般情况下保持不变，但在某些特定的情况下也会发生增减变动情况。

(一)企业增资

企业采用资本公积或盈余公积转增资本时，应按转增的资本金额确认实收资本或股本。用资本公积转增资本时，借记“资本公积——资本溢价或股本溢价”科目，贷记“实收资本”(或“股本”)科目。用盈余公积转增资本时，借记“盈余公积”科目，贷记“实收资本”(或“股本”)科目。用资本公积或盈余公积转增资本时，应按原投资者各自出资比例计算确定各投资者相应增加的出资额。

实收资本(或股本)增加的核算如图12－1所示。

1. 资本公积转增资本

经股东大会或类似机构决议，用资本公积转增资本，应借记“资本公积——资本溢价或股本溢价”账户，贷记“实收资本”或“股本”账户。

【案例12—8】 某股份有限公司董事会拟订方案将资本公积2 000 000元转为股本，股票面值2 000 000元，每股面值1元。该方案经股东大会通过。公司应作如下会计分录：

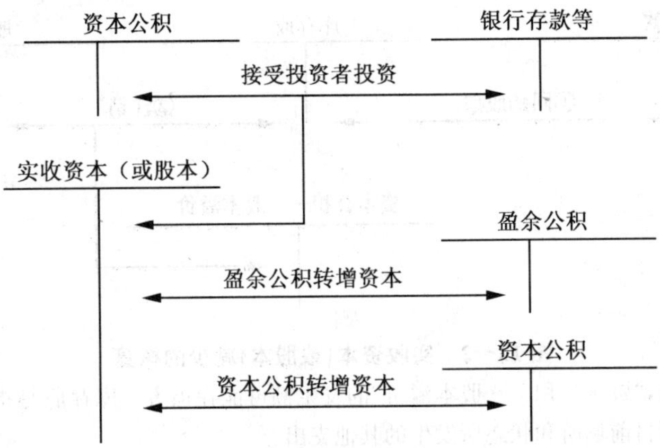

图 12—1　实收资本(或股本)增加的核算

借：资本公积——股本溢价　　2 000 000

　贷：股本　　2 000 000

2. 盈余公积转增资本

企业盈余公积转为资本，应借记"盈余公积"账户，贷记"实收资本"或"股本"账户。值得注意的是，资本公积和盈余公积都属于所有者权益，转为实收资本时，应按照各投资者所持股份同比例增加每个投资者的投资额。

3. 采取发放股票股利的方式增资

采取发放股票股利的方式增资不是利润的分配，而是公司股东权益内部结构的调整。在公司董事会议提请股东大会批准的年度利润分配方案中涉及分配股票股利的，对于其中的股票股利，在董事会确定利润分配方案时不需要进行账务处理，但应在其对外公布的财务会计报告中予以披露。公司应在股东大会批准的年度利润分配方案并办理了增资手续后，按照实际发放的股票股利的金额，借记"利润分配——转作股本的股利"账户，贷记"股本"账户。经股东大会决议，用盈余公积派送新股，按派送新股计算的金额，借记"盈余公积"账户，贷记"股本"账户。

(二)企业减资

企业资本的减少可以按照法定程序或通过收购股票的形式进行。

按照法定程序减资时，借记"实收资本"或"股本"账户，贷记"银行存款"账户。

通过收购股票的方式减资的，按股票面值和注销股数计算的股票面值总额，借记"股本"账户，贷记"库存股"账户；同时按实际支付的金额，借记"库存股"账户，贷记"银行存款"等账户。由于股票的面值与股票的发行价格可能不同，收回股票的价格也可能与发行价格不同，而"股本"账户是按股票的面值反映的，收购本企业股票时，应按面值注销股本，超过面值付出的价值，可区别情况处理：收购的股票凡属溢价发行的，则首先冲销溢价收入，不足部分，凡提有盈余公积的，冲销盈余公积；如盈余公积仍不足以支付收购款的，冲销未分配利润；凡属面值发行股票的，直接冲销盈余公积、未分配利润。如果企业购回的股票支付的价款低于面值总额的，按股票面值，借记"股本"账户，按所注销库存股的账面余额，贷记"库存股"账户，按其差额贷记"资本公积——股本溢价"账户。

实收资本(或股本)减少的核算如图 12—2 所示。

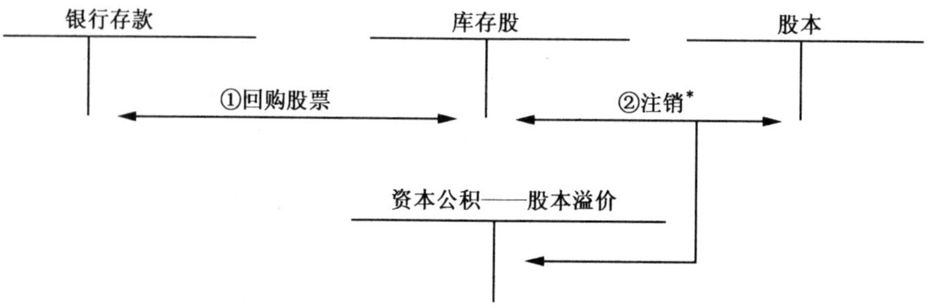

图 12-2　实收资本(或股本)减少的核算

注:* 注销股票时,“资本公积——股本溢价”的发生额可能在借方。库存股是指除采购成本、加工成本以外的,使存货达到目前场所和状态所发生的其他支出。

【案例 12-9】 兴业股份有限公司因资本过剩需要减资,经办理有关手续后,收回本公司曾发行面值为 1 元的普通股 100 000 股,发行价为每股 5 元。现以每股 6.4 元的价格赎回,款项以银行存款支付。兴业股份公司作如下会计处理:

借:股本	100 000	
资本公积——股本溢价	400 000	
盈余公积	140 000	
贷:库存股		640 000
借:库存股	640 000	
贷:银行存款		640 000

本例中,如果兴业股份有限公司以每股 5 元的价格赎回,则应当作如下的会计处理:

借:股本	100 000	
资本公积——股本溢价	400 000	
贷:库存股		500 000
借:库存股	500 000	
贷:银行存款		500 000

中外合作经营企业根据合同规定在合作期间归还投资者的投资,借记“实收资本——已归还投资”账户,贷记“银行存款”等账户;同时,借记“利润分配——利润归还投资者”账户,贷记“盈余公积——利润归还投资者”账户。

任务三　资本公积

一、资本公积的概念

资本公积是投资者或他人(或单位)投入企业,所有权归属于投资者共同所有,但不构成实收资本(股本)的资本或资产。在我国,资本公积主要包括:资本(或股本)溢价和其他资本公积。为反映资本公积的形成及使用情况,企业应设置“资本公积”账户进行核算。不同来源的资本公积,其会计处理也不同。

二、投资者投入溢价

（一）资本溢价

企业收到投资者投入的资金，按实际收到的金额或确定的价值，借记"银行存款"、"固定资产"等账户，按其在注册资本中所占的份额，贷记"实收资本（或股本）"账户，按其差额，贷记"资本公积——资本（或股本）溢价"账户。

【案例12—10】 泰安有限责任公司由甲、乙、丙三股东各自出资1 000 000元设立。设立时的实收资本为3 000 000元。经过三年的经营，该企业留存收益为1 500 000元。这时又有了新的投资者丁有意参加投资该企业，并表示愿意出资1 800 000元仅占该企业股份的25%。

假设丁出资额为X，则公司实收丁资金数额：$X/(3\ 000\ 000+X)=25\%$，解方程式得：$X=1\ 000\ 000$元。

超额缴入资金（作为资本公积部分）：1 800 000－1 000 000＝800 000（元）。

借：银行存款	1 800 000	
贷：实收资本——丁		1 000 000
资本公积——资本溢价		800 000

（二）股本溢价

股份有限公司发行股票收到现金资产时，借记"银行存款"等科目，按每股股票面值和发行股份总额的乘积计算的金额，贷记"股本"科目，实际收到的金额与该股本之间的差额贷记"资本公积——股本溢价"科目。

股份有限公司发行股票发生的手续费、佣金等交易费用，如果溢价发行股票的，应从溢价中抵扣，冲减资本公积（股本溢价）；无溢价发行股票或溢价金额不足以抵扣的，应将不足抵扣的部分冲减盈余公积和未分配利润。

【案例12—11】 B股份有限公司首次公开发行了普通股50 000 000股，每股面值1元，每股发行价格为4元。B公司与受托单位约定，按发行收入的3%收取手续费，从发行收入中扣除。假定收到的股款已存入银行。B公司的会计处理如下：

收到发行收入时：

借：银行存款［50 000 000×4×（1－3%）］	194 000 000	
贷：股本		50 000 000
资本公积——股本溢价		144 000 000

三、债务与资本转换过程中产生的溢价

公司发行的可转换公司债券按规定转为股本时，应按"长期债券——可转换公司债券"账户余额，借记"长期债券——可转换公司债券（面值、利息调整）"账户，按属于该项可转换公司债券的权益成分的金额，借记"资本公积——其他资本公积"账户，按股票面值和转换的股数计算的股票面值总额，贷记"股本"账户，按实际用现金支付的不可转换为股票的部分，贷记"银行存款"等账户，按其差额，贷记"资本公积——股本溢价"账户。

企业将重组债务转为资本的，应按重组债务的账面价值，借记"应付账款"等账户，按债权人放弃债权而享有本企业股份的面值总额，贷记"实收资本或股本"账户，按股份的公允价值总额与相应的实收资本或股本之间的差额，贷记或借记"资本公积——资本溢价或股本溢价"账户，按重组债务的账面价值与股份的公允价值总额之间的差额，贷记"营业外收入——债务重

组利得”账户。

【案例 12—12】 2015 年 2 月 10 日，A 公司销售一批材料给 B 股份有限公司，同时收到 B 公司签发并承兑的一张面值 100 000 元、年利率 7%、6 个月到期还本付息的票据。8 月 10 日，B 公司与 A 公司协商，以其普通股抵偿该票据。B 公司用于抵债的普通股为 10 000 股（每股面值 1 元），股票市价为每股 9.6 元，假定印花税税率为 0.4%，不考虑其他税费。

B 公司（债务人）在会计核算时，作如下会计处理：

(1)计算

债务重组日，该债务的账面价值　100 000+3 500=103 500 元

减：债权人享有的股份的面值总额　10 000 元

债权人享有的股份市价与面值差额　86 000 元

重组差额　7 500 元

(2)账务处理

借：应付票据	103 500	
贷：股本		10 000
资本公积——股本溢价		86 000
营业外收入——债务重组收益		7 500
借：管理费用——印花税（10 000×9.6×0.4%）	384	
贷：银行存款		384

四、接受捐赠资产

企业接受捐赠的资产可以分为货币性资产和非货币性资产两种。

(一)货币性资产

企业取得的货币性资产捐赠，应按实际取得的金额，借记“现金”或“银行存款”等账户，贷记“待转资产价值——接受捐赠货币性资产”账户；企业取得的非货币性资产捐赠，应按会计制度及相关准则规定入账价值，借记“库存商品”、“固定资产”、“无形资产”、“长期股权投资”等账户，一般纳税人如涉及可抵扣的增值税进项税额的，按可抵扣的增值税进项税额，借记“应交税费——应交增值税（进项税额）”账户，按税法规定确定的入账价值，贷记“待转资产价值——接受捐赠非货币性资产价值”账户，按企业因接受捐赠资产支付或应付的金额，贷记“银行存款”、“应交税费”等账户。

期末，企业计算接受捐赠资产应缴纳的所得税，借记“待转资产价值”账户的“接受捐赠货币性资产”或“接受捐赠非货币性资产价值”子目，贷记“应交税费——应交所得税”账户，按其差额贷记“资本公积——其他资本公积”账户。

(二)非货币性资产

企业取得的非货币性资产捐赠收入金额较大，计入一个纳税年度缴纳确有困难的，经主管税务机关审核确认，可以在不超过 5 年的期间内均匀计入各年度应纳税所得额。

五、股权投资

同一控制下企业合并形成的长期股权投资，应在合并日按取得被合并方所有者权益账面价值的份额，借记“长期股权投资”账户，按支付的合并对价的账面价值，贷记或借记有关资产、负债科目，按其差额的，贷记“资本公积——资本溢价或股本溢价”账户；如为借方差额，借记

“资本公积——资本溢价或股本溢价”账户，资本公积不足冲减的，应依次借记“盈余公积”、“利润分配——未分配利润”账户。

企业的长期股权投资采用权益法核算的，在持股比例不变的情况下，被投资单位除净损益以外所有者权益的其他变动，企业按持股比例计算应享有的份额，借记“长期股权投资——所有者权益其他变动”账户，贷记“资本公积——其他资本公积”账户。

六、拨款转入

拨款转入，是因国家对某些国有企业拨入的、专用于某项目的拨款。在该拨款项目完成后，形成资产留归企业的拨款部分，转作资本公积。

企业使用国家拨入的专门用于技术改造等的拨款项目完成后，形成各项资产的部分，应按实际成本，借记“固定资产”等账户，贷记有关账户；同时，借记“专项应付款”账户，贷记“资本公积——其他资本公积”账户。

七、外币资本折算差额

企业接受外币投资时，收到的外币资产应作为资产登记入账，同时，对接受的外币资产投资应作为投资者的投入，增加实收资本。在我国，一般企业以人民币为记账本位币，在收到外币资产时需要将外币价值折合为人民币记账。在将外币折合为人民币记账时，其折合汇率按以下原则确定：①对于各项外币资产账户一律按收到出资额当日的汇率折合。②对于实收资本账户，合同有约定汇率的，按合同约定的汇率折合；合同没有约定汇率的，按收到出资额当日的汇率折合。由于有关资产账户与实收资本账户所采用的折合汇率不同而产生的人民币差额，作资本公积处理。企业收到投资者投入的外币资产，接收到出资额当日的汇率折合的人民币金额，借记有关资产账户，按合同约定汇率或接收到出资额当日的汇率折合的人民币金额与按合同约定汇率折合的人民币金额之间的差额，借记或贷记“资本公积——其他资本公积”账户。

【案例12—13】 2003年1月20日星云公司与美国麦乐公司签订一项投资协议，麦乐公司以100 000美元向星云国美公司投资，约定汇率为1∶8。星云公司于当年3月10日收到麦乐公司的投资，当日汇率为1∶8.5，则星云公司的会计分录为：

借：银行存款——美元户（＄10 000）	850 000
贷：实收资本——麦乐公司	800 000
资本公积——其他资本公积	50 000

任务四 留存收益

一、留存收益的性质、构成与会计处理

（一）留存收益的性质

留存收益是股东权益的一个重要项目，是公司企业历年剩余的净收益累积而成的资本。因此，留存收益也可称为累积收益。

留存收益既然是股东权益，股东便有权决定如何使用，按照公司章程或其他有关规定，公司可将留存收益在股东间进行分配，作为公司股东的投资所得；也可以为了某些特殊用途和目

的，而将其中一部分留在公司不予分配。可见，留存收益会因经营获取收益而增加，又因分给投资者而减少。留存收益的反面为亏损，公司经营如果入不敷出，就意味着亏损。发生经营亏损将减少留存收益。

对留存收益有较大影响的是股利分配。公司将会因分派股利而大幅度减少留存收益。因此，公司必须有足够的留存收益才能分配股利。但这并不意味着，只要有留存收益就能进行股利分配。公司往往会因特别目的或法令规定而限制留存收益，不作股利分配，留存收益的这种限制，一般称为"拨定"。我国实务中，为了约束企业过量分配，有关法规均规定企业必须留有一定积累，如提取盈余公积，以利于企业持续经营、维护债权人利益。在提取的盈余公积中，有些是有指定用途的，如改善职工生活福利条件的公益金，只能用于建造职工集体福利设施。换句话说，留存收益可分为两部分：已拨定的留存收益与未拨定的留存收益。

（二）留存收益的构成

按我国《企业会计制度》及相关法规规定，留存收益由盈余公积和未分配利润构成。盈余公积包括法定盈余公积、任意盈余公积和法定公益金，它们属于已拨定的留存收益。而未分配利润属于未拨定的留存收益。

1. 盈余公积

（1）法定盈余公积：是指企业按规定从净利润中提出的积累资金。法定，意味着提取时由国家法规强制规定。企业必须提取法定盈余公积，目的是确保企业不断积累资本，壮大实力。我国公司法规定，公司制企业的法定盈余公积按照税后利润的10%提取，法定盈余公积累计额已达注册资本的50%时可以不再提取。

（2）任意盈余公积：是指公司出于实际需要或采取审慎经营策略，从税后利润中提取的一部分留存利润。任意是出于自愿，而非外力强制，但也非随心所欲。如果公司有优先股，必须在支付了优先股股利之后，才可提取任意盈余公积。由于任意盈余公积是企业自愿拨定的留存利益，其数额也视实际情况而定。

企业提取任意盈余公积的原因是多样的，如可能是需要偿还一笔长期负债，也可能是为了控制本期股利的分派不至于过高等。可见，任意盈余公积，一经确定用途就不能再供本期发放股利之用，所以提取任意盈余公积本身，就是压低当年股利的一种手段，是企业管理层对发放股利施加的限制。

法定盈余公积和任意盈余公积的区别就在于其各自计提的依据不同。前者以国家的法律或行政规章为依据提取；后者则由企业自行决定提取。

（3）法定公益金：是指企业按规定从净利润中提取的积累资金。我国《公司法》规定，公司制企业按照税后利润的5%～10%的比例提取法定公益金。公益金专门用于企业职工福利设施的支出，如购建职工宿舍、托儿所、理发室等方面的支出。

2. 未分配利润

未分配利润是指企业留待以后年度进行分配的结存利润，也是企业股东权益的组成部分。相对于股东权益的其他部分来说，企业对于未分配利润的使用分配有较大的自主权。从数量上来说，未分配利润是期初未分配利润，加上本期实现的税后利润，减去提取的各种盈余公积和分出利润后的余额。未分配利润有两层概念：一是留待以后年度处理的利润；二是未指定特定用途的利润。

（三）留存收益的会计处理

1. 盈余公积的会计处理

为了反映盈余公积的形成及使用情况，企业应设置“盈余公积”科目，并按其种类设置明细账，分别进行明细核算。

企业提取盈余公积时，借记“利润分配”科目，贷记“盈余公积”（法定盈余公积、任意盈余公积、法定公益金）科目。企业用提取的盈余公积转增资本，应当按照批准的转增资本的数额，借记“盈余公积”科目，贷记“股本”科目。企业将盈余公积转增股本时，应当按照转增股本前的股本结构比例，将盈余公积转增股本的数额记入“股本”科目下各股东的明细账，相应增加各股东对企业的股本投资。

盈余公积核算如图 12－3 所示：

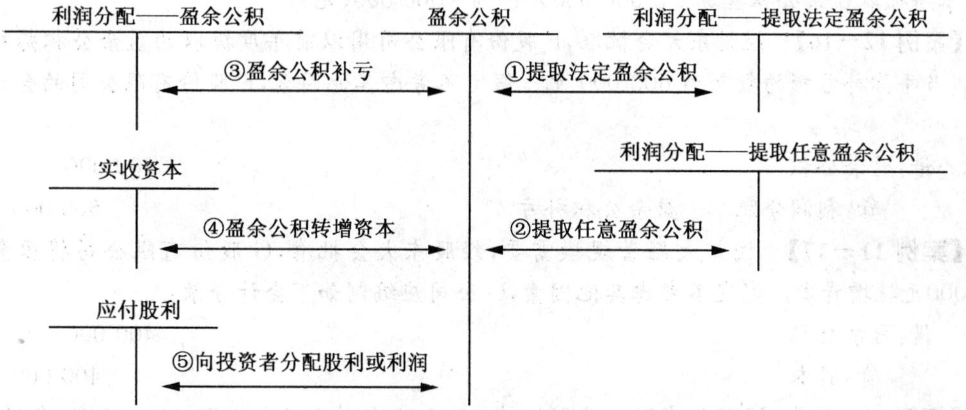

图 12－3　盈余公积核算

【案例 12－14】　华联实业股份有限公司 2014 年实现净利润 4 000 000 元。公司董事会于 2015 年 3 月 31 日提出公司当年利润分配方案，拟对当年实现净利润进行分配。董事会提请批准的利润分配方案如表 12－2 所示：

表 12－2　　**利润分配方案**　　单位：元

项　目	提请批准的方案
提取法定盈余公积	400 000
提取法定公益金	400 000
提取任意盈余公积	200 000
分配股利	2 400 000
合　计	3 400 000

华联实业股份有限公司应根据董事会提出的利润分配方案，进行账务处理，即应编制会计分录如下：

借：利润分配——提取法定盈余公积　　400 000
　　　　　——提取法定公益金　　400 000
　　　　　——提取任意盈余公积　　200 000
　　　　　——应付普通股股利　　2 400 000
　贷：盈余公积——法定公益金　　400 000

——法定盈余公积　　400 000
——任意盈余公积　　200 000
应付股利——普通股　　2 400 000

【案例 12—15】 E股份有限公司本年实现净利润为5 000 000元，年初未分配利润为0。经股东大会批准，E股份有限公司按当年净利润的10%提取法定盈余公积。假定不考虑其他因素，E股份有限公司的会计分录如下：

借：利润分配——提取法定盈余公积　　500 000
　贷：盈余公积——法定盈余公积　　500 000

本年提取盈余公积金额=5 000 000×10%=500 000（元）

【案例 12—16】 经股东大会批准，F股份有限公司用以前年度提取的盈余公积弥补当年亏损，当年弥补亏损的数额为600 000元。假定不考虑其他因素，F股份有限公司的会计分录如下：

借：盈余公积　　600 000
　贷：利润分配——盈余公积补亏　　600 000

【案例 11—17】 因扩大经营规模需要，经股东大会批准，G股份有限公司将盈余公积400 000元转增资本。假定不考虑其他因素，G公司应编制如下会计分录：

借：盈余公积　　400 000
　贷：股本　　400 000

【案例 11—18】 H股份有限公司2014年12月31日普通股本为50 000 000股，每股面值1元，可供投资者分配的利润为5 000 000元，盈余公积20 000 000元。2015年3月20日，股东大会批准了2014年度利润分配方案，以2014年12月31日为登记日，按每股0.2元发放现金股利。H股份有限公司共需要分派10 000 000元现金股利，其中动用可供投资者分配的利润5 000 000元、盈余公积5 000 000元。假定不考虑其他因素，H股份有限公司会计分录如下：

（1）宣告发放现金股利时：

借：利润分配——应付现金股利　　5 000 000
　　盈余公积　　5 000 000
　贷：应付股利　　10 000 000

（2）支付股利时：

借：应付股利　　10 000 000
　贷：银行存款　　10 000 000

2. 未分配利润的会计处理

企业未分配利润的核算，是通过“利润分配——未分配利润”科目进行的。具体来说是通过“利润分配”科目之下“未分配利润”明细科目进行核算的。企业在生产经营过程中取得的收入和发生的成本费用，最终通过“本年利润”科目进行归集，计算出当年盈利，然后转入“利润分配——未分配利润”科目进行分配，其结存于“利润分配——未分配利润”科目的贷方余额，则为未分配利润；如为借方余额，则为未弥补亏损。年度终了，再将“利润分配”科目下的其他明细科目（盈余公积转入、提取法定盈余公积、提取法定公益金、应付优先股股利、提取任意盈余公积、应付普通股股利、转作股本的普通股股利）的余额，转入“未分配利润”明细科目。结转后，“未分配利润”明细科目的贷方余额，就是未分配利润的数额。如出现借方余额，则表示未弥补亏损的数额。

未分配利润核算如图 12—4 所示：

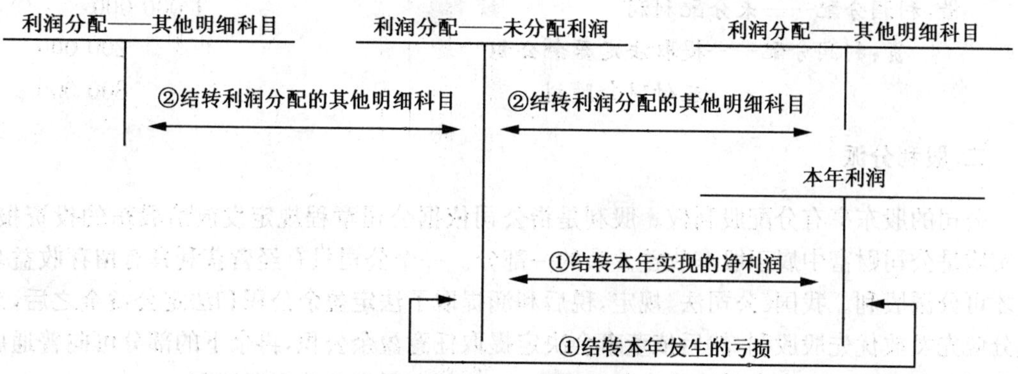

图 12—4 未分配利润核算

3. 弥补亏损的会计处理

企业在生产经营过程中既可能发生盈利，也有可能发生亏损。企业在当年发生亏损的情况下，与实现利润的情况相同，应当将本年发生的亏损自“本年利润”科目，转入“利润分配——未分配利润”科目，借记“利润分配——未分配利润”科目，贷记“本年利润”科目，结转后“利润分配”科目的借方余额，即为未弥补亏损的数额。然后，通过“利润分配”科目核算有关亏损的弥补情况。

企业发生的亏损可以次年实现的税前利润弥补。在以次年实现的税前利润弥补以前年度亏损的情况下，企业当年实现的利润自“本年利润”科目转入“利润分配——未分配利润”科目，将本年实现的利润结转到“利润分配——未分配利润”科目的贷方，其贷方发生额与“利润分配——未分配利润”的借方余额自然抵补。因此，以当年实现净利润弥补以前年度结转的未弥补亏损时，不需要进行专门的账务处理。

由于未弥补亏损形成的时间长短不同等原因，以前年度未弥补亏损有的可以当年实现的税前利润弥补，有的则需用税后利润弥补。无论是以税前利润还是以税后利润弥补亏损，其会计处理方法相同，所不同的只是两者计算缴纳所得税时的处理不同而已。在以税前利润弥补亏损的情况下，其弥补的数额可以抵减当期企业应纳税所得额，而以税后利润弥补的数额，则不能作为纳税所得扣除处理。

【案例 12—19】 D 股份有限责任公司年初未分配利润为 0，本年实现净利润 2 000 000 元，本年提取法定盈余公积 200 000 元，宣告发放现金股利 800 000 元。假定不考虑其他因素，D 股份有限公司会计处理如下：

(1)结转本年利润：

借：本年利润	2 000 000	
贷：利润分配——未分配利润		2 000 000

如企业当年发生亏损，则应借记“利润分配——未分配利润”科目，贷记“本年利润”科目。

(2)提取法定盈余公积、宣告发放现金股利：

借：利润分配——提取法定盈余公积	200 000	
——应付现金股利	800 000	
贷：盈余公积		200 000
应付股利		800 000

同时，

借：利润分配——未分配利润　　1 000 000

　　贷：利润分配——提取法定盈余公积　　200 000

　　　　　　　　——应付现金股利　　800 000

二、股利分派

公司的股东享有分配股利权。股利是指公司依据公司章程规定发放给股东的投资报酬，其实质是公司财富中属于股东收益盈余的一部分。一个公司只有经营获利具有留存收益余额时才可分派股利。我国《公司法》规定，税后利润提取了法定盈余公积和法定公益金之后，余下部分应先发放优先股股利，然后依董事会决定提取任意盈余公积，再余下的部分可向普通股股东分派普通股股利。在未付清优先股股利之前，公司不得发放普通股股利。

（一）股利分派限制

股利是否发放、以何种形式发放，虽然公司管理当局可以作出决定，但在实务中还必须考虑一些有关限制。这些限制通常有以下方面：

1. 法律上所规定的制约

任何公司总是在一定的法律环境条件下从事经营活动的，通常情况下，法律会直接制约公司的股利分配政策。这种制约表现为：不弥补亏损、不提取法定盈余公积、无偿债能力等均不得分派股利。这就要求公司不能因支付股利而减少资本总额，要维护法定资本的完整。按照这一要求，股利一般依据公司本期的净收益来分派。然而，如果公司本期经营有亏损，出于维护公司形象的考虑，公司可以运用以前年度的留存收益分派股利，但必须先弥补完亏损后再进行，而且仍要保留一定数额的留存收益，特别不能因发放股利而使股东权益降到核定的股本金额以下。如果这样，则债权人的利益便失去了应有的保障。

我国相关制度规定，公司的盈余应按下列顺序分配：弥补以前年度亏损；提取法定盈余公积；提取公益金；支付优先股股利（一般按约定的股利率支付，如果当年可供分配股利的利润不足以按约定的股利率支付优先股股利，可由以后年度的可供分配股利的利润补足）；提取任意公积；支付普通股股利。

以上法律规定是任何股份公司都必须遵守的，它可防止公司股利支付的任意性。

2. 现金支付能力的制约

留存收益通常以各种实物资产形式存在，而不是以现金的形式持有。公司若要发放现金股利，就会受其现金支付能力的制约。一般来说，公司现金越多，资产流动性越大，它支付股利的能力也就越强。事实上，大部分公司由于将大量的资金用于购置固定资产、扩大企业经营规模，普遍存在资产流动性较差的现象。这类公司为了保持应付各种意外情况的能力，往往采取少发现金股利的策略。这必然使得股利分配受到限制。

3. 与优先股股东的契约

有时在发行优先股股票的条款中规定，要公司定期或不定期地收回优先股股票，并且在派发普通股股利时还规定若干限制，以便有必要的资金收回优先股股票。这类限制的用意在于防止营运资本的削弱，以保护优先股股东和债权人的利益。

4. 董事会自行限制

公司董事会考虑到股利发放的连续性和稳定性，也可能出于为潜在损失做事先的准备等原因，自行作出了限制发放股利的决定。

5. 股东要求与税收政策的制约

对公司股东而言，他们投资于公司的目的是为了获取经济利益。而这种经济利益可以来自公司的股利，也可以来自其出售股票的收益。高税率的股东可能希望少发股利而多留一些利润于公司，以便股票的价值提高而使其市价上升，低税率的股东则可能希望有较高的股利发放比率。这时，这类公司的股利政策可能是高低两者折中的产物。

此外，国家的税收政策会影响股东的收益，从而引起股东对公司股利分配策略的选择。通常国家按照不同的产业结构政策，或者鼓励企业扩大留存收益用于再投资，或者抑制企业的留存收益，促使企业扩大现金股利分配。相应的税收政策便是对分给股东个人的股利征收个人所得税，留于企业的留存收益则免于征税。但对留存收益过大的企业，也可能征收不合理留利税，以防止少数股东利用操纵股利分配达到逃避个人所得税的目的。

(二)股利分派的有关日期

1. 宣告日

宣告日是指董事会宣告分派股利的日期。它表明向股东支付股利的义务在这一天成立，也是公司在会计上应登记有关股利负债的日期。

2. 股权登记日

股权登记日是指公司宣告股利后所定下的在该日截止过户登记的日期，也称为停止过户日。其意义是，只有在该日公司股东名册所记载的股东，才有权享有股利；而在该日以后取得股票的股东，则无权获取股利。因此，这一日又可称为除息日。在该日以后取得的股票由于不能享受股利，称为除息股；反之，在该日之前取得的股票由于可以分配股利，故称为含息股。

3. 分派日

分派日也称付息日，是指实际支付股利的日期。通常是在股权登记截止后的若干天开始支付股利。

(三)股利的种类

1. 现金股利

现金股利，是指以现金方式分配给股东的股利。通常情况下，公司在决定是否分配现金股利时，应考虑以下因素：是否有足够的现金、是否有董事会的决定。派发现金股利，一方面会减少留存收益，另一方面会减少现金。派发股利会减少股东权益总额。由于现金股利一经宣布，就成为公司对股东的偿付责任。因此，要即时在"应付股利"账户上反映。

【案例 12－20】　华联实业股份有限公司某年度经股东大会审议，通过向全体股东每股派发 0.6 元的现金股利分配方案。华联实业股份有限公司总股本为 4 000 万股，宣告派发现金股利时：

借：利润分配	24 000 000	
贷：应付股利		24 000 000

2. 财产股利

财产股利是指以现金资产以外的资产形式向股东派发的股利。最为常见的财产股利是以其持有有价证券代替现金发给股东。公司虽有留存收益，但无现金可供分配股利，这时可以发放财产股利。这种财产股利在进行会计处理时，应以股利宣告日的公允市价作为入账基准，而不能以实际支付日为基准。这样确定的理由是因为，用作股利分配的资产在宣告之日起便已有了指定用途，公司不能因其市价的上下波动而获益或受损。

【案例 12－21】　华联实业股份有限公司某年度经股东大会审议，将短期持有的 ABC 公司的股票向股东派发1 000万元的财产股利。用于派发财产股利的ABC公司股票的账面价值为950万元,股利宣告日的市价为1 000万元。

(1)宣告派发股利时:

借:短期投资	500 000	
贷:投资收益		500 000
借:利润分配	10 000 000	
贷:应付股利		10 000 000

(2)派发财产股利时:

借:应付股利	10 000 000	
贷:短期投资		10 000 000

3. 负债股利

负债股利是指公司用债券、应付票据等证券来发放的股利。发放负债股利往往是因为公司已宣布发放股利但又面临现金不足的难题,而采取的一种权宜之计。因为公司可以推迟作出分派股利的宣告,或者推迟支付股利的日期。发放负债股利,一方面会减少留存收益,另一方面会相应地增加负债。

【案例12—22】 华联实业股份有限公司某年经股东大会审议,决定派发300万元的负债股利,并于股利发放日签发了期限为6个月、票面利率为6%的应付票据。

(1)宣告派发时:

借:利润分配	3 000 000	
贷:应付股利		3 000 000

(2)派发负债股利时:

借:应付股利	3 000 000	
贷:应付票据		3 000 000

(3)票据到期支付票据本息时:

借:应付票据	3 000 000	
财务费用	90 000	
贷:银行存款		3 090 000

4. 股票股利

股票股利是指公司用增发股票的方式发的股利,俗称"红股"。公司宣告和分发股票股利,既不影响公司的资产和负债,也不影响股东权益总额。它只是股东权益内部各项目之间发生的增减变动,即减少留存收益项目,增加股本项目。至于获取股票股利的股东,其所持股票数量虽有所增加,但在公司中所占股东权益的份额不会发生任何变化。

股票股利的会计处理,主要是计价,是决定应把多少金额转作股本,按面值转还是按市价转。股票股利在股东看来就好比无偿配股,基于这种考虑,在会计实务中一般按其面值从留存收益转入"股本"。

【案例12—23】 华联实业股份有限公司2014年度经股东大会审议,通过向股东每10股派发3股股票股利的分配方案。华联实业股份有限公司总股本4 000万股,每股面值1元。宣告派发股利当日每股市价2.8元。

(1)假定按股票面值将留存收益转入"股本"账户。

①宣告发放股票股利时:

派发的股票股利总数＝4 000×3/10＝1 200(万股)

用于派发股票股利的留存收益＝1 200×1＝1 200(万元)

借:利润分配　　12 000 000

　　贷:待发股票股利　　12 000 000

②实际派发股票股利时:

借:待发股票股利　　12 000 000

　　贷:股本　　12 000 000

我国《企业会计制度》规定,实际派发股票股利时,直接按股票面值借记“利润分配”科目,贷记“股本”科目。

(2)假定按股票市价将留存收益转入“股本”和“资本公积”账户。

①宣告发放股票股利时:

派发的股票股利总数＝4 000×3/10＝1 200(万股)

用于派发股票股利的留存收益＝1 200×2.8＝3 360(万元)

借:利润分配　　33 600 000

　　贷:待发股票股利　　12 000 000

　　　　资本公积　　21 600 000

②实际派发股票股利时:

借:待发股票股利　　12 000 000

　　贷:股本　　12 000 000

5. 清算股利

公司如果在无留存收益情况下,以现金或公司其他资产形式分配股利,称为清算股利。清算股利不是真正的股利,其实质是资本的返回。从股东的角度看,如果公司所分配的股利大于其投资后公司所获取的收益,其超过部分也可归属于清算股利。公司分配清算股利时,其会计分录为:借记“股本”科目,贷记“资产”科目。

三、股票分割

(一)股票分割的概念及性质

股票分割又称股票拆细,是指公司征得董事会和股东的认可后,将一张较大面值的股票拆成几张较小面值的股票。当股票的价格达到了相当高的水平时,往往会影响流通。例如,每股面值为100元的股票,市价1 800元,购买1 000股股票就需要1 800 000元,这样的股票因转手困难,交易呆滞,自然不受投资者欢迎,抑制了小额投资人的投资热情。在此前提下,公司为降低其股票市价,将股票加以分割,降低其面值,增加股数,从而降低了每股市价,刺激了小额投资者的入市欲望。

我国采用无票流通方式,股票分割不需要办理任何法律手续,只要董事会作出决定即可。通常是证券公司接到股份公司通知后,在各股东账号上进行分割,表明其分割后的股数,然后股东就可按新的股数进行交易。

股票分割时,虽然股票股数增加,面值变小,但股本的面值总额及其他股东权益,并不因之而发生任何增减变化,故不必作任何会计处理。

(二)股票分割与股票股利

股票分割与股票股利,都不会使股东权益总额发生任何变动,增加的仅是股份总数。但两者还是存在明显的差别，表现在：股票分割影响公司的留存收益及股本总额，仅使每股面值减少；而股票股利将使股本总额扩大，公司留存收益减少，但每股面值不变。从两者对市场的影响来看，股票分割导致股票的市价下降是必然的，而股票股利的发放不一定使股票市价下降。因为大额的股票股利，则会使股票市价大幅下降，若是小额的股票股利，它对股票市价影响较小。

四、前期损益调整

前期损益调整是指因前期损益调整项目而调整留存收益时，这类项目不列入损益表，而是直接调整留存收益期初余额。公司除分派股利外，还可能引起前期损益调整的情况。我国《企业会计制度》规定，企业年度会计报表报出后，如果由于以前年度记账差错等原因导致多计或少计利润，但以前年度的账目已经结清，不能再调整以前年度的利润的，会计核算时，不再调整以前年度的账目，而是通过“以前年度损益调整”科目，归集所有需要调整以前年度损益的事项，以及相关所得税的调整，并将其余额转入“利润分配——未分配利润”科目。同时，也不再调整以前年度会计报表，仅调整本年度会计报表相关项目的年初数。

★★★ 项目小结 ★★★

所有者权益是所有者在企业资产中享有的经济利益，其金额为资产减去负债后的余额。在资产负债表上，所有者权益应当按照实收资本(或股本)、资本公积、盈余公积和未分配利润等项目分别列示。它不仅说明了企业投资者对企业净资产的要求权这一所有者权益的经济性质，也说明了所有者权益的构成内容，同时也指出了所有者权益的数量金额。

★★★ 关键术语 ★★★

所有者权益　留存收益　实收资本　资本公积　盈余公积　未分配利润　股本

★★★ 思考与讨论 ★★★

1. 一般企业实收资本的账务如何处理?
2. 股份有限公司股本的账务如何处理?
3. 留存收益的性质及构成是怎样的?
4. 股票分割与股票股利的区别和联系是什么?
5. 如何理解前期损益调整?

项目十三 收入

技能目标

能够对收入的相关业务进行账务处理。

学习目标

1. 理解:收入的概念和特征、分类。

2. 熟知:销售商品收入、提供劳务收入、让渡资产使用权收入、建造合同收入的确认与计量。

3. 掌握:销售商品收入、提供劳务收入、让渡资产使用权收入、建造合同收入的会计处理。

知识支撑

任务一 收入概述

一、收入的概念

收入是指企业在日常活动中形成的、会促使所有者权益增加的、与所有者投入资本无关的经济利益的总流入。

二、收入的特征

收入具有以下特征:

(一)收入是企业在日常活动中形成的经济利益的总流入

日常活动是指企业为完成其经营目标而从事的经常性活动以及与之相关的活动。工业企业生产产品、商品流通企业销售商品、安装公司提供安装服务、商业银行对外贷款等活动,均属于企业为完成其经营目标所从事的经常性活动,由此形成的经济利益的总流入构成收入。工业企业对外出售不需用的原材料、对外转让无形资产使用权、对外进行权益性投资(取得现金股利)或债权性投资(取得利息)等活动,虽不属于企业的经常性活动,但属于企业为完成其经营目标所从事的与经常性活动相关的活动,由此形成的经济利益的总流入也构成收入。

收入形成于企业日常活动的特征使其与产生非日常活动的利得相区分。例如,工业企业处置固定资产或无形资产、因其他企业违约收取的罚款等,这些流入企业的经济利益属于利得而不是收入。再如出售固定资产,因固定资产是为使用而不是为出售而购入的,将固定资产出售并不是企业的经营目标,也不属于企业的日常活动,出售固定资产取得的收益不作为收入核算。

（二）收入会促使企业所有者权益的增加

收入形成的经济利益的总流入，既可能表现为资产的增加，也可能表现为负债的减少，还可能表现为两者兼而有之。因此，根据“资产－负债＝所有者权益”的等式，企业所取得的收入一定能增加企业的所有者权益。这里所说的收入能增加企业的所有者权益，仅指收入本身的影响，而收入扣除与之相配比的费用后的净额，既可能增加所有者权益，也可能减少所有者权益。

企业为第三方或客户代收的款项，如企业代国家收取的增值税、代客户收取的受托代销商品款等，一方面增加企业的资产，另一方面增加企业的负债，因此不增加企业的所有者权益，也不属于本企业经济利益的总流入，因此不构成本企业的收入。

（三）收入与所有者投入资本无关

所有者投入资本主要是为谋求享有企业资产的剩余权益，由此形成的经济利益的总流入不构成收入，而应确认为企业的所有者权益。

三、收入的分类

根据不同的标准可以对收入进行不同的分类：

（一）按企业从事日常活动的性质划分

收入按企业从事日常活动的性质不同，可以分为销售商品收入、提供劳务收入和让渡资产使用权收入。

1. 销售商品收入

销售商品收入是指企业通过销售商品实现的收入。这里的商品包括企业为销售而生产的产品和为转售而购进的商品。企业销售的其他存货如原材料、包装物等也视同商品。

2. 提供劳务收入

提供劳务收入是指企业通过提供劳务实现的收入。如企业通过提供旅游、运输、饮食、广告、咨询、代理、培训、产品安装等劳务所实现的收入。

3. 让渡资产使用权收入

让渡资产使用权收入是指企业通过让渡资产使用权实现的收入，包括利息收入和使用费收入。利息收入主要是指金融企业对外贷款形成以及同业之间发生往来形成的利息收入。使用费收入主要是指企业转让无形资产等资产的使用权形成的使用费收入。企业对外出租固定资产收取的租金、进行股权投资取得的现金股利、进行债权投资收取的利息等，也构成让渡资产使用权收入。

（二）按企业经营业务的主次划分

收入按企业经营业务的主次不同，可以分为主营业务收入和其他业务收入。

1. 主营业务收入

主营业务收入是指企业为完成其经营目标而从事的经常性活动所实现的收入。主营业务收入一般占企业总收入的比重较大，对企业的经济效益产生较大的影响。不同行业企业的主营业务收入所包括的内容不同，如工业企业的主营业务收入主要包括销售商品、自制半成品、代制品、代修品，提供工业性劳务等实现的收入；商品流通企业的主营业务收入主要包括销售商品所取得的收入；安装公司的主营业务收入主要包括提供安装服务实现的收入。

主营业务收入通过“主营业务收入”科目核算，并通过“主营业务成本”科目核算其相关成本。

2. 其他业务收入

其他业务收入是指企业为完成其经营目标所从事的与经常性活动相关的活动实现的收入。其他业务收入属于企业日常活动中次要交易实现的收入，一般占企业总收入的比重较小。不同行业企业的其他业务收入所包括的内容不同，如工业企业的其他业务收入主要包括对外销售材料、对外出租包装物和商品或固定资产、对外转让无形资产使用权、对外进行权益性投资（取得现金股利）或债权性投资（取得利息）、提供非工业性劳务等实现的收入。

企业实现的原材料销售收入、包装物租金收入、固定资产租金收入、无形资产使用费收入等，通过“其他业务收入”科目核算，并通过“其他业务成本”科目核算其相关成本；企业进行权益性投资或债权性投资取得的现金股利收入或利息收入，通过“投资收益”科目核算。

任务二　销售商品收入

一、销售商品收入的确认条件

销售商品收入，只有同时符合下列条件，才能予以确认：

（一）企业已将商品所有权上的主要风险和报酬转移给购货方

与商品所有权有关的风险，是指商品可能发生的减值或毁损等形成的损失；与商品所有权有关的报酬，是指商品价值增值或通过使用商品所形成的经济利益。企业已将商品所有权上的主要风险和报酬转移给购货方，构成确认商品销售收入的重要条件。

判断企业是否已将商品所有权上的主要风险和报酬转移给购货方，应当关注交易的实质，并结合所有权凭证的转移进行。如果一项商品发生的任何损失均不需要销货方承担，带来的任何经济利益也不归销货方所有，就意味着该商品所有权上的主要风险和报酬转移给了购货方。通常情况下，所有权上的风险和报酬伴随着所有权凭证的转移或实物的交付而转移，如大多数零售交易、预收款销售商品等。对于商品零售交易，销货方在售出商品时将商品交付给购货方，同时收到购货方支付的货款，这一交付行为发生后，购货方一般不能退货，售出商品发生的任何损失均不再需要销货方承担，售出商品带来的经济利益也不再归销货方所有，因此就可以认为该售出商品所有权上的风险和报酬已转移给了购货方。

（二）企业既没有保留通常与所有权相联系的继续管理权，也没有对已售出的商品实施有效控制

企业将商品所有权上的主要风险和报酬转移给购货方后，如仍然保留通常与所有权相联系的继续管理权，或仍然对售出的商品实施有效控制，则说明此项销售商品交易没有完成，销售不能成立，不能确认相应的收入。

（三）相关的经济利益很可能流入企业

在销售商品的交易中，与交易相关的经济利益主要表现为销售商品的价款。相关的经济利益很可能流入企业，是指销售商品价款收回的可能性大于不能收回的可能性，即销售商品价款收回的可能性超过50%。企业在销售商品时，如估计销售价款可能无法收回，即使收入确认的其他条件均已满足，也不应当确认收入。

企业在确定销售商品价款收回的可能性时，应当结合以前与买方交往的直接经验、政府有关政策、其他方面取得的信息等因素进行分析。企业销售的商品符合合同或协议要求，已将发票账单交付买方，买方承诺付款，即表明销售商品的价款能够收回，相关的经济利益很可能流

入企业。如企业判断价款不能收回，应提供可靠的判断依据。

（四）收入的金额能够可靠地计量

收入的金额能够可靠地计量，是指收入的金额能够合理地估计。收入能否合理地估计是确认收入的基本前提，如果收入的金额不能够合理地估计就无法确认收入。企业在销售商品时，售价通常已经确定，但销售过程中由于某些不确定因素，也有可能出现售价变动的情况，在新的售价未确定前，也不应确认收入。

（五）相关的已发生或将发生的成本能够可靠地计量

根据收入和费用配比的原则，与同一项销售有关的收入和费用应在同一会计期间予以确认，即企业应在确认收入的同时或同一会计期间结转相关的成本。因此，如果成本不能可靠地计量，相关的收入就不能确认。

相关的已发生或将发生的成本能够可靠地计量，是指与销售商品有关的已发生或将发生的成本能够合理地估计。通常情况下，销售商品相关的已发生或将发生的成本能够合理地估计，如库存商品的成本、商品运输费用等。有时，销售商品相关的已发生或将发生的成本不能够合理地估计，此时企业不应确认收入，若已收到价款，应确认为一项负债。

销售业务主要账务处理如图13－1所示：

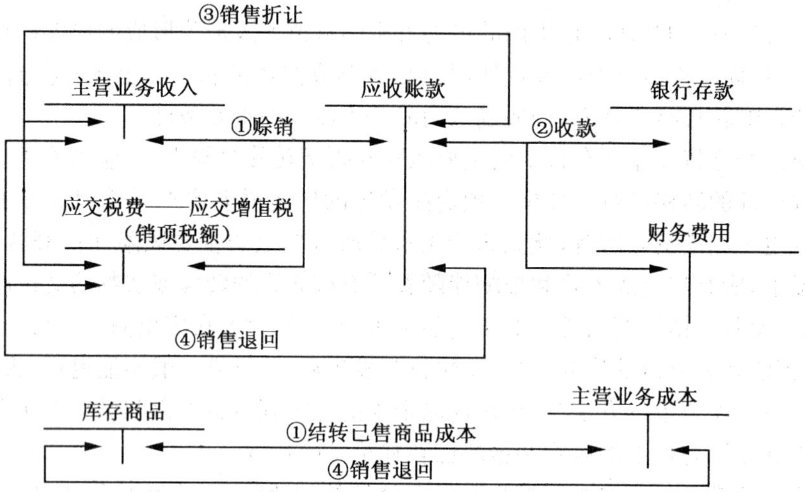

图13－1 销售业务主要账务处理

二、销售商品收入的核算

（一）一般销售商品业务的核算

企业售出的商品符合销售收入确认的五项条件的，应当及时确认收入并结转相关的销售成本。通常情况下，销售商品采用托收承付方式的，在办妥托收手续时确认收入；交款提货销售商品的，在开出发票账单收到货款时确认收入。

【案例13－1】 甲公司于2015年3月5日采用托收承付方式销售给乙公司一批商品，增值税专用发票上注明售价600 000元，增值税102 000元，商品已经发出，款项已向银行办妥托收手续；该批商品的成本为420 000元。符合销售商品收入确认条件。编制会计分录如下：

借：应收账款——乙公司　　702 000

贷:主营业务收入 600 000

应交税费——应交增值税(销项税额) 102 000

同时结转成本:

借:主营业务成本 420 000

贷:库存商品 420 000

(二)已经发出但不符合销售商品收入确认条件的销售的核算

如果企业售出的商品不符合销售收入确认的五项条件中的任何一项,均不应确认为收入。为了单独反映已经发出但尚未确认销售收入的商品成本,企业应增设“发出商品”等科目进行核算。“发出商品”科目核算已经发出但尚未确认销售收入的商品成本。

【案例13-2】 甲公司于2015年3月6日向B企业销售一批商品,成本为60 000元,增值税专用发票上注明售价100 000元,增值税17 000元。甲公司在销售时已知B企业资金周转发生暂时困难,但为了减少存货积压,同时也为了维持与B企业长期以来建立的商业关系,公司仍将商品销售给B企业。该批商品已发出,并已向银行办妥托收手续。假定甲公司销售该批商品的纳税义务已经发生。编制会计分录如下:

借:发出商品——B企业 60 000

贷:库存商品 60 000

同时,因甲公司销售该批商品的纳税义务已经发生,应确认应交的增值销项税额。编制会计分录如下:

借:应收账款——B企业(应收销项税额) 17 000

贷:应交税费——应交增值税(销项税额) 17 000

假定2015年10月5日公司得知B企业经营情况逐渐好转,B企业承诺近期付款,甲公司可以确认收入。编制会计分录如下:

借:应收账款——B企业 100 000

贷:主营业务收入 100 000

同时结转成本:

借:主营业务成本 60 000

贷:发出商品——B企业 60 000

假定甲公司于2015年11月5日收到B企业支付的货款。编制会计分录如下:

借:银行存款 117 000

贷:应收账款——B企业 100 000

——B企业(应收销项税额) 17 000

(三)商业折扣、现金折扣和销售折让的核算

商业折扣是企业为促进商品销售而在商品标价上给予的价格扣除,因而不影响销售商品收入的计量。

现金折扣是在销售商品收入金额确定的情况下,债权人为鼓励债务人在规定的期限内付款而向债务人提供的债务扣除。也就是说,如果债务人愿意提前付款,则可以比合同约定的总价款“少”付一部分款项。对此,会计核算中有两种处理方法:一是按合同总价款扣除现金折扣后的净额计量收入;二是按合同总价款全额计量收入。我国企业会计准则采用的是第二种做法。这样,当现金折扣以后实际发生时,直接计入当期损益。

销售折让是企业因售出商品的质量不合格等原因而在售价上给予的减让。企业将商品销

售给买方之后，如果买方发现商品在质量、规格等方面不符合要求，可能要求卖方在价格上给予一定的减让。销售折让如果发生在确认销售收入之前，则应在确认销售收入时直接按扣除销售折让后的金额确认；企业在销售收入确认之后发生的销售折让，且不属于资产负债表日后事项的，应在实际发生时冲减当期销售商品收入，如按规定允许扣减当期销项税额的，还应冲减已确认的应交增值税销项税额。

【案例 13－3】 甲公司在 2015 年 5 月 1 日向乙公司销售一批商品，增值税专用发票上注明售价 10 000 元，增值税额 1 700 元。为及早收回货款，甲公司给予乙公司的现金折扣条件为：2/10，1/20，n/30。假定计算现金折扣时不考虑增值税税额及其他因素。编制会计分录如下：

①5 月 1 日销售实现时，按销售总价确认收入。

借：应收账款　　11 700

　　贷：主营业务收入　　10 000

　　　　应交税费——应交增值税(销项税额)　　1 700

②如果乙公司在 5 月 9 日付清货款，则按销售总价的 2%享受现金折扣 200 元(10 000×2%)，实际付款 11 500 元(11 700－200)。

借：银行存款　　11 500

　　财务费用　　200

　　贷：应收账款　　11 700

③如果乙公司在 5 月 18 日付清货款，则按销售总价的 1%享受现金折扣 100 元(10 000×1%)，实际付款 11 600 元(11 700－100)。

借：银行存款　　11 600

　　财务费用　　100

　　贷：应收账款　　11 700

④如果乙公司在 5 月底才付清货款，则按全额付款。

借：银行存款　　11 700

　　贷：应收账款　　11 700

【案例 13－4】 甲公司销售一批商品给 C 企业，增值税专用发票上注明售价 200 000 元，增值税额 34 000 元。该批商品的成本为 140 000 元。货到后，C 企业发现商品质量不合格，要求在价格上给予 5%的折让。经查明，C 企业提出的销售折让要求符合原合同的约定，甲公司同意并办妥了相关手续，开具了增值税专用发票(红字)。假定此前甲公司已确认该批商品的销售收入，但货款尚未收到。编制会计分录如下：

①销售实现时：

借：应收账款——C 企业　　234 000

　　贷：主营业务收入　　200 000

　　　　应交税费——应交增值税(销项税额)　　34 000

同时结转成本：

借：主营业务成本　　140 000

　　贷：库存商品　　140 000

②发生销售折让时：

借：主营业务收入　　10 000

应交税费——应交增值税(销项税额) 1 700

贷:应收账款——C 企业 11 700

③实际收到款项时:

借:银行存款 222 300

贷:应收账款——C 企业 222 300

(注:上述分录中因折让冲减的销项税额应用红字记录在“应交税费——应交增值税”明细科目的销项税额栏内,下同。)

本例中,假定发生销售折让前,因该项销售在货款回收上存在不确定性,公司未确认该批商品的销售收入,纳税义务也未发生。发生销售折让后,C 企业承诺近期付款。则应编制会计分录如下:

①发出商品时:

借:发出商品——C 企业 140 000

贷:库存商品 140 000

②确认销售收入时(直接按扣除销售折让后的金额确认收入):

借:应收账款——C 企业 222 300

贷:主营业务收入 190 000

应交税费——应交增值税(销项税额) 32 300

同时结转成本:

借:主营业务成本 140 000

贷:发出商品——C 企业 140 000

③实际收到款项时:

借:银行存款 222 300

贷:应收账款——C 企业 222 300

(四)销售退回的核算

企业销售商品除了可能发生销售折让外,还有可能发生销售退回。销售退回是指企业售出的商品由于质量、品种不符合要求等原因而发生的退货。企业发生销售退回的,应当分别不同情况进行会计处理:一是尚未确认销售商品收入的,应当冲减“发出商品”,同时增加“库存商品”;二是已确认销售商品收入的,除属于资产负债表日后事项外,一般应在发生时冲减当期销售商品收入,同时冲减当期销售成本。企业发生销售退回时,如按规定允许扣减当期销项税额的,应同时冲减已确认的应交增值税销项税额。如该项销售已发生现金折扣的,应同时调整相关财务费用的金额。

【案例 13—5】 甲公司 2015 年 3 月 10 日销售给乙企业商品一批,成本为 182 000 元,增值税专用发票上注明售价 350 000 元,增值税 59 500 元。商品已发出,购货方于 3 月 27 日付款。5 月 20 日,乙企业发现该批商品质量出现严重问题,按合同约定将该批商品全部退回给甲公司,甲公司验收入库后将所收货款退回,并按规定向对方开具了增值税专用发票(红字)。编制会计分录如下:

①3 月 10 日销售实现时:

借:应收账款——乙企业 409 500

贷:主营业务收入 350 000

应交税费——应交增值税(销项税额) 59 500

同时结转成本：

借：主营业务成本　182 000

　　贷：库存商品　182 000

②3 月 27 日收到货款时：

借：银行存款　409 500

　　贷：应收账款——乙企业　409 500

③5 月 20 日销售退回时：

借：主营业务收入　350 000

　　应交税费——应交增值税（销项税额）　59 500

　　贷：银行存款　409 500

同时转销成本：

借：库存商品　182 000

　　贷：主营业务成本　182 000

（五）采用预收款方式销售商品的核算

预收款销售方式下，销售方直到收到最后一笔款项才将商品交付购货方，表明商品所有权上的主要风险和报酬只有在收到最后一笔款项时才转移给购货方，企业通常应在发出商品时确认收入，在此之前预收的货款应确认为预收账款。

预收款方式销售商品账务处理如图 13－2 所示：

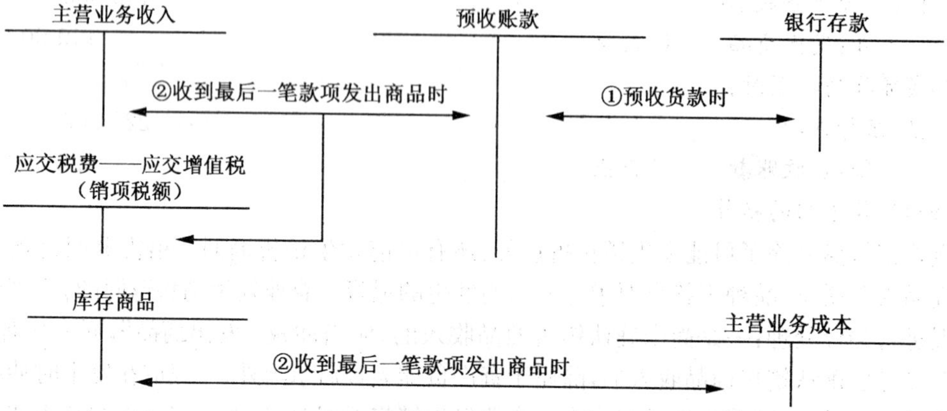

图 13－2　预收款方式销售商品账务处理

【案例 13－6】　甲公司 2015 年 3 月 20 日与乙公司签订协议，采用预收款方式向乙公司销售一批商品。该批商品实际成本为 700 000 元。协议约定，该批商品销售价格为 1 000 000 元，增值税额为 170 000 元；乙公司应在协议签订时预付 60％的货款（按销售价格计算），剩余货款于 2 个月后支付。编制会计分录如下：

①3 月 20 日收到 60％货款时：

借：银行存款　600 000

　　贷：预收账款——乙公司　600 000

②2 个月后收到剩余货款及增值税税额时：

借：预收账款——乙公司　600 000

银行存款　　570 000

　　贷:主营业务收入　　1 000 000

　　　　应交税费——应交增值税(销项税额)　　170 000

同时结转成本:

借:主营业务成本　　700 000

　　贷:库存商品　　700 000

(六)代销商品业务的核算

代销是指委托方和受托方签订协议,委托方将商品交付给受托方,受托方代委托方销售商品,委托方按协议价收取代销商品款。代销方式包括视同买断方式和收取手续费方式。

1. 视同买断方式

在这种代销方式下,代销商品的实际售价可由受托方自定,实际售价与协议价之间的差额归受托方所有。由于委托方将商品交付给受托方时,商品所有权上的风险和报酬并未转移给受托方,因此,委托方在交付商品时不确认收入,受托方也不作购进商品处理。受托方将商品销售后,应按实际售价确认销售收入,并向委托方开具代销清单。委托方收到代销清单时,再确认本企业的销售收入。

【案例13—7】 2015年3月1日,甲公司与B企业签订代销协议,委托B企业销售乙商品300件,协议价为200元/件,该商品成本为140元/件,增值税税率为17%。9月1日,甲公司收到B企业开来的代销清单时开具增值税专用发票,发票上注明:售价60 000元,增值税10 200元。B企业实际销售时开具的增值税专用发票上注明:售价72 000元,增值税12 240元。9月6日,甲公司收到B企业按合同协议价支付的款项。

甲公司应编制会计分录如下:

3月1日将乙商品交付B企业时:

借:发出商品(或委托代销商品)——B企业　　42 000

　　贷:库存商品　　42 000

②9月1日收到代销清单时:

借:应收账款——B企业　　70 200

　　贷:主营业务收入　　60 000

　　　　应交税费——应交增值税(销项税额)　　10 200

同时结转成本:

借:主营业务成本　　42 000

　　贷:发出商品(或委托代销商品)——B企业　　42 000

③9月6日收到货款时:

借:银行存款　　70 200

　　贷:应收账款——B企业　　70 200

B企业应编制会计分录如下:

①3月1日收到乙商品时:

借:受托代销商品　　60 000

　　贷:受托代销商品款　　60 000

实际销售时:

借:银行存款　　84 240

贷：主营业务收入　　72 000

应交税费——应交增值税（销项税额）　　12 240

同时结转成本：

借：主营业务成本　　60 000

贷：受托代销商品　　60 000

借：受托代销商品款　　60 000

贷：应付账款——甲公司　　60 000

③9 月 6 日，按合同协议价将款项付给甲公司时：

借：应付账款——甲公司　　60 000

应交税费——应交增值税（进项税额）　　10 200

贷：银行存款　　70 200

2. 收取手续费方式

在这种代销方式下，受托方通常按照委托方规定的价格销售，不得自行改变售价，但受托方要根据所代销的商品数量向委托方收取一定的手续费。对受托方来讲，收取的手续费实际上是一种劳务收入。委托方应在收到受托方交付的商品代销清单时确认销售商品收入；受托方则在商品销售后，按合同或协议约定的方法计算确定的手续费确认收入。

委托方账务处理如图 13—3 所示：

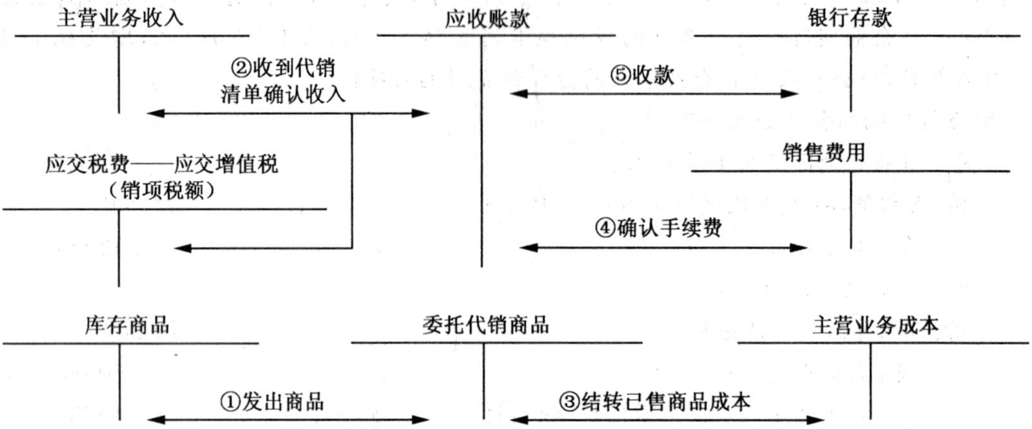

图 13—3　委托方账务处理

受托方账务处理如图 13—4 所示。

【案例 13—8】 承案例 13—7 的资料，并假定甲公司与 B 企业签订的代销协议规定：B 企业应按每件 200 元的价格售给顾客，甲公司按售价的 10% 向 B 企业支付手续费。B 企业实际销售时，向买方开具的增值税专用发票上注明乙商品售价 60 000 元，增值税 10 200 元。9 月 1 日，甲公司收到 B 企业交来的代销清单，并向 B 企业开出一张金额相同的增值税专用发票。9 月 6 日，甲公司收到 B 企业支付的商品代销款（已扣手续费）。

甲公司应编制会计分录如下：

①3 月 1 日将乙商品交付 B 企业时：

借：发出商品（或委托代销商品）——B 企业　　42 000

贷：库存商品　　42 000

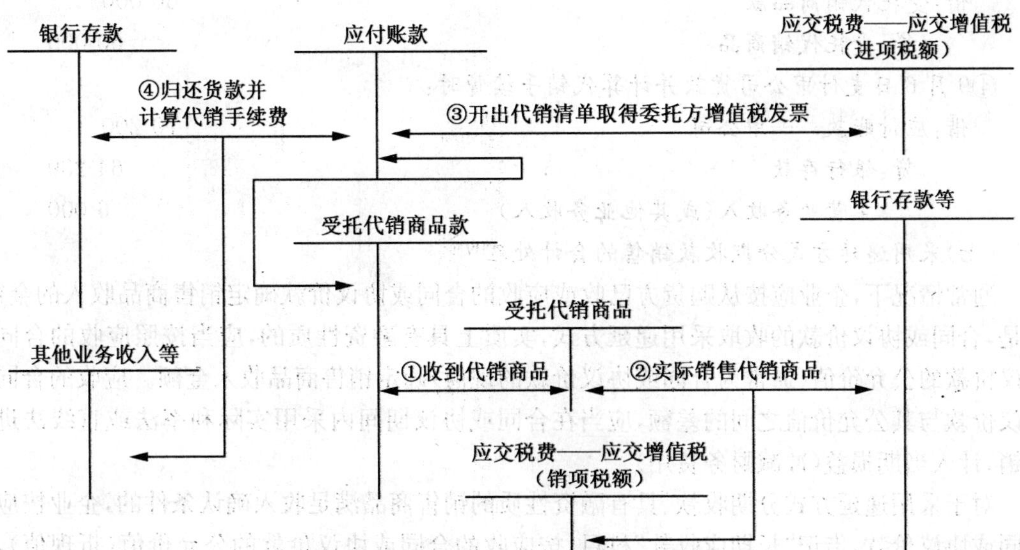

图 13—4 受托方账务处理

②9 月 1 日收到代销清单时：

借：应收账款——B企业	70 200	
贷：主营业务收入		60 000
应交税费——应交增值税（销项税额）		10 200
借：销售费用——代销手续费	6 000	
贷：应收账款——B企业		6 000

同时结转成本：

借：主营业务成本	42 000	
贷：发出商品（或委托代销商品）——B企业		42 000

③9 月 6 日收到 B 企业汇来的货款净额 64 200 元（70 200—6 000）时：

借：银行存款	64 200	
贷：应收账款——B企业		64 200

B 企业应编制会计分录如下：

①3 月 1 日收到乙商品时：

借：受托代销商品	60 000	
贷：受托代销商品款		60 000

②实际销售乙商品时：

借：银行存款	70 200	
贷：应付账款——甲公司		60 000
应交税费——应交增值税（销项税额）		10 200

③收到增值税专用发票时：

借：应交税费——应交增值税（进项税额）	10 200	
贷：应付账款——甲公司		10 200

借:受托代销商品款　　60 000

　　贷:受托代销商品　　60 000

④9月6日支付甲公司货款并计算代销手续费时:

借:应付账款——甲公司　　70 200

　　贷:银行存款　　64 200

　　　　主营业务收入(或其他业务收入)　　6 000

(七)采用递延方式分期收款销售的会计处理

通常情况下,企业应按从购货方已收或应收的合同或协议价款确定销售商品收入的金额。但是,合同或协议价款的收取采用递延方式,实质上具有融资性质的,应当按照应收的合同或协议价款的公允价值(通常为合同或协议价款的现值)确定销售商品收入金额。应收的合同或协议价款与其公允价值之间的差额,应当在合同或协议期间内采用实际利率法或直线法进行摊销,计入当期损益(冲减财务费用)。

对于采用递延方式分期收款、具有融资性质的销售商品满足收入确认条件的,企业按应收合同或协议价款,借记"长期应收款"科目,按应收的合同或协议价款的公允价值(折现值),贷记"主营业务收入"科目,按其差额,贷记"未实现融资收益"科目。

(八)销售材料等存货的会计处理

企业销售原材料、包装物等存货应视同商品销售,其收入确认和计量原则比照商品销售。企业销售原材料、包装物等存货实现的收入作为其他业务收入处理,结转的相关成本作为其他业务成本处理,分别通过"其他业务收入"和"其他业务成本"科目核算。

"其他业务收入"科目核算企业除主营业务以外的其他经营活动实现的收入,包括销售材料、出租包装物和商品、出租固定资产、出租无形资产等实现的收入。该科目贷方登记企业实现的各项其他业务收入,借方登记期末结转入"本年利润"科目的其他业务收入,结转后该科目应无余额。

"其他业务成本"科目核算企业除主营业务以外的其他经营活动所发生的成本,包括销售材料的成本、出租包装物的成本或摊销额、出租固定资产的折旧额、出租无形资产的摊销额。该科目借方登记企业结转或发生的其他业务成本,贷方登记期末结转入"本年利润"科目的其他业务成本,结转后该科目应无余额。

【案例13-9】 甲公司销售一批原材料,增值税专用发票上注明的价款为20 000元,税款为3 400元,款项已收存银行。该批原材料的实际成本为16 000元。编制会计分录如下:

①取得原材料销售收入:

借:银行存款　　23 400

　　贷:其他业务收入　　20 000

　　　　应交税费——应交增值税(销项税额)　　3 400

②结转已销原材料的实际成本:

借:其他业务成本　　16 000

　　贷:原材料　　16 000

任务三　提供劳务收入

企业提供劳务的种类很多，如旅游、运输、饮食、广告、咨询、代理、培训、产品安装等。有的劳务一次就能完成，且一般为现金交易，如饮食、理发、照相等；有的劳务需要花费一段较长的时间才能完成，如安装、旅游、培训、远洋运输等。

一、提供劳务收入的确认原则

企业提供劳务收入的确认原则因劳务完成时间的不同而不同。

（一）在同一会计期内开始并完成的劳务

对于一次就能完成的劳务，或在同一会计期内开始并完成的劳务，应在提供劳务交易完成时确认收入，确认的金额通常为从接受劳务方已收或应收的合同或协议价款，确认原则可参照销售商品收入的确认原则。流程如图 13－5 所示：

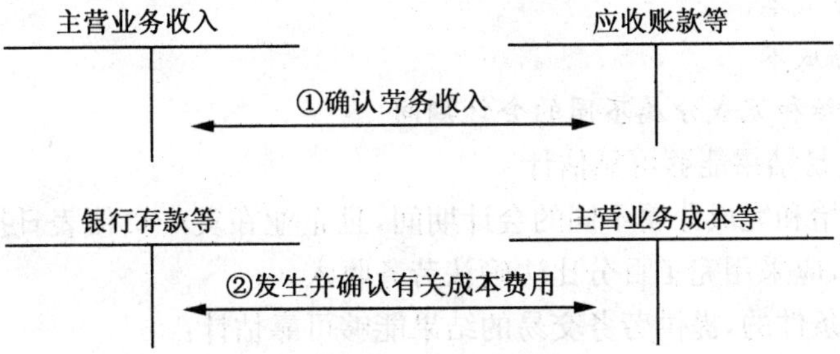

图 13－5

对于持续一段时间但在同一会计期间内开始并完成的劳务，企业应在为提供劳务发生相关支出时，借记“劳务成本”科目，贷记“银行存款”、“应付职工薪酬”、“原材料”等科目。劳务完成确认劳务收入时，按确定的收入金额，借记“应收账款”、“银行存款”等科目，贷记“主营业务收入”等科目；同时，结转相关劳务成本，借记“主营业务成本”等科目，贷记“劳务成本”科目。其账务处理如图 13－6 所示：

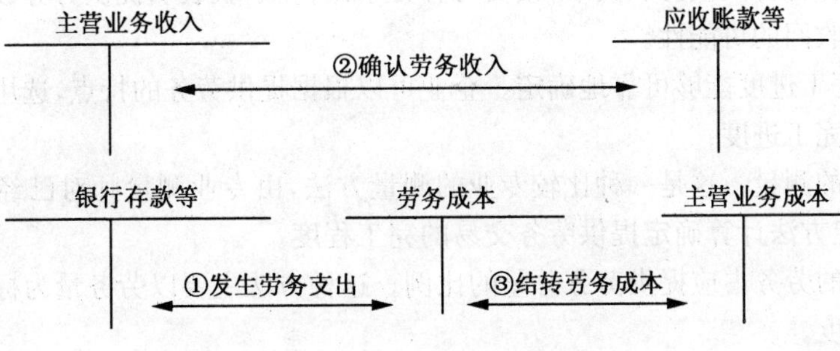

图 13－6

【案例 13－10】　甲公司于 2015 年 3 月 10 日接受一项设备安装任务，该安装任务可一次完成，合同总价款 9 000 元，实际发生安装成本 5 000 元。假定安装业务属于甲公司的主营业务。不考虑相关税费。甲公司应在安装完成时作如下会计分录：

借:应收账款(或银行存款) 9 000
　　贷:主营业务收入 9 000
借:主营业务成本 5 000
　　贷:银行存款等 5 000

若上述安装任务需花费一段时间(不超过本会计期间)才能完成,则应在为提供劳务发生有关支出时:

借:劳务成本
　　贷:银行存款等

(注:以上分录未写明金额,主要是由于实际发生成本5 000元是个总计数,而每笔归集劳务成本的分录金额不同,下同。)

待安装完成确认所提供劳务的收入并结转该项劳务总成本时:

借:应收账款(或银行存款) 9 000
　　贷:主营业务收入 9 000
借:主营业务成本 5 000
　　贷:劳务成本 5 000

(二)劳务的开始和完成分属不同的会计期间

1. 提供劳务交易结果能够可靠估计

如果劳务的开始和完成分属不同的会计期间,且企业在资产负债表日提供劳务交易的结果能够可靠估计的,应采用完工百分比法确认劳务收入。

同时满足下列条件的,提供劳务交易的结果能够可靠估计:

(1)收入的金额能够可靠地计量。这是指提供劳务收入的总额能够合理地估计。通常情况下,企业应当按照从接受劳务方已收或应收的合同或协议价款确定提供劳务收入总额。随着劳务的不断提供,可能会根据实际情况增加已收或应收的合同或协议价款,此时,企业应及时调整提供劳务收入总额。

(2)相关的经济利益很可能流入企业。这是指提供劳务收入总额收回的可能性大于不能收回的可能性。企业在确定提供劳务收入总额能否收回时,应当结合接受劳务方的信誉、以前的经验以及双方就结算方式和期限达成合同或协议条款等因素,综合进行判断。通常情况下,企业提供的劳务符合合同或协议要求,接受劳务方承诺付款,就表明提供劳务收入总额收回的可能性大于不能收回的可能性。

(3)交易的完工进度能够可靠地确定。企业可以根据提供劳务的特点,选用下列方法确定提供劳务交易的完工进度:

①已完工作的测量。这是一种比较专业的测量方法,由专业测量师对已经提供的劳务进行测量,并按一定方法计算确定提供劳务交易的完工程度。

②已经提供的劳务占应提供劳务总量的比例。这种方法主要以劳务量为标准确定提供劳务交易的完工程度。

③已经提供的劳务占估计总成本的比例。这种方法主要以成本为标准确定提供劳务交易的完工程度。只有反映已提供劳务的成本才能包括在已经发生的成本中,只有反映已提供或将提供劳务的成本才能包括在估计总成本中。

(4)交易中已发生和将发生的成本能够可靠地计量。这是指交易中已经发生和将要发生的成本能够合理地估计。企业应当建立完善的内部成本核算制度和有效的内部财务预算及报告制度，准确地提供每期发生的成本，并对完成剩余劳务将要发生的成本作出科学、合理的估计。同时，应随着劳务的不断提供或外部情况的不断变化，随时对将要发生的成本进行修订。其账务处理如图13—7所示：

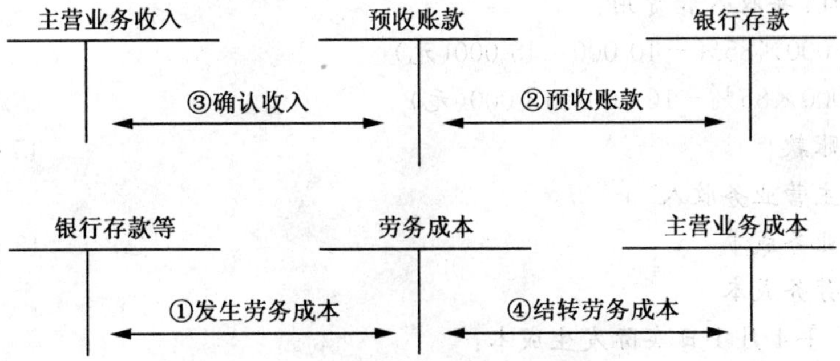

图13—7

【案例13—11】 甲企业自2013年4月1日起为乙企业开发一项系统软件。合同约定工期为两年，合同总收入为100 000元，2013年4月1日乙企业支付项目价款50 000元，余款于软件开发完成时收取。4月1日，甲企业收到乙企业支付的该项目价款50 000元，并存入银行。该项目预计总成本为40 000元。其他相关资料如表13—1所示：

表13—1

时　间	收款金额(元)	累计实际发生成本(元)	开发程度
2013年4月1日	50 000		
2013年12月31日		16 000	40%
2014年12月31日		34 000	85%
2015年4月1日		41 000	100%

该项目于2015年4月1日完成并交付给乙企业，但余款尚未收到。甲企业按开发程度确定该项目的完工程度。假定为该项目发生的实际成本均用银行存款支付。

(1)2013年4月1日预收款项：

借：银行存款　　50 000

　　贷：预收账款　　50 000

(2)2013年实际发生成本：

借：劳务成本　　16 000

　　贷：银行存款　　16 000

(3)确认2013年收入和费用：

收入＝100 000×40%＝40 000(元)

费用＝40 000×40%＝16 000(元)

借：预收账款　　40 000

　　贷：主营业务收入　　40 000

借：主营业务成本　　16 000

　　贷：劳务成本　　16 000

(4)2014年实际发生成本：

借：劳务成本　　18 000

　　贷：银行存款　　18 000

(5)确认2014年收入和费用：

收入＝100 000×85%－40 000＝45 000(元)

费用＝40 000×85%－16 000＝18 000(元)

借：预收账款　　45 000

　　贷：主营业务收入　　45 000

借：主营业务成本　　18 000

　　贷：劳务成本　　18 000

(6)至2015年4月1日实际发生成本：

借：劳务成本　　7 000

　　贷：银行存款　　7 000

(7)确认2015年收入和费用：

收入＝100 000－40 000－45 000＝15 000(元)

费用＝41 000－16 000－18 000＝7 000(元)

借：预收账款　　15 000

　　贷：主营业务收入　　15 000

借：主营业务成本　　7 000

　　贷：劳务成本　　7 000

2. 提供劳务交易结果不能可靠估计

如劳务的开始和完成分属不同的会计期间，且企业在资产负债表日提供劳务交易结果不能可靠估计的，即不能同时满足上述4个条件的，不能采用完工百分比法确认提供劳务收入。此时，企业应当正确预计已经发生的劳务成本能否得到补偿，分别下列情况进行处理：

(1)已经发生的劳务成本预计全部能够得到补偿的，应按已收或预计能够收回的金额确认提供劳务收入，并结转已经发生的劳务成本。

(2)已经发生的劳务成本预计部分能够得到补偿，应按能够得到补偿的劳务成本金额确认提供劳务收入，并结转已经发生的劳务成本。

(3)已经发生的劳务成本预计全部不能得到补偿的，应将已经发生的劳务成本计入当期损益(主营业务成本或其他业务成本)，不确认提供劳务收入。

【案例13－12】 甲公司于2014年12月25日接受乙公司委托，为其培训一批学员，培训期为6个月，2015年1月1日开学。协议约定，乙公司应向甲公司支付的培训费总额为60 000元，分三次等额支付，第一次在开学时预付，第二次在2015年3月1日支付，第三次在培训结束时支付。

2015年1月1日，乙公司预付第一次培训费。至2015年2月28日，甲公司发生培训成本30 000元(假定均为培训人员薪酬)。2015年3月1日，甲公司得知乙公司经营发生困难，后两次培训费能否收回难以确定。假定不考虑相关税费，甲公司的会计处理如下：

(1)2015年1月1日收到乙公司预付的培训费：

借：银行存款　　20 000

　　贷：预收账款　　20 000

(2)实际发生培训成本30 000元:

借:劳务成本　　30 000

　　贷:应付职工薪酬　　30 000

(3)2015年2月28日确认提供劳务收入并结转劳务成本:

借:预收账款　　20 000

　　贷:主营业务收入　　20 000

借:主营业务成本　　30 000

　　贷:劳务成本　　30 000

本例中,甲公司已经发生的劳务成本30 000元预计只能部分得到补偿,即只能按预收款项得到补偿,应按预收账款20 000元确认劳务收入,并将已经发生的劳务成本30 000元结转入当期损益。

二、提供劳务收入的核算

(一)劳务完成时确认收入的核算

对于一次就能完成的劳务,或在同一会计期间内开始并完成的劳务,应在提供劳务交易完成时确认收入。

企业对外提供劳务,如属于企业的主营业务,所实现的收入应作为主营业务收入处理,结转的相关成本应作为主营业务成本处理;如属于主营业务以外的其他经营活动,所实现的收入应作为其他业务收入处理,结转的相关成本应作为其他业务成本处理。企业对外提供劳务发生的支出一般先通过"劳务成本"科目予以归集,待确认为费用时,再由"劳务成本"科目转入"主动营业务成本"或"其他业务成本"科目。

对于一次就能完成的劳务,企业应在提供劳务完成时确认收入及相关成本。对于持续一段时间但在同一会计期间内开始并完成劳务,企业应在为提供劳务发生相关支出时确认劳务成本,劳务完成时再确认劳务收入,并结转相关劳务成本。

【案例13-13】 甲公司于2015年3月1日接受一项设备安装任务,该安装任务可一次完成,合同总价款为90 000元,实际发生安装成本50 000元。假定安装业务属于甲公司的主营业务。甲公司应在安装完成时编制会计分录如下:

借:应收账款(或银行存款)　　90 000

　　贷:主营业务收入　　90 000

同时结转成本:

借:主营业务成本　　50 000

　　贷:银行存款等　　50 000

若上述安装任务需花费一段时间(不超过本会计期间)才能完成,则应在为提供劳务发生有关支出时编制会计分录如下:

借:劳务成本　　50 000

　　贷:银行存款等　　50 000

待安装完成确认所提供劳务收入并结转该项劳务总成本时:

借:应收账款(或银行存款)　　90 000

　　贷:主营业务收入　　90 000

同时结转成本:

借：主营业务成本　　　　50 000

　　贷：劳务成本　　　　50 000

（二）按完工百分比法确认收入的核算

完工百分比法是指按照提供劳务交易的完工进度确认收入与费用的方法。在完工百分比法下，本期应确认的劳务收入及费用的计算公式如下：

本期确认的收入＝劳务总收入×本期末止劳务的完工进度－以前期间已确认的收入

本期确认的费用＝劳务总成本×本期末止劳务的完工进度－以前期间已确认的费用

上述公式中的劳务总收入通常按照从接受劳务方已收或应收的合同或协议价款确定。在劳务总收入和总成本能够可靠计量的情况下，关键是确定劳务的完工进度，企业根据所提供劳务的特点，选择确定劳务完工进度的方法。

【案例13－14】 甲公司于2014年12月1日接受乙公司一项设备安装任务，安装期为3个月，合同总收入300 000元，至年底已预收安装费220 000元，实际发生安装费用140 000元（假定均为安装人员薪酬），估计完成安装任务还需发生安装费用60 000元。假定甲公司按实际发生的成本占估计总成本的比例确定劳务的完工进度，则应确认的收入和费用计算如下：

实际发生的成本占估计总成本的比例＝140 000÷（140 000＋60 000）＝70％

2014年12月31日确认的劳务收入＝300 000×70％－0＝210 000（元）

2014年12月31日确认的费用＝（140 000＋60 000）×70％－0＝140 000（元）

编制会计分录如下：

①实际发生劳务成本140 000元：

借：劳务成本　　　　140 000

　　贷：应付职工薪酬　　　　140 000

②预收劳务款220 000元：

借：银行存款　　　　220 000

　　贷：预收账款　　　　220 000

③2006年12月31日确认提供劳务收入并结转劳务成本：

借：预收账款——乙公司　　　　210 000

　　贷：主营业务收入　　　　210 000

同时结转成本：

借：主营业务成本　　　　140 000

　　贷：劳务成本　　　　140 000

【案例13－15】 甲公司于2014年10月1日为乙公司研制一项软件，合同规定的研制开发期为5个月，合同总收入500 000元，至2014年12月31日已发生成本225 000元，预收账款300 000元。预计开发完成该软件的总成本为300 000元，2014年12月31日，经专业测量师测量，软件的开发程度为70％。假定合同收入能够可靠收回，研制开发属于甲公司的主营业务。编制会计分录如下：

发生成本时：

借：劳务成本　　　　225 000

　　贷：银行存款（应付职工薪酬等）　　　　225 000

预收款项时：

借：银行存款　　　　300 000

贷：预收账款——乙公司 300 000

2014 年 12 月 31 日确认该项劳务的本期收入和费用时：

若该企业按软件的开发程度(70%)确定该劳务的完工程度，则 2014 年应确认的收入为：500 000×70%－0＝350 000(元)；应确认的费用为：300 000×70%－0＝210 000(元)。

借：预收账款——乙公司 350 000

贷：主营业务收入 350 000

同时结转成本：

借：主营业务成本 210 000

贷：劳务成本 210 000

若该企业按已提供的劳务量占应提供劳务总量的百分比确定完工程度(假定研制开发期内劳务量均衡发生)，则至 2014 年 12 月 31 日的完工程度为 60%(该项软件研制开发已完成的工作时间为 3 个月，占完成此项劳务所需总工作时间 5 个月的 60%)。因此，2014 年应确认的收入为：500 000×60%－0＝300 000(元)；应确认的费用为：300 000×60%－0＝180 000(元)。

借：预收账款——乙公司 300 000

贷：主营业务收入 300 000

同时结转成本：

借：主营业务成本 180 000

贷：劳务成本 180 000

若该企业按已发生的成本占估计总成本的百分比确定该劳务的完工程度，则至 2014 年 12 月 31 日的完工程度为 75%(225 000÷300 000)。因此，2014 年应确认的收入为：500 000×75%－0＝375 000(元)；应确认的费用为：300 000×75%－0＝225 000(元)

借：预收账款——乙公司 375 000

贷：主营业务收入 375 000

同时结转成本：

借：主营业务成本 225 000

贷：劳务成本 225 000

任务四 让渡资产使用权收入

让渡资产使用权收入主要指让渡无形资产等资产使用权的使用费收入。出租固定资产取得的租金、进行债权投资收取的利息、进行股权投资取得的现金股利等，也构成让渡资产使用权收入。下面主要介绍让渡资产使用权的使用费收入的核算，这里的资产主要是指无形资产。

一、让渡资产使用权的使用费收入的确认和计量原则

让渡资产使用权的使用费收入同时满足下列条件的，才能予以确认：

(一)相关的经济利益很可能流入企业

企业在确定让渡资产使用权的使用费收入金额是否很可能收回时，应当根据对方企业的信誉和生产经营情况、双方就结算方式和期限等达成的合同或协议条款等因素，综合进行判断。如果企业估计使用费收入金额收回的可能性不大，就不能确认收入。

（二）收入的金额能够可靠地计量

当让渡资产使用权的使用费收入金额能够可靠估计时，企业才能确认收入。让渡资产使用权的使用费收入金额，应按照相关合同协议约定的收费时间和方法计算确定。不同的使用费收入，收费时间和方法各不相同。有一次性收取一笔固定金额的，如一次收取10年的场地使用费；有在合同或协议规定的有效期内分期等额收取的，如合同或协议规定在使用期内每期收取一笔固定的金额；也有分期不等额收取的，如合同或协议规定按资产使用方每期销售额的百分比收取使用费等。

如果合同或协议规定一次性收取使用费，且不提供后续服务的，应当视同销售该项资产一次性确认收入；提供后续服务的，应在合同或协议的有效期内分期确认收入。如果合同或协议规定分期收取使用费的，应按合同或协议规定的收款时间和金额或规定的收费方法计算确定的金额分期确认收入。

二、让渡资产使用权收入的账务处理

企业让渡资产使用权的使用费收入，一般通过“其他业务收入”科目核算；所让渡资产计提的摊销额等，一般通过“其他业务成本”科目核算。

企业确认让渡资产使用权的使用费收入时，按确定的收入金额，借记“银行存款”、“应收账款”等科目，贷记“其他业务收入”科目。企业对所让渡资产计提摊销以及所发生的与让渡资产有关的支出等，借记“其他业务成本”科目，贷记“累计摊销”等科目。

【案例13－16】 甲公司向乙公司转让其软件的使用权，一次性收取使用费60 000元，不提供后续服务，款项已经收回。假定不考虑相关税费，甲公司确认使用费收入的会计分录如下：

借：银行存款　　60 000

　　贷：其他业务收入　　60 000

如果甲公司于2015年1月1日向丙公司转让某专利权的使用权，协议约定转让期为5年，每年年末收取使用费200 000元。2014年该专利权计提的摊销额为120 000元，每月计提金额为10 000元。假定不考虑其他因素和相关税费。甲公司会计处理如下：

(1)2015年年末确认使用费收入：

借：应收账款(或银行存款)　　200 000

　　贷：其他业务收入　　200 000

(2)2015年每月计提专利权摊销额：

借：其他业务成本　　10 000

　　贷：累计摊销　　10 000

【案例13－17】 甲公司向丁公司转让某商品的商标使用权，约定丁公司每年年末按年销售收入的10％支付使用费，使用期10年。第一年，丁公司实现销售收入1 200 000元；第二年，丁公司实现销售收入1 800 000元。假定甲公司均于每年年末收到使用费。不考虑相关税费，甲公司确认使用费收入的会计分录如下：

(1)第一年年末确认使用费收入：

应确认的使用费收入＝1 200 000×10％＝120 000(元)

借：银行存款　　120 000

　　贷：其他业务收入　　120 000

(2)第二年年末确认使用费收入：

应确认的使用费收入＝1 800 000×10％＝180 000(元)

借：银行存款 180 000

贷：其他业务收入 180 000

任务五 建造合同收入

一、建造合同的概念、特征和类型

(一)建造合同的概念

建造合同，是指为建造一项或者数项与设计、技术、功能、最终用途等方面密切相关的资产而订立的合同。其中，所建造的资产主要包括房屋、道路、桥梁、水坝等建筑物，以及船舶、飞机、大型机械设备等。

(二)建造合同的特征

建造合同不同于一般的材料采购合同和劳务合同，而是有其自身的特征，主要表现在：(1)先有买主(即客户)，后有标的(即资产)，建造资产的造价在签订合同时已经确定；(2)资产的建设期长，一般都要跨越一个会计年度，有的长达数年；(3)所建造的资产体积大，造价高；(4)建造合同一般为不可取消的合同。

(三)建造合同的类型

建造合同分为两类：一类是固定造价合同；另一类是成本加成合同。固定造价合同是指按照固定的合同价或固定单价确定工程价款的建造合同。成本加成合同是指以合同允许或其他方式议定的成本为基础，加上该成本的一定比例或定额费用确定工程价款的建造合同。固定造价合同与成本加成合同的主要区别在于风险的承担者不同。前者的风险主动要由建造承包方承担，后者的风险主要由发包方承担。

二、建造合同收入和成本

(一)建造合同收入

建造合同收入包括合同中规定的初始收入和因合同变更、索赔、奖励等形成的收入。需要指出的是，因合同变更、索赔、奖励等形成的收入不构成合同双方在签订合同时已在合同中商定的合同总金额(即初始收入)。建造承包商不能随意确认这部分收入，只有在符合收入确认条件时才能构成合同总收入。例如，某建造承包商与一客户签订了一份金额为1 000万元的建造合同，建造一座电站。合同规定的建设期为2012年12月1日～2014年12月1日。同时，合同还规定，发电机由客户采购，于2014年9月1日前交付建造承包商安装。在合同执行过程中，客户并未在合同规定的时间将发电机交付承包商。根据双方谈判的情况，客户同意向建造承包商支付延误工期款80万元(索赔收入)。本例是索赔款形成收入的情形，根据索赔款形成收入的确认条件建造承包商可以在2012年将因索赔而增加的收入80万元确认为合同收入的组成部分，即2012年该项建造合同的总收入应为1 080万元。但是，假如客户只同意支付延误工期款40万元，则只能将40万元计入该项合同总收入，即2012年该项建造合同总收入为1 040万元。假如客户不同意支付任何延误工期款，则不能将索赔款计入合同总收入。再如，某建造承包商与一客户签订了一份金额为9 000万元的建造合同，建造一座跨海大桥。

合同规定的建设期为2012年12月20日～2014年12月20日。该大桥的主体工程于2014年8月已基本完工，工程质量符合设计标准，并有望提前3个月完工。客户同意向建造承包商支付提前竣工奖100万元。本例是发生奖励款的情形，它是工程达到或超过规定的标准时，客户同意支付给建造承包商的额外款项。根据奖励款所形成收入的确认条件，该建筑承包商可以确认奖励款形成的收入100万元。

（二）建造合同成本

建造合同成本包括从合同签订开始至合同完成止所发生的、与执行合同有关的直接费用和间接费用。

直接费用是指为完成合同所发生的、可以直接计入合同成本核算对象的各项费用支出。直接费用包括四项费用：耗用的人工费用、耗用的材料费用、耗用的机械使用费和其他直接费用（指可直接计入合同成本的费用）。

间接费用是指企业下属的施工单位或生产单位为组织生产和管理施工生产活动所发生的费用，包括临时设施返销费用，施工、生产单位管理人员薪酬，固定资产折旧费及修理费，物料消耗，低值易耗品摊销，水电费，办公费，差旅费，财产保险费，工程保险费，排污费等。

直接费用在发生时直接计入合同成本；间接费用应在期末按系统、合理的方法分摊计入合同成本。常见的用于间接费用分摊的方法有人工费用比例法和直接费用比例法。

三、建造合同收入及费用的确认和计量的原则

建造合同收入及费用的确认和计量的原则有两个：

第一，如果建造合同的结果能够可靠地估计，企业应当根据完工百分比法在资产负债表日确认合同收入和费用。

第二，如果建造合同的结果不能可靠地估计，则应区别以下情况处理：一是合同成本能够收回的，合同收入根据能够收回的实际合同成本加以确认，合同成本在其发生的当期作为合同费用；二是合同成本不可能收回的，应当在发生时立即作为合同费用，不确认合同收入。

不难理解，运用完工百分比法确认收入关键是要确定合同完工进度。合同完工进度可以按累计实际发生的合同成本占合同预计总成本的比例、已经完成的合同工作量占合同预计总工作量的比例、已完合同工作预测量等方法确定。

【案例13－18】 某建筑公司签订了一项合同总金额为1 000万元的固定造价合同，合同规定的工期为3年。假定经计算，第一年完工进度为30%，第二年完工进度已达80%，经测定，前两年的合同预计总成本均为800万元。第三年工程全部完成，累计实际发生合同成本750万元。根据上述资料计算各期确认的合同收入和费用如下：

第一年确认的合同收入＝1 000×30%＝300（万元）

第一年确认的合同毛利＝（1 000－800）×30%＝60（万元）

第一年确认的合同费用＝300－60＝240（万元）

编制会计分录如下：

借：主营业务成本	2 400 000	
工程施工——合同毛利	600 000	
贷：主营业务收入		3 000 000

第二年确认的合同收入＝（1 000×80%）－300＝500（万元）

第二年确认的合同毛利＝（1 000－800）×80%－60＝100（万元）

第二年确认的合同费用＝500－100＝400(万元)

编制会计分录如下：

借：主营业务成本	4 000 000	
工程施工——合同毛利	1 000 000	
贷：主营业务收入		5 000 000

第三年确认的合同收入＝1 000－(300＋500)＝200(万元)

第三年确认的合同毛利＝(1 000－750)－(60＋100)＝90(万元)

第三年确认的合同费用＝200－90＝110(万元)

编制会计分录如下：

借：主营业务成本	1 100 000	
工程施工——合同毛利	900 000	
贷：主营业务收入		2 000 000

★★★ 项目小结 ★★★

收入是指企业在日常活动中形成的、会促使所有者权益增加的、与所有者投入资本无关的经济利益的总流入。

销售商品收入，只有同时符合下列条件，才能予以确认：

(1)企业已将商品所有权上的主要风险和报酬转移给购货方；

(2)企业既没有保留通常与所有权相联系的继续管理权，也没有对已售出的商品实施有效控制；

(3)相关的经济利益很可能流入企业；

(4)收入的金额能够可靠地计量；

(5)相关的已发生或将发生的成本能够可靠地计量。

★★★ 关键术语 ★★★

收入　让渡资产使用权　建造合同收入

★★★ 思考与讨论 ★★★

1. 收入的概念和特征是什么？
2. 销售商品收入的确认条件是什么？
3. 提供劳务收入的确认原则是什么？
4. 让渡资产使用权的使用费收入的确认和计量原则是什么？
5. 建造合同收入及费用的确认和计量的原则是什么？

项目十四 费 用

技能目标

能够区别生产成本、营业成本和期间费用并具备处理相关业务的能力。

学习目标

1. 理解：费用的概念和特征；费用与资产、成本和损失之间的关系；费用的分类及确认与计量原则。

2. 熟知：生产成本核算应设置的账户、生产费用的归集和分配。

3. 掌握：在产品成本的计算和完工产品成本的结转、期间费用的内容和具体核算方法。

知识支撑

任务一 费用的概念及确认

一、费用的概念和特征

（一）费用的概念

费用是企业在生产经营过程中发生的各项耗费，即企业在生产经营过程中为取得收入而支付或耗费的各项资产。费用的发生意味着资产的减少或负债的增加，收入表示企业经济利益的增加，而费用表示企业经济利益的减少。正如《国际会计准则》中所说的："费用是指会计期间经济利益的减少，其形式表现为由资产流出、资产递耗或是发生负债而引起业主产权的减少。"美国财务会计准则委员会在《论财务会计概念》一书中，对费用所下的定义："费用是某一个体在其持续的、主要或核心业务中，因交付或生产了货品，提供了劳务，或进行了其他活动，而付出的或其他耗用的资产，或因而承担的负债（或两者兼而有之）。"我国的《企业财务会计报告条例》(2000 年)将费用表述为："企业为销售商品，提供劳务等日常活动所发生的经济利益的流出。"

（二）费用的特征

1. 费用最终将导致企业经济资源的减少

费用的发生会引致企业经济资源的减少，这种减少可具体表现为一个企业实际的现金或非现金支出，也可以是预期的现金支出。因此，也可以将这种减少看作是企业资源的流动，但它是资源流出企业，与形成一个企业的收入不同，收入虽然也是企业资源的流动，但它表现为资源流入企业。如果将现金及现金等价物流入视作企业未来经济利益的最终体现，那么，费用的本质就是一种现实或预期的现金流出。如支付销售费用和工资是现实的现金流出；消耗原材料或机器设备等，同样是现金流出，不过是过去的现金流出。承担一项负债，在未来期间履行相应义务时，也将导致现金的流出，但这是一项预期的或未来的现金流出。

2. 费用最终会减少企业的所有者权益

企业的收入会引致经济利益流入企业，因此，会使企业所有者权益增加。而费用会导致企业经济利益流出企业，因此，会使企业所有者权益减少。但是，企业在生产经营过程中发生的支出并非都会引起企业所有者权益的减少，有两类支出是不应归入费用的。一类是企业偿债性支出。如企业以银行存款偿付一项债务，只是一项资产和一项负债的等额减少，对所有者权益没有影响，因此，不构成费用。另一类是向所有者分配利润或股利。这一现金流出，虽然减少了企业的净资产，但按照“所有权理论”，向所有者分配利润或股利不是费用，它不是经营活动的结果，而属于最终利润的分配。费用的这一特征表明，费用应同营利活动相联系，即费用是企业在取得收入过程中所发生的各项支出。

二、费用与资产、成本和损失的关系

(一)费用与资产

费用与资产既有密切联系，也有明显区别。按照我国会计准则对资产的定义，资产是指过去交易、事项形成，并由企业拥有或控制的资源，该资源预期会给企业带来经济利益。资产从本质上讲是一种经济资源，并且能给企业带来未来的经济利益。企业为了得到未来的经济利益，通常要发生费用。也就是说，通过交换从其他个体取得资产时，它要牺牲别的资产，或者要承诺负债，而这项负债将来要用某项资产来偿还。从这个意义上讲，费用是为取得某项资产而耗费的另一项资产。或者说，部分地或全部地耗费了未来的经济资源。如在产品成本中的材料费是已耗费的原材料，折旧费是已耗费的固定资产。

(二)费用与成本

费用与成本既有联系也有区别，虽然两者都是支付或耗费的各项资产，但是严格来讲，成本并不等于费用。费用是相对于收入而言的，当这些支出和耗费与当期收入相配比时，即计入当期损益时，才成为当期的费用。费用与一定的期间相联系，而成本与一定的成本计算对象相联系。当期的成本不一定是当期的费用。比如，产品的生产成本在生产产品的报告期内不能确认为费用，而只有在销售产品的报告期内才能确认为费用。也就是说，生产产品的生产成本在产品没有销售之前，只是一种资产(在制品，或产成品)，只有产品销售以后才能作为产品销售成本，转作当期费用。成本与费用的关系可以通过下式加以说明：

期初在产品的成本
加：本期生产费用
减：期末在产品成本

本期完工产品成本
期初产成品成本
加：本期完工产品成本
减：期末产成品成本

本期销售产品成本(本期费用)

从上式可以看出，本期为生产产品而支付或消耗的资产，首先形成在制品的成本，待产品完工后形成产成品成本，只有产品销售时，才形成当期费用。

（三）费用与损失

费用与损失既有联系也有区别。从广义上讲，费用包括了损失。损失和费用一样都是经济利益的减少，在性质上没有差别。但从狭义上讲，费用与损失是有区别的。费用是相对于收入而言的，损失是相对于溢余而言的。美国财务会计准则委员会在《论财务会计概念》一书中，对溢余和损失表述为："各种个体的溢余与损失，是边缘性偶发性交易，以及其他事项和情况的结果。这些交易、事项和情况，绝大部分源自个别个体及其管理方面无力控制的外界因素。"也就是说，损失是某一个体除了费用或派给相关者款项之外的一些边缘性或偶发性支出。区别费用与损失，很大程度上取决于企业经营活动的性质。对于某一类企业属于费用的项目，对于另一类企业可能属于损失。例如，证券投资在保险或投资公司会是营业收入与费用的来源，但在制造或贸易公司则是溢余与损失的来源。

三、费用的分类

企业发生的各项费用根据其性质，可以按照不同的标准进行分类。其中最基本的是按照费用的经济内容和经济用途分类。此外，还有一些其他的分类方法。下面加以具体说明：

（一）费用按其经济内容分类

费用按照经济内容（或性质）进行分类，一般可分为以下九类：

（1）外购材料，指企业为进行生产而耗用的一切从外部购入的原材料及主要材料、半成品、辅助材料、包装物、修理用备件和低值易耗品等。

（2）外购燃料，指企业为进行生产而耗用的从外部购进的各种燃料。

（3）外购动力，指企业为进行生产而耗用的从外部购进的各种动力。

（4）工资，指企业应计入成本费用的职工工资。

（5）提取的职工福利费用，指按照一定比例从成本费用中提取的职工福利费用。

（6）折旧费，指企业按照核定的固定资产折旧率计算提取的折旧基金。

（7）利息支出，指企业应计入成本费用的利息支出减去利息收入后的净额。

（8）税金，指企业应计入成本费用的各种税金。

（9）其他支出，指不属于以上各要素的费用支出。

（二）费用按其经济用途分类

费用按照经济用途分类，可分为以下五类：

（1）直接材料，指构成产品实体，或有助于产品形成的各项原料及主要材料、辅助材料、燃料、备品备件、外购半成品和其他直接材料。

（2）直接工资，指直接从事产品生产人员的工资、奖金、津贴和补贴。

（3）其他直接支出，指直接从事产品生产人员的职工福利费。

（4）制造费用，指企业各生产单位为组织和管理生产所发生的各项费用。

（5）期间费用，指企业在生产经营过程中发生的销售费用（销售费用）、管理费用和财务费用。

（三）费用按其同产量之间的关系分类

费用按照与产量的关系，可分为以下两类：

（1）固定费用，指产量在一定范围内，费用总额不随着产品产量的变动而变动的费用，如固定资产折旧费、管理人员工资、办公费等。

(2)变动费用,指费用总额随着产品产量的变动而变动的费用,如原材料费用和生产工人计件工资等。

四、费用的确认与计量原则

(一)费用的确认

企业发生的费用如何进行确认,这是正确计算企业损益的重要问题。国际会计准则提出了费用确认标准,即"如果资产的减少或负债的增加,关系到未来经济利益的减少,并且能够可靠地加以计量,就应当在利润表中确认费用"。也就是说,确认费用的标准主要有两点:一是某项资产的减少或负债的增加,如果不会减少企业的经济利益,就不能作为费用。生产产品领用的材料、支付的工资和其他的支出,虽然已经减少了存货和货币资金,即某种资金已经减少,但是,它又转化为另一种资产形式,企业和经济利益并没有因此而减少。因此,它只是成本而不是费用。只有产品已完工并销售时,才确认为费用。二是某项资产的减少或负债的增加必须能够准确地加以计量。如果某项资产的耗费不能够加以计量,也无法作出合理的估计,那么就不能在利润表中确认为费用。在具体会计实务中,形成了费用确认的一般原则,即划分收益性支出与资本性支出原则、权责发生制原则和配比原则。

1. 划分收益性支出与资本性支出原则

这一原则是按照支出效益涉及的期间来确认费用,如某项支出的效益涉及几个会计年度(或几个营业周期),该项支出则应予以资本化,不能作为当期费用,而应在以后各期逐渐确认为费用。如果某项支出的效益仅涉及本会计年度(或一个营业周期),就应将其作为收益性支出,在一个会计期间内确认为费用。这一原则为费用的确认划定了时间上的总体界限。例如,企业购买一台设备,作为固定资产,相应的费用就应当资本化;如果企业支付各种办公费用,在发生时就应该费用化,直接确认为当期费用。

2. 权责发生制原则

这一原则是根据支出上的效益是否发挥作用来判断该项支出是否应确认为费用。在会计实务中,判断一项支出上的效用是否真正发挥作用,主要是看该项支出帮助创造的收入是否已流入企业。如企业于上年末支付的报纸杂志订购费,其效用发挥的时间应该是报纸杂志收到的时间,因此,只有在陆续收到报纸杂志时,才能将费用确认入账。又如产品销售成本应该在产品已经实现销售时,即为企业带来的经济利益已经流入企业时,才将其确认为当期费用。当企业生产的产品没有实现销售时,说明这些生产产品的支出所帮助创造的收入还没有流入企业,其效用还没有真正发挥作用。

划分收益性支出与资本性支出原则,只是为费用的确认给定了一个大致的时间界限,而权责发生制则解决了具体应该在何时入账的问题,为费用的确认提供了进一步的指南。

3. 配比原则

配比原则是会计上确认费用的重要原则,它是按照费用与收入的关联关系来确认费用的实现。也就是说,它是按照其关联的收入实现的期间来确认费用实现的期间。费用与收入之间的关联或一致性不仅表现在经济性质上的因果性方面,也表现在时间方面,因此,联系收入来确认费用的配比原则也就表现为以下几个方面:

(1)按因果关系直接确认。这种确认方法是以所发生的费用与所取得的具体收益项目之间的直接联系为基础的,将营业收入与费用直接地、联合地将来自相同交易或其他事项的营业收入与费用合并起来予以确认。例如,在确认产品销售收入时,同时确认构成产品销售成本的各种费用，包括销售产品的生产成本、销售费用等。因为，产品销售成本与产品销售收入之间存在着直接的因果关系。费用与收入之间的因果关系除了直接的因果关系，还存在间接的因果关系。

(2)按系统且合理的分配方法加以确认。这种确认方法是以系统的、合理的分配程序为基础的，在利润表中确认费用。收入与费用之间的内在联系不仅表现为经济性质上的因果性，而且还表现为时间上的一致性。收入与费用的期间性特征决定了费用必须与同一期间收入相配比，即本期确认的收入应该与本期费用相配比。如果收入要等到未来期间实现，相应的费用或已耗成本就要递延到未来的实际受益期间。这时，费用便应当系统合理地分配于各个受益期间。如许多资产是跨及若干会计期间，使得企业受益，并且只能大致、间接地确定费用与收益的联系，如固定资产、无形资产等资产。使用这些资产而发生的费用，一般用"系统而合理"的分配方法，在估计的有效期限内进行分配。可见，系统且合理的分配确认原则实质上仍然体现了收入与费用之间的内在联系，从时间上反映了收入与费用之间的关联性。

(3)按期间配比确认。在现实工作中，有些支出很难找到直接相关、对应的收入，它们不能与特定营业收入相关联，在其发生期内消耗，但不产生未来的经济利益，或者是其受益期难以确定。有些支出与当期收入虽然存在着间接联系，但却找不出一个系统而合理分配的基础。会计上，将这些支出与其发生的期间相联系，称为期间配比。例如，企业管理人员的工资、管理部门的办公费、水电费、差旅费等，一般将这类费用称为期间费用，应当在它们的发生期内确认为费用。

(二)费用的计量原则

由于费用一般被视为资产价值的减少，而理论上，已耗用的资产又可以从不同的角度来计量，所以，与之相适应的费用也可采用不同的计量属性。不过，通常的费用计量标准是实际成本。费用采用实际成本计量属性来计量，是由于实际成本代表了企业获得商品或劳务时的交换价值由交易双方认可，具有客观性和可验证性，从而能够使会计信息具有足够的可靠性。

费用的实际成本是按企业为取得商品和劳务而放弃的资源的实际价值来计量的，即按交换价值或市场价格计量的。这种市场价格的确定则取决于交易中所具体采取的支付方式。交易中最基本的支付方式是现金。但费用的发生与现金支出在时间上有时是不一致的，一般有三种可能：现金支出与费用同时发生；费用发生在先；费用发生在后。在第一种情况下，市场价格可恰当地用于确认那些现金支出时所发生的费用。如用现金支付的办公费和水电费等，费用的实际成本就代表了当时的市场价格。但在费用先于或后于现金支出的情况下，费用的实际成本与费用发生时的市场价格可能会出现一定的背离。比如，最常见的费用的发生后于现金支出的例证是固定资产折旧，固定资产折旧的计提基础，是固定资产的购入成本，它在取得资产时是当时的市场价格，但一经入账就固定下来成为历史成本。费用发生时，费用的实际成本并非是固定资产现实的市场价格。又如，对那些先于现金支出而发生的费用来说，由于实际的交易尚未发生，没有市场价格可资计量，因而，一般采用预计价值确认入账。常见的情况有预提的借款利息、预提大修理费用、预提产品保证费用等。这些费用只有实际支付时才能确认其市场价格。因此，费用的实际成本不一定是费用发生时所支出或耗费资产的现行成本。完全采用现行成本来计量费用是难以操作的，这是因为在实际工作中，对于以前取得的同类商品和劳务可能没有现行成本，即使有现行成本，也会缺少可以验证的计量标准。

任务二 生产成本

一、生产成本的概念

生产成本，是指一定期间生产产品所发生的直接费用和间接费用的总和。企业的生产成本可以根据企业的具体情况自行设定，一般包括直接材料、燃料及动力、直接人工和制造费用等。

(1)直接材料，指构成产品实体的原料、主要材料以及有助于产品形成的辅助材料、设备配件、外购半成品的消耗。

(2)燃料及动力，指直接用于产品生产的外购和自制的燃料及动力。

(3)直接人工，指直接参加生产的工人工资及按生产工人工资和规定比例计提的职工福利费。

(4)制造费用，指直接用于产品生产，但不便于直接计入产品成本，因而没有专设成本项目的费用，以及间接用于产品生产的各项费用。如生产单位管理人员的工资及职工福利费、生产单位固定资产的折旧费和修理费、物料消耗、办公费、水电费、保险费、劳动保护费等费用项目。

二、生产成本核算应设置的账户

企业为了核算各种产品所发生的各项生产费用，应设置“生产成本”账户和“制造费用”账户进行核算。此外，仅介绍“生产成本”账户。

“生产成本”账户是用来核算企业进行工业性生产所发生的各项生产费用，包括生产各种产成品、自制半成品、提供劳务、自制材料、自制工具，以及自制设备等所发生的各项费用。该账户借方反映企业发生的各项直接材料、直接人工和制造费用，贷方反映期末按实际成本计价的、生产完工入库的工业产品、自制材料、自制工具以及提供工业性劳务的成本结转，期末余额一般在借方，表示期末尚未加工完成的在产品制造成本。

“生产成本”账户应按不同的成本计算对象（包括产品的品种、产品的批次和产品生产的步骤等)来设置明细分类账户，并按直接材料、燃料及动力、直接人工和制造费用等成本项目设置专栏，进行明细核算。企业可以根据本身生产特点和管理要求，将“生产成本”账户分为“基本生产成本”和“辅助生产成本”两个明细账户。“基本生产成本”二级账户核算企业为完成主要生产目的而进行的产品生产所发生的费用，计算基本生产的产品成本。“辅助生产成本”二级账户核算企业为基本生产服务而进行的产品生产和劳务供应所发生的费用，计算辅助生产成本和劳务成本。

三、生产费用的归集和分配

(一)材料费用的归集和分配

产品生产中消耗的各种材料物资的货币表现就是材料费。在一般情况下，它包括产品生产中消耗的原料、主要材料、辅助材料和外购半成品等。

材料费用的归集和分配，是由财会部门在月份终了时，将当月发生应计入成本的全部领料单、限额领料单、退料单等各种原始凭证，按产品和用途进行归集，编制“发出材料汇总表”，对于直接用于制造产品的材料费用，能够直接计入的，直接计入该产品成本计算单中“直接材料”

项下。只有在几种产品合用一种材料时，才采用适当方法，分配计入该产品成本计算单中“直接材料”项下。在实际工作中，常用的分配方法是按各种产品的材料定额耗用量的比例，或按各种产品的重量比例分配。

通过归集和分配之后，根据分配的结果，编制出“发出材料汇总表”，据此登记有关明细账和产品成本计算单。

【案例14—1】 某企业12月发生材料汇总如表14—1所示：

表14—1　　发出材料汇总表

2015年12月31日　　单位：元

会计科目	领用单位及用途	原材料	低值易耗品	合　计
生产成本	一车间：甲产品	20 000		20 000
	乙产品	15 000		15 000
	二车间：甲产品	10 000		10 000
	乙产品	12 000		12 000
	小　计	57 000		57 000
制造费用	一车间	1 000	7 500	8 500
	二车间	1 500	3 000	4 500
	小　计	2 500	10 500	13 000
生产成本	机　修	2 500	300	2 800
管理费用	厂　部	200	450	650
合　计		62 200	11 250	73 450

根据上表的有关数字作分录如下：

(1)借：生产成本——基本生产成本

　　(甲产品)　　30 000

　　(乙产品)　　27 000

　　生产成本——辅助生产成本　　2 500

　　制造费用　　2 500

　　管理费用　　200

　　贷：原材料　　62 200

(2)借：制造费用　　10 500

　　生产成本——辅助生产成本　　300

　　管理费用　　450

　　贷：低值易耗品　　11 250

(二)工资费用的归集和分配

1. 工资总额的构成内容

工资是根据职工劳动的数量和质量，以货币形式支付给劳动者的劳动报酬。工资总额的组成内容是由国家统一规定的，根据国家统计局的规定，工资总额包括以下六项内容：计时工资、计件工资、奖金、津贴和补贴、加班加点工资、特殊情况下支付的工资。

工资费用除了工资总额中的六项内容外，还应包括从费用中提取的职工福利费。企业支付给职工的工资和按比例从费用中提取的应付福利费，分别计入产品成本和费用，共同构成企业的工资费用。

2. 工资费用的分配

企业的工资费用应按其发生的地点和用途进行分配。企业的工资费用的归集和分配，是根据工资结算凭证和工时统计记录，通过编制“工资结算汇总表”和“工资费用分配表”进行的。

【案例 14—2】 某企业 12 月工资结算汇总如表 14—2 所示：

表 14—2　　**2015 年 12 月工资结算汇总**

车间、部门	标准工资	奖金	病假工资	产假工资	粮价补贴	副食补贴	应发工资	扣款				实发工资
								家属医药费	房租	互助储金	小计	
第一生产车间												
生产工人	6 728	816	165	128	198.60	555	8 590.60	21.90	63.70	81	166.60	8 424
管理人员	825	60			12.40	75	972.40		12.40	24	36.40	936
第二生产车间												
生产工人	7 486	714	156	142	218	510	9 226	26.50	74.50	110	211	9 015
管理人员	715	36			4.60	65	820.60	2.10	14.50	30	46.60	774
供电车间	1 430	110	26		14.80	130	1 710.80	5.80	46	80	131.80	1 579
锅炉车间	1 504	151	48	36	21.20	165	1 925.20	6.70	21.50	45	73.20	1 852
企业管理部门	2 480	148	62	43.50	26.50	350	3 110	14.60	43.40	200	258	2 852
医务保育人员	572					55	627	4.50	14.50	20	39	588
长病人员	240				4.50	30	274.50		2.50		2.50	272
合　计	21 980	2 035	457	349.50	500.60	1 935	27 257.10	82.10	293	590	965.10	26 292

对于生产车间直接从事产品生产工人的工资，能直接计入各种产品成本的，应根据上表直接记入“基本生产成本明细账”和“产品成本计算单”，并借记“生产成本”科目中的“直接工资”项目。对于车间管理人员的工资和企业管理部门的工资，应分别记入有关的费用明细账，并分别记入“制造费用”科目和“管理费用”科目。福利部门人员的工资，应记入“应付福利费”科目中；固定资产建造等工程人员的工资，应记入“在建工程”科目中；长病人员的工资不属于企业的工资费用，应在“管理费用”科目中列支。现举例说明如下：

根据上表分配工资费用时，应作如下会计分录：

借：生产成本——基本生产成本　　17 816.60
　　　　　　——辅助生产成本　　3 636
　　制造费用　　1 793
　　管理费用　　3 384.50
　　应付福利费　　627
　贷：应付工资　　27 257.10

(三) 制造费用的归集和分配

制造费用是企业为组织和管理生产所发生的各项费用。主要包括：企业各个生产单位(分厂、车间)为组织和管理生产所发生的生产单位管理人员工资、职工福利费、生产单位房屋建筑物、机器设备等的折旧费与修理费、机物料消耗、低值易耗品、水电费、办公费、劳动保护费、季节性与修理期间的停工损失以及其他制造费用。

这些费用是由于管理和组织生产而发生的间接费用，不是生产产品的直接费用，所以，这些费用在发生时，不能直接计入产品成本，需要通过“制造费用”科目进行归集，然后分配计入各种产品成本。在实际工作中，企业应设置“制造费用明细账”，按费用项目归集这些费用。

“制造费用”科目属于集合分配账户，借方登记制造费用的发生数，贷方登记制造费用的分配数。在一般情况下，期末应将全部费用都分配出去，不留余额。制造费用是各种产品所共同发生的一般费用，需要采用一定标准分配计入各种产品的成本。在分配时，应从该科目的贷方转入“生产成本”科目的借方。如车间除加工制造工业产品外，还制造一些自制材料、自制设备和自制工具时，应按各自负担的数额分配转入“原材料”、“在建工程”、“低值易耗品”等科目的借方。

【案例 14—3】 某企业本月发生各种制造费用如下：

(1)计提本月车间使用的固定资产折旧，共计 40 000 元。

借：制造费用　　40 000

　　贷：累计折旧　　40 000

(2)以银行存款 5 000 元支付市内材料运输费。

借：制造费用　　5 000

　　贷：银行存款　　5 000

(3)支付本月固定资产租金 4 000 元，以银行存款支付。

借：制造费用　　4 000

　　贷：银行存款　　4 000

(4)以现金 100 元购买办公用纸。

借：制造费用　　100

　　贷：库存现金　　100

(5)车间办事员王小伟报销差旅费 1 500 元，预借款为 2 000 元。

借：制造费用　　1 500

　　库存现金　　500

　　贷：其他应收款　　2 000

(6)预提本期大修理 6 000 元。

借：制造费用　　6 000

　　贷：预提费用　　6 000

(7)甲车间领用低值易耗品，价值 12 000 元(该厂低值易耗品采用分次摊销法，分 6 个月摊销)。

①借：待摊费用　　12 000

　　贷：低值易耗品　　12 000

②借：制造费用　　2 000

　　贷：待摊费用　　2 000

(8)甲车间支付本月设备租金 3 000 元，以银行存款支付。

借：制造费用　　3 000

　　贷：银行存款　　3 000

(9)分配本期制造费用，总计 61 600 元，其中甲产品负担 32 400 元，乙产品负担 29 200 元。

借:生产成本——基本生产成本——甲产品 32 400

——乙产品 29 200

贷:制造费用 61 600

(四)辅助生产费用的归集和分配

辅助生产主要是为基本生产服务的,它所生产的产品和劳务,大部分被基本生产车间和管理部门所消耗,一般很少对外销售。辅助生产按其提供产品或劳务的种类不同,可以分为以下两类:只生产一种产品或劳务的辅助生产,如供电、供水、蒸汽、运输等;生产多种产品或劳务的辅助生产,如工具、模型、机修等。

辅助生产的类型不同,其费用分配、转出的程序也不一样。生产多种产品的辅助生产车间,如工具、模型等车间,它所发生的费用,应在产品完工入库后,从辅助生产科目和明细账中转出,记入"原材料 "或"低值易耗品"科目,有关车间或部门领用时,再从"原材料"或"低值易耗品"科目转入"生产成本"或"管理费用"等科目。只生产单一品种的辅助生产车间,如供电、蒸汽、供水等产品或劳务所发生的费用,应在月末汇总后,按各受益车间或部门耗用劳务的数量,选择适当的分配方法,进行分配后,从"生产成本"科目的"辅助生产成本"科目和明细账中转出,记入有关科目。分配单一产品或劳务费用的方法,常用的有直接分配法、一次交互分配法、计划成本分配法、代数分配法和顺序分配法等。下面仅就直接分配法作具体说明:

直接分配法是指将各辅助生产车间的实际成本,在基本生产车间和管理部门之间,按其受益数量进行分配,对于各辅助生产车间相互提供的产品或劳务则不进行分配。

【案例 14—4】 某企业有供电、供水两个辅助生产车间,本月供电车间直接发生的费用为30 800 元,供水车间直接发生的费用为 21 000 元。劳务供应通知单和辅助生产费用分配如表14—3 和 14—4 所示。

表 14—3 **劳务供应通知单**

受益单位	用电度数	用水吨数
供电车间		700
供水车间	14 000	
第一生产车间	72 800	1 344
第二生产车间	56 000	1 036
管理部门	11 200	420
合 计	154 000	3 500

表 14—4 **辅助生产费用分配表**

项 目	分配费用	分配数量	分配率	分配额			
				生产成本		管理费用	
				数 量	金 额	数 量	金 额
供电车间	30 800	140 000	0.22	128 800	28 336	11 200	2 464
供水车间	21 000	2 800	7.50	2 380	17 850	420	3 150

根据分配结果,应作会计分录如下:

(1)借:生产成本——基本生产成本	28 336	
管理费用	2 464	
贷:生产成本——辅助生产成本(供电)		30 800
(2)借:生产成本——基本生产成本	17 850	
管理费用	3 150	
贷:生产成本——辅助生产成本(供水)		21 000

五、在产品成本的计算和完工产品成本的结转

工业企业生产过程中发生的各项生产费用,经过在各种产品之间的归集和分配,都已集中登记在“生产成本明细账”和“产品成本计算单”中。在“产品成本计算单”中,减去交库废料价值后,就是该产品本月发生的费用。当月初、月末都没有在产品时,本月发生的费用就等于本月完工产品的成本;如果月初、月末都有在产品时,本月发生的生产费用加上月初在产品成本之后的合计数额,还要在完工产品和在产品之间进行分配,计算完工产品成本。完工产品成本一般按下式计算:

完工产品成本=月初在产品成本+本月发生费用−月末在产品成本

从上述公式可以看出,完工产品成本是在月初在产品成本加上本期发生费用的合计数额基础上,减去月末在产品成本后计算出来的。因此,计算月末在产品成本是计算完工产品成本的条件。在实际工作中正确地计算在产品成本,是正确计算完工产品成本的关键。

(一)在产品成本的计算

工业企业的在产品是指生产过程中尚未完工的产品。从整个企业来讲,在产品包括正在加工中的产品和已经加工告一段落的自制半成品,这称作广义在产品。从某一加工阶段来讲,在产品是指正在加工中的产品,一般称作狭义在产品。

企业应根据生产特点、月末在产品数量的多少、各项费用比重的大小,以及定额管理基础的好坏等具体条件,采用适当的方法计算在产品成本。

如果在产品数量很少,计算或不计算在产品成本对于完工产品成本的影响很小,为了简化计算工作,可以不计算在产品成本。这就是说,某种产品每月发生的生产费用,全部作为当月完工产品的成本。如果在产品数量较少,或者在产品数量虽然较多,但各月之间变化不大,因而月初、月末在产品成本的差额对于完工产品成本的影响不大,就可以将在产品成本按年初数固定不变,将每月发生的生产费用全部作为当月完工产品的成本,但在年终时,必须根据实际盘点的在产品数量,重新计算一次在产品成本,以免在产品成本与实际出入过大,影响成本计算的正确性。

如果在产品数量较多,而且各月之间变化也较大的企业,要根据实际结存的产品数量,计算在产品成本。一般来说,在产品成本计算的方法通常有以下几种:在产品成本按其所耗用的原材料费用计算、按定额成本计算、按约当产量计算、按定额比例分配计算。

(二)完工产品成本的结转

在计算出当期完工产品成本后,对验收入库的产成品,应结转成本。结转本期完工产品成本时,借记“产成品”或“库存商品”账户,贷记“生产成本”账户。通过在产品成本的计算,生产费用在完工产品和月末在产品之间进行分配之后,就可以确定完工产品的成本,根据计算的完工产品成本,从有关“产品成本计算单”中转出,编制“完工产品成本汇总计算表”(见表14−5),计算出完工产品总成本和单位成本。结转时,借记“产成品”科目,贷记“生产成本”科目。

表 14－5　　　　完工产品成本汇总计算表

2015 年 6 月

成本项目	产品名称：A 产品 规格： 产量：100		产品名称：B 产品 规格： 产量：250		合　计
	总成本	单位成本	总成本	单位成本	
直接材料	33 000	330	15 000	60	48 000
燃料动力	6 100	61	3 500	14	9 600
直接工资	10 500	105	8 000	32	18 500
制造费用	15 600	156	11 000	44	26 600
合　计	65 200	652	37 500	150	102 700

当产成品按实际成本计价时，月末根据上表中完工产品成本的数字，应作如下会计分录：

借：产成品　　　　102 700

　　贷：生产成本　　　　102 700

任务三　期间费用

期间费用是指企业当期发生的，但不能直接归属于某个特定产品成本的费用。由于难以判定其所归属的产品，因而不能列入产品制造成本，而在发生的当期直接计入当期损益。期间费用主要包括销售费用、管理费用和财务费用。

一、销售费用

（一）销售费用的内容

销售费用是指企业在销售商品过程中发生的各项费用以及为销售本企业商品而专设的销售机构（含销售网点、售后服务网点等）的经营费用。商品流通企业在购买商品过程中发生的进货费用也包括在销售费用之中。具体来说包括：

（1）产品自销费用，包括应由本企业负担的包装费、运输费、装卸费和保险费。

（2）产品促销费用，包括展览费、广告费、经营租赁费和销售服务费。

（3）销售部门的费用，一般是指专设销售机构的职工工资及福利费、类似工资性质的费用、业务费等经营费用，但企业内部销售部门所发生的费用，不包括在销售费用中，而应列入管理费用中。

（4）委托代销费用，主要是指企业委托其他单位代销按代销合同规定支付的委托代销手续费。

（5）商品流通企业的进货费用，是指商品流通企业在进货过程中发生的运输费、装卸费、包装费、保险费和运输途中的合理损耗与入库前的挑选整理费等。

（二）销售费用的核算

企业发生的销售费用在“销售费用”账户中核算，并按费用项目设置明细账进行明细核算。企业发生的各项销售费用借记该账户，贷记“现金”、“银行存款”、“应付工资”等账户；月终，将借方归集的销售费用全部由本账户的贷方转入“本年利润”账户的借方，计入当期损益。结转销售费用后，“销售费用”账户期末无余额。

【案例 14—5】 东海公司 8 月份发生的销售费用包括：以银行存款支付广告费 5 000 元；以现金支付应由公司负担的销售 A 产品的运输费 800 元；本月分配给专设销售机构的职工工资 4 000 元，提取的职工福利费是 560 元。月末将全部销售费用予以结转。

根据上述资料，应做账务处理如下：

(1)支付广告费：

借：销售费用——广告费	5 000	
贷：银行存款		5 000

(2)支付运输费：

借：销售费用——运输费	800	
贷：现金		800

(3)分配职工工资及提取福利费：

借：销售费用——工资及福利费	4 560	
贷：应付工资		4 000
应付福利费		560

(4)月末结转销售费用：

借：本年利润	10 360	
贷：销售费用		10 360

二、管理费用

(一)管理费用的内容

管理费用是指企业董事会和行政管理部门为组织和管理生产经营活动而发生的，或应当由企业统一负担的各种费用。具体来说包括：

(1)企业管理部门及职工方面的费用，主要包括公司经费、工会经费、职工教育经费、劳动保险费、待业保险费。

(2)用于企业直接管理之外的费用，主要包括董事会费、咨询费、聘请中介机构费、诉讼费、相关税费、矿产资源补偿费。

(3)提供生产技术条件的费用，主要包括研究与开发费、无形资产摊销、长期待摊费用摊销。

(4)业务招待费，指企业为业务经营的合理需要而支付的交际应酬费用，在下列限额内据实列入管理费用：全年销售净额(扣除折让、折扣后的净额)在 1 500 万元以下的，不超过年销售净额的 0.5%；全年销售净额超过 1 500 万元但不足 5 000 万元的，不超过该部分销售净额的 0.3%；超过 5 000 万元但不足 1 亿元的，不超过该部分的 0.2%；超过 1 亿元的，不超过该部分的 0.1%。

(5)损失或准备，主要包括坏账准备、存货跌价准备、存货盘亏和盘盈。

(6)其他费用，指不包括在以上各项之内又应列入管理费用的费用。

(二)管理费用的核算

企业应设置“管理费用”账户，发生的管理费用在“管理费用”账户中核算，并按费用项目设置明细账进行明细核算。企业发生的各项管理费用借记该账户，贷记“现金”、“银行存款”、“原材料”、“应付工资”、“待摊费用”、“无形资产”、“累计折旧”、“应交税费”、“应付福利费”、“坏账准备”等账户；期末，将本账户借方归集的管理费用全部由本账户的贷方转入“本年利润”账户的借方，计入当期损益。结转管理费用后，“管理费用”账户期末无余额。

【案例 14—6】 东海公司 8 月份发生以下管理费用：以银行存款支付业务招待费 7 200 元；计提管理部门使用的固定资产折旧费 8 000 元；分配管理人员工资 12 000 元，提取职工福利费 1 680 元；计算应交土地使用税 3 500 元；摊销无形资产 2 000 元。月末结转管理费用。

根据上述资料，做账务处理如下：

1. 支付业务招待费：

借：管理费用——业务招待费	7 200	
贷：银行存款		7 200

2. 计提折旧费：

借：管理费用——折旧费	8 000	
贷：累计折旧		8 000

3. 分配工资及计提福利费：

借：管理费用——工资及福利费	13 680	
贷：应付工资		12 000
应付福利费		1 680

4. 计算应交土地使用税：

借：管理费用——土地使用税	3 500	
贷：应交税费——应交土地使用税		3 500

5. 摊销无形资产：

借：管理费用——无形资产摊销	2 000	
贷：无形资产		2 000

6. 结转管理费用：

借：本年利润	34 380	
贷：管理费用		34 380

三、财务费用

(一)财务费用的内容

财务费用是指企业为筹集生产经营所需资金而发生的费用。具体来说包括：

(1)利息净支出，指企业短期借款利息、长期借款利息、应付票据利息、票据贴现利息、应付债券利息、长期应付引进外国设备款利息等利息支出减去银行存款等利息收入后的净额。

(2)汇兑净损失，指企业因向银行结售或购入外汇而产生的银行买入、卖出价与记账所采用的汇率之间的差额，以及月度终了，各种外币账户的外币期末余额，按照期末汇率折合的记账本位币金额与账面记账本位币金额之间的差额等。

(3)相关手续费，指发行债券所需支付的手续费、开出汇票的银行手续费、调剂外汇手续费等。

(4)其他财务费用，如融资租入固定资产发生的融资租赁费用等。

(二)财务费用的核算

企业发生的财务费用在“财务费用”账户中核算，并按费用项目设置明细账进行明细核算。企业发生的各项财务费用借记该账户，贷记“银行存款”、“预提费用”等账户；企业发生利息收入、汇兑收益时，借记“银行存款”等账户，贷记该账户。月终，将借方归集的财务费用全部由该账户的贷方转入“本年利润”账户的借方，计入当期损益。结转当期财务费用后，“财务费用”账户期末无余额。

【案例14—7】 东海公司8月份发生如下事项：接银行通知，已划拨本月银行借款利息5 000元；银行转来存款利息2 000元。月末结转财务费用。

根据上述资料，做账务处理如下：

(1)借：财务费用——利息收入　　5 000

　　贷：银行存款　　5 000

(2)借：银行存款　　2 000

　　贷：财务费用——利息收入　　2 000

(3)借：本年利润　　3 000

　　贷：财务费用　　3 000

★★★ 项目小结 ★★★

费用是企业在生产经营过程中发生的各项耗费，即企业在生产经营过程中为取得收入而支付或耗费的各项资产。费用的发生意味着资产的减少或负债的增加，收入表示企业经济利益的增加，而费用表示企业经济利益的减少。

★★★ 关键术语 ★★★

费用　生产成本　制造费用　期间费用

★★★ 思考与讨论 ★★★

1. 简述费用的概念和特征。
2. 简述费用与资产、成本和损失的关系。
3. 简述费用的确认与计量原则。
4. 如何理解生产成本？
5. 如何理解期间费用？

项目十五 利 润

技能目标

能够对企业利润的形成和分配的程序、所得税会计的账务进行会计处理。

学习目标

1. 理解：利润的概念、构成、营业外收入和支出的核算。
2. 熟知：本年利润的形成与结转。
3. 掌握：利润分配和所得税会计的账务核算。

知识支撑

任务一 利润概述

一、利润的概念

利润是指企业在一定会计期间的经营成果。利润包括收入减去费用后的净额、直接计入当期利润的利得和损失等。

直接计入当期的利得和损失，是指应当计入当期损益、会导致所有者权益发生增减变动的、与所有者投入资本或者向所有者分配利润无关的利得或者损失。

二、利润的构成

利润由营业利润、利润总额、净利润等构成。利润相关计算公式如下：

(一)营业利润

营业利润的计算公式：

营业利润＝营业收入－营业成本－营业税金及附加－销售费用－管理费用－财务费用－资产减值损失＋公允价值变动收益(－公允价值变动损失)＋投资收益(－投资损失)

其中，营业收入是指企业经营业务所确认的收入总额，包括主营业务收入和其他业务收入。营业成本是指企业经营业务所发生的实际成本总额，包括主营业务成本和其他业务成本。资产减值损失是指企业计提各项资产减值准备所形成损失。公允价值变动收益(或损失)是指企业交易性金融资产等公允价值变动形成的应计入当期损益的利得(或损失)。投资收益(或损失)是指企业以各种方式对外投资所取得的收益(或发生的损失)。

(二)利润总额

利润总额的计算公式如下：

利润总额=营业利润+营业外收入-营业外支出

其中,营业外收入是指企业发生的与其日常活动无直接关系的各项利得。营业外支出是指企业发生的与其日常活动无直接关系的各项损失。

(三)净利润

净利润的计算公式如下:

净利润=利润总额-所得税费用

其中,所得税费用是指企业确认的应从当期利润总额中扣除的所得税费用。

三、营业外收入的核算

(一)营业外收入核算的内容

营业外收入是指企业发生的与其日常活动无直接关系的各项利得。营业外收入并不是企业经营资金耗费所产生的,不需要企业付出代价,实际上是经济利益的净流入,不可能也不需要与有关的费用进行配比。营业外收入主要包括非流动资产处置利得、盘盈利得、罚没利得、捐赠利得、确实无法支付而按规定程序经批准后转作营业外收入的应付款项等。

(二)营业外收入的核算

企业应通过"营业外收入"科目核算营业外收入的取得及结转情况。该科目贷方登记企业确认的各项营业外收入,借方登记期末转入"本年利润"科目的营业外收入,结转后该科目应无余额。该科目应按照营业外收入的项目进行明细核算。

企业确认营业外收入,借记"固定资产清理"、"银行存款"、"库存现金"、"应付账款"等科目,贷记"营业外收入"科目。期末,应将"营业外收入"科目余额转入"本年利润"科目,借记"营业外收入"科目,贷记"本年利润"科目。

【案例 15-1】 甲公司将固定资产报废清理的净收益 15 000 元转作营业外收入。编制会计分录如下:

借:固定资产清理	15 000	
贷:营业外收入		15 000

【案例 15-2】 甲公司本期营业外收入总额为 200 000 元,期末结转本年利润。会计分录如下:

借:营业外收入	200 000	
贷:本年利润		200 000

四、营业外支出的核算

(一)营业外支出核算的内容

营业外支出是指企业发生的与其日常活动无直接关系的各项损失,主要包括非流动资产处置损失、盘亏损失、罚款支出、公益性捐赠支出、非常损失等。

(二)营业外支出的核算

企业应通过"营业外支出"科目核算营业外支出的发生及结转情况。该科目借方登记企业发生的各项营业外支出,贷方登记期末转入"本年利润"科目的营业外支出,结转后该科目应无余额。该科目应按照营业外支出的项目进行明细核算。

企业发生营业外支出时,借记"营业外支出"科目,贷记"固定资产清理"、"待处理财产损溢"、"库存现金"、"银行存款"等科目;期末,应将"营业外支出"科目余额转入"本年利润"科目,借记“本年利润”科目，贷记“营业外支出”科目。

【案例 15—3】 甲公司将已经发生的原材料意外灾害损失 300 000 元转作营业外支出。编制会计分录如下：

借：营业外支出　　300 000

　贷：待处理财产损溢　　300 000

【案例 15—4】 甲公司用银行存款支付税款滞纳金 20 000 元。编制会计分录如下：

借：营业外支出　　20 000

　贷：银行存款　　20 000

【案例 15—5】 甲公司将拥有一项非专利技术出售，取得价款 400 000 元，应交营业税 20 000元。该非专利技术的账面余额为 500 000 元，累计摊销 100 000 元，未计提减值准备。编制会计分录如下：

借：银行存款　　400 000

　累计摊销　　100 000

　营业外支出　　20 000

　贷：无形资产　　500 000

　　应交税费——应交营业税　　20 000

【案例 15—6】 甲公司本期营业外支出总额为 340 000 元，期末结转本年利润。编制会计分录如下：

借：本年利润 340 000

　贷：营业外支出 340 000

五、本年利润的形成与结转

(一)结转本年利润的方法

会计期末结转本年利润的方法有表结法和账结法两种。

1. 表结法

在表结法下，各损益类科目每月月末只需结计出本月发生额和月末累计余额，不结转到“本年利润”科目，只有在年末时才将全年累计余额结转入“本年利润”科目。但每月月末要将损益类科目的本月发生额合计数填入利润表的本月数栏，同时将本月末累计余额填入利润表的本年累计数栏，通过利润表计算反映各期的利润(或亏损)。表结法下年中损益类科目无需结转入“本年利润”科目，从而减少了转账环节和工作量，同时并不影响利润表的编制及有关损益指标的利用。

2. 账结法

在账结法下，每月月末均需编制转账凭证，将在账上结计出的各损益类科目的余额结转入“本年利润”科目。结转后“本年利润”科目的本月合计数反映当月实现的利润或发生的亏损，“本年利润”科目的本年累计数反映本年累计实现的利润或发生的亏损。账结法在各月均可通过“本年利润”科目提供当月及本年累计的利润(或亏损)额，但增加了转账环节和工作量。

(二)结转本年利润的核算

企业应设置“本年利润”科目，核算企业本年度实现的净利润(或发生的净亏损)。会计期末，企业应将各收益类科目的余额转入“本年利润”科目的贷方。借记有关收益类科目，贷记“本年利润”科目；将各成本费用或支出类科目的余额转入“本年利润”科目的借方，借记“本年利润”科目，贷记各有关成本费用或支出类科目。如果有关收益类科目为借方余额或有关成本费用类科目为贷方余额，则作相反的结转分录。结转后“本年利润”科目如为贷方余额，表示当年实现的净利润；如为借方余额，表示当年发生的净亏损。年度终了，企业还应将“本年利润”科目的本年累计余额转入“利润分配——未分配利润”科目。如为贷方余额，借记“本年利润”科目，贷记“利润分配——未分配利润”科目。如为借方余额，作相反的会计分录。结转后“本年利润”科目应无余额。如图 15—1 所示：

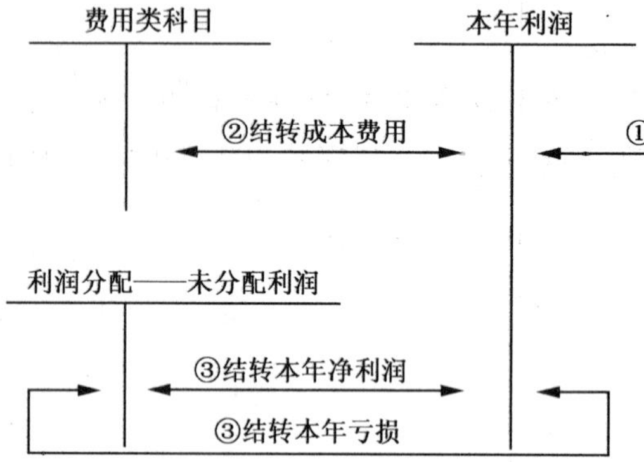

图 15—1　本年利润的会计处理

【案例 15—7】 甲公司 2015 年有关损益类科目的年末余额如下(该企业采用表结法年末一次结转损益类科目，所得税税率为 25%)：

科目名称	结账前余额
主营业务收入	6 000 000 元(贷)
其他业务收入	700 000 元(贷)
公允价值变动损益	150 000 元(贷)
投资收益	600 000 元(贷)
营业外收入	50 000 元(贷)
主营业务成本	4 000 000 元(借)
其他业务成本	400 000 元(借)
营业税金及附加	80 000 元(借)
销售费用	500 000 元(借)
管理费用	770 000 元(借)
财务费用	200 000 元(借)
资产减值损失	100 000 元(借)
营业外支出	250 000 元(借)

编制会计分录如下：

(1)将各项损益类科目年末余额结转入“本年利润”科目：

①结转各项收入、利得类科目：

借：主营业务收入　　6 000 000

　　其他业务收入　　700 000

　　公允价值变动损益　　150 000

投资收益 600 000
营业外收入 50 000
贷:本年利润 7 500 000

②结转各项费用、损失类科目:

借:本年利润 6 300 000
贷:主营业务成本 4 000 000
其他业务成本 4 00 000
营业税金及附加 80 000
销售费用 500 000
管理费用 770 000
财务费用 200 000
资产减值损失 100 000
营业外支出 250 000

(2)经过上述结转后,"本年利润"科目的贷方发生额合计 7 500 000 元减去借方发生额合计 6 300 000 元即为税前会计利润 1 200 000 元。假定将该税前会计利润进行纳税调整后,应纳税所得额为 1 000 000 元,则应交所得税税额=1 000 000×25%=250 000 元。假定将该应交所得税按照会计准则进行调整后计算确认的所得税费用为 380 000 元。编制会计分录如下:

①确认所得税费用:

借:所得税费用 380 000
贷:应交税费——应交所得税 380 000

②将所得税费用结转入"本年利润"科目:

借:本年利润 380 000
贷:所得税费用 380 000

(3)将"本年利润"科目年末余额 820 000 元(7 500 000— 6 300 000—380 000)转入"利润分配——未分配利润"科目:

借:本年利润 820 000
贷:利润分配——未分配利润 820 000

任务二 利润分配

一、利润分配的程序

利润分配是指企业按照国家有关规定和企业章程、投资者协议等,对企业当年可供分配的利润所进行的分配。

可供分配的利润=当年实现的净利润+年初未分配利润(或-年初未弥补亏损)+其他转入

利润分配的顺序依次是:①提取法定盈余公积;②提取任意盈余公积;③向投资者分配利润。

二、利润分配(或弥补亏损)的核算

企业应设置"利润分配"科目,进行利润分配的核算。该科目核算企业利润的分配(或亏损

的弥补)和历年分配(或弥补)后的余额。该科目的贷方反映年末从“本年利润”科目转入的本年净利润以及用盈余公积补亏的数额;借方反映按规定提取的盈余公积、公益金、向投资者分配的利润数额以及年末从“本年利润”科目转入的本年亏损数额。该科目年末余额反映企业历年积存的未分配利润(或未弥补的亏损)。

在“利润分配”科目下应设置以下明细科目:①提取法定盈余公积;②提取任意盈余公积;③应付现金股利或利润;④转作股本的股利;⑤盈余公积补亏;⑥未分配利润。

企业按规定提取的盈余公积,借记“利润分配——提取法定盈余公积、提取任意盈余公积”,贷记“盈余公积——法定盈余公积、任意盈余公积”科目。

外商投资企业按规定提取的储备基金、企业发展基金、职工奖励及福利基金,借记“利润分配——提取储备基金、提取企业发展基金、提取职工奖励及福利基金”,贷记“盈余公积——储备基金、企业发展基金”、“应付职工薪酬”等科目。经股东大会或类似机构批准的年度利润分配方案应当分配给股东的现金股利或利润,借记“利润分配——应付现金股利或利润”科目,贷记“应付股利”科目。

经股东大会或类似机构决议,分配给股东的股票股利,应在办理增资手续后,借记“利润分配——转作股本的股利”科目,贷记“股本”科目

企业用盈余公积弥补亏损时,借记“盈余公积——法定盈余公积或任意盈余公积”科目,贷记“利润分配——盈余公积补亏”科目。

年度终了,企业应将全年实现的净利润,自“本年利润”科目转入“利润分配”科目,借记“本年利润”科目,贷记“利润分配——未分配利润”科目,如为净亏损,作相反的会计分录。同时,将“利润分配”科目下的其他明细科目的余额转入“利润分配”科目的“未分配利润” 明细科目。结转后,除“未分配利润” 明细科目外,“利润分配”科目的其他明细科目应无余额。

【案例 15—8】 甲公司 2015 年度实现净利润 820 000 元,按本年实现净利润的 10%和 5%分别提取法定盈余公积和任意盈余公积。经董事会决议,按本期可向股东分配利润的 80%向投资者分配利润。假设无年初未分配利润。编制会计分录如下:

(1)年末将“本年利润”科目年末余额 820 000 元转入“利润分配——未分配利润”科目时:

借:本年利润	820 000	
贷:利润分配——未分配利润		820 000

(2)年末进行利润分配时:

提取法定盈余公积=820 000×10%=82 000(元)

提取任意盈余公积=820 000×5%=41 000(元)

本期可向投资者分配的利润=820 000－123 000=697 000(元)

应向投资者分配的利润=697 000×80%=557 600(元)

借:利润分配——提取法定盈余公积	82 000	
——提取任意盈余公积	41 000	
——应付现金股利或利润	557 600	
贷:盈余公积——法定盈余公积		82 000
——任意盈余公积		41 000
应付股利		557 600

(3)将“利润分配”其他明细科目金额结转至“未分配利润” 明细科目时:

借:利润分配——未分配利润	680 600	

贷:利润分配——提取法定盈余公积　　82 000

——提取任意盈余公积　　41 000

——应付现金股利或利润　　557 600

经过年末结转后,该企业2015年"本年利润"科目及"利润分配"的其他明细科目均无余额,只有"利润分配——未分配利润"科目有贷方余额139 400元。

【案例15-9】 假设甲公司2015年度发生净亏损100 000元,经董事会决议,用法定盈余公积弥补。编制会计分录如下:

借:盈余公积——法定盈余公积　　100 000

贷:利润分配——盈余公积补亏　　100 000

任务三　所得税会计

一、所得税会计的概念

所得税会计是指研究如何处理按照会计准则和制度计算的税前会计利润与按税法计算的应税所得之间差异的会计理论和方法。由于财务会计是按照会计准则和会计制度核算收益、费用、资产、负债等,税法是按照税收法规确认收益、费用、资产、负债等。因此,按照财务会计方法计算的利润与按税法规定计算的应税所得结果不一定相同。我们知道,企业收益的增加伴随着资产的增加或负债的减少,费用的增加与资产的减少或负债的增加密切相关。如果从确认收益实现和费用扣减的时间与口径不同的角度去研究所得税会计处理,称为利润表法;那么,从确认资产和负债计税基础角度去研究所得税会计处理,称为资产负债表法,如资产负债表债务法。

二、所得税会计的处理方法

(一)利润表法

由于会计准则或制度与税法在收益、费用或损失的确认和计量原则方面的不同,而导致按照会计制度计算的税前会计利润与按照税法规定计算的应税所得之间的差异,称为永久性差异和时间性差异。

永久性差异是指某一会计期间,由于会计准则和税法在计算收益、费用或损失时的口径不同,所产生的税前会计利润与应税所得之间的差异。例如,企业购买国库券产生的利息收入,在会计上应确认为收益,但按税法规定国库券利息不计入应税所得,不缴纳所得税。这样两者在收益确认口径上存在差异。再比如,企业对外捐赠、赞助、税收罚款或滞纳金、企业违法经营罚款等,都属于永久性差异。这种差异在本期发生,不会在以后任何时候转回。

时间性差异是指税法与会计准则在确认收益、费用或损失的时间不同而产生税前会计利润与应税所得之间的差异。比如,企业按会计准则计提的存货跌价准备已经确认为当期的损失(资产减值损失),但税法规定存货跌价损失应于实际发生时从应税所得中扣减。显然,这种差异是由于税法和会计在确认收益或费用在时间上不同产生的。时间性差异发生于某一会计期间,但在以后一期或若干期内能够转回。

在会计核算中,对永久性差异和时间性差异可以采用两种不同的方法进行处理,即应付税款法和纳税影响会计法。

1. 应付税款法

应付税款法是将本期税前会计利润与应税所得之间产生的差异均在当期确认所得税费用的会计处理方法。这种核算方法的特点是：

(1)在计算缴纳所得税时均应按税法规定对税前会计利润进行调整，调整为应税所得，再按应税所得计算出本期应交的所得税，作为本期所得税费用，即本期所得税费用等于本期应交所得税。

(2)时间性差异产生的影响所得税金额均在本期确认所得税费用，或在本期抵减所得税费用，即在应付税款法下，本期发生的时间性差异不单独核算，与本期发生的永久性差异同样处理。

2. 纳税影响会计法

纳税影响会计法是将本期时间性差异的所得税影响金额，递延和分配到以后各期的会计处理方法。采用纳税影响会计法、所得税被视为企业在获得收益时发生的一项费用，并应随同有关的收入和费用计入同一期内，以达到收入和费用的配比。时间性差异影响的所得税金额，包括在利润表的所得税费用项目内，以及资产负债表中的递延税款余额中。

【案例15－10】 嘉宏股份有限公司适用的所得税税率为25%。2015年度实现利润总额为2 000万元，其中包括：国债利息收入35万元；全年实际支出业务招待费15万元，按税法规定只允许扣除10万元；计提存货跌价准备200万元。税法规定存货跌价准备只有在存货转让时才能在税前扣除。

国债利息收入35万元和超标准业务招待费5万元属于永久性差异，而计提的存货跌价准备200万元属于时间性差异。

(1)在应付税款法下：

应税所得＝2 000 — 50＋(120－100)＋200＝2 170(万元)

应交所得税＝2 170×25%＝542.5(万元)

所得税费用＝542.5(万元)

编制会计分录为：

借：所得税费用	5 425 000	
贷：应交税费——应交所得税		5 425 000

(2)在纳税影响会计法下：

应税所得＝2 000 — 35＋(15－10)＋200＝2 170(万元)

应交所得税＝2 170×25%＝542.5(万元)

因时间性差异产生的递延所得税资产＝200×25%＝50(万元)

所得税费用＝542.5－50＝492.5(万元)

(2)编制有关所得税会计分录

借：所得税费用	4 925 000	
递延所得税资产	500 000	
贷：应交税费——应交所得税		5 425 000

(二)资产负债表债务法

资产负债表债务法是从资产负债表出发，通过比较资产负债表上列示的资产、负债，按照企业会计准则规定确定的账面价值与按照税法规定确定的计税基础，对于两者之间的差额，分别确认相关的递延所得税负债与递延所得税资产，并在此基础上确定每一期间利润表中的所得税费用。

1. 计税基础

采用资产负债表债务法，要求企业的资产及负债应根据会计准则与税法的不同要求分别进行计价，简称会计计价基础和税法计价基础。会计计价基础即资产或负债的账面价值；税法计价基础，即计税基础，是企业资产负债表日，根据税法规定，为计算应交所得税所确认的资产（负债）的价值。

（1）资产的计税基础是指某一项资产在未来期间计税时可以税前扣除的金额。

资产在初始确认时，其计税基础一般为取得成本。在资产持续持有的过程中，可在未来期间税前扣除的金额是指资产的取得成本减去以前期间按照税法规定已经税前扣除的余额。

（2）负债的计税基础是指负债的账面价值减去未来期间计算应纳税所得额时按照税法规定可予抵扣的金额。

一般情况下，负债的确认与偿还不会影响损益，也不会影响其应税所得，未来期间计算应税所得时按税法规定可予抵扣的金额为零，计税基础即为账面价值，如短期借款、应付账款等。但是，某些情况下，负债的确认与偿还会影响损益，进而影响其应税所得，使得其计税基础与账面价值之间产生差异。

2. 暂时性差异

暂时性差异是指资产或负债的账面价值与其计税基础之间的差额。其中，账面价值是指按照企业会计准则规定确定的有关资产、负债在企业的资产负债表中应列示的金额。由于资产负债的账面价值与其计税基础不同，产生了在未来收回资产或清偿负债的期间内应纳税所得额增加或减少，并导致未来期间应交所得税增加或减少的情况。在这些暂时性差异发生的当期，应当确认相应的递延所得税负债或递延所得税资产，根据暂时性差异对未来期间应税金额影响的不同，分为应纳税暂时性差异和可抵扣暂时性差异。

（1）应纳税暂时性差异是指在确定未来收回资产或清偿负债期间的应纳税所得额时，将导致产生应税金额的暂时性差异。该差异在未来期间转回时，会增加转回期间的应纳税所得额，即在未来期间不考虑该事项影响的应纳税所得额的基础上，由于该暂时性差异的转回，会进一步增加转回期间的应纳税所得额和应交所得税金额。

（2）可抵扣暂时性差异是指在确定未来收回资产或清偿负债期间的应纳税所得额时，将导致产生可抵扣金额的暂时性差异。该差异在未来期间转回时，会减少转回期间的应纳税所得额，减少未来期间的应交所得税。

三、资产负债表债务法下所得税会计核算的一般程序

（一）确定资产和负债的账面价值

按照相关会计准则规定，确定资产负债表日除递延所得税资产和递延所得税负债以外的其他资产和负债的账面价值。其中，资产和负债项目的账面价值是指企业按照相关会计准则规定进行核算后在资产负债表中列示的金额。例如，企业持有的应收账款账面余额为 1 000 万元，企业对应收账款计提了 30 万元的坏账准备，则其账面价值为 970 万元。

（二）确定资产和负债的计税基础

按照企业会计准则中对资产和负债计税基础的确定方法，以适用的税收法规为基础，确定资产负债表中有关资产、负债的计税基础。

（三）计算递延所得税资产或递延所得税负债

一方面，比较资产、负债的账面价值与其计税基础，对于两者之间存在差异的，分析其性质，除企业会计准则中规定的特殊情况外，分别应纳税暂时性差异和可抵扣暂时性差异，确定该资产负债表日与应纳税暂时性差异和可抵扣暂时性差异相关的递延所得税资产或递延所得税负债的应有金额。

另一方面，递延所得税资产或递延所得税负债的应有金额与期初递延所得税资产或递延所得税负债的余额相比，确定当期应予进一步确认的递延所得税资产或递延所得税负债的金额或应予转销的金额，作为构成利润表中所得税费用的递延所得税。

（四）确定利润表中的所得税费用

利润表中的所得税费用包括当期所得税和递延所得税两个部分。其中，当期所得税是指当期发生的交易或事项按照适用的税法规定计算确定的当期应交所得税；递延所得税是当期确认的递延所得税资产和递延所得税负债金额或予以转销的金额的综合结果。

所得税费用＝当期所得税＋递延所得税

四、递延所得税资产的确认和计量

（一）确认递延所得税资产的一般原则

1. 递延所得税资产的确认应以未来期间可能取得的应纳税所得额为限

在可抵扣暂时性差异转回的未来期间内，企业无法产生足够的应纳税所得额用以抵减可抵扣暂时性差异的影响，使得与递延所得税资产相关的经济利益无法实现的，该部分递延所得税资产不应确认。企业有明确的证据表明其于可抵扣暂时性差异转回的未来期间，能够产生足够的应纳税所得额，进而利用可抵扣暂时性差异的，则应以可能取得的应纳税所得额为限，确认相关的递延所得税资产。

2. 按照税法规定可以结转以后年度的未弥补亏损和税款抵减应视同可抵扣暂时性差异处理

在预计可利用可弥补亏损或税款抵减的未来期间内，能够取得足够的应纳税所得额时，应当以可能取得的应纳税所得额为限，确认相应的递延所得税资产，同时减少确认当期的所得税费用。

（二）"递延所得税资产"科目

"递延所得税资产"科目用来核算企业确认的可抵扣暂时性差异产生的递延所得税资产。资产负债表日，企业确认的递延所得税资产，借记本科目，贷记"所得税费用——递延所得税费用"科目。资产负债表日递延所得税资产的应有余额大于其账面余额的，应按其差额确认，借记本科目，贷记"所得税费用——递延所得税费用"等科目。资产负债表日递延所得税资产的应有余额小于其账面余额的差额做相反的会计分录。资产负债表日，预计未来期间很可能无法获得足够的应纳税所得额用以抵扣可抵扣暂时性差异的，按原已确认的递延所得税资产中应减记的金额，借记"所得税费用——递延所得税费用"等科目，贷记本科目。期末借方余额反映企业确认的递延所得税资产。

（三）递延所得税资产的计量

1. 适用税率的确定

确认递延所得税资产时，应估计相关可抵扣暂时性差异的转回时间，采用转回期间适用的所得税税率为基础计算确定。无论相关的可抵扣暂时性差异转回期间如何，递延所得税资产均不予折现。

2. 递延所得税资产账面价值的复核

资产负债表日，企业应当对递延所得税资产的账面价值进行复核。如果未来期间很可能无法取得足够的应纳税所得额用以利用递延所得税资产的利益，应当减记“递延所得税资产”的账面价值。递延所得税资产的账面价值减记以后，以后期间根据新的环境和情况判断能够产生足够的应纳税所得额利用可抵扣暂时性差异，使得递延所得税资产包含的经济利益能够实现的，应相应恢复递延所得税资产的账面价值。

【案例 15－11】 嘉宏股份有限公司 2015 年 12 月 31 日应收账款余额为 1 000 万元，该公司期末对应收账款计提了 100 万元的坏账准备。按照税法规定，存货跌价准备只有在存货出售时才能在税前扣除。假定该公司期初存货跌价准备余额为零。公司适用的所得税税率为 25%，所得税采用资产负债表债务法进行核算。假定企业未来期间有足够的应纳税所得额用以抵扣可抵扣暂时性差异。

该项应收账款在 2015 年 12 月 31 日的账面价值为 900 万元(1 000－100)，其计税基础为初始账面价值 1 000 万元该计税基础与账面价值之间产生的 100 万元可抵扣暂时性差异，应确认相关的递延所得税资产 25 万元。编制的会计分录为：

借：递延所得税资产	250 000	
贷：所得税费用		250 000

五、递延所得税负债的确认和计量

(一)确认递延所得税负债的一般原则

除企业会计准则中明确规定，可不确认递延所得税负债的情况以外，企业对于所有的应纳税暂时性差异，均应确认相关的递延所得税负债。在确认递延所得税负债的同时，应增加利润表中的所得税费用。

(二)“递延所得税负债”科目

“递延所得税负债”科目用来核算企业确认的应纳税暂时性差异产生的所得税负债。资产负债表日，企业确认的递延所得税负债，借记“所得税费用——递延所得税费用”科目，贷记本科目。资产负债表日递延所得税负债的应有余额大于其账面余额的，应按其差额确认，借记“所得税费用——递延所得税费用”科目，贷记本科目。资产负债表日递延所得税负债的应有余额小于其账面余额的差额做相反的会计分录。期末贷方余额反映企业确认的递延所得税负债。

(三)递延所得税负债的计量

递延所得税负债应以相关应纳税暂时性差异转回期间适用的所得税税率计量。在我国除享受优惠政策的情况以外，企业适用的所得税税率在不同年度一般不会发生变化。企业在确认递延所得税负债时，可以现行适用税率为基础计算确定递延所得税负债的确认，不要求折现。

【案例 15－12】 嘉宏股份有限公司 2015 年 10 月 18 日从公开市场上取得一项权益性投资，支付价款 500 万元，作为交易性金融资产核算。2015 年 12 月 31 日，该项权益性投资的市价为 580 万元。企业适用的所得税税率为 25%，所得税采用资产负债表债务法进行核算。

企业会计准则规定对于交易性金融资产在持有期间每个会计期末应以公允价值计量，公允价值相对于账面价值的变动计入利润表。则该项资产在 2015 年 12 月 31 日的账面价值为

580万元。

税法规定交易性金融资产在持有期间的公允价值变动不计入应纳税所得额，其计税基础在2015年12月31日应维持原取得成本不变，即其计税基础为500万元。两者之间产生的80万元暂时性差异，属于应纳税暂时性，应确认相关的递延所得税负债20万元。编制的会计分录为：

借：所得税费用　　200 000

　　贷：递延所得税资产　　200 000

六、所得税费用的确认和计量

（一）当期所得税

当期所得税是指企业按照税法规定计算确定的、针对当期发生的交易和事项，应缴纳给税务部门的所得税金额，即应交所得税，应以适用的税收法规为基础计算确定。

当期所得税＝当期应交所得税

企业在确定当期所得税时，对于当期发生的交易或事项，会计处理与税收处理不同的，应在会计利润的基础上，根据适用税收法规的要求进行调整，计算出当期应纳税所得额，按照应纳税所得额与适用所得税税率计算，确定当期应交所得税。

（二）递延所得税

递延所得税是指企业在某一会计期间确认的递延所得税资产及递延所得税负债的综合结果，即按照企业会计准则规定，应予确认的递延所得税资产和递延所得税负债，在期末应有的金额相对于原已确认金额之间的差额，即递延所得税资产及递延所得税负债的当期发生额。用公式表示即为：

递延所得税＝当期递延所得税负债的增加＋当期递延所得税资产的减少
　　　　－当期递延所得税负债的减少－当期递延所得税资产的增加

（三）所得税费用

在计算确定了当期所得税及递延所得税以后，利润表中应予确认的所得税费用为两者之和，即：

所得税费用＝当期所得税±递延所得税（或收益）

【案例15－13】 甲公司2015年度利润表中利润总额为1 000万元，该公司适用的所得税税率为33%，所得税采用资产负债表债务法进行核算。2015年发生的有关交易或事项中，会计处理与税收处理存在的差别有：

(1)2014年12月取得一项固定资产，成本600万元，使用年限为10年，净残值为零，会计上按双倍余额递减法计提折旧，税收按平均年限法计提折旧。假定税法规定的使用年限与净残值与会计规定相同。

(2)向某公司赞助100万元现金。

(3)应付违法经营罚款30万元。

(4)期末对持有的存货计提了50万元的存货跌价准备。

(5)2015年1月12日取得的某项无形资产，取得成本为400万元，企业根据各方面情况判断，无法合理预计其为企业带来未来经济利益的期限，将其视为使用寿命不确定的无形资产。2015年12月31日，为该项无形资产进行减值测试表明未发生减值。甲公司在计税时，对该项无形资产按照10年的期限摊销，有关金额允许在税前扣除。

根据以上资料,分析计算如下:

1. 2015 年度当期应交所得税

应纳税所得额=10 000 000+(6 000 000×20%−6 000 000÷10)+1 000 000+300 000
+500 000+(0−4 000 000÷10)=12 000 000(元)

应交所得税=12 000 000×25%=3 000 000(元)

2. 2015 年度递延所得税

该公司 2015 年度资产负债表相关项目金额及其计税基础如表 15−1 所示:

表 15−1　　2015 年度资产负债表相关项目金额及其计税基础

项　目	账面价值	计税基础	差　异	
			应纳税暂时性差异	可抵扣暂时性差异
存货	3 000 000	3 500 000		500 000
固定资产原价	6 000 000	6 000 000		
减:累计折旧	1 200 000	600 000		
固定资产减值准备	0	0		
固定资产账面价值	4 800 000	5 400 000		600 000
无形资产	4 000 000	4 000 000		
减:累计摊销	0	400 000		
无形资产账面价值	4 000 000	3 600 000	400 000	
其他应付款	300 000	300 000		
合　计			400 000	1 100 000

递延所得税费用=递延所得税负债 400 000×25%−递延所得税负债 1 100 000×25%=−175 000(元)

3. 利润表中应确认的所得税费用

所得税费用=3 000 000−175 000=2 825 000(元)

借:递延所得税资产　　275 000
　　所得税费用　　2 825 000
　贷:应交税费——应交所得税　　3 000 000
　　　递延所得税负债　　100 000

★★★ 项目小结 ★★★

利润是指企业在一定会计期间的经营成果。利润包括收入减去费用后的净额、直接计入当期利润的利得和损失等。

直接计入当期利润的利得和损失,是指应当计入当期损益、会导致所有者权益发生增减变动的、与所有者投入资本或者向所有者分配利润无关的利得或者损失。

利润由营业利润、利润总额、净利润等构成。

利润分配是指企业按照国家有关规定和企业章程、投资者协议等,对企业当年可供分配的利润所进行的分配。

利润分配的顺序依次是:①提取法定盈余公积;②提取任意盈余公积;③向投资者分配利润。

★★★ 关键术语 ★★★

利润　营业利润　利润总额　净利润　所得税会计　暂时性差异　递延所得税资产　所得税费用　递延所得税负债

★★★ 思考与讨论 ★★★

1. 简述利润的构成。
2. 简述利润分配的程序。
3. 如何理解永久性差异?
4. 如何理解时间性差异?
5. 简述递延所得税资产和递延所得税负债。

项目十六　财务报告

技能目标

能够利用报表的数据资料对企业的财务状况、经营成果和现金流量进行分析。

学习目标

1. 理解：财务报告的概念、作用、披露方式、分类、编制原则。
2. 熟知：所有者权益变动报表、财务报表附注。
3. 掌握：资产负债表、利润表、现金流量表的编制方法。

知识支撑

任务一　财务报告概述

一、财务报告的概念

财务报告是企业正式对外揭示或表述财务信息的总结性书面文件。在市场经济中，由于所有权与经营权分离，企业必须面向市场，进行筹资、投资和经营活动，这在客观上要求企业向市场(在我国还必须向国家)披露信息以便帮助现在和潜在的投资者、债权人和其他信息使用者对投资、信贷等作出正确的决策，并提供国家进行必要的宏观调控时所需要的基本数据。在企业对外披露的财务信息中，有一些是通过财务报表提供的，另一些则是通过其他财务报告提供的。

二、财务报告的作用

财务报告的作用表现在以下几个方面：

(一)财务报告有助于投资者和债权人等进行合理的决策

在企业外部集团中，投资者、债权人是财务报告最主要的使用者。对于投资者和债权人来说，利用企业中有关经济资源和经济义务等方面的财务信息，判断企业在激烈竞争的市场环境中生存、适应、成长与扩展的能力是非常有益的。财务报告提供的信息虽然主要是对过去经营成果和财务状况的反映与总结，但反映过去是为了预测未来。由于事物的发展存在着一定程度的连续性、系统性和规律性，财务报告对企业已发生的资金运动及其结果的反映，有助于投资者和债权人等预测企业未来时期的现金流入净额、流入时间和不确定性。这些因素是外部使用者进行投资、信贷等决策时必须考虑的。

（二）财务报告反映企业管理当局的受托经管责任

股份有限公司的“两权分离”使股东和企业管理当局之间出现委托与受托关系，股东把资金投入公司，委托管理人员进行经营管理。股东为了确保自己的切身利益，保证其投入资本的保值与增值，需要经常了解管理当局对受托经济资源的经营管理情况。通过公认会计原则或企业会计准则和其他一些法律规章的制约，财务报告能够较全面、系统、连续和综合地跟踪反映企业投入资源的渠道、性质、分布状态以及资源的运用效果，从而有助于评估企业的财务状况与经营绩效以及管理当局对受托资源的经营管理责任的履行情况。

（三）财务报告能够帮助企业管理当局改善经营管理，协调企业与相关利益集团的关系，促进企业快速、稳定地发展

在现代企业中，相关利益集团是企业各种资源的提供者，任何企业的生存与发展都必须依赖他们的贡献、配合与协作。企业管理当局的主要职能就是鼓励和激发各种集团保持或扩大对企业的贡献，协调企业与相关利益集团以及各利益集团之间的关系。为此，管理人员不但要管理并有效地利用受托的各种资源，并且需要定期向有关利益集团全面、系统、连续和客观地报告对受托资源的管理与利用情况，以及利用这些资源所创造的效益及其分配情况。财务报告提供的信息，在这一领域发挥了不可替代的重要作用。

（四）财务报告能够帮助国家有关部门实现其经济与社会目标，并进行必要的宏观调控，促进社会资源的有效配置

由于企业是国民经济的细胞，通过对企业提供的财务报告资源进行汇总分析，国家有关部门可以考核国民经济各部门的运行情况、各种财经法律制度的执行情况，一旦发现问题即可及时采取相应措施，通过各种经济杠杆和政策倾斜，发挥政府在市场经济优化资源配置中的补充作用。

三、财务报告的披露方式

财务报告不仅包括财务报表，而且包括与会计信息系统有关的其他财务报告。换句话说，财务报告是由财务报表和其他财务报告组成的(在我国，财务报告是由财务报表和财务状况说明书构成的)。虽然财务报告与财务报表的目的基本相同，在实务中人们对它们也没有加以严格区分，但根据现有会计准则和惯例，有一些财务信息只能通过财务报表披露，而另一些财务信息则通过财务报表的附注或其他财务报告披露。

（一）财务报表

财务报表是根据公认会计原则或制度，以表格形式概括反映企业财务状况和现金流动及经营绩效的书面文件。它由基本财务报表和作为财务报表组成部分的附注组成。

1. 基本财务报表

基本财务报表通常包括资产负债表、利润表和现金流量表。

2. 财务报表附注

财务报表附注，是以括号或脚注等形式对基本报表的信息进行进一步的说明、补充或解释，以便帮助使用者理解和使用报表信息。在会计实务中，财务报表附注可采用旁证、附表和底注等形式。财务报表附注详见本项目任务六。

（二）其他财务报告

其他财务报告的编制基础与方式可以不受会计准则与制度的约束，而以灵活多样的形式提供各种相关的信息，包括定性信息和非会计信息。其他财务报告作为财务报表的辅助报告，

提供的信息十分广泛。这种报告既包括货币性和定量信息，又包括非货币性和定性信息；既包括历史性信息，又包括预测性信息。根据现行国际惯例，其他财务报告的内容主要包括：管理当局的分析与讨论预测报告；物价变动影响报告；社会责任报告等。

四、财务报告的分类

财务报表可按不同的标准分为以下几类：

(一)按反映内容分类

按照会计报表反映的内容不同，可以分为静态报表和动态报表。静态报表是反映会计主体一定时期末财务状况的报表，如资产负债表。静态报表的数字来自有关账簿的期末余额。动态报表是反映会计主体一定时期经营成果、现金流量和成本状况的报表，如利润表、现金流量表和各成本报表。动态报表的数字来自有关账簿的本期发生额。

(二)按编报的时间分类

按照会计报表的编制时间不同，可以分为年度、半年度、季度和月度财务报表。月度、季度财务报表是指月度和季度终了提供的财务报表；半年度财务报表是指在每个会计年度的前6个月结束后对外提供的财务报表；年度财务报表是指年度终了对外提供的财务报表。半年度、季度和月度财务报表统称为中期财务报表。

(三)按服务对象分类

按照会计报表服务的对象不同，可以分为内部报表和外部报表。内部报表是指为满足企业内部管理需要而编制的会计报表，一般没有固定编制格式和要求，也不用对外公布，内部报表的资料应是会计主体的"商业秘密"。外部报表是向会计主体外部的利益关系集团公开报送的报表，会计主体的财务报表均属于对外报表。

(四)按编制单位分类

按照会计报表的编制单位不同，可以分为单位会计报表和汇总会计报表。单位会计报表是由独立核算的基层企业，根据账簿纪录和其他有关资料编制的会计报表，用来反映基层企业的经济活动情况。汇总会计报表是由上级主管部门根据所属基层企业上报的会计报表综合汇总编制的报表，用来反映某个汇总部门综合性的经济情况。

(五)按会计报表所包含的会计主体的范围进行分类

企业对外会计报表按其所包含的会计主体范围的不同，可以分为个别会计报表与合并企业会计报表。个别会计报表是指只反映投资企业或被投资企业本身的经营成果、财务状况等方面情况的会计报表。合并会计报表是指在投资企业拥有被投资企业半数以上的表决权资本的控制权情况下，将被投资企业与本企业视为一个整体而编制会计报表，它反映投资企业与被投资企业作为一个整体的经营成果、财务状况等。

根据我国《企业会计制度》的规定，企业应编制和报送的基本报表包括资产负债表、利润表和现金流量表，此外，资产负债表和利润表还有一些相关的附表。具体的报表编号、报表名称和编报时期如表16—1所示。

表16—1 企业会计(财务)报表一览表

编 号	报表名称	编报时期
会企01表	资产负债表	中期报告、年度报告

续表

编　号	报表名称	编报时期
会企 02 表	利润表	中期报告、年度报告
会企 03 表	现金流量表	(至少)年度报告
会企 01 表附表 1	资产减值准备明细表	年度报告
会企 01 表附表 2	股东权益增减变动表	年度报告
会企 01 表附表 3	应交增值税明细表	中期报告、年度报告
会企 02 表附表 1	利润分配表	年度报告
会企 02 表附表 2	分部报表(业务分部)	年度报告
会企 02 表附表 3	分部报表(地区分部)	年度报告

五、财务报告的编制原则

(一)报表内容真实可靠

财务报表上的数据直接涉及许多集团的利益,也是许多外部集团进行经济决策的依据。因此,真实可靠是编制财务报表的必备特征,否则财务报表的作用就无从谈起。财务报表所披露的数据和信息,必须遵守公认会计原则,从这个意义上讲,要求报表内容真实可靠,既有必要,也有可能。财务报表提供的信息是通用信息,它是不同使用者集团都能同时得到并为各自进行决策所共同需要的。真实可靠是财务报表信息的主要质量特征,也就是说,报表中的数据应能由不同的会计人员在采用相同的方法下得出的相同结果。

(二)信息具有相关性

财务会计的目标是旨在提供有助于使用者决策的信息。因此,相关性也是编制财务报表的基本要求。从财务报表的内容选择、指标体系设置到项目分类和排列顺序等都应当考虑使用者的决策需要。相关性还要求报表所反映的内容要充分完整。企业应将当期发生的交易与事项全部确认并通过报表披露。报表应填列的指标,包括附注和补充资料都必须填列齐全,不得漏列,要充分披露(揭示)。只有这样,财务报表的使用者才能全面了解企业的经营状况及其结果。最后,相关性还要求会计报表的编制与报送都必须及时进行。

(三)体现效益大于成本原则

从整个社会角度看,财务报表的编制、使用是具有效益的,但是它必须付出一定的代价。财务报表应以最小的投入和有效的产出来产生。也就是说,编报并公布财务报表,从报表提供者和使用者目标一致的基础看,必须是值得的。编报财务报表,信息加工和输出,不能不付代价,但应能达到较大的效用,即帮助使用者作出合理的经济决策,从而促进社会资源的优化配置。与财务报表相关联的成本代价包括:①财务数据的收集、加工、传递成本;②信息使用成本;③信息不足、超量、错误或不公允,给使用者带来的损失或影响;④信息披露过量给企业带来的竞争劣势或给管理人员带来额外的约束等。很显然,无论是财务报表的成本还是效益都是难以确切计量的。但是,当人们在确定财务报表内容、披露方式和披露频率等问题时,总不能不考虑财务报表的成本效益问题。从理论上说,只有提供财务报表的效益超过其所费成本,财务报表才是一种可取的信息披露手段。

任务二　资产负债表

一、资产负债表的概念及作用

资产负债表是反映企业在报告期末全部资产、负债和所有者权益情况的报表。它是一张揭示企业在一定时点上财务状况的静态报表。资产负债表的作用主要表现在以下方面：

(一)反映企业的经济资源及其分布情况，以及企业的资本结构

资产负债表把企业的经济资源按经济性质、用途加以分类，划分为流动资产、长期投资、固定资产、无形资产等；各个资产类别之下又进一步地具体划分明细项目。使用者通过资产负债表，可以清楚地了解企业在某一选定时日所拥有的资产总量及其结构。企业的经济资源来自债权人及股东。债权人对企业的资产享有优先受偿的权利，股东享有剩余权益。因此，负债与股东权益相对比重的大小，影响到债权人及股东的相对风险。负债比重越大，债权人所冒的风险越高。

资本结构是指在企业的资金来源中负债和所有者权益的比值。资产负债表把企业的资金来源划分为负债和所有者权益两大类，而后又进一步将负债划分为流动负债和长期负债，将所有者权益划分为股本、资本公积、留存收益，从而充分反映了企业的资本结构情况。

(二)可据以评价和预测企业的短期偿债能力

企业的偿债能力是指企业以其资产偿付债务的能力，分为短期偿债能力和长期偿债能力。短期偿债能力主要体现为企业资产和负债的流动性上。流动性是指资产转换成现款的速度或负债离到期清偿日的时间，亦指企业资产接近现金的速度，或负债需要动用现金的期限。在资产项目中，除现金而外，资产转换成现金的时间越短，速度越快，表明流动性越强。例如，可随时上市交易的有价证券投资，其流动性一般较应收款项强；应收款项的流动性又较存货项目为强，因为通常应收款项能在更短的时间内转换成现金，而存货一般转换成现金的速度较慢。负债到期日越短，其流动性越强，表明越早要动用现金。短期债权人关注的是，企业是否有足够的现款和足够的资产可及时转换成现金，以清偿短期内行将到期的债务。长期债权人及企业所有者也要评价和预测企业的短期偿债能力，短期偿债能力越低，企业越有可能破产，越有可能得不到投资回报的保障，越有可能收不回投资。资产负债表分门别类地列示流动资产与流动负债，本身虽未直接反映出短期偿债能力，但通过将流动资产与流动负债的比较，并借助于报表可以评价和预测企业的短期偿债能力。

(三)可据以评价和预测企业的长期偿债能力

企业的长期偿债能力主要是指企业以全部资产清偿全部负债的能力。一般认为资产越多，负债越少，其长期偿债能力越强；反之，若资不抵债，则企业缺乏长期偿债能力。资不抵债往往由企业长期亏损、蚀耗资产引起，还可能因为举债过多所致。所以，企业的长期偿债能力一方面取决于其获利能力，另一方面取决于其资本结构。资产负债表按资产、负债和所有者权益三大会计要素分类，列示了重要项目，可据以评价预测企业的长期偿债能力，为管理部门和债权人信贷决策提供重要的依据。

(四)有助于评价、预测企业的财务弹性

财务弹性是指企业应付各种挑战、适应各种变化的能力，包括进攻性适应能力和防御性适应能力。进攻性适应能力是指企业有能力和财力去抓住突如其来的获利机会；防御性适应能

力是指企业在经营危机中生存下来的能力。财务弹性强的企业不仅能从有利可图的经营中获取大量资金，而且可以借助债权人的长期资金和所有者的追加资本获利，万一需要偿还巨额债务时也不至于陷入财务困境，遇到新的获利能力更高的投资机会时，也能及时筹集所需资金，全力以赴。

财务弹性来自：资产的流动性或变现能力；由经营产生资金流入的能力；向投资者和债权人筹措资金的能力；在不影响正常经营的前提下变卖现有资产取得现金的能力。资产负债表所展示的资源分布情形及对资源的请求权，有助于评价、预测企业的财务弹性。

（五）有助于评价、预测企业的经营绩效

企业的经营绩效主要反映在它的获利能力上，获利能力直接影响企业能否有稳定而逐步增长的盈利水平、能否根据约定向债权人还本付息、能否维持甚至逐步提高股东的投资报酬。衡量企业获利的指标主要有资产报酬率、股东权益报酬率等。

二、资产负债表的结构

（一）资产负债表项目分类方法

资产负债表项目主要有两种分类方法：一是按其流动性分类，二是按其货币性分类。

1. 按流动性分类

按照流动性分类，资产可分为流动资产与非流动资产两大类；负债分为流动负债和长期负债及其他负债；所有者权益分为投入资本和留存利润。

(1)流动资产。流动资产包括现金以及可合理预计在一个营业周期或自资产负债表日起一年（两者孰长）内转换成现金、或被出售、或被消耗的其他资产。正常的营业周期是指为取得商品和接受劳务至这些商品和劳务转换成现金的平均时间，因此，它是从现金支出，至存货销售，至应收账款又回到现金的平均时间长度。在实际工作中，大多数企业采用一年作为划分流动与非流动项目的期限，其原因有二：一是营业周期通常短于一年；二是营业周期的长度难以可靠地衡量。流动资产主要包括现金、短期投资、应收款项、存货等项目。

(2)非流动资产。非流动资产是与流动资产相对立的概念，也称为长期资产，是指在一个营业周期或自资产负债表日起一年（两者孰长）以上的时间里转变成现金、或被出售、或被消耗的资产。非流动资产可分为长期投资、固定资产、无形资产和其他长期资产几大类。长期投资包括非流动性投资和为将来专门用途而闲置的现金，具体可分为购入固定资产和无形资产。固定资产是有物质形态的，包括房屋、机器设备、交通工具、自然资源等，在有些国家还包括土地。由于土地是非折旧资产，应当在固定资产大类下单独列示。我国土地归政府所有，不是商品，不得买卖，所转让的是土地使用权，故列为无形资产。除土地使用权之外，无形资产还包括专利权、商标权、专营权、商誉等项目。

其他资产是指不能被上述流动资产和长期资产所覆盖的资产，如企业因特殊原因而被法院冻结的资产。

(3)流动负债。流动负债的定义与流动资产的定义相对应。流动负债是可合理地预计，需要动用流动资产，或者用其他流动负债加以清偿的短期负债。流动负债一般包括短期借款、应付账款、其他应付款、一年内到期的长期负债、预收账款、应付工资、应付利息和应付税金等。这些项目的清偿到期日不超过一年或一个营业周期（两者孰长）。

(4)长期负债。长期负债是指不需在下一年或下一个营业周期内动用流动资产或承担新的流动负债加以清偿的负债，包括长期借款、应付债券、其他长期应付款等。

(5)其他负债。其他负债是指不为上述流动负债、长期负债所覆盖的负债项目,如递延所得税贷项等。会计收益和应税收益出现暂时性差异时,与当期收益相配比的所得税费用大于本期所得税负债,就产生了递延所得税贷项。

(6)所有者权益。所有者权益按其形成来源分类,一般分为投入资本和留存利润两大类。

投入资本也称为缴入资本,是从外界投入企业的资本所形成的所有者权益,还可细分为股本、资本公积。股本在我国国有企业也称为实收资本,代表股东或所有者已缴入的注册资本部分。优先股和普通股的股本应分开列示。资本公积通常来源于公司股票的溢价发行、捐赠等。

留存利润是因营业活动而由企业内部产生的税后利润的留存部分,是企业开业以来累积盈余减除累积亏损和已发放股利后的余额,它表明企业盈利继续用于经营活动的资财数额。一家经营历史悠久的企业,留存利润甚至构成了所有者权益的主要来源。留存利润还代表股东的追加投资,因为股东放弃了与留存利润余额相等的股利。

2. 按货币性分类

资产负债表项目的另一种分类方法是按货币性分类,即可以将资产负债表项目划分为货币性项目和非货币性项目。货币性项目可再分为货币性资产和货币性负债。其下再进一步分为货币性流动资产(如现金、应收款项、其他应收款)、货币性非流动资产(如长期投资)、货币性流动负债(如短期借款、应付款项和应付税金)、货币性长期负债(如长期借款、应付债券)四种。在非货币性项目下,同样可再分为非货币性流动资产(如存货、短期预付购货款)、非货币性非流动资产(房屋、机器设备、在建工程)、非货币性流动负债(如短期预收购货款、短期产品质量担保负债)和非货币性长期负债(如长期预收购货款、长期产品质量担保负债)四种。

(二)资产负债表的格式

资产负债表各项目在表中的排列方法不同,形成了各种各样的资产负债表格式。通常有下列格式的资产负债表。

1. 报告式资产负债表

报告式资产负债表将资产、负债、股东权益项目采用垂直分列的形式。分别有两种形式:①依照"资产=权益"的等式,②依照"资产-负债=股东权益"的等式,如表16-2所示。

表16-2　　不同的报告式资产负债表

资产=权益式			资产-负债=股东权益式		
资产			资产		
	资产合计	101 000		资产合计	101 000
权益					
负债			负债		
	负债合计	54 500		负债合计	54 500
股东权益			股东权益		
	股东权益合计	46 500			
	权益合计	101 000		股东权益合计	46 500

报告式资产负债表的优点是便于编制和比较资产负债表,即在一张报表中,除列出本期的

财务状况外,可增设几个栏目,分别列示过去几期的财务状况。其缺点是资产和权益间的恒等关系并不一目了然。

2. 账户式资产负债表

即按照“T”型账户的形式设计资产负债表,将资产列在报表左方(借方),负债及股东权益列在报表右方(贷方),左(借)右(贷)两方总额相等,如表16—3所示。

表16—3　**账户式资产负债表**　单位:元

资　产		权　益	
各项目明细		负债	
		负债合计	54 5000
		股东权益	
		股东权益合计	46 500
资产合计	101 000	权益合计	101 000

账户式资产负债表的优缺点与报告式资产负债表正好相反。资产和权益间的恒等关系一目了然,但编制和比较资产负债表,要做些旁注,可能比较困难。

3. 我国现行资产负债表格式

我国《企业会计制度》规定的资产负债表采用账户式结构,分左、右两部分。左边列示资产,右边列示负债和所有者权益。从整体上体现了“资产=负债+所有者权益”的会计等式。资产和负债项下各项目均按其流动性顺序依次排列。所有者权益项下各栏目则按实收资本、资本公积和盈余公积的顺序排列,并采用对比式(对照式)填列,即各项目均应对比填列“年初数”和“期末数”。这样做,有利于进行纵向的对比分析,也有利于考察各项目在本期增减变动的情况,便于年末编制现金流量表时获得必要的数据。我国资产负债表的格式如表16—4所示。

表16—4　**资产负债表**

编制单位:大连嘉宏股份有限公司　201×年12月31日　单位:元

资　产	行次	年初数	期末数	负债和股东权益	行次	年初数	期末数
流动资产:				流动负债:			
货币资金	1			短期借款	68		
短期投资	2			应付票据	69		
应收票据	3			应付账款	70		
应收股利	4			预收账款	71		
应收利息	5			应付工资	72		
应收账款	6			应付福利费	73		
其他应收款	7			应付股利	74		
预付账款	8			应交税费	75		
应收补贴款	9			其他应交款	80		
存货	10			其他应付款	81		
待摊费用	11			预提费用	82		

续表

资　产	行次	年初数	期末数	负债和股东权益	行次	年初数	期末数
一年内到期的长期债权投资	21			预计负债	83		
其他流动资产	24			一年内到期的长期负债	86		
流动资产合计	31			其他流动负债	90		
长期投资：							
长期股权投资	32			流动负债合计	100		
长期债权投资	34			长期负债：			
长期投资合计	38			长期借款	101		
固定资产：				应付债券	102		
固定资产原价	39			长期应付款	103		
减：累计折旧	40			专项应付款	106		
固定资产净值	41			其他长期负债	108		
减：固定资产减值准备	42			长期负债合计	110		
固定资产净额	43			递延税项：			
工程物资	44			递延税款贷项	111		
在建工程	45			负债合计	114		
固定资产清理	46						
固定资产合计	50			所有者权益(或股东权益)：			
无形资产及其他资产：				实收资本(或股本)	115		
无形资产	51			减：已归还投资	116		
长期待摊费用	52			实收资本(或股本)净额	117		
其他长期资产	53			资本公积	118		
无形资产及其他资产合计	60			盈余公积	119		
				其中：法定公益金	120		
递延税项：				未分配利润	121		
递延税款借项	61			所有者权益(或股东权益)合计	122		
资产总计	67			负债和所有者权益(或股东权益)总计	135		

4. 我国现行资产负债表项目列示说明

资产负债表“年初数”栏内各项数字，反映上年末资产负债表“期末数”栏内所列数字。资产负债表“期末数”各项目的内容：

(1)“货币资金”项目，反映企业库存现金、银行结算账户存款、外埠存款、银行汇票存款、银行本票存款、信用卡存款、信用证保证金存款等的合计数。

(2)“短期投资”项目，反映企业购入的各种能随时变现并准备随时变现的、持有时间不超过1年(含1年)的股票、债券和基金，以及不超过1年(含1年)的其他投资，减去已提跌价准备后的净额。

(3)“应收票据”项目，反映企业收到的未到期收款也未向银行贴现的应收票据，包括商业承兑汇票和银行承兑汇票。已向银行贴现和已背书转让的应收票据不包括在本项目内，其中已贴现的商业承兑汇票应在会计报表附注中单独披露。

(4)“应收股利”项目，反映企业因股权投资而应收取的现金股利，企业应收其他单位的利润，也包括在本项目内。

(5)“应收利息”项目，反映企业因债权投资而应收取的利息。企业购入到期还本付息债券应收的利息，不包括在本项目内。

(6)“应收账款”项目,反映企业因销售商品、产品和提供劳务等而应向购买单位收取的各种款项,减去已计提的坏账准备后的净额。

(7)“其他应收款”项目,反映企业对其他单位和个人的应收和暂付的款项,减去已计提的坏账准备后的净额。

(8)“预付账款”项目,反映企业预付给供应单位的款项,如“预付账款”科目所属有关明细科目期末有贷方余额的,应在本表“应付账款”项目内填列;“应付账款”科目所属明细科目有借方余额的,也应包括在本项目内。

(9)“应收补贴款”项目,反映企业按规定应收的各种补贴款。

(10)“存货”项目,反映企业期末在库、在途和在加工中的各项存货的可变现净值,包括各种材料、商品、在产品、半成品、包装物、低值易耗品、分期收款发出商品、委托代销商品、受托代销商品等。

(11)“待摊费用”项目,反映企业已经支出但应由以后各期分期摊销的费用。“长期待摊费用”科目中将于 1 年内到期的部分,也在本项目内反映。

(12)“其他流动资产”项目,反映企业除以上流动资产项目外的其他流动资产。

(13)“长期股权投资”项目,反映企业不准备在 1 年内(含 1 年)变现的各种股权性投资的可收回金额。

(14)“长期债权投资”项目,反映企业不准备在 1 年内(含 1 年)变现的各种债权性投资的可收回金额。长期债权投资中,将于 1 年到期的长期债权投资,应在流动资产类下“一年内到期的长期债权投资”项目单独反映。企业超过 1 年到期的委托贷款,其本金和利息减去已计提的减值准备后的净额,也在本项目反映。

(15)“固定资产原价”和“累计折旧”项目,反映企业的各种固定资产原价及累计折旧。融资租入的固定资产,其原价及已提折旧也包括在内。融资租入固定资产原价应在会计报表附注中另行反映。

(16)“固定资产减值准备”项目,反映企业计提的固定资产减值准备。

(17)“工程物资”项目,反映企业各项工程尚未使用的工程物资实际成本。

(18)“在建工程”项目,反映企业期末各项未完工程的实际支出,包括交付安装的设备价值、未完建筑安装工程已经耗用的材料、工资和费用支出、预付出包工程的价款、已经建筑安装完毕但尚未交付使用的工程等可收回金额。

(19)“固定资产清理”项目,反映企业因出售、毁损、报废等原因转入清理但尚未清理完毕的固定资产的账面价值,以及固定资产清理过程中所发生的清理费用和变价收入等各项金额的差额。

(20)“无形资产”项目,反映企业各项无形资产的期末可收回金额。本项目应根据“无形资产”科目的期末余额,减去“无形资产减值准备”科目期末余额后的金额填列。

(21)“长期待摊费用”项目,反映企业尚未摊销的摊销期限在 1 年以上(不含 1 年)的各种费用。长期待摊费用中在 1 年内(含 1 年)摊销的部分,应在“待摊费用”项目填列。

(22)“其他长期资产”项目,反映企业除以上资产以外的其他长期资产。

(23)“递延税款借项”项目,反映企业期末尚未转销的递延税款的借方余额。

(24)“短期借款”项目,反映企业借入尚未归还的 1 年期以下(含 1 年)的借款。

(25)“应付票据”项目,反映企业为了抵付货款等而开出、承兑的尚未到期付款的应付票据,包括银行承兑汇票和商业承兑汇票。

(26)"应付账款"项目,反映企业购买原材料、商品和接受劳务供应等而应付给供应单位的款项。

(27)"预收账款"项目,反映企业预收购买单位的账款。本项目应根据"预收账款"科目所属各有关明细科目的期末贷方余额合计填列。如"预收账款"科目所属有关明细科目有借方余额的,应在本表"应收账款"项目内填列;如"应收账款"科目所属明细科目有贷方余额的,也应包括在本项目内。

(28)"应付工资"项目,反映企业应付未付的职工工资。

(29)"应付福利费"项目,反映企业提取的福利费的期末余额,以及外商投资企业按净利润提取的职工奖励及福利基金的期末余额。

(30)"应付股利"项目,反映企业尚未支付的现金股利。

(31)"应交税费"项目,反映企业期末未交、多交或未抵扣的各种税金。

(32)"其他应交款"项目,反映企业应交未交的除税金、应付股利等以外的各种款项。

(33)"其他应付款"项目,反映企业所有应付和暂收其他单位与个人的款项。

(34)"预提费用"项目,反映企业所有已经预提计入成本费用而尚未支付的各项费用。

(35)"预计负债"项目,反映企业预计负债的期末余额。

(36)"其他流动负债"项目,反映企业除以上流动负债以外的其他流动负债。

(37)"长期借款"项目,反映企业借入尚未归还的1年期以上(不含1年)的借款本息。

(38)"应付债券"项目,反映企业发行的尚未偿还的各种长期债券的本息。

(39)"长期应付款"项目,反映企业除长期借款和应付债券以外的其他各种长期应付款。

(40)"专项应付款"项目,反映企业各种专项应付款的期末余额。

(41)"其他长期负债"项目,反映企业除以上长期负债项目以外的其他长期负债。

上述长期负债各项目中将于1年内(含1年)到期的长期负债,应在"1年内到期的长期负债"项目内单独反映。上述长期负债各项目均应根据有关科目期末余额减去将于1年内(含1年)到期的长期负债后的金额填列。

(42)"递延税款贷项"项目,反映企业期末尚未转销的递延税款的贷方余额。

(43)"实收资本(或股本)"项目,反映企业各投资者实际投入的资本(或股本)总额。

(44)"已归还投资"项目,反映中外合作经营企业按合同规定在合作期间归还投资者的投资。本项目应根据"已归还投资"科目的期末借方余额填列。

(45)"资本公积"项目,反映企业资本公积的期末余额。

(46)"盈余公积"项目,反映企业盈余公积的期末余额。

(47)"未分配利润"项目,反映企业尚未分配的利润。

四、资产负债表的编制方法

资产负债表应于报告期末定期编制。具体编制方法如下:

(一)本表"年初数"栏内各项数字,应根据上年末资产负债表的"期末数"栏内所列数字填列

如果本年度资产负债表规定的各个项目的名称和内容同上年度不相一致,应对上年年末资产负债表各项目的名称和数字按照本年度的规定进行调整,填入本表"年初数"栏内。

(二)本表"期末数"各项目的内容和方法

资产负债表"期末数"各项目根据报告期内所有科目的余额资料填列。具体填列方法归纳如下。

(1)根据有关总账科目期末借方余额资料直接填列的项目有:应收票据、应收股利、应收利息、应收补贴款、固定资产原价;工程物资、固定资产清理、已归还投资。

(2)根据有关总账科目期末借方余额直接填列(余额在贷方在资产负债表右方填列)的项目有:递延税款借项、递延税款贷项。

(3)根据有关总账贷方余额直接填列的项目有:累计折旧、固定资产减值准备、短期借款、应付票据、应付股利、其他应交款、其他应付款、预计负债、实收资本(或股本)、资本公积、盈余公积。

(4)根据有关总账贷方余额直接填列(如果余额在贷方用"一"号填列)的项目有:应付工资、应付福利费、应交税费。

(5)根据有关总账科目贷方余额填列(如果余额在借方,则并入资产负债表左方有关项目)的项目有:预提费用。

(6)根据有关总账借方余额与贷方余额之差填列的项目有:短期投资("短期投资"科目余额与"短期投资跌价准备"科目余额之差)、在建工程("在建工程"科目余额与"在建工程减值准备"科目余额之差)、无形资产("无形资产"科目余额与"无形资产减值准备"科目余额之差)。

(7)根据有关总账余额之和计算填列的项目有:货币资金、存货。

(8)根据有关明细账余额直接填列的项目有:法定公益金。

(9)根据有关明细账余额之和填列的项目有:预付账款、预收账款。

(10)根据有关总账余额与有关明细账余额计算填列的项目有:应收账款、其他应收款、待摊费用、一年内到期的长期债权投资等。

(11)根据有关总账余额(或减去其中一年内将到期的部分)填列的有:长期股权投资、长期债权投资、长期待摊费用、长期借款、应付债券、长期应付款、专项应付款等。

(12)年度中间各月末根据有关总账余额计算填列、年末根据有关总账余额直接填列的项目有:未分配利润。

五、资产负债表的附表

按我国《企业会计制度》规定,资产负债表的附表包括资产减值准备明细表、股东权益增减变动表和应交增值税明细表。

(一)资产减值准备明细表

资产减值准备明细表是反映企业各项资产减值准备的增减变动情况的报表。由于在资产负债表中,资产减值准备是作为相关资产项目的抵减金额参与计算填列的,因而单从资产负债表中并不能反映出各项资产减值准备的金额。

资产减值准备明细表的各项目应该根据"坏账准备"、"短期投资跌价准备"、"存货跌价准备"、"长期投资减值准备"、"固定资产减值准备"、"无形资产减值准备"、"在建工程减值准备"、"委托贷款减值准备"等科目的记录分析填列。资产减值准备明细表格式如表16—5所示。

表16—5 　　资产减值准备明细表

编制单位:大连嘉宏股份有限公司　　201×年度　　单位:元

项　目	年初余额	本年增加数	本年转回数	年末余额
一、坏账准备合计				
其中:应收账款				

续表

项　目	年初余额	本年增加数	本年转回数	年末余额
其他应收款				
二、短期投资跌价准备合计				
其中:股票投资				
债券投资				
三、存货跌价准备合计				
其中:库存商品				
原材料				
四、长期投资减值准备合计				
其中:长期股权投资				
长期债权投资				
五、固定资产减值准备合计				
其中:房屋、建筑物				
机器设备				
六、无形资产减值准备				
其中:专利权				
商标权				
七、在建工程减值准备				
八、委托贷款减值准备				

（二）股东权益增减变动表

股东权益增减变动表,对于一般企业而言,称为所有者权益增减变动表,是反映企业所有者权益各项目的增减变动情况的报表。

表内各项目应根据“实收资本(或股本)”、“资本公积”、“法定和任意盈余公积”、“法定公益金”、“未利润分配”等科目的发生额分析填列,如表16－6所示。

表16－6　　所有者权益(或股东权益)增减变动表

编制单位:大连嘉宏股份有限公司　　201×年度　　单位:元

项　目	行次	本年数	上年数
一、实收资本(或股本):			
年初余额	1		
本年增加数	2		
其中:资本公积转入	3		
盈余公积转入	4		
利润分配转入	5		
新增资本(或股本)	6		

续表

项　目	行次	本年数	上年数
本年减少数	10		
年末余额	15		
二、资本公积:			
年初余额	16		
本年增加数	17		
其中:资本(或股本)溢价	18		
接受捐赠非现金资产准备	19		
接受现金捐赠	20		
股权投资准备	21		
拨款转入	22		
外币资本折算差额	23		
其他资本公积	30		
本年减少数	40		
其中:转增资本(或股本)	41		
年末余额	45		
三、法定和任意盈余公积:			
年初余额	46		
本年增加数	47		
其中:从净利润中提取数	48		
其中:法定盈余公积	49		
任意盈余公积	50		
储备基金	51		
企业发展基金	52		
法定公益金转入数	53		
本年减少数	54		
其中:弥补亏损	55		
转增资本(或股本)	56		
分派现金股利或利润	57		
分派股票股利	58		
年末余额	62		
其中:法定盈余公积	63		
储备基金	64		
企业发展基金	65		
四、法定公益金:			
年初余额	66		
本年增加数	67		
其中:从净利润中提取数	68		
本年减少数	70		
其中:集体福利支出	71		

续表

项　目	行次	本年数	上年数
年末余额	75		
五、未分配利润：			
年初未分配利润	76		
本年净利润(净亏损以“－”号填列)	77		
本年利润分配	78		
年末未分配利润(未弥补亏损以“－”号填列)	80		

(三)应交增值税明细表

应交增值税明细表是反映企业应交增值税详细情况的报表。我国增值税实行抵扣税制和价外计征的办法。相应地，在会计核算上，企业(一般纳税人)也需要设立“应交税费——应交增值税”科目及明细科目，核算企业增值税销项税额和进项税额等。应交增值税明细表格式如表16－7所示。

表16－7　　应交增值税明细表

编制单位：大连嘉宏股份有限公司　　201×年度12月　　单位：元

项　目	行次	本月数	本年累计数
一、应交增值税：			
1.年初未抵扣数(以“－”号填列)	1		
2.销项税额	2		
出口退税	3		
进项税额转出	4		
转出多交增值税	5		
	6		
	7		
3.进项税额	8		
已交税费	9		
减免税款	10		
出口抵减内销产品应纳税额	11		
转出未交增值税	12		
	13		
	14		
4.期末未抵扣数(以“－”号填列)	15		
二、未交增值税：			
1.年初未交数(多交数以“－”号填列)	16		
2.本期转入数(多交数以“－”号填列)	17		
3.本期已交数	18		
4.期末未交数(多交数以“－”号填列)	20		

应交增值税明细表“应交增值税”各项目的内容及其填列方法如下：

(1)“年初未抵扣数”项目，反映企业年初尚未抵扣的增值税。本项目以“－”号填列。

(2)“销项税额”项目，反映企业销售货物或提供应税劳务应收取的增值税额。本项目应根据“应交税费——应交增值税”明细科目“销项税额”专栏的记录填列。

(3)“出口退税”项目，反映企业出口货物退回的增值税款。本项目应根据“应交税费——应交增值税”明细科目“出口退税”专栏的记录填列。

(4)“进项税额转出”项目，反映企业购进货物、在产品、产成品等发生非正常损失以及其他原因而不应从销项税额中抵扣，按规定转出的进项税额。本项目应根据“应交税费——应交增值税”明细科目“进项税额转出”专栏的记录填列。

(5)“转出多交增值税”项目，反映企业月度终了转出多交的增值税。本项目应根据“应交税费——应交增值税”明细科目“转出多交增值税”专栏的记录填列。

(6)“进项税额”项目，反映企业购入货物或接受应税劳务而支付的、准予从销项税额中抵扣的增值税额。本项目应根据“应交税费——应交增值税”明细科目“进项税额”专栏的记录填列。

(7)“已交税费”项目，反映企业已缴纳的增值税额。本项目应根据“应交税费——应交增值税”明细科目“已交税费”专栏的记录填列。

(8)“减免税款”项目，反映企业按规定减免的增值税额。本项目应根据“应交税费——应交增值税”明细科目“减免税款”专栏的记录填列。

(9)“出口抵减内销产品应纳税额”项目，反映企业按照规定计算的出口货物的进项税额抵减内销产品的应纳税额。本项目应根据“应交税费——应交增值税”明细科目“出口抵减内销产品应纳税额”专栏的记录填列。

(10)“转出未交增值税”项目，反映企业月度终了转出未交的增值税。本项目应根据“应交税费——应交增值税”明细科目“转出未交增值税”专栏的记录填列。

应交增值税明细表“未交增值税”各项目，应根据“应交税费——未交增值税”明细科目的有关记录填列。

任务三　利润表

一、利润表的概念

利润表又称收益表、损益表，是反映企业一定期间(如年度、季度、月份)经营成果的财务报表。经营成果一般表现为利润(或亏损)，利润则是企业所得扣除所耗后的剩余，是经济效益的综合体现。现代企业是不同利益集团的结合体，追求利润是现代企业经营的主要目的，因而利润表受到投资者、债权人及其他关注企业未来现金流入的使用者的重视。

二、利润表的构成

根据收益计量的交易法，利润表由收入、费用、利得及损失四要素构成。

(一)收入

收入是指企业在一定期间因主要或中心业务而生产或交付货物、提供劳务或其他活动，所产生的资产增加或负债减少(或兼而有之)。理论上收入随着获利活动而累计增加，但会计上要等到大部分获利过程均已完成，并有交易发生时才确认收入。收入通常在销货发生时确认，但在特殊情况下，也有提前(在生产中、生产完成时)及延后(销货后收到现金时)确认，才能更真实地反映企业运行性质，增加财务信息的真实性和预测价值。

（二）费用

费用是指企业在一定期间因主要或中心业务而生产或交付货物、提供劳务或其他活动，所产生的资产减少或负债增加（或兼而有之）。费用的发生，是企业为获取收入必须付出的代价。因此，费用必须与相应的收入进行配比来合理地确定收益。所谓配比，即将收入和相关联的费用配合在一起，使得费用一般在其相关联的收入实现的期间确认入账，具体有三种方式：①直接配比，适用于和收入有直接因果关系的费用，如销货成本对销货收入；②按合理而系统的方法加以摊销，适用于和收入无直接因果关系，但能确知其具有未来效益的费用，如折旧、各项摊销等；③发生时立即作为期间费用，适用于不能带来未来经济利益的费用，如管理费用、财务费用、跌价损失等。

（三）利得

利得是指企业在一定期间由于边缘性或偶发性交易，以及除与业主投资以外的所有其他交易、事项或情况所产生的净资产的增加。其与收入的主要区别是：①收入产生于持续、主要或中心的营业活动，如销货收入；利得则产生于非主要营业活动，且多半非管理当局所能控制，如通货膨胀的影响。②收入是总额概念，必须与费用配比来确定损益，如用销货收入与销货成本配比来计算销售利润；利得是净额概念，它已经将对立因素抵消（如出售固定资产的利得是售价抵消了账面价值及相关税费后的净额），或本来就只有一个金额，如诉讼获胜后得到的赔款。

（四）损失

损失是指企业在一定期间由于边缘性或偶发性交易，以及除业主投资以外的所有其他交易、事项或情况所产生的净资产的减少。其与费用的区别，类似于利得与收入。损失是由非主要经营活动产生的，是净额概念，如火灾损失。这样，收益即可表示为：本期收益＝收入－费用＋利得－损失。

以上介绍的是美国的收益表四要素。在我国，采用的是广义收入、广义费用概念。一般来说，广义收入包括收入（即美国界定的，在我国包括主营业务收入和其他业务收入等，也称“狭义收入）和利得（包括投资收益、营业外收入等），广义费用包括费用（即美国界定的，在我国包括主营业务成本、其他业务支出、期间费用等，也称“狭义费用”）和损失（包括投资损失、营业外支出等），所以我国的收益表主要包括收入、费用两要素，另将其配比结果定义为利润要素，用公式表示为：利润＝收入－费用，或细分为：净利润＝主营业务利润＋其他业务利润－期间费用＋投资收益＋营业外收支净额－所得税。

三、利润表的作用

（一）为企业外部投资者和信贷者作投资决策及贷款决策提供依据

通过利润表，可以计算利润的绝对值指标，也可以计算投资报酬率以及资金利润率等相对值指标，并通过前后两个时期以及同一时期不同行业或企业的同类指标的比较分析，了解该企业的获利水平、利润增长变化趋势，据此决定是否投资、是否追加投资以及是否改变投资方向。

（二）为企业内部管理层的经营决策提供依据

利润表综合地反映营业收入、营业成本、营业费用及期间费用等，披露利润组成的各大要素，通过比较分析利润的增减变化，可以寻求其根本原因，以便在价格、品种、成本、费用及其他方面揭露矛盾，找出差距，明确今后工作重点，以便做出正确的决策。

（三）为企业内部业绩考核提供重要的依据

企业一定时期的利润总额集中地反映了各部门工作的结果，它既是制订各部门工作计划的参考，又是考核各部门计划执行结果的重要依据。利润表内所提供的相关数据可以评判各部门工作的业绩，以便做出正确的奖罚决策。

六、利润表的格式

目前，通行于世界各国的利润表格式有两种：单步式利润表和多步式利润表。

（一）单步式利润表

单步式利润表是将所有收入和所有费用分别加以汇总，用收入合计减去费用合计从而得出本期利润。“单步式利润表”格式如表16－8所示。

表16－8

单步式利润表

2015年度

项 目	行次	本月数	本年累计数
一、收入			
主营业务收入			
其他业务利润			
投资收益			
营业外收入			
收入合计			
二、费用			
营业成本			
流转税			
销售费用			
管理费用			
财务费用			
营业外支出			
所得税			
费用合计			
三、净利润			

单步式利润表编制方式简单，收入支出归类清楚，但缺点是收入、费用的性质不加区分，硬性归为一类，不利于报表分析。

（二）多步式利润表

多步式利润表是将收入与费用按同类属性分别加以归集，分别计算主营业务利润、营业利润、利润总额，最后计算出所得税后利润。

第一步：从主营业务收入开始，减去主营业务成本、主营业务税金及附加，得出主营业务利润。

第二步:在主营业务利润的基础上,加上其他业务利润,减去营业费用、管理费用、财务费用等期间费用,得出营业利润。

第三步:从营业利润开始,加上投资收益、补贴收入、营业外收入,减去营业外支出,得出利润总额。

第四步:用利润总额减去所得税,得出净利润。

我国目前的利润表,采用的就是多步式结构,表中各项目均设"本月数"、"本年累计数"两栏,年度利润表则设"上年数"和"本年累计数"两栏。我国"多步式利润表"格式如表 16－9 所示。

表 16－9　　**多步式利润表**

编制单位:大连嘉宏股份有限公司　　2015 年度　　单位:元

项　目	行次	上年数(略)	本年累计数
一、主营业务收入	1		
减:主营业务成本	4		
主营业务税金及附加	5		
二、主营业务利润(亏损以"－"号填列)	10		
加:其他业务利润(亏损以"－"号填列)	11		
减:营业费用	14		
管理费用	15		
财务费用	16		
三、营业利润(亏损以"－"号填列)	18		
加:投资收益(损失以"－"号填列)	19		
补贴收入	22		
营业外收入	23		
减:营业外支出	25		
四、利润总额(亏损总额以"－"号填列)	27		
减:所得税	28		
五、净利润(净亏损以"－"号填列)	30		

多步式利润表比单步式利润表提供的信息更加丰富,通过不同时期各对应项目的比较分析,可以预测未来现金的流量,将营业利润与其他利润分开列示,可使报表使用人分清主次,对未来经营成果作出正确判断、预测。

七、利润表的编制方法

(一)利润表的填列规则

由于利润表是动态会计报表,因而填列依据主要是各类损益类科目的本期发生额。各收入类项目应根据相应的收入类会计科目的贷方发生额填列,各费用类项目则应根据相应的费用类会计科目的借方发生额填列。有些项目尚需计算、分析填列,例如,"其他业务利润"项目应根据"其他业务收入"科目和"其他业务支出"科目的发生额计算填列。

(二)利润表各项目的内容和具体填列方法

利润表"本月数"栏反映各项目的本月实际发生数。编报中期财务会计报告时,填列上年同期累计实际发生数;在编报年度财务会计报告时,填列上年全年累计实际发生数。如果上年度利润表与本年度利润表的项目名称和内容不相一致,应对上年度利润表项目的名称和数字按本年度的规定进行调整,填入本表"上年数"栏。在编报中期和年度财务会计报告时,应将"本月数"栏改成"上年数"栏。

利润表"本年累计数"栏反映各项目自年初起至报告期末止的累计实际发生数。

(1)"主营业务收入"项目,反映企业经营主要业务所取得的收入总额。本项目应根据"主营业务收入"科目的发生额分析填列。

(2)"主营业务成本"项目,反映企业经营主要业务发生的实际成本。本项目应根据"主营业务成本"科目的发生额分析填列。

(3)"主营业务税金及附加"项目,反映企业经营主要业务应负担的营业税、消费税、城市维护建设税、资源税、土地增值税和教育费附加等。本项目应根据"主营业务税金及附加"科目的发生额分析填列。

(4)"其他业务利润"项目,反映企业除主营业务以外取得的收入,减去所发生的相关成本、费用,以及相关税金及附加等的支出后的净额。本项目应根据"其他业务收入"、"其他业务支出"科目的发生额分析填列。

(5)"营业费用"项目,反映企业在销售商品以及商品流通企业在购入商品等过程中发生的费用。本项目应根据"营业费用"科目的发生额分析填列。

(6)"管理费用"项目,反映企业发生的管理费用。本项目应根据"管理费用"科目的发生额分析填列。

(7)"财务费用"项目,反映企业发生的财务费用。本项目应根据"财务费用"科目的发生额分析填列。

(8)"投资收益"项目,反映企业以各种方式对外投资所取得的收益。本项目应根据"投资收益"科目的发生额分析填列;如为投资损失,以"—"号填列。

(9)"补贴收入"项目,反映企业取得的各种补贴收入以及退回的增值税等。本项目应根据"补贴收入"科目的发生额分析填列。

(10)"营业外收入"项目和"营业外支出"项目,反映企业发生的与其生产经营无直接关系的各项收入和支出。这两个项目应分别根据"营业外收入"科目和"营业外支出"科目的发生额分析填列。

(11)"利润总额"项目,反映企业实现的利润总额。如为亏损总额,以"—"号填列。

(12)"所得税"项目,反映企业按规定从本期损益中减去的所得税。本项目应根据"所得税"科目的发生额分析填列。

(13)"净利润"项目,反映企业实现的净利润。如为净亏损,以"—"号填列。

八、利润表的附表

利润表的附表包括利润分配表和分部报表(业务分部和地区分部),它们是利润表所列资料的延伸和细化。

(一)利润分配表

利润分配表是反映企业一定会计期间对所实现的净利润以及以前年度未分配利润的分配或者亏损弥补的报表。这应当按照利润分配的各个项目分类、分项列示。

利润分配表"本年实际"栏,根据本年"本年利润"及"利润分配"科目及其所属明细科目的记录分析填列。"上年实际"栏根据上年"利润分配表"填列。如果上年度利润分配表与本年度利润分配表的项目名称和内容不一致，应对上年度报表项目的名称和数字按本年度的规定进行调整，填入本表“上年实际”栏内。格式如表 16－10 所示。

表 16－10 **利润分配表**

编制单位：大连嘉宏股份有限公司 2015 年度 单位：元

项　目	行次	本年实际	上年实际
一、净利润	1		
加：年初未分配利润	2		
其他转入	4		
二、可供分配的利润	8		
减：提取法定盈余公积	9		
提取法定公益金	10		
提取职工奖励及福利基金	11		
提取储备基金	12		
提取企业发展基金	13		
利润归还投资	14		
三、可供投资者分配的利润	16		
减：应付优先股股利	17		
提取任意盈余公积	18		
应付普通股股利	19		
转作资本（或股本）的普通股股利	20		
四、未分配利润	25		

利润分配表各项目的内容及填列方法如下：

（1）“净利润”项目，反映企业实现的净利润。如为净亏损，以“－”号填列。本项目的数字应与“利润表”中“本年累计数”栏的“净利润”项目一致。

（2）“年初未分配利润”项目，反映企业年初未分配的利润。如为未弥补的亏损，以“－”号填列。

（3）“其他转入”项目，反映企业按规定用盈余公积弥补亏损等转入的数额。

（4）“提取法定盈余公积”项目和“提取法定公益金”项目，分别反映企业按照规定提取的法定盈余公积和法定公益金。

（5）“提取职工奖励及福利基金”项目，反映外商投资企业按规定提取的职工奖励及福利基金。

（6）“提取储备基金”项目和“提取企业发展基金”项目，分别反映外商投资企业按照规定提取的储备基金和企业发展基金。

（7）“利润归还投资”项目，反映中外合作经营企业按规定在合作期间以利润归还投资者的投资。

（8）“应付优先股股利”项目，反映企业应分配给优先股股东的现金股利。

（9）“提取任意盈余公积”项目，反映企业提取的任意盈余公积。

（10）“应付普通股股利”项目，反映企业应分配给普通股股东的现金股利。企业分配给投资者的利润，也在本项目反映。

（11）“转作资本（或股本）的普通股股利”项目，反映企业分配给普通股股东的股票股利。

企业以利润转增的资本，也在本项目反映。

(12)“未分配利润”项目，反映企业年末尚未分配的利润。如为未弥补的亏损以“－”号填列。

(二)分部报表

1. 分部报表的概念及结构

分部报表是反映企业各行业、各地区经营业务的收入、成本、费用、营业利润、资产总额以及负债总额的情况的报表。

业务分部是指企业内可区分的组成部分，该组成部分提供单项产品或劳务，或一组相关的产品或劳务，并且承担着不同于其他业务分部所承担的风险和回报。

地区分部是指企业内可区分的组成部分，该组成部分在一个特定的经济环境中提供产品或劳务，并且承担着不同于在其他经济环境中经营的分部所承担的风险和回报。

分部报表按业务分部和地区分部分别编制，格式如表16－11、16－12所示。

表16－11　　　　分部报表(业务分部)

编制单位：　　　　2015年度　　　　单位：元

项　目	××业务		××业务		××业务		…	其他业务		抵销		未分配项目		合　计	
	本年	上年	本年	上年	本年	上年		本年	上年	本年	上年	本年	上年	本年	上年
一、营业收入合计															
其中：对外营业收入															
分部间营业收入															
二、销售成本合计															
其中：对外销售成本															
分部间销售成本															
三、期间费用合计															
四、营业利润合计															
五、分部资产总额															
六、分部负债总额															

表16－12　　　　分部报表(地区分部)

编制单位：　　　　2015年度　　　　单位：元

项　目	××地区		××地区		××地区		…	其他业务		抵销		未分配项目		合　计	
	本年	上年	本年	上年	本年	上年		本年	上年	本年	上年	本年	上年	本年	上年
一、营业收入合计															
其中：对外营业收入															
分部间营业收入															
二、销售成本合计															
其中：对外销售成本															
分部间销售成本															
三、期间费用合计															
四、营业利润合计															
五、分部资产总额															
六、分部负债总额															

2. 分部报表的编制范围

按《企业会计制度》的规定，满足下列三个条件之一的，应当纳入分部报表的编制范围：

(1)分部营业收入占所有分部营业收入合计的 10%或以上(这里的营业收入包括主营业务收入和其他业务收入，下同)；

(2)分部营业利润占所有盈利分部营业利润合计的 10%或以上，或者分部营业亏损占所有分部营业亏损合计的 10%或以上；

(3)分部资产总额占所有分部资产总额合计的 10%或以上。

3. 有关项目的内容及填列

(1)分部报表中的“对外营业收入”、“对外销售成本”，是指各业务分部对整个企业以外的单位销售所产生的收入、成本。

(2)分部报表中的“分部间营业收入”、“分部间销售成本”，是指各个业务分部与其他业务分部销售业务所产生的收入、成本。对外销售成本和分部间销售成本，可以按对外营业收入占全部业务(或地区)分部营业收入总额的比例进行分配。

(3)“分部资产总额”，是指分部在其经营活动中使用的，并可以直接归属于该分部的资产总额；“分部负债总额”，是指分部的经营活动形成的，并可以直接归属于该分部的负债总额。

任务四 现金流量表

一、现金流量表的概念及作用

现金流量表是用来提供企业有关现金流入、现金流出及投资与筹资活动方面信息的会计报表。

现金流量表的作用主要有以下几个方面：①现金流量表可以提供企业的现金流量信息，从而对企业整体财务状况作出客观的评价；②现金流量表可以更好地评价企业的偿债能力；③通过现金流量表，不但可以了解企业当前的财务状况，还可以预测企业未来的发展状况；④编制现金流量表，便于与国际惯例接轨。

二、现金流量表的编制基础

现金流量表是以现金为基础编制的，编制现金流量表，首先应明确“现金”的含义。根据我国《企业会计准则第 31 号——现金流量表》的规定，现金流量表所指的现金是广义的现金概念，应包括库存现金、可以随时用于支付的银行存款、其他货币资金以及现金等价物。其具体内容如下：

1. 库存现金

库存现金是指企业持有的可随时用于支付的纸币与硬币。

2. 银行存款

银行存款是指企业存在金融企业中随时可以用于支付的存款。如果存在金融企业的款项不能随时用于支付，例如不能随时支取的定期存款，不能作为现金流量表中的现金，但提前通知金融企业便可支取的定期存款，也应包括在现金流量表中的现金范围内。

3. 其他货币资金

其他货币资金是指企业存在金融企业有特定用途的资金，如外埠存款、银行汇票存款、银行本票存款、信用证保证金存款、信用卡存款等。

4. 现金等价物

现金等价物是指企业持有的期限短、流动性强、易于转换为已知金额的现金、价值变动风险很小的投资。现金等价物虽然不是严格意义上的现金，但其支付能力与现金的差别不大，可视为现金。认定现金等价物时，期限短通常是指从购买日起3个月内到期。

三、现金流量表的结构

（一）影响现金流量的因素

影响现金流量的因素主要是企业的日常经营业务，但不是所有的业务都对现金流量有影响。企业的经营业务按其与现金流量的关系分类，可以分为：

1. 现金各项目之间的增减变动

这一类业务账务处理的借方、贷方都是现金，因而不会影响现金流量的增减变动。

2. 非现金各项目之间的增减变动

这一类业务账务处理的借方、贷方都不是现金，当然也不会影响现金流量的增减变动。

3. 现金各项目与非现金各项目之间的增减变动

此类业务账务处理的借方、贷方中，一方是现金，另一方不是现金，所以，这类业务必然影响现金流量的增减变动。

现金流量表主要反映上述第三类业务即现金各项目与非现金各项目之间的增减变动对现金流量净额的影响。非现金各项目之间的增减变动如属于重要的投资和筹资活动，应在现金流量表的附注中予以披露。

（二）现金流量的分类

1. 经营活动产生的现金流量

经营活动是指企业投资活动和筹资活动以外的所有交易与事项。经营活动产生的现金流量主要包括销售商品、提供劳务、购买商品、接受劳务、支付工资和缴纳税款等流入与流出的现金及现金等价物。

2. 投资活动产生的现金流量

投资活动是指企业长期资产的购建和不包括在现金等价物范围内的投资及其处置活动。投资活动产生的现金流量主要包括购建固定资产、处置子公司及其他营业单位等流入和流出的现金与现金等价物。

3. 筹资活动产生的现金流量

筹资活动是指导致企业资本及债务规模和构成发生变化的活动。筹资活动产生的现金流量主要包括吸收投资、发行股票、分配利润、发行债券、偿还债务等流入和流出的现金与现金等价物。偿付应付账款、应付票据等商业应付款属于经营活动，不属于筹资活动。

（三）现金流量表的格式

我国企业现金流量表采用报告式结构，分类反映经营活动产生的现金流量、投资活动产生的现金流量和筹资活动产生的现金流量，最后汇总反映企业某一期间现金及现金等价物的净增加额。

现金流量表分为三部分：第一部分为表首，第二部门为正表，第三部分为补充资料。

（1）表首概括地说明报表名称、编制单位、编制日期、报表编号、货币名称、计量单位等。

(2)正表反映现金流量表的各个项目内容。正表有五项:一是经营活动产生的现金流量;二是投资活动产生的现金流量;三是筹资活动产生的现金流量;四是汇率变动对现金的影响;五是现金及现金等价物净增加额。其中,经营活动产生的现金流量是按直接法编制的。

(3)补充资料有三项:一是将净利润调节为经营活动产生的现金流量;二是不涉及现金收支的投资和筹资活动;三是现金及现金等价物净增加情况。

需说明的是正表第一项经营活动产生的现金流量净额,与补充资料中的第一项经营活动产生的现金流量净额,应当核对相符。正表中的第五项,与补充资料中的第三项金额应当一致。正表中的数字是流入与流出的差额,补充资料中的数字是期末数与期初数的差额,计算依据不同,但结果应当一致,两者应当核对相符。现金流量表的格式如表16—13所示、现金流量表附注的披露内容如表16—14所示。

表16—13　　**现金流量表**

编制单位:大连嘉宏股份有限公司　　2015年度　　单位:元

项　目	行　次	金　额
一、经营活动产生的现金流量:		
销售商品、提供劳务收到的现金	1	
收到的税费返还	3	
收到的其他与经营活动有关的现金	8	
现金流入小计	9	
购买商品、接受劳务支付的现金	10	
支付给职工以及为职工支付的现金	12	
支付的各项税费	13	
支付的其他与经营活动有关的现金	18	
现金流出小计	20	
经营活动产生的现金流量净额	21	
二、投资活动产生的现金流量:		
收回投资所收到的现金	22	
取得投资收益所收到的现金	23	
处置固定资产、无形资产和其他长期资产而收回的现金净额	25	
收到的其他与投资活动有关的现金	28	
现金流入小计	29	
购建固定资产、无形资产和其他长期资产所支付的现金	30	
投资所支付的现金	31	
支付的其他与投资活动有关的现金	35	
现金流出小计	36	
投资活动产生的现金流量净额	37	
三、筹资活动产生的现金流量:		
吸收投资所收到的现金	38	
借款所收到的现金	40	
收到的其他与筹资活动有关的现金	43	
现金流入小计	44	

续表

项　目	行　次	金　额
偿还债务所支付的现金	45	
分配股利、利润或偿付利息所支付的现金	46	
支付的其他与筹资活动有关的现金	52	
现金流出小计	53	
筹资活动产生的现金流量净额	54	
四、汇率变动对现金的影响	55	
五、现金及现金等价物净增加额	56	

表 16—14　　现金流量表附注的披露内容

补充资料	行　次	金　额
1. 将净利润调节为经营活动现金流量：		
净利润	57	
加：计提的资产减值准备	58	
固定资产折旧	59	
无形资产摊销	60	
长期待摊费用摊销	61	
待摊费用减少(减：增加)	64	
预提费用增加(减：减少)	65	
处置固定资产、无形资产和其他长期资产的损失(减：收益)	66	
固定资产报废损失	67	
财务费用	68	
投资损失(减：收益)	69	
递延税款贷项(减：借项)	70	
存货的减少(减：增加)	71	
经营性应收项目的减少(减：增加)	72	
经营性应付项目的增加(减：减少)	73	
其他	74	
经营活动产生的现金流量净额	75	
2. 不涉及现金收支的投资和筹资活动		
债务转为资本	76	
一年内到期的可转换公司债券	77	
融资租入固定资产	78	
3. 现金及现金等价物净增加情况：		
现金的期末余额	79	
减：现金的期初余额	80	
加：现金等价物的期末余额	81	
减：现金等价物的期初余额	82	
现金及现金等价物净增加额	83	

四、现金流量表的编制依据与编制方法

(一)现金流量表的编制依据

现金流量表是按收付实现制来反映企业报告期内的现金流动信息的。而企业编制的资产负债表、利润表和利润分配表及有关账户记录资料反映的会计信息,都是按权责发生制基础记录报告的。所以,现金流量表的编制依据必然是资产负债表、利润表和利润分配表及有关账户记录资料;编制现金流量表的过程就是将权责发生制下的会计资料转换为按收付实现制表示的现金流动。现金流动信息要求分别根据经营活动、投资活动和筹资活动进行报告。

(二)现金流量表的编制方法

1. 经营活动产生的现金流量的编制方法

经营活动产生的现金流量是一项重要的指标,它可以说明企业在不动用从外部筹得资金的情况下,通过经营活动产生的现金流量是否足以偿还负债、支付股利和对外投资。经营活动产生的现金流量可以采用直接法和间接法两种方法反映:直接法是通过现金流入和现金流出的主要类别来反映企业经营活动产生的现金流量。间接法是以本期净利润为起算点,调整不涉及现金的收入、费用、营业外收支等有关项目的增减变动,据此计算出经营活动产生的现金流量。采用直接法提供的信息有助于评价企业未来现金流量。国际会计准则鼓励企业采用直接法编制现金流量表。在我国,现金流量表也以直接法编制,但在现金流量表的附注补充资料中还按照间接法反映经营活动现金流量的情况。

(1)直接法。采用直接法报告企业经营活动产生的现金流量时,各个现金流入与流出项目的数据可以从会计记录中直接获得,也可以在利润表上营业收入、营业成本等数据的基础上通过调整获得。

①"销售商品、提供劳务收到的现金"项目,反映企业销售商品、提供劳务实际收到的现金(含销售收入和应向购买者收取的增值税额),包括本期销售商品、提供劳务收到的现金,以及前期销售和前期提供劳务本期收到的现金及本期预收的账款,扣除本期退回本期销售的商品和前期销售本期退回的商品支付的现金。企业销售材料和代购供销业务收到的现金,也在本项目反映。

②"收到的税费返还"项目,反映企业收到返还的各种税费,如收到的增值税、消费税、营业税、所得税、教育费附加返还等。确定该项目的余额,需要分析"应交税费"科目下各明细科目的贷方发生额。

③"收到的其他与经营活动有关的现金"项目,反映企业除了上述各项目外,收到的其他与经营活动有关的现金流入,如罚款收入、流动资产损失中由个人赔偿的现金收入等。其他现金流入如价值较大,单列项目反映。该项目所包括内容比较复杂,要通过分析"现金"、"银行存款"科目的借方发生额确定,由于没有固定的科目对应关系,分析起来有一定难度。不过企业涉及此类现金流入的经济业务一般较少。

④"购买商品、接受劳务支付的现金"项目,反映企业因购买商品、接受劳务实际支付的现金,包括本期购入商品、接受劳务支付的现金(包括支付的增值税进项税额),以及本期支付前期购入商品、接受劳务的未付款项和本期预付款项。本期发生的购货退回收到的现金应从本项目内扣除。确定本项目的金额通常以利润表上的"营业成本"为基础进行调整。

⑤"支付给职工以及为职工支付的现金"项目,反映企业实际支付给职工以及为职工支付的现金,包括本期实际支付给职工的工资、奖金、各种津贴和补贴等,以及为职工支付的其他费

用。不包括支付的离退休人员的各项费用和支付给在建工程人员的工资等。企业支付给离退休人员的各项费用,在"支付的其他与经营活动有关的现金"项目中反映;支付的在建工程人员的工资,在投资活动产生的现金流量部分的"购建固定资产、无形资产和其他长期资产所支付的现金"项目反映。企业为职工支付的养老、失业等社会保险基金、补充养老保险、住房公积金、支付给职工的住房困难补助、为职工缴纳的商业保险金,以及企业支付给职工或为职工支付的其他福利费用等,应按职工的工作性质和服务对象,分别在本项目和"购建固定资产、无形资产和其他长期资产所支付的现金"项目反映。

⑥"支付的各项税费"项目,反映企业当期实际上缴税务部门的各种税金,以及支付的教育费附加、矿产资源补偿费、印花税、房产税、土地增值税、车船使用税、预缴的营业税等。不包括计入固定资产价值、实际支付的耕地占用税等。本项目的金额可通过分析"应交税费"科目下属的各明细科目的借方发生额计算得到。

⑦"支付的其他与经营活动有关的现金"项目,反映企业除上述各项目外,支付的其他与经营活动有关的现金流出,如罚款支出、支付的差旅费、业务招待费现金支出、支付的保险费等,其他现金流出如价值较大的,应单列项目反映。确定本项目的金额,可以在科目表上的"销售费用"与"管理费用"两个项目的基础上进行分析调整,扣除折旧费用、无形资产摊销等无相应现金流出的项目。

(2)间接法。间接法是以利润表上的净利润为出发点,调整确定经营活动产生的现金流量。在利润表中反映的净利润是按权责发生制确定的,其中有些收入、费用项目并没有实际发生经营活动的现金流入和流出。通过对这些项目的调整,即可将净利润调节为经营活动产生的现金流量。具体需要调整的项目可分为四大类:一是实际没有支付现金的费用;二是实际没有收到现金的收益;三是不属于经营活动的损益;四是经营性应收应付项目的增减变动。将净利润调节为经营活动的现金流量需要调整的项目如下:

①"计提的资产减值准备"项目,反映企业本期计提的各项资产的减值准备。本项目可根据"资产减值损失"科目的记录填列。

②"固定资产折旧"项目,反映企业本期计提的折旧。本项目可根据"累计折旧"科目的贷方发生额分析填列。

③"无形资产摊销"和"长期待摊费用摊销"两个项目,分别反映企业本期摊入成本费用的无形资产的价值及长期待摊费用。这两个项目可根据"累计摊销"、"长期待摊费用"科目的贷方发生额分析填列。

④"待摊费用减少(减:增加)"项目,反映企业本期待摊费用的减少。本项目可根据资产负债表上"待摊费用"项目的期初、期末余额的差额填列;期末数大于期初数的差额,以"—"号填列。

⑤"预提费用的增加(减:减少)"项目,反映企业本期预提费用的增加。本项目可根据资产负债表"预提费用"项目的期初、期末余额的差额填列;期末数小于期初数的差额,以"—"号填列。

⑥"处置固定资产、无形资产和其他长期资产的损失(减:收益)",反映企业本期由于处置固定资产、无形资产和其他长期资产而发生的净损失。本项目可根据"营业外收入"、"营业外支出"、"其他业务收入"、"其他业务成本"科目所属有关明细科目的记录分析填列;如为净收益,以"—"号填列。

⑦"固定资产报废损失"项目,反映企业本期固定资产盘亏(减:盘盈)后的净损失。本项目可根据"营业外支出"、"营业外收入"科目所属有关明细科目中固定资产盘亏损失减去固定资产盘盈收益后的差额填列。

⑧“财务费用”项目，反映企业本期发生的应属于筹资活动或投资活动的财务费用。本项目可根据“财务费用”科目的本期借方发生额分析填列；如为收益，以“－”号填列。

⑨“投资损失(减：收益)”项目，反映企业本期投资所发生的损失减去收益后的净损失。本项目可根据利润表上“投资收益”项目的数字填列；如为投资收益，以“－”号填列。

⑩“递延所得税资产减少”和“递延所得税负债增加”项目，分别反映企业本期递延所得税资产减少和递延所得税负债增加。可分别根据资产负债表“递延所得税资产”、“递延所得税负债”项目的期初、期末余额的差额填列。“递延所得税资产”的期末数小于期初数的差额，以及“递延所得税负债”的期末数大于期初数的差额，以正数填列；“递延所得税资产”的期末数大于期初数的差额，以及“递延所得税负债”的期末数小于期初数的差额，以“－”号填列。

⑪“存货的减少(减：增加)”项目，反映企业本期存货的减少(减：增加)。本项目可根据资产负债表上“存货”项目的期初、期末余额的差额填列；期末数大于期初数的差额，以“－”号填列。

⑫“经营性应收项目的减少(减：增加)”项目，反映企业本期经营性应收项目(包括应收账款、应收票据和其他应收款中与经营活动有关的部分及应收的增值税销项税额等)的减少(减：增加)。

⑬“经营性应付项目的增加(减：减少)”项目，反映企业本期经营性应付项目(包括应付账款、应付票据、应交税费、其他应付款中与经营活动有关的部分以及应付的增值税进项税额等)的增加(减：减少)。

2. 投资活动产生的现金流量的编制方法

现金流量表中的投资活动包括不属于现金等价物的短期投资和长期投资的购买与处置、固定资产的购建与处置、无形资产的购置与处置等。投资活动产生的现金流量应首先区分现金流入与现金流出，在此基础上再细分为若干项目。

(1)投资活动产生的现金流入。可分为以下项目：

①“收回投资所收到的现金”项目，反映企业出售、转让或到期收回除现金等价物以外的交易性金融资产、长期股权投资而收到的现金，以及收回持有至到期投资而收到的现金，不包括持有至到期投资收回的利息以及收回的非现金资产。

②“取得投资收益所收到的现金”项目，反映企业因各种投资而分得的现金股利、利润、利息等。

③“处置固定资产、无形资产和其他长期资产所收到的现金净额”项目，反映企业处置固定资产、无形资产和其他长期资产所取得的现金，扣除为处置这些资产而支付的有关费用后的净额。由于自然灾害所造成的固定资产等长期资产损失而收到的保险赔偿收入，也在本项目反映。

④“收到的其他与投资活动有关的现金”项目，反映企业除了上述各项以外，收到的其他与投资活动有关的现金流入。其他现金流入如价值较大的，应单列项目反映。

(2)投资活动产生的现金流出。可分为以下科目：

①“购建固定资产、无形资产和其他长期资产所支付的现金”项目，反映企业购买、建造固定资产，取得无形资产和其他长期资产所支付的现金，不包括为购建固定资产而发生的借款利息资本化的部分，以及融资租入固定资产支付的租赁费。支付的借款利息和融资租入固定资产支付的租赁费，应在筹资活动产生的现金流量部分单独反映。本项目可根据“固定资产”、“在建工程”、“无形资产”、“现金”、“银行存款”等科目的记录分析填列。

②"投资所支付的现金"项目,反映企业对外进行权益性投资和债权性投资所支付的现金,包括企业取得的除现金等价物以外的交易性金融资产、长期股权投资、持有至到期投资所支付的现金,以及支付的佣金、手续费等附加费用。本项目可根据"长期股权投资"、"持有至到期投资"、"交易性金融资产"、"现金"、"银行存款"等科目的记录分析填列。

企业购买股票和债券时,实际支付的价款中包含的已宣告但尚未领取的现金股利或到期但尚未领取的债券利息,应在投资活动产生的现金流量部分的"支付的其他与投资活动有关的现金"项目反映;收回购买股票和债券时支付的已宣告但尚未领取的现金股利或已到付息期但尚未领取的债券的利息,在投资活动产生的现金流量部分的"收到的其他与投资活动有关的现金"项目反映。

③"支付的其他与投资活动有关的现金"项目,反映企业除了上述各项以外,支付的其他与投资活动有关的现金流出。其他现金流出如价值较大的,应单列项目反映。本项目可根据有关科目的记录分析填列。

3. 筹资活动产生的现金流量的编制方法

现金流量表需要单独反映筹资活动产生的现金流量。筹资活动产生的现金流量应首先区分现金流入与现金流出,在此基础上再细分为若干项目。

(1)筹资活动产生的现金流入。可分为以下项目:

①"吸收投资所收到的现金"项目,反映企业收到的投资者投入的现金,包括企业以发行股票、债券等方式筹集资金时实际收到的款项净额(发行收入减去支付的佣金等发行费用后的净额)。以发行股票、债券等方式筹集资金而由企业直接支付的审计、咨询等费用,在"支付的其他与筹资活动有关的现金"项目反映,不从本项目内扣除。本项目可根据"实收资本"(或"股本")、"现金"、"银行存款"等科目的记录分析填列。

②"借款所收到的现金"项目,反映企业举借各种短期、长期借款所收到的现金。本项目可根据"短期借款"、"长期借款"、"现金"、"银行存款"等科目的记录分析填列。

③"收到的其他与筹资活动有关的现金"项目,反映企业除上述各项目外,所形成的其他与筹资活动有关的现金流入,如接受现金捐赠等。其他现金流入如价值较大的,应单列项目反映。本项目可根据有关科目的记录分析填列。

(2)筹资活动产生的现金流出。可分为以下几个项目:

①"偿还债务所支付的现金"项目,反映企业以现金偿还债务的本金,包括偿还金融企业的借款本金、偿还债券本金等所导致的现金流出。企业偿还的借款利息、债券利息,在"分配股利、利润或偿付利息所支付的现金"项目反映,不包括在本项目内。本项目根据"短期借款"、"长期借款"、"应付债券"、"现金"、"银行存款"等科目的记录分析填列。

②"分配股利、利润和偿付利息所支付的现金"项目,反映企业实际支付的现金股利、利润,以及支付的借款利息和债券利息等。本项目可根据"应付股利"、"财务费用"、"长期借款"、"应付债券"、"现金"、"银行存款"等科目的记录分析填列。

③"支付的其他与筹资活动有关的现金"项目,反映企业除了上述各项外,所形成的其他与筹资活动有关的现金流出,如捐赠现金支出等。其他现金流出如价值较大的,应单列项目反映。本项目可根据有关科目的记录分析填列。

(三)现金流量表补充资料(附注披露)的填列

现金流量表的补充资料分为三部分:第一部分是"将净利润调节为经营活动的现金流量";第二部分是"不涉及现金收支的投资和筹资活动";第三部分是"现金及现金等价物净增加情

况”。下面重点讲述第一部分。

1.“将净利润调节为经营活动的现金流量”项目

(1)计提的资产减值准备。该项目反映企业当期实际计提的各项资产减值准备,包括坏账准备、存货跌价准备、短期投资跌价准备、长期投资减值准备、固定资产减值准备、无形资产减值准备等。企业计提各项资产减值准备时,计入了当期管理费用、营业外支出等,抵减了当期利润,但实际上并没有发生现金流出,因此,当期计提的资产减值准备应加回到净利润中。本项目可以根据“管理费用”、“投资收益”、“营业外支出”等科目的明细记录计算得出,也可根据各准备科目的期末、期初差额填列。

(2)固定资产折旧。该项目反映企业本期实际计提的固定资产折旧。企业计提固定资产折旧时,分别计入了管理费用和制造费用,计入管理费用的折旧费已作为期间费用抵减了当期利润,计入制造费用的折旧费则通过销售成本也抵减了当期利润,但计提固定资产折旧时并没有发生现金流出,所以应将当期计提的固定资产折旧加回到净利润中。本项目可汇集“管理费用”、“制造费用”等账户的折旧费发生额计算得出,也可根据“累计折旧”科目的贷方发生额分析填列。

(3)无形资产摊销和长期待摊费用摊销。无形资产和长期待摊费用摊销时,计入了管理费用,抵减了当期利润,但并没有发生现金流出,所以在调整时应将本期摊销额加回到净利润中。这两个项目可以根据“管理费用”科目的明细记录计算得出,也可根据“无形资产”、“长期待摊费用”科目的贷方发生额分析填列。

(4)待摊费用减少(减:增加)。待摊费用摊销时,表明待摊费用减少,减少额计入了管理费用或制造费用等,抵减了当期利润,但并没有发生现金流出,所以在调整时应将本期摊销额加回到净利润中。本项目可以根据资产负债表“待摊费用”项目期初、期末余额的差额填列;期末数大于期初数的差额,以“—”号填列。

(5)预提费用增加(减:减少)。预提费用计提时,计入了管理费用、制造费用等,抵减了当期利润,但并没有发生现金流出,所以在调整时应加回到净利润中。本项目可以根据资产负债表“预提费用”项目的期初、期末余额的差额填列;期末数小于期初数的差额,以“—”号填列。

(6)处置固定资产、无形资产和其他长期资产的损失(减:收益)。企业处置固定资产、无形资产和其他长期资产不属于经营活动,但其产生的损益计入了当期净利润,所以产生的损失在调整时应加回到净利润中,产生的收益在调整时应从净利润中转出。该项目可根据“待处理财产损溢”、“营业外收入”和“营业外支出”科目所属的有关明细科目的记录分析计算填列;如为净收益,以“—”号填列。

(7)固定资产报废损失。企业进行固定资产盘点也不属于经营活动,但其产生的损益计入了当期净利润,所以发生的固定资产盘亏,应在调整时加回到净利润中,而发生的固定资产盘盈,则应在调整时从净利润中减去。该项目可根据“营业外支出”和“营业外收入”科目所属的有关明细科目中固定资产盘亏损失减去固定资产盘盈收益后的差额填列。

(8)财务费用。该项目反映企业本期实际发生的应归属于投资活动和筹资活动的财务费用。企业发生的财务费用按其性质可以分别归属于经营活动、投资活动和筹资活动。如企业赊销商品发生的现金折扣、应收票据的贴现利息、支付给银行的承兑手续费,以及销售商品和购买原材料产生的汇兑损益等属于经营活动的财务费用;购买固定资产所产生的汇兑损益属于投资活动的财务费用;支付的借款利息和债券利息则属于筹资活动的财务费用。在调整时应将属于投资活动和筹资活动的财务费用加回到净利润中。本项目可以根据“财务费用”科目的本期借方发生额分析填列;如为收益,以"—"号填列。

(9)投资损失(减:收益)。企业当期发生的投资损失(或收益)已计入当期损益,但投资活动不属于经营活动,所以在调整时,应将投资损失加回到净利润中;如为投资收益,则应从净利润中减去。本项目可以根据利润表"投资收益"项目的数字直接填列;如为投资收益,以"—"号填列。

(10)递延税款贷项(减:借项)。由于企业实际缴纳的所得税是按应税所得计算的,递延税款只是对当期所得税费用的调整,并没有发生实际的现金流入或流出,但在利润表中已列入了所得税费用,抵减或增加了当期净利润,所以应当调整净利润。本项目可以根据资产负债表"递延税款借项"、"递延税款贷项"项目期初、期末余额的差额填列。"递延税款借项"期末数小于期初数的差额以及"递延税款贷项"期末数大于期初数的差额,以正数填列;相反,以"—"号填列。

(11)存货的减少(减:增加)。在不存在赊销的情况下,若一定会计期间年末存货比年初存货减少了,说明本期生产经营过程耗用的存货有一部分是期初的存货,耗用这部分存货并没有发生现金支出,所以在调整时应加回到净利润中;相反,在调整时应将存货的增加额从净利润中减去。在存在赊购的情况下,还应通过调整应付款项的增减变动来反映赊购对现金流量的影响,即在"经营性应付项目的增加(或减少)"项目中调整。本项目可以根据资产负债表"存货"项目期初、期末余额的差额填列;期末数大于期初数的差额,以"—"号填列。

应注意的是,由于存货的增减变动有些不是由经营活动引起的,比如存货的增加包括接受投资、捐赠转入;存货的减少包括用于在建工程、对外投资等,所以不能简单地将存货的期初、期末余额相减。

填列本项目时应将存货的贷方发生额中进入成本费用的部分(即不包括工程领用、对外投资的存货)减借方发生额中购入的部分(即不包括接受投资、捐赠增加的存货)。如果企业当期没有发生非经营性活动引起的存货增减变动,那么,直接按资产负债表中存货项目的年初、年末差额填列即可。

(12)经营性应收项目的减少(减:增加)。该项目反映企业经营性应收项目年末余额小于(或大于)年初余额的数额。若经营性应收项目的年末余额小于年初余额,说明本期从购货方收到的现金大于本期销售收入,即本期从购货方收取的现金中有一部分是本期收回前期的应收账款和应收票据等,所以在调整时应将经营性应收项目的减少数加回到净利润中;反之,应将经营性应收项目的增加数从净利润中减去。本项目可以根据资产负债表"应收账款"、"应收票据"、"其他应收款"等项目的期初、期末余额的差额,减以非现金资产抵偿债务而减少的应收账款、应收票据填列;期末数大于期初数的差额,以"—"号填列。

填列本项目的关键问题是要明确经营性应收项目的概念。经营性应收项目包括:应收账款、应收票据、预付账款(包括应收的增值税销项税额);其他应收款中与经营活动有关的部分;将待处理财产损溢——待处理流动资产损溢也视同经营性应收项目。非经营性应收项目主要有应收利息、应收股利等。

(13)经营性应付项目的增加(减:减少)。该项目反映企业经营性应付项目年末余额大于(或小于)年初余额的数额。若经营性应付项目的年末余额大于年初余额,表明本期购入的存货中有一部分没有支付现金,但在利润表已全数列入销售成本,以及本期计入有关成本费用的工资、职工福利费、税金中有一部分没有支付现金,所以在调整时应将经营性应付项目的增加数加回到净利润中;反之,应将经营性应付项目的减少数从净利润中减去。本项目可以根据资产负债表“应付账款”、“应付票据”、“应付工资”、“应付福利费”、“应交税费”、“其他应付款”、“其他应交款”等项目的期初、期末余额的差额，减以非现金资产抵偿债务而减少的应付账款、应付票据填列；期末数小于期初数的差额，以“－”号填列。

填列本项目的关键问题是要明确经营性应付项目的概念。经营性应付项目包括：应付账款、应付票据、预收账款、应交所得税、其他应交款、其他应付款、应付工资、应付福利费、预提费用、应交税费中与经营活动有关的部分（包括应付的增值税进项税额）等。

非经营性应付项目主要有应付利息、应付股利、应付利润，应付工资、应付福利费中支付给在建工程人员的部分，预提费用中的利息支出等。

2.“不涉及现金收支的投资和筹资活动”项目

这些投资和筹资活动虽然不涉及现金收支，但属于企业的重大理财活动，对以后各期的现金流量有重大影响，因此，应单列项目在补充资料中反映。目前，要求列示的项目主要有下列几项：①债务转为资本；②1年内到期的可转换公司债券；③融资租入固定资产。

3. 现金及现金等价物净增加情况

附表第三部分的填列较简单，通过现金的期末期初差额进行反映即可，用以检验用直接法编制的现金流量净额是否准确。现金等价物，准则将其定义为企业持有的期限短、流动性强、易于转换为已知金额现金、价值变动风险很小的投资。其中，期限短是指自购买日起，3个月内到期。企业可据此设定现金等价物的标准，根据期末期初余额分析填列。若企业的现金等价物年末和年初余额相差不大，可以忽略不计。

五、现金流量表的平衡关系

现金流量表的平衡关系表现为两个方面：

一方面，主表中用直接法填列的“经营活动产生的现金流量净额”等于附表中用间接法调整得出的“经营活动产生的现金流量净额”。

另一方面，主表中“经营活动产生的现金流量净额”、“投资活动产生的现金流量净额”、“筹资活动产生的现金流量净额”以及“汇率变动对现金的影响额”之和得出的“现金及现金等价物净增加额”等于附表中通过“现金”、“银行存款”、“其他货币资金”账户的期末期初余额的差额以及现金等价物的差额得出的“现金及现金等价物净增加额”。

以上平衡关系是检验现金流量表编制正确性的最重要的两个依据，也是基本的平衡关系。

六、编制现金流量表可选用的技术方法

（一）工作底稿法

采用工作底稿法编制现金流量表，是以工作底稿为手段，以利润表和资产负债表数据为基础，对每一项目进行分析并编制调整分录，从而编制出现金流量表。工作底稿的格式如表16－15所示。

表16－15　　**现金流量表工作底稿**　　单位：元

项　目	期初数	调整分录		期末数
		借　方	贷　方	
一、资产负债表项目				
借方项目：				

续表

项　目	期初数	调整分录		期末数
		借　方	贷　方	
货币资金				
短期投资				
应收票据				
应收账款				
预付账款				
其他应收款				
存货				
待摊费用				
长期股权投资				
固定资产原价				
工程物资				
在建工程				
无形资产				
长期待摊费用				
借方项目合计				
贷方项目：				
累计折旧				
短期借款				
应付票据				
应付账款				
其他应付款				
应付工资				
应付福利费				
应付股利				
应交税费				
其他应交款				
预提费用				
长期借款				
实收资本				
盈余公积				
未分配利润				
贷方项目合计				
二、利润表项目				
主营业务收入				
主营业务成本				
主营业务税金及附加				
其他营业利润				
营业费用				

续表

项 目	期初数	调整分录		期末数
		借 方	贷 方	
管理费用				
财务费用				
投资收益				
营业外收入				
营业外支出				
所得税				
净利润				
三、现金流量表项目				
(一)经营活动产生的现金流量				
销售商品、提供劳务收到的现金				
现金收入小计				
购买商品、接受劳务支付的现金				
支付给职工以及为职工支付的现金				
支付的各项税费				
支付的其他与经营活动有关的现金				
现金支出小计				
经营活动产生现金流量净额				
(二)投资活动产生的现金流量				
收回投资所收到的现金				
取得投资收益所收到的现金				
处置固定资产收回的现金净额				
现金收入小计				
购建固定资产所支付的现金				
投资活动产生的现金流量净额				
(三)筹资活动产生的现金流量				
借款所收到的现金				
现金收入小计				
偿还债务所支付现金				
分配股利、利润和偿还利息所支付的现金				
现金支出小计				
筹资活动产生现金流量净额				
(四)现金及现金等价物净减少额				
调整分录借贷合计				

在直接法下，整个工作底稿纵向分成三段：第一段是资产负债表项目，其中又分为借方项目和贷方项目两部分；第二段是利润表项目；第三段是现金流量表项目。工作底稿横向分为五栏，在资产负债表部分，第一栏是项目栏，填列资产负债各项目名称；第二栏是期初数，用来填列资产负债表项目的期初数；第三栏是调整分录的借方；第四栏是调整分录的贷方；第五栏是

期末数，用来填列资产负债表项目的期末数。工作底稿法的程序是：

第一步：将资产负债表的期初数和期末数过入工作底稿的期初数栏和期末数栏。

第二步：对当期业务进行分析并编制调整分录。调整分录大体有这样几类：第一类涉及利润表中的收入、成本和费用项目以及资产负债表中的资产、负债及所有者权益项目，通过调整，将权责发生制下的收入费用转换为现金基础；第二类是涉及资产负债表与现金流量表中的投资和筹资项目，反映投资和筹资活动的现金流量；第三类是涉及利润表与现金流量表中的投资和筹资项目，目的是将利润表中有关投资和筹资方面的收入及费用列入现金流量表投资、筹资现金流量中去。此外，还有一些调整分录并不涉及现金收支，只是为了核对资产负债表项目的期末数变动。

在调整分录中，有关现金和现金等价物的事项，并不直接借记或贷记现金，而是分别记入“经营活动产生的现金流量”、“投资活动产生的现金流量”、“筹资活动产生的现金流量”有关项目，借记表明现金流入，贷记表明现金流出。

第三步：将调整分录过入工作底稿中的相应部分。

第四步：核对调整分录，借贷合计应当相等，资产负债表项目期初数加减调整分录中的借贷金额以后，应当等于期末数。

第五步：根据工作底稿中的现金流量表项目部分编制正式的现金流量表。

（二）T 型账户法

T 型账户法是以 T 型账户为手段，以利润表和资产负债表数据为基础，对每一项目进行分析并编制调整分录，从而编制出现金流量表。采用 T 型账户法编制现金流量表的程序如下：

第一步：为所有的非现金项目（包括资产负债表项目和利润表项目）分别开设 T 型账户，并将各自的期末、期初变动数过入各该科目。

第二步：开设一个大的“现金及现金等价物”T 型账户，每边分为经营活动、投资活动和筹资活动三个部分，左边记现金流入，右边记现金流出。与其他账户一样，过入期末、期初变动数。

第三步：以利润表项目为基础，结合资产负债表分析每一个非现金项目的增减变动，并据此编制调整分录。

第四步：将调整分录过入各 T 型账户，并进行核对，该账户借贷相抵后的余额与原先过入的期末、期初变动数应当一致。

第五步：根据大的“现金及现金等价物”T 型账户编制正式现金流量表。

现金及现金等价物 T 型账户的格式如表 16－16 所示。

表 16－16　　现金及现金等价物

经营活动现金收入： 1. 销售商品收到的现金 小计	经营活动现金支出： 1. 购买商品支付的现金 小计 2. 支付给职工的现金 3. 支付的各项税费 4. 支付的其他与经营活动有关的现金 小计

续表

投资活动现金收入： 1. 收回投资所收到的现金 2. 取得投资收益收到的现金 3. 处置固定资产收回的现金	投资活动现金支出： 1. 购建固定资产所支付的现金 小计
筹资活动现金收入： 1. 借款所收到的现金 现金流入合计	筹资活动现金支出： 1. 偿还债务所支付的现金 小计 2. 偿付利息支付的现金 现金流出合计
	现金流出净额

（三）其他方法

现金流量表的编制技术方法，除了前述的两种方法以外，还有复式分录法和公式法等。复式分录法是指对每一笔经济业务分别按权责发生制和收付实现制进行记录；公式法是指利用已有的资产负债表和利润表，配以必要的准备工作，依据权责发生制与收付实现制关系，通过一系列公式完成。

任务五　所有者权益变动报表

一、所有者权益变动表的概念

所有者权益变动表是反映构成所有者权益的各组成部分当期的增减变动情况的报表。所有者权益变动表应当全面反映一定时期所有者权益变动的情况，不仅包括所有者权益总量的增减变动，还包括所有者权益增减变动的重要结构性信息，特别是反映直接计入所有者权益的利得和损失，让报表使用者准确理解所有者权益增减变动的根源。

二、所有者权益变动表的内容和结构

在所有者权益变动表上，企业至少应当单独列示反映下列信息的项目：①净利润；②直接计入所有者权益的利得和损失项目及其总额；③会计政策变更和差错更正的累积影响金额；④所有者投入资本和向所有者分配利润等；⑤提取的盈余公积；⑥实收资本、资本公积、盈余公积、未分配利润的期初、期末余额及其调节情况。其中，反映“直接计入所有者权益的利得和损失”的项目即为其他综合收益项目。

三、所有者权益变动表的填列方法

（一）上年金额栏的填列方法

所有者权益变动表“上年金额”栏内各项数字，应根据上年度所有者权益变动表“本年金额”栏内所列数字填列。如果上年度所有者权益变动表规定的各个项目的名称和内容与本年度不相一致，应对上年度所有者权益变动表各项目的名称和数字按本年度的规定进行调整，填入所有者权益变动表“上年金额”栏内。

(二)本年金额栏的填列方法

所有者权益变动表“本年金额”栏内各项数字一般应根据“实收资本(或股本)”、“资本公积”、“库存股”、“盈余公积”、“未分配利润”科目的发生额分析填列,如表16－17所示。

表16－17　所有者权益变动表　会企04表

编制单位:　2015年度　单位:元

项　目	本年金额						上年金额					
	实收资本(股本)	资本公积	减:库存股	盈余公积	未分配利润	所有者权益合计	实收资本(或股本)	资本公积	减:库存股	盈余公积	未分配利润	所有者权益合计
一、上年年末余额												
加:会计政策变更												
前期差错更正												
二、本年年初余额												
三、本年增减变动金额(减少以“－”号填列)												
(一)净利润												
(二)直接计入所有者权益的利得和损失												
1.可供出售金融资产公允价值变动净额												
2.权益法下被投资单位其他所有者权益变动的影响												
3.与计入所有者权益项目相关的所得税影响												
4.其他												
上述(一)和(二)小计												
(三)所有者投入和减少资本												
1.所有者投入资本												
2.股份支付计入所有者权益的金额												
3.其他												
(四)利润分配												
1.提取盈余公积												
2.对所有者(或股东)的分配												
3.其他												
(五)所有者权益内部结转												
1.资本公积转增资本(或股本)												
2.盈余公积转增资本(或股本)												
3.盈余公积弥补亏损												
4.其他												
四、本年年末余额												

任务六　财务报表附注

一、提供财务报表附注的原因

财务报表附注是企业财务报告不可缺少的组成部分，是对财务报表本身无法或难以充分表述的内容和项目所作的补充说明与详细解释。由于企业日常发生的经济业务千差万别、数量繁多，每个企业都必须按照一定的程序、方法，把日常发生的大量的、不同性质的经济交易和事项分类、汇总、加工成系统的会计核算记录，并定期编制以表格形式表现的财务报表。为了便于使用者理解，一些在报表中被高度浓缩的项目需要进一步分解、解释或补充，这样，附注就逐渐成为财务报表的组成部分。

提供财务报表附注，其主要原因有以下三个方面：

(一)突出财务报表信息的重要性

财务报表中所含有的数量信息已比较全面，内容繁多，报表用户可能抓不住重点，对其中的重要信息了解可能不够全面详细。通过注释，可将财务报表中的重要数据进一步予以分解、说明，有助于报表用户了解哪些是重要的信息，应当引起注意，并在决策中有所考虑。

(二)提高报表内信息的可比性

会计报表通常依据会计准则编制而成，会计准则在许多方面规定了多种会计处理方法，并允许企业根据本行业特点及其所处的经济环境选择能最恰当、公允地反映财务状况和经营成果的会计原则、程序和方法，结果导致不同行业或同一行业各企业所提供的会计信息产生较大的差异。此外，为保持财务报表编制所采用方法的一贯性，使产生的信息具有可比性，会计准则要求企业慎重选择其所采用的会计程序、方法与原则，不得随意变更，但这并不意味着这些程序、方法与原则在确定后就绝对不能变更。只要新的经济环境表明，采用另一种会计原则、程序或方法，能更为恰当地反映企业的经济情况，那么改变原来的会计方法或程序就是合理的。改变方法则会影响信息的可比性，因而，在财务报告中用适当的方式通过注释来说明企业所采用的会计方法及其变更，有助于提高财务报表的可比性。

(三)增加报表内信息的可理解性

企业财务报表的使用者为数颇多，其知识结构必然有异，信息需求及侧重点各不相同，仅有财务报表肯定不能满足所有报表用户的需要。对表中数据进行解释，将一个抽象的数据分解成若干的具体项目，并说明产生各项目的会计方法，有助于报表用户理解财务报表中的信息。

由于会计管理机构加强了对企业信息披露的管理，近年来，注释中提供的信息有日益增多的趋势。尽管注释技术性很强，不易为非专业人员理解，但它确实向报表用户提供了许多富有意义的信息。

必须指出，尽管附注与表内信息不可分割，共同组成财务报表的整体，但是，附注中的定量或定性说明都不能用来更正表内的错误，也不能用以代替报表正文中的正常分类、计价和描述，或与正文数据发生矛盾。此外，附注作为一种会计信息的披露手段，还存在以下缺陷：①如果使用者对附注不作认真研究，便难以阅读和理解，从而可能忽视这项资料；②附注的文字叙述，比报表中所汇总的数据资源更难以用于决策；③随着企业业务复杂性的增加，存在着过多地使用附注的危险，这样势必会削弱基本报表的作用。

二、财务报表附注的形式

在会计实务中，财务报表附注可采用旁证、附表和底注等形式。

（一）旁注

旁注是指在财务报表的有关项目旁直接用括号加注说明。旁注是最简单的报表注释方法，如果报表上有关项目的名称或金额受到限制或需简要补充时，可以直接用括号加注说明。为了保持报表项目的简明扼要、清晰明了，旁注仅适用于个别只需简单补充的信息项目。

（二）附表

附表是指为了保持财务报表的简明易懂而另行编制一些反映其构成项目及年度内的增减来源与数额的表格。附表反映的内容，有些已直接包括在脚注之内，有些则附在报表和脚注之后，作为财务报告的一个单独组成部分。必须注意的是，附表与补充报表的概念并不相同。附表所反映的是财务报表中某一项目的明细信息（如应收账款的账龄表），而补充报表则往往反映一些附加的信息或按不同基础编制的信息。最常见的补充报表是揭示物价变动对企业财务状况和经营成果影响的附表。

（三）底注

底注也称脚注，是指在财务报表后面用一定文字和数字所作的补充说明。一般而言，每一种报表都可以有一定的底注，其篇幅大小随各种报表的复杂程度而定。底注的主要作用是揭示那些不便于列入报表正文的有关信息。但是，底注作为财务报表的组成部分，仅是对报表正文的补充，它不能取代或更正报表正文中的正常分类、计价和描述。凡列入财务报表正文部分的信息项目都必须符合会计要素的定义和一系列确认与计量的标准。财务报表正文主要是以表格形式描述有关企业财务状况与经营绩效的定量信息，这一特征使报表正文所能包含的信息受到限制，而底注则比较灵活，它可提供：有关报表编制基础等方面的定性信息；报表项目的性质；比报表正文更为详细的信息；一些相对较次要的信息，这些信息对理解和使用报表信息是十分有益的。由于这一优点，底注在财务报表中已发挥越来越重要的作用。目前，在会计实务中报表底注的内容日益增多，其增长幅度大大超过报表的正文。

★★★ 项目小结 ★★★

资产负债表是反映企业在报告期末全部资产、负债和所有者权益情况的报表。它是一张揭示企业在一定时点上财务状况的静态报表。

利润表又称收益表、损益表，是反映企业一定期间（如年度、季度、月份）经营成果的财务报表。

现金流量表是用来提供企业有关现金流入、现金流出及投资与筹资活动方面信息的会计报表。

所有者权益变动表是反映构成所有者权益的各组成部分当期的增减变动情况的报表。

财务报表附注是对财务报表本身无法或难以充分表述的内容和项目所作的补充说明与详细解释。

★★★ 关键术语 ★★★

财务报告　资产负债表　利润表　现金流量表　财务报表附注　所有者权益变动表

★★★ 思考与讨论 ★★★

1. 财务报告的作用及财务报告的披露方式是怎样的?
2. 资产负债表的编制方法是怎样的?
3. 利润表的编制方法是怎样的?
4. 现金流量表的编制依据与编制方法是怎样的?
5. 所有者权益变动表的填列方法是怎样的?

项目十七　会计调整

技能目标

能够对会计政策、会计估计变更、前期差错更正进行会计处理。

学习目标

1. 理解:会计政策、会计估计变更、前期差错更正、资产负债表日后事项的内容。
2. 熟知:会计政策、会计估计变更、前期差错更正的披露。
3. 掌握:会计政策、会计估计变更、前期差错更正、资产负债表日后事项的账务方法。

知识支撑

任务一　会计政策及其变更

一、会计政策的概念与特点

(一)会计政策的概念

会计政策,是指企业在会计确认、计量和报告中所采用的原则、基础和会计处理方法。其中,原则是指按照企业会计准则规定的、适合于企业会计核算所采用的具体会计原则;基础是指为了将会计原则应用于交易或事项而采用的基础,主要是计量基础(即计量属性),包括历史成本、重置成本、可变现净值、现值和公允价值等;会计处理方法是指企业在会计核算中按照法律、行政法规或国家统一的会计制度等规定采用或选择的、适用于本企业的具体会计处理方法。

(二)会计政策的特点

1. 会计政策的选择性

会计政策是在允许的会计原则、计量基础和会计处理方法中作出指定或具体选择。由于企业经济业务的复杂性和多样化,某些经济业务在符合会计原则和计量基础的要求下,可以有多种会计处理方法,即存在不止一种可供选择的会计政策。例如,确定发出存货的实际成本时可以在先进先出法、加权平均法或个别计价法中进行选择。

2. 会计政策的强制性

在我国,会计准则和会计制度属于行政法规,会计政策所包括的具体会计原则、计量基础和具体会计处理方法由会计准则或会计制度规定,具有一定的强制性。企业必须在法规所允许的范围内选择适合本企业实际情况的会计政策,即企业在发生某项经济业务时,必须从允许的会计原则、计量基础和会计处理方法中选择出适合本企业特点的会计政策。

3. 会计政策的层次性

会计政策包括会计原则、计量基础和会计处理方法三个层次。其中，会计原则是指导企业会计核算的具体原则，例如，《企业会计准则第 13 号——或有事项》规定的以该义务是企业承担的现实义务、履行该义务很可能导致经济利益流出企业、该义务的金额能够可靠地计量作为预计负债的确认条件就是预计负债确认的具体会计原则；会计基础是为将会计原则体现在会计核算而采用的基础，例如，《企业会计准则第 8 号——资产减值》中涉及的公允价值就是计量基础；会计处理方法是按照会计原则和计量基础的要求，由企业在会计核算中采用或选择的、适用于本企业的具体会计处理方法，例如，企业按照《企业会计准则第 15 号——建造合同》规定采用的完工百分比法就是会计处理方法。会计原则、计量基础和会计处理方法三者之间是一个具有逻辑性的、密不可分的整体，通过这个整体，会计政策才能得以应用和落实。

(三)会计政策的披露

企业应当披露重要的会计政策，不具有重要性的会计政策可以不予披露。判断会计政策是否重要，应当考虑与会计政策相关项目的性质和金额。

企业应当披露的重要会计政策包括：

(1)发出存货成本的计量，是指企业确定发出存货成本所采用的会计处理。例如，企业发出存货成本的计量是采用先进先出法，还是采用其他计量方法。

(2)长期股权投资的后续计量，是指企业取得长期股权投资后的会计处理。例如，企业对被投资单位的长期股权投资是采用成本法，还是采用权益法核算。

(3)投资性房地产的后续计量，是指企业在资产负债表日对投资性房地产进行后续计量所采用的会计处理。例如，企业对投资性房地产的后续计量是采用成本模式，还是公允价值模式。

(4)固定资产的初始计量，是指对取得的固定资产初始成本的计量。例如，企业取得的固定资产初始成本是以购买价款，还是以购买价款的现值为基础进行计量。

(5)生物资产的初始计量，是指对取得的生物资产初始成本的计量。例如，企业为取得生物资产而产生的借款费用，应当予以资本化，还是计入当期损益。

(6)无形资产的确认，是指对无形项目的支出是否确认为无形资产。例如，企业内部研究开发项目开发阶段的支出是确认为无形资产，还是在发生时计入当期损益。

(7)非货币性资产交换的计量，是指非货币性资产交换事项中对换入资产成本的计量。例如，非货币性资产交换是以换出资产的公允价值作为确定换入资产成本的基础，还是以换出资产的账面价值作为确定换入资产成本的基础。

(8)收入的确认，是指收入确认所采用的会计原则。例如，企业确认收入时要同时满足已将商品所有权上的主要风险和报酬转移给购货方、收入的金额能够可靠地计量、相关经济利益很可能流入企业等条件。

(9)合同收入与费用的确认，是指确认建造合同的收入和费用所采用的会计处理方法。例如，企业确认建造合同的合同收入和合同费用采用完工百分比法。

(10)借款费用的处理，是指借款费用的会计处理方法，即是采用资本化，还是采用费用化。

(11)合并政策，是指编制合并财务报表所采纳的原则。例如，母公司与子公司的会计年度不一致的处理原则；合并范围的确定原则等。

(12)其他重要会计政策。

二、会计政策变更

会计政策变更，是指企业对相同的交易或事项由原来采用的会计政策改用另一会计政策的行为。为保证会计信息的可比性使财务报表使用者在比较企业一个以上期间的财务报表时，能够正确判断企业的财务状况、经营成果和现金流量的趋势，一般情况下，企业采用的会计政策，在每一会计期间和前后各期应当保持一致，不得随意变更。否则，势必削弱会计信息的可比性。但是，在下述两种情形下，企业可以变更会计政策：

（一）法律、行政法规或国家统一的会计制度等要求变更

这种情况是指，按照法律、行政法规或国家统一的会计制度的规定，要求企业采用新的会计政策，则企业应当按照法律、行政法规或国家统一的会计制度的规定改变原会计政策，按照新的会计政策执行。例如，《企业会计准则第1号——存货》对发出存货实际成本的计价排除了后进先出法，这就要求执行企业会计准则体系的企业按照新规定，将原来以后进先出法核算发出存货成本改为准则规定可以采用的会计政策。

（二）会计政策变更能够提供更可靠、更相关的会计信息

由于经济环境、客观情况的改变，使企业原采用的会计政策所提供的会计信息，已不能恰当地反映企业的财务状况、经营成果和现金流量等情况。在这种情况下，应改变原有会计政策，按变更后新的会计政策进行会计处理，以便对外提供更可靠、更相关的会计信息。例如，企业一直采用成本模式对投资性房地产进行后续计量，如果企业能够从房地产交易市场上持续地取得同类或类似房地产的市场价格及其他相关信息，从而能够对投资性房地产的公允价值作出合理的估计，此时，企业可以将投资性房地产的后续计量方法由成本模式变更为公允价值模式。

三、会计政策变更与会计估计变更的划分

企业应当正确划分会计政策变更与会计估计变更，并按照不同的方法进行相关会计处理。企业应当以变更事项的会计确认、计量基础和列报项目是否发生变更作为判断该变更是会计政策变更还是会计估计变更的划分基础。

（一）以会计确认是否发生变更作为判断基础

《企业会计准则——基本准则》规定了资产、负债、所有者权益、收入、费用和利润6项会计要素的确认标准，是会计处理的首要环节。一般来说，对会计确认的指定或选择是会计政策，其相应的变更是会计政策变更。会计确认的变更一般会引起列报项目的变更。例如，企业在前期将某项内部研究开发项目开发阶段的支出计入当期损益，而当期按照《企业会计准则第6号——无形资产》的规定，该项支出符合无形资产的确认条件，应当确认为无形资产。该事项的会计确认发生变更，即前期将研发费用确认为一项费用，而当期将其确认为一项资产。该事项中会计确认发生了变化，所以该变更是会计政策变更。

（二）以计量基础是否发生变更作为判断基础

《企业会计准则——基本准则》规定了历史成本、重置成本、可变现净值、现值和公允价值5项会计计量属性，是会计处理的计量基础。一般来说，对计量基础的判定或选择是会计政策，其相应的变更是会计政策变更。例如，企业在前期对购入的价款超过正常信用条件延期支付的固定资产初始计量采用历史成本，而当期按照《企业会计准则第4号——固定资产》的规定，该类固定资产的初始成本应以购买价款的现值为基础确定。该事项的计量基础发生了变

化，所以该变更是会计政策变更。

（三）以列报项目是否发生变更作为判断基础

《企业会计准则第30号——财务报表列报》规定了财务报表项目应采用的列报原则。一般来说，对列报项目的指定或选择是会计政策，其相应的变更是会计政策变更。例如，某商业企业在前期将商品采购费用列入营业费用，当期根据《企业会计准则第1号——存货》的规定，将采购费用列入存货成本。因为列报项目发生了变化，所以该变更是会计政策变更。

四、会计政策变更的会计处理

发生会计政策变更时，有两种会计处理方法，即追溯调整法和未来适用法。这两种方法适用于不同情形。

（一）追溯调整法

追溯调整法，是指对某项交易或事项变更会计政策，视同该项交易或事项初次发生时即采用变更后的会计政策，并以此对财务报表相关项目进行调整的方法。采用追溯调整法时，对于比较财务报表期间的会计政策变更，应调整各期间净损益各项目和财务报表其他相关项目，视同该政策在比较财务报表期间上一直采用。对于比较财务报表可比期间以前的会计政策变更的累积影响数，应调整比较财务报表最早期间的期初留存收益，财务报表其他相关项目的数字也应一并调整。

追溯调整法通常由以下步骤构成：①计算会计政策变更的累积影响数；②编制相关项目的调整分录；③调整列报前期最早期初财务报表相关项目及其金额；④附注说明。

其中，会计政策变更累积影响数，是指按照变更后的会计政策对以前各期追溯计算的列报前期最早期初留存收益应有金额与现有金额之间的差额。根据上述定义的表述，会计政策变更的累积影响数可以分解为以下两个金额之间的差额：(1)在变更会计政策当期，按变更后的会计政策对以前各期追溯计算，所得到列报前期最早期初留存收益金额；(2)在变更会计政策当期，列报前期最早期初留存收益金额。上述留存收益金额，包括盈余公积和未分配利润等项目，不考虑由于损益的变化而应当补分的利润或股利。例如，由于会计政策变化，增加了以前期间可供分配的利润，该企业通常按净利润的20%分派股利。但在计算调整会计政策变更当期期初的留存收益时，不应当考虑由于以前期间净利润的变化而需要分派的股利。

在财务报表只提供列报项目上一个可比会计期间比较数据的情况下，上述第(2)项，在变更会计政策当期，列报前期最早期初留存收益金额，即为上期资产负债表所反映的期初留存收益，可以从上年资产负债表项目中获得；需要计算确定的是第(1)项，即按变更后的会计政策对以前各期追溯计算，所得到的上期期初留存收益金额。

累积影响数通常可以通过以下各步计算获得：①根据新会计政策重新计算受影响的前期交易或事项；②计算两种会计政策下的差异；③计算差异的所得税影响金额；④确定前期中的每一期的税后差异；⑤计算会计政策变更的累积影响数。

需要注意的是，对以前年度损益进行追溯调整或追溯重述的，应当重新计算各列报期间的每股收益。

【案例17-1】　甲公司2013年、2014年分别以4 500 000元和1 100 000元的价格从股票市场购入A、B两只以交易为目的的股票（假设不考虑购入股票发生的交易费用），市价一直高于购入成本。公司采用成本与市价孰低法对购入股票进行计量。公司从2015年起对其以交易为目的购入的股票由成本与市价孰低改为公允价值计量，公司保存的会计资料比较齐备，可以通过会计资料追溯计算。假设所得税税率为25%，公司按净利润的10%提取法定盈余公积，按净利润的5%提取任意盈余公积。公司发行股票份额为4 500万股。两种方法计量的交易性金融资产账面价值如表17—1所示：

表17—1 两种方法计量的交易性金融资产账面价值 单位：元

会计政策 股票	成本与市价孰低	2013年年末公允价值	2014年年末公允价值
A股票	4 500 000	5 100 000	5 100 000
B股票	1 100 000	——	1 300 000

根据上述资料，甲公司的会计处理如下：

1. 计算改变交易性金融资产计量方法后的累积影响数

具体如表17—2所示：

表17—2 改变交易性金融资产计量方法后的积累影响数 单位：元

时　间	公允价值	成本与市价孰低	税前差异	所得税影响	税后差异
2013年末	5 100 000	4 500 000	600 000	150 000	450 000
2014年末	1 300 000	1 100 000	200 000	50 000	150 000
合　计	6 400 000	5 600 000	800 000	200 000	600 000

甲公司2015年12月31日的比较财务报表列报前期最早期初为2014年1月1日。

甲公司在2013年年末按公允价值计量的账面价值为5 100 000元，按成本与市价孰低计量的账面价值为4 500 000元，两者的所得税影响合计为150 000元，两者差异的税后净影响额为450 000元，即为该公司2014年期初由成本与市价孰低改为公允价值的累积影响数。

甲公司在2014年年末按公允价值计量的账面价值为6 400 000元，按成本与市价孰低计量的账面价值为5 600 000元，两者的所得税影响合计为200 000元，两者差异的税后净影响额为600 000元，其中，450 000元是调整2014年累积影响数，150 000元是调整2014年当期金额。

甲公司按照公允价值重新计量2014年年末B股票账面价值，其结果为公允价值变动收益少计了200 000元，所得税费用少计了50 000元，净利润少计了150 000元。

2. 编制有关项目的调整分录：

(1)对2013年有关事项的调整分录

①对2013年有关事项的调整分录：

借：交易性金融资产——公允价值变动　　600 000
　　贷：利润分配——未分配利润　　450 000
　　　　递延所得税负债　　150 000

②调整利润分配：

按照净利润的10%提取法定盈余公积，按照净利润的5%提取任意盈余公积，共计提取盈余公积450 000×15%=67 500(元)。

借：利润分配——未分配利润　　67 500
　　贷：盈余公积　　67 500

(2)对2014年有关事项的调整分录：

①调整交易性金融资产：

借：交易性金融资产——公允价值变动　　200 000

　贷：利润分配——未分配利润　　150 000

　　递延所得税负债　　50 000

②调整利润分配：

按照净利润的10%提取法定盈余公积，按照净利润的5%提取任意盈余公积，共计提取盈余公积150 000×15%=22 500(元)。

借：利润分配——未分配利润　　22 500

　贷：盈余公积　　22 500

3. 财务报表调整和重述(财务报表略)

甲公司在列报2015年财务报表时，应调整2015年资产负债表有关项目的年初余额、利润表有关项目的上年金额及所有者权益变动表有关项目的上年金额和本年金额也应进行调整。

(1)资产负债表项目的调整：

调增交易性金融资产年初余额800 000元；调增递延所得税负债年初余额200 000元；调增盈余公积年初余额90 000元；调增未分配利润年初余额510 000元。

(2)利润表项目的调整：

调增公允价值变动收益上年金额200 000元；调增所得税费用上年金额50 000元；调增净利润上年金额150 000元；调增基本每股收益上年金额0.003 3元。

(3)所有者权益变动表项目的调整：

调增会计政策变更项目中盈余公积上年金额67 500元，未分配利润上年金额382 500元，所有者权益合计上年金额450 000元。调增会计政策变更项目中盈余公积本年金额22 500元，未分配利润本年金额127 500元，所有者权益合计本年金额150 000元。

(二)未来适用法

未来适用法，是指将变更后的会计政策应用于变更日及以后发生的交易或事项，或者在会计估计变更当期和未来期间确认会计估计变更影响数的方法。

在未来适用法下，不需要计算会计政策变更产生的累积影响数，也无需重编以前年度的财务报表。企业会计账簿记录及财务报表上反映的金额，变更之日仍保留原有的金额，不因会计政策变更而改变以前年度的既定结果，并在现有金额的基础上再按新的会计政策进行核算。

【案例17—2】 乙公司原对发出存货采用后进先出法，由于采用新准则，按其规定，公司从2015年1月1日起改用先进先出法。2015年1月1日存货的价值为2 500 000元，公司当年购入存货的实际成本为18 000 000元，2015年12月31日按先进先出法计算确定的存货价值为4 500 000元，当年销售额为25 000 000元，假设该年度其他费用为1 200 000元，所得税税率为25%。2015年12月31日按后进先出法计算的存货价值为2 200 000元。

乙公司由于法律环境变化而改变会计政策，假定对其采用未来适用法进行处理，即对存货采用先进先出法从2015年及以后才适用，不需要计算2015年1月1日以前按先进先出法计算存货应有的余额，以及对留存收益的影响金额。

计算确定会计政策变更对当期净利润的影响数如表17—3所示。

表 17—3　当期净利润的影响数计算表　单位:元

项　目	先进先出法	后进先出法
营业收入	25 000 000	25 000 000
减:营业成本	16 000 000	18 300 000
减:其他费用	1 200 000	1 200 000
利润总额	7 800 000	5 500 000
减:所得税	1 950 000	1 375 000
净利润	5 850 000	4 125 000
差　额	1 725 000	

公司由于会计政策变更使当期净利润增加了 1 725 000 元。其中,采用先进先出法的销售成本为:期初存货+购入存货实际成本−期末存货=2 500 000+18 000 000−4 500 000=16 000 000(元);采用后进先出法的销售成本为:期初存货+购入存货实际成本−期末存货=2 500 000+18 000 000−2 200 000=18 300 000(元)。

(三)会计政策变更的会计处理方法的选择

对于会计政策变更,企业应当根据具体情况,分别采用不同的会计处理方法:

(1)法律、行政法规或者国家统一的会计制度等要求变更的情况下,企业应当分别以下情况进行处理:①国家发布相关的会计处理办法,则按照国家发布的相关会计处理规定进行处理;②国家没有发布相关的会计处理办法,则采用追溯调整法进行会计处理。

(2)会计政策变更能够提供更可靠、更相关的会计信息的情况下,企业应当采用追溯调整法进行会计处理,将会计政策变更累积影响数调整列报前期最早期初留存收益,其他相关项目的期初余额和列报前期披露的其他比较数据也应当一并调整。

(3)确定会计政策变更对列报前期影响数不切实可行的,应当从可追溯调整的最早期间期初开始应用变更后的会计政策;在当期期初确定会计政策变更对以前各期累积影响数不切实可行的,应当采用未来适用法处理。

其中,不切实可行,是指企业在采取所有合理的方法后,仍然不能获得采用某项规定所必需的相关信息,而导致无法采用该项规定,则该项规定在此时是不切实可行的。

五、会计政策变更的披露

企业应当在附注中披露与会计政策变更有关的下列信息:

(1)会计政策变更的性质、内容和原因。包括:对会计政策变更的简要阐述、变更的日期、变更前采用的会计政策和变更后所采用的新会计政策及会计政策变更的原因。

(2)当期和各个列报前期财务报表中受影响的项目名称和调整金额。包括:采用追溯调整法时,计算出的会计政策变更的累积影响数;当期和各个列报前期财务报表中需要调整的净损益及其影响金额,以及其他需要调整的项目名称和调整金额。

(3)无法进行追溯调整的,说明该事实和原因以及开始应用变更后的会计政策的时点、具体应用情况。包括:无法进行追溯调整的事实;确定会计政策变更对列报前期影响数不切实可行的原因;在当期期初确定会计政策变更对以前各期累积影响数不切实可行的原因;开始应用新会计政策的时点和具体应用情况。

【案例 17－3】 承接案例 17－1，应在财务报表附注中作如下说明：

本公司 2015 年按照会计准则规定，对交易性金融资产计量由成本与市价孰低改为以公允价值计量。此项会计政策变更采用追溯调整法，2015 年比较财务报表已重新表述。2014 年期初运用新会计政策追溯计算的会计政策变更累积影响数为 450 000 元，调增 2014 年的期初留存收益 450 000 元，其中，调增未分配利润 382 500 元，调增盈余公积 67 500 元。会计政策变更对 2015 年度财务报表本年金额的影响为调增未分配利润 127 500 元，调增盈余公积 22 500 元，调增净利润 150 000 元。

【案例 17－4】 承接案例 17－2，应在财务报表附注中作如下说明：

本公司对存货原采用后进先出法计价，由于施行新会计准则改用先进先出法计价。按照《企业会计准则第 38 号——首次执行企业会计准则》的规定，对该项会计政策变更应当采用未来适用法。由于该项会计政策变更，当期净利润增加 1 725 000 元。

任务二　会计估计及其变更

一、会计估计概述

（一）会计估计的概念

会计估计，是指企业对结果不确定的交易或事项以最近可利用的信息为基础所作的判断。

（二）会计估计的特点

会计估计具有如下特点：

1. 会计估计的存在是由于经济活动中内在的不确定性因素的影响

在会计核算中，企业总是力求保持会计核算的准确性，但有些经济业务本身具有不确定性。例如，坏账、固定资产折旧年限、固定资产残余价值、无形资产摊销年限等，因而需要根据经验作出估计。可以说，在进行会计核算和相关信息披露的过程中，会计估计是不可避免的。

2. 进行会计估计时，往往以最近可利用的信息或资料为基础

企业在会计核算中，由于经营活动中内在的不确定性，不得不经常进行估计。一些估计的主要目的是为了确定资产或负债的账面价值，如坏账准备、担保责任引起的负债；另一些估计的主要目的是确定将在某一期间记录的收益或费用的金额，如某一期间的折旧、摊销的金额。企业在进行会计估计时，通常应根据当时的情况和经验，以一定的信息或资料为基础进行。但是，随着时间的推移、环境的变化，进行会计估计的基础可能会发生变化。因此，进行会计估计所依据的信息或资料不得不经常发生变化。由于最新的信息是最接近目标的信息，以其为基础所作的估计最接近实际，所以进行会计估计时，应以最近可利用的信息或资料为基础。

3. 进行会计估计并不会削弱会计确认和计量的可靠性

企业为了定期、及时地提供有用的会计信息，将延续不断的经营活动人为划分为一定的期间，并在权责发生制的基础上对企业的财务状况和经营成果进行定期确认和计量。例如，在会计分期的情况下，许多企业的交易跨越若干会计年度，以至于需要在一定程度上作出决定：某一年度发生的开支，哪些可以合理地预期能够产生其他年度以收益形式表示的利益，从而全部或部分向后递延；哪些可以合理地预期在当期能够得到补偿，从而确认为费用。由于会计分期和货币计量的前提，在确认和计量过程中，不得不对许多尚在延续中、其结果尚未确定的交易或事项予以估计入账。

（三）会计估计的披露

企业应当披露重要的会计估计，不具有重要性的会计估计可以不披露。判断会计估计是否重要，应当考虑与会计估计相关项目的性质和金额。企业应当披露的重要会计估计包括：

(1)存货可变现净值的确定。

(2)采用公允价值模式下的投资性房地产公允价值的确定。

(3)固定资产的预计使用寿命与净残值；固定资产的折旧方法。

(4)生物资产的预计使用寿命与净残值；各类生产性生物资产的折旧方法。

(5)使用寿命有限的无形资产的预计使用寿命与净残值。

(6)可收回金额按照资产组的公允价值减去处置费用后的净额确定的，确定公允价值减去处置费用后的净额的方法。可收回金额按照资产组的预计未来现金流量的现值确定的，预计未来现金流量的确定。

(7)合同完工进度的确定。

(8)权益工具公允价值的确定。

(9)债务人债务重组中转让的非现金资产的公允价值、由债务转成的股份的公允价值和修改其他债务条件后债务的公允价值的确定。债权人债务重组中受让的非现金资产的公允价值、由债权转成的股份的公允价值和修改其他债务条件后债权的公允价值的确定。

(10)预计负债初始计量的最佳估计数的确定。

(11)金融资产公允价值的确定。

(12)承租人对未确认融资费用的分摊；出租人对未实现融资收益的分配。

(13)探明矿区权益、井及相关设施的折耗方法。与油气开采活动相关的辅助设备及设施的折旧方法。

(14)非同一控制下企业合并成本的公允价值的确定。

(15)其他重要会计估计。

二、会计估计变更

会计估计变更，是指由于资产和负债的当前状况及预期经济利益与义务发生了变化，从而对资产或负债的账面价值或资产的定期消耗金额进行调整。

会计估计变更的情形包括：

(1)赖以进行估计的基础发生了变化

企业进行会计估计，总是依赖于一定的基础。如果其所依赖的基础发生了变化，则会计估计也应相应发生变化。例如，企业的某项无形资产摊销年限原定为 10 年，以后发生的情况表明，该资产的受益年限已不足 10 年，相应调减摊销年限。

(2)取得了新的信息、积累了更多的经验

企业进行会计估计是就现有资料对未来所做的判断，随着时间的推移，企业有可能取得新的信息、积累更多的经验。在这种情况下，企业可能不得不对会计估计进行修订，即发生会计估计变更。例如，企业原根据当时能够得到的信息，对应收账款每年按其余额的 5%计提坏账准备。现在掌握了新的信息，判定不能收回的应收账款比例已达 15%，企业改按 15%的比例计提坏账准备。

会计估计变更，并不意味着以前期间会计估计是错误的，只是由于情况发生了变化，或者掌握了新的信息，积累了更多的经验，使得变更会计估计能够更好地反映企业的财务状况和经营成果。如果以前期间的会计估计是错误的,则属于会计差错,按会计差错更正的会计处理办法进行处理。

三、会计估计变更的会计处理

企业对会计估计变更应当采用未来适用法处理,即在会计估计变更当期及以后期间采用新的会计估计,不改变以前期间的会计估计,也不调整以前期间的报告结果。

(1)会计估计变更仅影响变更当期的,其影响数应当在变更当期予以确认。例如,企业原按应收账款余额的5%提取坏账准备,由于企业不能收回应收账款的比例已达10%,则企业改按应收账款余额的10%提取坏账准备。这类会计估计的变更,只影响变更当期,因此,应于变更当期确认。

(2)既影响变更当期又影响未来期间的,其影响数应当在变更当期和未来期间予以确认。例如,企业的某项可计提折旧的固定资产,其有效使用年限或预计净残值的估计发生的变更,常常影响变更当期及资产以后使用年限内各个期间的折旧费用,这类会计估计的变更,应于变更当期及以后各期确认。

会计估计变更的影响数应计入变更当期与前期相同的项目中。为了保证不同期间的财务报表具有可比性,如果以前期间的会计估计变更的影响数计入企业日常经营活动损益,则以后期间也应计入日常经营活动损益;如果以前期间的会计估计变更的影响数计入特殊项目,则以后期间也应计入特殊项目。

【案例17—5】 丙公司有一台管理用设备,原始价值为84 000元,预计使用寿命为8年,净残值为4 000元,自2011年1月1日起按直线法计提折旧。2015年1月,由于新技术的发展等原因,需要对原预计使用寿命和净残值作出修正,修改后的预计使用寿命为6年,净残值为2 000元。所得税税率为25%。假定税法允许按变更后的折旧额在税前扣除。

(1)分析:

丙公司对上述会计估计变更的处理如下:①不调整以前各期折旧,也不计算累积影响数;②变更日以后发生的经济业务改按新估计使用寿命提取折旧。

(2)计算:

按原估计,每年折旧额为10 000元,已提折旧4年,共计40 000元,固定资产净值为44 000元,则第5年相关科目的年初余额如表17—4所示:

表17—4　　相关科目年初余额　　单位:元

项　目	金　额
固定资产	84 000
减:累计折旧	40 000
固定资产净值	44 000

改变估计使用寿命后,2015年1月1日起每年计提的折旧费用为21 000元[(44 000—2 000)÷(6—4)]。2015年不必对以前年度已提折旧进行调整,只需按重新预计的尚可使用寿命和净残值计算确定年折旧费用。

(3)编制会计分录如下:

借:管理费用　　21 000

贷：累计折旧　　21 000

(3)企业应当正确划分会计政策变更和会计估计变更，并按不同的方法进行相关会计处理。企业通过判断会计政策变更和会计估计变更划分基础仍然难以对某项变更进行区分的，应当将其作为会计估计变更处理。

四、会计估计变更的披露

企业应当在附注中披露与会计估计变更有关的下列信息：

(1)会计估计变更的内容和原因，包括变更的内容、变更日期以及为什么要对会计估计进行变更。

(2)会计估计变更对当期和未来期间的影响数，包括会计估计变更对当期和未来期间损益的影响金额，以及对其他各项目的影响金额。

(3)会计估计变更的影响数不能确定的，披露这一事实和原因。

【案例 17—6】 承接案例 17—5，应在财务报表附注中作如下说明：

本公司一台管理用设备，原始价值为 84 000 元，原预计使用寿命为 8 年，预计净残值为 4 000元，按直线法计提折旧。由于新技术的发展，该设备已不能按原预计使用寿命计提折旧，本公司于 2015 年初变更该设备的使用寿命为 6 年，预计净残值为 2 000 元，以反映该设备的真实耐用寿命和净残值。此估计变更影响本年度净利润减少数为 8 250 元[(21 000－10 000)×(1－25%)]。

任务三　前期差错及其更正

一、前期差错概述

(一)前期差错的概念

前期差错，是指由于没有运用或错误运用下列两种信息，而对前期财务报表造成省略或错报：①编报前期财务报表时预期能够取得并加以考虑的可靠信息；②前期财务报告批准报出时能够取得的可靠信息。前期差错通常包括计算错误、应用会计政策错误、疏忽或曲解事实以及舞弊产生的影响以及存货、固定资产盘盈等。

(二)前期差错的情形

没有运用或错误运用上述两种信息而形成前期差错的情形主要有：

(1)计算以及账户分类错误。例如，企业购入的五年期国债，计划长期持有，但在记账时记入了“交易性金融资产”，导致账户分类上的错误，并导致在资产负债表上流动资产和非流动资产的分类也有误。

(2)采用法律、行政法规或者国家统一的会计制度等不允许的会计政策。例如，按照《企业会计准则第 17 号——借款费用》的规定，为购建固定资产的专门借款而发生的借款费用，满足一定条件的，在固定资产达到预定可使用状态前发生的，应予资本化，计入所购建固定资产的成本；在固定资产达到预定可使用状态后发生的，计入当期损益。如果企业固定资产已达到预定可使用状态后发生的借款费用，也计入该固定资产的价值，予以资本化，则属于采用法律或会计准则等行政法规、规章所不允许的会计政策。

(3)对事实的疏忽或曲解，以及舞弊。例如，企业对某项建造合同应按建造合同规定的方法确认营业收入，但该企业按确认商品销售收入的原则确认收入。

(4)在期末对应计项目与递延项目未予调整。例如，企业应在本期摊销的费用在期末未予摊销。

(5)漏记已完成的交易。例如，企业销售一批商品，商品已经发出，开出增值税专用发票，商品销售收入确认条件均已满足，但企业在期末时未将已实现的销售收入入账。

(6)提前确认尚未实现的收入或不确认已实现的收入。例如，在采用委托代销商品的销售方式下，应以收到代销单位的代销清单时，确认商品销售收入的实现，如企业在发出委托代销商品时即确认为收入，则为提前确认尚未实现的收入。

(7)资本性支出与收益性支出划分差错。例如，企业发生的管理人员的工资一般作为收益性支出，而发生的在建工程人员工资一般作为资本性支出。如果企业将发生的在建工程人员工资计入了当期损益，则属于资本性支出与收益性支出的划分差错。

需要注意的是，就会计估计的性质来说，它是个近似值，随着更多信息的获得，估计可能需要进行修正，但是会计估计变更不属于前期差错更正。

二、前期差错更正的会计处理

如果财务报表项目的遗漏或错误表述可能影响财务报表使用者根据财务报表所作出的经济决策，则该项目的遗漏或错误是重要的。重要的前期差错，是指足以影响财务报表使用者对企业财务状况、经营成果和现金流量作出正确判断的前期差错。不重要的前期差错，是指不足以影响财务报表使用者对企业财务状况、经营成果和现金流量作出正确判断的会计差错。

企业应当采用追溯重述法更正重要的前期差错，但确定前期差错累积影响数不切实可行的除外。追溯重述法，是指在发现前期差错时，视同该项前期差错从未发生过，从而对财务报表相关项目进行更正的方法。

(一)不重要的前期差错的会计处理

对于不重要的前期差错，企业不需调整财务报表相关项目的期初数，但应调整发现当期与前期相同的相关项目。属于影响损益的，应直接计入本期与上期相同的净损益项目。属于不影响损益的，应调整本期与前期相同的相关项目。

【案例 17—7】 A公司在2015年12月31日发现，一台价值9 600元、应计入固定资产，并于2014年2月1日开始计提折旧的管理用设备，在2014年计入了当期费用。该公司固定资产折旧采用直线法，该资产估计使用年限为4年，假设不考虑净残值因素。则在2015年12月31日更正此差错的会计分录为：

借：固定资产　　9 600
　　贷：管理费用　　5 000
　　　　累计折旧　　4 600

假设该项差错直到2019年2月后才发现，则不需要做任何分录，因为该项差错已经抵销了。

(二)重要的前期差错的会计处理

对于重要的前期差错，企业应当在其发现当期的财务报表中，调整前期比较数据。具体来说，企业应当在重要的前期差错发现当期的财务报表中，通过下述处理对其进行追溯更正：①追溯重述差错发生期间列报的前期比较金额；②如果前期差错发生在列报的最早前期之前，则追溯重述列报的最早前期的资产、负债和所有者权益相关项目的期初余额。

对于发生的重要的前期差错，如影响损益，应将其对损益的影响数调整发现当期的期初留存收益，财务报表其他相关项目的期初数也应一并调整；如不影响损益，应调整财务报表相关项目的期初数。

在编制比较财务报表时，对于比较财务报表期间的重要的前期差错，应调整各该期间的净损益和其他相关项目，视同该差错在产生的当期已经更正；对于比较财务报表期间以前的重要的前期差错，应调整比较财务报表最早期间的期初留存收益，财务报表其他相关项目的数字也应一并调整。

确定前期差错影响数不切实可行的，可以从可追溯重述的最早期间开始调整留存收益的期初余额，财务报表其他相关项目的期初余额也应当一并调整，也可以采用未来适用法。当企业确定前期差错对列报的一个或者多个前期比较信息的特定期间的累积影响数不切实可行时，应当追溯重述切实可行的最早期间的资产、负债和所有者权益相关项目的期初余额（可能是当期）；当企业在当期期初确定前期差错对所有前期的累积影响数不切实可行时，应当从确定前期差错影响数切实可行的最早日期开始采用未来适用法追溯重述比较信息。

需要注意的是，为了保证经营活动的正常进行，企业应当建立健全内部稽核制度，保证会计资料的真实、完整。对于年度资产负债表日至财务报告批准报出日之间发现的报告年度的会计差错及报告年度前不重要的前期差错，应按照《企业会计准则第 29 号——资产负债表日后事项》的规定进行处理。

【案例 17—8】 B公司在 2015 年发现，2014 年漏记一项固定资产的折旧费用 150 000 元，所得税申报表中未扣除该项费用。假设 2014 年适用所得税税率为 25%，无其他纳税调整事项。该公司分别按净利润的 10%和 5%提取法定盈余公积和任意盈余公积。公司发行股票份额为 1 800 000 股。假定税法允许调整应交所得税。

1. 分析前期差错的影响数

2014 年少计折旧费用 150 000 元；多计所得税费用 37 500 元（150 000×25%）；多计净利润 112 500 元；多计应交税费 37 500 元（150 000×25%）；多提法定盈余公积和任意盈余公积 11 250 元（112 500×10%）和 5 625 元（112 500×5%）。

2. 编制有关项目的调整分录

(1)补提折旧：

借：以前年度损益调整　　150 000

　　贷：累计折旧　　150 000

(2)调整应交所得税：

借：应交税费——应交所得税　　37 500

　　贷：以前年度损益调整　　37 500

(3)将“以前年度损益调整”科目余额转入利润分配：

借：利润分配——未分配利润　　112 500

　　贷：以前年度损益调整　　112 500

(4)调整利润分配有关数字：

借：盈余公积　　16 875

　　贷：利润分配——未分配利润　　16 875

3. 财务报表调整和重述（财务报表略）

B公司在列报 2015 年财务报表时，应调整 2015 年资产负债表有关项目的年初余额，利润表有关项目及所有者权益变动表的上年金额也应进行调整。

(1)资产负债表项目的调整：

调增累计折旧 150 000 元；调减应交税费 37 500 元；调减盈余公积 16 875 元；调减未分配利润 95 625 元(112 500－16 875)。

(2)利润表项目的调整：

调增营业成本上年金额 150 000 元；调减所得税费用上年金额 37 500 元；调减净利润上年金额 112 500 元；调减基本每股收益上年金额 0.0625 元。

(3)所有者权益变动表项目的调整：

调减前期差错更正项目中盈余公积上年金额 16 875 元，未分配利润上年金额 95 625 元，所有者权益合计上年金额 112 500 元。

三、前期差错更正的披露

企业应当在附注中披露与前期差错更正有关的下列信息：①前期差错的性质；②各个列报前期财务报表中受影响的项目名称和更正金额；③无法进行追溯重述的，说明该事实和原因以及对前期差错开始进行更正的时点、具体更正情况。

在以后期间的财务报表中，不需要重复披露在以前期间的附注中已披露的前期差错更正的信息。

【案例 17－9】 沿用案例 17－8，应在财务报表附注中作如下说明：

本年度发现 2014 年漏记固定资产折旧 150 000 元，在编制 2014 年与 2015 年比较财务报表时，已对该项差错进行了更正。更正后，调减 2015 年净利润及留存收益 112 500 元，调增累计折旧 150 000 元。

任务四　资产负债表日后事项

一、资产负债表日后事项的概念

资产负债表日后事项，是指资产负债表日至财务报告批准报出日之间发生的有利或不利事项。理解这一定义，需要注意以下方面：

(一)资产负债表日

资产负债表日是指会计年度末和会计中期期末。中期是指短于一个完整的会计年度的报告期间，包括半年度、季度和月度。按照《会计法》规定，我国会计年度采用公历年度，即 1 月 1 日至 12 月 31 日。因此，年度资产负债表日是指每年的 12 月 31 日，中期资产负债表日是指各会计中期期末，例如，提供第一季度财务报告时，资产负债表日是该年度的 3 月 31 日；提供半年度财务报告时，资产负债表日是该年度的 6 月 30 日。

如果母公司或子公司在国外，无论该母公司或子公司如何确定会计年度和会计中期，其向国内提供的财务报告都应根据我国《会计法》和会计准则的要求确定资产负债表日。

(二)财务报告批准报出日

财务报告批准报出日是指董事会或类似机构批准财务报告报出的日期，通常是指对财务报告的内容负有法律责任的单位或个人批准财务报告对外公布的日期。

财务报告的批准者包括所有者、所有者中的多数、董事会或类似的管理单位、部门和个人。

根据《公司法》规定，董事会有权制订公司的年度财务预算方案、决算方案、利润分配方案和弥补亏损方案，因此，公司制企业的财务报告批准报出日是指董事会批准财务报告报出的日期。对于非公司制企业，财务报告批准报出日是指经理（厂长）会议或类似机构批准财务报告报出的日期。

（三）有利或不利事项

资产负债表日后事项包括有利事项和不利事项。有利或不利事项是指，资产负债表日后事项肯定对企业财务状况和经营成果具有一定影响（既包括有利影响也包括不利影响）。如果某些事项的发生对企业并无任何影响，那么，这些事项既不是有利事项，也不是不利事项，也就不属于这里所说的资产负债表日后事项。

二、资产负债表日后事项涵盖的期间

资产负债表日后事项涵盖的期间是自资产负债表日次日起至财务报告批准报出日止的一段时间。对上市公司而言，这一期间内涉及几个日期，包括完成财务报告编制日、注册会计师出具审计报告日、董事会批准财务报告可以对外公布日与实际对外公布日等。具体而言，资产负债表日后事项涵盖的期间应当包括：

（1）报告期间下一期间的第一天至董事会或类似机构批准财务报告对外公布的日期；

（2）财务报告批准报出以后、实际报出之前又发生与资产负债表日后事项有关的事项，并由此影响财务报告对外公布日期的，应以董事会或类似机构再次批准财务报告对外公布的日期为截止日期。

如果公司管理层由此修改了财务报表，注册会计师应当根据具体情况实施必要的审计程序并针对修改后的财务报表出具新的审计报告。

【案例17—10】 某上市公司2014年的年度财务报告于2015年2月20日编制完成，注册会计师完成年度财务报表审计工作并签署审计报告的日期为2015年4月16日，董事会批准财务报告对外公布的日期为2015年4月17日，财务报告实际对外公布的日期为2015年4月23日，股东大会召开日期为2015年5月10日。

根据资产负债表日后事项涵盖期间的规定，本例中，该公司2014年年报资产负债表日后事项涵盖的期间为2015年1月1日至2015年4月17日。如果在4月17日至23日之间发生了重大事项，需要调整财务报表相关项目的数字或需要在财务报表附注中披露，经调整或说明后的财务报告再经董事会批准报出的日期为2015年4月25日，实际报出的日期为2015年4月30日，则资产负债表日后事项涵盖的期间为2015年1月1日至2015年4月25日。

三、资产负债表日后事项的内容

资产负债表日后事项包括资产负债表日后调整事项（以下简称“调整事项”）和资产负债表日后非调整事项（以下简称“非调整事项”）。

（一）调整事项

资产负债表日后调整事项，是指对资产负债表日已经存在的情况提供了新的或进一步证据的事项。

如果资产负债表日及所属会计期间已经存在某种情况，但当时并不知道其存在或者不能知道确切结果，资产负债表日后发生的事项能够证实该情况的存在或者确切结果，则该事项属于资产负债表日后事项中的调整事项。如果资产负债表日后事项对资产负债表日的情况提供了进一步证据,证据表明的情况与原来的估计和判断不完全一致,则需要对原来的会计处理进行调整。

企业发生的资产负债表日后调整事项,通常包括下列各项:①资产负债表日后诉讼案件结案,法院判决证实了企业在资产负债表日已经存在现时义务,需要调整原先确认的与该诉讼案件相关的预计负债,或确认一项新负债;②资产负债表日后取得确凿证据,表明某项资产在资产负债表日发生了减值或者需要调整该项资产原先确认的减值金额;③资产负债表日后进一步确定了资产负债表日前购入资产的成本或售出资产的收入;④资产负债表日后发现了财务报表舞弊或差错。

【案例17-11】 甲公司因产品质量问题被消费者起诉。2014年12月31日法院尚未判决,考虑到消费者胜诉要求甲公司赔偿的可能性较大,甲公司为此确认了500万元的预计负债。2015年2月20日,在甲公司2014年度财务报告对外报出之前,法院判决消费者胜诉,要求甲公司支付赔偿款700万元。

本例中,甲公司在2014年12月31日结账时已经知道消费者胜诉的可能性较大,但不能知道法院判决的确切结果,因此确认了500万元的预计负债。2015年2月20日法院判决结果为甲公司预计负债的存在提供了进一步的证据。此时,按照2014年12月31日存在状况编制的财务报表所提供的信息已不能真实反映企业的实际情况,应据此对财务报表相关项目的数字进行调整。

(二)非调整事项

资产负债表日后非调整事项,是指表明资产负债表日后发生的情况的事项。非调整事项的发生不影响资产负债表日企业的财务报表数字,只说明资产负债表日后发生了某些情况。对于财务报告使用者而言,非调整事项说明的情况有的重要,有的不重要。其中重要的非调整事项虽然不影响资产负债表日的财务报表数字,但可能影响资产负债表以后的财务状况和经营成果,不加以说明将会影响财务报告使用者作出正确估计和决策,因此需要适当披露。

企业发生的资产负债表日后非调整事项,通常包括下列各项:①资产负债表日后发生重大诉讼、仲裁、承诺;②资产负债表日后资产价格、税收政策、外汇汇率发生重大变化;③资产负债表日后因自然灾害导致资产发生重大损失;④资产负债表日后发行股票和债券以及其他巨额举债;⑤资产负债表日后资本公积转增资本;⑥资产负债表日后发生巨额亏损;⑦资产负债表日后发生企业合并或处置子公司。

【案例17-12】 甲公司2014年度财务报告于2015年3月20日经董事会批准对外公布。2015年2月27日,甲公司与银行签订了5 000万元的贷款合同,用于生产项目的技术改造,贷款期限自2015年3月1日起至2016年12月31日止。

本例中,甲公司向银行贷款的事项发生在2015年度,且在公司2014年度财务报告尚未批准对外公布的期间内,即该事项发生在资产负债表日后事项所涵盖的期间内。该事项在2014年12月31日尚未发生,与资产负债表日存在的状况无关,不影响资产负债表日企业的财务报表数字。但是,该事项属于重要事项,会影响公司以后期间的财务状况和经营成果,因此,需要在附注中予以披露。

(三)调整事项与非调整事项的区别

资产负债表日后发生的某一事项究竟是调整事项还是非调整事项,取决于该事项表明的情况在资产负债表日或资产负债表日以前是否已经存在。若该情况在资产负债表日或之前已经存在,则属于调整事项;反之,则属于非调整事项。

【案例 17—13】 甲公司 2014 年 10 月向乙公司出售原材料 2 000 万元，根据销售合同，乙公司应在收到原材料后 3 个月内付款。至 2014 年 12 月 31 日，乙公司尚未付款。假定甲公司在编制 2014 年度财务报告时有两种情况：(1)2014 年 12 月 31 日甲公司根据掌握的资料判断，乙公司有可能破产清算，估计该应收账款将有 20%无法收回，故按 20%的比例计提坏账准备；2015 年 1 月 20 日，甲公司收到通知，乙公司已被宣告破产清算，甲公司估计有 70%的债权无法收回。(2)2014 年 12 月 31 日乙公司的财务状况良好，甲公司预计应收账款可按时收回；2015 年 1 月 20 日，乙公司发生重大火灾，导致甲公司 50%的应收账款无法收回。

2015 年 3 月 15 日，甲公司的财务报告经批准对外公布。

本例中，(1)导致甲公司应收账款无法收回的事实是乙公司财务状况恶化，该事实在资产负债表日已经存在，乙公司被宣告破产只是证实了资产负债表日乙公司财务状况恶化的情况，因此，乙公司破产导致甲公司应收款项无法收回的事项属于调整事项。(2)导致甲公司应收账款损失的因素是火灾，火灾是不可预计的，应收账款发生损失这一事实在资产负债表日以后才发生，因此乙公司发生火灾导致甲公司应收款项发生坏账的事项属于非调整事项。

四、资产负债表日后调整事项的会计处理

(一)资产负债表日后调整事项的处理原则

年度资产负债表日后发生的调整事项，应具体分别以下情况进行处理：

(1)涉及损益的事项，通过"以前年度损益调整"科目核算。调整增加以前年度利润或调整减少以前年度亏损的事项，记入"以前年度损益调整"科目的贷方；调整减少以前年度利润或调整增加以前年度亏损的事项，记入"以前年度损益调整"科目的借方。

涉及损益的调整事项，如果发生在资产负债表日所属年度(即报告年度)所得税汇算清缴前的，应调整报告年度应纳税所得额、应纳所得税税额；发生在报告年度所得税汇算清缴后的，应调整本年度(即报告年度的次年)应纳所得税税额。

由于以前年度损益调整增加的所得税费用，记入"以前年度损益调整"科目的借方，同时贷记"应交税费——应交所得税"等科目；由于以前年度损益调整减少的所得税费用，记入"以前年度损益调整"科目的贷方，同时借记"应交税费——应交所得税"等科目。

调整完成后，将"以前年度损益调整"科目的贷方或借方余额，转入"利润分配——未分配利润"科目。

(2)涉及利润分配调整的事项，直接在"利润分配——未分配利润"科目核算。

(3)不涉及损益及利润分配的事项，调整相关科目。

(4)通过上述账务处理后，还应同时调整财务报表相关项目的数字，包括：①资产负债表日编制的财务报表相关项目的期末数或本年发生数；②当期编制的财务报表相关项目的期初数或上年数；③经过上述调整后，如果涉及报表附注内容的，还应当作出相应调整。

(二)资产负债表日后调整事项的具体会计处理方法

为简化处理，如无特殊说明，接下来的例子均假定如下：财务报告批准报出日是次年 3 月 31 日，所得税税率为 25%，按净利润的 10%提取法定盈余公积，提取法定盈余公积后不再作其他分配；调整事项按税法规定均可调整应缴纳的所得税；涉及递延所得税资产的，均假定未来期间很可能取得用来抵扣暂时性差异的应纳税所得额；不考虑报表附注中有关现金流量表项目的数字。

(1)资产负债表日后诉讼案件结案，法院判决证实了企业在资产负债表日已经存在现时义

务，需要调整原先确认的与该诉讼案件相关的预计负债，或确认一项新负债。

这一事项是指导致诉讼的事项在资产负债表日已经发生，但尚不具备确认负债的条件而未确认，资产负债表日后至财务报告批准报出日之间获得了新的或进一步的证据（法院判决结果），表明符合负债的确认条件，因此应在财务报告中确认为一项新负债；或者在资产负债表日虽已确认，但需要根据判决结果调整已确认负债的金额。

【案例 17－14】 甲公司与乙公司签订一项销售合同，合同中订明甲公司应在 2014 年 8 月销售给乙公司一批物资。由于甲公司未能按照合同发货，致使乙公司发生重大经济损失。2014 年 12 月，乙公司将甲公司告上法庭，要求甲公司赔偿 450 万元。2014 年 12 月 31 日法院尚未判决，甲公司按或有事项准则对该诉讼事项确认预计负债 300 万元。2015 年 2 月 10 日，经法院判决甲公司应赔偿乙公司 400 万元，甲、乙双方均服从判决。判决当日，甲公司向乙公司支付赔偿款 400 万元。甲、乙两公司 2014 年所得税汇算清缴均在 2015 年 3 月 20 日完成（假定该项预计负债产生的损失不允许在预计时税前抵扣，只有在损失实际发生时，才允许税前抵扣）。适用的所得税税率为 25%。

本例中，2015 年 2 月 10 日的判决证实了甲、乙两公司在资产负债表日（即 2014 年 12 月 31 日）分别存在现实赔偿义务和获赔权利，因此两公司都应将"法院判决"这一事项作为调整事项进行处理。甲公司和乙公司 2014 年所得税汇算清缴均在 2015 年 3 月 20 日完成，因此，应根据法院判决结果调整报告年度应纳税所得额和应纳所得税税额。

1. 甲公司的账务处理如下：

(1)2015 年 2 月 10 日，记录支付的赔款，并调整递延所得税资产：

借：以前年度损益调整	1 000 000	
贷：其他应付款		1 000 000
借：应交税费——应交所得税	250 000	
贷：以前年度损益调整(1 000 000×25%)		250 000
借：应交税费——应交所得税(3 000 000×25%)	750 000	
贷：以前年度损益调整		750 000
借：以前年度损益调整	750 000	
贷：递延所得税资产		750 000
借：预计负债	3 000 000	
贷：其他应付款		3 000 000
借：其他应付款	4 000 000	
贷：银行存款		4 000 000

（注：2014 年末因确认预计负债 300 万元时已确认相应的递延所得税资产，资产负债表日后事项发生后递延所得税资产不复存在，故应冲销相应记录。）

(2)将"以前年度损益调整"科目余额转入未分配利润：

借：利润分配——未分配利润	750 000	
贷：以前年度损益调整		750 000

(3)因净利润变动，调整盈余公积：

借：盈余公积	75 000	
贷：利润分配——未分配利润 (750 000×10%)		75 000

(4)调整报告年度财务报表：

①资产负债表项目的年末数调整：

调减递延所得税资产75万元；调增其他应付款400万元，调减应交税费100万元，调减预计负债300万元；调减盈余公积7.5万元，调减未分配利润67.5万元，如表17—5所示。

表17—5

资产负债表

编制单位：甲公司　　2014年12月31日　　单位：元

资　产	调整前	调整后	负债和股东权益	调整前	调整后
流动资产：			流动负债：		
货币资金	50 000 000	50 000 000	短期借款	25 000 000	25 000 000
交易性金融资产	10 000 000	10 000 000	交易性金融负债	3 000 000	3 000 000
应收票据	5 000 000	5 000 000	应付票据	5 000 000	5 000 000
应收账款	76 000 000	76 000 000	应付账款	5 000 000	5 000 000
预付款项	1 000 000	1 000 000	预收款项	10 000 000	10 000 000
应收利息	1 000 000	1 000 000	应付职工薪酬	6 000 000	6 000 000
应收股利			应交税费	25 000 000	24 000 000
其他应收款	2 000 000	2 000 000	应付利息		
存货	29 000 000	29 000 000	应付股利		
一年内到期的非流动资产	6 000 000	6 000 000	其他应付款	4 000 000	8 000 000
其他流动资产			一年内到期的非流动负债		
流动资产合计	180 000 000	180 000 000	其他流动负债		
非流动资产：			流动负债合计	83 000 000	86 000 000
可供出售金融资产	20 000 000	20 000 000	非流动负债：		
持有至到期投资	10 000 000	10 000 000	长期借款	30 000 000	30 000 000
长期应收款	15 000 000	15 000 000	应付债券	20 000 000	20 000 000
长期股权投资	55 000 000	55 000 000	长期应付款	10 000 000	10 000 000
投资性房地产			专项应付款		
固定资产	60 000 000	60 000 000	预计负债	12 000 000	9 000 000
在建工程	20 000 000	20 000 000	递延所得税负债		
工程物资			其他非流动负债		
固定资产清理			非流动负债合计	72 000 000	69 000 000
生产性生物资产			负债合计	155 000 000	155 000 000
油气资产			股东权益：		
无形资产	80 000 000	80 000 000	股本	200 000 000	200 000 000
开发支出	10 000 000	10 000 000	资本公积	50 000 000	50 000 000
商誉			减：库存股		
长期待摊费用			盈余公积	300 000 000	29 925 000

续表

资　产	调整前	调整后	负债和股东权益	调整前	调整后
递延所得税资产	5 000 000	4 250 000	未分配利润	20 000 000	19 325 000
其他非流动资产			股东权益合计	300 000 000	299 250 000
非流动资产合计	275 000 000	274 250 000			
资产总计	455 000 000	454 250 000	负债和股东权益总计	455 000 000	454 250 000

②利润表项目的调整：

调增营业外支出 100 万元，调减所得税费用 25 万元，调减净利润 75 万元。（利润表略。）

③所有者权益变动表项目的调整：

调减净利润 75 万元，提取盈余公积项目中盈余公积一栏调减 7.5 万元，未分配利润一栏调增 7.5 万元。（所有者权益变动表略。）

2. 乙公司的账务处理如下：

(1)2015 年 2 月 10 日，记录收到的赔款，并调整应交所得税：

借：其他应收款　　4 000 000

　　贷：以前年度损益调整　　4 000 000

借：以前年度损益调整（4 000 000×25%）　　1 000 000

　　贷：应交税费——应交所得税　　1 000 000

借：银行存款　　4 000 000

　　贷：其他应收款　　4 000 000

(2)将“以前年度损益调整”科目余额转入未分配利润：

借：以前年度损益调整　　3 000 000

　　贷：利润分配——未分配利润　　3 000 000

(3)因净利润增加，补提盈余公积：

借：利润分配——未分配利润　　300 000

　　贷：盈余公积(3 000 000×10%)　　300 000

(4)调整报告年度财务报表相关项目的数字(财务报表略)：

①资产负债表项目的年末数调整：

调增其他应收款 400 万元，调增应交税费 100 万元，调增盈余公积 30 万元，调增未分配利润 270 万元。

②利润表项目的调整：

调增营业外收入 400 万元，调增所得税费用 100 万元，调增净利润 300 万元。

③所有者权益变动表项目的调整：

调增净利润 300 万元，提取盈余公积项目中盈余公积一栏调增 30 万元，未分配利润一栏调减 30 万元。

(2)资产负债表日后取得确凿证据，表明某项资产在资产负债表日发生了减值或者需要调整该项资产原先确认的减值金额。

这一事项是指在资产负债表日，根据当时的资料判断某项资产可能发生了损失或减值，但没有最后确定是否会发生，因而按照当时的最佳估计金额反映在财务报表中；但在资产负债表日至财务报告批准报出日之间，所取得的确凿证据能证明该事实成立，即某项资产已经发生了损失或减值，则应对资产负债表日所作的估计予以修正。

【案例 17—15】 甲公司 2014 年 5 月销售给乙公司一批产品，货款为 100 万元(含增值税)。乙公司于 6 月份收到所购物资并验收入库。按合同规定，乙公司应于收到所购物资后两个月内付款。由于乙公司财务状况不佳，到 2014 年 12 月 31 日仍未付款。甲公司于 12 月 31 日编制 2014 年财务报表时，已为该项应收账款提取坏账准备 5 万元。12 月 31 日资产负债表上"应收账款"项目的金额为 200 万元，其中 95 万元为该项应收账款。甲公司于 2015 年 1 月 30 日(所得税汇算清缴前)收到法院通知，乙公司已宣告破产清算，无力偿还所欠部分货款。甲公司预计可收回应收账款的 60%。适用的所得税税率为 25%。

本例中，根据资产负债表日后事项的判断原则，甲公司在收到法院通知后，首先可判断该事项属于资产负债表日后调整事项。甲公司原对应收乙公司账款提取了 5 万元的坏账准备，按照新的证据应提取的坏账准备为 40 万元(100×40%)，差额 35 万元应当调整 2014 年度财务报表相关项目的数字。甲公司的账务处理如下：

(1)补提坏账准备：

应补提的坏账准备＝1 000 000×40%－50 000＝350 000(元)

借：以前年度损益调整	350 000	
贷：坏账准备		350 000

(2)调整递延所得税资产：

借：递延所得税资产	87 500	
贷：以前年度损益调整(350 000×25%)		87 500

(3)将"以前年度损益调整"科目的余额转入利润分配：

借：利润分配——未分配利润	262 500	
贷：以前年度损益调整		262 500

(4)调整利润分配有关数字：

借：盈余公积	26 250	
贷：利润分配——未分配利润(262 500×10%)		26 250

(5)调整报告年度财务报表相关项目的数字(财务报表略)：

①资产负债表项目的调整：

调减应收账款净值 350 000 元，调增递延所得税资产 87 500 元；调减盈余公积 26 250 元，调减未分配利润 236 250 元。

②利润表项目的调整：

调增资产减值损失 350 000 元，调减所得税费用 87 500 元，调减净利润 262 500 元。

③所有者权益变动表项目的调整：

调减净利润 262 500 元，提取盈余公积项目中盈余公积一栏调减 26 250 元，未分配利润一栏调增 26 250 元。

(3)资产负债表日后进一步确定了资产负债表日前购入资产的成本或售出资产的收入。

这类调整事项包括两方面的内容：①若资产负债表日前购入的资产已经按暂估金额等入账，资产负债表日后获得证据，可以进一步确定该资产的成本，则应对已入账的资产成本进行调整。②企业在资产负债表日已根据收入确认条件确认资产销售收入，但资产负债表日后获得关于资产收入的进一步证据，如发生销售退回等，此时也应调整财务报表相关项目的金额。

需要说明的是，资产负债表日后发生的销售退回，既包括报告年度或报告中期销售的商品在资产负债表日后发生的销售退回，也包括以前期间销售的商品在资产负债表日后发生的销售退回。

资产负债表所属期间或以前期间所售商品在资产负债表日后退回的，应作为资产负债表日后调整事项处理。发生于资产负债表日后至财务报告批准报出日之间的销售退回事项，可能发生于年度所得税汇算清缴之前，也可能发生于该企业年度所得税汇算清缴之后，其会计处理分别为：

其一，涉及报告年度所属期间的销售退回发生于报告年度所得税汇算清缴之前的，应调整报告年度利润表的收入、成本等，并相应调整报告年度的应纳税所得额以及报告年度应缴的所得税等。

【案例17－16】 甲公司2014年11月8日销售一批商品给乙公司，取得收入120万元（不含税，增值税率17%）。甲公司发出商品后，按照正常情况已确认收入，并结转成本100万元。2014年12月31日，该笔货款尚未收到，甲公司未对应收账款计提坏账准备。2015年1月12日，由于产品质量问题，本批货物被退回。甲公司于2015年2月28日完成2014年所得税汇算清缴。适用的所得税税率为25%。

本例中，销售退回业务发生在资产负债表日后事项涵盖期间内，属于资产负债表日后调整事项。由于销售退回发生在甲公司报告年度所得税汇算清缴之前，因此在所得税汇算清缴时，应扣除该部分销售退回所实现的应纳税所得额。

甲公司的账务处理如下：

(1)2015年1月12日，调整销售收入：

借：以前年度损益调整	1 200 000	
应交税费——应交增值税（销项税额）	204 000	
贷：应收账款		1 404 000

(2)调整销售成本：

借：库存商品	1 000 000	
贷：以前年度损益调整		1 000 000

(3)调整应缴纳的所得税：

借：应交税费——应交所得税	50 000	
贷：以前年度损益调整		50 000

(4)将“以前年度损益调整”科目的余额转入利润分配：

借：利润分配——未分配利润	150 000	
贷：以前年度损益调整		150 000

(5)调整盈余公积：

借：盈余公积	15 000	
贷：利润分配——未分配利润		15 000

(6)调整相关财务报表（略）

其二，资产负债表日后事项中涉及报告年度所属期间的销售退回发生于报告年度所得税汇算清缴之后，应调整报告年度会计报表的收入、成本等，但按照税法规定在此期间的销售退回所涉及的应缴所得税，应作为本年的纳税调整事项。

【案例17—17】 承接案例17—16,假定销售退回的时间改为2015年3月10日。

甲公司的账务处理如下:

(1)2015年3月10日,调整销售收入:

借:以前年度损益调整	1 200 000	
应交税费——应交增值税(销项税额)	204 000	
贷:应收账款		1 404 000

(2)调整销售成本:

借:库存商品	1 000 000	
贷:以前年度损益调整		1 000 000

(3)将"以前年度损益调整"科目的余额转入利润分配:

借:利润分配——未分配利润	200 000	
贷:以前年度损益调整		200 000

(4)调整盈余公积:

借:盈余公积	20 000	
贷:利润分配——未分配利润		20 000

(5)调整相关财务报表(略)

(4)资产负债表日后发现了财务报表舞弊或差错。

这一事项是指资产负债表日后发现报告期或以前期间存在的财务报表舞弊或差错。企业发生这一事项后,应当将其作为资产负债表日后调整事项,调整报告期间的财务报告相关项目的数字。

五、资产负债表日后非调整事项的会计处理

(一)资产负债表日后非调整事项的处理原则

资产负债表日后发生的非调整事项,是表明资产负债表日后发生的情况的事项,与资产负债表日存在状况无关,不应当调整资产负债表日的财务报表。但有的非调整事项对财务报告使用者具有重大影响,如不加以说明,将不利于财务报告使用者做出正确估计和决策,因此,应在附注中加以披露。

(二)资产负债表日后非调整事项的具体会计处理办法

资产负债表日后发生的非调整事项,应当在报表附注中披露每项重要的资产负债表日后非调整事项的性质、内容,及其对财务状况和经营成果的影响。无法作出估计的,应当说明原因。

资产负债表日后非调整事项的主要情形有:

1. 资产负债表日后发生重大诉讼、仲裁、承诺

资产负债表日后发生的重大诉讼、仲裁、承诺等事项,对企业影响较大,为防止误导投资者及其他财务报告使用者,应当在报表附注中披露。

2. 资产负债表日后资产价格、税收政策、外汇汇率发生重大变化

资产负债表日后发生的资产价格、税收政策和外汇汇率的重大变化,虽然不会影响资产负债表日财务报表相关项目的数据,但对企业资产负债表日后期间的财务状况和经营成果有重大影响,应当在报表附注中予以披露。

【案例 17－18】 甲公司 2014 年 8 月采用融资租赁方式从美国购入某重型机械设备，租赁合同规定，该重型机械设备的租赁期为 15 年，年租金 40 万美元。甲公司在编制 2014 年度财务报表时已按 2014 年 12 月 31 日的汇率对该笔长期应付款进行了折算(假设 2014 年 12 月 31 日的汇率为 1 美元兑 6.2 元人民币)。假设国家规定从 2015 年 1 月 1 日起进行外汇管理体制改革，外汇管理体制改革后，人民币对美元的汇率发生重大变化。

本例中，甲公司在资产负债表日已经按照当天的资产计量方式进行处理，或按规定的汇率对有关账户进行调整，因此，无论资产负债表日后汇率如何变化，均不影响资产负债表日的财务状况和经营成果。但是，如果资产负债表日后外汇汇率发生重大变化，应对由此产生的影响在报表附注中进行披露。

3. 资产负债表日后因自然灾害导致资产发生重大损失

【案例 17－19】 甲公司 2014 年 12 月购入商品一批，共计 8 000 万元，至 2014 年 12 月 31 日该批商品已全部验收入库，货款也已通过银行支付。2015 年 1 月 7 日，甲公司所在地发生水灾，该批商品全部被冲毁。

自然灾害导致资产重大损失对企业资产负债表日后财务状况的影响较大，如果不加以披露，有可能使财务报告使用者做出错误的决策，因此应作为非调整事项在报表附注中进行披露。本例中水灾发生于 2015 年 1 月 7 日，属于资产负债表日后发生或存在的事项，应当作为非调整事项在 2014 年度报表附注中进行披露。

4. 资产负债表日后发行股票和债券以及其他巨额举债

企业发行股票、债券以及向银行或非银行金融机构举借巨额债务都是比较重大的事项，虽然这一事项与企业资产负债表日的存在状况无关，但这一事项的披露能使财务报告使用者了解与此有关的情况及可能带来的影响，因此应当在报表附注中进行披露。

5. 资产负债表日后资本公积转增资本

企业以资本公积转增资本将会改变企业的资本(或股本)结构，影响较大，应当在报表附注中进行披露。

6. 资产负债表日后发生巨额亏损

企业资产负债表日后发生巨额亏损将会对企业报告期以后的财务状况和经营成果产生重大影响，应当在报表附注中及时披露该事项，以便为投资者或其他财务报告使用者做出正确决策提供信息。

7. 资产负债表日后发生企业合并或处置子公司

企业合并或者处置子公司的行为可以影响股权结构、经营范围等方面，对企业未来的生产经营活动能产生重大影响，应当在报表附注中进行披露。

8. 资产负债表日后，企业利润分配方案中拟分配的以及经审议批准宣告发放的股利或利润

资产负债表日后，企业制订利润分配方案，拟分配或经审议批准宣告发放股利或利润的行为，并不会导致企业在资产负债表日形成现时义务，虽然该事项的发生可导致企业负有支付股利或利润的义务，但支付义务在资产负债表日尚不存在，不应该调整资产负债表日的财务报告，因此，该事项为非调整事项。不过，该事项对企业资产负债表日后的财务状况有较大影响，可能导致现金大规模流出、企业股权结构变动等，为便于财务报告使用者更充分了解相关信息，企业需要在财务报告中适当披露该信息。

★★★ 项目小结 ★★★

会计政策，是指企业在会计确认、计量和报告中所采用的原则、基础和会计处理方法。

会计估计，是指企业对结果不确定的交易或者事项以最近可利用的信息为基础所作的判断。

前期差错，是指由于没有运用或错误运用相关信息，而对前期财务报表造成省略或错报。

资产负债表日后事项，是指资产负债表日至财务报告批准报出日之间发生的有利或不利事项。

★★★ 关键术语 ★★★

会计政策　会计估计　前期差错　资产负债表日后事项

★★★ 思考与讨论 ★★★

1. 会计政策的概念与特点是什么？
2. 如何理解会计政策变更与会计估计变更的划分？
3. 如何理解资产负债表日、财务报告批准报出日、有利事项和不利事项？
4. 简述资产负债表日后事项涵盖的期间的内容。
5. 简述资产负债表日后事项的内容。

参考文献

[1]中国注册会计师协会:《会计》,中国财政经济出版社 2010 年版。

[2]宁建、丁增稳:《会计》,中国商业出版社 2010 年版。

[3] 财政部会计资格评价中心:《中级会计实务》,经济科学出版社 2012 年版。

[4] 财政部会计资格评价中心:《初级会计实务》,中国财政经济出版社 2010 年版。

[5] 中华人民共和国财政部:《企业会计准则》,立信会计出版社 2015 年版。

[6] 朱小英:《中级财务会计》,上海财经大学出版社 2011 年版。

[7] 沈路:《中级财务会计》,上海财经大学出版社 2010 年版。

[8] 陈德萍:《财务会计》,东北财经大学出版社 2014 年版。

[9] 何和平:《财务会计实务》,电子工业出版社 2015 年版。

[10] 张志凤:《2014 年会计专业技术资格考试应试指导及全真模拟测试·初级会计实务》,北京大学出版社 2014 年版。

[11] 潘煜双、杨火青、王建萍、刘勇:《中级财务会计学》,东北财经大学出版社 2013 年版。

[12] 李绍敬、贾建军:《中级财务会计》,上海财经大学出版社 2013 年版。

[13] 刘永泽、陈立军:《中级财务会计》,东北财经大学出版社 2014 年版。

[14] 路立敏:《中级财务会计》,人民邮电出版社 2013 年版。

[15] 丁世连:《中级财务会计》,上海财经大学出版社 2013 年版。

[16] 马建钢:《财务会计》,立信会计出版社 2010 年版。

[17] 财政部:《企业会计准则》,经济科学出版社 2006 年版。

[18] 财政部:《企业会计准则应用指南》,中国财政经济出版社 2006 年版。

[19] 中国注册会计师协会:《会计》,中国财政经济出版社 2015 年版。

[20] 张志凤:《注册会计应试指南及全真模拟测试》,北京大学出版社 2015 年版。

[21] 张志凤:《初级会计实务应试指南及全真模拟测试》,北京大学出版社 2015 年版。

[22] 陈德萍:《财务会计习题与实训》,东北财经大学出版社 2014 年版。

[23] 陈立军、崔凤鸣:《中级财务会计习题与案例》,东北财经大学出版社 2015 年版。

[24] 王倩、刘春霞、曹婷:《财务会计实务》,上海财经大学出版社 2013 年版。

[25] 本哈德·裴仁斯、鲁尔夫·乌沃·弗拜尔等:《国际财务报告准则》,上海财经大学出版社 2013 年版。

[26]丁增稳:《财务会计》,大连出版社 2014 年版。

21 世纪应用技能型精品规划教材 · 财经系列

财务会计基础

——理论 · 实务 · 案例 · 实训

（习题解答与实训）

张红梅　王晓云　赵昂　张晓韫　主编

上海财经大学出版社

前　言

本习题解答与实训是21世纪应用技能型精品规划教材·财经系列《财务会计基础——理论·实务·案例·实训》的配套教材。本习题解答与实训充分体现新会计准则体系的规定，具有以下特点：

(1)根据各项目的技能目标、知识目标来撰写习题，便于学生全面把握学习的重点和难点。

(2)各项目习题部分与教材任务相对应，紧扣教材内容，便于学生有针对性地巩固所学的知识。

(3)设有实务训练，供学生模拟实际工作进行训练。

(4)【应知考核】包括单项选择题、多项选择题、判断题；【应会考核】包括综合业务考核、专业技能考核；【项目实训】提供案例进行实训演练，根据各项目的具体情况提供了12个项目的实训。习题量较大，便于反复练习，举一反三，从不同侧面加深对教材内容的理解和掌握。

(5)提供习题参考答案，便于学生自学和测试自己掌握知识的程度，可登录上海财经大学出版社网址：http://www.sufep.com/进行下载。

(6)紧密结合会计职称考试大纲、专升本考试大纲，相应地编写了相关习题与实训内容。习题紧扣专升本考试、初级会计师考试。

本教材及习题解答与实训由张红梅、王晓云、赵昂、张晓韫主编，共计十七个项目，由赵昂总体策划，各项目编写人员及分工如下：张红梅编写项目一至项目四，王晓云编写项目五至项目八，赵昂编写项目九至项目十四，张晓韫编写项目十五至项目十七。以上教师在教材内容和习题解答与实训中做了大量的基础性工作。最后由赵昂总纂并定稿。

由于编写时间仓促，加之编者水平有限，本教材难免存在一些不足之处，恳请专家、学者批评指正，以便改进与完善。本教材在编写过程中，参阅了大量的教材、著作，同时得到了上海财经大学出版社的大力支持，谨此一并表示衷心的感谢！

编　者

2015年10月

目　录

项目一　财务会计总论

应知考核

一、单项选择题

1. 下列各项中，符合资产会计要素定义的是（　　）。

A. 计划购买的原材料　B. 待处理财产损失　C. 委托加工物资　D. 预收款项

2. 下列项目中，使负债增加的是（　　）。

A. 发行公司债券　B. 用银行存款购买公司债券

C. 发行股票　D. 支付现金股利

3. 以下事项中，不属于企业收入的是（　　）。

A. 销售商品所取得的收入　B. 提供劳务所取得的收入

C. 出售无形资产的经济利益流入　D. 出租机器设备取得的收入

4. 确定会计核算空间范围的基本前提是（　　）。

A. 持续经营　B. 会计主体　C. 货币计量　D. 会计分期

5. 会计分期的前提是（　　）。

A. 持续经营　B. 会计主体　C. 货币计量　D. 会计分期

6. 企业提供的会计信息应有助于财务会计报告使用者对企业过去、现在或者未来的情况作出评价或者预测，这体现了会计核算质量要求的是（　　）。

A. 相关性　B. 可靠性　C. 可理解性　D. 可比性

7. 强调某一企业各期提供的会计信息应当采用一致的会计政策，不得随意变更的会计核算质量要求的是（　　）。

A. 可靠性　B. 相关性　C. 可比性　D. 可理解性

8. 企业会计核算必须符合国家的统一规定，这是为了满足（　　）要求。

A. 可靠性　B. 可比性　C. 相关性　D. 重要性

9. 企业提供的会计信息应当清晰明了，便于财务会计报告使用者理解和使用，这体现的是（　　）。

A. 相关性　B. 可靠性　C. 及时性　D. 可理解性

10. 我国企业会计准则规定，企业的会计核算应当以（　　）为基础。

A. 权责发生制　B. 实地盘存制　C. 永续盘存制　D. 收付实现制

二、多项选择题

1. 下列项目中不应作为负债确认的有（　　）。

A. 因购买货物而暂欠外单位的货款

B. 按照购货合同约定以赊购方式购进货物的货款

C. 计划向银行借款 100 万元

D. 因经济纠纷导致的法院尚未判决且金额无法合理估计的赔偿

2. 会计核算的基本前提包括(　　)。

A. 持续经营　　B. 会计主体　　C. 货币计量　　D. 会计分期

3. AS股份有限公司2015年9月销售商品一批，增值税发票已经开出，商品已经发出，并办妥托收手续，但此时得知对方企业在一次交易中发生重大损失，财务发生困难，短期内不能支付货款，为此AS股份有限公司本月未确认收入，这是根据(　　)会计核算质量要求。

A. 实质重于形式　　B. 重要性　　C. 谨慎性　　D. 相关性

4. 下列事项中，体现实质重于形式会计核算质量要求的是(　　)。

A. 将低值易耗品作为存货核算

B. 售后回购销售方式下不确认收入(该交易不是按公允价值达成的)

C. 售后租回业务方式下不确认收入(该交易不是按公允价值达成的)

D. 融资租入固定资产的核算

5. 相关性要求所提供的会计信息(　　)。

A. 满足企业内部加强经营管理的需要

B. 满足国家宏观经济管理的需要

C. 满足有关各方面了解企业财务状况和经营成果的需要

D. 满足提高全民素质的需要

6. 下列做法中，违背会计核算可比性的是(　　)。

A. 鉴于某项固定资产经改良性能提高，决定延长其折旧年限

B. 鉴于利润计划完成情况不佳，将固定资产折旧方法由原来的双倍余额递减法改为平均年限法

C. 鉴于某项专有技术已经陈旧过时，未来不能给企业带来经济利益，将其账面价值一次性核销

D. 鉴于某被投资企业将发生亏损，将该投资由权益法核算改为成本法核算

7. 在有不确定因素情况下作出判断时，下列事项符合谨慎性的做法是(　　)。

A. 设置秘密准备　　B. 合理估计可能发生的损失和费用

C. 充分估计可能取得的收益和利润　　D. 不要高估资产和预计收益

8. 下列各种会计处理方法，体现谨慎性的做法是(　　)。

A. 固定资产采用加速折旧方法计提折旧

B. 计提的各项资产减值准备

C. 在物价持续下跌的情况下，采用先进先出法计价

D. 企业自行研发无形资产时，研究过程中的费用于发生时计入当期管理费用

9. 下列不属于会计信息质量要求的有(　　)。

A. 实质重于形式　　B. 重要性

C. 划分收益性支出和资本性支出　　D. 配比原则

10. 会计计量属性主要包括(　　)。

A. 历史成本　　B. 重置成本　　C. 可变现净值　　D. 现值

三、判断题

1. 在我国境内设立的企业，会计核算都必须以人民币作为记账本位币。　(　　)

2. 负债增加则资产一定增加。　(　　)

3. 负债是指企业过去的交易或者事项形成的、预期会导致经济利益流出企业的现时义务。　(　　)

4. 企业在一定会计期间内所发生的一切经济活动都构成会计核算的对象。（　　）

5. 会计主体不同于法律主体。法律主体一般是会计主体，但会计主体不一定是法律主体。（　　）

6. 会计主体假设为会计核算规定了时间范围。（　　）

7. 明确会计主体的作用在于界定不同会计主体会计核算的空间范围。（　　）

8. 会计核算上所使用的一系列会计原则和会计处理方法都是建立在会计主体持续经营前提的基础上的。（　　）

9. 谨慎性就是要求在会计核算中尽量低估企业的资产、负债、收益和费用。（　　）

10. 实质重于形式是指企业应当按照交易或事项的经济实质进行会计核算，而不能以其法律形式作为会计核算的依据。（　　）

★ 应会考核

一、综合业务考核

【考核项目】

会计基本假设、会计核算基础

【背景资料】

某会计师事务所是由张新、李安合伙创建的，该事务所的记账本位币为人民币。最近发生了以下经济业务，并由会计做了相应的处理：

(1)6 月 10 日，张新从事务所出纳处拿了 380 元现金给自己的孩子购买玩具，会计将 380 元记为事务所的办公费支出，理由是：张新是事务所的合伙人，事务所的钱也有张新的一部分。

(2)6 月 15 日，会计将 6 月 1 日至 15 日的收入、费用汇总后计算出半个月的利润，并编制了财务报表。

(3)6 月 20 日，事务所收到某外资企业支付的业务咨询费 2 000 美元，会计没有将其折算为人民币反映，而直接记入了美元账户中。

(4)6 月 30 日，在事务所编制的对外报表中显示“应收账款”60 000 元，但没有“坏账准备”项目。

(5)6 月 30 日，事务所购买了一台电脑，价值 12 000 元，为了少计利润，省缴税，将 12 000 元一次性全部计入了当期管理费用。

(6)6 月 30 日，计提固定资产折旧，采用年数总和法，而本月前计提折旧均采用直线法。

(7)6 月 30 日，收到达成公司的预付审计费用 3 000 元，会计将其作为 6 月份的收入处理。

(8)6 月 30 日，预付下季度报刊费 300 元，会计将其作为 6 月份的管理费用处理。

【考核要求】

根据上述背景资料，分析该事务所的会计在处理这些经济业务时是否完全正确，若有错误，主要违背了哪项会计假设或会计核算基础。

二、专业技能考核

【考核项目】

权责发生制和收付实现制

【背景资料】

某公司 2015 年 9 月份发生的有关经济业务如下：

(1)支付上月的水电费 5 600 元。

(2)收到上月销售产品的货款 65 000 元。

(3)预付下半年的房屋租金 18 000 元。

(4)支付本季度借款利息 3 300 元(其中前两个月已经预提 2 200 元)。

(5)分摊已预付的财产保险费 21 000 元。

(6)实现已预收货款的销售收入 15 600 元。

(7)预收销货款 30 000 元。

(8)销售产品一批,售价 45 000 元,其中通过银行收回货款 40 000 元。

【考核要求】

分别用权责发生制和收付实现制计算该公司 9 月份的收入、费用和利润。

经济业务序号	收付实现制		权责发生制	
	收入	费用	收入	费用
(1)				
(2)				
(3)				
(4)				
(5)				
(6)				
(7)				
(8)				
合计				
利润额				

项目二　货币资金

应知考核

一、单项选择题

1. 企业财务部门出纳经管的库存现金包括(　　)。

A. 库存的人民币和外币　　B. 个人领取备用的现金

C. 销售部门留存用于找零的现金　　D. 所属单位上缴的在途现金

2. 下列属于出纳人员职责的是(　　)。

A. 收入、费用的登记工作　　B. 会计稽查

C. 会计档案保管工作　　D. 保管填写银行结算凭证的有关印鉴

3. 企业可以提取现金和发放工资的银行账户是(　　)。

A. 基本存款账户　　B. 一般存款账户　　C. 临时存款账户　　D. 专用存款账户

4. 商业汇票按(　　)不同可分为商业承兑汇票和银行承兑汇票。

A. 收款人　　B. 付款人　　C. 承兑人　　D. 背书人

5. 在企业的银行账户中,不能办理现金支取的账户是(　　)。

A. 基本存款账户　　B. 一般存款账户　　C. 临时存款账户　　D. 专用存款账户

6. 企业现金清查中,经检查仍无法查明原因的现金短缺,经批准后应计入(　　)。

A. 财务费用　　B. 管理费用　　C. 销售费用　　D. 营业外支出

7. 根据《现金管理暂行条例》规定,下列经济业务中,一般不应用现金支付的是(　　)。

A. 支付职工奖金 4 000 元　　B. 支付零星办公用品购置费 1 900 元

C. 支付物资采购货款 2 300 元　　D. 支付职工差旅费 5 000 元

8. 下列说法中,错误的是(　　)。

A.“应收账款”明细账户出现的贷方余额应列于资产负债表的负债方

B.“预收账款”科目余额一般在贷方

C.“应收账款”总账科目的借方余额与其明细科目的借方余额是相等的

D.“预付账款”科目余额一般在借方

9. 企业存放在银行的银行汇票存款,应通过(　　)科目进行核算。

A.“其他货币资金”　　B.“银行存款”　　C.“货币资金”　　D.“库存现金”

10. 下列项目中,不通过“其他货币资金”科目核算的是(　　)。

A. 银行汇票存款　　B. 银行本票存款　　C. 信用卡存款　　D. 银行承兑汇票

二、多项选择题

1. 按照《现金管理暂行条例》,下列属于现金使用范围的有(　　)。

A. 支付职工的工资、津贴　　B. 出差人员必须随身携带的差旅费

C. 收购农副产品　　D. 支付城乡居民个人的劳务报酬

2. 库存现金的特征有(　　)。

A. 货币性　　B. 通用性　　C. 流动性　　D. 收益性

3. 现金溢缺的核算涉及的会计科目有(　　)。

A. 其他应收款　　B. 财务费用　　C. 营业外收入　　D. 待处理财产损溢

4. 根据现金管理规定,下列各项允许使用现金的是(　　)。

A. 向个人收购农副产品支付的价款　　B. 出差人员随身携带的差旅费

C. 支付给职工的工资及各项福利费用　　D. 采购原材料支付的价款

5. 下列经济业务中,不符合银行结算纪律要求的是(　)。

A. 暂时将账户借给其他企业使用　　B. 签发没有资金保证的远期支票

C. 支票必须由指定人员签发　　D. 根据业务需要开设多个基本存款账户

6. 现金管理必须做到(　　)。

A. 出纳员监管会计档案　　B. 日清月结

C. 保持大量库存现金　　D. 现金收入当日入账

7. 下列各项中,包括在广义现金范围的项目有(　　)。

A. 银行汇票　　B. 个人支票　　C. 旅行支票　　D. 银行存款

8. 在下列各项中,属于其他货币资金的有(　　)。

A. 收到的商业汇票　　B. 收到债务人交来的银行汇票

C. 银行本票存款　　D. 信用证存款

9. 下列各项目中,在核算的经济业务内容上具有相同特征的有(　　)。

A. 存出投资款　　B. 银行汇票存款　　C. 信用卡存款　　D. 外埠存款

10. 关于银行结算纪律,正确的说法有(　　)。

A. 可以将银行账户转借给其他单位或个人使用　B. 不得任意占用他人资金

C. 不得签发没有资金保证的票据和远期支票　　D. 不准违反规定开立和使用账户

三、判断题

1. 为加强现金管理,一笔现金业务应由一个人单独管理。(　　)

2. 清点库存现金发现短缺时,如有“白条子”可以抵库。(　　)

3. 库存现金日记账和库存现金总账都应逐日逐笔地进行登记。(　　)

4. 在企业的货币资产中,现金的流动性是最强的。(　　)

5. 企业日常结算和现金收付业务,都应通过基本账户办理。(　　)

6. 临时存款账户不能提取现金。(　　)

7. 填写银行结算的有关印鉴,应集中由出纳人员保管。(　　)

8. 出纳人员可以兼管会计稽核工作。(　　)

9. 银行汇票存款结算后的余额只能从收款单位收取,不能从银行转回。(　　)

10. 如果企业的某笔交易确定在未来能够带来大量现金收入时,可以签发远期汇票。(　　)

★ 应会考核

一、综合业务考核

【考核项目一】

其他货币资金核算

【背景资料】

(1)甲企业为增值税一般纳税人,向银行申请办理银行汇票用以购买原材料,将款项 250 000

元交存银行转作银行汇票存款。

(2)甲企业购入原材料一批，取得的增值税专用发票上的原材料价款为 200 000 元，增值税税额为 34 000 元，已用银行汇票办理结算，多余款项 16 000 元退回开户银行，企业已收到开户银行转来的银行汇票第四联(多余款收账通知)。

(3)甲企业为取得银行本票，向银行填交“银行本票申请书”，并将 10 000 元银行存款转作银行本票存款。企业取得银行本票后，应根据银行盖章退回的银行本票申请书存根联填制银行付款凭证。

(4)甲企业用银行本票购买办公用品 10 000 元。

【考核要求】

根据背景资料，编制会计分录。

【考核项目二】

备用金核算

【背景资料】

(1)大连嘉宏股份有限公司行政管理部门职工王刚，2015 年 6 月 8 日因公出差预借备用金 350 元，实际支出 200 元，经审核应予以报销，剩余现金 150 元交回财会部门。

(2)大连嘉宏股份有限公司行政管理部门职工李庆，2015 年 7 月 9 日因公出差预借备用金 800 元，实际支出 960 元，经审核应予以报销，财会部门另支付现金 160 元。

(3)大连嘉宏股份有限公司会计部门对供应部门实行定额备用金制度。根据核定的定额，付给定额备用金 2 000 元。

(4)供应部门在一段时间内共发生备用金支出 1 600 元，持开支凭证到会计部门报销。会计部门审核以后付给现金，补足定额。

(5)会计部门因管理需要决定取消定额备用金制度。供应部门持尚未报销的开支凭证 800 元和余款 1 200 元，到会计部门办理报销和交回备用金的手续。

【考核要求】

根据背景资料编制备用金会计分录。

二、专业技能考核

【考核项目】

现金收付款凭证和银行存款收付款凭证的填制

【背景资料】

汉江造纸厂 2016 年 1 月份库存现金的期初余额为 3 500 元，银行存款的余额为 200 000 元，本月发生以下货币资金的收付业务：

(1)5 日接受国家投入货币资金 500 000 元，已存入银行；

(2)7 日从甲企业购入 A 材料一批，价款 50 000 元，增值税款 8 500 元，货款已从银行支付；

(3)7 日开出转账支票一张支付购买材料运杂费 1 000 元；

(4)10 日技术科王平出差，预借差旅费 1 200 元，以现金支付；

(5)15 日从银行提取现金 40 000 元，以备发放工资；

(6)16 日王平出差返回，报销差旅费 1 000 元，多余现金退回；

(7)18 日收回上月售给乙企业商品的销货款 46 800 元，已存入银行；

(8)20 日开出转账支票偿还到期的 3 个月的银行借款 30 300 元，其中利息 300 元；

(9)22 日以现金购买会计用品 300 元，已交给会计部门使用；

(10)25 日对乙企业销售商品一批，价款 20 000 元，增值税率 17%，收到转账支票一张，当日到

银行办妥进账手续；

(11)25日另以现金800元支付销售商品运杂费；

(12)28日以银行存款支付厂办电话费900元；

(13)30日从银行提取现金3 000元以备零星之用。

【考核要求】

根据背景资料，填制现金收付款凭证和银行存款收付款凭证。

项目实训

实训项目：货币资金业务会计处理

1. 实训目的

1.1 通过实训要求学生掌握现金、银行存款、其他货币资金等有关经济业务的会计处理与相关总账和明细账的设置与登记；

1.2 通过实训要求学生掌握银行存款余额调节表的编制方法。

2. 实训要求

2.1 能够熟练进行现金、银行存款、其他货币资金等有关结算业务；

2.2 掌握银行存款余额调节表的编制方法；

2.3 具有熟练进行企业货币资金实务的会计处理的能力。

3. 实训重点

3.1.1 根据实训资料进行银行存款的核算与核对业务；

3.1.2 根据实训资料进行其他货币资金的账务处理；

3.1.3 根据实训资料编制《银行存款余额调节表》。

4. 实训作业

根据实训资料，学生各自独立完成并把实训结果以实训报告单形式上交。

5. 实训资料

5.1 华兴公司2015年10月发生以下经济业务：

(1)出纳员开出现金支票一张，金额3 000元，用作零星支出。

(2)采购员李放出差预借差旅费1 000元，以现金支付。

(3)开出转账支票一张，金额10 000元，用以偿付星海公司货款。

(4)公司将款项交存银行，开出银行汇票一张，金额60 000元，由采购员携往外地采购。

(5)华兴公司于2015年10月4日向银行交存30 000元的款项，作为申请信用卡的备用金。该公司于10月15日用以支付某宾馆招待费5 000元。

实训要求：本资料涉及银行存款的收、付，其他货币资金的核算及现金的收付业务，学生应认真阅读分析资料，逐笔进行账务处理。

5.2 华兴公司2015年10月31日的银行存款日记账账面余额为690 000元，而银行对账单上企业存款余额为680 000元，经逐笔核对，发现有以下未达账项：

(1)10月26日企业开出转账支票5 000元，持票人没到银行转账，银行尚未登账；

(2)10月28日企业委托银行代收款项6 000元，银行已收款入账，但企业未接到银行的存款通知，因而未登记入账；

(3)10月29日企业送存购货单位签发的转账支票17 000元，企业已登记入账，银行未登账；

(4)10月30日银行代企业支付水电费4 000元，企业尚未接到银行的付款通知，故未登记入账。

本资料涉及银行存款与企业之间四种未达账项，即：

银行存款余额调节表

2015 年 10 月 31 日　　　　金额单位:元

项　目	金　额	项　目	金　额
企业银行存款日记账余额		银行对账单余额	
加:银行已收,企业未收 减:银行已付,企业未付		加:企业已收,银行未收 减:企业已付,银行未付	
调节后的存款余额		调节后的存款余额	

制表人:

学生应认真阅读分析资料,逐笔进行核对后编制银行存款余额调节表。

项目三　应收及预付款项

应知考核

一、单项选择题

1. 某企业销售商品一批，增值税专用发票上注明的价款为 60 万元，适用的增值税税率为 17%，为购买方代垫运杂费 2 万元，款项尚未收回。该企业确认的应收账款为（　　）万元。

A. 60　　B. 62　　C. 70.2　　D. 72.2

2. 某企业在 2015 年 10 月 8 日销售商品 100 件，增值税专用发票上注明的价款为 10 000 元，增值税额为 1 700 元。企业为了及早收回货款而在合同中规定的现金折扣条件为：2/10，1/20，n/30。假定计算现金折扣时不考虑增值税。如买方 2015 年 10 月 14 日付清货款，该企业实际收款金额应为（　　）元。

A. 11 466　　B. 11 500　　C. 11 583　　D. 11 600

3. 预付款项情况不多的企业，可以不设置"预付账款"科目，预付货款时，借记的会计科目是（　　）。

A. "应收账款"　　B. "应收票据"　　C. "其他应收款"　　D. "应付账款"

4. 企业已计提坏账准备的应收账款确实无法收回，按管理权限报经批准作为坏账转销时，应编制的会计分录是（　　）。

A. 借记"资产减值损失"科目，贷记"坏账准备"科目

B. 借记"管理费用"科目，贷记"应收账款"科目

C. 借记"坏账准备"科目，贷记"应收账款"科目

D. 借记"坏账准备"科目，贷记"资产减值损失"科目

5. 长江公司 2015 年 2 月 10 日销售商品收到大海公司的一笔应收账款 1 200 万元，2015 年 6 月 30 日计提坏账准备 150 万元，2015 年 12 月 31 日，该笔应收账款的未来现金流量现值为 950 万元。2015 年 12 月 31 日，该笔应收账款应计提的坏账准备为（　　）万元。

A. 300　　B. 100　　C. 250　　D. 0

6. 下列各项中，不通过"其他应收款"核算的是（　　）。

A. 应收保险公司的赔款　　B. 存出保证金

C. 应向职工收取的各种垫付款项　　D. 应向购货方收取的代垫运杂费

7. 某企业 2015 年 11 月 1 日销售商品，并于当日收到面值 50 000 元、期限 3 个月的银行承兑汇票一张。12 月 10 日，将该票据背书转让给 A 公司以购买材料。所购材料的价格为 45 000 元，增值税率为 17%，运杂费为 350 元。则 A 企业应补付的银行存款为（　　）元。

A. 5 000　　B. 4 500　　C. 3 000　　D. 2 650

8. 企业对应收账款计提的坏账准备应计入当期损益，并通过（　　）科目进行核算。

A. "管理费用"　　B. "销售费用"　　C. "财务费用"　　D. "资产减值损失"

9. 某企业 2015 年 12 月 1 日，"坏账准备"科目贷方余额为 3 万元，2015 年 12 月 31 日，"应收账款"科目借方余额是 70 万元，"应收票据"借方余额为 20 万元，"其他应收款"科目借方余额是 10 万

元，该企业对应收款项进行减值测试，决定按照10%计提坏账准备，则2015年12月31日应补提的坏账准备为(　　)万元

A. 4　　B. 6　　C. 7　　D. 10

10. 企业存放在银行的银行汇票存款，应通过(　　)科目进行核算。

A. “其他货币资金”　　B. “银行存款”　　C. “货币资金”　　D. “库存现金”

二、多项选择题

1. 根据承兑人不同，商业汇票分为(　　)。

A. 商业承兑汇票　　B. 银行承兑汇票　　C. 银行本票　　D. 银行汇票

2. 应收票据终止确认时，对应的会计科目可能有(　　)。

A. “资本公积”　　B. “原材料”　　C. “应交税费”　　D. “材料采购”

3. 下列事项中，通过“其他应收款”科目核算的有(　　)。

A. 应收的各种赔款、罚款

B. 应收的出租包装物租金

C. 存出保证金

D. 企业代购货单位垫付包装费、运杂费

4. 下列各项中，应计提坏账准备的有(　　)。

A. 应收账款　　B. 应收票据　　C. 预付账款　　D. 其他应收款

5. 下列各项业务中，应记入“坏账准备”科目贷方的有(　　)。

A. 冲回多提的坏账准备　　B. 当期确认的坏账损失

C. 当期应补提的坏账准备　　D. 已转销的坏账当期又收回

6. 下列各项中，会引起应收账款账面价值发生变化的有(　)。

A. 计提坏账准备　　B. 收回应收账款

C. 转销坏账准备　　D. 收回已转销的坏账

7. 下列项目中应通过“其他应收款”核算的有(　)。

A. 实行定额备用金制的企业日常报销时　　B. 应收的各种罚款

C. 收取的各种押金　　D. 应向职工收取的各种垫付款项

8. 下列各项中，应记入“预付账款”借方的是(　　)。

A. 收到货物验收入库　　B. 预付购货款　　C. 补付购货款　　D. 收回多余预付款

9. “坏账准备”账户贷方登记(　　)。

A. 实际发生的坏账损失　　B. 冲减的坏账准备金

C. 当期计提的坏账准备　　D. 收回已确认并转销的应收款项

10. 按现行制度规定，需要在“应收票据”科目下核算的票据包括(　)。

A. 银行汇票　　B. 银行本票　　C. 商业承兑汇票　　D. 银行承兑汇票

三、判断题

1. 企业为职工垫付的水电费及应由职工负担的医药费、房租费等应该在企业的“应收账款科目”核算。(　　)

2. 由于企业的应收账款和预付账款均属于债权，因此都存在发生坏账损失的风险，按现行制度规定都应提取一定比例的坏账准备。(　　)

3. 预付账款属于企业的资产，核算的是企业销售货物预先收到的款项。(　　)

4. 应收账款入账价值的确定中要以扣除商业折扣和现金折扣后的净额入账。(　　)

5. 企业应当定期或者至少于每年年度终了,对其他应收款进行检查,预计其可能发生的坏账损失,并计提坏账准备。 ( )

6. 不带息票据的到期值等于应收票据的面值。 ( )

7. 应收账款是企业因销售商品等经营活动所形成的债务。 ( )

8. 企业应收债务的利息在"应收账款"科目核算。 ( )

9. 商业折扣是债权人为鼓励债务人在规定期限内付款而向其提供的债务扣除。 ( )

10. 采用备抵法核算坏账损失,需设置"坏账准备"科目。 ( )

★ 应会考核

一、综合业务考核

【考核项目一】

有现金折扣情况下的总价法和净价法核算

【背景资料】

风华股份有限公司赊销一批商品,货款为100 000元,规定对货款部分的付款条件为2/10、n/30,适用的增值税税率为17%。假设折扣时不考虑增值税,风华股份有限公司应作会计分录。

【考核要求】

根据上述背景资料,请分别用总价法和净价法进行核算。

【考核项目二】

应收账款和应收票据的核算

【背景资料】

A企业发生以下经济业务:

(1)向B单位销售产品,货款2万元,增值税额3 400元,共计2.34万元。取得不带息商业承兑汇票一张,面值2.34万元。

(2)向C公司销售产品,货款6万元,增值税额1.02万元,共计7.02万元。取得期限为3个月的带息银行承兑汇票一张,出票日期为2015年11月1日,票面利率为10%。

(3)B单位承兑的商业汇票到期,企业收回款项23 400元,存入银行。

(4)向D公司销售产品,货款4万元,增值税额0.68万元,共计4.68万元。取得期限为2个月的带息商业承兑汇票一张,出票日期为2015年12月1日,票面利率为9%。

(5)2015年12月31日,计提C公司和D公司商业汇票利息。

(6)向C公司销售产品所收的银行承兑汇票到期,企业收回款项,面值7.02万元,利息1 755元,共计7.195 5万元。

(7)向D公司销售产品的商业承兑汇票到期,D公司无力偿还票款。(参看业务(4))

(8)向E单位销售产品,货款4.5万元,增值税额7 650元,共计5.265万元。收取期限为4个月的商业承兑汇票,一张面值为5.265万元,出票日期为2015年3月1日。

(9)向F企业销售产品,货款8万元,增值税额1.36万元,共计9.36万元。收取期限为3个月的商业承兑汇票一张,面值为9.36万元,票面利率为10%,出票日为2015年4月1日。

(10)2015年6月10日,将持有的E单位不带息的商业承兑汇票一张到银行贴现,面值为9.36万元,票面利率为10%,期限为3个月,出票日为2015年4月1日。银行年贴现率为12%。

(11)企业将持有的账面价值为1.17万元的商业汇票背书转让,以取得货款为1万元、增值税额为1 700元的材料。

【考核要求】

根据上述背景资料,请编制经济业务的会计分录。

二、专业技能考核

【考核项目】

应收账款减值损失

【背景资料】

2015 年 1 月 1 日，甲企业应收账款余额为 3 000 000 元，坏账准备余额为 150 000 元。2015 年度，甲企业发生了如下相关业务：

(1)销售商品一批，增值税专用发票上注明的价款为 5 000 000 元，增值税税额为 850 000 元，货款尚未收到。

(2)因某客户破产，该客户所欠货款 10 000 元不能收回，确认为坏账损失。

(3)收回上年度已转销为坏账损失的应收账款 8 000 元并存入银行。

(4)收到某客户以前所欠的货款 4 000 000 元并存入银行。

(5)2015 年 12 月 31 日，甲公司对应收账款进行减值测试，确定按 5%计提坏账准备。

【考核要求】

根据上述背景资料，

(1)编制 2015 年度确认坏账损失的会计分录。

(2)编制收到上年度已转销为坏账损失的应收账款的会计分录。

(3)计算 2015 年年末“坏账准备”科目余额。

(4)编制 2015 年年末计提坏账准备的会计分录。(金额单位用元表示)

★ 项目实训

实训项目：应收及预付款项业务会计处理

1. 实训目的

通过实训要求学生掌握应收账款、应收票据、预付账款等有关经济业务的会计处理与相关总账和明细账的设置与登记。

2. 实训要求

2.1 能够熟练掌握取得应收票据的账务处理。

2.2 能够熟练掌握应收票据贴现的核算及账务处理。

2.3 能够熟练掌握应收票据到期解付的核算及账务处理等。

3. 实训重点

3.1 根据实训资料进行带息应收票据的计算及账务处理。

3.2 根据实训资料进行票据贴现的计算及账务处理。

4. 实训作业

根据实训资料，学生各自独立完成并把实训结果以实训报告单形式上交。

5. 实训资料

华兴公司 2015 年 6 月发生如下经济业务：

(1)6 月 2 日销售一批产品给新奥公司，货已发出，发票上注明的销售价款为 850 000 元，增值税额 13 600 元。收到新奥公司交来 13 600 元转账支票一张以及当日开出的商业承兑汇票一张，票面值为 850 000 元，期限为 3 个月，票面利率为 5%。

(2)6 月 8 日，收到蓝天公司于 4 月 2 日开出的面值为 100 000 元的票据款，利息为 375 元，款项已存入银行。

(3)6 月 15 日公司因急需流动资金，将 5 月 4 日收到的面值为 40 000 元、年利率为 5%，期限为

90 天的商业汇票向银行贴现。贴现率为 4.5%，收到款项存入银行。

(4)6 月 20 日，接到银行通知，本公司 5 月 5 日将由美林公司承兑的商业汇款申请贴现，该票据面值为 20 000 元，年利率为 5%，期限为 90 天，美林公司无力付款，银行已从本公司存款户中扣除。

(5)6 月 27 日，百纳公司面值 50 000 元，年利率为 5%、期限为 90 天的票据已到期，因百纳公司无力支付票款，银行将票据退还给本公司。

(6)6 月 28 日，收到佳琪公司无息票据一张，抵付前欠款项 60 000 元。

本资料涉及应收票据的取得、到期解付、贴现及计息等的经济业务，学生应认真阅题，逐笔进行账务处理。

项目四　存　货

应知考核

一、单项选择题

1. 某企业为增值税一般纳税人，从外地购入原材料 6 000 吨，收到增值税专用发票上注明的售价为每吨 1 200 元，增值税税款为 1 224 000 元，另发生运输费 60 000 元(可按 7%抵扣增值税)，装卸费 20 000 元，途中保险费为 18 000 元。原材料运到后验收数量为 5 996 吨，短缺 4 吨为合理损耗，则该原材料的入账价值为(　　)元。

A. 7 078 000　　B. 7 098 000　　C. 7 293 800　　D. 7 089 000

2. 甲企业为增值税一般纳税企业，本期购入一批商品，进货价格为 750 000 元，增值税额为 127 500 元，所购商品到达后验收发现短缺 30%，其中合理损失 5%，另 25%的短缺尚待查明原因。该商品应计入存货的实际成本为(　　)元。

A. 560 000　　B. 562 500　　C. 655 200　　D. 702 00

3. 下列各项中，不应计入存货实际成本中的是(　　)。

A. 用于继续加工的委托加工应税消费品收回时支付的消费税

B. 小规模纳税企业委托加工物资收回时所支付的增值税

C. 发出用于委托加工的物资在运输途中发生的合理损耗

D. 商品流通企业外购商品时所发生的合理损耗

4. 下列各项中，不应计入存货实际成本中的是(　　)。

A. 用于直接对外销售的委托加工应税消费品收回时支付的消费税

B. 材料采购过程中发生的非合理损耗

C. 发出用于委托加工的物资在运输途中发生的保险费

D. 商品流通企业外购商品时所支付的运杂费等相关费用

5. 某投资者以甲材料一批作为投资取得 A 公司 100 万股普通股，每股 1 元，双方协议约定该批甲材料的价值为 300 万元(假定该价值是公允的)。A 公司收到甲材料和增值税发票(进项税额为 51 万元)。该批材料在 A 公司的入账价值是(　　)万元。

A. 300　　B. 351　　C. 100　　D. 151

6. A 公司委托 B 企业将一批原材料加工为半成品(为应税消费品)，进一步加工为应税消费品。企业发出委托加工用材料 20 000 元，需支付的运费 1 000 元，加工费 12 000 元，增值税税率为 17%，消费税税率为 10%。假设双方均为一般纳税企业。A 公司收回半成品时的成本为(　　)元。

A. 32 000　　B. 33 000　　C. 35 040　　D. 36 555

7. 甲材料月初结存存货 3 000 元，本月增加存货 4 000 元；月初数量 1 500 件，本月增加 2 500 件，那么，甲材料本月的加权平均单位成本为(　　)。

A. 2 元/件　　B. 1.75 元/件　　C. 1.6 元/件　　D. 2.5 元/件

8. 某一般纳税企业因台风毁损材料一批，计划成本 80 000 元，材料成本差异率为−1%，企业

适用的增值税税率为17%，能够获得保险公司赔款50 000元，则因该批材料的毁损而记入“营业外支出”科目的金额为(　　)元。

A. 43 000　　B. 42 664　　C. 30 000　　D. 29 200

9. 光明食品加工厂为增值税小规模纳税人，原材料采用计划成本核算，甲材料计划成本每吨为20元。本期购进甲材料6 000吨，收到的增值税专用发票上注明的价款总额为102 000元。增值税额为17 340元。另发生运杂费用1 400元，途中保险费用359元。原材料运抵企业后验收入库原材料5 995吨，运输途中合理损耗5吨。购进甲材料发生的成本差异(超支)为(　　)元。

A. 1 099　　B. 1 199　　C. 16 141　　D. 16 241

10. 甲公司为增值税小规模纳税人，原材料采用计划成本核算。甲材料计划成本每千克为20元。本月购进甲材料9 000千克，收到的增值税专用发票上注明的价款为153 000元，增值税额为26 010元。另发生运输费1 000元，包装费500元，仓储费600元，途中保险费用538.5元。原材料运抵企业后验收入库原材料8 992.50千克，运输途中合理损耗7.5千克。则购进甲材料发生的成本超支差异为(　　)元。

A. 5 398.50　　B. 1 798.50　　C. 27 961.50　　D. 24 361.50

二、多项选择题

1. 在我国的会计实务中，下列项目中构成企业存货实际成本的有(　　)。

A. 支付的买价

B. 入库后的挑选整理费

C. 运输途中的合理损耗

D. 加工货物收回后直接用于销售的消费税

2. 下列项目中，应计入企业存货成本的有(　　)。

A. 进口原材料支付的关税　　B. 生产过程中发生的制造费用

C. 原材料入库前的挑选整理费用　　D. 自然灾害造成的原材料净损失

3. 下列项目中，应计入商品流通企业存货入账价值的有(　　)。

A. 一般纳税人购入存货时支付的增值税额　　B. 购入存货支付的运杂费

C. 购入存货时支付的包装费　　D. 进口商品时支付的关税

4. 下列各项中，应计入销售费用的有(　　)。

A. 随同商品出售不单独计价的包装物成本　　B. 随同商品出售单独计价的包装物成本

C. 领用的用于出借的新包装物成本　　D. 对外销售的原材料成本

5. 下列各项中，增值税一般纳税企业应计入收回委托加工物资成本的有(　　)。

A. 支付的加工费

B. 随同加工费支付的增值税

C. 支付的收回后继续加工应税消费品的委托加工物资的消费税

D. 支付的收回后直接销售的委托加工物资的消费税

6. 下列项目中应构成一般纳税企业委托加工物资成本的是(　　)。

A. 发出用于加工的材料成本　　B. 支付的加工费

C. 支付的往返运杂费　　D. 支付的加工物资的增值税税款

7. 计划成本法下，下列项目中应记入“材料成本差异”账户贷方的是(　　)。

A. 购入材料时，实际成本大于计划成本的差额

B. 购入材料时，实际成本小于计划成本的差额

C. 调整增加原材料的计划成本

D. 调整减少原材料的计划成本

8. 期末通过比较发现存货的成本低于可变现净值，则可能（　　）。

A. 按差额首次计提存货跌价准备　　B. 按差额补提存货跌价准备

C. 冲减存货跌价准备　　D. 不进行账务处理

9. 企业每期都应当重新确定存货的可变现净值，企业在定期检查时，如果发现了以下情形之一，应当考虑计提存货跌价准备（　　）。

A. 市价持续下跌，并且在可预见的未来无回升的希望

B. 使用该原材料生产的产品成本大于产品的售价

C. 因产品更新换代，原有库存原材料已不适应新产品的需要，而该材料的市价又低于其账面成本

D. 因企业所提供的商品或劳务过时或消费者偏好改变而使市场需求变化，导致市价下跌

10. 下列各项存货中，属于周转材料的是（　　）。

A. 委托加工物资　　B. 包装物　　C. 低值易耗品　　D. 委托代销商品

三、判断题

1. 工业企业购入材料和商业企业购入商品所发生的运杂费、保险费等均应计入存货成本。（　　）

2. 某一酒类生产厂家所生产的白酒在储存 3 个月之后才符合产品质量标准，该储存期间所发生的储存费用应计入当期管理费用。（　　）

3. 在物价持续下跌的情况下，企业采用先进先出法计量发出存货的成本，当月发出存货单位成本小于月末结存存货的单位成本。（　　）

4. 采用计划成本进行材料日常核算的，结转入库材料的材料成本差异时，无论是节约差异还是超支差异，均记入“材料成本差异”科目的借方。（　　）

5. 采用计划成本进行材料日常核算的，结转发出材料的成本差异时，都从贷方结转，如果是超支差用蓝字，如果是节约差用红字。（　　）

6. 甲企业因出租的包装物逾期未能收回而没收的加收押金，缴纳有关税费后的净收入应记入“营业外收入”账户。（　　）

7. 成本与可变现净值孰低法中的“成本”是指存货的历史成本。（　　）

8. 无论企业对存货采用实际成本核算，还是采用计划成本核算，在编制资产负债表时，资产负债表上的存货项目反映的都是存货的实际成本。（　　）

9. 某商场采用售价金额核算法对库存商品进行核算，月初库存商品的售价金额是 9 万元，商品进销差价科目月初余额是 3 万元，本月购进商品的进价成本是 8 万元，售价金额 11 万元，本月的销售收入 15 万元，假定不考虑增值税，该商场月末库存商品的实际成本为 3.5 万元。（　　）

10. 期末每期都应当重新确定存货的可变现净值，如果以前减计存货价值的影响因素已经消失，则减计的金额应当予以恢复，并在原已计提的存货跌价准备的金额内转回。（　　）

★ 应会考核

一、综合业务考核

【考核项目一】

存货跌价准备核算

【背景资料】

大华公司期末存货采用成本与可变现净值孰低法计价。2014 年 9 月 26 日大华公司与 M 公司签订销售合同：由大华公司于 2015 年 3 月 6 日向 M 公司销售笔记本电脑 10 000 台，每台 1.5 万元。2014 年 12 月 31 日大华公司库存笔记本电脑 14 000 台，单位成本 1.41 万元。2014 年 12 月 31 日市场销售价格为每台 1.3 万元，预计销售税费均为每台 0.05 万元。大华公司于 2015 年 3 月 6 日向 M 公司销售笔记本电脑 10 000 台，每台 1.5 万元。大华公司于 2015 年 4 月 6 日销售笔记本电脑 100 台，市场销售价格为每台 1.2 万元。货款均已收到。大华公司是一般纳税企业，适用的增值税税率为 17%。

【考核要求】

根据背景资料，编制有关销售业务的会计分录，并列示计算过程。

【考核项目二】

可变现净值核算

【背景资料】

2014 年 12 月 31 日甲公司库存的原材料——A 材料账面余额为 88 000 元，市价为 750 000 元，用于生产仪表 80 台。由于 A 材料市场价格下降，用该材料生产的仪表的每台市价由 2 600 元降至 1 800 元，但是，将 A 材料加工成仪表，尚需发生加工费用 64 000 元。估计发生销售费用和税金为 4 000 元。

【考核要求】

根据背景资料：

(1)计算用 A 材料生产的仪表的生产成本；

(2)计算 2014 年 12 月 31 日 A 材料的可变现净值；

(3)计算 2014 年 12 月 31 日 A 材料应计提的跌价准备并编制计提跌价准备的会计分录。

【考核项目三】

委托加工物资的核算

【背景资料】

A 公司为增值税一般纳税人，2014 年 5 月发出钢材 1 吨，计划成本 20 000 元，原材料成本差异率为 3%，委托大华工具厂加工专用工具，通过银行支付发出材料的运杂费 1 500 元。当月加工完毕验收入库，共 100 件，每件计划成本 320 元。企业支付加工费 8 000 元和大华工具厂代垫运杂费 1 400 元。

【考核要求】

根据背景资料：

(1)编制发出钢材的会计分录；

(2)编制支付发出委托加工材料的运杂费时的会计分录；

(3)编制支付加工费及大华工具厂代垫运杂费时(增值税率 17%)的会计分录；

(4)编制专用工具验收入库时的会计分录。

二、专业技能考核

【考核项目一】

一次加权平均法的运用

【背景资料】

A 公司 2015 年 4 月 1 日结存甲材料 100 千克，每千克实际成本 1 000 元。本月发生如下有关业务：

(1)3 日，购入甲材料 50 千克，每千克实际成本 1 050 元，材料已验收入库。

(2)5 日,发出甲材料 80 千克。

(3)7 日,购入甲材料 70 千克,每千克实际成本 980 元,材料已验收入库。

(4)12 日,发出甲材料 130 千克。

(5)20 日,购入甲材料 80 千克,每千克实际成本 1 100 元,材料已验收入库。

(6)25 日,发出甲材料 30 千克。

要求:

(1)假定 A 公司原材料采用实际成本核算,发出材料采用先进先出法,请根据上述资料,计算甲材料 5 日、25 日发出材料的成本以及期末结存的成本。

(2)假定 A 公司原材料采用实际成本核算,发出材料采用加权平均法,请根据上述资料计算 A 公司当月结存材料的实际成本和发出材料的实际成本。(小数点后保留两位)

【考核要求】

根据背景资料,填制现金收付款凭证和银行存款收付款凭证。

【考核项目二】

材料成本差异的运用

【背景资料】

某工业企业为增值税一般纳税企业,材料按计划成本计价核算。甲材料计划单位成本为每千克 10 元。该企业 2015 年 5 月份有关资料如下:

(1)“原材料”账户月初余额 40 000 元,“材料成本差异”账户月初借方余额 500 元 。

(2)5 月 5 日,企业发出 100 千克甲材料委托 A 公司加工成新的物资(注:发出材料时应计算确定其实际成本)。

(3)5 月 15 日,从外地 A 公司购入甲材料 6 000 千克,增值税专用发票注明的材料价款为 61 000元,增值税额 10 370 元,企业已用银行存款支付上述款项,材料尚未到达。

(4)5 月 20 日,从 A 公司购入的甲材料到达,验收入库时发现短缺 20 千克,经查明为途中定额内自然损耗。按实收数量验收入库。

(5)5 月 30 日,汇总本月发料凭证,本月共发出甲材料 5 000 千克,全部用于产品生产。

【考核要求】

根据上述业务编制相关的会计分录,并计算本月材料成本差异率、本月发出材料应负担的成本差异及月末库存材料的实际成本。

项目实训

实训项目:存货业务会计处理

1. 实训目的

通过实训要求学生掌握存货的购入、委托加工物资、非货币性资产交换及工程领用本企业应税消费品等有关经济业务的会计处理及材料明细账的设置与登记。

2. 实训要求

具有熟练进行原材料、委托加工物资、库存商品等企业日常业务的会计处理能力。

3. 实训重点

3.1 根据实训资料有关总账账户和明细账户的期初余额,开设“材料采购”、“材料成本差异”、“原材料”、“委托加工物资”、“周转材料”、“材料成本差异”、“库存商品”总账与明细账。

3.2 根据实训资料练习工程领用本企业应税消费品的核算及会计处理。

3.3 根据实训资料练习非货币性资产交换的核算及会计处理。

3.4 根据实训资料练习委托加工应税消费品的核算及会计处理。

4. 实训作业

根据实训资料，学生各自独立完成并把实训结果以实训报告单形式上交。

5. 实训资料

华兴公司为增值税一般纳税人，增值税率为17%、消费税率为10%。库存材料按实际成本核算，销售收入均为不含应向购买者收取的增值税额。该企业2015年3月份发生如下经济业务：

(1)工程领用本企业生产的应交消费税产品，该产品成本为5 000 000元，计税价格为7 000 000元。

(2)以生产的应交消费税产品向诚信公司换取原材料。换出的产品成本为1 600 000元，销售价款总额为3 000 000元。产品已发出，换来的原材料已验收入库。双方均开出增值税票。假设换来的原材料的购买价款总额、增值税税额与换出的应交消费税产品的销售价款总额、增值税税额相同。

(3)收回委托加工的材料并验收入库。该委托加工的原材料系上月上出，发出材料的实际成本为1 950 000元。本月以银行存款支付受托加工企业代扣代缴消费税50 000元，加工费用500 000元。收回委托加工的原材料用于本企业生产应税消费税产品。

本资料涉及工程领用本企业生产的应税消费品、非货币性资产交换、委托加工应税消费品等经济业务，学生应认真阅题，逐笔进行账务处理。

项目五　金融资产

应知考核

一、单项选择题

1. 企业购入交易性金融资产，支付的价款为 103 万元，其中包含已到期尚未领取的利息 3 万元，另支付交易费用 2 万元。该项交易性金融资产的入账价值为（　　）万元。

A. 103　　B. 100　　C. 102　　D. 105

2. 根据《企业会计准则第 22 号——金融工具确认和计量》的规定，下列交易性金融资产的后续计量表述中，正确的是（　　）。

A. 按照摊余成本进行后续计量

B. 按照公允价值进行后续计量，公允价值变动计入当期投资收益

C. 按照公允价值进行后续计量，变动计入资本公积

D. 按照公允价值进行后续计量，公允价值变动计入当期公允价值变动损益

3. 某股份有限公司于 2015 年 2 月 28 日以每股 6 元（包含已宣告尚未发放的现金股利 0.25 元）的价格购入某上市公司股票 25 万股，作为交易性金融资产核算。购买该股票支付手续费等 5 万元。5 月 25 日，收到该上市公司按每股 0.25 元发放的现金股利。12 月 31 日该股票的市价为每股 5.5 元。2015 年 12 月 31 日该股票投资的账面价值为（　　）万元。

A. 125　　B. 137.5　　C. 150　　D. 143.75

4. M公司 2014 年 1 月 1 日购入 A 公司发行的 3 年期公司债券。公允价值为 10 560.42 万元，债券面值 10 000 万元，每半年付息一次，到期还本，票面年利率 6%，实际年利率 4%。采用实际利率法摊销，则 M 公司 2015 年 1 月 1 日持有至到期投资摊余成本为（　　）万元。

A. 10 471.63　　B. 10 381.06　　C. 1 056.04　　D. 1 047.16

5. 甲企业于 2015 年 10 月 6 日从证券市场上购入乙企业发行在外的股票 100 万股作为可供出售金融资产，每股支付价款 2 元（含已宣告但尚未发放的现金股利 0.25 元），另支付相关费用 6 万元，甲企业取得可供出售金融资产时的入账价值为（　）万元。

A. 175　　B. 181　　C. 200　　D. 206

6. 甲公司于 2015 年 1 月 1 日从证券市场购入乙公司发行在外的股票 30 000 股作为可供出售金融资产，每股支付价款 10 元，另支付相关费用 6 000 元。2015 年 12 月 31 日，这部分股票的公允价值为 295 000 元，该价格下跌为正常的价格波动，则甲公司 2015 年 12 月 31 日计入公允价值变动损益科目的金额为（　　）元。

A. 0　　B. 收益 14 000　　C. 收益 5 000　　D. 损失 10 000

7. 蓝田公司于 2015 年 6 月 10 日购买运通公司股票 300 万股，成交价格每股 10 元，作为可供出售金融资产；购买该股票另支付手续费等 45 万元。10 月 20 日，收到运通公司按每 10 股派 6 元的现金股利。11 月 30 日该股票市价为每股 9 元，2015 年 12 月 31 日以每股 8 元的价格将股票全部售出，则可供出售金融资产影响 2015 年投资收益的金额为（　　）万元。

A. −645　　B. 180　　C. −300　　D. −465

8. 资产负债表日，企业根据金融工具确认和计量准则确定持有至到期投资发生减值的，按应减计的金额，借记“资产减值损失”科目，贷记(　　)。

A.“投资收益”　　B.“公允价值变动损益”

C.“持有至到期投资——成本”　　D.“持有至到期投资减值准备”

9. 下列金融资产中，不应计提减值准备的是(　　)。

A. 交易性金融资产　　B. 持有至到期投资

C. 应收款项　　D. 可供出售权益工具

10. 关于金融资产的重分类，下列说法中正确的是(　　)。

A. 交易性金融资产和持有至到期投资之间不能进行重分类

B. 交易性金融资产在符合一定条件时可以和贷款进行重分类

C. 交易性金融资产和可供出售金融资产之间可以进行重分类

D. 可供出售金融资产可以随意和持有至到期投资进行重分类

二、多项选择题

1. 满足下列(　　)条件的金融资产，应当划分为交易性金融资产。

A. 属于财务担保合同的衍生工具

B. 取得该金融资产的目的，主要是为了近期内出售

C. 被指定为有效套期工具的衍生工具

D. 属于进行集中管理的可辨认金融工具组合的一部分，且有客观证据表明企业近期采用短期获利方式对该组合进行管理

2. 下列各项中，不应计入交易性金融资产的入账价值的有(　　)。

A. 支付的手续费　　B. 支付的印花税

C. 取得时交易性金融资产的公允价值　　D. 已宣告但尚未发放的现金股利

3. 企业持有至到期投资的特点包括(　　)。

A. 有能力持有至到期

B. 发生市场利率变化、流动性需要变化等情况时，将出售该金融资产

C. 有明确意图持有至到期

D. 到期日固定、回收金额固定或可确定

4. 下列各项中，应作为持有至到期投资取得时初始成本入账的有(　　)。

A. 投资时支付的税金

B. 投资时支付的手续费

C. 投资时支付款项中所含的已到付息期但尚未领取的利息

D. 投资时支付的不含应收利息的价款

5. 下列金融资产中，应按摊余成本进行后续计量的有(　　)。

A. 交易性金融资产　　B. 持有至到期投资

C. 可供出售债务工具　　D. 贷款

6. 下列可供出售金融资产的表述中，正确的有(　　)。

A. 可供出售债务工具发生的减值损失应计入当期损益

B. 可供出售权益工具发生的减值损失应计入所有者权益

C. 取得可供出售金融资产发生的交易费用应直接计入当期损益

D. 处置可供出售金融资产时，以前期间因公允价值变动计入资本公积的金额应转入投资收益

7. 下列有关可供出售金融资产会计处理的表述中，正确的有(　　)。

A. 可供出售金融资产发生的减值损失应计入所有者权益
B. 以外币计价的可供出售货币性金融资产发生的汇兑差额应计入当期损益
C. 可供出售金融资产持有期间取得的现金股利应冲减资产成本
D. 取得可供出售金融资产发生的交易费用应计入初始确认金额

8. 可供出售金融资产在发生减值时，可能涉及的会计科目有(　　)。
A."资产减值损失"　　B."公允价值变动损益"
C."可供出售金融资产——公允价值变动"　　D."资本公积——其他资本公积"

9. 交易性金融资产科目借方登记的内容有(　　)。
A. 交易性金融资产的取得成本
B. 资产负债表日其公允价值高于账面余额的差额
C. 取得交易性金融资产所发生的相关交易费用
D. 资产负债表日其公允价值低于账面余额的差额

10. 关于金融资产的后续计量，下列说法中正确的有(　　)。
A. 资产负债表日，企业应将以公允价值计量且其变动记入当期损益的金融资产的公允价值变动记入当期损益
B. 持有至到期投资在持有期间应当按照摊余成本和实际利率计算确认利息收入，记入投资收益
C. 资产负债表日，可供出售金融资产应当以公允价值计量，且公允价值变动记入资本公积
D. 资产负债表日，可供出售金融资产应当以公允价值计量，且公允价值变动记入当期损益

三、判断题

1. 取得交易性金融资产时支付的交易费用，应计入交易性金融资产的初始入账成本。(　　)

2. 交易性金融资产持有期间被投资单位宣告发放的现金股利，或在资产负债表日按分期付息、一次还本债券投资的票面利率计算的利息，应该冲减交易性金融资产的成本。(　　)

3. 交易性金融资产和可供出售金融资产的相同点是都按公允价值进行后续计量，且公允价值变动计入当期损益。(　　)

4. 收到购买交易性金融资产时支付的价款中包含的已到付息期但尚未领取的利息，应计入当期损益。(　　)

5. 企业取得的持有至到期投资，应按该投资的公允价值加上支付的交易费用，借记"持有至到期投资——成本"科目。(　　)

6. 处置持有至到期投资时，应将实际收到的金额与其账面价值的差额计入公允价值变动损益。(　　)

7. 资产负债表日，贷款的合同利率与实际利率即使差异较小，也不可以采用合同利率计算确定利息收入。(　　)

8. 资产负债表日，可供出售金融资产的公允价值低于其账面余额时，应计提可供出售金融资产减值准备。(　　)

9. 可供出售权益工具投资发生的减值损失，不得通过损益转回。(　　)

10. 会计期末，如果交易性金融资产的成本高于市价，应该计提交易性金融资产跌价准备。(　　)

★ 应会考核

一、综合业务考核

【考核项目一】

交易性金融资产账务处理

【背景资料】

1. 某一公司从证券市场上购入债券作为交易性金融资产，有关情况如下：

(1)2014 年 1 月 1 日购入某公司债券，共支付价款 1 025 万元(含债券应该发放的 2013 年下半年的利息)，另支付交易费用 4 万元。该债券面值为 1 000 万元，于 2013 年 1 月 1 日发行，4 年期，票面利率为 5%，每年 1 月 2 日和 7 月 2 日付息，到期时归还本金和最后一次利息；

(2)该公司于 2014 年 1 月 2 日收到该债券 2013 年下半年的利息；

(3)2014 年 6 月 30 日，该债券的公允价值为 990 万元(不含利息)；

(4)2014 年 7 月 2 日，收到上半年的利息；

(5)2014 年 12 月 31 日，该债券的公允价值为 980 万元(不含利息)；

(6)2015 年 1 月 2 日，收到该债券 2014 年利息；

(7)2015 年 3 月 31 日，该公司将该债券以 1 015 万元价格售出，扣除手续费 5 万元后，将收款净额 1 010 万元存入银行。

要求：逐笔编制上述业务的会计公录。

2. 2015 年 3 月至 5 月，甲上市公司发生的交易性金融资产业务如下：

(1)3 月 1 日，向 D 证券公司划出投资款 1 000 万元，款项已通过开户行转入 D 证券公司银行账户。

(2)3 月 2 日，委托 D 证券公司购入 A 上市公司股票 100 万股，每股 8 元，另发生相关的交易费用 2 万元，并将该股票划分为交易性金融资产。

(3)3 月 31 日，该股票在证券交易所的收盘价格为每股 7.70 元。

(4)4 月 30 日，该股票在证券交易所的收盘价格为每股 8.10 元。

(5)5 月 10 日，将所持有的该股票全部出售，所得价款 825 万元，已存入银行。假定不考虑相关税费。

要求：逐笔编制甲上市公司上述业务的会计分录。

【考核要求】

根据背景资料，编制有关会计分录，并列示计算过程。(会计科目要求写出明细科目，金额单位用万元表示)

【考核项目二】

持有至到期投资账务处理

【背景资料】

2015 年 1 月 1 日，M 公司从活跃市场购买了一项 N 公司债券，年限 3 年，划分为持有至到期投资，债券的本金 1 100 万元，公允价值为 1 010 万元(含交易费用为 10 万元)，到期还本、分期付息，每年 1 月 5 日按照票面利率 3% 支付利息。合同约定债券发行方 N 公司在遇到特定情况下可以将债券赎回，且不需要为赎回支付额外款项。M 公司在购买时预计发行方不会提前赎回。假定实际利率是 6%。

【考核要求】

根据背景资料，编制 M 公司的相关会计分录。(计算结果保留两位小数)

【考核项目三】

可供出售金融资产账务处理

【背景资料】

2015 年 5 月 1 日，大河公司以 480 万元购入大海公司股票 60 万股作为可供出售金融资产，另支付手续费 10 万元，2015 年 6 月 30 日该股票每股市价为 7.5 元，2015 年 8 月 10 日，大海公司宣告分派现金股利，每股 0.20 元，8 月 20 日大河公司收到分派的现金股利。至 12 月 31 日，大河公司仍持有该可供出售金融资产，期末每股市价为 8.5 元，2016 年 1 月 3 日以 515 万元出售该可供出售金融资产。假定大河公司每年 6 月 30 日和 12 月 31 日对外提供财务报告。

【考核要求】

根据背景资料，要求：

(1)编制上述经济业务的会计分录；(2)计算该可供出售金融资产的累计损益。

二、专业技能考核

【考核项目】

金融资产综合账务处理

【背景资料】

2015 年 1 月 1 日，甲公司购买了一项公司债券，发行年限为 5 年，债券的本金 1 100 万元，公允价值为 950 万元，交易费用为 11 万元，次年 1 月 5 日按票面利率 3% 支付利息。该债券在第五年兑付(不能提前兑付)本金及最后一期利息。实际利率为 6%。2015 年末，该债券公允价值为 1 000 万元。

【考核要求】

根据背景资料：

(1)假定甲公司将该债券划分为交易性金融资产，要求编制 2015 年相关的账务处理；

(2)假定甲公司将该债券划分为持有至到期投资，要求编制 2015 年相关的账务处理；

(3)假定甲公司将该债券划分为可供出售金融资产，要求编制 2015 年相关的账务处理。

项目六　长期股权投资

应知考核

一、单项选择题

1. 甲、乙两家公司同属丙公司的子公司。甲公司于2015年3月1日以发行股票方式从乙公司的股东手中取得乙公司60%的股份。甲公司发行1 500万股普通股股票，该股票每股面值为1元。乙公司在2015年3月1日所有者权益为2 000万元，甲公司在2015年3月1日资本公积为180万元，盈余公积为100万元，未分配利润为200万元。甲公司该项长期股权投资的成本为(　　)万元。

A. 1 200　　B. 1 500　　C. 1 820　　D. 480

2. 甲公司出资1 000万元，取得了乙公司80%的控股权，假如购买股权时乙公司的账面净资产价值为1 500万元，甲、乙公司合并前后同受一方控制。则甲公司确认的长期股权投资成本为(　　)万元。

A. 1 000　　B. 1 500　　C. 800　　D. 1 200

3. A、B两家公司属于非同一控制下的独立公司。A公司于2013年7月1日以本企业的固定资产对B公司投资，取得B公司60%的股份。该固定资产原值1 500万元，已计提折旧400万元，已提取减值准备50万元，7月1日该固定资产公允价值为1 250万元。B公司2013年7月1日所有者权益为2 000万元。甲公司该项长期股权投资的成本为(　　)万元。

A. 1 500　　B. 1 050　　C. 1 200　　D. 1 250

4. 甲公司出资1 000万元，取得了乙公司80%的控股权，假如购买股权时乙公司的账面净资产价值为1 500万元，甲、乙公司合并前后不受同一方控制。则甲公司确认的长期股权投资成本为(　　)万元。

A. 1 000　　B. 1 500　　C. 800　　D. 1 200

5. A、B两家公司属于非同一控制下的独立公司。A公司于2015年7月1日以本企业的固定资产对B公司投资，取得B公司60%的股份。该固定资产原值1 500万元，已计提折旧400万元，已提取减值准备50万元，7月1日该固定资产公允价值为1 300万元。B公司2015年7月1日所有者权益为2 000万元。甲公司该项长期股权投资的成本为(　　)万元。

A. 1 500　　B. 1 050　　C. 1 300　　D. 1 200

6. 非企业合并，且以支付现金取得的长期股权投资，应当按照(　　)作为初始投资成本。

A. 实际支付的购买价款　　B. 被投资企业所有者权益账面价值的份额

C. 被投资企业所有者权益公允价值的份额　　D. 被投资企业所有者权益

7. 非企业合并，且以发行权益性证券取得的长期股权投资，应当按照发行权益性证券的(　　)作为初始投资成本。

A. 账面价值　　B. 公允价值　　C. 支付的相关税费　　D. 市场价格

8. 投资者投入的长期股权投资，如果合同或协议约定价值是公允的，应当按照(　　)作为初始投资成本。

A. 投资合同或协议约定的价值　　B. 账面价值

C. 公允价值　　D. 市场价值

9. 甲公司出资600万元，取得了乙公司60%的控股权，甲公司对该项长期股权投资应采用(　)核算。

A. 权益法　　B. 成本法　　C. 市价法　　D. 成本与市价孰低法

10. 根据《企业会计准则第2号——长期股权投资》的规定，长期股权投资采用权益法核算时，初始投资成本大于应享有被投资单位可辨认资产公允价值份额之间的差额，正确的会计处理是(　　)。

A. 计入投资收益　　B. 冲减资本公积

C. 计入营业外支出　　D. 不调整初始投资成本

二、多项选择题

1. 在同一控制下的企业合并中，合并方取得的净资产账面价值与支付的合并对价账面价值(或发行股份面值总额)的差额，可能调整(　　)。

A. 盈余公积　　B. 资本公积　　C. 营业外收入　　D. 未分配利润

2. 下列各项中，应作为长期股权投资取得时初始成本入账的有(　　)。

A. 投资时支付的不含应收股利的价款

B. 为取得长期股权投资而发生的评估、审计、咨询费

C. 投资时支付的税金、手续费

D. 投资时支付款项中所含的已宣告而尚未领取的现金股利

3. 长期股权投资的成本法的适用范围是(　　)。

A. 投资企业能够对被投资企业实施控制的长期股权投资

B. 投资企业对被投资企业不具有共同控制或重大影响，并且在活跃市场中没有报价、公允价值不能可靠计量的长期股权投资

C. 投资企业对被投资企业具有共同控制的长期股权投资

D. 投资企业对被投资企业具有重大影响的长期股权投资

4. 根据《企业会计准则第2号——长期股权投资》的规定，长期股权投资采用成本法核算时，下列各项会引起长期股权投资账面价值变动的有(　　)。

A. 追加投资　　B. 减少投资

C. 被投资企业实现净利润　　D. 被投资企业宣告发放现金股利

5. 长期股权投资采用权益法核算的，应当设置的明细科目有(　)。

A. 成本　　B. 长期股权投资减值准备

C. 损益调整　　D. 其他权益变动

6. 对长期股权投资采用权益法核算时，被投资企业发生的下列事项中，投资企业应该调整长期股权投资账面价值的有(　　)。

A. 被投资企业实现净利润　　B. 被投资企业宣告分配现金股利

C. 被投资企业购买固定资产　　D. 被投资企业计提盈余公积

7. 在具体实务中，确定股权购买日应包括的条件有(　　)。

A. 在购买协议已获股东大会通过，并已获相关部门批准(如果需要有关政府部门批准)

B. 购买企业已经支付价款(以现金和银行存款支付的价款)的大部分(一般应该超过50%)

C. 购买企业和被购买企业已经办理必要的财产交接手续

D. 购买企业实际上已经控制被购买企业的财务和经营政策，被购买企业不能再从其所持有的

股权中获得利益和承担风险

8. 企业处置长期股权投资时，正确的处理方法有（　　）。

A. 处置长期股权投资，其账面价值与实际取得价款的差额，应当计入投资收益

B. 处置长期股权投资，其账面价值与实际取得价款的差额，应当计入营业外收入

C. 采用权益法核算的长期股权投资，因被投资单位除净损益以外所有者权益的其他变动而计入所有者权益的，处置该项投资时应当将原计入所有者权益的部分按相应比例转入投资收益

D. 采用权益法核算的长期股权投资，因被投资单位除净损益以外所有者权益的其他变动而计入所有者权益的，处置该项投资时应当将原计入所有者权益的部分按相应比例转入营业外收入

9. 对长期股权投资采用权益法核算时，被投资企业发生的下列事项中，投资企业应该调整长期股权投资账面价值的有（　　）。

A. 实现净利润　　B. 宣告分配现金股利　C. 购买固定资产　　D. 计提盈余公积

10. 下列各项中，可能构成长期股权投资初始投资成本的有（　）。

A. 非企业合并方式下取得长期股权投资发生的直接相关费用

B. 非同一控制下企业合并形成的长期股权投资发生的审计费

C. 非同一控制下企业合并形成的长期股权投资，以溢价发行权益性证券作为对价发生的手续费

D. 非同一控制下企业合并取得长期股权投资而作为对价的权益性证券的公允价值

三、判断题

1. 企业持有的长期股权投资发生减值的，减值损失一经确认，即使以后期间价值得以回升，也不得转回。（　　）

2. 采用权益法核算的长期股权投资，其初始投资成本大于投资时应享有被投资单位可辨认净资产公允价值份额的，应调整已确认的初始投资成本。（　　）

3. 长期股权投资采用成本法核算的，应按被投资单位宣告发放的现金股利或利润中属于本企业的部分，借记“应收股利”科目，贷记“投资收益”科目；属于被投资单位在本企业取得投资前实现净利润的分配额，应该借记“应收股利”科目，贷记“资本公积”科目。（　　）

4. 采用权益法核算的长期股权投资的初始投资成本大于投资时应享有被投资单位可辨认净资产公允价值份额的，其差额计入长期股权投资（股权投资差额）中。（　　）

5. 企业对长期股权投资计提的减值准备，在该长期股权投资价值回升期间应当转回，但转回的金额不应超过原计提的减值准备。（　　）

6. 长期股权投资核算从权益法改为成本法后，被投资单位宣告分派的现金股利，属于已计入投资账面价值的，不应确认为投资收益。（　　）

7. 长期股权投资自权益法转按成本法核算的，除构成企业合并的以外，应按中止采用权益法时长期股权投资的账面价值作为成本法核算的初始投资成本。（　　）

8. 处置长期股权投资时，应按实际收到的金额，借记“银行存款”等科目，按其账面余额，贷记本科目，按尚未领取的现金股利或利润，贷记“应收股利”科目，按其差额，贷记或借记“投资收益”科目。已计提减值准备的，还应同时结转减值准备。除上述规定外，还应结转原计入资本公积的相关金额，借记或贷记“资本公积——其他资本公积”科目，贷记或借记“投资收益”科目。（　　）

9. 在权益法下，被投资企业宣告发放股票股利时，投资企业不做账务处理。（　　）

10. 长期股权投资期末应按历史成本计量，不计提减值准备。（　　）

应会考核

一、综合业务考核

【考核项目一】

对外投资收益账务处理

【背景资料】

甲公司为一家上市公司，2015 年对外投资有关资料如下：

(1)1 月 20 日，甲公司以银行存款购买 A 公司发行的股票 200 万股准备长期持有，实际支付价款 10 000 万元，另支付相关税费 120 万元，占 A 公司有表决权股份的 40%，能够对 A 公司施加重大影响，投资时 A 公司可辨认净资产公允价值为 30 000 万元(各项可辨认资产、负债的公允价值与账面价值相同)。

(2)4 月 17 日，甲公司委托证券公司从二级市场购入 B 公司股票，并将其划分为交易性金融资产。支付价款 1 600 万元(其中包含宣告但尚未发放的现金股利 40 万元)，另支付相关交易费用 4 万元。

(3)5 月 5 日，甲公司收到 B 公司发放的现金股利 40 万元并存入银行。

(4)6 月 30 日，甲公司持有 B 公司股票的公允价值下跌为 1 480 万元。

(5)7 月 15 日，甲公司持有的 B 公司股票全部出售，售价为 1 640 万元，款项存入银行，不考虑相关税费。

(6)A 公司 2015 年实现净利润 5 000 万元。

(7)A 公司 2015 年年末因出售金融资产公允价值变动增加资本公积 700 万元。

假定除上述资料外，不考虑其他相关因素。

【考核要求】

根据背景资料，逐笔编制甲公司相关会计分录(金额单位用万元表示)。

【考核项目二】

对外投资收益账务处理

【背景资料】

2013 年 1 月 1 日，A 公司以银行存款 500 万元取得 B 公司 80%的股份。该项投资属于非同一控制下的企业合并。乙公司所有者权益的账面价值为 700 万元。2013 年 5 月 2 日，B 公司宣告分配 2012 年度现金股利 100 万元，2013 年度 B 公司实现利润 200 万元。2014 年 5 月 2 日，B 公司宣告分配现金股利 300 万元，2014 年度 B 公司实现利润 300 万元。2015 年 5 月 2 日，B 公司宣告分配现金股利 200 万元。

【考核要求】

根据背景资料，做出 A 公司上述股权投资的会计处理。

【考核项目三】

长期股权投资核算方法的转换账务处理

【背景资料】

A 公司 2013 年 1 月 1 日以 950 万元(含支付的相关费用 10 万元)购入 B 公司股票 400 万股，每股面值 1 元，占 B 公司发行在外股份的 20%，A 公司采用权益法核算该项投资。

2013 年 12 月 31 日 B 公司股东权益的公允价值总额为 4 000 万元。

2013 年 B 公司实现净利润 600 万元，提取盈余公积 120 万元。

2014 年 B 公司实现净利润 800 万元，提取盈余公积 160 万元，宣告发放现金股利 100 万元，A

公司已经收到。

2014 年 B 公司由于可供出售金融资产公允价值变动增加资本公积 200 万元。

2014 年末该项股权投资的可收回金额为 1 200 万元。

2015 年 1 月 5 日 A 公司转让对 B 公司的全部投资，实得价款 1 300 万元。

【考核要求】

根据背景资料，编制 A 公司上述有关投资业务的会计分录（金额单位以万元表示）。

二、专业技能考核

【考核项目一】

上市公司长期股权投资账务处理

【背景资料】

甲上市公司发生下列长期股权投资业务：

(1)2014 年 1 月 3 日，购入乙公司股票 580 万股，占乙公司有表决权股份的 25%，对乙公司的财务和经营决策具有重大影响，甲公司将其作为长期股权投资核算。每股买入价 8 元，每股价格中包含已宣告但尚未发放的现金股利 0.25 元，另外支付相关税费 7 万元。款项均以银行存款支付。当日，乙公司所有者权益的账面价值（与其公允价值不存在差异）为 18 000 万元。

(2)2014 年 3 月 16 日，收到乙公司宣告分派的现金股利。

(3)2014 年度，乙公司实现净利润 3 000 万元。

(4)2015 年 2 月 16 日，乙公司宣告分派 2014 年度股利，每股分派现金股利 0.20 元。

(5)2015 年 3 月 12 日，甲上市公司收到乙公司分派的 2014 年度的现金股利。

(6)2015 年 1 月 4 日，甲上市公司出售所持有的全部乙公司的股票，共取得价款 5 200 万元（不考虑长期股权投资减值及相关税费）。

【考核要求】

根据背景资料：编制甲上市公司长期股权投资的会计分录。

（“长期股权投资”科目要求写出明细科目；金额单位用万元表示）

【考核项目二】

长期股权投资的后续计量账务处理

【背景资料】

甲股份有限公司（简称“甲公司”）2013 年至 2015 年投资业务有关的资料如下：

(1)2013 年 1 月 1 日，甲公司以银行存款 1 000 万元，购入乙股份有限公司（简称“乙公司”）股票，占乙公司有表决权股份的 30%，对乙公司的财务和经营政策具有重大影响。不考虑相关费用。2013 年 1 月 1 日，乙公司所有者权益总额为 3 000 万元。

(2)2013 年 5 月 2 日，乙公司宣告发放 2012 年度的现金股利 200 万元，并于 2013 年 5 月 26 日实际发放。

(3)2013 年度，乙公司实现净利润 1 200 万元。

(4)2014 年 5 月 2 日，乙公司宣告发放 2013 年度的现金股利 300 万元，并于 2014 年 5 月 20 日实际发放。

(5)2014 年度，乙公司发生净亏损 600 万元。

(6)2014 年 12 月 31 日，甲公司预计对乙公司长期股权投资的可收回金额为 900 万元。

(7)2015 年 6 月，乙公司获得债权人豁免其债务并进行会计处理后，增加资本公积 200 万元。

(8)2015 年 9 月 3 日，甲公司与丙股份有限公司（简称“丙公司”）签订协议，将其所持有乙公司的 30%的股权全部转让给丙公司。股权转让协议如下：①股权转让协议在经甲公司和丙公司的临

时股东大会批准后生效;②股权转让价款总额为 1 100 万元,协议生效日丙公司支付股权转让价款总额的 80%,股权过户手续办理完成时支付股权转让价款总额的 20%。

2015 年 10 月 31 日,甲公司和丙公司分别召开临时股东大会批准了上述股权转让协议。当日,甲公司收到丙公司支付的股权转让价款总额的 80%。截至 2015 年 12 月 31 日,上述股权转让的过户手续尚未办理完毕。

(9)2015 年度,乙公司实现净利润 400 万元,其中 1 月至 10 月份实现净利润 300 万元。

假定除上述交易或事项外,乙公司未发生导致其所有者权益发生变动的其他交易或事项。

【考核要求】

根据背景资料:编制甲公司 2013 年至 2015 年投资业务相关的会计分录。

(“长期股权投资”科目要求写出明细科目;金额单位用万元表示)

【考核项目三】

长期股权投资超额亏损账务处理

【背景资料】

甲公司 2011 年 1 月 2 日以银行存款 2 700 万元对乙公司投资,占乙公司注册资本的 20%。乙公司的其他股份分别由 A、B、C、D、E 企业平均持有。2011 年 1 月 2 日乙公司可辨认净资产公允价值为 14 500 万元。甲公司按权益法核算对乙公司的投资。2011 年乙公司实现净利润 800 万元,2012 年 4 月乙公司宣告分配 2011 年现金股利 300 万元,2012 年乙公司发生净亏损 100 万元。2013 年 1 月 1 日,乙公司的股东 A 企业收购了除甲公司以外的其他投资者 B、C、D、E 企业对乙公司的投资股份,同时以 1 800 万元收购了甲公司对乙公司投资的 50%。自此,A 企业持有乙公司 90%的股份,并控制乙公司。甲公司持有乙公司 10%的股份,并失去影响力。为此,甲公司改按成本法核算。2013 年乙公司实现净利润 500 万元。2013 年 3 月 1 日,乙公司宣告分配 2012 年度的现金股利 450 万元。2014 年 4 月,乙公司宣告分派 2013 年度的现金股利 200 万元。假定不考虑各种税费。

【考核要求】

根据背景资料:编制甲公司的会计分录(金额单位为万元)。

★ 项目实训

实训项目:投资业务会计处理

1. 实训目的

通过实训要求学生掌握长期股权投资等有关经济业务的会计处理。

2. 实训要求

具有熟练进行企业长期股权投资业务的划分标准及会计处理能力。

3. 实训重点

根据实训资料练习长期股权投资——权益法的会计处理。

4. 实训作业

根据实训资料,学生各自独立完成并把实训结果以实训报告单形式上交。

5. 实训资料

2012 年 1 月 5 日,华兴公司以每股 1.50 元的价格购入诚信公司每股面值 1 元的普通股 10 000 000股作为长期投资,并支付税金和手续费 1 020 000 元。该股票占诚信公司全部普通股的 20%,华兴公司采用权益法记账。2011 年 12 月 31 日,诚信公司净资产公允价值为 96 000 000 元。

(1)2012 年 1 月 5 日,购入股票。

(2)2012 年 3 月 10 日,诚信公司宣告 2011 年度股利分配方案,每股分派现金股利 0.15 元,并

于4月5日派发。

(3)2012年度,诚信公司盈利25 000 000元。2013年3月15日,宣告2012年度股利分配方案,每股分派现金股利0.20元,并于4月20日派发。

(4)2013年度,诚信公司亏损4 800 000元,用以前年度留存收益弥补亏损后,2014年3月20日,宣告2013年度股利分配方案,每股分派现金股利0.10元,并于4月25日派发。

(5)2014年度,诚信公司亏损9 600 000元。2015年3月5日,宣告2014年度股利分配方案,每10股派送股票股利2股,并于4月10日派送。当年未分派现金股利。

上述资料涉及权益法下长期股权投资的盈利、亏损、现金股利的分配及发放现金股利、股票股利等的经济业务,学生应认真阅题,逐笔进行账务处理。

项目七　固定资产

应知考核

一、单项选择题

1. M公司为增值税一般纳税人，采用自营方式建造一条生产线，实际领用工程物资234万元。另外，领用本公司所生产的应税消费品一批，账面价值为200万元，该产品适用的增值税税率为17%，消费税税率为10%，公允价值是220万元，计税价格为210万元；发生的在建工程人员工资和应付福利费分别为100万元和14万元。假定该生产线已达到预定可使用状态；不考虑除增值税、消费税以外的其他相关税费。该生产线的入账价值为(　)万元。

A. 607.4　　B. 604.7　　C. 602　　D. 587.7

2. 采用出包方式建造固定资产时，对于按合同规定预付的工程价款应借记的会计科目是(　　)。

A. “在建工程”　　B. “固定资产”　　C. “工程物资”　　D. “预付账款”

3. 企业接受投资者投入的一项固定资产，应按(　)作为入账价值。

A. 公允价值

B. 投资方的账面原值

C. 投资合同或协议约定的价值(但合同或协议约定的价值不公允的除外)

D. 投资方的账面价值

4. 某企业接投资者投入设备一台，该设备需要安装。双方在协议中约定的价值为500 000元(目前没有可靠证据证明这个价格是公允的)，设备的公允价值为450 000元。安装过程中领用生产用材料一批，实际成本为4 000元；领用自产的产成品一批，实际成本为10 000元，售价为24 000元，该产品为应税消费品，消费税税率10%。该企业为一般纳税人，适用的增值税税率为17%，在不考虑所得税的情况下，安装完毕投入生产使用的该设备入账成本为(　　)元。

A. 471 160　　B. 521 160　　C. 545 160　　D. 495 160

5. A公司从B公司融资租入一条生产线，其原账面价值为430万元，租赁开始日公允价值为410万元，按出租人的内含利率折现的最低租赁付款额的现值为420万元，最低租赁付款额为500万元，发生的初始直接费用为10万元。则在租赁开始日，A公司租赁资产的入账价值和未确认融资费用分别是(　　)。

A. 420万元和80万元　　B. 410万元和100万元

C. 420万元和90万元　　D. 430万元和80万元

6. 下列固定资产中，不应计提折旧的固定资产有(　　)。

A. 大修理的固定资产　　B. 当月减少的固定资产

C. 正处于改良期间的经营租入固定资产　　D. 融资租入的固定资产

7. 下列固定资产中，应计提折旧的固定资产有(　　)。

A. 经营租赁方式租入的固定资产　　B. 季节性停用的固定资产

C. 正在改扩建固定资产　　D. 融资租出的固定资产

8. 下列各项中所发生的固定资产后续支出中，不能资本化支出的是(　　)。

A. 资产生产的产品质量提高

B. 资产的生产能力增大

C. 恢复或保持资产的原有性能标准，以确保未来经济效益的实现

D. 资产的估计使用年限延长

9. 在筹建期间，在建工程由于自然灾害等原因造成的单项或单位工程报废或毁损，扣除残料价值和过失人或保险公司等赔款后的净损失，报经批准后计入(　　)。

A. 管理费用　　B. 在建工程的成本　　C. 长期待摊费用　　D. 营业外支出

10. 企业盘盈的固定资产，应在报告批准后，转入(　)科目。

A."其他业务收入"　　B."以前年度损益调整"

C."资本公积"　　D."营业外收入"

二、多项选择题

1. 以下属于固定资产特征的有(　　)。

A. 为生产商品、提供劳务而持有的资产　　B. 单位价值在 2 000 元以上的设备

C. 为出租或经营管理而持有的资产　　D. 使用寿命超过一个会计年度

2. 下列不能在"固定资产"账户核算的有(　)。

A. 购入正在安装的设备　　B. 经营性租入的设备

C. 融资租入的不需安装的设备　　D. 购入的不需安装的设备

3. 下列各项中，引起固定资产账面价值发生增减变化的有(　　)。

A. 购买固定资产时所支付的有关契税、耕地占用税

B. 发生固定资产修理支出

C. 发生固定资产改良支出

D. 对固定资产计提折旧

4. 下列各项中，应计入固定资产成本的有(　)。

A. 固定资产进行日常修理发生的人工费用

B. 固定资产安装过程中领用原材料所负担的增值税

C. 固定资产达到预定可使用状态后发生的专门借款利息

D. 固定资产达到预定可使用状态前发生的工程物资盘亏净损失

5. 下列税费中，应该计入固定资产入账价值的有(　)。

A. 一般纳税企业购入固定资产所支付的增值税 B. 契税

C. 耕地占用税　　D. 车辆购置税

7. 下列有关固定资产的说法中正确的有(　)。

A. 固定资产的各组成部分具有不同使用寿命或者以不同方式为企业提供经济利益，适用不同折旧率或折旧方法的，应当分别将各组成部分确认为单项固定资产

B. 与固定资产有关的后续支出均应当在发生时计入当期损益

C. 购买固定资产的价款超过正常信用条件延期支付，实质上具有融资性质的，固定资产的成本以购买价款的现值为基础确定

D. 自行建造固定资产的成本，由建造该项资产办理竣工决算手续前所发生的必要支出构成

8. 下列项目中应计入当期损益的有(　　)。

A. 计提固定资产减值准备

B. 融资租赁固定资产未确认融资费用的摊销

C. 不超过固定资产可收回金额的改良支出

D. 生产车间所计提的固定资产折旧

9. 下列有关固定资产成本的确定，说法正确的有(　　)。

A. 投资者投入固定资产的成本，应当按照投资合同或协议约定的价值确定，但合同或协议约定价值不公允的除外

B. 融资租入的固定资产，承租人应当将租赁开始日租赁资产原账面价值与最低租赁付款额现值两者中较低者作为租入资产的入账价值

C. 企业固定资产预计的弃置费用现值应计入固定资产的成本

D. 企业以经营租赁方式租入的固定资产发生的改良支出，应予资本化

10. 下列各项，应通过“固定资产清理”科目核算的有(　　)。

A. 盘亏的固定资产　　B. 出售的固定资产　　C. 报废的固定资产　　D. 毁损的固定资产

三、判断题

1. 固定资产的各组成部分具有不同使用寿命或者以不同方式为企业提供经济利益，适用不同折旧率或折旧方法的，此时仍然应该将该资产作为一个整体考虑。　(　　)

2. 采用出包方式自行建造固定资产工程时，预付承包单位的工程价款应通过“预付账款”科目核算。　(　　)

3. 已达到预定可使用状态但在年度内尚未办理竣工决算手续的固定资产，应按估计价值暂估入账，并计提折旧，办理竣工决算手续后，如果与原暂估入账的金额不等，需要调整固定资产科目的金额，同时调整已经计提的累计折旧金额。　(　　)

4. 对于固定资产借款发生的利息支出，在竣工决算前发生的，应予资本化，将其计入固定资产的建造成本；在竣工决算后发生的，则应作为当期费用处理。　(　　)

5. 固定资产提足折旧后，不论能否继续使用，均不再计提折旧；提前报废的固定资产，也不再补提折旧。　(　　)

6. 企业一般应当按月提取折旧，当月增加的固定资产，当月计提折旧；当月减少的固定资产，当月不提折旧。　(　　)

7. 企业固定资产一经入账，其入账价值均不得作任何变动。　(　　)

8. 固定资产的大修理费用和日常修理费用，应当采用预提或待摊方式处理。　(　　)

9. 按照新准则的规定，对于计提的固定资产减值准备，在以后期间价值恢复时，不转回任何原已计提的减值准备金额。　(　　)

10. 正常报废和非常报废的固定资产均应通过“固定资产清理”科目予以核算。　(　　)

★ 应会考核

一、综合业务考核

【考核项目一】

购入固定资产的核算

【背景资料】

甲公司为一家制造企业。2015 年 1 月 1 日向乙公司购进三套不同型号且具有不同生产能力的设备 A、B、C。共支付货款 7 800 000 元，增值税额 1 326 000 元，包装费 42 000 元。全部以银行存款支付。假定 A、B、C 均满足固定资产的定义和确认条件，公允价值分别为 2 926 000 元、3 594 800元、1 839 200 元；不考虑其他相关税费。

【考核要求】

根据背景资料：

(1)确定固定资产 A、B、C 的入账价值；(2)做出购入固定资产的会计分录。

【考核项目二】

自建固定资产的核算

【背景资料】

2015 年 1 月，大连某股份有限公司准备自行建造一座厂房，为此发生以下业务：

(1)购入工程物资一批，价款为 500 000 元，支付的增值税进项税额为 85 000 元，款项以银行存款支付；

(2)至 6 月，工程先后领用工程物资 545 000 元(含增值税进项税额)；剩余工程物资转为该公司的存货，其所含的增值税进项税额可以抵扣；

(3)领用生产用原材料一批，价值为 64 000 元，购进该批原材料时支付的增值税进项税额为 10 880元；

(4)辅助生产车间为工程提供有关的劳务支出为 50 000 元；

(5)计提工程人员工资 95 800 元；

(6)6 月底，工程达到预定可使用状态，但尚未办理竣工决算手续，工程按暂估价值结转固定资产成本；

(7)7 月中旬，该项工程决算实际成本为 800 000 元，经查其与暂估成本的差额为应付职工工资；

(8)假定不考虑其他相关税费。

【考核要求】

根据背景资料，编制上述业务相关的会计分录。

【考核项目三】

在建工程核算

【背景资料】

大连某公司 2013 年 9 月 1 日，对融资租入的一条生产线进行改良，领用一批用于改良的物料价款为 390 000 元，增值税进项税额为 66 300 元，原购入时所支付的运输费为 3 750 元，款项已通过银行支付；生产线安装时，领用本公司原材料一批，价值 36 300 元，购进该批原材料时支付的增值税进项税额为 6 171 元；领用本公司所生产的产品一批，成本为 48 000 元，计税价格 50 000 元，增值税税率 17%，消费税税率 10%，应付安装工人的工资为 7 200 元；生产线于 2014 年 12 月份改良完工。该生产线的剩余租赁期为 10 年，尚可使用年限为 9 年，预计到下次改良还有 8 年，采用直线法计提折旧。假定不考虑其他相关税费。

【考核要求】

根据背景资料，

(1)编制有关会计分录；(2)计算 2015 年的折旧及编制会计分录。

【考核项目四】

固定资产折旧的核算

【背景资料】

甲公司有生产线一条，原价为 1 400 000 元，预计使用年限为 6 年，预计净残值为 0，采用直线法计提折旧。该生产线已使用 3 年，已提折旧为 700 000 元。2015 年 12 月对该生产线进行更新改造，以银行存款支付改良支出 240 000 元。改造后的生产线预计还可使用 4 年，预计净残值为 0。

【考核要求】

根据背景资料，编制甲公司有关会计分录。

【考核项目五】

固定资产清理的核算

【背景资料】

Y公司为一家上市公司，其2011年到2015年与固定资产有关的业务资料如下：

(1)2011年12月12日，Y公司购进一台不需要安装的设备，取得的增值税专用发票上注明的设备价款为500万元，增值税为85万元，另发生运输费20万元，款项以银行存款支付；没有发生其他相关税费。该设备于当日投入使用，预计使用年限为10年，预计净残值为5万元，采用直线法计提折旧。

(2)2012年12月31日，Y公司对该设备进行检查时发现其已经发生减值，预计可收回金额为500万元；计提减值准备后，该设备原预计使用年限、预计净残值、折旧方法保持不变。

(3)2013年12月31日，Y公司因生产经营方向调整，决定采用出包方式对该设备进行改良，改良工程验收合格后支付工程价款。该设备于当日停止使用，开始进行改良。

(4)2014年3月12日，改良工程完工并验收合格，Y公司以银行存款支付工程总价款30万元。当日，改良后的设备投入使用，预计尚可使用年限8年，采用直线法计提折旧，预计净残值为11万元。2014年12月31日，该设备未发生减值。

(5)2015年12月31日，该设备因遭受自然灾害发生严重毁损，Y公司决定进行处置，取得残料变价收入45万元、保险公司赔偿款28.5万元，发生清理费用5万元；款项均以银行存款收付，不考虑其他相关税费。

【考核要求】

根据背景资料，编制Y公司有关会计分录。

(1)编制2011年12月12日取得该设备的会计分录。

(2)计算2012年度该设备计提的折旧额。

(3)计算2012年12月31日该设备计提的固定资产减值准备，并编制相应的会计分录。

(4)计算2013年度该设备计提的折旧额。

(5)编制2013年12月31日该设备转入改良时的会计分录。

(6)编制2014年3月12日支付该设备改良价款、结转改良后设备成本的会计分录。

(7)计算2014年度该设备计提的折旧额。

(8)计算2015年12月31日处置该设备实现的净损益。

(9)编制2015年12月31日处置该设备的会计分录。

【考核要求】

根据背景资料，编制甲公司有关会计分录(金额单位用万元表示)。

【考核项目六】

固定资产清理的核算

【背景资料】

甲公司出售一座仓库，原价为1 000 000元，已计提折旧400 000元，计提减值准备100 000元；经双方协商售价为600 000元，款已划入公司存款账户；移交前公司对仓库进行了全面清理，发生清理费用10 000元，用银行存款支付；按现行税法规定，销售不动产应缴纳5%的营业税。

【考核要求】

根据背景资料，编制有关会计分录。

二、专业技能考核

【考核项目一】

固定资产账务处理

【背景资料】

甲股份有限公司(简称“甲公司”)为一家制造业上市公司。该公司在2013、2014年连续两年发生亏损,累计亏损额为2 000万元。ABC股份有限公司(简称“ABC公司”)为一家从事商贸行业的控股公司。S公司、T公司和M公司均为ABC公司的全资子公司。2015年,甲公司为了扭转亏损局面,进行了以下交易:

(1)1月1日,与ABC公司达成协议,以市区200亩土地的土地使用权和两栋办公楼换入ABC公司拥有的S公司30%的股权和T公司40%的股权。甲公司200亩土地使用权的账面价值为4 000万元,公允价值为8 000万元,未曾计提减值准备。两栋办公楼的原价为10 000万元,累计折旧为8 000万元,公允价值为2 000万元,未曾计提减值准备。ABC公司拥有S公司30%的股权的账面价值及其公允价值均为6 000万元;拥有T公司40%的股权的账面价值及其公允价值均为4 000万元。

(2)4月1日,甲公司与M公司达成一项资产置换协议。甲公司为建立一个大型物流仓储中心,以其产成品与M公司在郊区的一块100亩土地的土地使用权进行置换,同时,M公司用银行存款支付给甲公司补价800万元。甲公司用于置换的产成品的账面余额为4 500万元,已经计提600万元跌价准备,其公允价值为4 000万元。M公司用于置换的100亩土地的土地使用权的账面价值为1 000万元,未曾计提减值准备,公允价值为3 200万元。

假定上述与资产转移、股权转让相关的法律手续均在2015年4月底前完成。甲公司取得S公司和T公司的股权后,按照S公司和T公司的章程规定,于5月1日向S公司和T公司董事会派出董事,参与S公司和T公司财务和经营政策的制定。至2015年底,甲公司未发生与对外投资和股权变动有关的其他交易或事项。不考虑交易过程中的增值税等相关税费。

【考核要求】

根据背景资料:

(1)计算确定甲公司自ABC公司换入的S公司30%的股权和T公司40%的股权的入账价值。

(2)编制甲公司以土地使用权和办公楼自ABC公司换入S公司和T公司股权的相关会计分录。

(3)计算确定甲公司从M公司换入的土地使用权的入账价值。

(4)编制甲公司以产成品换入M公司土地使用权的相关会计分录。(金额单位用万元表示)

【考核项目二】

固定资产交换账务处理

【背景资料】

甲公司以其生产经营用的设备与乙公司作为固定资产的货运汽车交换。资料如下:

(1)甲公司换出:固定资产——设备:原价为1 800万元,已提折旧为300万元,公允价值为1 650万元,以银行存款支付了设备清理费用15万元。

(2)乙公司换出:固定资产——货运汽车:原价为2 100万元,已提折旧为550万元,公允价值为1 680万元。乙公司收到甲公司支付的补价30万元。

假设甲公司换入的货运汽车作为固定资产管理,该项交易不具有商业实质。甲公司未对换出设备计提减值准备。

【考核要求】

根据背景资料:分别编制甲公司、乙公司的账务处理。

【考核项目三】

固定资产综合分析

【背景资料】

甲公司有关固定资产的业务事项如下：

(1)甲公司 2014 年 6 月 25 日购入一辆货运汽车，购买价格 300 000 元，发生相关费用 20 000 元。该货运汽车预计使用年限 5 年，预计净残值为 20 000 元，甲公司采用直线法计提折旧。

(2)2014 年 12 月 31 日货运汽车出售预计可获得净现金流入 2 15 000 元，预期从该资产的持有和处置中形成的预计未来现金流量的现值为 220 000 元。计提减值后预计使用年限为 4 年，预计净残值为 10 000 元。

(3)2015 年 12 月 31 日货运汽车出售预计可获得净现金流入 120 000 元，预期从该资产的持有和预期处置中形成的预计未来现金流量的现值为 188 000 元。

【考核要求】

根据背景资料：

(1)分析购入货运汽车的入账价值，编制汽车购入时的会计分录。

(2)分析 2014 年应计提的折旧额，并在年末进行账务处理。

(3)分析 2014 年 12 月 31 日应计提的固定资产减值准备，并进行账务处理。

(4)分析 2015 年应计提的折旧额，并在年末进行账务处理。

(5)分析 2015 年 12 月 31 日应计提的固定资产减值准备，并进行账务处理。

★ 项目实训

实训项目：固定资产业务会计处理

1. 实训目的

通过实训要求学生掌握固定资产取得、固定资产折旧、固定资产后续支出、固定资产处置等有关经济业务的会计处理。

2. 实训要求

具有熟练进行企业固定资产取得、折旧、后续支出等的会计处理能力。

3. 实训重点

3.1 根据实训资料练习取得和处置固定资产的核算及会计处理。

3.2 根据实训资料练习固定资产后续支出的核算和会计处理。

3.3 根据实训资料练习固定资产折旧的核算和会计处理。

4. 实训作业

根据实训资料，学生各自独立完成并把实训结果以书面形式上交。

5. 实训资料

华兴公司购置了一条需要安装的生产线，与该生产线有关的业务如下：

(1)2013 年 3 月 30 日，购入需要安装的生产线一条，增值税专用发票上注明的买价为 400 000 元，增值税为 68 000 元，另支付保险费及其他费用 32 000 元，该生产线交付安装部门安装；

(2)安装生产线时领用本公司产品一批，该批产品的实际成本为 40 000 元，税务部门核定的计税价格为 50 000 元，适用的增值税税率为 17%；

(3)安装工程人员应付工资及福利费 45 600 元，用银行存款支付其他安装费用 5 900 元；

(4)2013 年 6 月 30 日，安装工程结束并随即投入使用，该生产线预计使用年限为 5 年，采用双倍余额递减法计提折旧(预计残值率为 5%)；

(5)2015 年 6 月 30 日，华兴公司将该生产线出售，出售时用银行存款支付清理费用 30 000 元，出售所得款项 350 000 元全部存入银行，于当日清理完毕。

上述资料涉及固定资产的购建、折旧的计算以及固定资产的处置等的经济业务，学生应认真阅题，逐笔进行账务处理。

项目八　投资性房地产

应知考核

一、单项选择题

1. 下列不属于企业投资性房地产的是(　　)。

A. 房地产开发企业将作为存货的商品房以经营租赁方式出租

B. 企业开发完成后用于出租的房地产

C. 企业持有并准备增值后转让的土地使用权

D. 房地产企业拥有并自行经营的饭店

2. 关于企业租出并按出租协议向承租人提供保安和维修等其他服务的建筑物，是否属于投资性房地产的说法正确的是(　　)。

A. 所提供的其他服务在整个协议中不重大的，该建筑物应视为企业的经营场所，应当确认为自用房地产

B. 所提供的其他服务在整个协议中如为重大的，应将该建筑物确认为投资性房地产

C. 所提供的其他服务在整个协议中如为不重大的，应将该建筑物确认为投资性房地产

D. 所提供的其他服务在整个协议中无论是否重大，均不将该建筑物确认为投资性房地产

3. 下列投资性房地产初始计量的表述不正确的有(　　)。

A. 外购的投资性房地产按照购买价款、相关税费和可直接归属于该资产的其他支出

B. 自行建造投资性房地产的成本，由建造该项资产达到可销售状态前所发生的必要支出构成

C. 债务重组取得的投资性房地产按照债务重组的相关规定处理

D. 非货币性资产交换取得的投资性房地产按照非货币性资产交换准则的规定处理

4. 企业对成本模式进行后续计量的投资性房地产摊销时，应该借记(　　)科目。

A."投资收益"　　B."其他业务成本"　　C."营业外收入"　　D."管理费用"

5. 2015 年 1 月 1 日，甲公司购入一幢建筑物用于出租，取得发票上注明的价款为 100 万元，款项以银行存款支付。购入该建筑物发生的契税为 2 万元也以银行存款支付。该投资性房地产的入账价值为(　)万元。

A. 102　　B. 100　　C. 98　　D. 104

6. 假定甲公司 2015 年 1 月 1 日以 9 360 000 元购入的建筑物预计使用寿命为 20 年，预计净残值为零，采用直线法按年计提折旧。2015 年应计提的折旧额为(　　)元 。

A. 468 000　　B. 429 000　　C. 439 000　　D. 478 000

7. 存货转换为采用公允价值模式计量的投资性房地产，投资性房地产应当按照转换当日的公允价值计量。转换当日的公允价值小于原账面价值的其差额通过(　　)科目核算。

A."营业外支出"　　B."公允价值变动损益"

C."投资收益"　　D."其他业务收入"

8. 企业的投资性房地产采用成本计量模式。2015 年 1 月 1 日，该企业将一项投资性房地产转换为固定资产。该投资性房地产的账面余额为 120 万元，已提折旧 20 万元，已经计提的减值准备

为10万元。该投资性房地产的公允价值为75万元。转换日固定资产的入账价值为(　　)万元。

A. 100　　B. 80　　C. 90　　D. 120

9. 关于投资性房地产后续计量模式的转换，下列说法正确的是(　　)。

A. 成本模式转为公允价值模式的，应当作为会计估计变更

B. 已经采用成本模式计量的投资性房地产，不得从成本模式转为公允价值模式

C. 企业对投资性房地产的计量模式可以随意选择

D. 已经采用公允价值模式计量的投资性房地产，不得从公允价值转为成本模式

10. 企业出售、转让、报废投资性房地产时，应当将处置收入计入(　　)。

A. 公允价值变动损益　　B. 营业外收入

C. 其他业务收入　　D. 资本公积

二、多项选择题

1. 下列各项中，不属于投资性房地产的是(　　)。

A. 房地产企业开发的准备出售的房屋　　B. 房地产企业开发的已出租的房屋

C. 企业持有的准备建造房屋的土地使用权　　D. 企业以经营租赁方式租入的建筑物

2. 将投资性房地产转换为其他资产或者将其他资产转换为投资性房地产，关于转换日的确定，叙述正确的有(　　)。

A. 企业将原本用于出租的房地产改用于经营管理的自用房地产，则该房地产的转换日为房地产达到自用状态，企业开始将房地产用于经营管理的日期

B. 房地产开发企业将其持有的开发产品以经营租赁的方式出租，则该房地产的转换日为房地产的租赁期开始日

C. 企业将原本用于经营管理的土地使用权改用于资本增值，则该房地产的转换日应确定为自用土地使用权停止自用后的日期

D. 企业将原本用于生产商品的房地产改用于出租，则该房地产的转换日为承租人有权行使其使用租赁资产权利的日期

3. 采用公允价值模式进行后续计量的投资性房地产，应当同时满足(　　)条件。

A. 投资性房地产所在地有活跃的房地产交易市场

B. 企业能够从活跃的房地产交易市场上取得同类或类似房地产的市场价格及其他相关信息，从而对投资性房地产的公允价值作出合理的估计

C. 所有的投资性房地产有活跃的房地产交易市场

D. 企业能够取得交易价格的信息

4. 下列各项应该记入一般企业“其他业务收入”科目的有(　　)。

A. 出售投资性房地产的收入

B. 出租建筑物的租金收入

C. 出售自用房屋的收入

D. 将持有并准备增值后转让的土地使用权予以转让所取得的收入

5. 下列各项中，不影响企业当期损益的是(　　)。

A. 采用成本计量模式，期末投资性房地产的可收回金额高于账面价值

B. 采用成本计量模式，期末投资性房地产的可收回金额高于账面余额

C. 采用公允价值计量模式，期末投资性房地产的公允价值高于账面余额

D. 自用的房地产转换为采用公允价值模式计量的投资性房地产时，转换日房地产的公允价值大于账面价值

6. 下列情况下，企业可将其他资产转换为投资性房地产的有（　　）。

A. 原自用土地使用权停止自用改为出租

B. 房地产企业将开发的准备出售的商品房改为出租

C. 自用办公楼停止自用改为出租　　出租的厂房收回改为自用

7. 企业应当在附注中披露与投资性房地产有关的下列信息（　　）。

A. 投资性房地产的种类、金额和计量模式

B. 采用成本模式的，投资性房地产的折旧或摊销，以及减值准备的计提情况

C. 房地产转换情况、理由以及对损益或所有者权益的影响

D. 当期处置的投资性房地产及其对损益的影响

8. 关于投资性房地产的计量模式，下列说法中正确的是（　　）。

A. 已经采用公允价值模式计量的投资性房地产，不得从公允价值模式转为成本模式

B. 已经采用成本模式计量的投资性房地产，不得从成本模式转为公允价值模式

C. 采用公允价值模式计量的，不对投资性房地产计提折旧或进行摊销

D. 企业对投资性房地产计量模式一经确定不得随意变更

9. 对于投资性房地产的后续计量，下列说法正确的有（　　）。

A. 采用公允价值模式计量的，不对投资性房地产计提折旧或进行摊销

B. 已采用公允价值模式计量的投资性房地产，不得从公允价值模式转为成本模式

C. 已经采用成本模式计量的，可以转为采用公允价值模式计量

D. 采用公允价值模式计量的，应对投资性房地产计提折旧或进行摊销

10. 企业将自用房地产或存货转换为采用公允价值模式计量的投资性房地产，下列说法正确的有（　　）。

A. 自用房地产或存货的房地产为采用公允价值模式计量的投资性房地产，该项投资性房地产应当按照转换当日的公允价值计量

B. 自用房地产或存货转换为采用公允价值模式计量的投资性房地产，该项投资性房地产应当按照转换当日的账面价值计量

C. 转换当日的公允价值小于原账面价值的差额作为公允价值变动损益

D. 转换当日的公允价值小于原账面价值的其差额计入"资本公积——其他资本公积"

三、判断题

1. 期末企业将投资性房地产的账面余额单独列示在资产负债表上。（　　）

2. 企业以融资租赁方式出租建筑物是作为投资性房地产进行核算的。（　　）

3. 企业不论在成本模式下，还是在公允价值模式下，投资性房地产取得的租金收入，均确认为其他业务收入。（　　）

4. 企业采用公允价值模式进行后续计量的，不对投资性房地产计提折旧或进行摊销，应当以资产负债表日投资性房地产的公允价值为基础调整其账面价值，公允价值与原账面价值之间的差额计入其他业务成本或其他业务收入。（　　）

5. 已采用公允价值模式计量的投资性房地产，不得从公允价值模式转为成本模式。（　　）

6. 在以成本模式计量的情况下，将作为存货的房地产转换为投资性房地产的，应按其在转换日的账面余额，借记"投资性房地产"科目，贷记"开发产品"等科目。（　　）

7. 采用公允价值模式计量的投资性房地产转换为自用房地产时，应当以其转换当日的公允价值作为自用房地产的账面价值，公允价值与原账面价值的差额计入当期损益（公允价值变动损益）。（　　）

8. 自用房地产或存货转换为采用公允价值模式计量的投资性房地产时，投资性房地产应当按照转换当日的公允价值计量，公允价值与原账面价值的差额计入当期损益（公允价值变动损益）。（　　）

9. 企业出售投资性房地产或者发生投资性房地产毁损，应当将处置收入扣除其账面价值和相关税费后的金额直接计入所有者权益。（　　）

10. 企业出售、转让、报废投资性房地产或者发生投资性房地产毁损，应当将处置收入扣除其账面价值和相关税费后的金额计入当期损益。（　　）

应会考核

一、综合业务考核

【考核项目一】

投资性房地产的价值变动

【背景资料】

2014 年 4 月 20 日乙公司购买一块土地使用权，购买价款为 2 000 万元，支付相关手续费 30 万元，款项全部以银行存款支付。企业购买后准备等其增值后予以转让。乙公司对该投资性房地产采用公允价值模式进行后续计量。该项投资性房地产 2014 年取得租金收入为 150 万元，已存入银行，假定不考虑其他相关税费。经复核，该投资性房地产 2014 年 12 月 31 日的公允价值为 2 000 万元。

【考核要求】

根据背景资料，做出乙公司相关的会计处理。

【考核项目二】

自建固定资产的核算

【背景资料】

甲股份有限公司（简称“甲公司”）为华北地区的一家上市公司，甲公司 2013 年至 2015 年与投资性房地产有关的业务资料如下：

(1)2013 年 1 月，甲公司购入一幢建筑物，取得的增值税专用发票上注明的价款为 800 万元，款项以银行存款转账支付。不考虑其他相关税费。

(2)甲公司购入的上述用于出租的建筑物预计使用寿命为 15 年，预计净残值为 36 万元，采用年限平均法按年计提折旧。

(3)甲公司将取得的该项建筑物自当月起用于对外经营租赁，甲公司对该房地产采用成本模式进行后续计量。

(4)甲公司该项房地产 2013 年取得租金收入为 90 万元，已存入银行。假定不考虑其他相关税费。

(5)2015 年 12 月，甲公司将原用于出租的建筑物收回，作为企业经营管理用固定资产处理。

【考核要求】

根据背景资料：

(1)编制甲公司 2013 年 1 月取得该项建筑物的会计分录。

(2)计算 2013 年度甲公司对该项建筑物计提的折旧额，并编制相应的会计分录。

(3)编制甲公司 2013 年取得该项建筑物租金收入的会计分录。

(4)计算甲公司该项房地产 2014 年末的账面价值。

(5)编制甲公司 2015 年收回该项建筑物的会计分录。（金额单位用万元表示）

【考核项目三】

在建工程核算

【背景资料】

长城房地产公司(简称“长城公司”)于2011年12月31日将一建筑物对外出租并采用公允价值模式计量,租期为3年,每年12月31日收取租金200万元,出租当日,该建筑物的成本为2 700万元,已计提折旧400万元,尚可使用年限为20年,公允价值为1 700万元,2012年12月31日,该建筑物的公允价值为1 830万元,2013年12月31日,该建筑物的公允价值为1 880万元,2014年12月31日的公允价值为1 760万元,2015年1月5日将该建筑物对外出售,收到1 800万元存入银行。

【考核要求】

根据背景资料,编制长城公司上述经济业务的会计分录。

项目九　无形资产及其他资产

应知考核

一、单项选择题

1. 按照现行规定，下列各项中，股份有限公司应作为无形资产入账的是（　　）。

A. 开办费　　B. 商誉

C. 为获得土地使用权支付的土地出让金　　D. 开发新技术过程中发生的研究开发费

2. 购买无形资产的价款超过正常信用条件延期支付，实质上具有融资性质的，无形资产的成本以（　　）为基础确定。

A. 全部购买价款　　B. 全部购买价款的现值

C. 对方提供的凭据上标明的金额　　D. 市价

3. A公司为甲、乙两个股东共同投资设立的股份有限公司。经营一年后，甲、乙股东之外的另一个投资者丙要求加入A公司。经协商，甲、乙同意丙以一项非专利技术投入，三方确认该非专利技术的价值是100万元。该项非专利技术在丙公司的账面余额为120万元，市价为100万元，那么该项非专利技术在A公司的入账价值为（　　）万元。

A. 100　　B. 120　　C. 0　　D. 150

4. 由投资者投资转入无形资产，应按合同或协议约定的价值（假定该价值是公允的），借记“无形资产”科目，按其在注册资本中所占的份额，贷记“实收资本”科目，按其差额记入（　　）科目。

A.“资本公积——资本（或股本）溢价”　　B.“营业外收入”

C.“资本公积——股权投资准备”　　D.“最低租赁付款额”

5. A公司2015年3月1日开始自行开发成本管理软件，在研究阶段发生材料费用10万元，开发阶段发生开发人员工资100万元，福利费20万元，支付租金30万元。开发阶段的支出满足资本化条件。2015年3月16日，A公司自行开发成功该成本管理软件，并依法申请了专利，支付注册费1万元，律师费2.5万元。2015年3月20日，A公司为向社会展示其成本管理软件，特举办了大型宣传活动，支付费用50万元。则A公司无形资产的入账价值应为（　　）万元。

A. 213.5　　B. 3.5　　C. 153.5　　D. 163.5

6. 企业在研发阶段发生的无形资产支出应先记入（　　）科目。

A.“无形资产”　　B.“管理费用”　　C.“研发支出”　　D.“累计摊销”

7. 企业购入或支付土地出让金取得的土地使用权，在已经开发或建造自用项目的，通常作为（　　）科目核算。

A.“固定资产”　　B.“在建工程”　　C.“无形资产”　　D.“长期待摊费用”

8. 下列属于无形资产后续支出的是（　　）。

A. 相关宣传活动支出　　B. 无形资产研究费用

C. 无形资产开发支出　　D. 无形资产购买价款

9.“无形资产”的期末借方余额，反映企业无形资产的（　　）。

A. 成本　　B. 摊余价值　　C. 账面价值　　D. 可收回金额

10. 企业摊销自用的、使用寿命确定的无形资产时，借记“管理费用”科目，贷记(　　)科目。

A.“无形资产”　　B.“累计摊销”

C.“累计折旧”　　D.“无形资产减值准备”

二、多项选择题

1. 下列可以确认为无形资产的有(　　)。

A. 计算机公司购入的为客户开发的软件

B. 高级专业技术人才

C. 企业通过行政划拨无偿取得的土地使用权

D. 有偿取得一项为期 15 年的高速公路收费权

2. 外购无形资产的成本，包括(　　)。

A. 购买价款

B. 进口关税

C. 其他相关税费

D. 直接归属于使该项资产达到预定用途所发生的其他支出

3. 投资者投入无形资产的成本，应当按照(　　)确定，但该金额不公允的除外。

A. 投资合同约定的价值

B. 公允价值

C. 投资方无形资产的账面价值

D. 协议约定的价值

4. 下列属于研究活动的是(　　)。

A. 试图获取知识而进行的活动

B. 研究成果或其他知识的应用研究、评价和最终选择

C. 材料、设备、产品、工序、系统或服务替代品的研究

D. 新的或经改进的材料、设备、产品、工序、系统或服务的可能替代品的配制、设计、评价和最终选择

5. 下列有关无形资产会计处理的表述中，正确的有(　　)。

A. 无形资产后续支出应该在发生时计入当期损益

B. 企业自用的、使用寿命确定的无形资产的摊销金额，应该全部计入当期管理费用

C. 不能为企业带来经济利益的无形资产的摊余价值，应该全部转入当期的管理费用

D. 使用寿命有限的无形资产应当在取得当月起开始摊销

6. 一般情况下，有使用寿命的无形资产应当在其预计使用年限内摊销。但是，如果预计使用年限超过了相关合同规定的受益年限或法律规定的有效年限，应按以下原则确定摊销年限的是(　　)。

A. 合同规定受益年限，法律没有规定有效年限的，摊销年限不应该超过受益年限

B. 合同没有规定受益年限，法律规定有效年限的，摊销年限不应该超过有效年限

C. 合同规定受益年限，法律也规定了有效年限的，摊销年限选择二者中较短者

D. 如果无法预计无形资产带来经济利益的年限，应当确定为寿命不确定的无形资产

7. 企业确定无形资产的使用寿命通常应当考虑的因素有(　　)。

A. 该资产通常的产品寿命周期、可获得的类似资产使用寿命的信息

B. 技术、工艺等方面的现阶段情况及对未来发展趋势的估计

C. 以该资产生产的产品(或服务)的市场需求情况

D. 现在或潜在的竞争者预期采取的行动

8. 无形资产的可收回金额是以下(　　)两者中的较大者。

A. 无形资产的公允价值(不考虑处置费用)　　B. 无形资产的净值

C. 无形资产的原值　　D. 无形资产的预计未来现金流量的现值

9. 下列有关无形资产的会计处理中,不正确的是(　　)。

A. 转让无形资产使用权所取得的收入应计入营业外收入

B. 使用寿命不确定的无形资产,不应摊销

C. 转让无形资产所有权所发生的支出应计入其他业务成本

D. 购入但尚未投入使用的、使用寿命确定的无形资产的价值不应进行摊销

10. 下列有关无形资产的后续计量中,说法不正确的是(　.　)。

A. 使用寿命不确定的无形资产,其应摊销的金额应该按照 10 年进行摊销

B. 无形资产的摊销方法必须采用直线法进行摊销

C. 使用寿命不确定的无形资产应该按照系统合理的方法摊销

D. 企业无形资产的摊销方法应当反映与该项无形资产有关的经济利益的预期实现方式

三、判断题

1. 无形资产是指企业为生产商品、提供劳务、出租给他人,或为管理目的而持有的,没有实物形态的非货币性长期资产。(　　)

2. 某企业以 50 万元外购一项专利权,同时还发生相关费用 6 万元外购无形资产的成本,包括购买价款、进口关税和其他税费以及直接归属于使该项资产达到预定用途所发生的其他支出。那么该外购专利权的入账价值为 56 万元。(　　)

3. 企业为首次发行股票和为非首次发行股票而接受投资者投入的无形资产,均应按投资合同或协议约定的价值作为实际成本,但合同或协议约定价值不公允的除外。(　　)

4. 对自行开发并按法律程序申请取得的无形资产,按在研究与开发过程中发生的材料费用、直接参与开发人员的工资及福利费、开发过程中发生的租金、借款费用,以及注册费、聘请律师费等费用作为无形资产的实际成本。(　　)

5. 已计入各期费用的研究费用,在该项无形资产获得成功并依法申请专利时,再将原已计入费用的研究费用予以资本化。(　　)

6. 工业企业为建造生产车间而购入的土地使用权在生产车间正式动工建造之前应作为工程物资核算。(　　)

7. 无形资产的后续支出应判断是否可以资本化,符合资本化条件的应予以资本化,计入无形资产成本。不符合资本化条件的应直接计入当期费用。(　　)

8. 使用寿命确定的无形资产的摊销应计入管理费用。(　　)

9. 无形资产摊销时,应该冲减无形资产的成本。(　　)

10. “无形资产”科目的期末借方余额,反映企业无形资产的账面价值。(　　)

★ 应会考核

一、综合业务考核

【考核项目一】

购入固定资产的核算

【背景资料】

某公司正在研究和开发一项新工艺，2015 年 1～10 月发生的各项研究、调查、试验等费用 100 万元，2015 年 10～12 月发生材料人工等各项支出 60 万元。在 2015 年 9 月末，该公司已经可以证实该项新工艺必然开发成功，并满足无形资产确认标准。2016 年 1～6 月又发生材料费用、直接参与开发人员的工资、场地设备等租金和注册费等支出 240 万元。2016 年 6 月末该项新工艺完成，达到了预定可使用状态。

【考核要求】

根据背景资料，要求做出相关的会计处理(金额单位用万元表示)。

【考核项目二】

自建固定资产的核算

【背景资料】

某电子有限公司 2012 年 1 月 1 日以银行存款 300 万元购入一项专利权。该项无形资产的预计使用年限为 10 年，2015 年末预计该项无形资产的可收回金额为 100 万元，尚可使用年限为 5 年。另外，该公司 2013 年 1 月内部研发成功并可供使用非专利技术的无形资产账面价值 150 万元，无法预见这一非专利技术为企业带来未来经济利益期限，2015 年末预计其可收回金额为 130 万元，预计该非专利技术可以继续使用 4 年，该企业按直线法摊销无形资产，计算 2015 年计提无形资产减值准备和 2016 年的摊销金额。

【考核要求】

根据背景资料，编制上述业务相关的会计分录。

【考核项目三】

在建工程核算

【背景资料】

甲股份有限公司 2013 年至 2016 年无形资产业务有关的资料如下：

(1)2013 年 12 月 1 日，以银行存款 300 万元购入一项无形资产(不考虑相关税费)。该无形资产的预计使用年限为 10 年，采用直线法摊销该无形资产。

(2)2015 年 12 月 31 日对该无形资产进行减值测试时，该无形资产的预计未来现金流量现值是 190 万元，公允价值减去处置费用后的金额为 180 万元。减值测试后该资产的使用年限不变。

(3)2016 年 4 月 1 日，将该无形资产对外出售，取得价款 260 万元并收存银行(不考虑相关税费)。

【考核要求】

根据背景资料，

(1)编制购入该无形资产的会计分录；

(2)计算 2013 年 12 月 31 日无形资产的摊销金额；

(3)编制 2013 年 12 月 31 日摊销无形资产的会计分录；

(4)计算 2014 年 12 月 31 日该无形资产的账面价值；

(5)计算该无形资产 2015 年年底计提的减值准备金额并编制会计分录；

(6)计算该无形资产出售形成的净损益；

(7)编制该无形资产出售的会计分录。(金额单位用万元表示)

【考核项目四】

固定资产折旧的核算

【背景资料】

2014 年末，甲企业在对外购专利权的账面价值进行检查时，发现市场上已存在类似专利技术所生产的产品，从而对甲企业产品的销售造成重大不利影响。该专利权的原入账价值为 8 000 万

元，已累计摊销 1 500 万元(包括 2014 年摊销额)，该无形资产按直线法进行摊销。该专利权的摊余价值为 6 500 万元，剩余摊销年限为 5 年。按 2014 年末的技术市场的行情，如果甲企业将该专利权予以出售，则在扣除发生的律师费和其他相关税费后，可以获得 6 000 万元。但是，如果甲企业打算继续利用该专利权进行产品生产，则在未来 5 年内预计可以获得的未来现金流量的现值为 4 500 万元(假定使用年限结束时处置收益为零)。2015 年 3 月甲企业将该专利权出售，价款 5 600 万元已收存银行，营业税税率为 5%，应交营业税 280 万元。

【考核要求】

根据背景资料，计算 2014 年计提无形资产减值准备和 2015 年出售专利权的会计分录(金额单位用万元表示)。

【考核项目五】

固定资产清理的核算

【背景资料】

甲公司为上市公司，2016 年 1 月 1 日从乙公司购买一项商标权，由于甲公司资金周转困难，经双方协商，采用分期付款方式支付款项。合同规定，该项商标权的总价款为 300 万元，每年年末付款 150 万元，两年付清。假定银行同期贷款利率为 6%，2 年期年金现值系数为 1.833 4。该公司的未确认融资费用采用实际利率法进行摊销。

【考核要求】

根据背景资料，

(1)计算无形资产的入账价值；

(2)编制甲公司上述业务的相关会计分录。(金额单位用万元表示，保留两位小数)

项目十 非货币性资产交换

应知考核

一、单项选择题

1. 确定一项资产是货币性资产还是非货币性资产的主要依据是( )。

A. 变现速度的快慢与否

B. 是否可以给企业带来经济利益

C. 是否具有流动性

D. 将为企业带来的经济利益是否是固定或可确定的

2. 甲股份有限公司发生的下列非关联交易中，属于非货币性资产交换的是( )。

A. 以公允价值为260万元的固定资产换入乙公司账面价值为320万元的无形资产，并支付补价80万元

B. 以账面价值为280万元的固定资产换入丙公司公允价值为200万元的一项专利权，并收到补价80万元

C. 以公允价值为320万元的长期股权投资换入丁公司账面价值为460万元的短期股票投资，并支付补价140万元

D. 以账面价值为420万元、准备持有至到期的债券投资换入戊公司公允价值为390万元的一台设备，并收到补价30万元

3. 在确定涉及补价的交易是否为非货币性资产交换时，支付补价的企业，应当按照支付的补价占( )的比例低于25%确定。

A. 换出资产的公允价值　　B. 换出资产公允价值加上支付的补价

C. 换入资产公允价值加补价　　D. 换出资产公允价值减补价

4. 以下交易具有商业实质的是( )。

A. 以一批存货换入一项设备

B. 以一项固定资产换入一项固定资产

C. 以一项长期股权投资换入一项长期股权投资

D. 以一批商品换入一批商品

5. 甲企业以其持有的一项长期股权投资换取乙企业的一项无形资产，该项交易中不涉及补价。假定该项交易具有商业实质。甲企业该项长期股权投资的账面价值为120万元，公允价值为150万元。乙企业该项无形资产的账面价值为100万元，公允价值为150万元，甲企业在此项交易中发生了10万元税费。甲企业换入的该项无形资产入账价值为( )万元。

A. 150　　B. 160　　C. 120　　D. 130

6. 甲企业用一辆汽车换入两种原材料A和B，汽车的账面价值为150 000元，公允价值为160 000元，材料A的公允价值为40 000元，材料B的公允价值为70 000元，增值税税率为17%，计税价格等于公允价值，甲企业收到补价50 000元。则原材料的入账价值总额为( )元。

A. 91 300　　B. 110 000　　C. 128 700D. 131 300

7. 某企业 2015 年 10 月 10 日将一批库存商品换入一台设备，并收到对方支付的补价 15 万元。该批库存商品的账面价值为 120 万元，公允价值为 150 万元，计税价格为 140 万元，适用的增值税率为 17%；换入设备的原账面价值为 160 万元，公允价值为 135 万元。该企业因该项非货币性资产交换影响损益的金额为(　　)万元。

A. 140　　B. 150　　C. 120　　D. 30

8. 甲公司以公允价值为 250 万元的固定资产换入乙公司账面价值为 230 万元的长期股权投资，另从乙公司收取现金 30 万元。甲公司换出固定资产的账面原价为 300 万元，已计提折旧 20 万元，已计提减值准备 10 万元。假定不考虑相关税费，该交易不具有商业实质。则甲公司换入长期股权投资的成本为(　　)万元。

A. 220　　B. 240　　C. 250　　D. 245

9. 甲公司以一项专利权换入乙公司的一台设备。假设不具有商业实质。换出专利权的摊余价值为 105 万元，已提减值准备为 5 万元，公允价值为 100 万元，换入设备的公允价值为 90 万元，甲公司收到补价 10 万元。换出无形资产应交的营业税为 5 万元。则甲公司换入设备的入账价值为(　)万元。

A. 100　　B. 90　　C. 110　　D. 95

10. 企业发生的具有商业实质且公允价值能够可靠计量的非货币性资产交换，在没有补价的情况下，如果同时换入多项资产，应当按照(　　)的比例，对换入资产的成本总额进行分配，以确定各项换入资产的入账价值。

A. 换入各项资产的公允价值占换入资产公允价值总额

B. 换出各项资产的公允价值占换出资产公允价值总额

C. 换入各项资产的账面价值占换入资产账面价值总额

D. 换出各项资产的账面价值占换出资产账面价值总额

二、多项选择题

1. 依据《企业会计准则第 7 号——非货币性资产交换》，下列项目中属于货币性资产的有(　　)。

A. 准备持有至到期的债券投资　　B. 有公允价值的原材料

C. 短期股权投资　　D. 带息应收票据

2. 下列项目中属于非货币性资产的有(　　)。

A. 存货　　B. 长期股权投资　　C. 固定资产　　D. 持有至到期投资

3. 企业发生的交易中，如果涉及支付补价的，判断该项交易属于非货币性资产交换的标准是(　　)。

A. 支付的补价占换入资产公允价值的比例小于 25%

B. 支付的补价占换出资产公允价值的比例小于 25%

C. 支付的补价占换入资产公允价值的比例大于 25%

D. 支付的补价占换出资产公允价值与支付的补价之和的比例小于 25%

4. 下列各项交易中，属于非货币性资产交换的有(　)。

A. 以固定资产换入股权　　B. 以银行汇票购买原材料

C. 以银行本票购买固定资产　　D. 以无形资产换入原材料

5. 非货币性资产交换符合下列(　　)条件之一的，视为具有商业实质。

A. 换入资产未来现金流量的风险、金额与换出资产相同，时间不同

B. 换入资产未来现金流量的时间、金额与换出资产相同，风险不同

C. 换入资产未来现金流量的风险、时间与换出资产相同,金额不同

D. 换入资产与换出资产的预计未来现金流量现值不同,且其差额与换入资产和换出资产的公允价值相比是重大的

6. 企业进行具有商业实质且公允价值能够可靠计量的非货币性资产交换,同一事项同时影响双方换入资产入账价值的因素有( )。

A. 企业支付的补价或收到的补价　　B. 企业为换出存货而缴纳的增值税

C. 企业换出资产的账面价值　　D. 企业换出资产计提的资产减值准备

7. 在不具有商业实质、不涉及补价的非货币性资产交换中,确定换入资产入账价值应考虑的因素有( )。

A. 换出资产的账面余额　　B. 换出资产计提的减值准备

C. 换出资产应支付的相关税费　　D. 换出资产账面价值与其公允价值的差额

8. 在换入资产按公允价值计量的情况下,换出资产为固定资产、无形资产的,其换出资产公允价值和换出资产账面价值的差额,可计入( )。

A. 营业外收入　　B. 其他业务收入

C. 营业外支出　　D. 其他业务成本

9. 在涉及存货的非货币性资产交换中,与存货有关的增值税(一般纳税人)可以计入( )。

A. 应交税费——应交增值税(进项税额)　　B. 换入存货的实际成本

C. 换入存货的入账价值　　D. 应交税费——应交增值税(销项税额)

10. 下列各项目中,属于货币性资产的有( )。

A. 存出投资款　　B. 银行本票存款

C. 交易性金融资产　　D. 持有至到期投资

三、判断题

1. 短期股票投资和应收账款都属于货币性资产。 ( )

2. 非货币性资产交换是指交易双方以非货币性资产进行的交换,不涉及货币性资产。( )

3. 某企业以其不准备持有至到期的国库券换入一幢房屋以备出租,该项交易具有商业实质。 ( )

4. 在具有商业实质且公允价值能够可靠计量的非货币性资产交换中,收到补价的企业,按换出资产的账面价值减去可抵扣的增值税进项税额,加上应确认的收益,加上应支付的相关税费,减去补价后的余额,作为实际成本。 ( )

5. 在非货币性资产交换中,如果换出资产的公允价值小于其账面价值,按照谨慎性要求采用公允价值作为换入资产入账价值的基础。 ( )

6. 在发生非货币性资产交换时,若涉及多项资产,在没有补价的情况下,应按换入各项资产的公允价值占换入资产公允价值总额的比例,对换入资产的成本总额进行分配,以确定各项换入资产的入账价值。 ( )

★ 应会考核

一、综合业务考核

【考核项目】

接受投资、购买原材料、计提资产减值准备、存货出售和非货币性资产交换

【背景资料】

甲有限公司为增值税一般纳税人，适用的增值税税率为17%，所得税税率为25%。甲公司的会计政策是固定资产采用直线法计提折旧，期末采用账面价值与可收回金额孰低计价；原材料采用实际成本核算，期末采用成本与可变现净值孰低计价，按单个存货项目计提存货跌价准备。假定不考虑除增值税以外的其他税费，在核算中，以万元为单位，保留小数点后两位。甲公司2014～2015年发生如下经济业务：

(1)2014年2月1日甲公司开发一项新项目，乙公司以一台新设备作投资，用于新项目。本设备在乙企业的账面原值为200万元，未计提折旧，投资合同约定的价值为200万元(假定是公允的)。按照投资协议规定，甲公司接受投资后，乙公司占增资后注册资本800万元中的20%。该设备预计使用年限5年，假设净残值率为4%。

(2)2014年3月1日，新项目投产，生产A产品。甲公司购入生产A产品的丙材料117万元，接到的增值税专用发票上注明的价款为100万元，增值税17万元。另外支付运杂费3万元，其中运费为2万元，可按7%的扣除率计算进项税额抵扣。

(3)2014年12月，资产计提减值准备。已知丙材料年末时，实际成本150万元，市场购买价格为145万元；生产的A产品的预计售价为225万元，预计销售费用及税金为10万元，生产A产品尚需投入100万元，生产A产品的总成本为250万元。

(4)2014年12月31日，由于生产的A产品销售不佳，上述设备的可收回金额为140万元，计提资产减值准备。计提减值准备后，重新估计的设备尚可使用年限为4年，预计净残值为0.8万元。

(5)2015年7月1日，由于新项目经济效益很差，甲公司决定停止生产A产品，将不需用的丙材料全部对外销售。已知丙材料出售前的账面余额为70万元，计提的跌价准备为35万元。丙材料销售后，取得收入50万元，增值税8.5万元，收到的货款已存入银行。

(6)2015年7月1日A产品停止生产后，设备已停止使用。9月5日甲公司将设备与丁公司的钢材相交换，换入的钢材用于建造新的生产线。双方商定设备的公允价值为100万元，甲公司收到丁公司支付的补价6.4万元。假定交易不具有商业实质。

【考核要求】

根据背景资料，编制甲公司接受投资、购买原材料、计提资产减值准备、存货出售和非货币性资产交换相关的会计分录。

二、专业技能考核

【考核项目一】

非货币性资产交换入账价值

【背景资料】

甲公司为增值税一般纳税人，经协商用一项长期股权投资交换乙公司的库存商品。该项长期股权投资的账面余额2 300万元，计提长期股权投资减值准备300万元，公允价值为2 100万元；库存商品的账面余额为1 550万元，已提存货跌价准备50万元，公允价值和计税价格均为2 000万元，增值税率17%。乙公司向甲公司支付补价100万元。假定不考虑其他税费，该项交易具有商业实质。

【考核要求】

要求：分别甲、乙公司计算换入资产的入账价值并进行账务处理(金额单位以万元表示)。

【考核项目二】

采用公允价值计量模式的会计处理

【背景资料】

长江股份有限公司以生产经营过程中使用的车床交换黄河股份有限公司库存商品办公家具，换入的办公家具作为库存商品进行管理。车床的账面原值为 100 000 元，在交换日的累计折旧为 50 000 元，公允价值为 75 000 元。办公家具的账面价值为 60 000 元，在交换日的公允价值和计税价格均为 75 000 元。销售办公家具的增值税税率为 17%，换入的车床作为固定资产管理。假设整个交换过程不涉及其他相关税费。假设双方交换具有商业实质且公允价值是可靠计量的，则采用公允价值计量。

【考核要求】

分别处理长江股份有限公司的会计账务和黄河股份有限公司的会计账务。

【考核项目三】

非货币性资产交换

【背景资料 1】

甲公司以其生产经营用的设备与乙公司作为固定资产的货运汽车交换。资料如下：

①甲公司换出：固定资产——设备：原价为 1 800 万元，已提折旧为 300 万元，公允价值为1 650 万元，以银行存款支付了设备清理费用 15 万元；

②乙公司换出：固定资产——货运汽车：原价为 2 100 万元，已提折旧为 550 万元，公允价值为 1 680 万元。乙公司收到甲公司支付的补价 30 万元。

假设甲公司换入的货运汽车作为固定资产管理，该项交易不具有商业实质。甲公司未对换出设备计提减值准备。

【考核要求】

分别编制甲公司、乙公司的账务处理。

【背景资料 2】

甲公司和乙公司均为增值税一般纳税企业，其适用的增值税税率均为 17%。甲公司为适应经营业务发展的需要，经与乙公司协商，将甲公司原生产用的厂房、机床等设备，以及库存原材料，与乙公司的办公楼、小轿车、客运大轿车交换（均作为固定资产核算）。甲公司换出厂房的账面原价为 300 000 元，已提折旧为 50 000 元，公允价值为 200 000 元；换出机床的账面原价为 600 000 元，已提折旧为 100 000 元，公允价值为 500 000 元；换出原材料的账面价值为 300 000 元，公允价值和计税价格均为 350 000 元，另支付补价 90 000 元。乙公司换出办公楼的账面原价为 900 000 元，已提折旧为 100 000 元，公允价值为 800 000 元；换出小轿车的账面原价为 200 000 元，已提折旧为 90 000元，公允价值为 100 000 元；客运大轿车的账面原价为 300 000 元，已提折旧为 80 000 元，公允价值为 240 000 元。假定甲公司和乙公司换出资产均未计提减值准备，并假定在交换过程中除增值税以外未发生其他相关税费。甲公司换入的乙公司的办公楼、小轿车、客运大轿车均作为固定资产核算。乙公司换入的甲公司的厂房、机床等设备作为固定资产核算，换入的甲公司的原材料作为库存原材料核算。假定该项交换不具有商业实质。

【考核要求】

做出甲公司和乙公司的账务处理（答案保留两位小数）。

项目十一 负 债

应知考核

一、单项选择题

1. 企业按照规定向住房公积金管理机构缴存的住房公积金应该贷记的科目是( )。

A.“其他应付款” B.“管理费用” C.“应付职工薪酬” D.“其他应交款”

2. 企业在无形资产研究阶段发生的职工薪酬应当( )。

A. 计入无形资产成本 B. 计入在建工程成本

C. 计入长期待摊费用 D. 计入当期损益

3. 下列职工薪酬中,不应根据职工提供服务的受益对象计入成本费用的是( )。

A. 因解除与职工的劳动关系给予的补偿

B. 构成工资总额的各组成部分

C. 工会经费和职工教育经费

D. 医疗保险费、养老保险费、失业保险费、工伤保险费和生育保险费等社会保险费

4. 某股份有限公司于2015年1月1日溢价发行4年期、到期一次还本付息的公司债券,债券面值为100万元,票面年利率为10%,发行价格为90万元。债券溢价采用实际利率法摊销,假定实际利率是7.5%。该债券2015年度发生的利息费用为( )万元。

A. 6.5 B. 10 C. 6.75 D. 7.5

5. 洪江公司2014年1月1日按面值发行3年期可转换公司债券,每年1月1日付息、到期一次还本,面值总额为10 000万元,票面年利率为4%,实际利率为6%。债券包含的负债成分的公允价值为9 465.4万元,2015年1月1日某债券持有人将其持有的5 000万元可转换公司债券转换为100万股普通股(每股面值1元)。洪江公司按实际利率法确认利息费用。该公司发行此项债券时应确认的“资本公积——其他资本公积”的金额是( )万元。

A. 9 800 B. 0 C. 267.3 D. 534.6

6. 企业以溢价方式发行债券时,每期实际负担的利息费用是( )。

A. 按实际利率计算的利息费用

B. 按票面利率计算的应计利息减去应摊销的溢价

C. 按实际利率计算的应计利息加上应摊销的溢价

D. 按票面利率计算的应计利息加上应摊销的溢价

7. 下列税金中,与企业计算损益无关的是( )。

A. 消费税 B. 一般纳税企业的增值税

C. 所得税 D. 城市建设维护税

8. 小规模纳税企业购入原材料取得的增值税专用发票上注明货款20 000元,增值税3 400元,在购入材料的过程中另支付运杂费600元。则该企业原材料的入账价值为( )元。

A. 24 000 B. 20 600 C. 20 540 D. 23 400

9. 企业如果发生无法支付的应付账款时,应计入( )。

A. 营业外收入　　B. 管理费用　　C. 营业外支出　　D. 资本公积

10. 甲企业为一般纳税企业，采用托收承付结算方式从其他企业购入原材料一批，货款为100 000元，增值税为17 000元，对方代垫的运杂费2 000元，该原材料已经验收入库。该购买业务所发生的应付账款入账价值为(　　)元。

A. 117 000　　B. 100 000　　C. 119 000　　D. 102 000

二、多项选择题

1. 下列各项中，应通过“应付职工薪酬”科目核算的有(　　)。

A. 基本工资　　B. 经常性奖金　　C. 养老保险费　　D. 股份支付

2. 下列属于职工薪酬中所说的职工的是(　　)。

A. 全职、兼职职工　　B. 董事会成员

C. 内部审计委员会成员　　D. 劳务用工合同人员

3. 如果债券发行费用大于发行期间冻结资金所产生的利息收入，按其差额应该记入的科目有(　　)。

A.“财务费用”　　B.“在建工程”　　C.“管理费用”　　D.“长期待摊费用”

4. 企业发行公司债券的方式有(　　)。

A. 折价发行　　B. 溢价发行

C. 面值发行　　D. 在我国不能折价发行

5. 企业发行的应付债券产生的利息调整，每期摊销时可能记入的账户有(　　)。

A.“在建工程”　　B.“长期待摊费用”　　C.“财务费用”　　D.“待摊费用”

6. 下列表述正确的是(　　)。

A. 可转换公司债券到期必须转换为股份

B. 可转换公司债券在未转换成股份前，要按期计提利息，并进行利息调整

C. 可转换公司债券在转换成股份后，仍要按期计提利息，并进行利息调整

D. 可转换公司债券转换为股份时，不确认转换损益

7. 对于营业税来说，工业企业在核算时可能借记的科目有(　　)。

A.“营业税金及附加”　　B.“营业费用”　　C.“固定资产清理”　　D.“其他业务成本”

8. 在核算应付利息时，涉及的科目有(　　)。

A.“在建工程”　　B.“制造费用”　　C.“管理费用”　　D.“财务费用”

9. 按照规定，可以记入到“营业税金及附加”科目的税金有(　　)。

A. 土地增值税　　B. 消费税　　C. 城市维护建设税　　D. 土地使用税

10. 下列税金中，应该计入在建工程或固定资产成本的有(　　)。

A. 耕地占用税　　B. 车辆购置税　　C. 契税　　D. 土地增值税

三、判断题

1. 完成等待期内的服务或达到规定业绩条件以后才可行权的以现金结算的股份支付，在等待期内的每个资产负债表日，依然按照账面价值计量。(　　)

2. 企业发行的一般公司债券，应区别是面值发行，还是溢价或折价发行，分别记入“应付债券——一般公司债券(面值)、(溢价)或(折价)”科目。(　　)

3. 企业发行的可转换公司债券，应当在初始确认时将其包含的负债成分和权益成分进行分拆，将所包含的负债成分面值贷记“资本公积——其他资本公积”，按权益成分的公允价值，贷记“应付债券——可转换公司债券(面值)”。(　　)

4. 企业购买固定资产如果延期支付的购买价款超过了正常信用条件，实质上具有融资性质的，所购资产的成本应当以实际支付的总价款为基础确认。（　　）

应会考核

一、综合业务考核

【考核项目一】

应付职工薪酬账务处理

【背景资料】

2011年1月1日，乙公司为其100名中层以上管理人员每人授予100份现金股票增值权，这些人员从2011年1月1日起必须在该公司连续服务3年，即可自2013年12月31日起根据股价的增长幅度获得现金，该增值权应在2015年12月31日之前行使完毕。乙公司估计，该增值权在负债结算之前的每一资产负债表日以及结算日的公允价值和可行权后的每份增值权现金支出额如下：

年　份	公允价值	支付现金
2011年	12	
2012年	14	
2013年	15	16
2014年	20	18
2015年		22

2011年有10名管理人员离开乙公司，乙公司估计三年中还将有8名管理人员离开；2012年又有6名管理人员离开公司，公司估计还将有6名管理人员离开；2013年又有4名管理人员离开，假定有40人行使股票增值权取得了现金，2014年有30人行使股票增值权取得了现金，2015年有10人行使股票增值权取得了现金。

【考核要求】

根据背景资料，计算2011～2015年每年应确认的费用(或损益)、应付职工薪酬余额和支付的现金，并编制有关会计分录。

【考核项目二】

负债业务核算

【背景资料1】

1. 甲公司为增值税一般纳税人，适用的增值税税率为17%。2015年5月发生与职工薪酬有关的交易或事项如下：

(1)为公司总部下属25位部门经理每人配备汽车一辆免费使用，假定每辆汽车每月计提折旧0.08万元。

(2)将50台自产的液晶电视作为福利分配给本公司行政管理人员。该液晶电视每台生产成本为1.2万元，市场售价为1.5万元(不含增值税)。

(3)月末，分配职工工资150万元，其中直接生产产品人员工资105万元，车间管理人员工资15万元，企业行政管理人员工资20万元，专设销售机构人员工资10万元。

【考核要求】

根据背景资料，编制甲公司的相关账务处理。

【背景资料2】

大地公司为增值税一般纳税企业，适用的增值税税率为17%，消费税税率为10%，营业税税率为5%，存货收发采用实际成本核算。该企业2015年发生下列经济业务：

(1)从一般纳税企业购入一批原材料，增值税专用发票上注明的原材料价款为100万元，增值税17万元，货款已经支付，另购入材料过程中支付运费10 000元(进项税额按7%的扣除率计算)，材料已经到达并验收入库。

(2)销售商品一批(非应税消费品)，增值税专用发票上注明的价款为200万元，增值税额为34万元，提货单和增值税专用发票已交购货方，并收到购货方开出并承兑的商业承兑汇票。

(3)在建工程领用生产用库存原材料一批，材料成本为10 000元，应由该批原材料负担的增值税额为1 700元。

(4)对外提供安装劳务，取得收入100 000元存入银行，确认收入并计算应交营业税。

(5)转让一项专利权，收入100 000元存入银行，该专利权转让时的摊余价值为60 000元。

(6)向华清公司销售一批应税消费品100 000元，增值税17 000元，收到款项存入银行。该批产品的实际成本为80 000元。

【考核要求】

根据背景资料，编制上述业务的会计分录(“应交税费”科目要求写出明细科目及专栏名称)。(金额单位用元表示)

二、专业技能题

【考核项目】

应付债券业务的核算

【背景资料】

中山股份有限公司为一般纳税企业，适用的增值税税率为17%。该企业发行债券及购建设备的有关资料如下：

(1)2014年1月1日，经批准发行3年期面值为5 000 000元的公司债券。该债券每年末计提利息后予以支付、到期一次还本，票面年利率为3%，发行价格为4 861 265元，发行债券筹集的资金已收到。利息调整采用实际利率法摊销，经计算的实际利率为4%。假定该债券于每年年末计提利息。

(2)2014年1月10日，利用发行上述公司债券筹集的资金购置一台需要安装的设备，增值税专用发票上注明的设备价款为3 500 000元，增值税额为595 000元，价款及增值税已由银行存款支付。购买该设备支付的运杂费为105 000元。

(3)该设备安装期间领用生产用材料一批，成本为300 000元，该原材料的增值税额为51 000元；应付安装人员工资150 000元；用银行存款支付的其他直接费用201 774.7元。2014年6月30日，该设备安装完成并交付使用。该设备预计使用年限为5年，预计净残值为50 000元，采用双倍余额递减法计提折旧。

(4)2015年4月30日，因调整经营方向，将该设备出售，收到价款2 200 000元，并存入银行。另外，用银行存款支付清理费用40 000元。假定不考虑与该设备出售有关的税费。

(5)假定设备安装完成并交付使用前的债券利息符合资本化条件全额资本化且不考虑发行债券筹集资金存入银行产生的利息收入。

【考核要求】

请根据上述背景资料，

(1)编制发行债券时的会计分录；

(2)编制2014年12月31日、2015年12月31日有关应付债券的会计分录；

(3)编制该固定资产安装以及交付使用的有关会计分录；

(4)计算固定资产计提折旧的总额；

(5)编制处置该固定资产的有关分录；

(6)编制债券到期的有关会计分录。

【考核项目】

应付账款业务的核算

【背景资料】

某企业 2015 年发生如下经济业务：

(1)购进甲材料一批，增值税专用发票上注明的买价为 228 000 元，增值税额为 38 760 元。按合同规定，企业开出 2 个月到期的商业承兑汇票一张，抵付给销货方，材料已运达企业。

(2)购进甲材料的应付票据到期，企业无力支付，银行将票据退给企业。

(3)企业上月购进乙材料的一笔购货款 280 800 元，因无力支付，经销货方同意，开出一张面额为 280 800 元、期限为 6 个月的银行承兑汇票给销货方，抵付购货欠款，并以银行存款支付银行承兑手续费 288 元。

(4)购入乙材料的银行承兑汇票到期，企业无力支付。银行代付欠款后，将其转为企业的短期借款，并对企业处以 1 080 元的罚款，企业以存款支付。

(5)企业购进丙材料一批，买价 360 000 元，增值税额为 61 200 元，共计 421 200 元，按双方协议，企业开出一张为期 2 个月的银行承兑汇票抵付给销货方，并以银行存款支付银行承兑手续费 408 元，丙材料尚未验收入库。

(6)购买丙材料的票据到期，接银行通知，票款已支付。

(7)购进 A 商品一批，增值税专用发票上注明的买价为 21 600 元，增值税额为 3 672 元。货款未付，开出一张期限为 3 个月的商业承兑汇票抵付给销货方，商品已验收入库。

(8)购买 A 商品的商业汇票到期，以银行存款支付。

【考核要求】

请根据上述背景资料，编制相应的会计分录。

项目实训

实训项目：负债业务会计处理

1. 实训目的

通过实训要求学生掌握短期借款、应付票据、应付账款、应付职工薪酬、应交税费等流动负债流动负债的确认与计量，有关经济业务记账凭证的编制及会计账簿的登记与结算。

2. 实训要求

具有熟练进行企业流动负债实务如短期借款、应付票据、应付及预收款项、应付职工薪酬、应交税费等的会计处理能力。

3. 实训重点

3.1 根据实训资料练习短期借款的核算及会计处理。

3.2 根据实训资料练习应付票据的核算及会计处理。

3.3 根据实训资料练习应付职工薪酬的核算及会计处理。

4. 实训作业

根据实训资料，学生各自独立完成并把实训结果以实训报告单形式上交。

5. 实训资料

华兴公司为一般纳税人，2015 年发生以下经济业务：

(1)4 月 1 日向银行借入 1 200 000 元,年利率为 8%,偿还期限 6 个月,到期一次还本付息,该企业每月计提利息。

(2)9 月 1 日购进一批原材料,专用发票注明,材料买价 600 000 元,增值税 102 000 元,对方代垫的运费 20 000 元(已取得运费发票)。材料已验收入库,增值税和运费已通过银行支付,开出面值为 600 000 元、3 个月的带息商业承兑汇票,年利率 10%(假设该企业采用实际成本进行材料日常核算)。

(3)10 月份经计算,该月应付生产工人工资 500 000 元,车间管理人员工资 50 000 元,厂部管理人员工资 40 000 元,在建工程人员的工资 10 000 元。

上述资料涉及短期借款、应付账款、应付票据及应付职工薪酬等的账务处理,学生应认真阅题,逐笔进行账务处理。

项目十二 所有者权益

应知考核

一、单项选择题

1. 下列事项中，可能引起企业所有者权益总额发生变动的是(　　)。

A. 发放股票股利

B. 以计入资本公积的股本溢价转增股本

C. 回购股票

D. 盈余公积补亏

2. 下列各项能够引起企业所有者权益增加的事项是(　　)。

A. 增发新股　　B. 发放股票股利

C. 提取盈余公积　　D. 以盈余公积转增资本

3. 下列各事项中，可能引起企业所有者权益减少的事项是(　　)。

A. 处置采用公允价值模式计量的投资性房地产　　B. 以资本公积转增资本

C. 提取盈余公积　　D. 派发股票股利

4. 公司注销回购库存股业务中，库存股账面余额大于回购股份的面值时，其差额冲减的顺序是(　　)。

A. 资本公积、盈余公积、未分配利润　　B. 未分配利润、盈余公积、资本公积

C. 未分配利润、资本公积、盈余公积　　D. 盈余公积、未分配利润、资本公积

5. 核算对联营企业长期股权投资时，在持股比例不变的情况下，被投资企业因增加资本公积而引起所有者权益的增加，投资企业应按所拥有的表决权资本的比例计算应享有的份额，将其记入的科目是(　　)。

A.“投资收益”　　B.“盈余公积”　　C.“资本公积”　　D.“利润分配”

6. 甲公司委托证券公司发行普通股股票 1 000 万股，每股面值 1 元，每股发行价格 2.2 元。证券公司按发行收入的 2%收取手续费，从发行收入中扣除。该公司计入资本公积的金额为(　　)万元。

A. 2 156　　B. 1 200　　C. 1 180　　D. 1 156

7. 甲公司出资 1 000 万元，取得了乙公司 80%的控股权，假如购买股权时乙公司的账面净资产价值为 1 500 万元，甲、乙公司合并前后同受一方控制。则甲公司应记入“资本公积——股本溢价”的金额为(　　)万元。

A. 200　　B. 500　　C. 0　　D. 1 200

8. 采用权益法核算的情况下，下列各项中，会引起投资企业资本公积发生增减变动的是(　　)。

A. 被投资企业接受捐赠的现金资产

B. 被投资企业接受捐赠的非货币性资产

C. 被投资企业因可供出售金融资产公允价值变动而确认了资本公积

D. 被投资企业以盈余公积转增股本

9. 甲公司为上市公司，2015 年初“资本公积”科目的贷方余额为 100 万元。2015 年 7 月 1 日，甲公司将自用房产转作公允价值模式计量的投资性房地产，房产账面原价为 300 万元，已计提折旧 30 万元，转换日公允价值为 400 万元。甲公司另以 500 万元购入某股票确认为可供出售金融资产，2015 年 12 月 31 日，前项房产的公允价值为 420 万元，前项购入股票的公允价值为 560 万元。假定不考虑相关税费，2015 年 12 月 31 日甲公司“资本公积”科目的贷方余额为（　　）万元。

A. 310　　B. 250　　C. 290　　D. 230

10. 某企业 2014 年发生亏损 60 万元，按规定可以用 2015 年度实现的税前利润弥补。该企业 2015 年实现利润总额 100 万元弥补了去年全部亏损，假定不考虑所得税因素的情况下，2015 年末企业会计处理的方法是（　　）

A. 借：利润分配——盈余公积　60
　　贷：利润分配——未分配利润　60

B. 借：本年利润　60
　　贷：利润分配——未分配利润　60

C. 借：利润分配——未分配利润　40
　　贷：利润分配——盈余公积补亏 40

D. 借：本年利润　100
　　贷：利润分配——未分配利润　100

二、多项选择题

1. 下列各项中，引起非公司制企业实收资本增加的有（　　）。

A. 接受现金资产投资　　B. 盈余公积转增资本

C. 资本公积转增资本　　D. 追加对被投资单位的投资

2. 下列各项中，关于未分配利润描述正确的有（　　）。

A. 未分配利润是企业所有者权益的组成部分

B. 可留待以后年度进行分配，但不得用于弥补亏损

C. 可留待以后年度进行分配的当年结余利润

D. 可留待以后年度进行分配的历年结存利润

3. 股份有限公司发行股票发生的交易费用，可能借记（　　）科目。

A.“资本公积”　　B.“财务费用”　　C.“盈余公积”　　D. 利润分配

4. 下列各项中属于资本公积来源的有（　　）。

A. 资本溢价

B. 股本溢价

C. 处置无形资产形成的利得

D. 权益法下被投资单位因吸收新投资者而增加的资本溢价中投资企业按应享有的份额而增加的数额

5. 直接计入所有者权益的利得应是同时具备以下（　　）特点的经济利益的总流入。

A. 不应计入当期损益　　B. 会导致所有者权益增加

C. 与所有者投入资本无关　　D. 由企业非日常活动所形成

6. 直接计入所有者权益的损失应是同时具备以下（　　）特点的经济利益的流出。

A. 不应计入当期损益　　B. 会导致所有者权益减少

C. 与向所有者分配利润无关　　D. 由企业非日常活动所形成

7. 企业“利润分配”科目的核算内容包括(　　)。

A. 企业利润的分配　　B. 企业亏损的弥补

C. 历年分配后的未分配利润　　D. 历年弥补后的未弥补亏损

8.“利润分配”科目下可设置(　　)等明细科目进行明细核算。

A.“提取法定盈余公积”　　B.“提取法定公益金”

C.“盈余公积补亏”　　D.“未分配利润”

9. 下列各项中,能引起盈余公积发生增减变动的有(　　)。

A. 提取任意盈余公积　　B. 以盈余公积转增资本

C. 用任意盈余公积弥补亏损　　D. 用盈余公积派送新股

10. 下列各项中,属于所有者权益的有(　　)

A. 坏账准备　　B. 资本溢价　　C. 应付股利　　D. 任意盈余公积

三、判断题

1. 企业接受非现金资产投资时,应按投资合同或协议约定的价值(不公允的除外)记入“实收资本”,或“股本”科目。(　　)

2. 股份有限公司按法定程序报经批准采用收购本公司股票方式减资的,购回股票支付的价款(含交易费用)低于其面值总额的,应依次增加资本公积(股本溢价)、盈余公积和未分配利润。(　　)

3. 企业在非日常活动中形成的利得都应直接增加资本公积。(　　)

4. 无论是利得还是损失都存在直接计入所有者权益的和计入当期损益的。(　　)

5.“利润分配——未分配利润”科目贷方仅登记转入的本年利润额。(　　)

6. 企业用以后年度的税前利润弥补亏损时,应借记“本年利润”科目,贷记“利润分配——其他转入”科目。(　　)

7. 在按面值发行股票的情况下,公司发行股票支付的手续费、佣金等发行费用,直接计入当期财务费用。(　　)

8. 企业的盈余公积包括:法定盈余公积、任意盈余公积。(　　)

9. 用盈余公积转增资本不影响所有者权益总额的变化,但会使企业净资产减少。(　　)

10. 企业以当年实现的利润弥补以前年度结转的未弥补亏损,不需要进行专门的账务处理。(　　)

★ 应会考核

一、综合业务考核

【考核项目】

所有者权益的账务处理

【背景资料】

甲股份有限公司(简称“甲公司”)2014 年至 2015 年度有关业务资料如下:

(1)2014 年 1 月 1 日,甲公司股东权益总额为 46 500 万元(其中,股本总额为 10 000 万股,每股面值为 1 元;资本公积为 30 000 万元;盈余公积为 6000 万元;未分配利润为 500 万元)。2014 年度实现净利润 400 万元,假设当年股本与资本公积项目未发生变化。

(2)2015 年 3 月 1 日,甲公司董事会提出如下预案:按 2014 年度实现净利润的 10%提取法定盈余公积;以 2014 年 12 月 31 日的股本总额为基数,以资本公积(股本溢价)转增股本,每 10 股转增 4 股。

(3)2015 年 5 月 5 日,甲公司召开股东大会,审议批准了董事会提出的预案,同时决定分派现金股利 300 万元。2015 年 6 月 10 日,甲公司办妥了上述资本公积转增股本的有关手续。

(4)2015 年甲公司发生净亏损 800 万元。

【考核要求】

(1)编制甲公司提取法定盈余公积的会计分录。

(2)编制甲公司宣告分派现金股利的会计分录。

(3)编制甲公司资本公积转增股本的会计分录。

(4)编制甲公司 2015 年度结转当年净亏损的会计分录。

(5)假设不考虑其他事项,试计算确定截至 2015 年 12 月 31 日所有者权益各项目的金额。

二、专业技能题

【考核项目】

股权账务核算

【背景资料】

DB公司对联营企业投资采用权益法核算,2015 年发生了如下相关业务:

(1)拥有 A 联营企业 40%的股权份额,A 联营企业 2015 年 1 月将自用房屋转作经营性出租 且以公允价值计价,该房产原值 2 200 万元,已计提折旧 200 万元,转换日公允价值为 2 500 万元,2015 年 12 月 31 日公允价值为 2 500 万元。

(2)拥有 B 联营企业 30%的股权份额,B 联营企业本期购买某公司股票确认为可供出售金融资产,初始成本 500 万元,2015 年 12 月 31 日公允价值 600 万元。

(3)拥有 C 联营企业 20%的股权份额,该投资是 2013 年 1 月 1 日取得的,2014 年 12 月 31 日该投资账面余额为 500 万元,其中"长期股权投资——损益调整"为 150 万元,2015 年 5 月 10 日 C 公司宣告分派 2014 年现金股利 600 万元,C 联营企业 2015 年取得税后净利润 1 000 万元。

(4)2015 年 12 月 20 日 DB公司出售 2010 年购入的账面价值为 800 万元的可供出售金融资产,其中初始投资成本 700 万元,2010 年末确认公允价值变动 100 万元,出售收入 850 万元存入银行。

【考核要求】

请根据背景资料,做出 DB公司 2015 年上述经济业务的会计处理(不考虑所得税因素)。

★ 项目实训

实训项目:所有者权益的核算

1. 实训目的及要求

通过实训要求学生掌握所有者权益的内容和核算方法。

2. 分析思路

具有熟练进行资本公积的核算、留存收益的组成及利润分配的核算结转等会计处理能力。

3. 实训重点

3.1 根据实训资料练习净利润的结转及会计处理。

3.2 根据实训资料练习法定盈余公积的提取及利润分派的核算及会计处理。

3.3 根据实训资料练习亏损弥补方法及会计处理。

3.4 根据实训资料练习企业所得税的计算方法及会计处理。

4. 实训作业

根据实训资料,学生各自独立完成并把实训结果以书面形式上交。

5. 实训资料

华兴公司2013年“未分配利润”年初贷方100万元，按10%提取法定盈余公积金，所得税率为25%，2013至2014年有关资料如下：

(1)2013年实现净利润200万元，提取法定盈余公积金后，宣告派发现金股利150万元；

(2)2014年发生亏损500万元；

(3)2015年实现利润总额600万元；

上述资料涉及净利润、利润总额、提取法定盈余公积金、分派现金股利、计提企业所得税等的账务处理，学生应认真阅题，逐笔进行账务处理。

项目十三　所有者权益

应知考核

一、单项选择题

1. 如商品的售价内包含可区分的在售后一定期限内的服务费，在销售商品时，该服务费应记入(　　)科目。

A.“预收账款”　　B.“主营业务收入”

C.“其他业务收入”　　D.“营业外收入”

2. 企业在资产负债表日，对某项劳务，如不能可靠地估计所提供劳务的交易结果，则对该项劳务正确的会计处理是(　)。

A. 不确认利润但可能确认损失　　B. 既不确认利润也不确认损失

C. 确认利润但不确认损失　　D. 可能确认利润也可能确认损失

3. 下列关于收入确认的表述中，错误的是(　)。

A. 卖方仅仅为了到期收回货款而保留商品的法定产权，则销售成立，相应的收入应予以确认

B. 合同或协议价款的收取采用递延方式，如分期收款销售商品，实质上具有融资性质的，应当按照应收的合同或协议价款确定销售商品收入金额

C. 销售商品涉及商业折扣的，应当按照扣除商业折扣后的金额确定销售商品收入金额

D. 根据收入和费用配比原则，与同一项销售有关的收入和成本应在同一会计期间予以确认。成本不能可靠计量，相关的收入也不能确认

4. 甲公司销售产品每件440元，若客户购买200件(含200件)以上可得到40元的商业折扣。某客户2015年8月8日购买该企业产品200件，按规定现金折扣条件为2/10，1/20，n/30。适用的增值税率为17%。该企业于8月24日收到该笔款项时，则实际收到的款项为(　　)元。(假定计算现金折扣时考虑增值税)

A. 93 600　　B. 936　　C. 102 960　　D. 92 664

5. 在视同买断方式下委托代销商品的，若受托方没有将商品售出时可以将商品退回给委托方，或受托方因代销商品出现亏损时可以要求委托方补偿，那么委托方的处理正确的是(　　)。

A. 在交付商品时不确认收入，委托方收到代销清单时确认收入

B. 在交付商品时确认收入

C. 不做任何处理

D. 只核算发出商品的处理

6. 企业在委托其他单位代销商品的情况下，在视同买断代销方式下，没有特殊情况的，则商品销售收入确认的时间是(　　)。

A. 发出商品日期　　B. 受托方发出商品日期

C. 收到代销单位的代销清单日期　　D. 全部收到款项时

7. 大华公司为华盛公司承建厂房一幢，工期自2013年8月1日至2015年5月31日，总造价5 000万元，华盛公司2013年付款至总造价的20%，2014年付款至总造价的85%，余款2015年工

程完工后结算。该工程 2013 年发生成本 600 万元，年末预计尚需发生成本 2 200 万元；2014 年发生成本 2 100 万元，年末预计尚需发生成本 300 万元。则大华公司 2014 年因该项工程应确认的营业收入为(　　)万元。

A. 3 428.57　　B. 4 500　　C. 2 100　　D. 2 400

8. 企业对外销售需要安装的商品时，若安装和检验属于销售合同的重要组成部分，则确认该商品销售收入的时间是(　　)。

A. 商品运抵并开始安装时　　B. 发出商品时

C. 商品安装完毕并检验合格时　　D. 收到商品销售货款时

9. Y 公司本月销售情况如下：(1)现款销售 10 台，总售价 100 000 元(不含增值税，下同)已入账；(2)需要安装的销售 2 台，总售价 30 000 元，款项尚未收取，安装任务构成销售业务的主要组成部分，安装尚未完成；(3)附有退货条件的销售 2 台，总售价 23 000 元已入账，退货期 3 个月，退货的可能性难以估计。Y 公司本月应确认的销售收入是(　　)元。

A. 100 000　　B. 140 000　　C. 163 000　　D. 183 000

10. 在支付手续费委托代销的方式下，委托方确认收入的时点是(　　)。

A. 委托方交付商品时　　B. 受托方销售商品时

C. 委托方收到代销清单时　　D. 委托方收到货款时

二、多项选择题

1. 下列有关收入确认的表述中，正确的有(　　)。

A. 附有商品退回条件的商品销售可以在退货期满时确认收入

B. 销售并购回协议下，应当按销售收入的款项高于购回支出的款项的差额确认收入

C. 资产使用费收入应当按合同规定确认

D. 托收承付方式下，在办妥托收手续时确认收入

2. 下列各项收入中，属于工业企业的其他业务收入的有(　　)。

A. 提供运输劳务所取得的收入　　B. 提供加工装配劳务所取得的收入

C. 出租无形资产所取得的收入　　D. 销售材料产生的收入

3. 提供劳务交易的结果能够可靠估计，应同时满足的条件包括(　　)。

A. 收入的金额能够可靠计量　　B. 相关的经济利益很可能流入企业

C. 交易中已发生的成本能够可靠计量　　D. 交易中将发生的成本能够可靠计量

4. 关于提供劳务收入的确认计量，下列说法中错误的有(　　)。

A. 艺术表演、招待宴会和其他特殊活动的收费，应在相关活动发生时确认收入

B. 申请入会费和会员费只允许取得会籍，所有其他服务或商品都要另行收费的，应在款项收回不存在重大不确定性时确认收入

C. 属于提供设备和其他有形资产的特许权费，应在提供服务时确认收入

D. 长期为客户提供重复的劳务收取的劳务费，应在收到款项时确认收入

5. 关于让渡资产使用权产生的收入的确认与计量，下列说法中正确的有(　　)。

A. 让渡资产使用权收入同时满足"相关的经济利益很可能流入企业"和"收入的金额能够可靠计量"时才能予以确认

B. 让渡资产使用权收入同时满足"相关的经济利益很可能流入企业"和"发生的成本能够可靠计量"时才能予以确认

C. 使用费收入金额，按照实际收费时间计算确定

D. 利息收入金额，按照他人使用本企业货币资金的时间和实际利率计算确定

6. 华东公司2015年6月6日发给华西公司商品500件，增值税专用发票注明的货款50 000元，增值税额8 500元，代垫运杂费1 000元，该批商品的成本为42 500元。在向银行办妥手续后得知甲企业资金周转十分困难，该公司决定本月不能确认该笔收入，但是纳税义务已经发生。下列相关会计处理中，正确的是(　　)。

A. 借：发出商品　42 500
　　贷：库存商品　42 500

B. 借：应收账款　1 000
　　贷：银行存款　1 000

C. 借：应收账款　42 500
　　贷：主营业务成本　42 500

D. 借：应收账款　8 500
　　贷：应交税费——应交增值税(销项税额)　8 500

7. 关于建造合同收入，下列说法中正确的有(　　)。

A. 在资产负债表日，应当按照合同总收入乘以完工进度扣除以前会计期间累计已确认收入后的金额，确认为当期合同收入

B. 在资产负债表日，应当按照合同总收入乘以完工进度确认为当期合同收入

C. 前期开始当期完成的建造合同，应当按照实际合同总收入扣除以前会计期间累计已确认收入后的金额，确认为当期合同收入

D. 前期开始当期完成的建造合同，应当按照实际合同总收入确认为当期合同收入

8. 下列有关收入的表述中，不正确的有(　　)。

A. 凡是资产的增加或负债的减少，或二者兼而有之，同时引起所有者权益的增加，一定表明收入的增加

B. 在商品销售收入确认条件中，所有权上的主要报酬和风险随所有权凭证的转移而转移

C. 如果企业确认商品销售收入后，发生销售退回的均冲减退回当月的销售收入，并冲减当月销售成本

D. 委托其他单位代销商品情况下，委托方应在收到受托方提供的增值税发票时确认收入

9. 按照建造合同的规定，下列(　　)属于合同收入的内容。

A. 合同中规定的初始收入　　　B. 客户预付的定金

C. 因奖励形成的收入　　　D. 因客户违约产生的罚款收入

10. 下列有关售后回购处理正确的有(　　)。

A. 采用售后回购方式销售商品的，一般情况下收到的款项应确认为负债；回购价格大于原售价的，差额应在回购期间按期计提利息，计入财务费用

B. 有确凿证据表明售后回购交易满足销售商品收入确认条件的，销售的商品按售价确认收入，回购的商品作为购进商品处理

C. 有确凿证据表明售后回购交易满足销售商品收入确认条件的，仍然将回购价格大于原售价的差额在回购期间按期计提利息，计入财务费用

D. 售后回购在任何情况下都不确认收入

三、判断题

1. 企业发生的销货退回，无论是属于本年度销售的，还是以前年度销售的，都应冲减退回年度的主营业务收入及相关的成本费用。　(　　)

2. 企业只要将商品所有权上的主要风险和报酬转移给了购货方，就可以确认收入。　(　　)

3. 对于以旧换新销售商品时，销售的商品应按新旧商品的市场价格的差额确认收入。（　　）

4. 如果企业保留与商品所有权相联系的继续管理权，则在发出商品时不能确认该项商品销售收入。（　　）

5. 属于提供设备和其他有形资产的特许权收入，应当与销售商品价款一并确认收入。（　　）

6. 如果劳务的开始和完成分属不同的会计年度，就必须按完工百分比法确认收入。（　　）

7. 代销商品中，受托方将商品销售后，按实际售价确认为销售收入，并向委托方开具代销清单。（　　）

8. 商品需要安装和检验的销售，如果安装程序比较简单，或检验是为最终确定合同价格必须进行的程序，则可以在商品发出时或在商品装运时确认收入。（　　）

9. 在采用完工百分比法确认劳务收入时，其相关的销售成本应以实际发生的全部成本确认。（　　）

10. 已完成销售手续、但购买方在当月尚未提取的产品，销售方仍应作为本企业库存商品核算。（　　）

★ 应会考核

一、综合业务考核

【考核项目一】

让渡资产使用权收入的账务处理

【背景资料】

甲股份有限公司（简称“甲公司”）是增值税一般纳税人，适用的增值税税率为17%，适用的所得税税率为25%。销售单价除标明为含税价格外，均为不含增值税价格。甲公司2015年12月发生如下业务：

(1)12月2日，向乙企业赊销A产品10件，单价为2 000元，单位销售成本为1 000元，约定的付款条件为：2/10，*n*/20。

(2)12月8日，乙企业收到A产品后，发现有少量残次品，经双方协商，甲公司同意折让5%。余款乙公司于12月8日偿还。假定计算现金折扣时，不考虑增值税。

(3)采用视同买断代销方式委托东方企业销售A产品100件，协议价为每件2 000元，该产品每件成本为1 000元，商品已发出，符合销售商品收入确认条件，甲公司尚未收到款项。

(4)接受神舟公司的委托，代其销售E产品1 000件，按售价的10%收取手续费。E产品双方的协议价为每件200元，甲公司已将受托的E产品按每件200元全部售出并同时收到款项。向神舟公司开出代销清单并收到神舟公司开具的增值税专用发票。甲公司扣除手续费后将剩余款项归还给神舟公司。

(5)12月15日，向戊企业销售材料一批，价款为20 000元，该材料发出成本为16 000元。当日收取面值为23 400元的银行承兑汇票一张。

(6)12月18日，乙企业要求退回本年11月20日购买的10件A产品。该产品销售单价为2 000元，单位销售成本为1 000元，其销售收入20 000元已确认入账，价款尚未收取。经查明退货原因为发货错误，同意乙企业退货，并办理退货手续和开具红字增值税专用发票。甲公司收到退回的货物。

(7)12月20日，收到外单位租用本公司办公用房下一年度租金100 000元，款项已收存银行。

【考核要求】

根据背景资料，编制上述业务的会计分录。

【考核项目二】

提供劳务收入

【背景资料】

甲企业自2013年4月1日起为乙企业开发一项系统软件。合同约定工期为两年,合同总收入为100 000元,2013年4月1日乙企业支付项目价款50 000元,余款于软件开发完成时收取。4月1日,甲企业收到乙企业支付的该项目价款50 000元,并存入银行。该项目预计总成本为40 000元。其他相关资料如下:

时　间	收款金额(元)	累计实际发生成本(元)	开发程度
2013年4月1日	50 000		
2013年12月31日		16 000	40%
2014年12月31日		34 000	85%
2015年4月1日		41 000	100%

该项目于2015年4月1日完成并交付给乙企业,但余款尚未收到。甲企业按开发程度确定该项目的完工程度。假定为该项目发生的实际成本均用银行存款支付。

【考核要求】

根据背景资料,编制甲企业2013年至2015年与开发此项目有关的会计分录(金额单位用元表示)。

【考核项目一】

商业折扣、现金折扣和销售折让的处理

【背景资料】

甲公司为增值税一般纳税企业,适用的增值税税率为17%。2015年3月1日,向乙公司销售某商品1 000件,每件标价2 200元,实际售价2 000元(售价中不含增值税额),已开出增值税专用发票,商品已交付给乙公司。为了及早收回货款,甲公司在合同中规定的现金折扣条件为:2/10,1/20,n/30。假定计算现金折扣时不考虑增值税。

【考核要求】

根据背景资料,

(1)编制甲公司销售商品时的会计分录(“应交税费”科目要求写出明细科目及专栏)。

(2)根据以下假定,分别编制甲公司收到款项时的会计分录。

①乙公司在3月8日按合同规定付款,甲公司收到款项并存入银行。

②乙公司在3月19日按合同规定付款,甲公司收到款项并存入银行。

③乙公司在3月29日按合同规定付款,甲公司收到款项并存入银行。(金额单位用万元表示)

二、专业技能题

【考核项目一】

一般销售商品业务收入的处理

【背景资料】

1. 甲公司向乙公司销售商品一批,开出的增值税专用票上注明售价为400 000元,增值税额为68 000元;甲公司收到乙公司开出的不带息银行承兑汇票一张,票面金额为468 000元,期限为2个月;该批商品已经发出,甲公司以银行存款代垫运杂费2 000元;该批商品成本为320 000元。

2. 甲公司向乙公司销售一批商品,开出的增值税专用发票上注明售价为300 000元,增值税税

额为 51 000 元；甲公司已收到乙公司支付的货款 351 000 元，并将提货单送交乙公司；该批商品成本为 240 000 元。

3. 甲公司采用托收承付结算方式销售一批商品，开出的增值税专用发票上注明售价为 600 000元，增值税税额为 102 000 元；商品已经发出，并已向银行办妥托收手续；该批商品的成本为 420 000 元。

【考核要求】

根据上述三处背景资料，分别编制上述业务的会计分录。

【考核项目二】

已经发出但不符合销售商品收入确认条件的商品的处理

【背景资料】

A 公司于 2015 年 3 月 3 日采用托收承付结算方式向 B 公司销售一批商品，开出的增值税专用发票上注明售价为 100 000 元，增值税税额为 17 000 元；该批商品成本为 60 000 元。A 公司在销售该批商品时已得知 B 公司资金流转发生暂时困难，但为了减少存货积压，同时也为了维持与 B 公司长期以来建立的商业关系，A 公司仍将商品发出，并办妥托收手续。假定 A 公司销售该批商品的纳税义务已经发生。

【考核要求】

根据背景资料，编制上述业务的会计分录。

【考核项目三】

销售折让

【背景资料】

甲公司销售一批商品给乙公司，开出的增值税专用发票上注明的售价为 100 000 元，增值税税额为 17 000 元。该批商品的成本为 70 000 元。货到后，乙公司发现商品质量不符合合同的要求，要求在价格上给予 5%的折让。乙公司提出的销售折让要求符合原合同的约定，甲公司同意并办妥了相关手续，开具了增值税专用发票(红字)。假定此前甲公司已确认该批商品的销售收入，销售款项尚未收到，发生的销售折让允许扣减当期增值税销项税额。

【考核要求】

根据背景资料，编制上述业务的会计分录。

【考核项目四】

销售退回的处理

【背景资料】

1. 甲公司在 2014 年 3 月 18 日向乙公司销售一批商品，开出的增值税专用发票上注明的售价为 50 000 元，增值税税额为 8 500 元。该批商品成本为 26 000 元。为及早收回货款，甲公司和乙公司约定的现金折扣条件为：2/10，1/20，n/30。乙公司在 2014 年 3 月 27 日支付货款。2014 年 7 月 5 日，该批商品因质量问题被乙公司退回，甲公司当日支付有关退货款。假定计算现金折扣时不考虑增值税。

2. 甲公司 2015 年 3 月 20 日销售 A 商品一批，增值税专用发票上注明售价为 350 000 元，增值税税额为 59 500 元；该批商品成本为 182 000 元。A 商品于 2015 年 3 月 20 日发出，购货方于 3 月 27 日付款。甲公司对该项销售确认了销售收入。2015 年 9 月 15 日，该商品质量出现了严重问题，购货方将该批商品全部退回给甲公司，甲公司同意退货，于退货当日支付了退货款，并按规定向购货方开具了增值税专用发票(红字)。

【考核要求】

根据背景资料，编制上述业务的会计分录。

【考核项目五】

采用预收款方式销售商品的处理

【背景资料】

甲公司与乙公司签订协议，采用预收款方式向乙公司销售一批商品。该批商品实际成本为600 000元。协议约定，该批商品销售价格为800 000元，增值税额为136 000元；乙公司应在协议签订时预付60%的货款(按销售价格计算)，剩余货款于2个月后支付。

【考核要求】

根据背景资料，编制上述业务的会计分录。

【考核项目六】

采用支付手续费方式委托代销商品的处理

【背景资料】

甲公司委托丙公司销售商品200件，商品已经发出，每件成本为60元。合同约定丙公司应按每件100元对外销售，甲公司按售价的10%向丙公司支付手续费。丙公司对外实际销售100件，开出的增值税专用发票上注明的销售价格为10 000元，增值税税额为1 700元，款项已经收到。甲公司收到丙公司开具的代销清单时，向丙公司开具一张相同金额的增值税专用发票。假定：甲公司发出商品时纳税义务尚未发生；甲公司采用实际成本核算，丙公司采用进价核算代销商品。

【考核要求】

根据背景资料，编制上述业务的会计分录。

项目十四　费　用

应知考核

一、单项选择题

1. 下列各项中，不属于费用的是（　　）。

A. 经营性租出固定资产的折旧额　　B. 成本模式计量的投资性房地产的摊销额

C. 企业发生的现金折扣　　D. 出售固定资产发生的净损失

2. 某公司 2015 年销售甲产品 10 件，单价 10 万元，单位成本 8 万元，支付税收滞纳金 2 万元，发生销售费用 5 万元，该公司 2015 年的费用总额合计为（　　）万元。

A. 80　　B. 85　　C. 82　　D. 100

3. 下列各项中，应计入其他业务成本的是（　　）。

A. 库存商品盘亏净损失　　B. 经营租出固定资产折旧

C. 向灾区捐赠的商品成本　　D. 火灾导致原材料毁损净损失

4. 2015 年 1 月 1 日建华公司的经营租出管理用设备一台，每月设备折旧金额 100 万元，租期为两年，租金在每季末收取。则 2015 年 1 月末针对计提的折旧金额应编制的会计分录为（　　）。（分录中的金额单位为万元）

A. 借记“其他业务成本”100，“贷记预付账款”100

B. 借记“其他业务成本”100，贷记“银行存款”100

C. 借记“其他业务成本”100，贷记“累计折旧”100

D. 借记“管理费用”100，贷记“累计折旧”100

5. 下列各项中，可通过其他业务成本核算的业务是（　　）。

A. 计提经营出租固定资产的折旧　　B. 企业购买商品支付的增值税

C. 销售商品时产生的消费税　　D. 出售无形资产所有权缴纳的营业税

6. 下列各项税费中，应该计入营业税金及附加的是（　　）。

A. 出售固定资产应交的营业税

B. 增值税一般纳税人销售产品应交的增值税

C. 出租无形资产应交的营业税

D. 委托加工物资收回后用于连续生产应税消费品被代扣代缴的消费税

7. 某公司对外提供运输劳务，对应交的营业税应借记（　　）科目。

A.“营业税金及附加”　　B.“应交税费”

C.“管理费用”　　D.“营业外支出”

8. 某工业企业 2015 年 3 月份发生的费用有：发生生产车间管理人员工资 80 万元，发生行政管理部门人员工资 60 万元，支付广告费用 40 万元，计提短期借款利息 40 万元，支付固定资产维修费 30 万元。则该企业当期的期间费用总额为（　　）万元。

A. 100　　B. 140　　C. 170　　D. 250

9. 甲企业 2015 年 3 月份发生的费用有：计提车间管理人员工资费用 50 万元，发生管理部门人

员工资 30 万元，支付广告宣传费用 40 万元，筹集外币资金发生汇兑损失 10 万元，支付固定资产维修费用 15 万元。则该企业当期的期间费用总额为(　　)万元。

A. 95　　B. 130　　C. 140　　D. 145

10. 下列各项中，不属于期间费用的是(　　)。

A. 管理部门固定资产维修费　　B. 预计产品质量保证损失

C. 因违约支付的赔偿款　　D. 汇兑损益

二、多项选择题

1. 下列各项费用，最终记入管理费用的有(　　)。

A. 诉讼费　　B. 无形资产开发的研究费用

C. 业务招待费　　D. 日常经营活动聘请中介机构费

2. 下列各项中，不应计入管理费用的有(　　)。

A. 支付离退休人员工资　　B. 生产车间管理人员的工资

C. 摊销管理部门用无形资产　　D. 计提坏账准备

3. 下列各项费用，应计入销售费用的有(　　)。

A. 费用化的利息支出　　B. 业务招待费

C. 广告费　　D. 展览费

4. 下列各项中，属于企业销售费用核算范围的有(　　)。

A. 广告费　　B. 业务招待费

C. 预计产品质量保证费　　D. 专设销售机构发生的固定资产修理费

5. 下列各项中，属于期间费用的有(　　)。

A. 董事会会费　　B. 管理部门的劳动保险费

C. 销售人员工资　　D. 季节性停工损失

6. 下列各项中，应计入营业税金及附加的有(　　)。

A. 出售无形资产应交的营业税　　B. 出售固定资产应交的营业税

C. 出租固定资产应交的营业税　　D. 出租无形资产应交的营业税

7. 下列各项中，应计入其他业务成本的有(　　)。

A. 出借包装物成本的摊销　　B. 出租包装物成本的摊销

C. 随同产品出售单独计价的包装物成本　　D. 随同产品出售不单独计价的包装物成本

8. 下列各项中，属于费用核算范围的有(　　)。

A. 销售商品结转的商品成本　　B. 出售固定资产产生的净损失

C. 出租固定资产计提的折旧费　　D. 因违约支付的赔偿款

9. 下列各项中，不应确认为财务费用的有(　　)。

A. 企业筹建期间的借款费用

B. 资本化的借款利息支出

C. 销售商品发生的商业折扣

D. 分期收款销售方式下“未实现融资收益”的摊销

10. 下列各项中应计入销售费用的有(　　)。

A. 销售商品发生的商业折扣

B. 采用一次转销法结转领用的出借包装物的成本

C. 结转出租包装物因不能使用而报废的残料价值

D. 结转随同商品出售单独计价的包装物成本

三、判断题

1. 工业企业出售产品应交的增值税销项税额，应计入营业成本。（　　）

2. 应当在确认销售商品收入、提供劳务收入等时，将已销售商品、已提供劳务的成本等计入当期损益。（　　）

3. 企业出售投资性房地产应交的营业税，应列入利润表的营业税金及附加项目。（　　）

4. 期末销售费用、管理费用和制造费用均应无余额。（　　）

5. 制造费用与管理费用不同，本期发生的管理费用直接影响本期损益，而本期发生的制造费用不一定影响本期的损益。（　　）

6. 企业向银行或其他金融机构借入的各种款项所发生的利息均应计入财务费用。（　　）

7. 现金折扣和销售折让，均应在实际发生时计入当期财务费用。（　　）

8. 企业发生的业务招待费计入销售费用。（　　）

9. 企业发生的固定资产修理费用应在发生时计入管理费用。（　　）

10. 企业发生或收到的现金折扣都通过“财务费用”科目核算。（　　）

应会考核

一、综合业务考核

【考核项目】

期间费用的账务处理

【背景资料】

甲公司为增值税一般纳税人，适用的增值税税率为17%，消费税税率为10%，产品销售价格中均不含增值税金额。销售产品为公司的主营业务，2015年度，甲公司发生如下业务：

(1)2月5日向A公司销售商品一批100 000件，单价10元。为了鼓励多购商品，甲公司同意给予A公司10%的商业折扣。该批商品的实际成本是500 000元，商品已经发出，货款尚未收到。

(2)3月1日收到本年2月5日销售商品的全部货款。

(3)5月20日向B公司销售应税消费品1 000件，每件商品的标价为80元。开出的增值税专用发票上注明的售价为80 000元，增值税为13 600元。甲公司为了及早收回货款，在合同中规定的现金折扣条件为：2/10，1/20，n/30。每件商品成本为60元。

(4)6月5日收到B公司扣除所享受现金折扣后的全部款项并存入银行。（假定计算现金折扣不用考虑增值税）

(5)期末，应收账款的账面余额为1 000 000元，甲公司按照应收账款账面余额的5%计提坏账准备。假定期初坏账准备的余额为0。

(6)支付业务招待费200 000元。

(7)计提并支付专设销售机构人员薪酬50 000元。

(8)支付印花税10 000元。

假定不考虑其他事项。

【考核要求】

(1)根据上述(1)～(8)业务编制甲公司的会计分录。

(2)计算甲公司2015年发生的期间费用总额（应交税费科目要求写出明细科目及专栏名称，金额单位用元表示）。

二、专业技能题

【考核项目一】

日常经营活动中涉及期间费用的会计处理

【背景资料】

东方公司某月发生的部分经济业务如下：

(1)向乙公司销售A产品一批(属应税消费品)，开出的增值税专用发票上注明售价为100 000元，适用的增值税税率为17%，消费税税率为10%，成本60 000元，已收到货款，并将提货单交给乙公司。

(2)以银行存款支付销售A产品的运费5 000元。

(3)为拓展市场发生业务招待费10 000元，以银行存款支付。

(4)计提本月应负担的日常经营活动中的城市维护建设税2 100元，教育费附加900元，当期已用银行存款支付。

(5)3月份基本生产车间领用材料500 000元，辅助生产车间领用材料300 000元，车间管理部门领用材料50 000元，企业行政管理部门领用材料30 000元。

(6)结转本月随同产品出售不单独计价的包装物的成本4 000元。

【考核要求】

请根据上述背景资料，编制(1)～(6)业务会计分录(金额单位用元表示)。

【考核项目二】

生产成本业务账务处理

【背景资料】

某工业企业仅生产甲产品，采用品种法计算产品成本。3月初在产品直接材料成本30万元，直接人工成本8万元，制造费用2万元。3月份发生直接材料成本75万元，直接人工成本20万元，制造费用6万元。3月末甲产品完工50件，在产品100件。月末计算完工产品成本时，直接材料成本按完工产品与在产品数量比例分配，直接人工成本和制造费用采用定额工时比例分配。单位产成品工时定额20小时，单位在产品工时定额10小时。

【考核要求】

请根据上述背景资料，编制上述经济业务的会计分录，并完成下列内容。

(1)计算甲完工产品应负担的直接材料成本。

(2)计算甲完工产品应负担的直接人工成本。

(3)计算甲完工产品应负担的制造费用。

(4)计算甲完工产品总成本，并编制完工产品入库的会计分录。(金额单位用万元表示)

★ 项目实训

实训项目：成本费用业务的会计处理

1. 实训目的及要求

通过实训要求学生掌握间接费用、期间费用及生产成本的定义与核算。

2. 分析思路

具有熟练进行间接费用的归集分配、生产成本、期间费用的结转及会计处理能力。

3. 实训重点

3.1 根据实训资料练习间接费用的核算方法及会计处理。

3.2 根据实训资料练习生产成本的核算方法及会计处理。

3.3 根据实训资料练习期间费用的核算方法及会计处理。

4. 实训作业

根据实训资料，学生各自独立完成并把实训结果以书面形式上交。

5. 实训资料

华兴公司有第一、第二两个基本生产车间和供汽、供电两个辅助生产车间，生产 A、B 两种产品，该公司辅助生产、制造费用按生产员工工资比例进行分配，2015 年 10 月份发生以下经济业务，本月共生产完工 A 产品 1 000 件，B 产品 2 500 件：

(1)本月发生材料费用如下表所示：

发出材料汇总表(2015 年 10 月 31 日) 单位：元

领用单位	用　途	原材料	材料成本差异	合　计
第一车间	A 产品	300 000	3 000	303 000
第二车间	B 产品	337 000	3 370	340 370
维修车间	维修	3 000	300	3 300
厂部		200	20	220
合计		640 200	6 690	646 890

(2)公司有供电、供水两个辅助生产车间，本月供电车间直接发生的费用为 30 800 元，供水车间直接发生的费用为 21 000 元，各部分使用情况如下表所示：

劳务供应通知单

受益单位	用电度数(度)	用水吨数(吨)
供电车间	—	700
供水车间	14 000	—
A 产品	72 800	1 344
产品	56 000	1 036
管理部门	11 200	420
合　计	154 000	3 500

(3)本月职工应发工资情况表如下表所示：

工资结算汇总表(2015 年 10 月 31 日) 单位：元

部　门		标准工资	奖金	病假工资	产假工资	补贴	津贴	应发工资
一车间	A 产品人工	6 728	816	165	128	198.60	555	8 590.60
	管理人员	825	60			12.4	75	972.40
二车间	B 产品人工	7 486	714	156	142	218	510	9 226
	管理人员	715	36			4.60	65	820.60
供电车间		1 430	110	26		14.80	130	1 710.80
供水车间		1 504	151	48	36	21.20	165	1 925.20

续表

部　门	标准工资	奖金	病假工资	产假工资	补贴	津贴	应发工资
厂部管理部门	2 480	148	62	43.50	26.50	350	3 110
医务保育人员	572					55	627
长病人员	240				4.50	30	274.50
合计	21 980	2 035	457	349.50	500.60	1 935	27 257.10

(4)本月华兴公司发生下列费用(本公司制造费用按生产员工工资比例进行分配)：

①计提本月车间使用的固定资产折旧 40 000 元,厂部管理部门使用的固定资产折旧 32 000 元;

②以银行存款 5 000 元支付市内材料运输费;

③以银行存款 4 000 元支付租入车间使用的固定资产租金;

④以现金支付车间办公用纸 100 元,厂部管理部门办公用纸 300 元;

⑤车间办事员小李上月预借差旅费 2 000 元,本月报销差旅费 1 500 元,余款已交回出纳处;

⑥以银行存款支付大修理费用 6 000 元;

⑦车间领用生产用工具,价值 12 000 元(采用五五摊销法);

⑧以银行存款支付业务招待费 7 200 元;

⑨摊销无形资产 2 000 元。

上述资料涉及间接费用的归集分配、生产成本的核算、期间费用的结转等的账务处理,学生应认真阅题,逐笔进行账务处理。

项目十五 利 润

应知考核

一、单项选择题

1. 下列各项中，不应在利润表“营业收入”项目列示的是（　　）。

A. 政府补助收入　　B. 设备安装劳务收入

C. 代销品销售收入　　D. 无形资产出租收入

2. 甲企业 2015 年取得了国库券投资的利息为 60 000 元，其他公司债券投资利息 140 000 元，全年税前利润为 1 380 000 元，所得税税率为 25%。无其他纳税调整项目，则 2015 年该企业的净利润为（　　）元。

A. 1 070 000　　B. 1 035 000　　C. 1 050 000　　D. 1 085 000

3. 某工业企业 2015 年度主营业务收入为 5 000 万元，主营业务成本为 2 780 万元，其他业务收入为 50 万元，其他业务成本为 30 万元，财务费用为 20 万元，营业外收入为 20 万元（其中有 4 万元为国债利息收入），营业外支出为 10 万元（其中有 2 万元为税收滞纳金），所得税税率为 25%。假定该企业当年不存在其他纳税调整事项，则该企业 2015 年度的净利润应为（　　）万元。

A. 1 680　　B. 1 665　　C. 1 672.5　　D. 1 687.5

4. 某工业企业本期营业利润为 200 万元，管理费用为 15 万元，投资收益为 30 万元，营业外支出 5 万元，所得税费用为 30 万元。假定不考虑其他因素，该企业本期净利润为（　　）万元。

A. 160　　B. 165　　C. 200　　D. 210

5. 下列各项业务中，不应通过“营业外收入”科目核算的有（　　）。

A. 存货盘盈　　B. 转销无法偿付的应付账款

C. 接受现金捐赠　　D. 接受政府补助

6. 某企业将固定资产报废，取得价款 100 万元，固定资产的账面原值为 300 万元，已计提折旧 245 万元，已计提固定资产价值准备 5 万元，支付清理的费用为 10 万元，则计入营业外收入的金额为（　　）万元。

A. 40　　B. 60　　C. 50　　D. 100

7. 企业因债权人撤销而无法支付应付账款时，应将无法支付的应付账款计入（　　）。

A. 营业外收入　　B. 其他应付款　　C. 资本公积　　D. 其他业务收入

8. 某工业企业 2015 年度营业利润为 2 520 万元，主营业务收入为 4 000 万元，财务费用为 10 万元，营业外收入为 60 万元，营业外支出为 50 万元，所得税税率为 25%。假定不考虑其他因素，该企业 2015 年度的净利润应为（　　）万元。

A. 1 494　　B. 1 897.5　　C. 1 505.6　　D. 4 132.5

9. 企业已经确认的无法支付的应付账款在转销时，应记入的科目为（　　）。

A.“营业外收入”　　B.“未分配利润”　　C.“盈余公积”　　D.“资本公积”

10. 下列各项，不影响企业营业利润的是（　　）。

A. 计提的工会经费　　B. 发生的业务招待费

C. 收到退回的所得税　　D. 处置投资取得的净收益

二、多项选择题

1. 下列各项中,既影响营业利润又影响利润总额的业务有(　　)。

A. 计提坏账准备　　B. 转让无形资产所有权的净收益

C. 计提所得税费用　　D. 转让股票所得收益

2. 下列各项中,需调整增加企业应纳税所得额的项目有(　　)。

A. 已计入投资收益的国库券利息收入

B. 已超过税法规定扣除标准,但已计入当期费用的业务招待费

C. 支付并已计入当期损失的各种税收滞纳金

D. 未超标的业务招待费支出

3. 下列各项损益中,会计上和税法上核算不一致,需要进行纳税调整的项目有(　　)。

A. 超标的业务招待费　　B. 公司债券的利息收入

C. 国债利息收入　　D. 公司债券转让净收益

4. 下列各项中,应记入营业外收入的有(　　)。

A. 出售固定资产取得的净收益　　B. 转让长期股权投资的净收益

C. 赔款收入　　D. 盘盈存货取得的净收益

5. 下列各项,应记入"营业外收入"的有(　　)。

A. 出售固定资产取得的净收益　　B. 转让长期股权投资的净收益

C. 赔款收入　　D. 盘盈存货取得的净收益

6. 下列各项中,不应确认为营业外收入的有(　　)。

A. 存货盘盈　　B. 固定资产出租收入

C. 固定资产盘盈　　D. 无法查明原因的现金溢余

7. 下列各项,影响企业利润总额的有(　　)。

A. 管理费用　　B. 财务费用　　C. 所得税费用　　D. 商品的销售成本

8. 下列各项中,影响当期利润表中利润总额的有(　　)。

A. 固定资产盘盈　　B. 确认所得税费用

C. 对外捐赠固定资产　　D. 无形资产出售利得

9. 下列科目中期末余额应转入本年利润的有(　　)。

A. 财务费用　　B. 主营业务收入　　C. 营业外收入　　D. 递延收益

10. 下列各项中，影响利润表“所得税费用”项目金额的有（　　）。

A. 当期应交所得税　　B. 递延所得税收益

C. 递延所得税费用　　D. 代扣代缴的个人所得税

三、判断题

1. 表结法下,每月月末均需编制转账凭证,将在账上结计出的各损益类科目的余额结转入本年利润科目。(　　)

2. 会计期末结转本年利润的方法有表结法和账结法两种。(　　)

3. 企业发生毁损的固定资产的净损失,应记入"营业外支出"科目,最终影响净利润的计算。(　　)

4. 年度终了,本年利润科目的本年累计余额即为净利润的金额。(　　)

5. 某企业 2011 年度利润总额为 1 800 万元,其中本年度国债利息收入 200 万元;企业所得税

税率为 25%。假定不考虑其他因素，该企业 2011 年度净利润为 1 400 万元。（ ）

6. 企业盘盈的固定资产应该直接计入营业外收入中。（ ）

7. 某企业年初有上年形成的亏损 50 万元，当年实现利润总额 40 万元。假设企业本期无纳税调整事项，则企业当年还应缴纳一定的企业所得税。（ ）

8. 所得税是企业根据应纳税所得额的一定比例上交的一种税金。应纳税所得额是在企业税前会计利润(即利润总额)的基础上调整确定的。（ ）

9. 对采用成本模式进行后续计量的投资性房地产计提折旧，影响营业利润。（ ）

10. 年度终了，除“未分配利润”明细科目外，“利润分配”科目下的其他明细科目应当无余额。（ ）

★ 应会考核

一、综合业务考核

【考核项目】

所得税费用的账务处理

【背景资料 1】

1. 甲企业 2015 年度利润总额为 200 万元，其中包括本年收到的国债利息收入 50 万元。该企业适用的所得税税率为 25%。甲企业当年按税法核定的全年计税工资为 200 万元，全年实发工资为 180 万元；当年的营业外支出中，有 10 万元为税收滞纳金支出。除上述事项外，甲企业无其他纳税调整事项。

【考核要求】

请根据上述背景资料，

(1)计算甲企业 2015 年度应纳税所得额。

(2)计算甲企业 2015 年度应交所得税额。

(3)计算甲企业 2015 年度实现的净利润。

(4)编制甲企业年末结转“所得税费用”科目余额的会计分录。(金额单位用万元表示)

【背景资料 2】

甲公司 2015 年度利润总额为 210 万元，其中包括本年收到的国债利息收入 70 万元。该公司适用的所得税税率为 25%。当年的营业外支出中，有 20 万元为税款滞纳金支出。公司递延所得税负债的年初数为 40 万元，年末数为 35 万元。递延所得税资产的年初数为 25 万元，年末数为 15 万元。除上述事项外，甲企业无其他纳税调整事项。

【考核要求】

请根据上述背景资料，

(1)计算甲企业 2015 年度应纳税所得额。

(2)计算甲企业 2015 年度应交所得税额。

(3)计算甲企业 2015 年度的所得税费用。

(4)编制甲企业应交所得税的会计分录。

(5)编制甲企业年末结转所得税费用的会计分录。(金额单位用万元表示)

二、专业技能题

【考核项目一】

利润、所得税账务处理

【背景资料】

某企业2015年度结转前损益类科目的余额如下表所示：

某企业2015年度结转前损益类科目的余额 单位：万元

会计科目	借方余额	贷方余额
主营业务收入		2 000
其他业务收入		200
投资收益		150
营业外收入		110
公允价值变动损益		38
主营业务成本	1 400	
营业税金及附加	50	
其他业务成本	120	
销售费用	70	
管理费用	162	
财务费用	20	
资产减值损失	26	
营业外支出	50	

(1)上表中除“所得税”科目外不存在其他未列损益类科目。

(2)无纳税调整事项。

(3)该企业适用的所得税税率为25%。

(4)年初未弥补的亏损102万元(该亏损发生于2008年，已超过税前弥补的期限)，该企业权力机构决定分别按净利润的10%提取法定盈余公积，向投资者分配利润200万元。

【考核要求】

请根据上述背景资料，计算营业利润、利润总额、应纳税所得额、应交所得税、所得税费用、净利润和期末未分配利润并编制相关的会计分录(所得税按资产负债表负债法核算，金额单位用万元表示)。

【考核项目二】

一般纳税人利润的账务处理

【背景资料】

甲公司为增值税一般纳税人，适用的增值税税率为17%，商品、原材料售价中不含增值税。假定销售商品、原材料和提供劳务均符合收入确认条件，其成本在确认收入时逐笔结转，不考虑其他因素。2015年4月，甲公司发生如下交易或事项：

(1)销售商品一批，按商品标价计算的金额为200万元，由于是成批销售，甲公司给予客户10%的商业折扣并开具了增值税专用发票，款项尚未收回。该批商品实际成本为150万元。

(2)向本公司行政管理人员发放自产产品作为福利，该批产品的实际成本为8万元，市场售价为15万元。

(3)向乙公司转让一项软件的使用权，一次性收取使用费20万元并存入银行，且不再提供后续服务。

(4)销售一批原材料,增值税专用发票注明售价 80 万元,款项收到并存入银行。该批材料的实际成本为 59 万元。

(5)将以前会计期间确认的与资产相关的政府补助在本月分配计入当月收益 300 万元。

(6)确认本月设备安装劳务收入。该设备安装劳务合同总收入为 100 万元,预计合同总成本为 70 万元,合同价款在前期签订合同时已收取。采用完工百分比法确认劳务收入。截至本月末,该劳务的累计完工进度为 60%,前期已累计确认劳务收入 50 万元、劳务成本 35 万元。

(7)以银行存款支付管理费用 20 万元,财务费用 10 万元,营业外支出 5 万元。

要求:

【考核要求】

请根据上述背景资料,

(1)逐笔编制甲公司上述交易或事项的会计分录("应交税费"科目要写出明细科目及专栏名称);

(2)计算甲公司 4 月份的营业收入、营业成本、营业利润、利润总额。(金额单位用万元表示)

★ 项目实训

实训项目:收入和利润业务会计处理

1. 实训目的

通过实训要求学生掌握收入、利润的含义与核算。

2. 实训要求

具有熟练进行销售商品收入、营业外收支、利润实务的会计处理能力。

3. 实训重点

3.1 根据实训资料练习销售实现与折让的核算及会计处理。

3.2 根据实训资料练习相关税费的核算及会计处理。

3.3 根据实训资料练习利润形成的核算及会计处理。

4. 实训作业

根据实训资料,学生各自独立完成并把实训结果以实训报告单形式上交。

5. 实训资料

华兴公司为一般纳税人企业,适用增值税率为 17%,所得税率 25%,城市建设维护费为 7%,教育费附加为 3%。2015 年 11 月 30 日该企业尚未抵扣的增值税进项税额为 21 500 元,该企业 12 月份发生以下经济业务:

(1)购进原材料一批,价款 100 000 元(不含税),款项以银行存款支付,材料已验收入库存(按实际成本核算);

(2)销售给 B 公司产品一批,增值税专用发票上注明的售价(不含税)为 300 000 元,收到 B 公司交来的面值为 351 000 元的银行承兑汇票一张,销售成本为 200 000 元;

(3)报废旧设备一台,原值为 65 000 元,已提折旧 60 000 元,发生清理费用为 1 000 元,取得残料变价收入为 2 000 元,有关款项已通过银行结算完毕;

(4) B 公司来函提出本月购买的产品中,有 100 000 元的产品质量不完全合格,要求在价格上给予 40 000 元的折扣,经查明,符合原合同约定,同意 B 公司的要求,并办理退款手续和开具红字增值税发票;

(5)于 2015 年 8 月 1 日为客户研制一项产品,工期为 6 个月,合同收入 330 000 元,到 2015 年 12 月 31 日已发生成本 220 000 元,已预收账款 200 000 元,预计开发完成该项产品总成本为 250 000元,年末经专业测量师测量,产品的开发程度为 85%;

(6)用银行存款支付本月管理费用18 430元。

上述资料涉及销售的实现、销售折扣、增值税进项税额、销项税额、附加税及待处理固定资产而发生的变价收入等的核算账务处理，学生应认真阅题，逐笔进行账务处理及根据上述资料计算营业利润、利润总额和净利润。

项目十六　财务报告

应知考核

一、单项选择题

1.“预付账款”科目明细账中若有贷方余额，应将其记入资产负债表中的(　　)项目。

A.“应收账款”　　B.“预收账款”　　C.“应付账款”　　D.“其他应付款”

2. 某公司年末结账前“应收账款”科目所属明细科目中有借方余额 50 000 元，贷方余额 20 000 元；“预付账款”科目所属明细科目中有借方余额 13 000 元，贷方余额 5 000 元；“应付账款”科目所属明细科目中有借方余额 50 000 元，贷方余额 120 000 元；“预收账款”科目所属明细科目中有借方余额 3 000 元，贷方余额 10 000 元；“坏账准备”科目余额为 0。则年末资产负债表中“应收账款”项目和“应付账款”项目的期末数分别为(　　)。

A. 30 000 元和 70 000 元　　B. 53 000 元和 125 000 元

C. 63 000 元和 53 000 元　　D. 47 000 元和 115 000 元

3. 资产负债表中的“未分配利润”项目，应根据(　　)填列。

A.“利润分配”科目余额

B.“本年利润”科目余额

C.“本年利润”和“利润分配”科目的余额计算后

D.“盈余公积”科目余额

4. A 上市公司 2015 年初对外发行 10 000 万份认股权证，行权价格 3.5 元，2015 年度 A 上市公司的净利润为 20 000 万元，发行在外普通股加权平均数为 50 000 万股，普通股平均市场价格为 4 元，则 A 上市公司 2015 年稀释每股收益为(　　)元 。

A. 0.33　　B. 0.4　　C. 0.36　　D. 0.39

5. 某企业 2015 年主营业务收入为 1 000 万元，其他业务收入 100 万元，2015 年应收账款的年初数为 150 万元，期末数为 120 万元，2015 年发生坏账 10 万元，计提坏账准备 12 万元。根据上述资料，该企业 2015 年“销售商品收到的现金”为(　　)万元。

A. 1 118　　B. 1 108　　C. 1 142　　D. 1 132

6. A 公司拥有 B 公司 80%的股份，A 公司拥有 C 公司 50%的股份，B 公司拥有 C 公司 15%的股份，则 A 公司直接和间接拥有 C 公司的股份为 (　　)。

A. 50%　　B. 65%　　C. 15%　　D. 55%

7. A 公司拥有 B 公司 18%的表决权资本；B 公司拥有 C 公司 60%的表决权资本；A 公司拥有 D 公司 60%的表决权资本，拥有 E 公司 6%的权益性资本；D 公司拥有 E 公司 45%的表决权资本。上述公司之间存在关联方关系的有(　　)。

A. A 公司与 B 公司　　B. A 公司与 C 公司

C. A 公司与 E 公司　　D. B 公司与 E 公司

8. 某企业 2015 年 12 月 31 日固定资产账户余额为 2 000 万元，累计折旧账户余额为 800 万元，固定资产减值准备账户余额为 100 万元，在建工程账户余额为 200 万元。该企业 2015 年 12 月

31 日资产负债表中“固定资产”项目的金额为(　　)万元。

A. 1 200　　B. 90　　C. 1 100　　D. 2 200

9. 甲公司只有一个子公司乙公司,2015 年度,甲公司和乙公司个别现金流量表中“销售商品提供劳务收到现金”项目的金额分别为 2 000 万元和 1 000 万元,“购买商品接受劳务支付现金”项目的金额分别为 1 800 万元和 800 万元。2015 年甲公司向乙公司销售商品收到现金 100 万元,不考虑其他事项,合并现金流量表中“购买商品、接受劳务支付现金”项目的金额为(　)万元。

A. 3 000　　B. 2 600　　C. 2 500　　D. 2 900

10. 某公司 2015 年 1 月 2 日发行 4%可转换债券,面值 800 万元,每 100 元债券可转换为 1 元面值普通股 90 股。2015 年净利润 4 500 万元,2015 年初发行在外普通股 4 000 万股,所得税税率 25%,不考虑其他因素,该公司 2015 年稀释的每股收益为(　　)元。

A. 1. 125　　B. 0. 21　　C. 0. 94　　D. 0. 96

二、多项选择题

1. 下列各项中,属于经营活动产生现金流量的有(　　)

A. 销售材料取得的收入　　B. 支付的委托加工物资款

C. 处置固定资产取得净收入　　D. 出租固定资产取得的租金收入

2. 下列项目,直接记入所有者权益变动表中所有者权益的利得和损失项目的是(　　)

A. 可供出售金融资产公允价值变动净额

B. 权益法下被投资单位其他所有者权益变动的影响

C. 与记入所有者权益项目相关的所得税影响

D. 现金流量套期工具公允价值变动净额

3. 财务报表附注的内容包括(　　)

A. 企业的基本情况　　B. 财务报表的编制基础

C. 遵循企业会计准则的声明　　D. 分部报表

4. 在采用间接法将净利润调节为经营活动的现金流量时,下列各调整项目中,属于调增项目的是(　　)。

A. 存货的减少　　B. 递延所得税资产减少额

C. 计提的坏账准备　　D. 经营性应付项目的减少

5. 根据现行会计制度的规定,下列各项中,属于企业经营活动产生的现金流量的有(　)。

A. 收到的出口退税款　　B. 收到长期股权投资的现金股利

C. 转让无形资产所有权取得的收入　　D. 出租无形资产使用权取得的收入

6. 资产负债表中“应收账款”项目应根据(　　)之和减去“坏账准备”账户中有关应收账款计提的坏账准备期末余额填列。

A.“应收账款”科目所属明细科目的借方余额

B.“应收账款”科目所属明细科目的贷方余额

C.“应付账款”科目所属明细科目的贷方余额

D.“预收账款”科目所属明细科目的借方余额

7. 资产负债表中(　　)项目在经济业务发生相反变化时应用负号表示。

A.“应付工资”　　B.“应交税金”　　C.“预提费用”　　D.“应付股利”

8. 资产负债表中的“未分配利润”项目,应根据(　　)填列。

A.“本年利润”账户余额　　B.“利润分配”账户余额

C.“盈余公积”账户余额　　D.“资本公积”账户余额

9. 下列资产中，属于流动资产的有（　　）。

A. 交易性金融资产　　B. 一年内到期的非流动资产

C. 货币资金　　D. 开发支出

10. 在下列项目中，应记入利润表中“营业外收入”项目的是（　　）。

A. 出口退税　　B. 先征后返收到的增值税

C. 无法支付的应付账款　　D. 接受现金捐赠

三、判断题

1. 财务会计报告的本身并非会计核算的目的，而是通过财务会计报告所披露的信息帮助财务会计报告的使用者总结和评价企业财务状况、经营成果和现金流量，便于他们做出合理的经济决策。（　　）

2. 会计报表按其反映的内容，可以分为动态会计报表和静态会计报表，资产负债表是反映在某一时期企业财务状况的会计报表。（　　）

3. 会计报表项目数据的直接来源是原始凭证和记账凭证。（　　）

4. 个别报表和合并报表都是由企业在自身会计核算基础上对账簿记录进行加工而编制的会计报表。（　　）

5. 编制资产负债表时，如“应收账款”账户所属明细账有贷方余额，应反映在“预收款项”项目内。（　　）

6. 所有者权益变动表能够反映所有者权益各组成部分当期增减变动情况，有助于报表使用者理解所有者权益增减变动的原因。（　　）

7. 资产负债表是总括反映企业特定日期资产，负债和所有者权益情况的动态报表，通过它可以了解企业的资产构成、资金的来源构成和企业债务的偿还能力。（　　）

8. 资产负债表中“固定资产”项目，应根据“固定资产”账户余额减去“累计折旧”、“固定资产减值准备”等账户的期末余额后的金额填列。（　　）

9. 利润表是反映企业一定日期经营状况的会计报表。（　　）

10. 利润表中“营业税金及附加”项目不包括增值税。（　　）

★ 应会考核

一、综合业务考核

【考核项目】

购买、销售、职工薪酬、税费等在企业年末报表中的计算

【背景资料】

青益公司 2015 年有关资料如下：

（1）本年销售商品本年收到现金 1 000 万元，以前年度销售商品本年收到的现金 200 万元，本年预收款项 100 万元，本年销售本年退回商品支付现金 80 万元，以前年度销售本年退回商品支付现金 60 万元。

（2）本年购买商品支付现金 700 万元，本年支付以前年度购买商品的未付款项 80 万元和本年预付款项 70 万元，本年发生的购货退回收到现金 40 万元。

（3）本年分配的生产经营人员的职工薪酬为 200 万元，“应付职工薪酬”年初余额和年末余额分别为 20 万元和 10 万元，假定应付职工薪酬本期减少数均为本年支付的现金。

（4）本年年利润表中的所得税费用为 50 万元（均为当期应交所得税产生的所得税费用），“应交

税费——应交所得税”科目年初数为4万元,年末数为2万元。假定不考虑其他税费。

【考核要求】

根据背景资料,计算:

(1)销售商品、提供劳务收到的现金;

(2)购买商品、接受劳务支付的现金;

(3)支付给职工以及为职工支付的现金;

(4)支付的各项税费。

二、专业技能题

【考核项目一】

资产负债表的核算

【背景资料】

甲企业和乙企业均为增值税一般纳税企业,其有关资料如下:

(1)甲企业销售的产品、材料均为应纳增值税货物,增值税税率17%,产品、材料销售价格中均不含增值税。

(2)甲企业材料和产品均按实际成本核算,其销售成本随着销售同时结转。

(3)乙企业为甲企业的联营企业,甲企业对乙企业的投资占乙企业有表决权资本的25%,甲企业对乙企业的投资按权益法核算。

(4)甲企业2015年1月1日有关科目余额如下表所示:

科目名称	借方余额	科目名称	贷方余额
库存现金	500	短期借款	300 000
银行存款	400 000	应付票据	50 000
应收票据	30 000	应付账款	180 000
应收账款	200 000	应付职工薪酬	5 000
坏账准备	−1 000	应交税费	12 000
其他应收款	200	长期借款	1 260 000
原材料	350 000	实收资本	2 000 000
周转材料	30 000	盈余公积	120 000
库存商品	80 000	利润分配(未分配利润)	7 700
长期股权投资——乙企业	60 0000		
固定资产	2 800 000		
累计折旧	−560 000		
无形资产	5 000		
合　计	3 934 700	合　计	3 934 700

(5)甲企业2015年度发生如下经济业务:

①购入原材料一批,增值税专用发票上注明的增值税税额为51 000元,原材料实际成本300 000元。材料已经到达,并验收入库。企业开出商业承兑汇票。

②销售给乙企业一批产品,销售价格40 000元,产品成本32 000元。产品已经发出,开出增值

税专用发票，款项尚未收到(除增值税以外，不考虑其他税费)。甲企业销售该产品的销售毛利率为20%。

③对外销售一批原材料，销售价格 26 000 元，材料实际成本 18 000 元。销售材料已经发出，开出增值税专用发票。款项已经收到，并存入银行(除增值税以外，不考虑其他税费)。

④出售一台闲置设备给乙企业，设备账面原价 150 000 元，已提折旧 24 000 元，出售价格180 000元。出售设备价款已经收到，并存入银行。甲企业出售该项设备的毛利率为 30%(假设出售该项设备不需缴纳增值税等有关税费)。乙公司购入该项设备用于管理部门，本年度提取该项设备的折旧 18 000 元。

⑤按应收账款年末余额的 5‰计提坏账准备。

⑥用银行存款偿还到期应付票据 20 000 元，缴纳所得税 2 300 元。

⑦乙企业本年实现净利润 280 000 元，甲企业按投资比例确认其投资收益。

⑧摊销无形资产价值 1 000 元；计提管理用固定资产折旧 8 766 元。

⑨本年度所得税费用和应交所得税为 42 900 元；实现净利润 87 100 元；计提盈余公积 8 710 元。

【考核要求】

请根据上述背景资料，

(1)编制甲企业的有关经济业务会计分录(各损益类科目结转本年利润以及与利润分配有关的会计分录除外。除“应交税费”科目外，其余科目可不写明细科目)。

(2)填列甲企业 2015 年 12 月 31 日资产负债表的年末数(填入下表)。

资产负债表

编制单位：甲企业　　2015 年 12 月 31 日　　单位：元

资　产	期末余额	负债及所有者权益	期末余额
流动资产：		流动负债：	
货币资金		短期借款	
应收票据		应付票据	
应收账款		应付账款	
其他应收款		应付职工薪酬	
存货		应交税费	
流动资产合计		流动负债合计	
非流动资产：		非流动负债：	
长期股权投资——乙企业		长期借款	
固定资产		非流动负债合计	
无形资产		负债合计	
非流动资产合计		所有者权益：	
		实收资本	
		盈余公积	
		未分配利润	

续表

资　产	期末余额	负债及所有者权益	期末余额
		所有者权益合计	
资产总计		负债及所有者权益总计	

【考核项目二】

现金流入、流出的核算

【背景资料】

某商业企业为增值税一般纳税企业，适用的增值税率为17%。2015年有关资料如下：

(1)资产负债表有关账户年初、年末余额和部分账户发生额如下表所示：

单位：万元

账户名称	年初余额	本年增加	本年减少	年末余额
应收账款	2 340			4 680
应收票据	585			351
交易性金融资产	300		100(出售)	200
应收股利	20	30		10
存货	2 500			2 400
长期股权投资	500	200(以固定资产投资)		700
应付账款	1 755			2 340
应交税费				
应交增值税	250		302(已交) 408(进项税额)	180
应交所得税	30	100		40
短期借款	600	400		700

(2)利润表有关账户本年发生额如下表所示：

单位：万元：

账户名称	借方发生额	贷方发生额
主营业务收入		4 000
主营业务成本	2 500	
投资收益：		
现金股利		10
出售交易性金融资产		20

(3)其他有关资料如下：交易性金融资产均为非现金等价物；出售交易性金融资产已收到现金；应收、应付款项均以现金结算；应收账款变动数中含有本期计提的坏账准备100万元。不考虑该企业本年度发生的其他交易和事项。

【考核要求】

请根据上述背景资料，计算以下项目的现金流入和流出(要求列出计算过程)：

(1)销售商品、提供劳务收到的现金(含收到的增值税销项税额)；

(2)购买商品、接受劳务支付的现金(含支付的增值税进项税额)；

(3)支付的各项税费；

(4)收回投资收到的现金；

(5)分得股利或利润收到的现金；

(6)借款收到的现金；

(7)偿还债务支付的现金。

【考核项目三】

编制利润表

【背景资料】

东大股份有限公司(简称“东大公司”)为增值税一般纳税企业，适用的增值税税率为17%。商品销售价格中均不含增值税额。按每笔销售分别结转销售成本。东大公司销售商品、零配件及提供劳务均为主营业务。

东大公司2015年9月发生的经济业务如下：

(1)以交款提货销售方式向甲公司销售商品一批。该批商品的销售价格为20万元，实际成本为17万元，提货单和增值税专用发票已交甲公司，款项已收到存入银行。

(2)与乙公司签订协议，委托其代销商品一批。根据代销协议，乙公司按代销商品协议价的5%收取手续费，并直接从代销款中扣除。该批商品的协议价为25万元，实际成本为18万元，商品已运往乙公司。本月末收到乙公司开来的代销清单，列明已售出该批商品的50%；同时收到已售出代销商品的代销款(已扣除手续费)。

(3)与丙公司签订一项设备安装合同。该设备安装期为两个月，合同总价款为15万元，分两次收取。本月末收到第一笔价款5万元，并存入银行。按合同约定，安装工程完成日收取剩余的款项。至本月末，已实际发生安装成本6万元(假定均为安装人员工资)。

(4)向丁公司销售一件特定商品。合同规定，该件商品须单独设计制造，总价款175万元，自合同签订日起两个月内交货。丁公司已预付全部价款。至本月末，该件商品尚未完工，已发生生产成本75万元(其中，生产人员工资25万元，领用原材料50万元)。

(5)向A公司销售一批零配件。该批零配件的销售价格为500万元，实际成本为400万元。增值税专用发票及提货单已交给A公司。A公司已开出承兑的商业汇票，该商业汇票期限为3个月，到期日为12月10日。A公司因受场地限制，推迟到下月24日提货。

(6)与B公司签订一项设备维修服务协议。本月末，该维修服务完成并经B公司验收合格，增值税发票上标明的金额为213.7万元，增值税为36.3万元。货款已经收到，为完成该项维修服务，发生相关费用52万元(假定均为维修人员工资)。

(7)C公司退回2014年12月28日购买的商品一批。该批商品的销售价格为30万元，实际成本为23.5万元。该批商品的销售收入已在售出时确认，但款项尚未收取。经查明，退货理由符合原合同约定。本月末已办妥退货手续并开具红字增值税专用发票。

(8)计算本月应交所得税(结果保留两位小数)。

假定该公司适用的所得税税率为25%，本期无任何纳税调整事项。

其他相关资料：除上述经济业务外，东大公司登记2015年9月份发生的其他经济业务形成的账户余额如下：

账户名称	借方余额(万元)	贷方余额(万元)
其他业务收入		10
其他业务成本	5	
投资收益		7.65
营业外收入		50
营业外支出	150	
营业税金及附加	50	
管理费用	25	
财务费用	5	

【考核要求】

请根据上述背景资料，

(1)编制东大公司上述(1)～(8)项经济业务相关的会计分录。

(2)编制东大公司2015年9月份的利润表。

(“应交税费”科目要求写出明细科目及专栏名称，金额单位用万元表示)

利润表

编制单位:东大公司　　2015年9月　　单位:万元

项　目	本期金额
一、营业收入	
减:营业成本	
营业税金及附加	
销售费用	
管理费用	
财务费用	
资产减值损失	
加:公允价值变动收益(损失以"－"号填列)	
投资收益(损失以"－"号填列)	
其中:对联营企业和合营企业的投资收益	
二、营业利润(亏损以"－"号填列)	
加:营业外收入	
减:营业外支出	
其中:非流动资产处置损失	
三、利润总额(亏损总额以"－"号填列)	
减:所得税费用	
四、净利润(净亏损以"－"号填列)	

项目实训

实训实训:企业会计报告编制

1. 实训目的及要求

通过实训要求学生掌握资产负债表、利润表、现金流量表及报表附注、中期财务报告、分部会计报告的定义、结构及编制方法。

2. 分析思路

具有熟练编制中小企业资产负债表、利润表的能力。

3. 实训重点

3.1 根据实训资料练习资产负债表的编制。

3.2 根据实训资料练习利润表的编制。

3.3 根据实训资料练习现金流量表的编制。

3.4 根据实训资料练习报表附注的编制及说明。

3.5 根据实训资料练习中期财务报表的编制。

3.6 根据实训资料练习分部报告的编制。

4. 实训作业

4.1 根据实训资料，学生各自独立完成并把实训结果以实训报告单形式上交。

5. 实训资料

华兴公司为一般纳税人企业，适用增值税率为17%，所得税率为25%。该公司2014年12月31日科目余额表如下表所示：

科目余额表

单位:元

科目名称	借方余额	科目名称	贷方余额
库存现金	800	短期借款	120 000
银行存款	561 720	应付票据	80 000
交易性金额资产	6 000	应付账款	381 520
应收票据	98 400	其他应付款	20 000
应收账款	120 000	应付职工薪酬	44 000
坏账准备	−360	应交税费	14 640
预付账款	80 000	应付利息	400
其他应收款	2 000	长期借款	640 000
材料采购	90 000	其中:一年内到期的	400 000
原材料	220 000	股本	2 000 000
周转材料	35 220	盈余公积	40 000
库存商品	672 000	未分配利润	20 000
材料成本差异	14 780		
长期股权投资	100 000		
固定资产	600 000		
累计折旧	−160 000		

续表

科目名称	借方余额	科目名称	贷方余额
在建工程	600 000		
无形资产	240 000		
长期待摊费用	80 000		
合计	3 360 560		3 360 560

华兴公司 2015 年 12 月份发生以下经济业务：

(1)购入原材料一批，价款 34 000 元，增值税 5 780 元，款项未付；

(2)上述材料已验收入库，计划成本 32 300 元；

(3)取得产品销售收入 136 000 元，应交增值税 23 120 元，原已预收账款 42 500 元，余款已由银行收妥，销售成本为 108 000 元；

(4)提取固定资产折旧 7 650 元，其中管理部门 4 590 元，销售部门 3 060 元；

(5)以银行存款支付办公室租赁费 1 700 元；

(6)将购买单位交来的面值为 10 000 元、期限为 5 个月的无息商业承兑汇票一张(已持有 2 个月)，到银行申请贴现，银行年贴现率为 9%；

(7)偿还长期借款 42 500(未归还的借款中 2014 年 11 月 30 日借入 68 000 元期限 2 年，2014 年 6 月 30 日 85 000 元，期限 3 年)；

(8)购入一项商标权，计 51 000 元，款项以银行存款支付；

(9)摊销无形资产 850 元。

上述资料涉及材料按计划成本的购入、销售的实现、计提折旧、商业承兑汇票的贴现、归还借款、购入无形资产及无形资产摊销等的会计处理事项。学生应认真阅题，逐笔进行账务处理并根据处理结果编制资产负债表。

项目十七　会计调整

应知考核

一、单项选择题

1. 下列会计核算的原则和方法中，不属于企业会计政策的是（　　）。

A. 实质重于形式要求

B. 低值易耗品采用五五摊销法核算

C. 存货期末计价采用成本和可变现净值孰低法核算

D. 权责发生制的核算基础

2. 某上市公司发生的下列交易或事项中，属于会计政策变更的是（　　）。

A. 固定资产预计使用年限由 5 年延长至 8 年

B. 期末对原按业务发生时的汇率折算的外币长期借款余额按期末市场汇率进行调整

C. 发出存货的计价方法由先进先出法改为加权平均法

D. 对不重要的交易或事项采用新的会计政策

3. 会计政策变更时，会计处理方法的选择应遵循的原则是（　　）。

A. 必须采用追溯调整法

B. 在追溯调整法和未来适用法中任选其一

C. 必须采用未来适用法

D. 会计政策变更累积影响数可以合理确定时采用追溯调整法，不能合理确定时采用未来适用法

4. 下列交易或事项中，应采用追溯调整法进行会计处理的是（　　）。

A. 因出现相关新技术，将某专利权的摊销年限由 10 年改为 5 年

B. 发现以前会计期间计提巨额秘密准备，现予以更正

C. 因某固定资产用途发生变化导致使用寿命下降，将其折旧年限由 10 年改为 5 年

D. 对某种设备以前采用经营租赁方式租入，自本年度起采用融资租赁方式租入

5. 采用追溯调整法计算出会计政策变更的累积影响数，应当（　　）。

A. 重新编制以前年度会计报表

B. 调整变更当期期初留存收益，以及会计报表其他相关项目的期初余额和上期金额

C. 调整或反映为变更当期及未来各期会计报表相关项目的数字

D. 只需要在报表附注中说明其累积影响

6. 当很难区分某种会计变更是属于会计政策变更还是会计估计变更的情况下，通常将这种会计变更（　　）。

A. 视为会计估计变更处理　　　　B. 视为会计政策变更处理

C. 视为会计差错处理　　　　D. 视为资产负债表日后事项处理

7. 下列各项中，属于会计估计变更的事项有（　　）。

A. 变更无形资产的摊销年限

B. 将存货的计价方法由加权平均法改为先进先出法

C. 因固定资产扩建而重新确定其预计可使用年限

D. 由于经营指标的变化，必须缩短长期待摊费用的摊销年限

8. 甲企业于2012年12月购入生产设备一台，其原值为46.50万元，预计使用年限为5年，预计净残值为1.50万元，采用双倍余额递减法计提折旧。从2015年起，该企业将该固定资产的折旧方法改为平均年限法，设备的预计使用年限由5年改为4年，设备的预计净残值由1.50万元改为0.9万元。该设备2015年的折旧额为(　　)万元。

A. 7.62　　B. 7.92　　C. 6.70　　D. 10.04

9. 企业发生会计估计变更时，下列各项目中不需要在会计报表附注中披露的是(　　)。

A. 会计估计变更的内容　　B. 会计估计变更的累积影响数

C. 会计估计变更的理由　　D. 会计估计变更对当期损益的影响金额

10. 资产负债表日后的非调整事项是指(　　)。

A. 资产负债表日后新发生的事项

B. 资产负债表日后新发生的事项，且对理解和分析财务报告有重大影响的事项

C. 资产负债表日或以前已经存在，但资产负债表日后发生变化的事项

D. 资产负债表日或以前已经存在，但对编制财务报告没有影响的事项

二、多项选择题

1. 下列各项中，属于会计政策的有(　　)。

A. 固定资产折旧计算方法　　B. 实际成本法下发出存货的计价方法

C. 长期股权投资核算的权益法　　D. 资产按历史成本或公允价值计量

2. 会计政策的选择和运用具有以下特点(　　)

A. 在国家统一的会计准则规定的会计政策范围内选择

B. 涉及会计原则、会计基础和具体的会计处理方法

C. 所采用的会计政策是企业进行会计核算的基础

D. 应保持前后各期的一致性

3. 下列属于会计政策变更的事项有(　　)。

A. 发现上年应摊销低值易耗品2 000元没有摊销

B. 按新准则规定长期股权投资由成本法核算改为权益法核算

C. 按新准则规定将存货发出的核算由后进先出法改为先进先出法

D. 将期末存货价值由成本法改为成本与可变现净值孰低法

4. 追溯调整法的运用通常由(　　)构成。

A. 计算会计政策变更的累积影响数　　B. 修改上期账务和报表相关项目

C. 进行相关账务处理　　D. 调整报表相关项目

5. 下列各项目中，属于会计估计变更的有(　　)。

A. 将固定资产预计净残值率由3%改为5%

B. 将坏账准备的计提比例由5%改为10%

C. 将无形资产的摊销年限由10年改为5年

D. 会计要素计量一般采用历史成本，也可采用可变现净值、重置成本等

6. 对于会计估计变更，应披露的内容有(　　)。

A. 会计估计变更的日期　　B. 会计估计变更的原因

C. 会计估计变更对当期损益的影响金额　　D. 企业管理当局的不同意见

7. 下列项目中，属于前期差错的有(　　)。

A. 计算错误　　　　　　　　　　　　B. 应用会计政策错误

C. 舞弊　　　　　　　　　　　　　　D. 固定资产盘盈

8. 某上市公司财务报告批准报出日为次年 4 月 30 日，该公司在资产负债表日后发生以下事项，其中属于非调整事项的有(　　)。

A. 接到某债务人 1 月 28 日发生一场火灾，导致重大损失，以至于不能偿还货款的通知，该公司已将此货款于资产负债表日计入应收账款

B. 外汇汇率发生较大变动

C. 新证据表明资产负债表日对长期建造合同应计收益的估计存在重大误差

D. 发行债券筹资

9. 资产负债表日后非调整事项的特点为(　　)。

A. 在资产负债表日或以前已经存在　　　　B. 在资产负债表日并未发生或存在

C. 资产负债表日得以证实　　　　　　　　D. 期后发生的事项

10. 对于资产负债表日后事项的非调整事项，应在会计报表附注中披露的有(　　)。

A. 非调整事项的内容

B. 非调整事项可能对财务状况的影响

C. 非调整事项可能对经营成果的影响

D. 非调整事项在报告年度以后可能的调整

三、判断题

1. 会计政策变更的处理方法可以采用追溯调整法或追溯重述法。　(　　)

2. 采用未来适用法处理会计政策变更时，应计算会计政策变更的累积影响数，并调整变更当年年初的留存收益。　(　　)

3. 在会计实务中，当无法区分会计估计变更和会计政策变更时，按会计估计变更的会计处理方法进行处理。　(　　)

4. 由于会计估计的存在，会计核算不再具有可靠性。　(　　)

5. 企业发现前期差错，应当采用追溯重述法进行更正，即发现前期差错时，视同该项前期差错从未发生过，从而对财务报表相关项目进行重新列示和披露。　(　　)

6. 会计估计是指企业在会计确认、计量和报告中所采用的原则、基础和会计处理方法的判断。　(　　)

7. 会计估计变更，是指由于资产和负债的当前状况及预期未来经济利益和义务发生了变化，从而对资产或负债的账面价值或者资产的定期消耗金额进行调整。　(　　)

8. 本期发生的交易或者事项与以前相比具有本质差别而采用新的会计政策，不属于会计政策变更。　(　　)

9. 会计估计变更应采用未来适用法处理。　(　　)

10. 资产负债表日后事项中的调整事项，涉及损益调整的事项，直接在“利润分配——未分配利润”科目核算。　(　　)

★ 应会考核

一、综合业务考核

【考核项目一】

会计调整

【背景资料】

北方公司为股份有限公司，适用的增值税税率为17%，销售价格中均不含增值税额；适用的所得税税率为25%(不考虑其他税费，并假设除下列各项外，无其他纳税调整事项)，所得税采用资产负债表债务法核算。2014年度的财务报告于2015年4月20日批准报出。该公司2015年度发生的一些交易和事项及其会计处理如下：

(1)在2014年度的财务报告批准报出后，北方公司发现2013年度购入的一项专利权尚未入账，其累积影响利润数为0.1万元，该公司将该项累积影响数记入了2015年度利润表的“管理费用”项目。

(2)由于新准则的实施，该公司从2015年1月1日起将发出存货的计价由后进先出法改为加权平均法，因该项变更的累积影响数难以确定，该公司对此项变更采用未来适用法，未采用追溯调整法。

(3)从2012年1月1日开始计提折旧的部分设备的技术性能已不能满足生产经营需要，需更新设备，而现有的这部分设备的预计使用年限已大大超过了尚可使用年限，因此，该公司从2015年1月1日起将这部分设备的折旧年限缩短了1/2，同时将折旧方法由直线法改为双倍余额递减法。这部分设备的账面原价合计为100万元，净残值率为5%，原预计使用年限均为10年。该公司对此项变更采用追溯调整法进行会计处理。

(4)2015年5月20日召开的股东大会通过的2014年度利润分配方案中分配的现金股利比董事会确定的利润分配方案中的现金股利增加100万元(该公司2014年度的财务报告已批准报出)。对此项差异，该公司调整了2015年年初留存收益及其他相关项目。

(5)2015年6月30日分派2014年度的股票股利800万股，该公司按每股1元的价格调减了2015年年初未分配利润，并调增了2015年年初的股本金额。

(6)2015年2月5日，因产品质量原因，北方公司收到退回2014年度销售的甲商品(销售时已收到现金存入银行)，并收到税务部门开具的进货退出证明单。该批商品原销售价格1 000万元。该公司按资产负债表日后调整事项调整了2014年度财务报表相关项目的数字。

(7)北方公司与西方公司在2014年11月10日签订了一项供销合同，合同中订明北方公司在2014年11月份内供应一批物资给西方公司。由于北方公司未能按照合同发货，致使西方公司发生重大经济损失。西方公司通过法律形式要求北方公司赔偿经济损失300万元。该诉讼案件在2014年12月31日尚未判决，北方公司根据律师的意见，认为很可能赔偿西方公司200万元。因此，北方公司记录了200万元的其他应付款，并将该项赔偿款反映在2014年12月31日的财务报表上。

(8)2014年12月5日与丙公司发生经济诉讼事项，经咨询有关法律顾问，估计很可能支付350万元的赔偿款。经与丙公司协商，在2015年4月15日双方达成协议，由该公司支付给丙公司350万元赔偿款，丙公司撤回起诉。赔偿款已于当日支付。该公司在编制2014年度财务报告时，将很可能支付的赔偿款350万元记入了利润表，并在资产负债表上作为预计负债处理。在对外公布的2014年度的财务报告中，将实际支付的赔偿款调整了2014年度资产负债表的货币资金及相关负债项目的年末数，并在现金流量表正表中调增了经营活动的现金流出350万元(假设税法允许此项赔偿款在应纳税所得额中扣除)。

(9)2015年1月1日向丁企业投资，拥有丁企业25%的股份，丁企业的其余股份分别由X企业、Y企业和Z企业持有，其中X企业持有45%的股份，Y企业和Z企业分别持有15%的股份。该公司除每年从丁企业的利润分配中获得应享有的利润外，其他股东权利委托某资产管理公司全权代理。丁企业2015年度实现净利润850万元，北方公司按权益法核算该项股权投资，并确认当期投资收益212.5万元，丁企业适用的所得税税率为15%(按税法规定，投资收益在被投资单位宣告

分派利润时计算缴纳所得税)。

(10)北方公司于2012年从银行借入资金,原债务条款规定,北方公司应于2014年9月30日偿还贷款本金和利息。2014年9月,北方公司与银行协商,可否将该贷款的偿还期延长至2016年9月30日。在编制2014年12月31日的资产负债表时,由于初始条款规定北方公司应于2014年偿还贷款并且延长贷款期限的协商正在进行中,所以,北方公司将该贷款全部归为流动负债。在2015年2月,银行正式同意延长该贷款的期限至2016年9月30日。对此,北方公司将该项债务从流动负债调整到长期负债。

(11)2015年3月20日,北方公司发现2014年行政管理部门使用的固定资产少提折旧20万元。该公司对此项差错调整了2015年度财务报表相关项目的数字。

【考核要求】

根据背景资料,要求:

(1)根据会计准则规定,说明北方公司上述交易和事项的会计处理哪些是正确的,哪些是不正确的(只需注明上述资料的序号即可,如事项(1)处理正确,或事项(1)处理不正确)。

(2)对上述交易和事项不正确的会计处理,简要说明不正确的理由和正确的会计处理(不需要做会计分录)。(金额单位用万元表示)

二、专业技能题

【考核项目一】

会计估计及其变更

【背景资料】

某企业原按应收款项期末余额的5%计提坏账准备,近期经公司董事会研究决定,将应收款项计提坏账准备的方法自2015年1月1日起由余额百分比法改为账龄分析法,相应制定了每一账龄范围内应计提的坏账准备比例。2014年12月31日,"坏账准备"账户的余额为800 000元。2015年12月31日,根据改变后的账龄分析法确定期末应收款项的坏账准备余额应为1 800 000元,假定该企业在2015年没有发生应予核销坏账的情况,不考虑所得税影响,如果仍按应收款项余额百分比法计提坏账,当年度应计提的坏账准备金额为400 000元。

【考核要求】

根据背景资料,要求:说明上述会计估计变更的会计处理。

【考核项目二】

前期差错及其变更

【背景资料】

某企业于2015年6月发现,2014年应计入工程成本的利息费用450 000元误计入财务费用,该企业适用的所得税税率为25%,企业按净利润的15%提取盈余公积(假定在计算所得税时,不考虑应纳税暂时性差异)。

【考核要求】

根据背景资料,要求:

(1)对该项前期差错进行分析。

(2)编制前期差错更正的会计分录。

(3)调整会计报表有关项目。

【考核项目三】

资产负债表项目调整

【背景资料】

A公司2015年11月销售给B企业一批产品，销售价格2 000万元(不含应向购买方收取的增值税额)，销售成本1 600万元，贷款于当年12月31日尚未收到。2015年12月25日接到B企业通知，B企业在验收物资时，发现该批产品存在严重的质量问题需要退货。A公司希望通过协商解决问题，并与B企业协商解决办法。A公司在编制2015年度资产负债表时，将该应收账款2 340万元(包括向购买方收取的增值税额)列示于资产负债表的“应收账款”项目内，公司按应收账款年末余额的5%计提坏账准备。2016年2月8日双方协商未成，A公司收到B企业通知，该批产品已经全部退回。A公司于2016年2月10日收到退回的产品，以及购货方退回的增值税专用的发票联和税款抵扣联(假设该商品增值税税率17%，A公司为增值税一般纳税人。不考虑其他税费因素)。A公司已经被税务部门批准在应收款项余额5‰的范围内计提的坏账准备可以在税前扣除，除应收B企业账款应计提的坏账准备外，无其他纳税调整事项。A公司所得税采用资产负债表债务法核算，2016年2月15日完成了2015年所得税汇算清缴。A公司按净利润的10%提取法定盈余公积。假定在退货发生前，A公司已计算2015年的应交所得税和递延所得税。

【考核要求】

根据背景资料，对上述事项进行账务处理，并说明对2015年度会计报表相应项目的调整数(不考虑现金流量表)。

★ 项目实训

实训项目：综合实训

1. 实训目的

1.1 通过对某一生产企业，一个会计期间整个会计循环模拟操作，达到了解企业整个生产经营过程以及会计各岗位核算之间的内在联系。

1.2 掌握较全面的会计操作技能。

1.3 对工作中出现的问题要认真分析研究，虚心请教，正确处理，以确保会计信息的真实、完整、清晰、可靠。

2. 实训要求

会计综合实训是在学完了财务会计课程，并经过了分阶段的专业实训后，在此基础上进行的综合性的模拟实训。

3. 实训重点

3.1 根据实训资料对生产企业整个会计期间、整个会计循环的经济业务进行账务处理。

3.2 根据实训资料和所做的账务进行成本核算。

3.3 根据实训资料结转本年利润及利润分配。

3.4 根据实训资料编制资产负债表及利润表。

4. 实训作业

根据实训资料，学生各自独立完成并把实训结果以实训报告单形式上交。

5. 实训资料

一、基本资料

宏大股份有限公司为一般纳税人，适用的增值税税率为17%，所得税税率为25%；原材料采用计划成本进行核算。其中，“应收账款”科目的期末余额为4 000 000元(包括方正公司200万元、正大公司100万元、天虹公司100万元)，“坏账准备”科目的期末余额为9 000元。其他诸如存货、长期股权投资、固定资产、无形资产等资产都没有计提资产减值准备。“预付账款”科目的期末余额为1 000 000元(包括华联公司80万元，东方公司20万元)，“其他应收款”科目的期末余额为3 050 000元(包括德琳公司100万元、博科公司200万元、雅致公司50万元)，“存货”科目的期末余

额为 25 800 000 元（包括原材料 1500 万元、库存商品 1 000 万元、周转材料 80 万元），“应付账款”科目的期末余额为 9 548 000 元（包括大庆公司 400 万元，日升公司 300 万元，永盛公司 200 万元、万福公司 54.8 万元），“其他应付款”科目的期末余额为 500 000 元（包括德冠公司 30 万元、方略公司 20 万元），“实收资本”科目的期末余额为 50 000 000 元（包括李军 200 万元、刘玲 150 万元、赵佳 150 万元）。2014 年度资产负债表如下有所示：

资产负债表

会企 01 表

编制单位：宏大股份有限公司　　　　2014 年 12 月 31 日　　　　单位：元

资　产	金　额	负债和所有者权益（或股东权益）	金　额
流动资产：		流动负债：	
货币资金	14 063 000	短期借款	3 000 000
交易性金融资产	150 000	交易性金融负债	0
应收票据	2 460 000	应付票据	2 000 000
应收账款	3 991 000	应付账款	9 548 000
预付款项	1 000 000	预收款项	0
应收利息	0	应付职工薪酬	1 100 000
应收股利	0	应交税费	366 000
其他应收款	3 050 000	应付利息	0
存　货	25 800 000	应付股利	0
一年内到期的非流动资产	0	其他应付款	500 000
其他流动资产	0	一年内到期的非流动负债	10 000 000
流动资产合计	47 514 000	其他流动负债	0
非流动资产：		流动负债合计	26 514 000
可提供出售金融资产	0	非流动负债：	
持有至到期投资	0	长期借款	6 000 000
长期应收款	0	应付债券	0
长期股权投资	2 500 000	长期应付款	0
投资性房地产	0	专项应付款	0
固定资产	8 000 000	预计负债	0
在建工程	15 000 000	递延所得税负债	0
工程物资	0	其他非流动负债	0
固定资产清理	0	非流动负债合计	6 000 000
生产性生物资产	0	负债合计	32 514 000
油气资产	0	所有者权益（或股东权益）：	
无形资产	6 000 000	实收资本（或股本）	50 000 000

续表

资　产	金　额	负债和所有者权益(或股东权益)	金　额
开发支出	0	资本公积	0
商誉	0	减:库存股	0
长期待摊费用	0	盈余公积	1 000 000
递延所得税资产	0	未分配利润	500 000
其他非流动资产	2 000 000	所有者权益(或股东权益)合计	51 500 000
非流动资产合计	36 500 000		
资产总计	84 014 000	负债和所有者权益(或股东权益)总计	84 014 000

二、2015 年,宏大股份有限公司共发生如下经济业务:

(1)收到银行通知,用银行存款支付到期的商业承兑汇票 1 000 000 元。

(2)购入原材料一批,收到的增值税专用发票上注明的原材料价款为 1 500 000 元,增值税进项税额为 255 000 元,款项已通过银行转账支付,材料尚未验收入库。

(3)收到原材料一批,实际成本 1 000 000 元,计划成本 950 000 元,材料已验收入库,货款已于上月支付。

(4)用银行汇款支付采购材料价款,公司收到开户银行转来银行汇票多余款收账通知,通知上填写的多余款为 2 340 元,购入材料及运费 998 000 元,支付的增值税进项税额 169 660 元,原材料已验收入库,该批原材料计划价格 1 000 000 元。

(5)销售产品一批给正大公司,开出的增值税专用发票上注明的销售价款为 3 000 000 元,增值税销项税额为 510 000 元,货款尚未收到。该批产品实际成本 1 800 000 元,产品已发出。

(6)公司将交易性金融资产(股票投资)兑现 165 000 元,该投资的成本为 130 000 元,公允价值变动为增值 20 000 元,投资收益为 15 000 元,均存入银行。

(7)购入不需安装的设备一台,收到的增值税专用发票上注明的设备价款为 854 700 元,增值税进项税额为 145 300 元,支付包装费、运费 10 000 元,价款及包装费、运费均以银行存款支付。设备已交付使用。

(8)购入工程物资一批,收到增值税专用发票上注明的物资价款和增值税进项税额合计为 1 500 000元,款项已通过银行转账支付。

(9)工程应付薪酬 2 280 000 元。

(10)一项工程完工,交付生产使用,已办理竣工手续,固定资产价值 14 000 000 元。

(11)基本生产车间一台机床报废,原价 2 000 000 元,已提折旧 1 800 000 元,清理费用 5 000 元,残值收入 8 000 元,均通过银行存款收支。该项固定资产已清理完毕。

(12)从银行借入 3 年期借款 10 000 000 元,借款已存入银行账户。

(13)销售产品一批,开出的增值税专用发票上注明的销售价款为 7 000 000 元,增值税销项税额为 1 190 000 元,款项已存入银行。销售产品的实际成本为 4 200 000 元。

(14)公司将要到期的一张面值为 2 000 000 元的无息银行承兑汇票(不含增值税),连同解讫通知和进账单交银行办理转账。收到银行盖章退回的进账单一联。款项银行已收妥。

(15)公司出售一台不需用设备,收到价款 3 000 000 元,该设备原价 4 000 000 元,已提折旧 1 500 000元。该项设备已由购入单位运走。

(16)取得交易性金融资产(股票投资),价款 1 030 000 元,交易费用 20 000 元,已用银行存款

支付。

(17)支付工资 5 000 000 元,其中包括支付在建工程人员的工资 2 000 000 元。

(18)分配应支付的职工工资 3 000 000 元,其中生产人员薪酬 2 750 000 元,车间管理人员薪酬 100 000 元,行政管理部门人员薪酬 150 000 元。

(19)提取职工福利费 420 000 元,其中生产工人福利费 385 000 元,车间管理人员福利费 14 000元,行政管理部门福利费 21 000 元。

(20)基本生产领用原材料,计划成本为 7 000 000 元,领用低值易耗品,计划成本 500 000 元,采用一次摊销法摊销。

(21)结转领用原材料应分摊的材料成本差异。材料成本差异率为 5%。

(22)计提无形资产摊销 600 000 元;以银行存款支付基本生产车间固定资产修理费 900 000 元。

(23)计提固定资产折旧 1 000 000 元,其中计入制造费用 800 000 元、管理费用 200 000 元。计提固定资产减值准备 300 000 元。

(24)收到天虹公司货款 510 000 元,存入银行。计提应收账款坏账准备 9 000 元。

(25)用银行存款支付产品展览费 100 000 元。

(26)计算并结转本期完工产品成本 12 824 000 元。没有期初在产品,本期生产的产品全部完工入库。

(27)发生广告费 100 000 元,已用银行存款支付。

(28)公司采用商业承兑汇票结算方式销售产品一批给方正公司,开出的增值税专用发票上注明的销售价款为 2 500 000 元,增值税销项税额为 425 000 元,收到 2 925 000 元的商业承兑汇票一张,产品实际成本为 1 500 000 元。

(29)公司将上述承兑汇票到银行办理贴现,贴现息为 200 000 元。

(30)公司本期产品销售应缴纳的教育费附加为 20 000 元。

(31)用银行存款缴纳增值税 1 000 000 元;教育费附加 20 000 元。

(32)本期在建工程应负担的长期借款利息费用 2 000 000 元,长期借款为分期付息。

(33)提取应计入本期损益的长期借款利息费用 100 000 元,长期借款为分期付息。

(34)归还短期借款本金 2 500 000 元。

(35)支付长期借款利息 2 100 000 元。

(36)偿还长期借款 10 000 000 元。

(37)上年度销售产品一批给方正公司,开出的增值税专用发票上注明的销售价款为 100 000 元,增值税销项税额为 17 000 元,购货方开出商业承兑汇票。本期由于购货方发生财务困难,无法按合同规定偿还债务,经双方协议,甲股份公司同意购货方用产品抵偿该应收票据。用于抵债的产品市价为 80 000 元,增值税税率为 17%。

(38)持有的交易性金融资产的公允价值为 1 050 000 元。

(39)结转本期产品销售成本 7 500 000 元。

(40)假设本例中,除计提固定资产减值准备 300 000 元造成固定资产账在价值与其计税基础存在差异外,不考虑其他项目的所得税费用影响。企业按照税法规定计算确定的应交所得税为 1 252 218元,递延所得税资产为 99 000 元。

(41)将各收支科目结转本年净利润。

(42)按照净利润的 10%提取法定盈余公积金。

(43)将利润分配各明细科目的余额转入"未分配利润"明细科目,结转本年利润。

(44)用银行存款缴纳当年应交所得税。

上述资料涉及材料按计划成本的购入、销售的实现、计提折旧、商业承兑汇票的贴现、借款及归还借款、固定资产的处置、投资等的会计处理事项。学生应认真阅题，逐笔进行账务处理并根据处理结果编制资产负债表及利润表。

资产负债表

会企 01 表

编制单位：宏大股份有限公司　　2015 年 12 月 31 日　　单位：元

资　产	金　额	负债和所有者权益(或股东权益)	金　额
流动资产：		流动负债：	
货币资金	14 063 000	短期借款	3 000 000
交易性金融资产	150 000	交易性金融负债	0
应收票据	2 460 000	应付票据	2 000 000
应收账款	3 991 000	应付账款	9 548 000
预付款项	1 000 000	预收款项	0
应收利息	0	应付职工薪酬	1 100 000
应收股利	0	应交税费	366 000
其他应收款	3 050 000	应付利息	0
存货	25 800 000	应付股利	0
一年内到期的非流动资产	0	其他应付款	500 000
其他流动资产	0	一年内到期的非流动负债	0
流动资产合计	50 514 000	其他流动负债	10 000 000
非流动资产：		流动负债合计	26 514 000
可供出售金融资产	0	非流动负债：	
持有至到期投资	0	长期借款	6 000 000
长期应收款	0	应付债券	0
长期股权投资	2 500 000		
投资性房地产	0	长期应付款	0
固定资产	8 000 000	专项应付款	0
在建工程	15000 000	预计负债	0
工程物资	0	递延所得税负债	0
固定资产清理	0	其他非流动负债	
生产性生物资产	0	非流动负债合计	6 000 000
油气资产	0	负债合计	32 514 000
无形资产	6 000 000	所有者权益(或股东权益:)	
开发支出	0	实收资本(或股本)	50 000 000
商誉	0	资本公积	0